der blaue reiter

Jochen Hörisch

Der Dilettantismus der Geisteswissenschaften

Studien zur Funktion von Denkmodellen, Medien, Ökonomie und Politik

der blaue reiter

der blaue reiter
Verlag für Philosophie
Siegfried Reusch e. K.
Göttinger Chaussee 115 • D-30459 Hannover
info@verlag-derblauereiter.de
www.verlag-derblauereiter.de

Gestaltung: s+p mediendesign, Stuttgart
Umschlagbild: Unter Verwendung eines Fotos von Werner Seltier
Druck: CPI Druckdienstleistungen GmbH, Ferdinand-Jühlke-Straße 7, 99095 Erfurt
ISBN: 978-3-933722-87-4

Bibliografische Information der Deutschen Nationalbibliothek
Die Deutsche Nationalbibliothek verzeichnet diese Publikation in der Deutschen Nationalbibliografie; detaillierte bibliografische Daten sind im Internet über http://dnb.dnb.de abrufbar.

Inhalt

III. Ökonomie und Politik

IV. Goethes *Faust* oder die Ir/Rationalität der Wissenschaft

Lob des Dilettantismus

Über einen Mangel an aufregenden Erfahrungen können Faust und Mephisto in der Walpurgisnacht nicht klagen. Auf dem Blocksberg geht es heiß und orgiastisch zu. „Man tanzt, man schwatzt, man kocht, man trinkt, man liebt; / Nun sage mir, wo es was bessers gibt?“[1] fragt Mephisto seinen Begleiter. Es gibt aber nicht nur nichts Besseres, es gibt auch keinen Mangel an schlechten Erfahrungen, gar an Horrorerlebnissen. Faust begegnet Medusa, die ihr abgeschlagenes Haupt unter dem Arm trägt, er sieht ein Mädchen, das ihm zum Tanz so lieblich sang und dem „mitten im Gesang“ „ein rotes Mäuschen ... aus dem Munde“ sprang, und er begegnet einem „blassen, schönen Kind“, dessen Hals von einem „roten Schnürchen ..., nicht breiter als ein Messerrücken“, geschmückt wird und das „dem guten Gretchen gleicht“. Das ist denn doch zuviel der schrecklich erregenden Erlebnisse. Eine Abkühlung ist angezeigt. Und so freut sich Mephisto, seinem Begleiter, dem bedeutenden Theoretiker Faust, mit einem Theatererlebnis dienen zu können. Da soll es lustig zugehen „wie im Prater“. Was denn gleich geboten werde, fragt Mephisto. Das von Dilettanten gespielte Stück eines dilettantischen Dramatikers, lautet die verblüffend offene Antwort eines Theatermitarbeiters mit dem schönen Namen Servibilis (der Dienstbeflissene):

SERVIBILIS. Gleich fängt man wieder an.
Ein neues Stück, das letzte Stück von sieben;
So viel zu geben ist allhier der Brauch.
Ein Dilettant hat es geschrieben,
Und Dilettanten spielen's auch.
Verzeiht, ihr Herrn, wenn ich verschwinde;
Mich dilettiert's, den Vorhang aufzuziehn.[2]

Das Beste und der Dilettantismus vertragen sich nicht – oder eben doch. Mephisto kann seine großmäulige Äußerung, Besseres als das, was in der Walpurgisnacht geboten werde, gäbe es nirgendwo, nur um den Preis aufrechterhalten, dass er auch das Schlechtere, das Dilettantische zur Kenntnis nimmt – ist es doch die Folie, von der sich das Bessere und das Beste abheben können. Das Stück, das nun geboten wird, wird als das letzte von sieben neuen Stücken, denen offenbar eine große Zahl an veralteten vorangeht, angepriesen. Siebenmal das Beste kann es schon aus Gründen der Logik nicht ge-

1. Goethe: Faust, ed. Albrecht Schöne (Frankfurter Ausgabe). Ffm 1994, p. 174 (v. 4058 sq.)

2. Ibid., p. 180 (vv. 4214-20)

ben. Servibilis macht daraus kein Geheimnis. Er verweist ausdrücklich auf die dilettantische Qualität des Autors und der Schauspieler. Warum Mephisto und Faust, die ja soeben das ganz große Orgien-Theater erlebt haben, dennoch in die Theaterbude gehen, ist schwer auszumachen. Sie werden dort mit tatsächlich dilettantischen Versen (wie: „Spinnenfuß und Krötenbauch / Und Flügelchen dem Wichtchen! / Zwar ein Tierchen gibt es nicht, / Doch gibt es ein Gedichtchen."), mit Albernheiten und mit schnell alternden Tagesaktualitäten bzw. Feuilletongezänk belästigt. Das Niveau von Fausts Eingangsmonolog, den Schönklang der Verse über die vom Eise befreite Frühlingslandschaft oder die Pointensicherheit der großen Dialoge zwischen dem Gelehrten und Mephisto haben diese ausdrücklich als „Intermezzo" gekennzeichneten, stur je vier Zeilen umfassenden Äußerungen der Spieler im Walpurgisnachtstraum definitiv nicht. Intellektuell brillante Figuren wie Faust und Mephisto gehen weit unter ihr Niveau, wenn sie dieses Dilettanten-Theater besuchen. Und doch tun sie es. Wie sie auf das Gesehene und Gehörte reagieren, verrät das Faust-Drama nicht. Nach der dilettantischen Blödelei folgt sogleich – welch harter Schnitt – die depressive Szene ‚Trüber Tag Feld', die einen verzweifelten Faust vorführt.

Eine seltsame Konstellation. Bemerkenswert ist immerhin, dass Goethe in sein Faustdrama eine ausführlichere Passage über den Dilettantismus einfügt. Gleich dreimal erklingt dieses Schlüsselwort, dabei einmal in der Verbform, die auf die Etymologie dieses Wortes verweist. Die Figur mit dem assoziationsreichen Namen Servibilis (der Dienstbeflissene, aber auch der um eine Silbe gekürzte Durchblicker, derjenige, der etwas zu sehen gibt: Servi(si)bilis) weist darauf hin, dass Dilettanten sich an dem delektieren, was sie tun und treiben. Dabei gerät das sich an diesem oder jenem Tun erfreuende Subjekt in die exzentrische Position eines Akkusativobjekts. Servibilis sagt nicht etwa ‚Ich habe Freude an diesem oder jenem', sondern „Mich dilettiert's" – es erfreut mich. Der Dilettant ist anders als der Spezialist, der Experte, der professionelle Kenner nicht in der Position des Souveräns, der über etwas verfügt. Er lässt sich vielmehr von Reizen affizieren, die sich ihm nicht vollends erschließen. Gerade in dieser Versagung, in dieser Vorenthaltung aber liegt ihr Reiz, der auf etwas Höheres bzw. Tieferes verweist. Das wusste schon Horaz, als er in seiner *Ars poetica* (auf die Servibilis anspielt) die Funktion der Dichtung als eine doppelte bestimmte: „aut prodesse aut delectare volunt poetae" – die Dichter wollen entweder belehren oder erfreuen bzw. sowohl das eine als auch das andere.[3]

1799 verfassten Goethe und Schiller gemeinsam schematische Notizen *Über den Dilettantismus*, wozu Goethe in seinen *Tag- und Jahresheften* festhält:

3. Cf. dazu ausführlicher Jochen Hörisch: Das Wissen der Literatur. München 2007, p. 25 sqq.

„der nützliche und schädliche Einfluß des Dilettantismus auf alle Künste ward tabellarisch weiter ausgearbeitet, wovon die Blätter beydhändig noch vorliegen. Ueberhaupt wurden solche Methodische Entwürfe durch Schillers philosophischen Ordnungsgeist, zu welchem ich mich symbolisirend hinneigte, zur angenehmsten Unterhaltung.“[4] Eine hübsche Notiz, lässt Goethe, der über den Sozialtypus des Dilettanten weniger streng urteilte als Schiller, doch anklingen, dass ihn die Überlegungen zum Dilettantismus nun eben delektierten, boten sie ihm doch „angenehmste Unterhaltung“. In diesen Notizen haben die Weimarer Klassiker die Akkusativ-Formulierung „mich dilettiert's“ theoretisch begründet: „Was dem Dilettanten eigentlich abgeht, ist ... diejenige ausübende Kraft, welche erschafft, bildet, konstituiert; er hat davon nur eine Art von Ahndung, gibt sich aber durchaus dem Stoff dahin, anstatt ihn zu beherrschen.“[5] Den Dilettanten charakterisiert die sympathische Neigung, sich „dem Stoff dahinzugeben“ statt ihn souverän zu formen und zu gestalten. Das gilt, so Goethe und Schiller, auch im Hinblick auf das Verhältnis des Dilettanten zum Zeitgeist. Der wahre Künstler will den Zeitgeist wenn nicht egozentrisch prägen, so doch zumindest mitgestalten; der Dilettant hingegen entspricht dem Zeitgeist. Genau dies kann ihn zur interessanten und aufschlussreichen Figur machen. Der Dilettant ist eher als der souveräne Künstler ein Medium, durch das hindurch der Zeitgeist, der ja nicht immer auf höchstem Niveau prozediert, sich artikuliert. Mit den Worten, die der Nicht-Dilettant Faust an den Nachwuchswissenschaftler und Famulus Wagner richtet, von dem noch dahinsteht, ob er ein seriöser Profi-Forscher oder ein obskurer Liebhaber heikler Grenzwissenschaften werden wird: „Was ihr den Geist der Zeiten heißt, / Das ist im Grund der Herren eigner Geist, / In dem die Zeiten sich bespiegeln.“ (vv. 577-79)

Ob mit den „Herren“ Dilettanten oder Experten gemeint sind, muss offen bleiben. Offensichtlich aber ist Faust, der gelehrteste Kopf seiner Zeit, für die Versuchungen des Dilettantismus anfällig. Der narzisstische, ja arrogante Wissenschaftler, der sich für gescheiter hält und möglicherweise tatsächlich kompetenter ist „als alle die Laffen, / Doktoren, Magister, Schreiber und Pfaffen“ (v. 366 sq.), dilettiert in Sphären, in denen er keine besondere Expertise hat. Er hat sich aus Ungenügen an dem von ihm souverän beherrschten Wissensbestand „der Magie ergeben“ – wiederum eine prononciert akkusativische Wendung, die sogar Kapitulationsassoziationen bereithält. Faust ergibt

4. Goethe: Tag- und Jahreshefte, ed. Irmtraud Schmid (Frankfurter Ausgabe I. Abt., Bd. 17). Ffm 1994, p. 67

5. Goethe und Schiller: Über den Dilettantismus; in: Goethe: Ästhetische Schriften 1771–1805, ed. Friedmar Apel (Frankfurter Ausgabe Bd. 18). Ffm 1998, p. 785. Cf. zum Folgenden Hans Rudolf Vaget: Dilettantismus und Meisterschaft – Zum Problem des Dilettantismus bei Goethe: Praxis, Theorie, Zeitkritik. München 1971

sich, weil er weiß, dass er zwar viel, aber eben nicht alles weiß. Zum sokratischen scio nescio (ich weiß, dass ich nichts weiß) geht Faust selbstbewusst auf Distanz. Doch auch er muss mit einer intellektuellen Kränkung leben. Denn ihm erschließt sich keine bzw. er (er)findet keine Universalformel, die anzeigt, was „die Welt im Innersten zusammenhält." Deshalb wird er für Parawissenschaften wie die Magie anfällig. Aber er wird nicht zum Dilettanten. Ist der Dilettant doch anders als der bis zu suizidalen Impulsen angestrengte und verzweifelte Faust ein heiterer Charakter – er delektiert sich, wohl wissend, dass er kein Experte ist, an den Reizen der Künste und Wissenschaften, denen er sich nicht etwa ergibt, sondern hingibt. Ein Dilettant ist keiner, wenn er nicht weiß und eingesteht, dass er einer ist; seine Wissenschaft ist apriori eine fröhliche Wissenschaft. Die Einsicht in die Unvollständigkeit allen Wissens und Könnens ist für ihn, den Nichtprofi, nicht etwa berufliche Geschäftsgrundlage, sondern die Bedingung der Möglichkeit der heiteren Geschäftigkeit, zu der er sich berufen fühlt. Um ein gelassenes Verhältnis zum Unvollständigen kreist denn auch eine der *Betrachtungen* aus *Wilhelm Meisters Wanderjahren*: „Die Dilettanten, wenn sie das Möglichste getan haben, pflegen zu ihrer Entschuldigung zu sagen, die Arbeit sei noch nicht fertig. Freilich kann sie nie fertig werden, weil sie nie recht angefangen ward. Der Meister stellt sein Werk mit wenigen Strichen als fertig dar, ausgeführt oder nicht, schon ist es vollendet. Der geschickteste Dilettant tastet im Ungewissen, und wie die Ausführung wächst, kommt die Unsicherheit der ersten Anlage immer mehr zum Vorschein. Ganz zuletzt entdeckt sich erst das Verfehlte, das nicht auszugleichen ist, und so kann das Werk freilich nicht fertig werden."[6]

Mit seiner überschaubaren, durchaus beschränkten Kompetenz hat der Dilettant seinen Frieden geschlossen. Er weiß, dass sein Tun „nicht fertig werden" kann. Dilettanten aggressiv zu begegnen (wie der Kapellmeister im Walpurgisnachtstraum: „Verfluchte Dilettanten!" – v. 4364), ist deshalb unangemessen. Ist der Dilettant doch geständig. Wenn er mitsamt seinen Werken und Einsichten von Fachleuten ignoriert bzw. nicht einmal ignoriert wird, so kränkt ihn das nicht allzu sehr. Denn sein Ehrgeiz hat keine faustischen Dimensionen. Zum Pedanten mutiert der Dilettant erst dann, wenn er seine fröhliche Wissenschaft allzu ernst nimmt und sich so seinem Antipoden, dem Experten, angleicht. „Dilettantismus, ernstlich behandelt, und Wissenschaft, mechanisch betrieben, werden Pedanterey."[7] Weil der Dilettant

6. Goethe: Wilhelm Meisters Wanderjahre (1829), edd. Gerhard Neumann / Hans-Georg Dewitz (Frankfurter Ausgabe I. Abt. / Bd. 10). Ffm 1989, p. 558

7. Goethe: Maximen und Reflexionen; in: Goethe: Sprüche in Prosa, ed. Harald Fricke (Frankfurter Ausgabe Abt. I/ Bd. 13). Ffm 1993, p. 28

ein gelassenes Verhältnis zum Unvollständigen hat, kann er Einsichten gewinnen, die auch „Männer vom Fach“ beeindrucken und irritieren können: „So wie die jungen Studierenden sich auch am liebsten an junge Lehrer halten, so mag der Dilettant gern vom Dilettanten lernen. Dieses wäre freilich in Absicht auf Gründlichkeit bedenklich, wenn nicht die Erfahrung gäbe, daß Dilettanten zum Vorteil der Wissenschaft vieles beigetragen. Und zwar ist dieses ganz natürlich: Männer vom Fach müssen sich um Vollständigkeit bemühen und deshalb den weiten Kreis in seiner Breite durchforschen; dem Liebhaber dagegen ist darum zu tun, durch das Einzelne durchzukommen, und einen Hochpunkt zu erreichen, von woher ihm eine Übersicht, wo nicht des Ganzen, doch des Meisten gelingen könnte.“[8] Die Größenphantasie des Dilettanten besteht allenfalls darin, ab und an doch einmal zu einer gewissen Form aufzulaufen, die den Laien erstaunen und den Fachmann sich wundern lässt. Der Dilettant ist der heitere Außenseiter, der keiner sein will. Denn er hat ja durchaus Respekt vor den großen Namen und Werken. Aber er lässt sich von ihnen nicht einschüchtern, sondern zu eigenen Aktivitäten an- und aufregen.

Genau dies zeichnet den Protagonisten von Goethes Bildungsroman aus. Wilhelm Meister trägt einen sprechenden bzw. einen allzu viel versprechenden, sich versprechenden Namen. Der Kaufmannssohn und große Shakespeare-Bewunderer verirrt und verliebt sich in die Welt des Theaters (und in mehrere schöne Schauspielerinnen). Er ist der Antitypus zu Faust, dem überragenden Gelehrten. Über eine fachliche Qualifikation verfügt er nicht, wohl aber seit Kindestagen, genauer: seitdem er zu Weihnachten ein Marionettenspiel als Geschenk erhielt, über einen dilettantischen Zugang zur Schauspielkunst. Wilhelm Meister teilt mit William Shakespeare den Vornamen, aber das macht ihn nicht zum genialen Dramatiker oder zum professionellen Regisseur. Dennoch scheut er nicht davor zurück, kein geringeres Drama als *Hamlet* zu inszenieren. Und offenbar macht er sich dabei nicht schlecht; die Premiere wird zum großen Erfolg. Goethe selbst hat Wilhelm Meister als einen produktiven Dilettanten charakterisiert. In seinen *Tag- und Jahresheften* notiert er: „Die Anfänge *Wilhelm Meisters* hatten lange geruht. Sie entsprangen aus einem dunkeln Vorgefühl der großen Wahrheit: daß der Mensch oft etwas versuchen möchte, wozu ihm Anlage von der Natur versagt ist, unternehmen und ausüben möchte, wozu ihm Fertigkeit nicht werden kann; ein inneres Gefühl warnt ihn abzustehen, er kann aber mit sich nicht ins Klare kommen und wird auf falschem Wege zu falschem Zwecke getrieben, ohne daß er weis, wie es zugeht. Hiezu kann alles gerechnet werden, was man fal-

8. Goethe: Über die Metamorphose der Pflanzen; in: Goethe: Morphologie, ed. Dorothea Kuhn (Frankfurter Ausgabe I. Abt. / Bd. 24). Ffm 1987, p. 743 sq.

sche Tendenz, Dilettantismus u.s.w. genannt hat. Geht ihm hierüber von Zeit zu Zeit ein halbes Licht auf, so entsteht ein Gefühl, das an Verzweiflung gränzt, und doch läßt er sich wieder gelegentlich von der Welle, nur halb widerstrebend, fortreissen. Gar viele vergeuden hiedurch den schönsten Teil ihres Lebens und verfallen zuletzt in wundersamen Trübsinn. Und doch ist es möglich, daß alle die falschen Schritte zu einem unschätzbaren Guten hinführen: eine Ahnung die sich im Wilhelm Meister immer mehr entfaltet, aufklärt und bestätigt, ja sich zuletzt mit klaren Worten ausspricht: ‚,Du kommst mir vor wie Saul, der Sohn Kis', der ausging, seines Vaters Eselinnen zu suchen, und ein Königreich fand.'"[9]

Eine aufschlussreiche Passage. Markiert sie doch zugleich die Problematik und die Produktivität des Dilettantismus. Der Liebhaber kann enttäuscht werden – auch und gerade von sich selbst! – und „in wundersamen Trübsinn" verfallen, wenn sich ihm der Zugang zur offenbarten, zur nackten Wahrheit verschließt. Seine falschen Schritte können dennoch dem Fortschritt an sachlich-fachlichen Einsichten dienen, ja sie können, so Goethes bemerkenswert respektvolle Formulierung, „zu einem unschätzbaren Guten hinführen". Goethe wusste, wovon er sprach. Brauchte er doch lange, um zu akzeptieren, dass seine eigentliche Begabung nicht im Bereich der bildenden Kunst und auch nicht der Farbtheorie, sondern im Reich einer Dichtung lag, die sachlich belastbare Einsichten erschließt (und zwar nicht nur im Hinblick auf Lebens- und Liebeskunst, sondern u.a. auch spezifisch im Hinblick auf Probleme der Finanzökonomie[10], der anorektischen Erkrankung[11] oder der Konflikt-De/Eskalation). In seiner Autobiographie *Dichtung und Wahrheit* gelangt er zu einer klaren Selbsteinschätzung seiner Fähigkeiten als Maler, die auch nach dem Urteil von Kunsthistorikern durchaus beeindruckend waren: Es „verfolgte mich der Fehler aller Dilettanten, mit dem Schwersten anzufangen, ja sogar das Unmögliche leisten zu wollen, und ich verwickelte mich bald in größere Unternehmungen, in denen ich stecken blieb, sowohl weil sie weit über meine technischen Fähigkeiten hinauslagen, als weil ich die liebevolle Aufmerksamkeit und den gelassenen Fleiß, durch den auch schon der Anfänger etwas leistet, nicht immer rein und wirksam erhalten konnte."[12]

Goethes Überlegungen zu den Problemen und Potentialen des Dilettantismus verdienen die Aufmerksamkeit der sog. Geisteswissenschaften. Denn

9. Goethe: Tag- und Jahreshefte, l.c., p. 14 sq.

10. Cf. dazu Jochen Hörisch: Kopf oder Zahl – Die Poesie des Geldes. Ffm 2019 (5.), Kap. III/3

11. Cf. dazu Jochen Hörisch: „Die Himmelfahrt der bösen Lust" – Ottiliens Anorexie, Ottiliens Entsagung; in: J.H.: Die andere Goethezeit – Poetische Mobilmachung des Subjekts um 1800. München 1992, Kap. II/2

12. Goethe: Aus meinem Leben – Dichtung und Wahrheit, ed. Klaus-Detlef Müller (Frankfurter Ausgabe I. Abt. / Bd. 14). Ffm 1986, p. 614

diese sind zum Dilettantismus verdammt, sobald sie ihre handwerkliche Basis (Erschließung von Quellen, kritische Edition von Texten, Datierung von Werken, Prüfung von Provinienzen, Erstellung von Bibliographien zur Forschungsliteratur etc.) verlassen und sich den sog. Inhalten von Werken selbst zuwenden.[13] Auch bei der Analyse von Kunstwerken geht es um Dimensionen, die weitgehend handwerklich erschließbar sind; wer mag, kann in diesen handwerklichen Fertigkeiten einen Grund sehen, Geisteswissenschaftlern großzügig zu attestieren, dass auch sie nun eben Wissenschaftler sind. Ernsthafte Streitigkeiten werden Musikwissenschaftler nicht darüber haben, ob bei dieser Notenfolge eine Terz oder Quinte, ein Drei- oder Viervierteltakt, eine Dur- oder Moll-Tonart erklingt. Kunstwissenschaftler werden unschwer bei Feststellungen wie diesen übereinkommen: Das Gemälde hat ein Format von 120x80 cm; hier liegt eine Darstellung im Muster des goldenen Schnitts vor; dieses Bild ist monochrom. Und Literaturwissenschaftler können sich schnell darauf verständigen, dass dieses Gedicht ein Sonett ist, dass sein Metrum daktylisch und dass es in einen Roman integriert ist, dessen Erzählperspektive auktorial ist. Banal sind dergleichen geistes- bzw. kulturwissenschaftliche formanalytische Basisoperationen mitnichten; aufregend aber werden sie erst dann, wenn sie inhaltsanalytisch in Anspruch genommen werden. Das sich dann sogleich einstellende Problem lässt sich scharf benennen: Funktion und Bedeutung von Metren, Metaphern und Erzählperspektiven, von Formaten, Farben und Flächen, von Tonarten, Intervallen und Takten sind weniger scharf konturiert als die von mathematischen, logischen und naturwissenschaftlichen Zeichen; geisteswissenschaftlich relevante Daten (wie sprachliche Zeichen, Farbflächen oder Töne, deren Frequenz und Stärke sich präzise angeben lässt) lassen sich zwar erheben und sichern, ihre Bedeutung aber ist nicht unter Laborbedingungen replizier- und falsifizierbar.[14]

Noch gravierender wird der Wissenschafts-Anspruch von Geisteswissenschaften durch den schlichten bzw. erhabenen Umstand in Frage gestellt, dass Literatur, aber auch Musik, bildende Kunst und Film (um nur sie zu nennen) keine scharf konturierten thematischen Begrenzungen kennen; sie können schlechthin alles thematisieren und problematisieren. Physiker, Biologen und Chemiker wissen, wofür sie zuständig sind und wofür nicht; Soziologen und Psychologen sind schon großzügiger, wenn es darum geht,

13. Was sog. Geisteswissenschaftler wirklich tun und wie dilettantisch bzw. professionell sie alltäglich arbeiten, haben Steffen Martus und Carlos Spoerhase in ihrem Buch *Geistesarbeit – Eine Praxeologie der Geisteswissenschaften* (Ffm 2022) untersucht.

14. Ansätze zu einer empirisch fundierten Ästhetik, wie sie das von Wilfried Meninghaus geleitete Max-Planck-Institut für empirische Ästhetik in Frankfurt a.M. vorantreibt, sind gerade wegen ihrer gleichzeitigen Nähe und Distanz zur naturwissenschaftlichen Laborforschung reizvoll und produktiv.

den Bereich dessen, wofür sie sich interessieren, einzugrenzen. Gänzlich größenwahnsinnig aber sind die Geisteswissenschaften bzw. müssen die Geisteswissenschaften sein, weil sie sich, vermittelt über die von ihnen analysierten Werke, über alles auslassen können – Liebe und Tod, Krieg und Frieden, Konflikte und Krankheiten, Atomkraftwerke und Autounfälle, Technikfolgen und Umweltverschmutzung, Rosenzüchtung und Walfang, Besessenheit und Libertinage, Treue und Verrat, Gendersetting und Kindererziehung, Geld und Schuld, Staats- und Ehekrisen, juristische Spitzfindigkeiten und medizindiagnostische Fehlurteile, Mathematiker und Physiker, Schizophrene und Genies, Auf- und Untergänge aller Art, Sein und Zeit etc. pp.[15]

Die Feststellung ist banal und doch angezeigt: Kein Mensch kann sich in all diesen Bereichen einigermaßen seriös auskennen. Aber all diese Themen und Probleme spielen in literarischen Werken eine Rolle. Geistes- und insbesondere Literaturwissenschaften sind deshalb zum Dilettantismus verdammt, wenn sie mehr als nur Formanalysen von Werken leisten wollen. Der poeta doctus Ernst-Wilhelm Händler, der u.a. auch Unternehmer, Soziologe und Finanzwissenschaftler ist, hat in seinem Buch *Die Produktion von Gesellschaft* klar den prekären Status der Geisteswissenschaften benannt: „Geisteswissenschaft findet da statt, wo es eben *nicht* möglich ist, Zusammenhänge mit Hilfe isolierter, abgeschlossener Systeme zu erfassen, die mit genau definierten Parametern und genau definierten Variablen auskommen. Für Sozialwissenschaften gilt Analoges. Die einzige im Prinzip mathematisierbare Sozialwissenschaft ist die Ökonomie. Hier wird versucht, lokale und temporäre isolierte Systeme nach dem Vorbild der Naturwissenschaften zu konstruieren – mit dem erwartbaren bescheidenen Erfolg, weil die Akteure als Gegenstände der Theorien ebendiese Theorien in ihr Handeln einbeziehen und die Theorien damit sehr schnell obsolet werden."[16] „Das Charakteristikum der Geisteswissenschaften ist ihr perennialer Schwebezustand, gegen den nichts und niemand hilft: In den Geisteswissenschaften gibt es keine endgültige Lösung für irgendein Problem, außer das Problem interessiert buchstäblich niemanden mehr."[17] Nun herrscht kein Mangel an Problemen, auf die sich literarische Werke und mit ihnen Literaturwissenschaften fokussieren, die keine Angst vor dem Vorwurf haben, sie seien ‚inhaltistisch'. In schrecklich-schöner Literatur geht es buchstäblich um alles. *Über alles* lautet denn auch der prägnante Titel eines Buches von Robert Gernhardt.[18]

15. Schon in meiner Dissertation bin ich dem Universalitätsanspruch der Dichtung nachgegangen: Jochen Hörisch: Die fröhliche Wissenschaft der Poesie – Der Universalitätsanspruch der Dichtung in der frühromantischen Poetologie. Ffm 1976

16. Ernst-Wilhelm Händler: Die Produktion von Gesellschaft. Ffm 2022, p. 63

17. Ibid., p. 192

Dass sich heute kein noch so intelligenter und gebildeter Mensch über alles kompetent äußern kann, ist eine Binsenweisheit. Mitunter werden Köpfe wie Leibniz (1646–1716) und Newton (1642–1726) in Erinnerung gerufen, wenn es darum geht, die letzten Universalgelehrten zu benennen, die sich ohne größere Blamagen über den zu ihrer Zeit und in ihren Breiten bekannten Wissensstand auslassen konnten. Wer dagegen wie Hegel im Jahre 1817 noch eine *Enzyklopädie der philosophischen Wissenschaften* vorlegte, musste sich Hohn und Spott derer gefallen lassen, die das Adjektiv ‚philosophisch' im Titel übersehen hatten. Selbstredend war Hegel bewusst, dass er den Stand der Physik, Chemie, Biologie, Geologie etc. seiner Zeit allenfalls dilettantisch überschaute. Die Peinlichkeiten, denen sich Päpste und der Vatikan aussetzten, wenn sie z.B. Galilei oder Darwin verdammten, sind dem kollektiven Gedächtnis vertraut. Die im neunzehnten Jahrhundert verstärkt sich durchsetzende Ausdifferenzierung der einzelnen Naturwissenschaften hatte das geradezu obligatorische Eingeständnis zur Folge, dass es keine von einzelnen Köpfen zu vertretende Universalwissenschaft geben kann. Der Experte, der Fachmann, der Spezialist machen spätestens seit dem neunzehnten Jahrhundert den Universalgelehrten zur suspekten Figur.

Genau dieses Eingeständnis aber stärkt den – sich als solchen bekennenden! – Dilettanten. Um 1900 erlangt er neues Ansehen.[19] Nur drei Hinweise: Octave Uzanne, der französische Schriftsteller, Essayist und urteilssichere frühe Medienanalytiker, dem wir lange vor Marshal McLuhan die bemerkenswerte Diagnose vom Ende der Gutenberg-Galaxis verdanken,[20] gründete 1892 eine *Revue Contemporaine du Dilettantisme Littéraire et de la Curiosité*. Sie geht programmatisch davon aus, dass in der Moderne Dilettantismus unvermeidbar ist. Moderne Gesellschaften und ihre (politischen, wissenschaftlichen, kulturellen etc.) Repräsentanten können nicht auf der Höhe ihrer Einzel-(Er-)Kenntnisse agieren und entscheiden; gefragt ist deshalb der reflektierte, sich seiner Defizite bewusste Dilettant.[21] Der Kunsthistoriker und legendäre Begründer der Hamburger Kunsthalle Alfred Lichtwark legte 1894 eine Studie mit dem Titel *Wege und Ziele des Dilettantismus* vor, die nicht nur das Kunst-

18. Robert Gernhardt: Über alles – Ein Lese- und Bilderbuch. Zürich 1994

19. Cf. die Beiträge des von Safia Azzouni und Uwe Wirth herausgegebenen Sammelbands *Dilettantismus als Beruf* (Berlin 2021). Die meisten dieser Beiträge akzentuieren gerade für die Zeit um 1900 die Kritik am Dilettantismus und blenden seine gleichzeitige Aufwertung aus. Nicht so Dieter Borchmeyer im instruktiven Kapitel ‚Dilettantismus als Zeitphänomen' seines Buchs *Thomas Mann – Werk und Zeit* (Ffm 2022, p. 45 sqq.)

20. Octave Uzanne: Das Ende der Bücher (1894). Berlin 2022

21. Norbert Bolz hat diese Diagnose für unsere Zeit aktualisiert; moderne Mediengesellschaften sind durch „Blindflug mit Zuschauer" charakterisiert – Norbert Bolz: Blindflug mit Zuschauer. München 2004

gewerbe gegenüber der Genie-Kunst ins Recht setzt, sondern Unterbietung von Spitzenniveau auf vielen Ebenen zum durchaus positiv zu verstehenden Normalfall erklärt.[22] Eine scharfe Gegenposition stammt aus der Feder von Rudolf Kassner, der 1910 eine viel beachtete Studie mit dem lakonischen Titel *Der Dilettantismus*[23] vorlegte. Ihn charakterisiert Kassner polemisch als Ausdruck einer Moderne, die Maß, Größe und Ordnung verloren hat. Sonderlich originell ist eine solche Kritik an Neuzeit und Moderne nicht.[24] Anders als Uzanne und Lichtwark verachtet Kassner den Dilettanten, der sich mit Neuzeit und Moderne arrangiert, weil er mit dem Experten die bemerkenswerte Einsicht teilt, dass niemand das Große-Ganze im Blick haben kann – genau darauf aber kommt es dem kulturkonservativen Essayisten an. Einer auf- und abgeklärten Moderne sind Köpfe, die glauben, das Große-Ganze überschauen zu können, zu Recht suspekt. Päpste, Ayathollas, Diktatoren und Größenwahnsinnige aller Provenienz gestehen naturgemäß nur ungern ein, dass sie Dilettanten sind und dass es die alles integrierende eine Wahrheit allenfalls in Form ihrer Selbstnegation gibt: Die integrale Wahrheit über das Große-Ganze ist, dass es die eine Wahrheit so wenig gibt wie das eine Große-Ganze. Indirekt gibt das auch Kassners Traktat selbst zu verstehen. Ist es doch das stilistisch beeindruckende, aber fachwissenschaftlich irrelevante Elaborat eines Dilettanten, der keiner sein will und der sich daran macht, Dilettanten den Dilettantismus auszutreiben.

Um sogleich den gewaltigen Sprung von den Dilettantismus-Diskussionen um 1800 und 1900 in unsere Gegenwart[25] zu wagen: Im Internetzeitalter muss man nicht einmal Dilettant sein, um mitreden zu dürfen und auch Gehör zu finden. Zu den schrecklich-schönen Faszinosa der Internet-Spätmoderne gehört die unkontrollierte Entgrenzung von Kommunikationschancen; jeder darf, auch wenn er von aller Sachkenntnis ungetrübt ist, kund und zu wissen geben, was er über dies und jenes, eben über alles denkt und zu wissen glaubt. Die Zutrittsbarrieren zu Plattformen wie Facebook, Instagram, Twitter oder TikTok sind sensationell gering – und gerade deshalb doch wert, festgehalten zu werden: Man braucht immerhin Zugang zur Stromversorgung und zum Internet, ganz kostenfrei ist das alles auch nicht, es gibt immer noch Millionen Menschen, die von den Kommunikationsmöglichkeiten der Internet-Weltgesellschaft ausgeschlossen sind. Doch das ist so tradi-

22. Alfred Lichtwark: Wege und Ziele des Dilettantismus. Berlin 1994

23. Ffm 1910

24. ...wie jüngst Karl-Heinz Ott in seiner Studie *Verfluchte Neuzeit* (München 2022) gezeigt hat.

25. Als für unsere Gegenwart typische und nicht sonderlich originelle Beschimpfung von Dilettanten, die in Politik, Wirtschaft, Medien und Kunst ihr Unwesen treiben, sei angeführt Thomas Rietzschel: Die Stunde der Dilettanten – Wie wir uns verschaukeln lassen. Wien 2012

tionelle wie berechtigte Kritik an weltweiten Ungleichheiten. Wirklich neu und disruptiv ist es hingegen, dass Mitsprache- und Mitbestimmungsrechte mit dem Internet eine inflationäre Größenordnung erreicht haben, die das Mitreden qualitativ entwertet. Ich sag ja nichts, ich red ja bloß, lautet eine in Österreich seit langem verbreitete und mittlerweile weltweit geltende Sottise. Kein Gatekeeper überprüft die elementaren Qualifikationen derer, die im Internet durcheinander reden, schreiben, posten, beschimpfen, Unsinn verzapfen, Bullshit hoch- und abladen dürfen.

Schlechte Zeiten für Dilettanten, deren Ehrgeiz ja stets darin bestand, auch Fachleute zu beeindrucken. Ohne noise kein System, lautet eine Grundeinsicht der Systemtheorie. Problematisch wird es, wenn der Krach so laut wird, dass es kaum mehr möglich ist, distinkte Botschaften herauszufiltern, die systematisches Interesse verdienen. Für geräuschvolle und mitunter produktive Irritationen etablierter Wissenschaften sorgten häufig ambitionierte Dilettanten. Als klassisches Standardbeispiel für produktiven Dilettantismus muss das Porzellan herhalten, das wegen seiner zerbrechlich-haltbaren Doppelqualität fasziniert. Alchemistische Irrwege und obskure Ideen konnten zu produktiven Experimenten verleiten. Dass Forscher mitunter (er- bzw. heraus-) finden, was sie nicht gesucht haben, ist unumstritten. „Serendipity" (also die Entdeckung von etwas, wonach man gar nicht gesucht hat) ist zu einem Modebegriff der Wissenschaftstheorie avanciert. Das neuere Standardbeispiel für solche erfreulichen bzw. dilettantischen Entdeckungen ist Viagra; nach einem Mittel gegen erektile Dysfunktionen hatten die Pharmazeuten nicht gesucht, die das lukrative Medikament (er)fanden. Ein gewisser Anarchismus macht Forschungsprozesse produktiv, zumal dann, wenn sie im spannungsgeladenen Kontakt mit regelkonformer Standardwissenschaft stehen – das hat Paul Feyerabend 1975 in seiner Studie *Against Method – Outline of an Anarchist Theory of Knowledge* dargelegt. In der anhaltenden Konjunktur des brainstorming hat der Dilettantismus sein akademisches Anerkennungs-incognito gefunden; in der Schwarmintelligenz findet er seinen anonym-massenhaften Doppelgänger. Der Dilettant war der ausgeschlossene Eingeschlossene und ist heute der eingeschlossene Ausgeschlossene des Wissenschaftssystems.

Nicht nur der Status des Dilettantismus, sondern auch der gegenwärtige Status der Geisteswissenschaften lässt sich auf diese Formel bringen: Geisteswissenschaften verdanken ihre bis heute anhaltende Existenz ihrem dialektischen Status. Sie gehören ins Wissenschaftssystem und zugleich nicht ins Wissenschaftssystem, sie beruhen auf inkludierter Exklusion. Ihren frühen exklusiven Status, den sie noch zur Zeit der Humboldtschen Universitätsreform beanspruchten, haben sie nicht lange halten können; er erodierte zügig schon im natur- und technikwissenschaftlich geprägten neunzehnten

Jahrhundert. Dennoch haben sich die Geisteswissenschaften halten können, auch wenn sie immer wieder (wie etwa seit Margaret Thatcher in England) bedrohlich in Frage gestellt wurden.[26] An den nicht enden wollenden Selbstlegitimationsstrategien der Geisteswissenschaften fällt eine gewisse Großspurigkeit auf. Sie zieht den Verdacht auf sich, berechtigte Selbstzweifel euphemistisch zu verdrängen. Ohne Wissen um die Herkunft gebe es keine Zukunft; Geisteswissenschaften sorgten für die Selbstverständigungen, ohne die das Leben sinnlos wäre; sie analysierten und organisierten den basalen Konsens von Gesellschaften und Kulturen; ihr entspanntes Verhältnis zum Überfluss sei eine Notwendigkeit; sie sicherten Kultur, Frieden, Kommunikation und Verständigung; sie ermöglichten erst, im Eigenen das Fremde und im Fremden das Eigene zu erkennen – so und ähnlich lauten die geisteswissenschaftlichen Rechtfertigungen für die Fortexistenz der Geisteswissenschaften. Dergleichen klingt gut, doch diese hohe Tonlage kann nicht konkrete und hochnotpeinliche Fragen wie etwa die blockieren, warum denn trotz dieser hochgestimmten Programmatik so viele deutsche Geisteswissenschaftler sich den Nazis verschrieben haben.

Ob die alltägliche geisteswissenschaftliche Geschäftigkeit heutzutage Kleingeld auf die auffallend großen Scheine geisteswissenschaftlicher Selbstlegitimation herausgeben kann, ist nicht nur angesichts der grassierenden Frage nach der Systemrelevanz von diesem und jenem umstritten.[27] Fraglich ist seit ihren Anfängen auch, ob Geistes- und Kulturwissenschaften überhaupt den Anspruch erheben können, strenge Wissenschaften zu sein. Es genügt der Hinweis, dass Komposita wie Literatur-, Geistes- oder Kulturwissenschaft schon englisch oder französisch sprechende bzw. schreibende Vertreter dieser Disziplinen befremden. Sie kämen nicht auf die Idee, von ‚science of literature' oder ‚science de la littérature' zu sprechen; ‚humanities' oder ‚critique' gelten ihnen plausibler Weise als angemessenere Bezeichnungen für literatur- und weitere geisteswissenschaftliche Aktivitäten. Im *Jahrbuch der deutschen Schillergesellschaft* 2021 wurde über die weder sachlich noch stilistisch sonderlich prägnante Frage „Kommt die Literaturwissenschaft abhanden?" diskutiert.[28] Gemeinsam war den Beiträgen ein hohes Bewusstsein der Krise der universitären Disziplin, die da Literaturwissenschaft heißt – und des Umstands, dass Krisen die sog. Geisteswissenschaften seit ihren Anfän-

26. Einen beeindruckenden Überblick über die Geschichte der Geisteswissenschaften im 19. Und 20. Jahrhundert liefert Gerhard Poppenberg (bei starker Akzentuierung der Romanistik): Geist, Geschichte, Wirklichkeit – Grundfragen der Philologie in der deutschen Romanistik der ersten Hälfte des 20. Jahrhunderts. Heidelberg 2022

27. Cf. dazu Steffen Martus / Carlos Spoerhase: Geistesarbeit, l.c.

28. In: Jahrbuch der deutschen Schiller-Gesellschaft, Bd. LXV / 2021, edd. Alexander Honold et al. Göttingen 2021, pp. 379-482

gen begleiten. Und so plädieren die Teilnehmer an dieser Diskussion in der obligatorisch gewordenen Lust an der Vielfalt nebeneinanderher laufender Impulse mal dafür, Literatur und die an ihr interessierte Wissenschaft als Kontinuum oder als je neu einsetzende Disruption zu verstehen, die tradierte Distanz gegenüber Pop- und Trivialliteratur zu überwinden oder aber auf der Produktivität eines Kanons zu bestehen, die Macht von Narrativen auch in nichtästhetischen Sphären wie der Wirtschaft zu analysieren oder aber sich des Spezifikums der Poesie zu entsinnen, die Überspezialisierung oder umgekehrt Allgemeinheiten hinter sich zu lassen, Literatur als auf Aktualität fokussiertes Provokationsmedium zu verstehen, aber die mittelalterliche Literatur dabei nicht zu vergessen, die gute alte Poesie als Antidot zu den neuen Medien stark zu machen oder sich mehr um die Verstehensprozesse nichtprofessioneller digital-native-Leser zu kümmern. Schlagend deutlich wird an der in sich inkonsistenten Optionen-Vielfalt dieser durchweg wohlreflektiert vorgetragenen Beiträge, dass es so etwas wie eine Einheit des Faches Literaturwissenschaft und anderer Geisteswissenschaften nicht gibt. Allenfalls auf der (bereits erwähnten) rudimentär-handwerklichen Ebene herrscht fachinterner Konsens, nicht aber in methodischer Hinsicht und schon gar nicht im Hinblick auf leitende Fragestellungen.

Auffallend an diesen Diskussionsbeiträgen ist, dass eine naheliegende Option nicht diskutiert wird: nämlich Geistes- und insbesondere Literaturwissenschaften als Weltkinder in der Mitte zwischen Fachwissenschaften und Dilettantismus zu begreifen und zu praktizieren. Das dafür sprechende Argument klang ja bereits mehrfach an; Richard Wagner hat es am 5. Januar 1871 im Gespräch mit Cosima auf eine bündige Formel gebracht, als er sagte, „bis zu einem gewissen Grade seien alle unsere größten Dichter Dilettanten.“[29] Literatur handelt ohne spezifischen Kompetenznachweis derer, die sie verfasst haben, von schlechthin allem und somit auch von dem, was u.a. Soziologen, Psychologen, Mediziner, Medienwissenschaftler, Ökonomen, Kunstwissenschaftler, Musikologen, Theologen, Pädagogen und Historiker, aber durchaus auch Techniker, Physiker, Biologen, Epidemologen und Umweltwissenschaftler interessiert. Literaturwissenschaftler können in diesen und anderen Disziplinen (wie Genforschung oder Nanotechnologie) in aller Regel keine Spezialkompetenz nachweisen; sie dilettieren, wenn sie sich, vermittelt über deren literarische Darstellung, den einschlägigen Themen und Problemen zuwenden. Aber so dilettantisch sind sie nun auch wieder nicht. Haben sie doch in Examina, Promotionen und Habilitationen nachgewiesen, dass sie gehobenen Ansprüchen an Argumentieren, Recherchieren, Verifizieren, Falsifizieren, Belegen und Kontextualisieren gewachsen sind. Literaturwis-

29 Cosima Wagner: Die Tagebücher, ed. Martin Gregor-Dellin, Bd. I. München 1976, p. 337

senschaftler sind demnach Dilettanten und zugleich mehr als nur Dilettanten; was sie zu sagen haben, kann sich angenehm von nicht einmal dilettantischer Internetkommunikation unterscheiden, wenn, ja wenn es ihnen gelingt, literarische Impulse aufzugreifen und auf ihre sachliche Haltbarkeit zu überprüfen. Dann können Literaturwissenschaften Bemerkenswertes zur Klärung von Sachproblemen beitragen und festgefahrene Diskussionslagen kommunikativ verflüssigen.

Die schon seit geraumer Zeit andauernde und sich gegenwärtig zuspitzende Krise der Wissenschaftskommunikation ist bedrohlich – und eine Chance für sog. Geisteswissenschaften. Reizwörter wie Konstruktivismus, Relativismus, Dekonstruktion, postmoderne Beliebigkeit, fake news, Genderwahnsinn und alternative Fakten zeigen an, dass das immer schon bedrohte Vertrauen in die Wissenschaftlichkeit der Wissenschaften neue Dimensionen angenommen hat. Und es stimmt ja: Wer von Wissenschaften Eindeutigkeit verlangt, wird häufig enttäuscht. An Beispielen gerade auch aus dem Bereich der sog. harten Wissenschaften herrscht kein Mangel. Nicht nur die Äußerungen und Einschätzungen von Historikern, Soziologen, Theologen und Psychologen sind systematisch umstritten. Auch das, was fleißig rechnende Volkswirte, Virologen und AKW-Risiko-Sachverständige zu sagen haben, stößt weder bei Fachkollegen noch in der interessierten Öffentlichkeit automatisch auf Zustimmung. Selbst die Inbegriffe harter Wissenschaften wie Mathematik, Logik und Physik kennen und anerkennen spätestens seit Gödels Unvollständigkeits- und Heisenbergs Unschärfe-Theorem die Grenzen eindeutiger wahr-falsch-Unterscheidungen: Ob Schrödingers Katze tot oder lebendig ist, lässt sich nicht eindeutig feststellen. Daraus die heute bei allzu vielen beliebte Schlussfolgerung zu ziehen, die Unterscheidung von falschen und wahren Sätzen sei apriori falsch, das gesamte Wissenschaftssystem sei Humbug, zwischen Fakten und fake-news gäbe es keine kontrollierbare Grenze, alles sei halt relativ und man könne dies und jenes so oder eben auch anders sehen, wäre bzw. ist fatal. Denn es gibt zwar nicht die eine Wahrheit über alles bzw. das Große-Ganze, wohl aber wahre und falsche Sätze über dieses oder jenes. Ein nicht beliebiges Beispiel: Wer den Klimawandel leugnete oder als kosmisches Ereignis erklärte, das mit dem Tun von Menschen nichts zu tun habe, hat sich wissenschaftlich blamiert; solche Aussagen waren und sind falsch. Gerade weil der Zugang zur wahr/falsch-Unterscheidung nicht immer intuitiv möglich ist, gibt es Wissenschaften, die aufwändige Prozeduren der Wahrheitsfindung ebenso wenig scheuen wie die Vermutung, als wahr geltende Sätze könnten sich als falsifizierbar erweisen.

Geisteswissenschaften sind auf das Problem spezialisiert, dass man dies oder jenes so oder auch anders sehen und verstehen kann. Eine Dissonanz kann auch als schöne Tonfolge gehört werden, eine Fettecke kann als Kunstwerk geschätzt werden, ein Verbrecher kann edle Gründe für sein abgründiges Tun haben und sollte deshalb nicht nur als Krimineller wahrgenommen werden, eine Zerstörung kann schöpferisch sein, ein Heiliger könnte auch ein seltsamer Perverser sein – solche Kippmotive sind den Geisteswissenschaften vertraut. Denn die Kunstwerke, denen sie ihre Aufmerksamkeit widmen, haben ihrerseits ein inniges Verhältnis zu Mehr- und Vieldeutigkeiten. Gerade deshalb eignen sich Geisteswissenschaften als dilettierende Weltkinder in der Mitte zwischen Wissen und Unwissen. Neugierde treibt sie systematisch um; Phantasien und Fiktionen sind ihr Material; aber sie sind denn doch zu sehr akademisch kontrolliert, methodisch geschult und den Standards von Rationalität verpflichtet, um jeden beliebigen Unsinn und jede unsinnige Beliebigkeit durchgehen zu lassen.

Die in diesem Buch versammelten Studien, Essays und Interventionen wollen als geistes- und kulturwissenschaftliche Beiträge zu Problemen u.a. der Wirtschaft, der Medien, der Psychologie, der Soziologie, der Philosophie, der Theologie und der Politik verstanden werden – als Interventionen einer Geisteswissenschaft, die weiß, dass sie von allen guten Geistern verlassen wäre, wenn sie den Anspruch erhöbe, die bessere Fachwissenschaft zu sein; einer Geisteswissenschaft aber auch, die selbstbewusst hofft, Anregungen zu bieten, die die jeweils zuständigen Fachwissenschaften produktiv irritieren können. Der vorliegende Band bringt fachwissenschaftliche, nämlich germanistische und medienwissenschaftliche Beiträge, die den einschlägigen Standards zu entsprechen hoffen und zugleich von einem starken Interesse an den in den interpretierten Werken verhandelten Sachproblemen geprägt sind, mit Interventionen in ein Spannungsverhältnis, in denen ein Germanist und Medienwissenschaftler disziplinär fremdgeht. Aufsatzsammlungen mit bereits publizierten Beiträgen nur eines Autors (der überdies auch noch ein alter weißer Mann ist) sind aus leicht nachvollziehbaren Gründen nicht die Lieblinge von Verlagen und Rezensenten. Sie müssen sich kritische Urteile wie ‚Buchbindersynthese' gefallen lassen. Doch das Prinzip ‚Wiedervorlage' hat seinen eigenen Reiz. Es ist so unzeitgemäß, wie es klingt. Das alte Medium Buch ist auf Dauer angelegt; es hat ein entspannteres Verhältnis zum Altern als Internetformate. Nach längerer Zeit zu prüfen, was vormals zu Papier gebracht wurde, ist schon deshalb produktiv, weil sich nur so erschließen lässt, was sich wie verändert hat – und was möglicherweise Bestand hat.

Die unter der Überschrift *Denkmodelle* versammelten Texte des ersten Teils sind auratischen Namen der kritischen Wissenschaft gewidmet, die bis heute im universitären Betrieb paradox ge- und behandelt werden – nämlich als kanonische Außenseiter. Hegel, Marx und Freud standen und stehen für umstrittene Denk-Modelle. Das teilen sie mit Jacques Derrida, Friedrich Kittler und Peter Sloterdijk. Gemeinsam ist diesen Theoretikern, so die leitende These, eine bemerkenswerte Affinität zum Medium der Literatur, dem sie Erkenntnisse und Einsichten sui generis zutrauen und verdanken. Wie sich alt gewordene Medien (u.a. Filme von Scorsese und Ozon, die Presse, das Fernsehen, Wagners Opern, ein zeitgenössischer Roman) im neuen Mediensystem platzieren, ist die Leitfrage des zweiten Teils, der unter dem Titel *Die Zeit der Medien* steht. *Ökonomie und Politik* ist der dritte Teil dieses Buches überschrieben. Mehrere Beiträge sind dem mittlerweile fast dreitausend Jahre alten Leitmedium Geld gewidmet, das viel zu selten nun eben als Medium und zwar als das mächtigste, alle Epochenbrüche überdauernde und alle sozialen Subsysteme (mit-) prägende, ausschlaggebende Medium wahrgenommen wird. Dem Medium Geld eignet eine eigentümlich anonyme, apersonale, tiefenstrukturale Gewalt. Sie provoziert stets erneut skandalträchtige, häufig hochpersonalisierte Komplementär- oder Kontrastimpulse aus den Sphären u.a. der Politik, der Kirchen oder der Kunst, aber auch populistische Bewegungen, monströse Attentate wie das von Anders Breivik sowie einhegende Bemühungen um politische Korrektheit und gendergerechtes Sprechen. Ihnen gelten die Fallstudien dieses Kapitels.

Goethe hat in diesem Band das erste wie das letzte (Vor- bzw. Nach-)Wort. Sein Werk ist kein Geheimtip. Dass ein Germanist ihn für einen Klassiker hält, der epochenübergreifend Entscheidendes zu sagen hat, ist ebenfalls nicht überraschend. Überraschend aber ist, dass gerade der kanonische Autor Goethe es stets erneut schafft, vermeintlich gültiges Expertenwissen prägnant in Frage zu stellen und dem seiner selbst gewissen Müßiggänger in den Sphären des Wissens die wohlfeilen Überzeugungen zu entwenden.[30] Goethes Werk ist Ausdruck eines souveränen Dilettantismus, der weiß, dass wir nichts Endgültiges und schon gar nichts über letzte Fundamente wissen können. Sein Werk ermutigt und ermuntert gerade in postmodernen Zeiten dazu, den Dilettantismus als den kognitiven Normalfall zu verstehen, der Einblicke in Ausnahmezustände verspricht.

30. Jeremy Adlers große Goethe-Biographie hat die Produktivität von Goethes poetisch vermittelten sachlichen Einsichten in den Stand der Moderne herausgestellt: Goethe – Die Erfindung der Moderne. München 2022

I

Denkmodelle

Das Schreibzeug und die Rede. Derridas Crayon

Sokrates schreibt, Platon nicht – so will es, das überlieferte Schema umkehrend, das seltsame Frontispiz einer Schrift aus dem dreizehnten Jahrhundert, das in der Bodleian Library zu Oxford aufbewahrt wird und das den französischen Philosophen Jacques Derrida, der ein außergewöhnlich produktiver Schreiber war, faszinierte.

Sokrates, den ein Schriftzug über seiner hohen geschwungenen Mütze eindeutig nun eben als Sok(c)rates ausweist, Sokrates sitzt auf einem stabilen Sessel und schreibt bzw. ist im Begriff, das vor ihm liegende noch leere Blatt auf der schrägen Schreibfläche mit Zeichen zu füllen. In der rechten Hand hält er ein Schreibgerät, das er in ein Tintenfass taucht; die linke Hand umklammert ebenfalls ein spitz zulaufendes Schreibgerät bzw. ein messerförmiges Gebilde. Die Augen des Sokrates sind aufgerissen, er ist präsent in jedem Wortsinne, seine Schreiblust ist nicht zu stoppen bzw. wäre nicht zu stoppen, wenn ihn nicht Platon – auch er ist namentlich durch einen Schriftzug über seiner schlichten Mütze eindeutig identifiziert – irritierte, der ihn mit dem ausgestreckten Zeigefinger seiner rechten Hand am Rücken berührt, während der ebenfalls ausgestreckte Zeigefinger seiner linken Hand ins Blickfeld des Schreibenden gerät und in höhere Sphären weist. Auch Platons Augen sind weit aufgerissen, seine Mimik verrät ein hohes Maß an Anspannung, die Gesten scheinen Sokrates von seinem Schreibprojekt abhalten zu wollen. Noch hat er nicht(s) geschrieben.

Die ersichtliche Erregung Platons ist verständlich. Bricht dieser Sokrates doch die Konvention, die ihm die Rolle des Redenden und Schriftkritikers, Platon aber die des Schreibers, des Aufzeichners sokratischer Dialog- und Argumentationskunst zuweist. Sokrates ist „der, der nicht schreibt, wie Nietzsche sagte“ (28 – eingeklammerte Seitenangaben beziehen sich auf die eigenartige bis eigenwillige Übersetzung von Derridas *Carte postale* ins Französisch-Deutsche durch Hans-Joachim Metzger = Jacques Derrida: Die Postkarte von Sokrates bis an Freud und jenseits. Berlin 1982). Dieses Merkmal teilt Sokrates mit Jesus Christus: Die beiden bestimmenden Diskursbegründer des sogenannten christlichen Abendlandes haben kein schriftliches Werk hinterlassen. Wohl aber haben sie Schriften ohne Zahl provoziert. Man muss kein Psychoanalytiker sein, um Sokrates und Christus als orale Charaktere zu identifizieren, die ein entspanntes bis enthusiastisches Verhältnis zum Sprechen und Predigen, zum Essen und Trinken, zum Symposion und zum Abendmahl kultivieren und durchaus auch zum (im Falle des Sokrates: erotischen, im Hinblick auf Jesus Christus: keuschen) Küssen. Das hermeneutische Erzschema, nachdem der Buchstabe tötet, der Geist aber lebendig macht (2. Kor. 3,6), sorgt für Kreuzungen auf den Wegen von und nach Athen bzw. Jerusalem. Der biblische Gott hat die Welt sprechend und nicht etwa durch ein schriftliches Dekret, geschweige denn durch die Investition von geliehenem Papiergeld geschaffen. In Jesus Christus ist das göttliche Wort Fleisch und nicht etwa Schrift geworden. Genau das aber sollen Heilige Schriften bekunden und beurkunden. Sokrates hat wie nach ihm Jesus Christus kraft seiner geistesgegenwärtigen Rede für weitreichende Einsichten in das Wesen der Wahrheit, der Liebe, der Sprache, der Ideen, des Seins und der Zeit gesorgt. Und diese Reden hat Platon schriftlich fixiert. Hätten die Evangelisten, der Apostel Paulus und andere nicht Zeugnis vom lebendigen Wort Christi abgelegt, hätte Platon nicht die Dialogkunst des Sokrates festgehalten, so wären ihre Worte wenn nicht im Winde verweht, so doch dem stets labilen Gedächtnis anvertraut worden und schließlich im reißenden Fluss der Zeit untergegangen. Denn der Spruch „Scripta manent, verba volant" (Schriften bleiben, Worte verfliegen / wer schreibt, bleibt; wer spricht, nicht) gilt noch für göttliche bzw. tiefphilosophische Worte.

Nach einem großen Wort Nietzsches ist das Christentum Platonismus fürs Volk. Beide Diskurse, der platonische wie der christliche, etablieren klare Dichotomien zwischen Ewigkeit und Zeit, lebendiger Rede und totem Buchstaben, willigem Geist und schwachem Fleisch, reiner Idee und unreiner Materie – und beide verstricken sich in Paradoxien, weil sie jeweils dem negativ markierten Term funktionale Priorität über den positiven Term einräumen müssen. Sokrates und Jesus sterben als Opponenten der gültigen, der rechten Ordnung; die Häretiker werden Begründer mächtiger, übermächtiger Diskurse – „wie sehr dieses alte Paar (hier sind Sokrates und Platon gemeint, J. H.) in unsere privateste Häuslichkeit eingedrungen ist, indem es sich in alles einmischt, an allem seinen Anteil nimmt, und uns seit Jahrhunderten ihren kolossalen und unermüdlichen Anaparalysen beiwohnen macht" (26). Die Reden derer, die stets Distanz zur Schrift gehalten haben, werden in und von Schriften versiegelt, die bald als kanonisch, gar heilig gelten. Ohne tote Schrift wäre die lebendige Rede nicht tradierbar. Nun ist es bemerkenswert, dass sowohl Jesus als auch der Sokrates dieses Bildes der Versuchung zu schreiben ausgesetzt sind. Das Evangelium des logosseligen Johannes erwähnt in einer der kryptischsten Passagen des Neuen Testamentes überhaupt, dass Jesus einmal doch geschrieben hat – anders als der Oxforder Postkarten-Sokrates ohne Schreibgerät, mit dem bloßen Finger, auf die bloße Erde. „1 Jesus aber ging an den Ölberg. 2 Und frühmorgens kam er wieder in den Tempel, und alles Volk kam zu ihm; und er setzte sich und lehrte sie. 3 Aber die Schriftgelehrten und Pharisäer brachten ein Weib zu ihm, im Ehebruch ergriffen, und stellten sie in die Mitte dar 4 und sprachen zu ihm: Meister, dies Weib ist ergriffen auf frischer Tat im Ehebruch. 5 Mose aber hat uns im Gesetz geboten, solche zu steinigen; was sagst du? 6 Das sprachen sie aber, ihn zu versuchen, auf daß sie eine Sache wider ihn hätten. Aber Jesus bückte sich nieder und schrieb mit dem Finger auf die Erde. 7 Als sie nun anhielten, ihn zu fragen, richtete er sich auf und sprach zu ihnen: Wer unter euch ohne Sünde ist, der werfe den ersten Stein auf sie. 8 Und bückte sich wieder nieder und schrieb auf die Erde. 9 Da sie aber das hörten, gingen sie hinaus (von ihrem Gewissen überführt), einer nach dem andern, von den Ältesten bis zu den Geringsten; und Jesus ward gelassen allein und das Weib in der Mitte stehend.“ (Joh. 8, 1–9)

Was Jesus da geschrieben hat – wir wissen es nicht. Johannes, der Griechenchrist, hat es nicht gelesen bzw. nicht überliefert. Ein verbreitetes Theologumenon besagt, dass Jesus schlicht die Buchstaben des (sei es hebräischen, sei es griechischen) Alphabets der Erde anvertraut und also virtuell alles geschrieben hat. Der Oxforder Sokrates schreibt hingegen nicht mit leeren, sondern gleich mit beiden Händen. Er ist armiert. Doch auch er hinterlässt keine von anderen lesbaren Zeichen; das Blatt vor ihm bleibt weiß und unschuldig. Eingelassen ist die enigmatische christliche Schreibszene in eine der wirkungsmächtigsten Reden und Botschaften Jesu: Wer ohne Sünde ist, möge den ersten Stein werfen. Ein bis heute fromme christliche Gemüter verletzender Witz phantasiert, dass die sündenfreie Muttergottes anwesend war, als die Worte ihres Sohnes ergingen und folgsam den ersten Stein auf die Ehebrecherin geworfen hat. Seltsam ist jedenfalls, dass der einmalige Schreibakt Christi in explizit sexuelle Kontexte eingelassen ist und – dass Jesus die Kommunikation verweigert. Er spricht nicht, er schreibt, aber er schreibt, was für andere nicht lesbar ist. Und er schreibt ohne Stift, mit bloßem Finger, nicht auf eine Tafel, nicht auf ein Papyros oder ein Pergament, sondern auf die gleichermaßen bloße Erde.

Derridas Oxforder Sokrates ist hingegen von Schreibstiften regelrecht besessen. „Was mich angeht, so sage ich Dir, que je vois Plato bander dans le dos de Socrates und die unsinnige Hybris seines Schwanzes, eine endlose, unverhältnismäßige Erektion, wie eine einzige Idee durch den Kopf von Paris und den Stuhl des Kopisten schießen, ehe sie sacht, noch ganz warm, unter den rechten Schenkel von Socrates gleitet, in Harmonie oder Symphonie der Bewegung mit diesem Bündel von Phalli, den Spitzen, Federn, Fingern, Nägeln und Kratzern, den Schreibwerkzeugen selbst, die sich in die gleiche Richtung richten. Die Di-Rektion, die Dierektion dieses Paars“ (25) – Derridas di-erektive Wendung erinnert an die aus Walter Benjamins kurzem Sokrates-Essay, in dem es heißt: „Die sokratische Frage bedrängt die Antwort von außen, sie stellt sie wie die Hunde einen edlen Hirsch. Die sokratische Frage ist nicht zart und so sehr schöpferisch als empfangend, nicht geniushaft. Sie ist gleich der sokratischen Ironie, die in ihr steckt – man gestatte ein furchtbares Bild für eine furchtbare Sache – eine Erektion des Wissens."[31]

Die phallische Qualität von Schreibgeräten und die intime und eben deshalb von Eifersucht und Konkurrenz nicht freie Verbindung zwischen dem Schreib- und dem Liebesakt ist nicht erst Freud aufgefallen. Schon Cicero macht auf die enge Verwandtschaft der lateinischen Worte „pennula" (sich entfaltende Flügel), „penna" (Feder), penellus/penincillus" (Pinsel) und „penis" aufmerksam.[32] Die englischen Worte „pen" und „pencil" eröffnen auch Köpfen, die an Etymologien wenig Interesse haben, erotische Assoziationsräume. Ob sie denselben Ursprung haben, ist umstritten. Das englische Wort „pen" stammt direkt vom dem lateinischen „penna" ab, das Wort „pencil" dürfte sich hingegen von lat. „pendere" (dependere, suspendere, appendix etc.) herleiten und das Anhängende bezeichnen. Wer eine penna, einen pen, einen pencil zur Hand nimmt, kann damit Schriften und Bücher (libri) hervorbringen, die alle mitsamt dem Projekt verschrieben sind, die Wahrheit zu bezeugen; ein Penis, der sich zum Phallus aufschwingt, kann hingegen Kinder (liberi) zeugen. Aut liberi aut libri – entweder muss man sich, so die (Pseudo-)Weisheit von Mönchen im lateinischen Mittelalter, für das weltliche Leben und damit für die Zeugung von Kindern entscheiden oder aber für das transerotische Leben des Geistes, das (heiligen) Büchern und dem Willen verschrieben ist, der Sünde keinen Erben zu machen.

Ein Mann, der den Familiennamen Mann und den Vornamen eines berühmten Ungläubigen trägt, hat nach Freud und vor Derrida und jenseits wie diesseits beider einen Stift und näherhin einen crayon zum leitmotivischen Requisit seines Bildungsromans gemacht. „Kannst Du mir einen Bleistift leihen?"[33] fragt in Thomas Manns *Zauberberg*-Roman der junge Hans Castorp auf dem Schulhof scheu den angehimmelten Schulkameraden, der den thanatologischen Nachnamen Hippe und einen exotischen Vornamen trägt, der auf der erotischen Silbe „lav"/love endet: Pribislav. „‚Gern', sagte er. ‚Du mußt ihn mir nach der Stunde aber bestimmt zurückgeben.' Und zog einen Crayon aus der Tasche, ein versilbertes Crayon mit einem Ring, den man aufwärts schieben mußte, damit der rot gefärbte Stift aus der Metallhülse wachse. Er erläuterte den einfachen Mechanismus, während ihre beiden Köpfe sich da-

31. Walter Benjamin: Sokrates; in: Gesammelte Schriften, edd. Tiedemann/Schweppenhäuser, Bd. II/1. Ffm 1977, p. 131

32. Cicero: Epistulae ad Familiares. 9.22.2. Cf. dazu u.a. J.N. Adams: The latin sexual vocabulary. Baltimore 1982, p. 35 sq., Jeff Jeske: Storied Words – The Writer's Vocabulary and Its Origins. 2004 und Ulrich Pfisterer: Kunst-Geburten – Kreativität, Erotik, Körper. Berlin 2014, p. 48 sqq.

33. Thomas Mann: Der *Zauberberg*, ed. Michael Naumann, Frankfurter Ausgabe Bd. 5.1. Ffm 2002, p. 187. Zum Crayon-Motiv im Zauberberg cf. ausführlich Jochen Hörisch: Gott, Geld und Glück – Zur Logik der Liebe in den Bildungsromanen von Goethe, Keller und Thomas Mann. Ffm 1983

rüber neigten. / ‚Aber mach ihn nicht entzwei!‘ sagte er noch.“ Viele Jahre später wird sich Hans Castorp erneut einen Stift leihen, um in beschwingter Symposions-Stimmung mit verbundenen Augen ein Schwein zu zeichnen. Diesmal bittet er eine Frau um die Gabe eines Stiftes, eine Frau, die keinen anderen Familiennamen als diesen trägt: heiße Katze, und deren Vorname wie der Hippes phonetisch das Wort ‚love‘ (law / lav) einfängt. Clawdia Chauchat „kramte in ihrem Ledertäschchen, blickte suchend hinein und zog unter einem Taschentuch, das sie zuerst zutage gefördert, ein kleines silbernes Crayon hervor, dünn und zerbrechlich, ein Galanteriesächelchen, zu ernsthafter Tätigkeit kaum zu gebrauchen. Der Bleistift von damals, der erste, war handlich-rechtschaffener gewesen. / ‚Voilà‘, sagte sie und hielt ihm das Stiftchen vor die Augen, indem sie es zwischen Daumen und Zeigefinger an der Spitze hielt und leicht hin und her schlenkerte. (...) Also geh, spute dich, zeichne, zeichne gut, zeichne dich aus.“[34] Eine Klitoris ist kein Phallus, so wie ein Symposion keine Eucharistiefeier ist. Um so reizvoller ist es, die erotisch-religiösen-semantischen Differenzen zwischen diesen Sphären zu dekonstruieren. Hans Castorp und Clawdia Chauchat werden an den seltsamen Mysterien teilnehmen, die Mynheer Peeperkorn zelebriert und die Sokrates und Christus zusammen und auseinanderbringen. Hans Castorp aber wird sich in der Nacht, die dem beschwingten Abend folgt, an dem er sich von einer heißen Katze einen crayon entlieh, auszeichnen und eine ausgezeichnete Erfahrung machen. Nach all den geistreichen Einsichten, die ihm im Umkreis einer penna, eines pens, eines crayons zuteil wurden, werden Clawdia und er nicht schreiben und (be)zeichnen, sondern Liebe machen.

34. Ibid., p. 505 sq.

Die Gewalt der Zeit und die Zeit der Gewalt

Stern und Blume, Geist und Kleid,
Lieb, Leid und Zeit und Ewigkeit!
Clemens Brentano

Zeit ist ein gewaltiges Thema und Problem, Gewalt desgleichen. Zeit und Gewalt stehen zueinander in einem ebenso intimen wie angespannten Verhältnis. Wer gegenüber einem sterblichen Menschen Gewalt ausübt, indem er ihn physisch und oder psychisch verletzt, raubt ihm gute, gesunde, erfüllte Lebenszeit. Wer gar einen Menschen tötet, macht sich zum (fast) absoluten Herrn seiner Lebenszeit. Er bringt ihn um alles. Totschläger, Mörder, Terroristen, Gewaltverbrecher aller Art spüren, auch wenn sie nicht das intellektuelle Format von Romanfiguren Dostojewskis haben, eine perverse Genugtuung: sie personalisieren die eigentümlich sachliche und transpersonale Gewalt der Zeit, sie schwingen sich in gewisser Weise zu Herren über die Zeit auf. Der Gewalttäter unterliegt zwar selbst der Gewalt der Zeit, auch er wird älter werden und zu einem unbestimmten Zeitpunkt sterben. Aber er hat sich, einen anderen Menschen tötend, dem Phantasma hingeben können, Herrscher wenn nicht über die Zeit schlechthin oder über die eigene Lebenszeit, so doch über die Lebenszeit eines anderen sein zu können. In seiner 2008 erschienenen Studie *Vertrauen und Gewalt – Versuch über eine besondere Konstellation der Moderne*[35] unterscheidet Jan Philipp Reemtsma drei Typen von Gewalt: die „lozierende Gewalt" zielt auf die körperliche Beseitigung von Feinden und Konkurrenten, die dem eigenen Willen und den eigenen Interessen im Wege stehen und deshalb aus dem Weg geräumt werden müssen; die „raptive Gewalt" vernichtet nicht direkt den Körper des anderen, sondern vergewaltigt ihn, bemächtigt sich seiner (etwa durch Vergewaltigung oder Sklaverei); die „autotelische Gewalt" hat ihr Ziel in sich selbst, Gewaltausübung wird dann (sadistisch) als lustvoll erlebt. Gemeinsam ist diesen drei Formen von Gewalt, dass sie denen, die sie ausüben, das Gefühl verschafft, Tatherrschaft zu haben, also über etwas verfügen zu können, was sonst als unverfügbar gilt.

Zeit und Gewalt – das „und" zwischen den Worten ‚Zeit' und ‚Gewalt' ist nicht additiv oder gar steigernd zu verstehen. Es stellt vielmehr zwei Begriffe nebeneinander, die sehr unterschiedlichen Sphären angehören und doch auch eng zusammengehören. Gewalt gegen Menschen ist, welch höhere Trivialität, extrem personalisiert. Zeit ist hingegen eine extrem anonyme, aber eben auch eine ebenso gewaltige wie apersonale Macht. Die Fokussierung

35. Hamburg 2008

auf Zeit verringert deshalb erst einmal die Komplexität des Gewaltproblems, zu dessen soziologischer und psychologischer Analyse u.a. Max Weber[36], Heinrich Popitz und Jan Philipp Reemtsma Entscheidendes beigetragen haben. Diese und viele andere kluge Studien zum Gewaltproblem[37] sind gewissermaßen a priori auf interpersonale Gewaltkonstellationen fokussiert. Das ist auch hochplausibel. Denn Gewalt widerfährt Personen und wird in aller Regel von Personen ausgeübt.[38] Ein Machtapparat kann unpersönlich sein, er schreibt z.B. computergeneriert Rechnungen oder drängt per Videoüberwachung auf die Einhaltung von Verkehrsregeln. Gewalt hat hingegen – nicht nur im Fall von Vergewaltigung – eine starke persönliche, ja intime bzw. eben Intimitätsbedürfnisse verletzende Dimension. Wer Gewalt ausübt, schert sich (von aufschlussreichen Grenzfällen wie dem der masochistischen Lust abgesehen) nicht um den Willen des in diesem Sinne Vergewaltigten – „bist du nicht willig, so brauch ich Gewalt." Ob Kindesmissbrauch oder Vergewaltigung, ob Schulhofprügelei oder Folter, ob Totschlag oder Mord – Gewalt wird von einer Person oder einer Gruppe gegen eine andere Person oder Gruppe verübt.

In der 1986 erschienenen Studie *Phänomene der Macht* von Heinrich Popitz heißt es: „Der Mensch muß nie, kann aber immer gewaltsam handeln, er muß nie, kann aber immer töten ... – jedermann. Gewalt überhaupt und Gewalt des Töten im besonderen ist ... kein bloßer Betriebsunfall sozialer Beziehungen, keine Randerscheinung sozialer Ordnungen und nicht lediglich ein Extremfall oder eine ultima ratio (von der nicht so viel Wesens gemacht werden sollte). Gewalt ist in der Tat ... eine Option menschlichen Handelns, die ständig präsent ist. Keine umfassende soziale Ordnung beruht auf der Prämisse der Gewaltlosigkeit. Die Macht zu töten und die Ohnmacht des Opfers sind latent oder manifest Bestimmungsgründe der Struktur sozialen Zusammenlebens."[39]

36. Um nur eine Überlegung aus Max Webers Hauptwerk *Wirtschaft und Gesellschaft* zum Komplex Gewalt anzuführen: „Gewaltsames Gemeinschaftshandeln ist selbstverständlich an sich etwas schlechthin Urwüchsiges: von der Hausgemeinschaft bis zur Partei griff von jeher jede Gemeinschaft da zur physischen Gewalt, wo sie mußte oder konnte, um die Interessen der Beteiligten zu wahren. Entwicklungsprodukt ist nur die Monopolisierung der legitimen Gewaltsamkeit durch den politischen Gebietsverband und dessen rationale Vergesellschaftung zu einer anstaltsmäßigen Ordnung." (Max Weber: Wirtschaft und Gesellschaft – Grundriß der verstehenden Soziologie, ed. Johannes Winckelmann. Tübingen 1980, p. 516)

37. Zu erwähnen sind aus der reichen Literatur zum Thema vor allem die Studien von Wolfgang Sofsky: Traktat über die Gewalt. Ffm 1996 und von Steven Pinker: Gewalt – Eine neue Geschichte der Menschheit. Ffm 2011 (The Better Angels of Our Nature: Why Violence Has Declined. New York 2011). Das Problem ‚Gewalt der Zeit' steht aber in diesen und vielen anderen Büchern zum Gewalt-Komplex nicht zur Diskussion.

38. Gewalt gegen Sachen und Gewalt gegenüber Tieren ist – diskurshistorisch gesehen – ein von Phänomenen der Gewalt zwischen Menschen abgeleitetes, sekundäres Thema; ein Umstand, den Kulturkritiker seinerseits als Verdrängungs- bzw. Vergewaltigungsphänomen begreifen können.

39. Heinrich Popitz: Phänomene der Macht. Tübingen 1986, pp. 76 und 82sq.

Wer nun aber bei der Analyse von Gewaltphänomenen und Gewaltstrukturen „nur“ auf interpersonale Gewalt fokussiert ist, blendet das rätselhafte Problem nicht-personaler und spezifisch: temporalontologischer Gewalt aus. Sein selbst ist zeitlich verfasst; Zeit, vergehende Zeit ist, wie wir nicht erst seit Kant wissen, ein Apriori all unserer Erfahrungen. Keine Macht der Welt kann die Gewalt der Zeit bezwingen. Die Herrschaft der Zeit braucht keine Aufstände und Revolutionen zu fürchten. Zeit verrinnt, sie lässt sich in diesem ihren Tun durch nichts und niemanden irritieren. Zu den kaum lösbaren Paradoxien, die das Struktur-Phänomen Zeit, Zeitlichkeit, Endlichkeit betreffen, dürfte es gehören, dass wir nicht wissen, ob Zeit weniger wird, wenn sie vergeht, oder ob sie ihrerseits den Gesetzen der Endlichkeit unterliegt. Ob es vor dem big bang Zeit gab, ob es nach dem Erlöschen des Kosmos noch Zeit geben wird, ob Zeit Sein überlebt – ebenso müßige wie reizvolle Fragen.

Unabhängig davon, ob man über Gewalt gegen Sachen, Gewalt gegen Pflanzen und Tiere oder Gewalt gegen Menschen spricht – Sachen, Pflanzen, Tiere und Menschen unterliegen in unterschiedlicher Weise, aber doch alle mitsamt der Gewalt der Zeit. Und diese Gewalt, diese gewaltige Macht, die über uns waltet, ist eigentümlich subjektlos, apersonal, anonym. Wohl deshalb hat Hugo von Hofmannsthal im *Rosenkavalier* die Zeit, für viele irritierend, als „Ding“, als „sonderbares Ding“ verstanden. „Die Zeit“, so klagt die nicht mehr ganz junge Marschallin ihrem jugendlichen Geliebten,

> die ist ein sonderbares Ding.
> Wenn man so hinlebt, ist sie rein gar nichts.
> Aber dann auf einmal,
> da spürt man nichts als sie:
> sie ist um uns herum, sie ist auch in uns drinnen.
> In den Gesichtern rieselt sie, im Spiegel da rieselt sie,
> in meinen Schläfen fließt sie.
> Und zwischen mir und dir da fließt sie wieder.
> Lautlos, wie eine Sanduhr.
> O Quin-quin!
> Manchmal hör ich sie fließen unaufhaltsam.
> Manchmal steh ich auf, mitten in der Nacht,
> und laß die Uhren alle stehen.

Octavian antwortet dieser Klage, die um die apersonale, aber intime Omnipräsenz der Zeit kreist, indem er ausdrücklich den Begriff der ‚Gewalt‘ ins Spiel bringt: „Mein schöner Schatz, will Sie sich traurig machen mit Gewalt?“

Die Feststellung ist trivial und tiefsinnig zugleich: Alle Lebewesen altern und sterben, auch wenn sie das nicht wollen. Ihnen wird Gewalt angetan durch das bloße Walten der Zeit. Man mag eine Weile halbwegs erfolgreich verdrängen, dass und wie Zeit waltet, aber man kann schlicht nichts dagegen tun, dass man älter wird, dass man altert, dass man sterben muss. Man kann sich zwar pflegen, Sport treiben, gesund leben und Anti-Aging-Programmen folgen. Aber all das ändert nichts daran, dass man dem Faktum hilflos ausgeliefert ist, eines Tages fünfzig, sechzig, siebzig oder achtzig Jahre alt zu sein und in nicht allzu ferner Zukunft sterben zu müssen. Wie man mit diesem Faktum umgeht, steht zur Disposition – das Faktum, dass Sein und Dasein selbst zeitlich verfasst sind, steht hingegen nicht zur Disposition. Man kann sich mit Sätzen wie dem trösten, dass nur eines schlimmer ist als sechzig, siebzig oder achtzig Jahre alt zu werden, nämlich nicht sechzig, siebzig oder achtzig Jahre alt zu werden, also jung zu sterben. Aber keine Macht der Welt kann gegen die Gewalt der Zeit grundsätzlich etwas ausrichten. Zeit waltet gewaltsam; wir sind dieser Gewalt hilflos ausgeliefert. Bestenfalls gelingt es uns, uns mit dieser Gewalt zu arrangieren. Aufstände gegen die Gewalt der Zeit sind offenbar sinnlos; Resignation, wenn nicht gar Identifikation mit dem Aggressor, der da Zeit heißt, ist eine verbreitete Option. Um mit den eindringlichen Versen von Goethes Gedicht *Dauer im Wechsel* zu formulieren:

Hielte diesen frühen Segen
Ach nur Eine Stunde fest!
Aber vollen Blütenregen
Schüttelt schon der laue West.
Soll ich mich des Grünen freuen?
Dem ich Schatten erst verdankt;
Bald wird Sturm auch das zerstreuen,
Wenn es falb im Herbst geschwankt.

Willst du nach den Früchten greifen;
Eilig nimm dein Teil davon!
Diese fangen an zu reifen
Und die andern keimen schon;
Gleich mit jedem Regengusse,
Ändert sich dein holdes Tal,
Ach! und in demselben Flusse
Schwimmst du nicht zum zweitenmal.[40]

40. Goethe: Gedichte 1800–1832, ed. Karl Eibl (Frankfurter Ausgabe I. Abt. / Bd. 2.). Ffm 1988, p. 78

Wer sein Leiden an der Gewalt und der Macht von Zeit[41] kritisch artikulieren will, steht vor dem berühmt-berüchtigten und dennoch bis heute systematisch unterschätzten Adressatenproblem: Die Zeit hat keine Anschrift, man kann sich bei ihr nicht per Mail oder Telefonanruf beschweren. Notabene: Auch die Moderne, der Kapitalismus oder die Globalisierung, um nur diese notorisch der illegitimen Gewaltausübung verdächtigen Größen zu nennen, lassen sich nicht in dem Sinne kritisieren, dass man vor ihrem Wohn- bzw. Amtssitz eine Demonstration organisiert oder sie vor Gericht zerrt. Die Deutsche Bank hat eine Adresse, das Geld nicht; Altersheime und auch Friedhöfe haben eine Adresse, die Zeit nicht; der Vatikan hat eine Adresse, Gott nicht – Gebete werden nicht mit Eingangsbestätigungen quittiert. Eine Protestkundgebung vor oder auf einem Friedhof mit Transparenten, auf denen Parolen stünden wie ‚Nieder mit dem Tod' oder ‚Tod dem Tod', ‚Für Ewigkeit, gegen Endlichkeit' oder ‚Für Sein, gegen Zeit' hätte ihren surrealistischen Reiz; sonderlich sinnvoll wäre sie nicht; die Zeit lässt sich von noch so klugen und freundlichen Einwänden gegen ihre gewaltsamen Momente nicht beeindrucken.

Nun wissen alle, die nicht völlig dement sind, dass es wenig sinnvoll ist, vor dem Altersheim gegen Zeitlichkeit und Endlichkeit sowie die Zumutungen des Älterwerdens überhaupt zu demonstrieren – sinnvoll sind hingegen Protestaktionen gegen bestimmte Weisen des Umgangs mit pflegebedürftigen Alten in diesem oder jenem Heim, das eine distinkte Adresse hat. Dieses schlichte Adressatenproblem stellt sich in besonderer Weise auch im Hinblick auf die Gewalt der Zeit: Sie ist extrem zumutungsreich, denn sie nimmt systematisch – in the long run, dem zweiten Satz der Thermodynamik entsprechend: allen alles. Und diese Gewalt ist zugleich zumutungsreich anonym. Nimmt sie uns doch noch die Möglichkeit, gegen sie zu protestieren. Sogar große Geister wie Goethe, Picasso oder Canetti, die das Einverständnis mit der unabweislichen Gewalt des Todes als pseudoweise Schwäche bekämpften, verhalten sich grenzwertig, wenn sie den Tod verwerfen, so wie es etwa Goethe mit seinem berühmten Spruch „Den Tod aber statuire ich nicht“[42] tut. Ernst Förster hat das Gespräch mit dem alten Goethe aus dem Jahr 1825 festgehalten und dabei gewiss stilisiert, aber wie! Hier die Formel im Kontext: „ein junger Maler aus Berlin, dessen Name ihn schon zu Anstrengungen für eine bedeutende Zukunft auffordert – er unterzeichnet sich Lessing“ (es handelt sich um Carl Friedrich Lessing, der von 1808 bis 1880

41. Cf. Michael Theunissen: Negative Theologie der Zeit. Ffm 1991

42. Überliefert ist die Aufzeichnung durch den Band *Kunst und Leben – Aus Friedrich Förster's Nachlaß*, ed. H. Kletke. Berlin 1873, p. 184 sq. Auch in: Goethes Gespräche in fünf Bänden, ed. Wolfgang Herwig. Bd. 5. Stuttgart 1965–1987, p. 289

lebte, also 1825 gerade mal 17 Jahre alt war, J. H.), hat Goethe ein Gemälde gesandt, das diesem nicht zusagt. „Und nun die Staffage: ein Zug von Mönchen, noch dazu Barfüßer, im Schnee, giebt einem abgeschiedenen Bruder, der im Sarge liegend auf schwarzbehangener Bahre nach der Gruft in einem verfallenen Kloster getragen wird, das Geleit. Das sind lauter Negationen des Lebens und ›der freundlichen Gewohnheit des Daseins‹ – um mich meiner eignen Worte zu bedienen. Zuerst also die erstorbene Natur, Winterlandschaft: den Winter statuire ich nicht; dann Mönche, Flüchtlinge aus dem Leben, lebendig Begrabene: Mönche statuire ich nicht; dann ein Kloster, zwar ein verfallenes, allein ein Kloster statuire ich nicht; und nun zuletzt, nun vollends noch ein Todter, den Tod aber statuire ich nicht."

So schwer es fällt, Goethe zu kritisieren: Mönche und Klöster kann man im Namen lebensfroher Weltfrömmigkeit in nachvollziehbarer Weise kritisieren; den Tod hingegen nicht. Denn stets erneut bewährt sich die so zynische wie sachlich richtige Feststellung, dass auch Goethe, Picasso und Canetti mittlerweile tot sind bzw., um die so seltsame wie verbreitete Wendung zu bemühen, das Zeitliche gesegnet haben. Eine offenbar euphemistische Wendung, die Identifikation mit dem Aggressor signalisiert: Ein Sterbender bittet und betet mit der Autorität, die ihm, dem auf der Schwelle zum Tode bzw. zum ewigen Leben Stehenden, zukommt, für diejenigen, die noch im Modus der vergehenden Zeit leben. Er segnet auf der Schwelle zur Ewigkeit bzw. zum Nicht-(Bewusst-)Sein das Zeitliche und die Zeitlichen, die noch im Modus des mehr oder weniger bewusst erlebten Vergehens wesen und verwesen müssen. Man kann diesem Gestus, das Zeitliche zu segnen, einen fröhlich-rheinischen Akzent geben und an den schönen Spruch erinnern, der da lautet: Wer früh stirbt, lebt länger ewig. Oder man kann an tiefsinnige Worte Walter Benjamins erinnern, die da lauten: „Produktion der Leiche ist, vom Tode her betrachtet, das Leben."[43] Man kann aber auch an den Goethe-Spruch denken, es lohne, diejenigen zu lieben, die das Unmögliche begehren. In den bewegten 60-er Jahren des zwanzigsten Jahrhunderts hat Bazon Brock ein „Komitée zur Abschaffung des Todes"[44] gegründet und ihm einen programmatischen Text mitgegeben, der mit den markigen Worten beginnt: „Der Tod muß abgeschafft werden. Diese verdammte Schweinerei muß aufhören. Wer ein Wort des Trostes spricht, ist ein Verräter."[45] Einer sich hartnäckig haltenden Anekdote zufolge ist der Rechtsanwalt, der diesem Komitée die Vereinsform attestieren lassen wollte, tot zusammengebrochen, als er die Schwellen

43. Walter Benjamin: Ursprung des deutschen Trauerspiels; in: Gesammelte Schriften, edd. Schweppenhäuser/Tiedemann, Bd. I/1. Ffm 1974, p. 392

44. Bazon Brock: Ästhetik als Vermittlung – Arbeitsbiographie eines Generalisten. Köln 1977, p. 800

45. Ibid, p. 799

des Amtsgerichts überschritt, bei dem der Todesabschaffungsverein eingetragen werden sollte. Zur Gründung eines förmlichen Vereins zur Abschaffung des Todes, der als juristische Person seine Mitglieder überleben kann, ist es nicht gekommen.

Den Tod zu töten – das ist eine reizvolle Vorstellung und eine bezaubernde Wendung. Aber sie lässt sich offenbar nicht recht in handfeste Form und auf ein überzeugendes Programmformat bringen. Die durchschnittliche Lebenserwartung von Menschen mag beeindruckend steigen, ihre Mortalitätsrate bleibt konstant bei 100 %. Zeit ist eine Gewalt, die sich ihr Recht zu nehmen nicht nehmen lässt. Das seltsam anonym waltende Gesetz, dem alles Seiende, ob belebt oder unbelebt, unterliegt, ist das der Zeit. Es ist eben keine etymologische Spielerei, zwischen dem „Walten" und der „Gewalt" der Zeit (wie zwischen dem Nehmen und dem Nomos!) engste Zusammenhänge und Gesetzmäßigkeiten zu gewahren. Die universal waltende Gewalt schlechthin ist die rätselhaft adressatenlose und anonyme Zeit.[46] Wer sich zu ihr in Beziehung setzen will, ist geradezu zwanghaft auf die rhetorische Figur der Personificatio, der Prosopopoie[47] angewiesen, die der Psychoanalyse als Konzept der Übertragung vertraut ist. Offenbar entlastet es trotz oder wegen aller bleibenden Bedrohung, wenn man sich Zeit und Endlichkeit als personalisiertes Gegenüber, z.B. als Knochen- oder Sensenmann, aber etwa auch als Freund Hein oder als Bruder des Schlafes vorstellen kann. Denn dann kann man adressieren, mit dieser (rhetorischen) Figur kann man zumindest zu verhandeln versuchen, man kann darauf hoffen, der Sensenmann oder Freund Hein könne anders als die apersonale Zeit mit sich reden lassen. Etwa so, wie in den von Schubert grandios vertonten Zeilen, die Matthias Claudius 1775 veröffentlichte:

Der Tod und das Mädchen

Das Mädchen:
Vorüber! Ach vorüber!
Geh, wilder Knochenmann!
Ich bin noch jung, geh Lieber!
Und rühre mich nicht an.

46. Cf. Dazu ausführlicher Jochen Hörisch: Bedeutsamkeit – Über den Zusammenhang von Zeit, Sinn und Medien. München 2009

47. Cf. Bettine Menke: Prosopopoiia – Stimme und Text. München 2000

Der Tod:

Gib deine Hand, du schön und zart Gebild!
Bin Freund und komme nicht zu strafen.
Sei gutes Muts! ich bin nicht wild,
Sollst sanft in meinen Armen schlafen![48]

Als einen Kommunikationspartner, der von konventionellsten Symbolrequisiten umgeben ist, konzipiert den personalisierten Tod auch ein Gedicht Robert Gernhardts, das einem gänzlich anderen genus dicendi als die Verse von Matthias Claudius verpflichtet ist. Beredt ist dieser Tod allerdings nicht, vielmehr sorgt er dafür, dass der, der ihn anspricht, seinerseits bald still sein wird, totenstill.

Ach

Ach, noch in der letzten Stunde
Werde ich verbindlich sein.
Klopft der Tod an meine Türe,
rufe ich geschwind. Herein!

Woran soll es gehn? Ans Sterben?
Hab ich zwar noch nie gemacht,
doch wir werd'n das Kind schon schaukeln –
na, das wäre doch gelacht!

Interessant so eine Sanduhr!
Ja, die halt ich gern mal fest.
Ach – und das ist Ihre Sense?
Und die gibt mir dann den Rest?

Wohin soll ich mich jetzt wenden?
Links? Von Ihnen aus gesehn?
Ach, von mir aus! Bis zur Grube?
Und wie soll es weitergehn?

48. Matthias Claudius: Der Tod und das Mädchen; in: M.C.: Werke in einem Band, ed. Jost Perfahl. München 1976, p. 68

Ja, die Uhr ist abgelaufen.
Wollen Sie die jetzt zurück?
Gibt's die irgendwo zu kaufen?
Ein so ausgefall'nes Stück

Findet man nicht alle Tage,
womit ich nur sagen will
Ach! Ich soll hier nichts mehr sagen?
Geht in Ordnung! Bin schon[49]

Das letzte Reimwort raubt der Tod. Würde es erklingen, so müsste es nach der verlässlichen Reimlogik dieses provokant konventionellen Gedichts ‚still' lauten. Doch das wäre ein Euphemismus. Denn wer still ist, wer schweigt, entscheidet sich für diese Option, obwohl ihm auch die Alternative zur Verfügung stünde – im Geiste der berühmten Gottfried-Benn-Zeile „wer redet, ist nicht tot" nun eben zu reden. Der Sterbende des Robert-Gernhardt-Gedichts aber ist zum Verstorbenen geworden. Die Zeit hat ihm ultimative Gewalt angetan. Würde das Gedicht, dem es bei aller Beredtheit buchstäblich die Sprache verschlägt, mit dem Wort ‚tot' enden („Geht in Ordnung, bin schon tot."), so würde es sich in einen reizvollen, aber sachlich unhaltbaren Widerspruch verwickeln. Wer „ich bin jetzt tot" sagt, kann nicht tot sein.

Die obligatorische Pointe so unterschiedlicher Verse wie der von Matthias Claudius und Robert Gernhardt ist es selbstredend, dass auch die in Gestalt des Todes personifizierte und also adressierbar gewordene Gewalt der Zeit nun eben gewalttätig wird, unabhängig davon, ob sie, dem Eros-Thanatos-Topos entsprechend, verführerisch spricht oder unbarmherzig schweigt. Die Zeit und der Tod sind keine großzügigen Verhandlungspartner. Sie mögen sich auf Konzessionen in Hinblick auf Einzelaspekte einlassen – so wie im Fall von Thomas Manns Doktor Faustus, der im Gespräch mit dem Teufel erreicht, dass ihm immerhin vierundzwanzig intensive und produktive Jahre gewährt werden. Aber dann ist eben Schluss. Ein Vanitas-, ein Endlichkeits-, ein Todes-Motiv, das die Künste immer erneut hat erschaudern lassen. Die tiefe Faszination, die von geglückten Kunstwerken ausstrahlt, dürfte dennoch ihre apotropäische, also Unheil wendende Funktion sein. Große Kunstwerke versprechen Glück, nämlich das Glück, ohne Angst leben zu können. Sie wehren Bedrohungen ab (zumeist, indem sie sich ganz auf sie einlassen), sie mobilisieren Gegengewalten gegen die Gewaltsamkeiten der sog. harten und unerbittlichen Wirklichkeit. Und sie wissen, dass sie genau dann zu schön sind, um wahr zu sein, wenn sie die Gewalt der Zeit gebannt zu haben glauben.

49. Robert Gernhardt: Gesammelte Gedichte 1954–2004. Ffm 2005, p. 579 sq.

Um noch einmal Robert Gernhardt zu zitieren, der vor seinem absehbaren Krebstod ein vollendetes Sonett über die Gewalt der Zeit verfasst hat. Es trägt den Titel:

Der letzte Gast

Im Schatten der von mir gepflanzten Pinien
Will ich den letzten Gast, den Tod, erwarten:
„Komm, tritt getrost in den betagten Garten,
ich kann es nur begrüßen, daß die Linien

sich unser beiden Wege endlich schneiden.
Das Leben spielte mit gezinkten Karten.
Ein solcher Gegner lehrte selbst die Harten:
Erleben, das meint eigentlich Erleiden."

Da sprach der Tod: „Ich wollt' mich grad entfernen.
Du schienst so glücklich unter deinen Bäumen,
daß ich mir dachte: Laß ihn weiterleben.
Sonst nehm ich nur. Dem will ich etwas geben.
Dein Jammern riß mich jäh aus meinen Träumen.
Nun sollst du das Ersterben kennenlernen."[50]

Um Nehmen und Geben ist es seltsam bestellt. Schon Hegel hat dem Doppelsinn von Wendungen wie „Er nahm sich das Leben und also gab er sich den Tod" nachgehört und nachgedacht. Das Bewusstsein, so heißt es in Hegels *Phänomenologie des Geistes*, „erfährt den Doppelsinn, der in dem liegt, was es tat, nämlich sein *Leben* sich *genommen* zu haben; es nahm das Leben, aber vielmehr ergriff es damit den Tod."[51] Fragen um Geben, Nehmen und Ergreifen kreisen geradezu obligatorisch um Begriffe wie ‚Walten' und ‚Gewalt': Welche Gewalt gibt und nimmt; welcher Nomos waltet, wenn es Zeit und Endlichkeit gibt; ist und wenn ja wie ist eine solche Gewalt zu rechtfertigen; sollte der Zeit eine Gewalt eignen, die noch der scheinbar höchsten göttlichen Gewalt überlegen ist; haben wir es in unserer Gewalt, solchem Walten etwas entgegenzusetzen?

In kulturhistorischer bzw. kulturanalytischer Perspektive besonders aufschlussreich und bedenkenswert ist es nun aber, dass ausgerechnet die Figur,

50. Ibid., p. 578

51. Hegel: Phänomenologie des Geistes; Werke in 20 Bdn, edd. Michel / Moldenhauer., Bd. 3. Ffm 1970, p. 274

die den Tod zu töten verspricht, die die Endlichkeit zu überwinden vermag und die ewiges Leben verheißt, in extreme Gewaltkontexte eingelassen ist: Jesus Christus. Man muss sich dies- und jenseits religiöser und theologischer Üblichkeits-Perspektiven (und also auch ohne Rücksicht auf die Verletzung religiöser Gefühle, die von solchen Argumenten ausgehen kann) vergegenwärtigen, welches gewaltige Problem einer jeden Theologie, die mit der Unterscheidung unsterblich-sterblich bzw. ewig-zeitlich arbeitet, die christliche Religion zu lösen verspricht. Ewige und doch vergehende Zeit ist offenbar selbst für den unsterblichen Gott ein Problem. Zeit(lichkeit) verwickelt noch den allmächtigen Gott in gewaltige, schwer zu lösende Dilemmata. Denn gerade wenn Gott allmächtig und unsterblich ist, steht er vor einem schwer zu lösenden Paradox: Er vermag etwas Entscheidendes nicht, was Sterbliche vermögen, nämlich zu sterben, nicht (mehr) zu sein.[52]

Es gehört zu den psychodynamisch und mentalitätshistorisch nicht zu unterschätzenden Gesten, die die christliche Religion von anderen monotheistischen Offenbarungsreligionen unterscheidet, dass sie allein (man könnte neudeutsch von einem Alleinstellungsmerkmal reden) die Figur des sterbenden Gottes(sohnes) kennt. Eine Vorstellung, die etwa Juden und Muslimen schlechthin abwegig vorkommen muss. Der trinitarische christliche Gott hat, wie alle Christen mit dem Glaubensbekenntnis kundtun, in Jesus Christus die Erfahrung von Sterben und Tod gemacht: „gelitten unter Pontius Pilatus, gekreuzigt, gestorben und begraben, hinabgestiegen in das Reich des Todes, am dritten Tage auferstanden von den Toten." Die paradoxe Figur des gestorbenen Gottes, der immerhin zwei Tage lang tot ist, wird christlich in die Gottesfigur selbst hineinkopiert. Auffallend ist allerdings, dass die Überlegungen, die Gott zu seinem Entschluss motivieren, seinen Sohn zu opfern, also selbst zu tun, was er Abraham, der seinen Sohn Isaac zu opfern bereit war, denn doch nicht zumutete[53], von allen ödipal-psychologisch aufladbaren Qualitäten rein ist. Es erklingen in diesen Kontexten nur salvatorische Formeln wie die „Also hat Gott die Welt geliebt, daß er seinen eingeborenen Sohn gab, auf daß alle, die an ihn glauben, nicht verloren werden, sondern das ewige Leben haben." (Joh. 3,16)

Die sachlich und konstellativ eigentlich naheliegende Vorstellung, es gebe eine Textpassage im Neuen Testament, die die von Ewigkeit zu Ewigkeit wesende Trinität von Vater, Sohn und Heiligem Geist im Disput über das Paradox zeigt, dass der allmächtige Gott nicht nicht sein kann, streift sofort die

52. Cf. dazu Jochen Hörisch: Kann ein allmächtiger Gott sterben? Luthers Lust an Paradoxien und ihre Folgen. Hannover 2020

53. Cf. zu dieser kulturellen Differenz aus theologischer Sicht Gerhard von Rad: Das Opfer des Abraham. München 1971

Grenze zum Sakrileg. Das Paradox, demnach Vater und Sohn gleichalt, nämlich beide gleichermaßen ewig sind, ist von hübscher Harmlosigkeit (wie der bereits bemühte rheinische Weisheitssatz „Wer früh stirbt, lebt länger ewig") im Vergleich zur latenten, aber eben nicht zum Ausbruch kommenden Gewaltträchtigkeit der Szene, in der die trinitarische Gottheit entscheidet, der Gottessohn solle ganz Mensch werden und sterben, um das theologische Paradox schlechthin zu lösen – spezifisch christlich zu lösen. Von einer ödipalen Revolte Christi gegen diese Zumutung, etwa in Form eines an Gottvater adressierten Protests „Dann stirb doch selber, Väter sind, wenn es mit rechten Dingen zugeht, vor den Söhnen dran" ist nichts überliefert. Allenfalls in den bemerkenswert gefügigen Gebetsworten des Sohnes an den Vater „Vater, willst du, so nehme diesen Kelch von mir, doch nicht mein, sondern dein Wille geschehe!" (Lukas 22,42). Ein an Gottvater adressierter Protest hallt immerhin nach in den einen Psalmvers (22,2) zitierenden Worten, die der sterbende Jesus am Kreuz ausstößt: „‚Eli, Eli lama asabthani?' das ist verdolmetscht: Mein Gott, mein Gott, warum hast du mich verlassen?" (Markus 15,34; gleichlautend Matth. 27,46)

Gute Frage. Die fundamentaltheologische Antwort auf die Frage, warum Gott seinen Sohn, der ganz Gott und ganz Mensch ist, dem Kreuzestod preisgibt, muss mehr als nur gehobene Konventionen bereithalten. Die theologisch konventionellen Antworten auf diese Frage lauten etwa: Jesus Christus hat sich für uns Sünder geopfert; Gott liebt uns so sehr, dass er gar bereit ist, seinen Sohn zu opfern; Gott will den Menschen, die dies eigentlich gar nicht verdient haben, wahrhaft nahe sein. Solche Antworten mögen je nach der Glaubensbereitschaft derer, die sie hören, mehr oder weniger überzeugend sein. Sie verstellen aber eher den heißen Kern der tödlichen Gewaltszenerie des Kreuzigungsgeschehens. Der Kreuzestheologie ist nämlich, um es nochmals herauszustellen, die Lösung des gewaltigsten Theologie-Paradoxes anvertraut: Der Gottessohn muss einen exquisit gewaltsamen Tod erleiden, um plausibel zu machen, dass gerade auch der allmächtige Gott die Erfahrung der Ohnmacht muss machen können; er muss sterben können – weil er sonst nicht allmächtig wäre. Paradoxien um das Gottesprädikat ‚allmächtig' sind der Theologiegeschichte gut vertraut: Kann Gott einen Stein schaffen, der so schwer ist, dass er ihn nicht heben kann? Solche Fragen haben eine frivole Dimension. Die Frage hingegen, ob Gott selbst der Zeitlichkeit unterliegt, ob ihm die Erfahrung der Endlichkeit und Sterblichkeit vertraut ist, ist eine unverkennbar ernste Frage. Ein ewiger, ein unsterblicher Gott vermag etwas nicht, was Menschen vermögen, gewissermaßen können müssen – eben endlich und sterblich zu sein.

Die Erfahrung, dass ewige Götter vor einem Dilemma stehen, weil sie ewig sind, also nicht sterben können, also etwas Fundamentales nicht vermögen, was Sterbliche vermögen (zu sterben), mussten schon die olympischen Gottheiten Griechenlands machen. „Da wussten selbst die Götter keinen Rat." Die christliche Religion nimmt in einer religionsphänomenologischen und kulturvergleichenden Perspektive eine eigentümliche Sonderstellung ein, weil sie die Figur eines Gottes konzipiert, dem die entschiedenste, nämlich tötende Gewalt der Zeit vertraut ist. Nicht primär theologisch, wohl aber psychologisch bedenklich und bedenkenswert ist es nun, dass der Tod des Gottessohnes sadistisch zelebriert wird. Da stirbt ja nicht einfach „nur" jemand und sei es der Sohn Gottes, da wird vielmehr einer mit auserlesener Grausamkeit, die allein perverseste Sadomasochisten erfreuen kann, zu Tode gefoltert. Im katholischen Katalog der sieben Todsünden (1. Superbia / Hochmut, 2. Avaritia / Geiz, 3. Luxuria / Genusssucht, 4. Ira / Zorn und Rachsucht, 5. Gula / Völlerei, 6. Invidia / Neid und 7. Acedia / Herzensträgheit) kommt Grausamkeit eigenartiger Weise nicht vor. Wenn diejenigen, die Jesus Christus gegeißelt, verletzt, eine Dornenkrone aufgesetzt, ein überschweres Kreuz aufgebürdet, ans Kreuz genagelt und zu Tode gefoltert haben, nicht das ewige Leben erlangen, so deshalb, weil sie hochmütig waren, gerne völlten oder Schwierigkeiten hatten, in einem Gemarterten einen Gott zu erkennen, nicht aber, weil sie mit ausgesuchter Grausamkeit vorgingen. Dass Grausamkeit bis heute (man denke nur an die Missbrauchsskandale in der katholischen Kirche oder einen Kinder prügelnden Priester, der dann zum Bischof ernannt wird: Todsünden haben die ebenso frommen wie pädokriminellen Priester nicht begangen) im Katalog der Todsünden nicht auftaucht, erschließt sich nach anfänglicher Irritation schnell: Gehören äußerste Gewalt und Grausamkeit doch ins Zentrum des Heilsgeschehens, das uns von Endlichkeit und Sterblichkeit, also von der Gewalt der Zeit erlöst. Verletzender gesprochen: Ein irdischer Vater, der seinen Sohn vor einem solch grausamen Tod bewahren könnte und dies nicht tut, müsste zu Recht mit Anzeigen und juristischer Verfolgung rechnen. Vor welchen Gerichtshof aber sollte man Gottvater bringen, der ein einigermaßen, ja enthusiastisch entspanntes Verhältnis zu Gewalt und Grausamkeit hat, wenn es darauf ankommt, die gewaltigen Zeit-Probleme zu lösen, wenn er uns ewige Erlösung verspricht?

Zeit und Gewalt, die Gewalt der Zeit und die Zeit der Gewalt – der kultur- und religionshistorische Großversuch, die anonyme und adressatenlose Zeit zu personalisieren, konnte offenbar, wenn überhaupt, nur um den Preis gesteigerter Gewalt gelingen. Diese eigentümliche Konstellation, dass der Versuch der Überwindung der Gewalt von Zeit seinerseits ungeheure Gewalt freisetzt, ist psychohistorisch gesehen aufschlussreich. Die gereizten Debatten um Karlheinz Deschners[54] gewaltige, weil überwältigend reiches Material

54. Karlheinz Deschner: Kriminalgeschichte des Christentums, 9 Bde. Reinbek 1986–2008. Zur

ausbreitende neunbändige *Kriminalgeschichte des Christentums* oder um Jan Assmanns These, es gebe eine Korrelation zwischen der Emergenz des Monotheismus und der Aufladung der religiösen Sphäre mit Gewaltbereitschaft[55], haben die Qualität von Syndromen. Viele von Deschners und Assmanns Kritikern reagieren, um zurückhaltend zu formulieren, sehr entschieden, sehr verletzt und sehr verletzend auf die These, religiösen Versprechen einer Zeitüberwindung und monotheistischen Erlösungsreligionen zumal sei Gewaltsamkeit inhärent. Die Korrelation zwischen militanter Glaubensbereitschaft und heißer Religiosität einerseits und Terrorbereitschaft andererseits ist jedoch unübersehbar. Befriedungspotential entfalten nur Formen von Religiosität, die starke Selbstzweifel kennen und insofern in den Augen der Strenggläubigen allzu weich sind. Dabei ist spätestens seit den Zeiten von Lessings *Nathan* das Argument verbindlich, dass in religiösen Sphären nur eines wirklich offenbar ist – dass es verbindliche Gottes-Offenbarung nicht gibt. Sollte es einen allmächtigen Gott geben, ist er offenbar an Offenbarung im Sinne von Evidenz desinteressiert. Wie sonst wäre es erklärbar, dass es Tausende von Religionen gibt? Wer als religiöser Kopf anderes behauptet, pflegt gotteslästerliche Reden. Er respektiert nämlich nicht den Willen Gottes, nicht-offenbar im Sinne von nicht-evident zu sein.

Auf seine Weise hat kein anderer als Richard Wagner diese These antizipiert.[56] An seinen Werken fällt auf, dass ihre Protagonisten die Fixierung auf Erlösung von Zeitlichkeit und Endlichkeit geradezu systematisch und obsessiv unterlaufen. Der fliegende Holländer, ein maritimer Ahasverus, will endlich seine Ruhe haben, sich also von der ihm auferlegten (mit Hegel zu sprechen: schlechten) Unendlichkeit verabschieden; Tannhäuser hält es im Umkreis des nicht enden wollenden Orgienglücks um Venus nicht länger aus; Lohengrin verlässt die gott- und ewigkeitsnahe Gralssphäre, um sich in irdische Endlichkeitshändel einzumischen; Tristan und Isolde kultivieren einen erotologisch aufgeladenen Todeskult; und Amfortas kann nicht sterben, obwohl er will, dass sein unendliches Leiden endlich ende. Es gehört zu den intellektuell belastbaren Qualitäten des Werkes von Richard Wagner, dass er noch den obersten Gott Wotan in den Endlichkeits- und Sterblichkeitswunsch einstimmen lässt. „Eines nur will ich noch, das Ende, das Ende.“ Wagner lässt

Auseinandersetzung mit Deschners materialgesättigten Thesen von kirchlicher und theologischer Seite cf. Hans Reinhard Seeliger (ed.): Kriminalisierung des Christentums? Karlheinz Deschners Kirchengeschichte auf dem Prüfstand. Freiburg i. B. 1994 (2.)

55. Cf. Jan Assmann: Die Mosaische Unterscheidung oder Der Preis des Monotheismus. München 2003 und ders.: Monotheismus und die Sprache der Gewalt. Wien 2006. Im Internet-Magazin *Perlentaucher* startete 2013 erneut eine intensive Debatte um Assmanns Thesen.

56. Die folgenden Darlegungen zum Werk Wagners sind ausführlicher entfaltet in Jochen Hörisch: Weibes Wonne und Wert – Richard Wagners Theorie-Theater. Berlin 2015, Kap. 4

nun keinen Zweifel daran aufkommen, dass die Pointe von Wotans Worten ist, das Nichtnegierbare zu affirmieren, ausdrücklich zu wollen. Denn er lässt in Gestalt Erdas, also der Urweisheit selbst, das Gesetz der Gesetze erklingen, das da lautet: „Alles, was ist, endet." Ein bemerkenswert lakonisch und nüchtern artikuliertes Gesetz aus dem sonst pathetischer artikulierenden Mund Erdas, die auch die Götter von ihrem Allsatz nicht ausnimmt. Sind ihre Worte doch an den Gott Wotan gerichtet, der ihr einst Gewalt antat: „Alles was ist, endet. / Ein düst'rer Tag / dämmert den Göttern."[57]

Wagner knüpft mit seinem nicht nur für seine rhetorisch deliranten Verhältnisse extrem sachlichen Satz „Alles, was ist, endet" an ein antikes Motiv an: Die Zeit ist noch der Götter Gott. Wagners Götter mögen germanische Namen tragen, sie sind dennoch erkennbar nach dem Bilde der klassischen griechischen Götter gestaltet. Selbst der oberste der olympischen Götter, Zeus, hat einen Vater, eben Chronos, dessen allverschlingender Gewalt er unterliegen würde, wenn, ja wenn seine Mutter Rhea ihn nicht listig davor bewahrte, vom Vater vertilgt zu werden. Sie gibt Chronos statt des neugeborenen Zeus einen Stein, also den Inbegriff der fast zeitlosen Sache, zum Verzehr. In Wagnerschen Göttergefilden hat sich dieses Gendersetting verändert. Die Zeit, im Deutschen anders als im Lateinischen oder Französischen auch grammatisch feminin, wird verweiblicht, steht damit aber nicht etwa zur Disposition von Frauen. Das weiß auch Wotan, wenn er singt, dass die Nornen „im Zwang der Welt", der zeitlichen Welt den Stoff weben, aus dem Leben gewirkt ist. Ein göttlicher Mann, der ausdrücklich als „Waltender" charakterisiert wird und der ein entspanntes Verhältnis zur Gewalt hat, hat Erda einst vergewaltigt. Und ausgerechnet die von ihm gewaltsam bezwungene Weisheitsgöttin fragt er nun, wie das „rollende Rad" der Zeit stillzustellen sei.

WANDERER.
Im Zwange der Welt
weben die Nornen:
sie können nichts wenden noch wandeln;
doch deiner Weisheit
dankt' ich den Rath wohl,
wie zu hemmen ein rollendes Rad?
ERDA.
Männerthaten
umdämmern mir den Muth:
mich Wissende selbst

57. Richard Wagner: Sämtliche Schriften und Dichtungen (Volksausgabe), 16 Bde. Leipzig 1911, Bd. 5, p. 262

bezwang ein Waltender einst.
Ein Wunschmädchen
gebar ich Wotan:
der Helden Wal
hieß er für ihn sie küren.
Kühn ist sie
und weise auch:
was weck'st du mich,
und fräg'st um Kunde
nicht Erda's und Wotan's Kind?[58]

Erdas Antwort ist weise, denn sie verweigert die Antwort und verweist Wotan auf das offenbar gewaltsam mit ihr gezeugte Kind Brünnhilde. Brünnhilde aber wird gemeinsam mit Siegfried, dem Produkt eines Geschwisterinzests (Siegfried ist, nebenbei bemerkt, ihr Neffe), sich in einem unvergleichlichen Untergangspathos vereinen, das seinerseits Eros und Thanatos vereint.

Lachend muß ich dich lieben;
lachend will ich erblinden;
lachend lass' uns verderben –
lachend zu Grunde geh'n!

Fahr' hin, Walhall's
leuchtende Welt!
Zerfall' in Staub
deine stolze Burg!
Leb' wohl, prangende
Götter-Pracht!
Ende in Wonne,
du ewig Geschlecht!
Zerreißt, ihr Nornen,
das Runenseil!
Götter-Dämm'rung,
dunk'le herauf!
Nacht der Vernichtung,
neb'le herein! –
Mir strahlt zur Stunde
Siegfried's Stern;
er ist mir ewig,

58. Wagner: Sämtliche Schriften, l.c., Bd. 6, p. 153

er ist mir immer,
Erb' und Eigen,
ein' und all':
leuchtende Liebe,
lachender Tod![59]

Zu Grunde gehen – Wagner, der nicht nur die Werke Feuerbachs, sondern auch die Hegels und der Linkshegelianer bemerkenswert gut kannte (und Schopenhauers Jenaer Dissertation von 1813 *Über die vierfache Wurzel des Satzes vom zureichenden Grunde* sowieso), Wagner spielt wie Hegel bedeutsam mit dem Doppelsinn der Wendung „zu Grunde gehen". Wer den Dingen auf den Grund gehen will, wer letzte Gründe ergründen will, wer noch eine Antwort auf die Frage haben will, ob der Satz vom Grund selbst einen zureichenden Grund habe, ob es also einen Grund des Grundes (des Grundes etc.) gebe oder aber ausgerechnet der (Satz vom) Grund grundlos sei, wird und muss zugrundegehen (ironischer Weise und selbstredend aber auch derjenige, der solche Fragen verweigert). Aus genau diesem Grund hat das Wort ‚Apokalypse' (wie auch das Wort ‚Dämmerung' – ist die Götterdämmerung eine Morgen- oder Abenddämmerung?) einen knirschenden Doppelsinn, meint es doch die Offenbarung einer Antwort auf alle letzten Fragen[60] ebenso wie den Untergang bzw. pointierter: dass sich letzte Fragen nur dann beantworten lassen, wenn offenbar wird, dass das, worauf sie sich beziehen, gewaltsam zugrundegeht. Der Augenblick des Untergangs ist der Augenblick der Offenbarung. Wenn wir wissen werden, was die zeitlich-endliche Welt im Innersten zusammenhält, wird es diese Welt, also den Gegenstand dieses ultimativen Wissens, nicht mehr geben.

Psychologisch aufschlussreich ist es nun, dass Richard Wagner Brünnhilde und Siegfried nicht etwa tief erschüttert, sondern „lachend" (das Wort wird gleich viermal anaphorisch exponiert angeführt) zugrundegehen lassen will. Lachen ist in solchen Kontexten geradezu obligatorisch ein Signalwort für atheistische Optionen. In der *Lenz*-Erzählung von Wagners Jahrgangsgenossen Georg Büchner heißt es bündig: „Lenz mußte laut lachen, und mit dem Lachen griff der Atheismus in ihn und faßte ihn ganz sicher und ruhig und fest."[61] Ambivalent wie die Wendung „zu Grunde gehen" aber ist auch das Lachen. Denn der Lachende zeigt die Zähne, auch er ist in gewaltsame Kontexte verstrickt, auf die er seinerseits aggressiv reagiert. Das müssen Siegfried

59. Wagner: Sämtliche Schriften, l.c., Bd. 6, p. 175 sq.

60. Cf. Jochen Hörisch: Vorletzte Fragen. Stuttgart 2007

61. Georg Büchner: Lenz, in: G.B.: Werke und Briefe, edd. Pörnbacher, Schaub et al. München 1980, p. 82

und Brünnhilde in aller verletzenden Klarheit erfahren. Der weitere Verlauf der Geschichte und der Geschichten, in die die Liebenden verstrickt sind, lässt keine Zweifel daran aufkommen, dass Siegfried und Brünnhilde wenig Anlass zum Lachen haben. Sie müssen apokalyptisch erkennen, dass sie Elemente einer Schuld- und Verschuldungsgeschichte sind, die spätestens mit dem (ödipalen!) Verlust eines Wotan-Auges beginnt – also sehr, sehr früh, ursprünglich. Noch und gerade die Figuren, denen das ungeheure Projekt einer Überwindung der Gewalt der Zeit anvertraut ist, müssen ihr erliegen. Richard Wagner hat in seinem berühmten Brief aus Zürich vom 25./26. Januar 1854 an den im Kerker seine besten Lebensjahre verlierenden Freund aus revolutionären Dresdener Barrikadentagen, August Röckel, sein zeitphilosophisches Programm bemerkenswert klar auf den Punkt gebracht: „Statt der Worte: ‚ein düstrer Tag dämmert den Göttern: in Schmach doch endet Dein edles Geschlecht, lässt Du den Reif nicht los!' lasse ich jetzt *Erda* nur sagen: ‚Alles was ist – endet: ein düstrer Tag dämmert den Göttern: Dir rath' ich, meide den Ring!' – Wir müssen *sterben* lernen, und zwar *sterben*, im vollständigsten Sinne des Wortes; die Furcht vor dem Ende ist der Quell aller Lieblosigkeit, und sie erzeugt sich nur da, wo selbst bereits die Liebe erbleicht."[62]

Zu den unvermeidbaren Momenten jeder Reflexion über die Gewalt der Zeit gehört es, ihre Irreversibilität zu betonen. Im Raum können wir auf und ab gehen; man kann an den Ort zurückkehren, den man verlassen hat. Die Gewalt der Zeit aber versagt es uns kategorisch, die Zeitachse rückwärts zu schreiten und zu den guten alten Zeiten des Glücks, der Erfüllung und der Affirmation des Augenblicks, der ewig verweilen sollte, zurückzukehren.[63] Eine Erfahrung, die schon Odysseus machen muss. Er ist nach seiner langen Irrfahrt in heimische Gefilde zurückgekehrt; umso mehr muss ihn irritieren, dass die Gewalt der einsinnig und unumkehrbar (ver)fließenden Zeit ihn hindert, als der zurückzukehren, der er zuvor war, und seinen Vater Laertes, seine Frau Penelope und seinen Sohn Telemachos so anzutreffen, wie er sie verlassen hat. Wagners (auch nach dem Bilde homerischer Figuren geformte) Protagonisten versuchen stets erneut, die sie prägende Urszene zu erschließen – um nur einige wenige zu evozieren: Welche Gewalt waltete, als Tristans Mutter bei der Geburt ihres Sohnes starb oder als Isolde Tristan in die Augen sah und unfähig wurde, den Mörder ihres Verlobten Morold zu rächen; was war die biblische Urszene, die dafür sorgte, dass im frühneuzeitlichen Nürnberg der Meistersinger lauter biblisch benannte Gestalten (Eva, Johannes,

62. Richard Wagner: Sämtliche Briefe, edd. Hans-Joachim Bauer / Johannes Forner, Bd. VI (Januar 1854 bis Februar 1855). Leipzig 1986, p. 67

63. Cf. dazu Jochen Hörisch: Musik und Zeit: „Unaufhaltsam rollt sie hin (...)" – Musische Zeit, Medienzeit, Schubert, Beatles; in: J.H.: Das Wissen der Literatur. München , pp. 183–192

Magdalene, David) herumirren; wes war Parsifal (nicht) eingedenk, als er den Schwan erschoss und seine Mutter Herzeleide verließ, welche Urschuld treibt Kundry um; welche Verstrickungen löst es aus, wenn ein waltender Gott die gespenstische Hochzeitsfeier seiner gegen ihren Willen verheirateten Tochter Sieglinde besucht? Die gewaltige Wirkung, die Wagners Musik bei vielen, nicht allen, auslöst, dürfte auch damit zusammenhängen, dass sie verspricht, Zugänge zum Verschlossenen, Abgeschlossenen, Irreversiblen, mit dem Psychoanalytiker Wilfried Bion zu sprechen, im „containing" Verkapselten zu finden und das Vergangene gegenwärtig zu machen.

Genau dies und noch Entscheidendes mehr aber ist das im Vergleich zu Wagners ekstatischer Rauschmusik nüchtern diskontierte Versprechen der Psychoanalyse, gewissermaßen ihr bei aller Nüchternheit heißer theologischer Kern. Sie zielt, darin strukturell Erlösungsreligionen vergleichbar, auf das scheinbar Unmögliche: das Vergangene zu revidieren, die Prägekraft abgeschlossener Urszenen aufzuheben und in jedem Wortsinne imperfekte Erstarrungen zu (er)lösen. Diese Neurose, dieser Zwang, dieser Tic, diese Trauer, diese Phobie kann zugrundegehen, wenn der psychoanalytische Übertragungsprozess in den häufig genug abgründigen Grund für die zu erleidende Störung zurückgeht. Übertragung heißt eben nicht nur, dass der Analysand im Analytiker personal den (wie immer spezifisch zu bestimmenden, etwa väterlichen) Wiedergänger aus vergangenen Zeiten erfährt, sondern eben (zweitens) auch, dass Vergangenes in Gegenwart übertragen wird und drittens, dass apersonale Gewalten wie paradigmatisch die verrinnende Zeit (oder das Generationsgefälle, warum nicht „das Schicksal" oder Keime und Viren?) persönlich adressierbar werden. Übertragungsprozesse verflüssigen eine allzu groß dimensionierte Geschichte zu deutbaren Geschichten – und (er)lösen resp. revidieren damit Erstarrungen, die Vergangenes wie einen Alp auf den Biographien der jetzt Lebenden lasten lassen. In den eindringlichen Worten aus Freuds dichtem, 1914 zuerst veröffentlichten Text *Erinnern, Wiederholen, Durcharbeiten*: „Das Wiederholenlassen während der analytischen Behandlung nach der neueren Technik heißt ein Stück realen Lebens heraufbeschwören..." – und Freud fährt mit einer eigentümlichen Wendung fort: „... und kann darum nicht in allen Fällen harmlos und unbedenklich sein."[64] Freud versteht hier die Wiederholung auch buchstäblich: etwas Vergangenes, Verschlossenes und scheinbar Abgegoltenes wird im Prozess der Übertragung wieder zurückgeholt und – neu gestaltet. Psychoanalyse ist ein Prozess der Vergangenheitsrevision. Wiederum in Freuds Worten: „Die Übertragung schafft so ein Zwischenreich zwischen der Krank-

64. Freud: Studienausgabe, edd. A. Mitscherlich / A. Richards / J. Strachey, Ergänzungsband. Ffm 1975, p. 211. sq.

heit und dem Leben, durch welches sich der Übergang von der ersteren zum letzteren vollzieht."[65]

Entstanden ist der ebenso dichte wie knappe Text *Erinnern, Wiederholen, Durcharbeiten* kurz vor Beginn des ersten Weltkrieges und kurz vor Freuds Reflexionen über *Vergänglichkeit*, die 1916, also in Zeiten einer bis dahin unbekannten Gewaltorgie, die da Materialschlacht genannt wird, erscheinen. Im gerade einmal drei Seiten umfassenden Text *Vergänglichkeit*, der auf Einladung des Berliner Goethebundes zustandekam und im Band *Das Land Goethes* veröffentlicht wurde, stellt Freud, der doch eben noch über die Wiederholung und revidierende Durcharbeitung des Vergangenen nachgedacht hatte, eine weitreichende Überlegung vor. Er evoziert die Erinnerung an einen Spaziergang „in Begleitung eines jungen, bereits rühmlich bekannten Dichters" durch eine „blühende Sommerlandschaft" des Jahres 1914, gerade noch in Friedenszeiten. Dem „schmerzlichen Weltüberdruß des jungen Dichters", der melancholisch die „Hinfälligkeit alles Schönen und Vollkommenen" beklagt, setzt Freud eine pointierte zeittheoretische Überlegung entgegen: „ich bestritt dem pessimistischen Dichter, daß die Vergänglichkeit des Schönen eine Entwertung desselben mit sich bringe. / Im Gegenteil, eine Wertsteigerung! Der Vergänglichkeitswert ist ein Seltenheitswert in der Zeit. Die Beschränkung in der Möglichkeit des Genusses erhöht dessen Kostbarkeit."[66] Freud, der das subtilste Programm einer Sabotage der Gewalt der Zeit entwickelte, weiß, dass es keine bessere Zeit gibt als die vergehende Gegenwart. In ihr können sich die Lebenden, die wissen, dass sie Sterbliche sind, gegen die Gewalt der Zeit verbünden, indem sie Zeiten der Gewalt mit einem Bann versehen.

65. Ibid., p. 214

66 Freud: Studienausgabe, l.c., Bd. X: Bildende Kunst und Literatur. Ffm 1969, p. 225

Das Ich ist nicht Herr im eigenen Haus. Zur Psychoanalyse von Eigennamen

Worte waren ursprünglich Zauber, und das Wort hat noch heute viel von seiner alten Zauberkraft bewahrt.
Sigmund Freud: Vorlesungen zur Einführung in die Psychoanalyse

Die Heteronomie des sogenannten Eigennamens

Um sogenannte Eigennamen ist es – wie Psychoanalytiker schon früh feststellen[67] – seltsam bestellt. Ist doch schon der Begriff Eigenname / nomen proprium ein Euphemismus. Wie wir heißen, welchen Namen wir tragen, entscheiden nicht wir selbst. Unsere Namen sind nicht Effekt einer starken Eigeninitiative, sie sind gerade nicht unser Eigen/tum; wir können sie nicht eintauschen oder verkaufen. Die Namen, die wir tragen, müssen wir vielmehr ertragen, an ihnen haben wir u.U. schwer zu tragen. Der Begriff Namensträger steht anders als der Begriff Eigenname nicht unter Euphemismus-Verdacht. Der oder die Vornamen ebenso wie der Nachname werden uns von anderen zugeeignet, sachlicher formuliert: zugemutet. Benennungsriten für Neugeborene kennen alle Kulturen und Religionen. Und diese Riten haben bei aller Unterschiedlichkeit doch die starke Gemeinsamkeit, dass sie gar nicht anders verfahren können als einem noch nicht sprachfähigen Wesen einen Namen aufzuprägen. Im Namen anderer Mächte bzw. Übermächte erhalten wir unbefragt von anderen unsere Namen. Nicht immer sind die Autoritäten, in deren Namen sogenannte Eigennamen oktroyiert werden, so gewaltig wie in der jüdischen und zumal christlichen Kultur. Im Namen des Vaters, des Sohnes und des Heiligen Geistes werden Christen mit einem Namen versehen, gezeichnet, gebrandmarkt. Lebewesen, die man aus gutem Grund als infans, also als sprachloses Wesen bezeichnet, haben ihrerseits gute Gründe, lautes Protestgeschrei anzustimmen, wenn sie ohne ihre Zustimmung auf den Namen getauft werden, bei dem sie sodann ein Leben lang gerufen werden und der auf ihrem Grabstein zu lesen sein wird.

Kurzum: Dass das Ich nicht Herr ist im eigenen Haus, wird jedem Neugeborenen schonungslos klargemacht, auch wenn es noch so liebevoll (wo-

67. Cf. Karl Abraham: Über die determinierende Kraft des Namens; in: K.A.: Psychoanalytische Studien Bd. I, ed. Johannes Cremerius (Gesammelte Werke in zwei Bänden). Ffm 1969 und Wilhelm Stekel: Die Verpflichtung des Namens; in: Zeitschrift für Psychotherapie und medizinische Psychologie Bd. 3/1911, pp. 110–115. Cf. auch Rosa Katz: Psychologie des Vornamens. Bern/Stuttgart 1964 – eine materialreiche, ethnologisch vergleichende, aber nicht auf eine klar referierbare These hinauslaufende Arbeit.

möglich schon pränatal) aus einem Muttermund mit seinem Eigennamen, genauer: mit dem Namen, den ihm andere verschrieben haben, angesprochen wird. Der Eigenname ist der Inbegriff der Heteronomie. „Der Eigenname enteignet."[68] Er brandmarkt oder er betreibt brand marketing. Das stellt auch Goethes sonderbar um Namensprobleme kreisender Roman *Wilhelm Meisters Wanderjahre* heraus. In ihm findet sich eine Szene, in der Leonardo einer schönen Frau begegnet, die den Namen Susanne trägt. Der sich daraufhin entfaltende Dialog ist wert zitiert zu werden: „,Wie kommen Sie zu dem wunderlichen Namen?' – ,Es ist', versetzte sie, ,der dritte den man mir aufbürdet; ich ließ es gerne zu, weil meine Schwiegereltern es wünschten, denn es war der Name ihrer verstorbenen Tochter, an deren Stelle sie mich eintreten ließen, und der Name bleibt doch immer der schönste Stellvertreter der Person.' Darauf versetzte ich: ,ein vierter ist schon gefunden, ich würde Sie Gute-Schöne nennen, insofern es von mir abhinge.'"[69] Der Name Gute-Schöne ist fraglos wunderlicher als der Name Susanne (wenn er denn überhaupt als Name durchgehen soll). Davon, dass Namen uns Namensträgern „aufgebürdet" werden, wissen viele ein Lied zu singen[70], das halbwegs triviale und doch gewichtige Botschaften transportiert. Wer Cindy heißt, muss damit rechnen, dass kaum jemand annimmt, diese Namensträgerin komme aus der Oberschicht. Wer Ahmed oder Mohamed heißt, wird größere Schwierigkeiten haben, einen guten Ausbildungs- und Arbeitsplatz zu finden als ein Maximilian. Wer Elfriede oder Heinrich heißt, gehört mit hoher statistischer Wahrscheinlichkeit älteren Jahrgängen an und muss auf Anrufe von Enkeltrickbetrügern gefasst sein. Wer einen Vornamen wie Karl-Theodor Maria Nikolaus Johann Jacob Philipp Franz Joseph Sylvester trägt, führt mit noch deutlich höherer statistischer Wahrscheinlichkeit auch einen Familiennamen wie Freiherr von und zu Guttenberg.

Gerade weil Eigennamen so heteronom sind, ist vielen Namensträgern die Versuchung bzw. der Impuls vertraut, diese Heteronomie zu überwinden und sich (selbst) einen Namen zu machen. Leicht ist das nicht. Dazu später mehr. Fällig aber ist schon hier ein Hinweis: Als ich dankbar die Einladung zu diesem Vortrag akzeptierte und das Thema ,Zur Psychoanalyse des Eigennamens' vorschlug, hatte ich mich noch nicht gründlich in der vorliegenden neueren Forschungsliteratur umgeschaut. Mit Schrecken und mit Freude

68. Werner Hamacher: Entferntes Verstehen – Studien zu Philosophie und Literatur von Kant bis Celan. Ffm 1998, p. 301

69. Goethe: Wilhelm Meisters Wanderjahre (Zweitfassung von 1828), Frankfurter Ausgabe I. Abt. / Bd. 10, ed. Gerhard Neumann / Hans-Georg Dewitz. Ffm 1989, p. 711

70. Beachtung verdient in diesem Zusammenhang auch die Tradition der Namens-Poesie, cf. Margaux de Weck (ed.): Ich habe dich beim Namen gerufen – Eine Anthologie deutscher Namenspoesie aus vier Jahrhunderten. Ffm 2007

musste ich bei der Ausarbeitung dieses Vortrags dann feststellen, dass kein geringerer als Peter Widmer im Jahr 2010 eine Studie mit dem Titel *Der Eigenname und seine Buchstaben – Psychoanalytische und andere Untersuchungen*[71] vorgelegt hat, die – aus meiner Sicht, der ich mir mit diesem Vortrag hier einen bescheidenen Namen unter Psychoanalytikern machen wollte – leider vorzüglich ist. Nun muss derjenige, der den Namen Jochen Hörisch trägt, ertragen, dass vieles von dem, was er sagt, schon zuvor von einem anderen, der den Namen Peter Widmer trägt, bei seinem Namen genannt wurde (auch wenn mein Eigenname nicht genannt wird, wenn in dem Buch „findige Germanisten" gelobt werden[72]). Unser Sprechen, Schreiben und Unterzeichnen wird immer schon ein nachträgliches, ein nachgetragenes gewesen sein. Ich kann es nicht ändern, dass ein anderer Name als der meine über einer klugen Studie steht.

Auch im gegenwärtig gültigen und vergleichsweise liberalen deutschen Namensrecht gilt der Grundsatz der Unabänderlichkeit des Namens, der ausdrücklich untersagt, den Eigennamen „eigenmächtig" zu ändern. Nur unter restriktiven Bedingungen ist eine amtlich beglaubigte Namensänderung möglich, etwa wenn ein Name anstößig und frivol klingt oder wenn ein Transsexueller sein Geschlecht verändert hat. Ein gängiger Fall des Familiennamenswechsels ist hingegen die Eheschließung. Ein heikles Terrain. Denn die emanzipierte Frau, die nach der Heirat ihren sogenannten Mädchennamen behält, aber auch ihr emanzipierter Mann, der den Namen seiner Ehefrau annimmt, tragen dann ja nicht etwa einen weiblich-mütterlichen Namen, sondern den Namen des Brautvaters. Die Braut wird sich nicht nur von Psychoanalytikern die Frage gefallen lassen müssen, ob sie sich ihrem Vater näher fühlt als ihrem Ehemann. Aus der Ordnung patrilinearer Benennungen gibt es im deutschen Namenssystem kein Entrinnen. Auch der Begriff Mädchenname ist und bleibt ein Euphemismus.

Der häufigste Fall des Namenswechsels betrifft die sanfte Änderung des Vornamens, die allgemein akzeptiert wird, deren rechtliche Kodifikation aber

71. Bielefeld 2010. Auf Übereinstimmungen mit dieser umsichtigen und akribischen Studie weise ich im Folgenden nicht einzeln hin. Cf. auch die aufschlussreiche Namens-Fall-Geschichte, die der Psychoanalytiker mit dem bemerkenswerten Namen Michael Meyer zum Wischen ausbreitet: Zur Erfindung eines Namens – Gedanken zu Übertragung und Wort in der Psychose; in: Peter Widmer / Michael Schmid (edd.): Psychosen: Eine Herausforderung für die Psychoanalyse. Bielefeld 2007, pp. 121–150. Zu Freuds Aufmerksamkeit für Namen cf. Elisabeth Strowick: ‚Sprödes Material' – Darstellung und ‚Mißbrauch' des Namens bei Freud; in: Tatjan Petzer et al. (edd.): Namen – Benennung – Verehrung – Wirkung. Berlin 2009, pp. 261-272

72. Auf Seite 133 erwähnt Peter Widmer „findige Germanisten", die „z.B. in Goethes *Wahlverwandtschaften* das Vorkommen von Initialen" untersucht haben. Cf. dazu Jochen Hörisch: Goethes bestes Buch = Kap. II von J.H.: Die andere Goethezeit – Poetische Mobilmachung des Subjekts um 1800. München 1992, pp. 117–190

schwierig ist. Dass eine Gabriele Ele oder Gabi, dass ein Thomas Tom genannt wird, ist fast schon ein Normalfall. Ein hinreichender Grund für eine formelle Änderung des Vornamens ist das aber nicht. Gestattet sei eine persönliche Anmerkung: Der Verfasser dieser Überlegungen zum Problem des Eigennamens heißt eigentlich nicht Jochen, sondern wurde nach Auskunft aller amtlichen Papiere auf die Namen Joachim Gerhard Christian getauft und hatte Schwierigkeiten hatte, in den Besitz seiner Promotionsurkunde zu kommen, weil er nachweisen musste, dass der Autor der Dissertation mit dem Namen Jochen Hörisch mit dem Träger des Namens Joachim Gerhard Christian Hörisch identisch ist. Noch heute muss er ab und an mit Komplikationen rechnen, weil im Pass drei andere Vornamen stehen als auf dem Flugticket und der Kreditkarte. Andeuten will ich auch, dass mein nicht sonderlich schöner Nachname reiches Material für Verballhornungen bietet. Schon in vorpubertären Zeiten, in denen mir das Wort ‚Hörigkeit' nicht geläufig war, reagierte ich auf einschlägige Anspielungen, indem ich stolz darauf hinwies, dass mein Name nicht mit dem Buchstaben g, sondern auf „sch" ende, da er sich von ‚herrisch' herleite. Was schlicht Blödsinn ist, aber dennoch hilfreich war und Eindruck machte. Hör ich recht – ob diese häufig gehörte Frage dazu beigetragen hat, dass ich mich professionell mit Literatur beschäftige? Höre ich nur diese Weise, die so wundervoll und leise ...

Im Namen von Sigmund Freud

Dank meines lockeren Umgangs mit meinem bzw. meinen Vornamen habe ich, man vergebe mir diese narzisstische Volte, immerhin eine sichere Gemeinsamkeit mit Sigmund Freud. Denn auch Sigmund Freud, der sich eines schön klingenden und Schönstes bezeichnenden Familiennamens erfreute, hieß eigentlich nicht so, wurde er doch auf den Namen Sigismund Schlomo getauft.[73] Das sind nun bemerkenswerte Vornamen. Sie kontrastieren einander, und sie korrespondieren miteinander. Sigismund/Sigmund ist wie Siegfried ein exponiert germanischer, gewissermaßen ein wenig zu germanischer, Schlomo ein nicht weniger exponierter jüdischer Name. Trotz oder eben gerade wegen seiner germanischen Signalqualität galt nun aber der Name Sigismund als prototypisch jüdischer Name – nach der verqueren, von Thomas Mann in der Novelle *Wälsungenblut* narrativ entfalteten Logik, dass da jemand durch Überanpassung seine Herkunft verschleiern will. Sigismund – der Name bezeichnet den, der sich gleich eines doppelten Sieges rühmen darf. Dass Sigis Sieg meint, erschließt sich schnell; dass im mittelhoch-

73. Peter Gay: Freud – Eine Biographie für unsere Zeit. Ffm 1989, p. 12

deutschen Wort „mund" die Herrschaft (wie heute noch in ‚Vormund') steckt, erschließt sich gleichschwebender Aufmerksamkeit hingegen erst, wenn man recht hinhört. Dass Freud, der die talking cure erfand und die psychoanalytische Behandlung als „nichts anderes als ... ein(en) Austausch von Worten zwischen dem Analysierten und dem Arzt" charakterisierte[74], der ein starker Raucher war, der an Kieferkrebs erkrankte, der ein glänzender Redner war, der die vielfältigen Formen oraler Erotik untersuchte – dass Sigismund bzw. Sigmund Freud zeitlebens auf die Körper- und Kopföffnung des Mundes fixiert war, die sein Vorname benennt, ist zumindest für diejenigen, die Ohren haben zu hören, unüberhörbar. Erst am Ende seines Lebens, zu Zeiten also, da Sigismund Schlomo Freud sich schon seit Jahrzehnten Sigmund nannte, wurde der Schlager aus der 1930 uraufgeführten Klamotte *Im weißen Rößl am Wolfgangsee* zum Ohrwurm: „Was kann der Sigismund dafür, daß er so schön ist?" Sigismund galt aber schon vor dem Siegeszug dieses Liedes als Name für schöne Männer und Herzensbrecher. Für Schönheit oder Hässlichkeit kann man so viel und so wenig wie für seinen Namen.

Freuds zweiter Vorname Schlomo ist nun ein Name, wie er besser von seinem Vater Jacob nicht hätte gewählt werden können. Ist er doch eine Variante des Namens Salomon, der den Weisen und deshalb Friedlichen bezeichnet – shalom. Freud hat den Sieg-, Friedens- und Mund-Signalen seines Namens bzw. des Namens, der ihm auferlegt wurde, entsprochen. Allerdings hat Freud seinen zweiten Vornamen nie verwendet und den ersten in Sigmund verwandelt. So entfällt ausgerechnet die Silbe „is"; wo „is" war, soll ich, soll Sig, soll S-ich werden. Man muss nicht so gebildet sein wie Freud, um bei dem ersten Vornamen, der ihm gegeben war und den er moderat umformte, an Richard Wagners Siegmund (mit e) aus der ‚Walküre' zu denken. Er ist zweifellos der prominenteste unter allen Trägern dieses Namens. Und er ist in eine ödipale Vaterrevolte gegen Wotan sowie in eine Geschwister-Inzestgeschichte verstrickt, wie sie leidenschaftlicher nicht sein könnte. Sigmund Freuds bzw. Sigismund Schlomo Freuds Name ist bemerkenswert passgenau – was Freuds gleichschwebend aufmerksamer Selbstanalyse nicht entgangen ist. Freuds Analyse des „Vergessenes von Eigennamen" aus der *Psychopathologie des Alltagslebens* ist zu bekannt, um sie hier erneut zu rekapitulieren. Hingewiesen sei nur auf den Umstand, dass der vergessene und wiedergefundene Name Signorelli nicht nur seine erste Silbe mit der von Freuds Vornamen teilt, dass die Freude am Sex in der Fallgeschichte eine bedeutende Rolle spielt (auch deshalb, weil „elle" im Französischen das weib-

74. Freud: Vorlesung zur Einführung in die Psychoanalyse; Studienausgabe Bd. I. Ffm 1969, p. 43. Cf. aus linguistischer Sicht auf Psychotherapie Claudio Scarvaglieri: ‚Nichts anderes als ein Austausch von Worten' – Sprachliches Handeln in der Psychotherapie. Berlin 2013

liche Pronomen ist), dass die Geschichte von jemandem handelt, der nicht Herr (Signor) seiner selbst ist und dass die entscheidende Namenssilbe Sig/norelli auch zu Beginn der Worte signieren und Signifikant zu finden ist. Freud signierte häufig mit den Buchstaben Sigm. Freud. Zu den telling-name-Qualitäten des Namens Freud erübrigt sich jeder ausführlichere Kommentar. James Joyce war stolz darauf, dass sein Name mit dem von Freud verwandt war – Freud / Joy (of sex) / Joyce. Freud hat mehrfach berichtet, dass er nicht nur von Analysanden als „Freund" angesprochen wurde. Auch der Name Freud galt und gilt seiner engsten Verwandtschaft mit dem schönen deutschen Wort ‚Freude' zum Trotz (wie der Familienname Fried) als jüdischer Name. In einem Brief an Karl Abraham aus dem Jahr 1908 setzt sich Freud mit Widerständen gegen die Psychoanalyse auseinander und geht dabei auch auf antisemitische Motive ein: „Seien Sie versichert, wenn ich Oberhuber hieße, meine Neuerungen hätten weit geringeren Widerstand gefunden."[75]

Ungewohnt bündig ist Jacques Lacans Imperativ an die Analytiker: „Sie müssen stets darauf achten, wie Ihr Patient heißt. Das ist niemals gleichgültig." / „Vous devez toujours faire attention à comment s'appelle votre patient. Ce n'est jamais indifférent."[76] Auf die Assoziationen, die den Eigennamen mitgegeben sind, ist Freud immer wieder eingegangen. Angeführt seien nur einige von bemerkenswert vielen Beispielen. In seiner Abhandlung *Der Witz und seine Beziehung zum Unbewußten* heißt es: „Eigennamen verfallen überhaupt leicht dieser Bearbeitung der Witztechnik (=Verdichtung): In Wien gab es zwei Brüder, namens Salinger, von denen einer *Börsensensal* (österreichisch für Börsenmakler, J. H.) war. Das gab die Handhabe, den einen Bruder *Sensalinger* zu nennen, während für den anderen zur Unterscheidung die unliebenswürdige Bezeichnung *Scheusalinger* in Aufnahme kam."[77] Freud stellt lakonisch fest, dass „Witze, die mit Eigennamen ‚spielen', häufig von beleidigender, verletzender Tendenz"[78] sind; sie prolongieren dann gewissermaßen die Verletzung, die wir erleiden, wenn wir fremdbestimmt benannt werden.

Schon in der *Traumdeutung* geht Freud ausführlich auf den „Mißbrauch mit Namen" ein. Er führt aus: „Daß solche Namensspielerei Kinderunart ist, darf man ohne Widerspruch behaupten; wenn ich mich in ihr ergehe, ist es

75. Sigmund Freud, Karl Abraham: Briefe 1907–1926, edd. Hilda C. Abraham /Ernst L. Freud. Ffm 1965, p. 57

76. Jacques Lacan: Le Séminaire IX – L'identification (20. Dezember, p. 8). Das Typoscript der Vorlesung ist faksimiliert im Internet zugänglich; die gesamte Sitzung vom 20. Dez. 1961 ist dem Problem des Eigennamens gewidmet: http://www.ecole-lacanienne.net//pictures/mynews/914863CF5409F7178C4EA24372C086E5/1961.12.20.pdf

77. Freud: Der Witz und seine Beziehung zum Unbewußten – Studienausgabe Bd. IV. Ffm 1970, p. 24

78. Ibid., p. 87

aber ein Akt der Vergeltung, denn mein eigener Name ist unzählige Male solchen schwachsinnigen Witzeleien zum Opfer gefallen. Goethe bemerkt einmal, wie empfindlich man für seinen Namen ist, mit dem man sich verwachsen fühlt wie mit seiner *Haut*, als Herder auf seinen Namen dichtete: „Der du von Göttern abstammst, von Gothen oder vom Kote."[79] Freud zitiert Goethe, der in *Dichtung und Wahrheit* schon zuvor bekannt hatte, „nach Menschenweise in (s)einen Namen verliebt" gewesen zu sein[80], offensichtlich aus dem Gedächtnis. Denn der Herder-Vers lautet eigentlich: „Der von Göttern du stammst, von Goten oder vom Kote".[81] Goethe hat in der Tat aus seinem Namen ein Schreibprogramm gemacht, das es ihm ermöglichte, sich einen Namen zu machen. Er, der später häufig als Olympier charakterisiert wurde, verstand seinen Namen plural – Goethe ist Polytheist, sein Name stammt von Göttern, nicht von dem einen Gott. Der Name von Goethes Mutter passt bestens in dieses Schreibprogramm. War sie doch eine geborene Textor ...[82] Und dies, weil ihre Vorfahren den Namen Weber latinisiert hatten.

Goethes Kommentar zum Missbrauch seines Namens durch Herder ist wert, in Gänze zitiert zu werden. „Es war freilich nicht fein, daß er sich mit meinem Namen diesen Spaß erlaubte: denn der Eigenname eines Menschen ist nicht etwa wie ein Mantel, der bloß um ihn her hängt und an dem man allenfalls noch zupfen und zerren kann, sondern ein vollkommen passendes Kleid, ja wie die Haut selbst ihm über und über angewachsen, an der man nicht schaben und schinden darf, ohne ihn selbst zu verletzen." Eigennamen sind per se narzisstisch und eben deshalb für narzisstische Kränkungen besonders anfällig. Sie sind exklusiv: Dieses Eigennamen-Zeichen bezeichnet und meint nur mich (umso irritierender ist es dann für einen, der etwa Germanist ist und Gerhard Kaiser heißt, dass auch andere Germanisten so heißen wie er). Diese Exklusivität unterscheidet mich von den unendlich vielen Dingen, die es sich gefallen lassen müssen, pauschal bezeichnet zu werden, also ein nicht spezifisch benannter Tisch, Stuhl, Hammer, Nagel unter allen Tischen, Stühlen, Hämmern und Nägeln zu sein. Weshalb wertvolle und hochgeschätzte Dinge gerne mit einem wenn nicht Eigen-, so doch Markennamen versehen werden. Man telefoniert dann nicht einfach mit einem Handy, sondern mit einem I-Phone; man fährt nicht irgendein Auto, sondern einen Mercedes; frau trägt nicht irgend eine Handtasche, sondern eine von Prada.

79. Freud: Die Traumdeutung – Studienausgabe Bd. II. Ffm 1972, p., 217

80. Goethe: Dichtung und Wahrheit; Frankfurter Ausgabe in vierzig Bänden, I. Abt., Bd. 14, ed. Klaus-Detlef Müller. Ffm 1986, p. 305 (II/7)

81. Ibid., p. 444

82. Zu Goethes Namen cf. Jochen Hörisch: Religiöse Abrüstung – Goethes Konversions-Theologie; in: J.H.: Gott, Geld, Medien. Ffm 2004, pp. 67–80

Auch die verbreitete religiöse Vorstellung, dass Gott, in dessen Namen wir getauft werden, uns bei unserem Namen ruft, den er kennt und der uns unverwechselbar macht, gießt Taufwasser auf die Mühlen des Eigennamen-Narzissmus. Um das Motiv von Goethe-Textor aufzunehmen und weiterzuspinnen: Text / Textil – der Eigenname ist nicht wie ein austauschbarer Mantel, sondern uns so mit- und aufgegeben wie die Haut. Er hält uns zusammen, er grenzt uns ab, er ist unsere verletzliche Außenwelt-Membran, er ist der bloße, der entblößende Text, der uns zu erkennen gibt, wenn wir unsere Textilien abgelegt haben. Denn er koppelt, verkoppelt, verkuppelt, um das auch von Platon im *Kratylos* verwendete alte griechische Wortspiel zu bemühen, Soma und Sema. „Bin ich der, der W.B. heißt? oder heiße ich bloß einfach W.B.?" fragt Walter Benjamin in seinem Passagenwerk wortidentisch gleich zweimal.[83] Benjamin hat den Assonanzen und Assoziationen seines Namens mit unerhörter Intensität nachgespürt. Er, der offiziell, wie ausgerechnet die Ausbürgerungsurkunde der Nazis belegt, Walter Benedix Schönflies Benjamin hieß und sich in einer autobiographischen Skizze das anspielungsreiche Pseudonym Agesilaus Santander (ein Fast-Anagramm von Der Angelus Satanas) zulegte, hat mit unvergleichlicher Kraft darüber nachgedacht, was es heißt, benannt zu sein und sich einen Namen machen zu wollen.[84]

Theorie-Namen

Benannt sind alle Menschen, weithin bekannt aber sind nur wenige. Sigismund Schlomo Freud bzw. Sigmund Freud hat wie alle Menschen einen fremdbestimmten Namen erhalten, doch er, der paradigmatische Begründer eines neuen und in jedem Wortsinne unerhörten Diskurses, hat sich wie nur wenige einen Namen gemacht. Zwischen den Themen und Problemen, die Theoretiker in ihren Bann schlagen, und den Eigennamen dieser Theoretiker gibt es mitunter irritierende Korrelationen. Peter Widmer weist in seiner Studie darauf hin, dass in der Phänomenologie Edmund Husserls dem Begriff des Mundanen eine ausschlaggebende Funktion zukommt und dass René (Renatus) Descartes nach allen existenzbedrohlichen Zweifeln im cogito-ergo-sum-Satz eine Wiedergeburt erfuhr.[85] Im Namen des Klassikers der Ich-Philosophie, der mit der Primärunterscheidung Ich vs. Nicht-Ich arbeitet, steckt

83. Walter Benjamin: Das Passagen-Werk, Gesammelte Schriften, edd. Tiedemann / Schweppenhäuser, Bd. V. Ffm 1982, pp. 1036, 1038

84. Cf. Jochen Hörisch: Der satanische Engel und das Glück – Die Namen Walter Benjamins; in: J.H.: Tauschen, sprechen, begehren – Eine Kritik der unreinen Vernunft. München 2011, pp. 206–223

85. Peter Widmer: l.c., p. 216

vollendet der Begriff ‚Ich', der alle Eigennamen einkassiert (heißen doch alle, nennen sich doch alle ‚Ich') und fast das Wort ‚nicht': Fichte (Aufmerksamkeit verdienen ebenso die logoslastigen Vornamen Johann und Gottlieb). Auch im Namen des zeitgenössischen Philosophen, der Fichtes Ich-Denken wie kein zweiter reaktiviert hat, steckt das erste Pronomen Singular: Dieter Henrich (im Vornamen verkapseln sich die Pronomina die und er).

Die Psychoanalyse ist mitsamt ihrer Theoriegeschichte in ungewöhnlich enger Weise an den Namen Sigmund Freud gekoppelt. Dennoch hat sich die ab und an anzutreffende Benennung der Psychoanalyse als „Freudismus" oder „Freudianismus" nicht durchgesetzt (wohl aber die Bildung „freudscher Versprecher"). Dabei war schon zu Freuds Zeiten und ist noch heute das Bezeichnungsschema, das Theorien an die Namen ihrer Begründer koppelt, gut etabliert. Spricht man doch von Sokratismus, Aristotelismus, Kantianismus, Hegelianismus, Darwinismus, Marxismus, Leninismus etc. Freud hat sich von allen Versuchen distanziert, die Psychoanalyse anders als eben so – Psychoanalyse – zu nennen. Bemerkenswert ist jedoch, dass er nicht vom Begriff oder von der Bezeichnung, sondern vom „Namen" der Psychoanalyse spricht. „*Psychoanalyse* ist der Name 1. eines Verfahrens zur Untersuchung seelischer Vorgänge, welche sonst kaum zugänglich sind; 2. einer Behandlungsmethode neurotischer Störungen, die sich auf diese Untersuchung gründet; 3. einer Reihe von psychologischen, auf solchem Wege gewonnenen Einsichten, die allmählich zu einer neuen wissenschaftlichen Disziplin zusammenwachsen."[86] Und Freud, der vom Namen der Psychoanalyse handelt, hat überdies zentrale Theoriekonzepte der Psychoanalyse engstens an mythische Eigennamen gebunden; Ödipuskomplex und Narzissmus sind Grenzbegriffe, weil sie an Eigennamen gebundene und mythologische Erfahrungsgeschichten strukturell universalisieren.[87] Ähnliches gilt für Freuds Fallgeschichten. Auch sie sind eng an Namen gekoppelt: der kleine Hans, Anna O., Dora. Gerade bei den Fallgeschichten fällt auf, dass Freud umbenennt, um der ärztlichen Schweigepflicht zu genügen. Aus Ida Bauer wird Dora, aus Bertha Pappenheim wird Anna O (im letzteren Fall eine Buchstabenverschiebung um je eine Position nach vorn: aus B wie Bertha wird A wie Anna, aus P wie Pappenheim wird O).

Zum Initial verkürzt bzw. ganz gestrichen wird in diesen Fallgeschichten der Familienname. Womit Freud zwei Probleme streift, deren erstes häufig, dessen zweites hingegen nur selten bedacht wird. Vornamen indizieren in

86. Freud: „Psychoanalyse" und „Libidotheorie"; in: Gesammelte Werke, 13: 209–233. Ffm 1976, p. 377

87. Cf. Volker Kohlheim: Literarische Onomastik und Psychoanalyse: Eine Fallstudie (http://www.namenkundliche-informationen.de/pdf/99_100/articles/NI_99-100_2011_KohlheimV.pdf)

aller Regel anders als der Nach- bzw. Familienname das Geschlecht des bzw. der Benannten. Anna und Bertha sind Frauen, Hans ist ein Junge. Geschlechtsneutrale Vornamen sind selten, aber in vielen Sprachen doch anzutreffen. Den Vornamen Hil(l)ary trägt die ehemalige Außenministerin der USA, Hillary Clinton, ebenso wie der berühmte Philosoph Hilary (mit nur einem l) Putnam (NB: Hillary ist auch ein bekannter Familienname – Edmund Hillary heißt der erste Bezwinger des Mount Everest). Dominique kann der Vorname eines Extremmachos wie Dominique Strauss-Kahn und einer extrem weiblichen Schauspielerin wie Dominique Sandra sein (NB: auch hier gilt, dass dieser Vorname auch zum Nachnamen taugt). Sascha ist im Russischen der Kosename für einen Alexander ebenso wie für eine Alexandra. Die Kurzform Uli, um den im Deutschen häufigsten Fall eines geschlechtsneutralen Namens zu erwähnen, kann einen Ulrich wie eine Ulrike bezeichnen. Maria ist im Deutschen ausdrücklich auch als Vorname für einen Jungen zugelassen, aber eben nur als zweiter Vorname: Rainer Maria Rilke. Die Differenz zwischen Vor- und Nachname betrifft aber nicht nur die Geschlechter-, sondern auch die Anrededifferenz. Leute, die wir mit Vornamen anreden, duzen wir, solche, die wir mit Nachnamen anreden, siezen wir. Unverkennbar ist allerdings, dass diese Grundregel gewissen Lockerungen und Erosionen unterliegt. Das hanseatische Sie, das mit der Vornamens-Anrede korreliert (Exkanzler Helmut Schmidt und Exbundespräsident Richard von Weizsäcker sprachen sich mit Helmut bzw. Richard an, siezten sich aber), hat eine längere Tradition. Im Fernsehen ist alltäglich zu beobachten, dass Korrespondenten vor Ort von den Kollegen im Studio mit Vor- und Nachnamen angeredet werden, wie denn überhaupt die kognitiv anstrengende und deshalb erst einmal unplausible Übung um sich greift, etwa auf Konferenzen bei Bezugnahmen den Vor- und Nachnamen der Diskussionsteilnehmer zu nennen und sich nicht mit der Wendung „wie Herr Schmidt und Frau Müller bereits gesagt haben" auf sie zu beziehen.

Politisch korrekte Sprach-Imperative verlangen heute, dass man/frau die Existenz von n, nicht nur von zwei Geschlechtern anerkennt. Auch bei der Du-Sie-Differenz zeichnet sich die Tendenz zu Zwischenstufen ab. Doch das binäre Duzen-vs.-Siezen-Schema ist nur schwer zu überwinden (das ‚Ihrzen' weist den dritten Weg). Umso mehr Aufmerksamkeit verdient das gar nicht so selten anzutreffende, aber eben nur selten thematisierte Problem, dass einige Namensträger Nachnamen haben, die Vornamen sein könnten. Wenn dem Verfasser wiederum eine persönliche Bemerkung gestattet ist: Mir ist aufgefallen, dass mein intellektuelles Leben starke Prägungen von Lehrern und Kollegen erfuhr, die Nachnamen tragen, die vollauf vornamensüblich sind: Herbert Anton, Manfred Frank, Rudolf Heinz und Klaus Heinrich. Die Irritation ist wohl vielen vertraut: Man begegnet in durchaus formalisierten

Kontexten einem Menschen erstmals und er stellt sich sogleich mit Vornamen vor, um dann nach einer kleinen Schrecksekunde – will der sogleich geduzt werden? – hinzuzufügen, dass dies der Nachname sei. NB: Meinem Versuch war kein Erfolg beschieden, Studien zu finden, die darüber Auskunft geben, wieviele und welche Psychotherapeuten ihre Analysanden et vice versa beim Vornamen nennen und duzen (bei welcher Altersstufe, bei welchem Geschlecht) – m.E. eine außerordentlich wichtige Entscheidung bei der Konstellation des Analytiker-Analysanden-Verhältnisses.

Sich einen Namen machen

Sich einen Namen machen – wieviel stimulierende Sogkraft vom Namen ausgeht, hat schon ein Gedankenexperiment aus der 1869 erschienenen und Freud gut vertrauten *Philosophie des Unbewußten* von Eduard Hartmann vorgeführt: „Man gebe einmal einem Künstler oder Gelehrten die Gewissheit, dass nie Jemand seinen Namen zu seinen Werken erfährt, – obwohl hierdurch der Ehrgeiz noch keineswegs ganz beseitigt ist, da ja doch der Name des Menschen etwas Zufälliges und Gleichgültiges, zumal für die Zukunft ist, – so wird dennoch dem Betreffenden mehr als die Hälfte der Lust zu seinen Leistungen benommen sein. Gäbe es aber ein Mittel, allen Künstlern und Gelehrten wirklich allen Ehrgeiz und Eitelkeit gleichzeitig zu benehmen, so würde gewiss die Production ziemlich stillstehen, wenn sie nicht noch um des Broderwerbs willen mechanisch weiter gehen müsste.“[88]

Angesichts der hier nur knapp evozierten Probleme um das Phänomen des eigentümlich heteronomen Eigennamens ist es nicht verwunderlich, dass viele Menschen versuchen, sich einen Namen zu machen. Diesem Projekt dienen etablierte und traditionsreiche Programme. Wer Mönch oder gar Papst wird, nimmt obligatorisch einen neuen Ordens- oder eben päpstlichen Namen an, der an die Stelle des bürgerlichen Namens tritt. Ein bemerkenswert paradoxes Programm: Man macht sich einen neuen Namen, um fortan ganz im Namen des namenlosen Herrn leben zu können. Wer sich als neugeboren erfährt, signalisiert das gerne und häufig durch einen Namenswechsel. Jacob erhält, nachdem er mit Gott gerungen hat, den Namen Israel; aus Iosseb Bessarionis dse Dschughaschwili wird Josef Stalin; aus Cassius Clay wird Muhammad Ali. Lang ist die Liste der Pseudonyme, die sich Künstler und Schauspieler aussuchten, weil sie begründete Zweifel hatten, ob Namen wie Maria Anna Sofia Cecilia Kalogeropoulos (Maria Callas) oder Franz Eugen Helmut Manfred Niedl-Petz (Freddy Quinn) Aussichten auf Ruhm verspre-

88. Eduard Hartmann: Philosophie des Unbewussten, Bd. 2 (10. Auflage). Leipzig o. J., p. 340

chen. Wer sich ein wohlklingendes Pseudonym zulegt, mit dem er sich einen Namen machen will, verstößt gegen den Namen des Vaters und mag deshalb von Schuldgefühlen heimgesucht werden. So kommt es häufig bei der Wahl des neuen Pseudonym-Namens zu Kompromissbildungen – er ist dem alten, richtigen, rechten Namen ersichtlich verwandt. Aus Paul Ancel wird dann Paul Celan – eine kleine Silbenvertauschung mit großem Klangeffekt, die den Buchstabenbestand wahrt. Als Virtuose der Namenserneuerung, die dem angestammten Namen anagrammatisch die Treue hält, erweist sich kein Geringerer als Hans Jakob Christoffel von Grimmelshausen, der sich u.a. auch Samuel Greifenson von Hirschfeld, Michael Rehulin v. Sehmsdorf, German Schleifheim v. Sulsfort, Erich Stainfels von Grufensholm, Philarchus Grossus von Trommenheim, Simon Lengfrisch von Hartenfels, Melchior Sternfels von Fuchshaim oder Israel Fromschmid von Hugenfels nannte. Dass es abgründig schwer sein kann, dem Namensoktroi ganz zu entkommen und sich wirklich souverän selbst zu taufen, macht auch der traurige Witz aus dem neunzehnten Jahrhundert vom Juden Katzmann deutlich, der vor antisemitischen Progromen in Osteuropa ins vergleichsweise liberale Frankreich flieht und sich dort, um nie wieder als Jude identifiziert zu werden, einen neuen Namen gibt. Katz, so denkt er, heißt auf französisch ‚chat', Mann heißt ‚l'homme', und so nennt er sich fortan Chatlhomme / Shalom.

Ein gescheiterter Künstler, der es für ein paar Jahre zum ebenso ruchlosen wie erfolgreichen Politiker brachte, brauchte sich kein Pseudonym zu wählen, um seinen Namen berühmt berüchtigt zu machen. Er hatte gespenstisches Glück, weil schon sein Vater seinen nicht charismatauglichen Familiennamen hatte ändern lassen. Adolf Hitler hat es fertiggebracht, seinen Eigennamen zur rituellen Standardgrußformel in Wort und Schrift zu machen: Heil Hitler. Mit Adolf Hitlers Namen hat es nun wie mit seinen familiären Verhältnissen eine eigentümliche Bewandtnis. Sein unehelich geborener Vater trug den Namen Alois Schicklgruber, den er 1876, also dreizehn Jahre vor der Geburt seines Sohnes Adolf und nach dem Tod seines Vaters Johann Georg Hiedler, der sich laut Zeugenaussagen zur Vaterschaft bekannt hatte, in Hitler umwandeln ließ. Hätte diese Namensänderung nicht stattgefunden, so hätte Adolf Hitler Adolf Schicklgruber geheißen. Wäre ein Erfolg der Grußformel ‚Heil Schicklgruber' auch nur denkbar, ja, hätte Hitler es überhaupt in die Berliner Reichskanzlei gebracht, wenn er Schicklgruber geheißen hätte?

Ein bedeutender Politikwissenschaftler mit einem exquisiten Vornamen, Iring Fetscher, hat sich den ernsten Scherz erlaubt, die Geschichte der Bundesrepublik mit einer Fokussierung auf die Namen des politischen Spitzenpersonals zu schreiben. Seine These: Es zeichnet sich in der Zeit, da diese Beobachtung kommuniziert wurde, auf der Ebene derer, die das Sagen haben, eine fast gesetzmäßig zu nennende Durchsetzungs-Präferenz für einsilbige Namen durch. Figuren mit mehrsilbigen Namen wie Adenauer oder Schumacher prägen die frühen Jahre der nachkriegsdeutschen Politik; es folgen die Zweisilber wie Erhard, Mende, Wehner und Barzel; und dann setzen sich auf der Spitzenebene die Einsilber durch: Brandt, Scheel, Strauß, Schmidt, Kohl. Danach, so ließe sich Fetschers Grille fortschreiben, hat gute Aussichten auf einen Platz in den politischen Spitzenpositionen, wer wiederum einen zweisilbigen Namen trägt: Schröder, Merkel, Schäuble, Steinbrück. Der nächste Bundeskanzler bzw. die nächste Bundeskanzlerin müsste demnach wiederum einen zumindest dreisilbigen Namen haben: von der Leyen oder Kramp-Karrenbauer (so geschrieben und vorgetragen im Sommer 2013).

Das Phantasma vom rechten, vom richtigen Namen

Der heiße Kern jeder Phantasie und jeder Reflexion über Eigennamen ist ersichtlich das ebenso herrliche wie unhaltbare Phantasma, Eigennamen garantierten eine verlässliche Koppelung von Zeichen und Seiendem, von Sema und Soma, von „les mots et les choses" – nämlich den exquisiten choses, den Sachen, die eben keine Sachen, sondern vom logos beseelte Menschen sind. Sprachliche Zeichen sind arbiträr, das weiß man nicht erst seit Saussure. Im Reich der Zeichen geht es spätestens seit dem Turmbau zu Babel[89] willkürlich zu; es gelingt Signifikanten nicht, ein intimes, vertrauliches, vertrautes und vertrauenswürdiges Verhältnis zum Sein und zum Seienden zu etablieren. Denn es gibt nach einem lakonischen Wort von Michel Foucault stets mehr Sprache als Sein (was entspräche im Realen Signifikanten wie Einhorn oder Wendungen wie ‚das Messer ohne Griff, an dem die Klinge fehlt'?) – und es gibt umgekehrt mehr Sein als Sprache (nicht jeder Grashalm, nicht jedes Sandkorn hat einen, hat seinen exklusiven Signifikanten). Im babylonischen Durcheinander unzuverlässiger Zeichen, denen kein Algorithmus eineindeutig Sachen und Sachverhalte zuordnen kann, nehmen sich Eigennamen wie ein stolzes Relikt aus den seligen Zeiten vor dem phallischen Turmbau zu Babel aus, der einen zornigen Gott zu einem destruktiven Semantikfeldzug provozierte.

Der Glaube an die magische Kraft des Eigennamens, der mimetische bis symbiotische Vereinigungen von Zeichen und Bezeichnetem besiegelt, ist weit verbreitet. Um nur einige Beispiele anzuführen: Platons rätselhaftester und witzigster Dialog *Kratylos*[90] kreist um das Phantasma, man könne alle

89. Cf. dazu die Studie von Jacques Derrida: Über den Namen, übers. Peter Engelmann. Wien 2000
90. Cf. dazu die Studie von Gerard Genette: Mimologiken – Reise nach Kratylien. München 1996

Signifikanten auf das Niveau von Eigennamen bringen – alles müsse so heißen, wie es heißt, weil es so ist, wie es heißt. Christus scheut vor einem erhabenen Kalauern nicht zurück, wenn er denjenigen seiner zwölf Jünger, der da Petrus heißt, zum Fels erklärt, auf dem seine Kirche erstehen soll. Gottfrieds Tristan kann keinen anderen als diesen rechten und richtigen Namen tragen. Denn es steht fest, „daz der name / dem lebene was gehellesame. / er was reht, alse er hiez, ein man / und hiez reht, als er was, Tristan."[91] Da heißt einer, wie er ist, und er ist, wie er heißt. Dennoch oder eben deshalb wählt sich Tristan, um nicht erkannt zu werden, ein Pseudonym, indem er die Silben seines Namens vertauscht: Tantris. Doch auch dieser Name ist ein „rechter" Name. Denn Tristan/Tantris wird tantristische Liebeserfahrungen machen (schwer nachzuweisen, aber angesichts der Orientmode in mittelalterlicher Literatur immerhin plausibel, dass schon Gottfried von Straßburg vom Tantrismus wusste; der Eurobuddhist Richard Wagner ist nachweislich mit dem Tantrismus gut vertraut[92]). Es ist müßig, auf das verblüffend weite Spektrum literarischer Namen einzugehen, die fast durchweg richtige, rechte, sachlich bestens motivierte Namen sind. Telling names sind nicht die Ausnahme, sondern die Regel gerade auch in der Hochliteratur.[93] Fausts an Mephisto adressierter Satz „Bei euch, ihr Herrn, kann man das Wesen / Gewöhnlich aus dem Namen lesen" gilt nicht nur für suspekte teuflische Existenzen, sondern für alle mit Logos begabte bzw. vom Logos gezeichnete Wesen. Bemerkenswert ist übrigens, dass Mephisto die Antwort auf Fausts Frage „wie nennst du dich?" verweigert, auf die Folgefrage „nun gut, wer bist du denn?" aber beredt Auskunft gibt.

So benannt zu sein, wie man ist, so zu sein, wie man heißt – dass Soma und Sema ein symbiotisches Möbiusband bilden, dass Benennung und Sein/Seiendes/Daseiendes eine verlässliche Einheit bilden, dass (um mit Leclaire zu formulieren) die Distanz „entre-corps-et-mots"[94] zugunsten einer intimen Nähe verschwinde, ist das Grundphantasma, das alle Namenslogiken und -psychologiken begleitet. Eine Katharina ist und heißt ‚die Reine'; ein Müller ist und heißt Müller; ein Petrus ist und heißt der Fels; ein Einhorn heißt, hat und ist ein Einhorn. Nun muss man nicht allzu viel argumentativen Aufwand betreiben, um einsichtig zu machen, dass dieses Phantasma zu schön ist um wahr zu sein. Eine Katharina kann unreinen Gedanken nach-

91. Gottfried von Straßburg: Tristan – Text und kritischer Apparat, ed. Karl Marold. Berlin 1969, p. 32 (Vv. 2017–2019)

92. Cf. dazu Jochen Hörisch: Weibes Wonne und Wert – Richard Wagners Theorie-Theater. Berlin 2015

93. Aus der großen Literatur zum Thema sei nur ein jüngerer Band genannt: Tatjana Petzer et al. (edd.): Namen – Benennung, Verehrung, Wirkung. Berlin 2009

94. Serge Leclaire: Les mots du psychotique; in: ders.: Diableries – Ecrits pour la psychanalyse. Paris 1998, p. 159

hängen, ein Schneider kann Müller heißen, und die Projekte von Peter können auf Sand gebaut sein. Das Tier mit dem Gattungsnamen Löwe heißt nicht Löwe, weil es durch die Wüste löwt, und der Tiger heißt nicht Tiger, weil er auch in wilden Gefilden herumlöwt, nur noch viel gewaltiger. Diese Feststellungen sind so evident wie trivial. Um so irritierender ist die Hartnäckigkeit des Phantasmas vom richtigen Eigennamen. Offenbar sind wir – wider besseres Wissen – auf die Vorstellung angewiesen, es gebe zumindest in gewissen Bereichen verlässliche Korrelationen, womöglich gar belastbare Algorithmen zwischen Zeichen und Bezeichnetem. In den Worten von Peter Widmer: „Mit dem Eigennamen wird zwar die Singularität eines Subjekts bezeichnet, nicht jedoch sein Sein – im Gegenteil, der Eigenname höhlt mit der Bezeichnung das Sein aus, so dass sowohl vom Subjekt, das bezüglich dieser Nicht-Übereinstimmung ein Unbehagen verspürt, als auch von Repräsentanten des Anderen das Begehren aufkommt, das Sein des Subjekts sagen, bezeichnen zu können."[95]

Es wird nur selten beobachtet und problematisiert, dass sich ganze Kulturen und Gesellschaften (gerade auch solche, die sich aus nachvollziehbaren Gründen als rational und aufgeklärt verstehen) um den Glauben herum organisieren, Zeichen und Bezeichnetes könnten eins werden. Der Glaube daran, dass dieser Geldschein, auf dem 50 Euro zu lesen steht, den Wert hat, den er bezeichnet, ist (in sachlich analytischer Perspektive) ebenso unhaltbar wie funktional – wenn alle daran glauben. Der früher in christlichen Sphären gewissermaßen obligatorische Glaube, diese Hostie und dieser Wein seien nicht etwa nur Zeichen für Christi Leib und Blut, sondern in ihnen sei Jesus Christus tatsächlich realpräsent, ist so abenteuerlich wie erfolgreich (gewesen, bis er vom Realpräsenzzauber des Geldes abgelöst wurde).[96] Nun sind das eucharistische Sakrament und das Geld keine erratischen Randphänomene unserer Kulturgeschichte, sie stehen vielmehr je zu ihrer (lang anhaltenden!) Zeit im Zentrum unserer Kulturlogik. Ja, sie stiften erst so etwas wie intersubjektive Verbindlichkeit. Man ist in hochchristlichen Zeiten schlecht beraten, den eucharistischen Realsignifikanten das Credo zu verweigern; Geldzeichen zu fälschen, ist ebenso hochriskant, auch wenn alle ahnen bis wissen, dass alles Geld in einem sehr präzisen Sinne Falschgeld ist. Weder bei Brot und Wein noch beim Geld geht es mit rechten Dingen zu. Dennoch stiften sie so etwas wie Verbindlichkeit und Verlässlichkeit in der Sphäre, in der Sein und Sinn aneinander gekoppelt werden. Und um sie herum konstelliert sich eine unübersehbar große Zahl von Neurosen, Psychosen, Phantasmen, Zwängen und Pathologien.

95. Peter Widmer: l.c., p. 178 sq.

96. Cf. dazu Jochen Hörisch: Bedeutsamkeit – Über den Zusammenhang von Zeit, Sinn und Medien. München 2009

Gemeinsam ist den so erratischen wie unverzichtbaren Realsignifikanten und Signifikanten des Realen (wie Brot und Wein, Geld und Eigennamen), dass sie Formen von Überzeitlichkeit bzw. Nicht-Endlichkeit versprechen, die der somatischen Sphäre brutal verwehrt ist. Die eucharistischen Elemente versprechen erlöstes, ewiges Leben; Geld überlebt seinen Besitzer, man kann ein Vermögen hinterlassen und bleibt, so man denn etwas zu testieren hat, auch post mortem ein gültiges Rechtssubjekt; und der Name derer, die sich wie Goethe oder Freud einen Namen gemacht haben, überlebt die Benannten, die ewige Werke hinterlassen haben. Freud hat in *Totem und Tabu* mehrfach darauf hingewiesen, dass „der zivilisierte Erwachsene" in aufgeklärten Kulturen totemistischem Denken vielfach nähersteht als es ihm gegenwärtig und lieb sein dürfte. So auch im Hinblick auf Eigennamen: „Auch der zivilisierte Erwachsene mag an manchen Besonderheiten seines Benehmens noch erraten, daß er von dem Voll- und Wichtignehmen der Eigennamen nicht so weit entfernt ist, wie er glaubt, und daß sein Name in einer ganz besonderen Art mit seiner Person verwachsen ist. Es stimmt dann hiezu, wenn die psychoanalytische Praxis vielfachen Anlaß findet, auf die Bedeutung der Namen in der unbewußten Denktätigkeit hinzuweisen (In einer Fußnote verweist Freud hier auf die schon oben angeführten Arbeiten von Wilhelm Stekel und Karl Abraham über die determinierende Kraft des Namens, J. H.) / Die Zwangsneurotiker benehmen sich dann, wie zu erwarten stand, in betreff der Namen ganz wie die Wilden. Sie zeigen die volle „Komplexempfindlichkeit" gegen das Aussprechen und Anhören bestimmter Worte und Namen (ähnlich wie auch andere Neurotiker), und leiten aus ihrer Behandlung des eigenen Namens eine gute Anzahl von oft schweren Hemmungen ab. Eine solche Tabukranke, die ich kannte, hatte die Vermeidung angenommen, ihren Namen niederzuschreiben, aus Angst, er könnte in jemandes Hand geraten, der damit in den Besitz eines Stückes von ihrer Persönlichkeit gekommen wäre. In der krampfhaften Treue, durch die sie sich gegen die Versuchungen ihrer Phantasie schützen mußte, hatte sie sich das Gebot geschaffen, „nichts von ihrer Person herzugeben". Dazu gehörte zunächst der Name, in weiterer Ausdehnung die Handschrift, und darum gab sie schließlich das Schreiben auf."[97]

Namen bzw. Eigennamen – nomen est omen – sind in der Sphäre der Individuation das, was das Abendmahl-Sakrament und das Geld in der Sphäre der Intersubjektivität und eben auch der Ontosemiologie sind. Sie verknüpfen mein Soma mit einer, mit meiner spezifischen Semantik. Menschen sind Wesen, die die Frage ‚was bedeutet das alles?' kaum vermeiden können. Sie stehen unter Sinnzwang, und sie müssen sich in somatisch-semantischen Sphären verorten (lassen). Die Psychoanalyse wurde häufig dafür kritisiert,

97. Freud: Totem und Tabu; in: Studienausgabe Bd. IX. Ffm 1974, p. 347 sq.

dass sie nicht verallgemeinerbare Fallgeschichten, denen sich nur ein Eigenname zuordnen lässt, theoretisch generalisiert. Ihr Bewusstsein davon, dass die vermeintlich funktionierenden Brücken zwischen Soma und Sema Brüche sind, ist umso höher. Dem Goethepreisträger Freud war die Wendung aus dem Roman *Wilhelm Meisters Lehrjahre* geläufig, „daß die Summe unsrer Existenz, durch Vernunft dividiert, niemals rein aufgehe, sondern daß immer ein wunderlicher Bruch übrig bleibe."[98] Der Eigenname ist die semantische Inkarnation des wunderlichen Bruchs, der Sein und Sinn verbindet.

98. Goethe: Wilhelm Meisters Lehrjahre; Frankfurter Ausgabe Abt. I/Bd. 9, ed. Wilhelm Voßkamp. Ffm 1992, p. 634

Die Kraft zur Lust bzw. Kraft und Verstand. Handmotive bei Hegel und Goethe

In Goethes wunderbarem Langgedicht *Das Tagebuch* (es entstand 1810, also kurz nach dem Roman *Die Wahlverwandtschaften*) hat ein Mann von mittleren Jahren unerwartet Probleme mit seiner Kraft, konkret mit seiner Potenz. Die Geschichte ist schnell (und damit weit unter dem brillanten Stilniveau dieser in jedem Wortsinne reifen Verse) erzählt. Ein glücklich verheirateter Mann will nach einer erfolgreichen Geschäftsreise nach Hause zu seiner geliebten Frau zurückkehren. Aber ein Schaden an der Kutsche verzögert die Heimkehr; der Reisende muss die Reparaturarbeiten abwarten und eine Nacht in einer freundlichen Herberge verbringen. Dort wartet ihm beim Abendessen, das feine Beziehungen zum Abendmahl unterhält[99], eine schöne junge Frau auf, die seinen Flirt unerwartet großzügig und doch schicklich erwidert und ihm später ins Schlafzimmer folgt. Dann aber geschieht das Unerwartete: Die phallische Kraft des zum Ehebruch bereiten Mannes, dem sonst (um es unpoetisch auszudrücken) Probleme mit erektiler Dysfunktion unvertraut sind, versagt. Die offenbar noch unerfahrene Schöne in seinem Bett bleibt freundlich und liebevoll, sie kränkt den mit versagender Lendenkraft geplagten Mann nicht, ist mit Kuschelsex zufrieden und schläft schließlich an seiner Seite ein. Der Mann aber verflucht sich und seinen kraftlosen „Knecht", der ansonsten treue Dienste bei der lustvollen Arbeit leistete; er denkt zurück an sein erfülltes Liebesleben mit der Angetrauten und – gewinnt bei diesen wonnevollen Erinnerungen auch seine Manneskraft zurück. Es wird Zeit, die prosaische Paraphrase zu beenden und sich der poetischen Kraft der Verse anzuvertrauen, die von Kraftverlust und erneuter „Kraft zur Lust" berichten. Die jungen Verliebten, so vergegenwärtigt es sich der zum Ehebruch bereite Mann, entschlossen sich früh zur Ehe:

XVII
So immerfort wuchs Neigung und Begierde
Brautleute wurden wir im frühen Jahre
Sie selbst des Maien schönste Blum' und Zierde
Wie wuchs die Kraft zur Lust im jungen Paare!
Und als ich endlich sie zur Kirche führte:
Gesteh' ich's nur, vor Priester und Altare,
Vor deinem Jammerkreuz blutrünstger Christe,
Verzeih mir's Gott! es regte sich der Iste.

99. Cf. dazu Jochen Hörisch: Brot und Wein – Die Poesie des Abendmahls. Ffm 1982, Kap. 9

XVIII
Und ihr, der Brautnacht reiche Bettgehänge,
Ihr Pfühle, die ihr euch so breit erstrecktet,
Ihr Teppiche, die Lieb' und Lustgedränge
Mit euren seidnen Fittichen bedecktet
Ihr Käfigvögel, deren Zwitzer Sänge
Zu neuer Lust und nie zu früh uns wecktet
Ihr kanntet uns, von euerm Schutz umfriedet
Teilnehmend sie, mich immer unermüdet.

XIX
Und wie wir oft sodann im Raub genossen
Nach Buhlenart des Ehstands heilige Rechte
Von reifer Saat umwogt, vom Rohr umschlossen
An manchem Unort, wo ich's mich erfrechte
Wir waren augenblicklich, unverdrossen
Und wiederholt bedient vom braven Knechte!
Verfluchter Knecht, wie unerwecklich liegst Du!
Und deinen Herrn um's schönste Glück betriegst du.[100]

Das sind zweifellos kecke Verse, die denn auch in der Geschichte der Goethe-Ausgaben eine besondere oder eben keine Rolle spielen, weil sie ihrer fraglosen ästhetischen Qualität zum Trotz in vielen Editionen schlicht fehlen oder wie in der großen kritischen Weimarer Ausgabe in Anhänge verdrängt wurden.[101] So verwunderlich ist das nicht. Dass der Klassiker der deutschsprachigen Literatur gerne mit antiker Lust den Freuden der körperlichen Liebe huldigt, war zwar bekannt und ließ sich auch in halbwegs homogenen bildungsbürgerlichen Milieus akzeptieren. Dass der große Goethe in reifen Jahren, nämlich im Ü-60-Alter, locker und souverän Ehebruch und Impotenz thematisierte, war schon problematischer. Ebenso heikel war und ist es, dass die Eheleute zu großer Form auflaufen, wenn sie „des Ehstands heilge Rechte" nicht gesittet, sondern „nach Buhlenart" „an manchem Unort" genießen. Dass Goethe darüber hinaus die Freuden der Liebe integrativ und kontrastiv in kirchliche Sphären, ja in Nähe zum Altargeschehen rückte, war und ist tatsächlich ein Skandal. Der Doppelvers „Vor deinem Jammerkreuz, blutrünst'ger Christe / verzeih mir's Gott, es regte sich der Iste" kann fromme Gemüter bis heute verletzen. Denn er bringt das Profane und das Sakrale, das Kräftige und das Kraftlose, die Erektion und die Resurrektion in eine provozierende Konstellation. Das Kreuz als Jammer-

100. Goethe: Das Tagebuch; in: Goethe: Gedichte 1800–1832, ed. Karl Eibl. Ffm 1988, p. 847 sq.
101. Cf. dazu Siegfried Unseld: ‚Das Tagebuch' Goethes und Rilkes ‚Sieben Gedichte'. Ffm 1978

kreuz und Christus als blutrünstig zu bezeichnen, ist ein scharf kalkuliertes Sakrileg – gerade weil es sachliche Gründe für diese Bezeichnungen gibt. Jesus Christus am Kreuz ist ein Bild des kraftlosen Jammers; da stirbt ein von Gott und allen guten Lebensgeistern Verlassener, ein durch und durch Gescheiterter. Diese Sicht ließe sich noch in christliche Bild- und Auslegungs-Logiken integrieren, wenn man darauf verweist, dass auf die Ohnmacht des Gottessohnes bekanntlich seine himmlische Auferstehung folgt. Aber die Anrede „blutrünst'ger Christe" ist verletzend und will verletzend sein. Der Vorwurf ist deutlich und durchzieht auch andere religions- und christentumskritische Äußerungen Goethes: Christus, der doch ein Gott der caritas-Liebe sein will, ist blutrünstig, weil er den Tod als notwendige Durchgangsstation zum eigentlichen, zum ewigen Leben erklärt und ihn damit verklärt. Der Exitus wird so als Bedingung der Möglichkeit des Exodus aus dieser mangelhaften in die erlöste Welt präsentiert. Der Destruktions-Kraft von Thanatos aber darf man, so optiert Goethe (wie später u.a. Picasso und Elias Canetti und Bazon Brock), nicht huldigen. Ist Thanatos doch der Parasit von Eros, ohne dessen Zeugungskraft der Tod schlicht kein Betätigungsfeld hätte. Goethes Verse lassen deshalb vor dem Jammerkreuz des blutrünstgen Christe jenen Meister Iste (lat. iste / der da, jener) auferstehen, der nicht für transzendente (All-)Macht, sondern für innerweltliche Kraft und Potenz einsteht: Erektion statt Resurrektion – in diesem phallischen Zeichen kann der sündige Mann nun wieder selig werden.

XX
Doch Meister Iste hat nun seine Grillen
Und läßt sich nicht befehlen noch verachten.
Auf einmal ist er da und ganz im stillen
Erhebt er sich zu allen seinen Prachten.
So steht es nun dem Wandrer ganz zu Willen,
Nicht lechzend mehr am Quell zu übernachten.
Er neigt sich hin, er will die Schläferin küssen,
Allein er stockt, er fühlt sich weggerissen.

XXI
Wer hat zur Kraft ihn wieder aufgestählet?
Als jenes Bild, das ihm auf ewig teuer,
Mit dem er sich in Jugendlust vermählet
Dort leuchtet her ein frisch erquicklich Feuer
Und wie er erst in Ohnmacht sich gequälet;
So wird nun hier dem Starken nicht geheuer,
Er schaudert weg, vorsichtig, leise, leise
Entzieht er sich dem holden Zauberkreise,

Und er wendet sich, um wiederum hilflos prosaisch zu paraphrasieren und dadurch Lust auf die Lektüre von Goethes kraftvollen Versen zu machen, seinem Tagebuch zu, überwindet die vorangegangene, seiner erotischen Impotenz korrespondierende Schreibhemmung und notiert kunst- und anspielungsvoll das ihm Zugestoßene. Ob er die wiedergewonnene Kraft nur in intime Tagebuchaufzeichnungen resp. große Literatur oder auch in einen großen kraftvollen Liebesakt investiert, muss offen bleiben, vertraut er seinem Tagebuch doch den vieldeutigen Satz an: „Das Beste nur muß ich zuletzt verschweigen." Äußerungen über den Einsatz wiedergewonnener Kräfte müssen nicht kräftig und derb ausfallen, sie können auch subtil daherkommen und, um eine Formel Kants aufzugreifen, viel zu denken veranlassen. Was in dieser Konstellation „das Beste" ist (die doch stattfindende Liebesvereinigung / die Inversion der genannten Figur, dass die Eheleute „nach Buhlenart" Liebe machten und der Mann nunmehr mit einer Buhle ehelich reife Erotik auslebt / dass er der Versuchung zum Ehebruch widersteht / dass die Wiederbegegnung mit der geliebten Ehefrau besonders leidenschaftlich ausfällt / dass gut freudianisch körperliche Gelüste sublimiert werden, auf dass große Kunst entstehe etc.) – wer weiß und will entscheiden, was „das Beste" ist, um wiedererlangte Kraft einzusetzen?

„Die Kraft zur Lust", die einem zuwächst: Goethes wundersame Formel verdient auch deshalb Aufmerksamkeit, weil sie quer zu den zeitgenössischen Reden steht, die den Begriff ‚Kraft' zumeist abwerten. Im Deutschen und nicht nur im Deutschen ist ‚Kraft' (lat. vis, vigor, potentia; engl. force, franz. force) ein Konkurrenzbegriff zu ‚Macht' (lat. potestas, engl. power, franz. pouvoir). Die Rollen- und Funktionsverteilung ist bei der Unterscheidung von ‚Kraft' und ‚Macht' einigermaßen verlässlich. ‚Kraft' ist ein innerweltlicher, physischer, häufig prometheische Revolte-Impulse ausdrückender Begriff; ‚Macht' ist hingegen ein auf Herrschaft und Transzendenz fokussierter, metaphysisch konnotierter Begriff. Die exquisite Qualität ‚Allmacht' ist ganz dem monotheistischen Schöpfergott vorbehalten; kein Sterblicher kann beanspruchen, allmächtig zu sein. Für die Parallelbildung zu ‚Allmacht', für das Wort ‚Allkraft' gibt nur wenige Belege, die aber den Befund verstärken, dass ‚Kraft' ein explizit physisches, anti-metaphysisches Konzept ist.[102] PS-

102. Der prominenteste Beleg für ‚Allkraft' ist wohl Richard Dehmels das Wort ‚Kraft' vielfach bemühende Gedicht *Blick in das All* aus der 1891 erschienenen Sammlung *Erlösungen – Eine Seelenwandlung in Sprüchen und Gedichten.* Weil es ganz um das Kraft-Konzept kreist, sollen die ersten drei Strophen in Gänze zitiert werden (Stuttgart 1891, p. 136 sq.):

Blick in das All // Wir haben uns gesucht und nicht gefunden: / der Formen endlos groß ein Sehnen wohnt, / sich selbst zu heben in der Wesenwette, / in der die Form der *Drang* der Form entthront. / Und aus *dem* Drange sprach's: Natur – sie hätte / ein Streben, das sich endlich nicht *belohnt*? / der Menschheit *Ringen* um die Allenthüllung, / es bürgt auch für des Ringens Vollerfüllung! // Ein *Wahn* ist's, daß den Endlichkeitsgestalten / verschlossen ewig sei das Rätselbuch / der Allkraft,

starke Autos haben einen kräftigen, nicht aber einen mächtigen Motor; ein alter weißer Mann von geringen Körperkräften kann jedoch über viel Macht verfügen. Das innerweltliche Stärke markierende Wort ‚Kraft' hat im Deutschen mitunter gar einen gewissen unangenehmen Beigeschmack. Wenn positiv über Kraft gesprochen wird, so – mit großen, aber seltenen Ausnahmen wie der angeführten von Goethe – häufig aus nicht angenehmem Munde. Wer kräftig austeilt, erweist sich als nicht sonderlich subtiler Kopf. Wer nicht viel Grips im Kopf hat, kann stolz auf seine Muskelkraft sein und lauthals ‚kraftmeiern' – ein abfälliges Wort, das auf den in Tündern bei Hameln lebenden Jobst Hinrich Meier (1699–1790) zurückgeht. Der gab mächtig an mit seinen Körperkräften, die ihn angeblich befähigten, ein Pferd auf seinen Schultern zu tragen (was ihm immerhin ein Denkmal in seinem Heimatort einbrachte).

Diskreditiert ist das Wort ‚Kraft' auch durch die populäre NS-Freizeitorganisation namens ‚Kraft durch Freude', die auf Weisung Hitlers 1933 von Robert Ley, dem Leiter der Deutschen Arbeitsfront, gegründet wurde und die deutsche Volksgemeinschaft mit attraktiven Urlaubsangeboten versorgen sollte. Die Volksgesundheit und Kraft der Deutschen durch gemeinsamen Sport im naturnahen Urlaub zu stärken, gehörte zum Kernprogramm dieser Organisation. Verbreitet war in der Nazizeit die frivole Variante der Eingangszeilen des alten Jägerliedes „Im Wald und auf der Heide, da such ich meine Freude, ich bin ein Jägersmann", die da lautet: „Im Wald und auf der Heide verlor ich Kraft durch Freude."[103]

Ein Image-Problem in geistreichen Kreisen hat der Begriff ‚Kraft' schlicht auch dadurch, dass er primär physikalisch konnotiert ist. Wieviel Kraft erforderlich ist, um einen ein Kilogramm schweren ruhenden Körper innerhalb einer Sekunde gleichförmig auf die Geschwindigkeit 1 Meter pro Sekunde zu beschleunigen, analysiert ein Physiker wie Newton. Nach ihm ist denn auch die Maßeinheit benannt (1 etc. Newton), um die Kräfte zu bestimmen, die die Physis bewegen. Neuzeitliche Philosophen finden in aller Regel physische Kräfte weniger analysebedürftig. Sie beschäftigen sich vielmehr wie Kant mit mentalen und kognitiven Vermögen (Erkenntnis-, Urteils-, Vorstel-

deren Pulse in uns walten! / ein Wahn, daß uns die Lösung nur ein Fluch, / daß unsrer Geistesmächte *voll* Entfalten / der Formwelt drohe den Zusammenbruch! / Kann sich im Stoffe gleich die Kraft *erkennen*, / kann sich vom Stoffe doch die Kraft nicht *trennen*. // Und ist es *Uns* noch *nicht* vergönnt, zu schauen / des Körper-Seelen-Wechsels Werdefleiß, / ist Uns noch *un*verstanden, was wir bauen, / ist Uns die Mühe noch der Mühe Preis: / so kann uns *doch* nicht vor dem Zweifel grauen, / ob nicht für solchen Lohn die Qual zu heiß! / wir sind ein *Stück* der Immerkraft: wir wissen, / daß wir nicht *wollen* – daß wir schaffen *müssen*.

103. Cf. dazu Walter Laufenberg: Im Wald und auf der Heide verlor ich „Kraft durch Freude"; in: Welt hinter dem Horizont – Reisen in vier Jahrtausenden. Düsseldorf 1969, pp. 43–56 und Götz Aly: Hitlers Volksstaat: Raub, Rassenkrieg und nationaler Sozialismus. Ffm 2005

lungs-, Ausdrucks-, Sprach-, Empfindungs-, Einbildungs- etc. Vermögen). Eine Konstellation, die Christoph Menke in seiner Studie über das Kraft-Konzept[104] erhellend analysiert hat. Deutlich wird dabei, dass das physiklastige Konzept der Kraft in der europäischen Diskussion um 1800 in zwei philosophischen Teilsphären Asyl findet (paradigmatisch bei Herder): in der Ästhetik und der Anthropologie. Diese beiden philosophischen Teildisziplinen sind der Empirie bzw. der Physis am nächsten; sie haben, da sie von Wahrnehmungen und der leiblichen Konstitution des Menschen handeln, Bezug zum Kraft-Konzept. Wer Kunstwerke erschafft, also Außergewöhnliches generiert, muss nicht nur über subtile Kunst- und Gestaltungsvermögen, sondern auch dann, wenn er keine gewichtigen Marmor- und Bronze-Skulpturen erschafft, über gewaltige Kräfte verfügen. Er muss sich etwas zutrauen – ohne Kraftmeierei ist Kunst nicht zu haben. Denn das Genie setzt sich als deus secundus zum Schöpfer aller Dinge in Konkurrenz und versieht die göttliche Genesis mit kräftigen Alternativen: Dieses oder jenes ist Gott offenbar nicht eigentlich gelungen, man kann sich zumindest vorstellen, dass die Welt besser wäre, als sie faktisch ist. Wer sich als Originalgenie stilisiert, muss als Konkurrent eines Gottes, dem viele Allmacht zuschreiben, zumindest über eine kräftige Psychokonstitution verfügen.

Darauf verweist in seinem *Kirchen- und Ketzeralmanach* schon 1781 der Leipziger Theologe Karl Friedrich Bahrdt, dessen skandalträchtiger, weil lasterhafter Lebenswandel ihn nicht davon abhielt, nach Kräften gegen Herder zu polemisieren. Bahrdt bezeichnete ihn als „ein Kraftgenie. Und man weiß ja, wie diese Herren sind. Sie rennen überall den Leuten wider die Stirn, schlagen links und rechts um sich, seh'n alles, was ihnen in den Weg kommt, für unsers Herrgotts Hornvieh an, und denken sich immer als die Einzigen vernünftigen Geschöpfe, die unter dem Monde leben."[105] Herders Freund Goethe ist sich bewusst, über geniale Kräfte zu verfügen. Mit Texten wie der Prometheus-Hymne oder einem Roman über einen Selbstmörder, mit Texten also, die Gott und Gottesgläubige herausfordern, hat sich der Dichter mit dem Gott-affinen Namen Goethe früh das Image eines Kraft- und Originalgenies verschafft. ‚Kraftgenie' war in der Sturm-und-Drang-Epoche ein von spöttischen Tönen nicht freier Begriff. Das belegt u.a. ein Gedicht mit diesem Titel aus der Feder von Gotthold Friedrich Stäudlin (1758–96), der das *Musenalmanach* herausgab und sich mit diesen schnell populär gewordenen Zeilen polemisch gegen Schiller positionierte.

104. Christoph Menke: Kraft – Ein Grundbegriff ästhetischer Anthropologie. Ffm 2008

105. Karl Friedrich Bahrdt: Kirchen- und Ketzeralmanach auf das Jahr 1781, Nachdruck Norderstedt 2016, p. 74

Das Kraftgenie

Ich bin und heiße Kraftgenie,
Ein Lieblingssohn der Fantasie!

Ich weile, Sklavenseelen gleich,
Nicht in des Staubes dunklem Reich;
Ich breche selbst mir eine Bahn
Und streb' und fliege himmelan.
Ich schwinge mich, ein Ritter groß,
Auf Shakespear's rasches Flügelroß.

Was kümmert mich die Kritlerzunft?
Was alle Zäune der Vernunft?
Was deine Hecken, Aristot,
Der kleinen Geister großer Gott?

Ich flieg' in meinem freien Sinn
Hoch über Berg' und Täler hin!
Wie schnaubt mein Roß! wie brennt mein Kopf,
Und siedet wie ein heißer Topf.

Da gafft mit staunendem Gesicht
Das ganze Volk mich an und spricht:
Seht doch den blauen Wundersmann,
Seht Deutschlands neuen Shakespear an!

Da leset, habt ihr Kraftgefühl,
Da leset 'mal mein Trauerspiel!

Erhub sich je in aller Welt
Ein Deklamator wie mein Held,
Mit Pfauenfedern schön geziert,
Und mit Metafern ausstaffiert?

Laß sein, dass auch ein Rezensent
Mich einen Sprachverhunzer nennt,

Wie jammert mich der arme Wicht,
Er fühlt die Seelenschwungkraft nicht,
Den Genius, der hoch mich hebt,
In meinen Werken lebt und webt. –

Verschlangt ihr auch mein Liebeslied,
Das wie des Laurasängers glüht?
Sagt, ob nicht himmelan den Geist
Die wirbelnde Entzückung reißt?

Nicht Einfalt und Empfindelei –
Genie ist wilde Fantasei,
Und desto größer der Poet,
Je minder ihn das Volk versteht. –[106]

Das ist pointierter Klartext. ‚Kraftgenies' sind auch nach den Sturm- und Drangjahren Gegenstand des Spotts, wie u.a. eine Passage aus Jean Pauls 1796 erschienenem Roman *Siebenkäs* belegt. Darin heißt es: „Jede altfränkische Stadt hat wenigstens ihren neumodischen Gecken, der die Honneurs macht; und jede kalte prosaische, reichsgerichtlich-stilisierte hat doch ihr Genie, ihren Dichter und Empfinder; oft werden beide Stellen von *einem* Subjekte verwaltet wie hier. Der Große und der Kleine Rat hießen ihren Rosa ein Kraftgenie, von der Genie-Seuche angesteckt. Diese Seuche gleicht der Elefantiasis, welche (der schwedische Theologe und Reiseschriftsteller Uno von, J. H.) Troil in seiner Reise durch Island im 24. Briefe richtig beschreibt und die darin besteht, daß der Patient an Haaren, Ritzen, Farbe, Beulen der Haut und allem völlig einem *Elefanten* ähnlich sieht, nur daß er seine *Stärke* nicht hat und in einem *kalten* Klima lebt."[107]

Über ästhetische Größen-, Macht- und Kraft-Delirien macht sich auch Ferdinand Raimunds 1828 im Wiener Theater in der Leopoldstadt uraufgeführtes Zauberspiel *Die gefesselte Phantasie* lustig. Die in Ketten gelegte, also offenbar nicht sonderlich kräftige, nun aber befreite Phantasie tritt dort als kindlich kleine Figur und „Wesen leichter Art" auf, um sich nunmehr souverän über sich selbst lustig zu machen:

Die Phantasie schwebt mit ausgespreiteten irisfarbigen Flügeln auf rosigem Nebel nieder.

106. In: Musenalmanach April 1781

107. Jean Paul: Siebenkäs; in: Werke, edd. Norbert Miller/Gustav Lohmann, Band 2. München 1960, p. 103

Die Phantasie
Ich bin ein Wesen leichter Art,
Ein Kind mit tausend Launen,
Das Niedres mit dem Höchsten paart,
's ist wirklich zum Erstaunen.
Kurzum, ich bin ein Kraftgenie,
Sie sehn in mir die Phantasie.
Ans Publikum.
Wenn rauhe Wirklichkeit auch gleich
Verwundet Ihre Herzen,
So flüchten Sie sich in mein Reich,
Ich lindre Ihre Schmerzen.
Denn alles Glück, man glaubt es nie,
Am End ists doch nur Phantasie.
In dichterischem Übermut
Durchschweb ich weite Fernen.
Ich steck die Sonne auf den Hut
Und würfle mit den Sternen,
Doch vor des Beifalls Melodie
Verbeugt sich tief die Phantasie.[108]

Auch das ist hübsch formuliert. Ein Wesen leichter Art stellt sich selbst als Kraftgenie vor, das mit Sternen würfelt und sich die Sonne auf den Hut setzt, zwar nicht in der rauen Wirklichkeit, aber in der Welt der Phantasie. Dass die Phantasie des Kraftgenies wirklich über Kraft verfügt, ist eben „nur Phantasie". Einen weniger witzigen Ton schlägt später Paul Heyse an, wenn er *Einem Kraftgenie* (so der Titel seines knappen vierzeiligen Gedichts) folgenden Habitus zuspricht:

Einem Kraftgenie

Du pflegst, wo eine Hand genügt,
Sofort die Faust zu ballen.
So wirst du denen nur gefallen,
Die stets am Faustrecht sich vergnügt.[109]

108. Ferdinand Raimund: Die gefesselte Phantasie; in: Sämtliche Werke, ed. Friedrich Schreyvogl. München 1960, p. 227

109. Paul Heyse: Gesammelte Werke, zweite Reihe, Bd. 5. Stuttgart 1924, p. 584

Der in den angeführten Zitaten in unterschiedlichen genera dicendi ausgedrückte Vorwurf ist deutlich. Das Kraftgenie zeichnet sich durch einen Mangel an Respekt vor überirdischen Mächten aus; es übertreibt systematisch, es lebt über seine phantasmagorischen Verhältnisse, es kraftmeiert. Wo eine Hand genügt, um mit leichter Geste dieses oder jenes auszudrücken, ballt es die Faust; und es ignoriert überdies die sinnvollen Regeln, denen andere sich verpflichtet fühlen; es findet Gefallen am Faustrecht. Aufmerksamkeit verdienen diese Zeilen von Paul Heyse aber weniger wegen dieser so konventionellen wie überzeugenden Kritik, sondern vor allem deshalb, weil sie von der Hand bzw. der zur Faust geballten Hand und damit von dem Organ handeln, das im Kraft-Diskurs eine, wenn nicht die entscheidende Rolle spielt. Ohne Bezug auf Hände und Handgreiflichkeiten ist der Kraft-Diskurs kraftlos; er verbleibt dann im von Ferdinand Raimund belächelten Reich des nur Phantasierten. Hände erschaffen dies oder jenes; man kann mit starker oder weicher Hand regieren; man kann Hand an sich legen, weil man es nicht schafft, sein Leben selbst in die Hand zu nehmen; man kann seiner Hand mit Schwert, Degen oder Pistole noch mehr Kraft verleihen; man kann Hand in Hand mit anderen dieses oder jenes Projekt verwirklichen oder aber dem Konkurrenten bzw. Gegner in die Hand fallen etc.

Die Frage, inwiefern unser Leben in der Hand höherer Mächte liegt oder inwieweit Menschen ihr Schicksal selbst in der Hand haben können, ist nicht irgendeine, sondern wohl die entscheidende Frage jeder philosophischen Anstrengung.[110] Die gewaltige Metapher von der Hand Gottes (bzw. des Schicksals) findet sich in fast allen Kulturen. In der Metapher von der invisible hand, die das erhabene Marktgeschehen sinnvoll steuert, hat sie in der Neuzeit und Moderne eine starke postmetaphysische Nachfolgerin gefunden. Auffallend an der divinen wie an der ökonomisch-monetären Handmetaphorik ist, dass sie auf Kraftsprüche verzichtet. Man kann und mag sich den allmächtigen Gott nicht recht als stärksten Mann der Welt, als Raufbold oder Besucher eines Fitnessstudios vorstellen. Der heilige Christophorus gilt als der kräftigste Mann unter seinen Zeitgenossen und ist doch nicht stark genug, das Jesus-Kind über den Fluss zu setzen, der die Immanenz von der Transzendenz scheidet. Dass er eher dem Bereich der Phantasie als dem der historisch bezeugten Figuren angehört und deshalb Schwierigkeiten hat, sich im offiziellen Heiligenverzeichnis der katholischen Kirche einen Platz zu erkämpfen, spricht für sich und gegen eine enge Koppelung des Kraft-Konzepts an religiöse Mächte. In dem Maße, in dem sich um 1800 spinozistische und postmetaphysisch-innerweltliche Logiken durchsetzen, hat das Kraftkonzept eine Chance, sich gegen das theologisch konturierte Konzept von Macht bzw. Allmacht durchzusetzen.

110. Cf. dazu Jochen Hörisch: Hände – Eine Kulturgeschichte. München 2021

Das Kraft-Konzept und die Hand-Metaphorik entfalten um 1800 (nicht nur im deutschen Sprachraum) gemeinsam ihre Kraft, sie gehen Hand in Hand. Davon legen vor allem die Werke Hegels und Goethes Zeugnis ab. Sie folgen einer gemeinsamen Intuition: Es genügt in postmetaphysischen Zeiten nicht, nur intelligent zu sein, um tradierte Weltbilder mit all ihren Kalamitäten zu überwinden; man muss auch über robuste psychische und mentale Kraft verfügen, um dies zu tun, man muss die ebenso unbequemen wie befreienden Zumutungen aushalten, die mit diesem Projekt verbunden sind, man muss wie paradigmatisch Goethes Tagebuchschreiber die Kraft und den Mut haben, vom „Jammerkreuz des blutrünstgen Christe" zu sprechen und sich vor ihm selbstbewusst aufzurichten. Um grob zu psychologisieren: Sowohl Goethe als auch Hegel hatten prägende enge Kontakte zu Zeitgenossen, die diese Kraft trotz überragender Intelligenz nicht aufwiesen und deshalb scheiterten. Goethe konnte u.a. an den Biographien von Jacob Michael Reinhold Lenz und Friedrich Victor Leberecht Plessing erfahren, was es heißt, trotz oder eben wegen großer Geistesgaben das eigene Leben nicht in der Hand zu haben und im kraftlos ohnmächtigen Wahn zu enden. Hegel konnte an Hölderlin, seinem Freund aus Tübinger Stiftsjahren, analoge Probleme kennenlernen.

In Hegels 1808 erschienener *Phänomenologie des Geistes* findet sich ein Kapitel mit der Überschrift *Kraft und Verstand, Erscheinung und übersinnliche Welt*. Ihm kommt schon deshalb, weil es das Scharnier darstellt, das vom Teil A (Bewusstsein) zu Teil B (Selbstbewusstsein) führt (es folgen Vernunft, Geist, Religion und absolutes Wissen), eine Schlüsselfunktion zu. Es lohnt sich, Hegels eindringliche Analyse zu zitieren und angesichts ihrer Dichte zu kommentieren (NB: wo sind in Zeiten des kraftlosen Siegeszugs einer banal gewordenen analytischen Philosophie Lehrveranstaltungen über Hegels Philosophie geblieben?). Das von Hegel in dieser Passage avisierte, schon von Kant unter dem Titel „Apperzeption des Mannigfaltigen" bedachte Grundproblem ist schnell benannt: Wie kann Bewusstsein die Überfülle der Wahrnehmungsdaten kraftvoll aushalten und verarbeiten, ohne vor dieser Überfülle zu kapitulieren? Die Daten, die Augen und Ohren unablässig im Modus der sinnlichen Gewissheit liefern, bedürfen der kraftvollen Strukturierung, wenn sie denn geordnete Orientierung liefern sollen. Die Daten müssen, so Hegels auf Handmetaphern verweisender Schlüsselbegriff, nun eben begriffen werden.

In Hegels Worten, die von eingeklammerten Kommentaren begleitet werden: „Das eine Moment erscheint also als das auf die Seite getretene Wesen, als allgemeines Medium oder als das Bestehen selbständiger Materien. (Ein isoliertes Wahrnehmungsdatum – etwa dieses Buch, dieser Mensch, dieses Schaufenster – tritt als solches beiseite, um unter Allgemeinbegriffen subsummiert zu werden.) Die *Selbständigkeit* dieser Materien aber ist nichts anderes als dies Medium; oder dies *Allgemeine* ist durchaus die *Vielheit* solcher verschiedenen Allgemeinen. Das Allgemeine ist an ihm selbst in ungetrennter Einheit mit dieser Vielheit, heißt aber: diese Materien sind, jede wo die andere ist; sie durchdringen sich gegenseitig, – ohne aber sich zu berühren, weil umgekehrt das viele Unterschiedene ebenso selbständig ist. (Bücher, Schaufenster, Menschen, gesprochene Töne etc. sind voneinander unterschieden und haben doch die Gemeinsamkeit, demselben sie miteinander in Beziehung setzenden Begriffsmedium zuzugehören, also Buch, Mensch, Ton etc. zu sein.) Damit ist zugleich auch ihre reine Porosität oder ihr Aufgehobensein gesetzt. (Eine eindringliche Formulierung: Einzeldaten sind porös, weil sie das, was sie sind, nur in Absetzung von anderen, wenn auch medial verwandten Daten sind.) Dies Aufgehobensein wieder oder die Reduktion dieser Verschiedenheit zum *reinen Fürsichsein* ist nichts anderes als das Medium selbst und dies die *Selbständigkeit* der Unterschiede. (Begriffe sind übergriffig, sie bringen kraftvoll ein Konzept allgemein geteilter Merkmale hervor, das Subsumtionen von Vielheiten unter Allgemeinbegriffe erlaubt.) Oder die selbständig gesetzten gehen unmittelbar in ihre Einheit und ihre Einheit unmittelbar in die Entfaltung über und diese wieder zurück in die Reduktion. (Begriffe, die immer übergriffig sind, funktionieren nur, wenn sie die Kraft haben, in Relation zu den diversen Daten zu stehen, auf die sie sich beziehen – und nicht beziehen, abstrahieren sie doch genau von den jeweiligen Differenzen zwischen diesem und jenem Buch, Schaufenster, Menschen, Tönen.) Diese Bewegung (zwischen dem Einzelnen und dem Allgemeinen, auf die die vielen Einzelheiten reduziert werden) ist aber dasjenige, was *Kraft* genannt wird (eine bemerkenswerte Definition, entwendet Hegel doch hier den Kraft-Begriff der physikalischen Sphäre, um ihn als die kognitive Leistung schlechthin zu charakterisieren: Vielheiten kraftvoll zu binden, Homogenität zu stiften), das eine Moment derselben, nämlich sie als Ausbreitung der selbständigen Materien in ihrem Sein, ist ihre *Äußerung*, sie aber als das Verschwundensein derselben ist die in sich aus ihrer Äußerung *zurückgedrängte* oder die *eigentliche Kraft*. Aber erstens die in sich zurückgedrängte Kraft *muß* sich äußern; und zweitens in der Äußerung ist sie ebenso *in sich* selbst seiende Kraft, als sie in diesem Insichselbstsein Äußerung ist. – Indem wir so beide Momente in ihrer unmittelbaren Einheit erhalten, so ist eigentlich der Verstand, dem der Begriff der Kraft angehört, *der Begriff*, welcher die unterschiedenen Momente als unterschiedene trägt; denn *an ihr selbst* sollen sie nicht unterschieden sein; der Unterschied ist hiermit nur im Gedanken. (Dass Dinge, Sachverhalte, Konstellationen sich von anderen Dingen etc. unterscheiden, ist nicht ihnen, sondern dem Verstand bewusst, der sie apperzipiert, also dem Anderen all dessen, was der Fall ist.) –

Oder es ist im Obigen nur erst der Begriff der Kraft, nicht ihre Realität gesetzt worden. In der Tat aber ist die Kraft das Unbedingt-Allgemeine, welches, was es *für ein Anderes,* ebenso an sich selbst ist; oder welches den Unterschied – denn er ist nichts anderes als das *Für-ein-Anderes-Sein* – an ihm selbst hat. Daß also die Kraft in ihrer Wahrheit sei, muß sie ganz vom Gedanken frei gelassen und als die Substanz dieser Unterschiede gesetzt werden, d.h. *einmal: sie* als diese ganze Kraft wesentlich *an und für sich* bleibend, und *dann*: ihre *Unterschiede* als *substantiell* oder als für sich bestehende Momente. (Kraft bewährt sich als umso stärker, je mehr sie bedenkt, dass ihre begrifflichen Operationen übergriffige Akte sind.) Die Kraft als solche oder als in sich zurückgedrängte ist hiermit für sich als ein *ausschließendes Eins,* welchem die Entfaltung der Materien *ein anderes bestehendes Wesen* ist, und es sind so zwei unterschiedene selbständige Seiten gesetzt. Aber die Kraft ist auch das Ganze, oder sie bleibt, was sie ihrem Begriffe nach ist, nämlich diese *Unterschiede* bleiben reine Formen, oberflächliche verschwindende Momente. Die *Unterschiede* der in sich *zurückgedrängten* eigentlichen Kraft und der *Entfaltung* der selbständigen Materien wären zugleich gar nicht, wenn sie nicht ein *Bestehen* hätten, oder die Kraft wäre nicht, wenn sie nicht auf diese entgegengesetzte Weise *existierte,* aber, sie existiert auf diese entgegengesetzte Weise, heißt nichts anderes als: beide Momente sind selbst zugleich *selbständig.* – Diese Bewegung des sich beständig Verselbständigens der beiden Momente und ihres sich wieder Aufhebens ist es also, was zu betrachten ist."[111]

Goethe wie Hegel haben in völlig unterschiedlichen genera dicendi das Kraftfeld der Neuzeit dargelegt. Zeitgenosse der Neuzeit zu sein heißt, unter Berufung auf das innerweltliche (und in diesem Sinne „physische" Konzept der Kraft) gegen die Macht der Metaphysik anzutreten. Das hat zu Beginn der Neuzeit schon Baldung Grien getan, als er um 1516 auf der Rückseite der Predella zum Hochaltar im Freiburger Münster die kraftvolle Signatur anbrachte: „JOANNES BALDVNG – COG GRIEN GAMVNDIANVS – DEO ET VIRTVTE AVSPICIBVS – FACIEBAT." (Johannes Baldung, genannt Grien der Gemündener, hat, durch göttliche Zeichen und durch eigene Kraft / Tüchtigkeit, dieses Werk hervorgebracht.)

111. Hegel: Phänomenologie des Geistes, Werke, edd. Michel / Moldenhauer, Bd. 3. Ffm 1970, p. 110 sq.

Vermögens-Entäußerungen. Marx über die Begegnungen von Kunst, Arbeit und Geld

Ordentliche Philosophen haben einen gewissen Vollständigkeitswahn. Wer als Philosoph auf sich hält, schreibt nach aristotelischem Vorbild eine Metaphysik, eine Logik bzw. Erkenntnistheorie, eine Ethik, eine Staatslehre und eine Poetik bzw. Ästhetik oder zumindest nach kantischem Vorbild eine Erkenntnistheorie, eine Ethik und eine Ästhetik (plus Abhandlungen zur Ontologie, Anthropologie, Politik und Geschichtsphilosophie). Das gilt (selbstredend mit den obligatorischen individuellen Akzentsetzungen) für postkantische Denker wie Schelling und Hegel, Schopenhauer und Nietzsche, Heidegger und Adorno, und noch für Derrida und Rorty. Nicht aber für Marx. Er, der nun wirklich nicht schreibfaul war, glänzt durch systematische bzw. systemphilosophische Fehlanzeigen. In den lakonischen Worten von Terry Eagleton: „Karl Marx had more urgent tasks on his hand than the formulation of a systematic aesthetic theory.“[112] Marx hat keine Erkenntnistheorie, keine Ethik und eben auch keine Ästhetik vorgelegt, sondern nur – ja was eigentlich? Die Antwort fällt schwer, weil sie ein wenig zu leicht fällt: Marx hat, na klar, eine Ökonomie-Theorie vorgelegt. Aber eben eine Ökonomie-Theorie, die es in sich hat, eine philosophielastige Fundamentalökonomie, die gewissermaßen alle anderen Disziplinen mitbetreut – die Geschichtsphilosophie, die Metaphysik- und Religionskritik, die Ethik, die Erkenntnistheorie und durchaus auch die Ästhetik. Man muss sich vor dem Hintergrund der philosophischen Tradition vergegenwärtigen, wie stark diese Provokation ist. Ausgerechnet eine mit wenig Renommée versehene Teildisziplin der praktischen Philosophie, die Ökonomie, soll zur diensthabenden Fundamentaltheorie avancieren, auf der alle Teildisziplinen aufbauen – selbst noch die Ästhetik.

Zu den aufschlussreichen Dokumenten aus dem Leben des jungen Karl Marx zählt sein Abituraufsatz aus dem Jahr 1835. Er steht unter dem Titel *Betrachtungen eines Jünglings bei der Wahl seines Berufes* und verdient schon deshalb Aufmerksamkeit, weil sich in ihm früh ein Denkmotiv andeutet, ja schon entfaltet, das Marx zeitlebens umtreiben wird. Der hochbegabte junge Marx ist – wie sollte es bei einem Genie, das in die späten Goethejahre hineingeboren wird, anders sein? – durchaus ehrgeizig und ruhmsüchtig. Und so kokettiert er damit, sich als Dichter und Denker einen Namen zu machen.

112. Terry Eagleton: Preface to Mikhail Lifshitz: The Philosophy of Art of Karl Marx, translated from the Russian by Ralph B. Winn. New York 1973 (zuerst russisch 1933), p. 7. Die Texte von Marx und Engels über Kunst und Literatur sind versammelt in der zweibändigen Ausgabe Marx/Engels: Über Kunst und Literatur in zwei Bänden, ed. Manfred Kliem. Berlin 1968. Laut Impressum wurden die „Marx/Engels-Texte ... vom Institut für Marxismus-Leninismus beim ZK der SED autorisiert.“

Aber er legt diesem narzisstischen Traum sogleich Begrenzungen und Bedingungen auf, die früh auf den heißen Kern seines Denkens verweisen. Großartig, herausragend, originell, genial und „edel“ ist demnach nur derjenige, der an das „Wohl der Menschheit“ insgesamt und an das „Wohl seiner Mitwelt“ denkt. „Die Hauptlenkerin aber, die uns bei der Standeswahl leiten muß, ist das Wohl der Menschheit, unsere eigne Vollendung. Man wähne nicht, diese beiden Interessen könnten sich feindlich bekämpfen, das eine müsse das andre vernichten, sondern die Natur des Menschen ist so eingerichtet, daß er seine Vervollkommnung nur erreichen kann, wenn er für die Vollendung, für das Wohl seiner Mitwelt wirkt. / Wenn er nur für sich schafft, kann er wohl ein berühmter Gelehrter, ein großer Weiser, ein ausgezeichneter Dichter, aber nie ein vollendeter, wahrhaft großer Mensch sein.“[113] Der junge Marx fühlte sich zum Dichter berufen; er hat mehrere Gedichte geschrieben und auch publiziert. Etwa dieses Sonett mit dem Titel *Schiller*, das einen teils am Klassiker Schiller, teils an den Romantikern orientierten sound erklingen lässt und das den idealistischen Dichter deshalb feiert, weil er „der Menschen nied’ren Erdensitz“ nicht aus dem Blick verliert:

Einen Götterjüngling seh’ ich steigen
Zu der Menschen nied’rem Erdensitz,
In der Hand des Himmels hehren Blitz,
Auf der Stirn gedankenvolles Schweigen.
Um ihn tanzen her in frohen Reigen
Charitinnen, leis im Zephyrtanz,
Wärmen sich an seines Herzens Glanz,
Und die Himmel sich zur Erde neigen.
Wo er hinblickt, wo sein Auge weilt,
Einet sich die Form und der Gedanken,
Muß sich Schönheit um das Große ranken,
Naht die Freude und der Schmerz enteilt.
Leben, Sang und Lust, sie werden Tugend,
Und die schnellen Zeiten ew’ge Jugend.[114]

Der russische Ästhetiker Mikhail Lifshitz (1905–1983), der in den 30-er Jahren engen Kontakt mit Georg Lukács pflegte und der 1933 eine Studie über die Kunstphilosophie von Marx vorlegte, schreibt dazu: „The conflict between the urge to write poetry and the stern necessity of finding an answer in the

113. Marx-Engels Werke (künftig zitiert als MEW): Ergänzungsband – Schriften, Manuskripte, Briefe bis 1844 – Erster Teil. Berlin 1973, p. 594

114. Mega I/1. Berlin 1975, p. 716 sq.

field of science to the problems of life constituted the first crisis in Marx's intellectual development."[115] Der junge Karl Marx, keine Frage, wollte ein „wahrhaft großer Mensch" sein. Diesen Impuls dürfte er mit vielen seiner Jahrgangsgenossen geteilt haben. In den zehner Jahren des 19. Jahrhunderts, also in die Ära der napoleonischen Kriege und der Neuordnung Europas nach dem Wiener Kongress, werden u.a. Franz Liszt, William Thackeray und Robert Bunsen (alle 1811), Richard Wagner und Georg Büchner (beide Jahrgang 1813), Otto von Bismarck und die spätere Queen Victoria, Charles Dickens und Guiseppe Verdi, Charlotte Bronté und Werner von Siemens, Robert Schumann und Theodor Fontane, Hermann Melville und Jacques Offenbach, und eben auch Karl Marx und Friedrich Engels geboren. Eine Generationskohorte, die in ihren theoretischen, ästhetischen und politischen Werken eigentümlich zwischen romantischem Überschwang und „gewissem realistischen Tic" (so Goethe über seine eigene Disposition[116]) changieren wird.

Nicht alle unter den Genannten werden Realpolitik und ästhetisierenden Größenwahn so kunstvoll austarieren wie der eigentliche Antipode von Karl Marx, Richard Wagner, mit dem er über das gemeinsame Todesjahr 1883 hinaus so vieles teilt. Beide waren begeisterte und dann enttäuschte 48-er Revolutionäre, beide wurden zeitlebens von Weltverbesserungsideen umgetrieben, beide standen in jungen Jahren im Bann der metaphysikkritischen materialistischen Philosophie Feuerbachs, beide mussten aus Deutschland emigrieren, beide wurden von großzügigen Mäzenen (Friedrich Engels bzw. Otto Wesendonck und Ludwig II.) alimentiert, waren aber dennoch „Pumpgenies"[117], und beide legten mit dem *Ring des Nibelungen* bzw. dem *Kapital* ein opus magnum vor, das ganz im Bann der Ökonomie mitsamt ihren verdeckten und versteckten metaphysisch-kryptoreligiös-ästhetischen Dimensionen steht.[118]

Man muss sich die fundamentalökonomische Pointe des Theoriedesigns von Marx vergegenwärtigen, die allerdings aus heutiger Sicht kaum mehr eine Pointe ist, weil anders lautenden Gerüchten zum Trotz fast alle auf eine

115. Mikhail Lifshitz: l.c., p. 13. Marxens Ansätze zur Entfaltung einer Ästhetik haben u.a. thematisiert: Stefan Morwaski: The aesthetic views of Marx and Engels; in: The Journal of Aesthetics and Art Criticism 28/3/1970; Adolfo Sanchéz Vazquez: Las ideas estécticas de Marx. Mexico City 1965; Hans Koch: Marxismus und Ästhetik – Zur ästhetischen Theorie von Karl Marx, Friedrich Engels und Wladimir Iljitsch Lenin. Berlin 1962; Margaret A. Rose: Marx' Lost Aesthetic – Karl Marx and the Visual Arts. London 1984; Chris Rasmussen: Ugly and Monstrous: Marxist Aesthetics; in: http://digitalcommons.unl.edu/cgi/historyrawleyconference7; Maynard Soloman (ed.): Marxism and Art – Essays Classic and Contemporary. New York 1973.

116. Cf. Goethe: Brief an Schiller vom 9. Juli 1796, Hamburger Ausgabe der Briefe Goethes, ed. K. R. Mandelkow. Hamburg 1968 (2.), Bd. 2, p. 230.

117. Cf. Hanjo Kesting: Das Pump-Genie – Richard Wagner und das Geld. Ffm 1997.

118. Dazu Jochen Hörisch: Weibes Wonne und Wert – Richard Wagners Theorie-Theater. Berlin 2015

geradezu gespenstische Weise Marxisten geworden sind, die den Grundsatz beglaubigen, dass das gesellschaftliche Sein das Bewusstsein bestimmt – „it's the economy, stupid". Der Satz aus Bill Clintons erfolgreicher Kampagne von 1992 zum Einzug ins Weiße Haus ist schnell umgangssprachlich geworden. Clinton dürfte bei diesem Satz kaum an Marx oder an Goethes geflügeltes Wort „Die Politik ist das Schicksal"[119] gedacht haben. Dennoch steht es in der Tradition der großen Worte, denen es gelingt, überkomplexe Entwicklungstendenzen überschaubar zu machen. Dass zu Zeiten Napoleons die Politik und dann ab dem 19. Jahrhundert die Ökonomie das Schicksal ist, dass das gesellschaftliche Sein das Bewusstsein bestimmt, ist die Grundintuition, die ansonsten so unterschiedliche Köpfe wie Marx und Wagner, Bronté und Büchner, Offenbach und Dickens teilen. Dass „alles" ökonomisch fundiert ist – die Politik, die Wissenschaft, die Religion, die Kunst, das Recht – ist heute, also im Zeitalter von Staatsschuldenkrisen, asiatischen Tigerstaaten, internationalen Kämpfen um Rohstoffressourcen, Kunstmarktexzessen und Drittmittelhype an den Universitäten keine steile These mehr, sondern bestenfalls eine höhere Banalität. Zugleich aber ist die Einsicht der Systemtheorie, dass in modernen Gesellschaften alle sozialen Teilsysteme autopoietisch ihren spezifischen Funktionslogiken folgen und sich an einer für sie und nur für sie spezifischen binären Leitcodierung orientieren, schwerlich zu bestreiten. Wissenschaft ist kostenintensiv und extrem wirtschaftsrelevant; dennoch oder eben deshalb muss sie an der Leitdifferenz wahr/falsch orientiert sein. Ein Forschungsergebnis kann nicht deshalb als das wahre gelten, weil seine Genese viel teurer war als die der Alternativhypothese. Ähnliches gilt für das Recht oder das Kunstsystem. Der Starverteidiger mag den Angeklagten ungeheuer viel Geld kosten. Aber kein Richter wird in das Urteil hineinschreiben, der Angeklagte werde freigesprochen, weil sein Anwalt so teuer war. Und niemand, der auch nur ansatzweise bei Sinnen ist, wird ernsthaft behaupten, ein und dasselbe van-Gogh-Gemälde sei vor hundertdreißig Jahren ein schlechtes Werk gewesen, weil es damals so preiswert war, und heute ein so außergewöhnliches, weil es fast unbezahlbar ist.

Marx war dieses Problem der ökonomischen Nicht-/Determiniertheit von gesellschaftlichen Teilsystemen und ihren jeweiligen Funktionslogiken bewusst. Gerade im Hinblick auf ästhetische Phänomene hat es ihn wiederholt beschäftigt. Besonders intensiv war Marxens Auseinandersetzung mit Fragestellungen der Ästhetik in der Mitte der 50-er Jahre des 19. Jahrhunderts, also gerade zu der legendären Zeit künstlerischer Dynamik, in der Avantgardewerke wie *Madame Bovary*, *Les fleurs du mal* oder auch Wagners *Tristan und*

119. So Goethes Wendung in seiner Skizze *Unterredung mit Napoleon*; in: Goethe: Sämtliche Werke – Münchner Ausgabe Bd. 14, p. 577 sqq.

Isolde erscheinen bzw. entstehen.[120] In den Notizbüchern von Marx aus dem Jahr 1857/58 finden sich ausführliche Exzerpte[121], etwa aus dem Ästhetik-Artikel von *Meyers Konversations-Lexicon*, aus Friedrich Theodor Vischers soeben abgeschlossener sechsbändiger *Ästhetik oder Wissenschaft des Schönen* (1844-57) oder aus Eduard Müllers *Geschichte der Theorie der Kunst bei den Alten*. Der biographische Hintergrund dieses starken Interesses an ästhetischen Fragestellungen ist schnell geklärt. Der einflussreiche amerikanische Journalist und Regierungsberater Charles Anderson Dana (1819–97) hatte Marx in einem Brief vom 6. April 1857 gebeten, den Ästhetik-Artikel für die von ihm projektierte und zügig realisierte *New American Cyclopaedia* zu verfassen. Marx lehnte dankend ab – sollte der Artikel doch gerade einmal einen Umfang von einer Seite haben. Friedrich Engels, den Marx als Beiträger empfohlen hatte, steuerte hingegen Artikel zu dieser Enzyklopädie bei. Ihr Thema: Militärisches (u. a. für den ersten Band die Artikel *Army, Artillery*).[122]

Charles Anderson Dana hatte einige Jahre auf der an frühsozialistischen bis utopischen Idealen orientierten Brook Farm in Roxbury bei Boston gelebt, also Lebenszeit und Energie in ein Projekt investiert, für das sich kurzzeitig auch der romantische Schriftsteller Nathaniel Hawthorne begeisterte. Die berühmte Farm, auf deren Tradition sich noch Teile der amerikanischen Kommunebewegung des späten 20. Jahrhunderts beriefen, war von George Ripley gegründet worden, der mit Danas Schwester Sophia Willard verheiratet war. Ripley und Dana gehörten zusammen mit so prominenten Köpfen wie Ralph Waldo Emerson, Henry David Thoreau, Walt Whitman, Emily Dickinson, Margaret Fuller und Amos Bronson Alcott der sogenannten Transzendentalisten-Gruppe zu, die institutions- und staatskritisch der Kraft möglichst unverstellter Natur und solidarischer Individualität vertrauten. Nach dem ökonomischen Scheitern des Brook-Farm-Projekts war Dana im Revolutionsjahr 1848 als Herausgeber der *New York Daily Tribune* in Köln gewesen. Dort hatte er Marx, den leitenden Kopf der *Rheinischen Zeitung*, kollegial kennen und schätzen gelernt und war mit ihm in Kontakt geblieben. Knapp zehn Jahre nach der 48-er Revolution schreibt Dana Marx aus New York: „New York April

120. Cf. zum Schlüssel- und Schwellenjahr 1857 Jochen Hörisch: Gott, Geld und Glück – Zur Logik der Liebe in den Bildungsromanen von Goethe, Keller und Thomas Mann. Ffm 1983, Kap. 3: Achtzehnhundertsiebenundfünzig und Wolfgang Matz: 1857 – Flaubert, Baudelaire, Stifter. Ffm 2007. Auf die genannten Autoren haben sich Marx und Engels nicht ausführlich eingelassen. Richard Wagner ist die halbe Ausnahme. Zumal Friedrich Engels konzediert in seiner Polemik *Herrn Eugen Dührings Umwälzung der Wissenschaft* Wagner „Talent" (MEW Bd. 20, S. 108) und zeigt in seiner Abhandlung über den Ursprung der Familie ein bemerkenswertes Interesse an den Familienkonstellationen in Wagners *Ring des Nibelungen*.

121. Cf. dazu M. Lifshitz: l.c., p. 95 sq.

122. Engels hatte schon 1855 anonym für die von Dana mitherausgegebene Zeitschrift *Putnam's Monthly* einen Artikel über *The Armies of Europe* publiziert.

6./57 /My dear Marx, / I have taken the editorship of Apleton's New American Cyclopedia, – in fact I originated the enterprise. I count upon you to furnish the military articles, and some others." Zu den anderen Artikel zählt, weil nun einmal nach lexikographischer Ordnung zuerst der Buchstabe A dran ist, einer über Ästhetik. Ihn zu schreiben, hat offenbar Marx selbst in einem nicht überlieferten Brief an Dana vom 24. April 1857 vorgeschlagen. Dana sagte geschwind zu. „May 8./1857 / My dear Marx, / The page of the Cyclopaedia contains about 1050 words, which I think is about the same as that of Brockhaus (...). I also add to your list *Aesthetics*. This wants to be treated fundamentally from the Hegelian idea, but not in too abstract a manner for English and American readers. A word should be said in it with reference to Burke and other English writers on the subject, not forgetting the frenchmen of course."[123] Doch den von Marx verfassten Lexikon-Artikel ‚Ästhetik' sucht man in Danas Enzyklopädie oder in Gesamtausgaben von Marxens Werken vergeblich. Wohl aber findet man dort den Brief von Dana aus dem Hochsommer des Jahres 1857: „New York August 1./1857 / My dear Marx, / It is now a month since the day fixed for the arrival of your mss (manuscripts, J. H.) for the Cyclopaedia, and not a word of it has come. We are printing the volume."[124] So pragmatisch funktionierte der US-Kapitalismus, auch wenn ein linksliberaler Kopf wie Dana ein Unternehmen wie das der American Cyclopaedia vorantrieb. Der Ästhetik-Artikel in Danas Enzyklopädie stammt nicht von Marx. Wir müssen auf das reizvolle Vergnügen verzichten, in einer US-Enzyklopädie des 19. Jahrhunderts neben den Militär-Artikeln von Friedrich Engels den Ästhetik-Artikel von Karl Marx zu lesen.

Marx hat das Handicap, keine durchformulierte Ästhetik vorzulegen, gewissermaßen überkompensiert, indem er seine politökonomischen Analysen auffallend häufig mit Verweisen auf Kunstwerke (literarische voran) versah. Kaum ein anderer Philosoph des neunzehnten Jahrhunderts (mit Ausnahme ausgerechnet von Nietzsche!), auch Kierkegaard und Schopenhauer nicht, hat sich so entschieden auf große Literatur berufen, um seinen Argumenten Plausibilität, Suggestivität und Autorität zu verleihen. Unübersehbar ist dabei, dass Marx der kanonischen Höhenkammliteratur höchsten Respekt zollt. An Bewunderung für Autoren wie Sophokles, Shakespeare und Goethe will Marx (wie heute Sahra Wagenknecht, das ästhetische Aushänge-

123. Marx-Engels-Gesamtausgabe (MEGA), 2. Abt., Bd. 6, p. 397.

124. Ibid., p. 447. Der Kommentar der MEGA-Herausgeber dazu lautet: „Den Artikel ‚Aesthetics' zu schreiben hat Marx Dana vermutlich in seinem nicht überlieferten Brief vom 24. April 1857 vorgeschlagen ... Es kann angenommen werden, daß Marx unmittelbar danach mit der Materialsammlung zu diesem Artikel begann. Exzerpte dazu, die von ihm wahrscheinlich April/Mai 1857 angefertigt wurden, sind aus folgenden Werken überliefert: Friedrich Theodor Vischer: Aesthetik..., Eduard Müller: Geschichte der Theorie der Kunst bei den Alten..." (p. 674).

schild der bundesdeutschen Partei ‚Die Linke'[125]) sich von keinem kulturkonservativen Bürger überbieten lassen – mit der buchenswerten Differenz, dass Marx die Werke dieser Autoren gänzlich anders liest als das Bildungsbürgertum. Nämlich als Beiträge zu einer literarisch inspirierten Kritik kapitalistischer Geldökonomie, die in scharfem Kontrast zu Grundannahmen der klassischen Ökonomie von Adam Smith und David Ricardo steht.

Im März 1865 trug Karl Marx ins Poesiealbum seiner Tochter Jenny Longuet als Antwort auf die Frage nach seinen Lieblingsdichtern origineller Weise ein: „Dante, Aeschylus, Shakespeare, Göthe." Marxens Bewunderung gerade für Goethe durchzieht sein gesamtes Werk. Sie kontrastiert deutlich der an jungdeutscher Goethe-Opposition geschulten Einschätzung von Friedrich Engels, der 1847 in der *Deutsch-Brüsseler-Zeitung* einen mehrteiligen Essay über den Deutschen Sozialismus in Versen und Prosa publizierte. Darin verreißt Engels scharf erstens Karl Isidor Becks 1846 erschienene *Lieder vom armen Mann* und zweitens das ebenfalls 1846 erschienene Buch von Karl Grün *Ueber Göthe vom menschlichen Standpunkte* – was schon deshalb bemerkenswert ist, weil beide, Karl Beck und Karl Grün, mit Marx nicht nur den Vornamen teilten, sondern durchaus klare linke, jungdeutsche Positionen bezogen. Engels aber liest Grüns in der Tat unfreiwillig komischen Lyrikband *Lieder vom armen Mann* – dem heute fast vergessenen Autor ist immerhin die Wendung von der schönen, blauen Donau zu verdanken – als Manifest einer „gänzlichen Befangenheit in den kleinbürgerlichen Illusionen"[126] und als Ausdruck des „liberal-jungdeutschen Judensabbels"[127]. Sein vernichtendes Urteil: Es handelt sich um „triviale Tiraden über die Verwerflichkeit und Immoralität des Geldes."[128] Karl Grüns Goethe-Essay kommt nicht viel besser weg. Engels spottet über Grüns Versuch, „Goethe zum Schüler Feuerbachs und zum wahren Sozialisten gemacht zu haben"[129] – ist Goethe doch, so Engels in nun wiederum durchaus jungdeutsch-polemischer Rhetorik, mitunter ein „echter Spießbürger"[130], „bald kolossal, bald kleinlich; bald trotziges, spottendes, weltverachtendes Genie, bald rücksichtsvoller, genügsamer, en-

125. Sahra Wagenknecht: Lest mehr Goethe; in: Focus vom 18.4.2011.

126. MEW 4, p. 210, er wiederholt die Formulierung p. 216: „Befangenheit in der deutschen Kleinbügermisère" – wie denn überhaupt die bis hin zu Hans Mayer und Walter Jens bei Linken beliebte Formulierung „deutsche Misere" durch diesen Essay von Engels wenn nicht geprägt, so doch populär geworden sein dürfte. Cf. dazu den von Helmut Peitsch verfassten Artikel ‚Deutsche Misere' in Wolfgang Fritz Haug (ed.): Historisch Kritisches Wörterbuch des Marxismus. Berlin 1995, Bd. 2 (Bank bis Dummheit in der Musik), p. 641sqq.

127. MEW 4, p. 215

128. MEW 4, p. 216

129. MEW 4, p. 232

130. MEW 4, p. 241

ger Philister.“[131] Wie ambivalent (bei im Zweifelsfall kritisch scharfer Einschätzung) Engels Goethe-Bild ist, macht eine Formulierung am Schluss seines Essays deutlich: „über alle Sachen, in denen Goethe wirklich groß und genial war, schlüpft er (Karl Grün, J. H.) entweder eilig hinweg, wie über die ‚Römischen Elegien‘ des ‚Libertins‘ Goethe, oder er gießt einen breiten Strom von Trivialitäten über sie aus, der nur beweist, daß er mit ihnen nichts anzufangen weiß.“[132]

Ganz anders fällt hingegen das Goethe- und Shakespeare-Verständnis von Karl Marx aus. Es ist nicht ambivalent, sondern entschieden kooperativ – soll heißen: Marx versteht, durchaus dem Schema ‚Dichter und Denker‘ folgend, Shakespeares und Goethes Werke (*Merchant of Venice*, *Timon of Athens* und *Faust* voran) als ästhetische Schlüsselbeiträge zur sachlichen Analyse komplexester politökonomischer Strukturen. In faszinierender Analogie zu Sigmund Freud, der seine Theorien einige Jahrzehnte später ja ebenfalls auffallend häufig aus der Interpretation großer Literatur heraus entwickelt (aus dem Ödipus-Drama des Sophokles, der Narziß-Mythe, dem Roman *Venus im Pelz*, der Novelle *Gradiva* etc.), versteht und verwendet Marx beherzt und pragmatisch große klassische Literatur als genuines Medium seiner Theoriebildung. Kunstwerke und zumal sog. schöne Literatur als Medium alternativen Wissens[133] zu begreifen – diese Attitude zeigt sich bei Marx schon früh und eindringlich in den *Ökonomisch-philosophischen Manuskripten* aus dem Jahr 1844. In ihnen analysiert der junge Marx mit Goethe die rätselhaften Kräfte des Geldes: „Das *Geld*, indem es die *Eigenschaft* besitzt, alles zu kaufen, indem es die Eigenschaft besitzt, alle Gegenstände sich anzueignen, ist also der Gegenstand im eminenten Sinn. Die Universalität seiner *Eigenschaft* ist die Allmacht seines Wesens; es gilt daher als allmächtiges Wesen ... Das Geld ist der *Kuppler* zwischen dem Bedürfnis und dem Gegenstand, zwischen dem Leben und dem Lebensmittel des Menschen. *Was* mir aber *mein* Leben vermittelt, das *vermittelt mir* auch das Dasein der andren Menschen für mich. Das ist für mich der *andre* Mensch. –

131. MEW 4, p. 232

132. MEW 4, p. 247

133. Cf. Jochen Hörisch: Das Wissen der Literatur. München 2007

> Was Henker! Freilich Händ' und Füße
> Und Kopf und Hintern (Marx schreibt das Wort aus, das in den meisten Goethe-Ausgaben nur mit H-„ notiert ist, J. H.), die sind dein!
> Doch alles, was ich frisch genieße,
> Ist das drum weniger mein?
> Wenn ich sechs Hengste zahlen kann
> Sind ihre Kräfte nicht die meine?
> Ich renne zu und bin ein rechter Mann
> Als hätt' ich vierundzwanzig Beine.
> Goethe, ‚Faust' (Mephisto)"[134]

In diesem dichten, allzu dichten Text, der an große Dichtung anknüpft, begreift Marx mit Goethe das Geld als den rätselhaften „Gegenstand", der mehr ist als alle anderen Gegenstände und der deshalb als „Gegenstand im eminenten Sinne" verstanden werden muss. Eminent ist der Gegenstand Geld, weil Geld als universelles Medium alles mit allem verkuppelt und insofern eben nicht nur Medium, sondern auch Botschaft ist. Und die Botschaft des Mediums Geld lautet nach Marx: Geld ist zwar ein profaner Gegenstand, kann aber dennoch in pseudosakraler Weise alle Gegensätze integrieren und unterhalb der Ebene konfliktträchtiger Widersprüche halten. In den Worten von Marx: „Wie im Geld aller qualitative Unterschied der Waren ausgelöscht ist, löscht es seinerseits als radikaler Leveller alle Unterschiede aus. Das Geld ist aber selbst Ware, ein äußerlich Ding, das Privateigentum eines jeden werden kann. Die gesellschaftliche Macht wird so zur Privatmacht der Privatperson. Die antike Gesellschaft denunziert es daher als die Scheidemünze ihrer ökonomischen und sittlichen Ordnung. Die moderne Gesellschaft, die schon in ihren Kinderjahren den Plutus an den Haaren aus den Eingeweiden der Erde herauszieht, begrüßt im Goldgral die glänzende Inkarnation ihres eigensten Lebensprinzips."[135] Eine bemerkenswerte Wendung: Geld als „radikaler Leveller". Auf der Dingebene sorgt Geld für Äquivalenzen zwischen den unterschiedlichsten Dingen, auf der Intersubjektivitätsebene sorgt Geld, mit dem sich die Ware Arbeitskraft ebenso bezahlen lässt wie wertvolle Dinge, dafür, dass das „Dasein der anderen Menschen" ein Dasein des anderen „für mich" wird, und noch in transzendenter Hinsicht macht Geld seinen Besitzer zu einer „allmächtigen", also gottgleichen Größe. Um dieses Argument auszubauen, bemüht Marx gleich im Anschluss an das Goethe-Zitat eine Passage aus Shakespeares Drama *Timon von Athen*:

134. MEW Ergänzungsband 1, l.c., p. 563

135. Marx: Das Kapital, MEW 23, p. 146 sq.

Gold? Kostbar flimmernd, rotes Gold? Nein, Götter!
Nicht eitel fleht' ich.
So viel hievon macht schwarz weiß, häßlich schön;
Schlecht gut, alt jung, feig tapfer, niedrig edel.
  Dies lockt ... den Priester vom Altar;
Reißt Halbgenesnen weg das Schlummerkissen:
Ja, dieser rote Sklave löst und bindet
Geweihte Bande; segnet den Verfluchten (...)

Und Marx kommentiert: „Shakespeare schildert das Wesen des Geldes trefflich. Um ihn zu verstehn, beginnen wir zunächst mit der Auslegung der goethischen Stelle. / Was durch das Geld für mich ist, was ich zahlen, d.h. was das Geld kaufen kann, das bin ich, der Besitzer des Geldes selbst. So groß die Kraft des Geldes, so groß ist meine Kraft." Marx entdeckt, indem er das Medium Literatur ökonomieanalytisch nutzt, im Geldverkehr selbst elementare poetisch-ästhetische Strukturen. Geld funktioniert erstens als Metonymie. Denn es verschiebt die Eigenschaften des Besitzes auf den Besitzer, Geld verleiht seine spezifische Potenz demjenigen, der es hat. In Marxens Worten: „Die Eigenschaften des Geldes sind meine – seines Besitzers – Eigenschaften und Wesenskräfte." Dabei funktioniert es zweitens wie eine umgekehrte Prosopopoeia (*personificatio*). Die klassische rhetorische Figur der προσωποποια (wörtlich: eine Person bzw. ein Gesicht machen; von griech. *prosopon* / Gesicht, Person und *poiein* / machen) sorgt dafür, dass abstrakte Prinzipien, Dinge und Sachverhalte sich wie Personen artikulieren können – indem z.B. die Natur, die Schönheit oder die Treue als sprechende Figuren agieren. Marx begreift das Geld als invertierte Prosopopoeia – das abstrakte Medium Geld bedarf nicht erst der Personifizierung, es ist vielmehr gewissermaßen immer schon handelndes Super-Subjekt, das seine Kraft seinem empirischen Besitzer zurückverleiht. Was drittens darauf verweist, dass dem Medium Geld eine chiastische Kraft eignet. „Das, was ich bin und vermag, ist also keineswegs durch meine Individualität bestimmt. Ich bin häßlich, aber ich kann mir die schönste Frau kaufen. Also bin ich nicht häßlich, denn die Wirkung der Häßlichkeit, ihre abschreckende Kraft ist durch das Geld vernichtet. Ich – meiner Individualität nach – bin lahm, aber das Geld verschafft mir 24 Füße; ich bin also nicht lahm; ich bin ein schlechter, unehrlicher, gewissenloser, geistloser Mensch, aber das Geld ist geehrt, also auch sein Besitzer. Das Geld ist das höchste Gut, also ist sein Besitzer gut, das Geld überhebt mich überdem der Mühe, unehrlich zu sein; ich werde also als ehrlich präsumiert; ich bin geistlos, aber das Geld ist der wirkliche Geist aller Dinge, wie sollte sein Besitzer geistlos sein? Zudem kann er sich die geistreichen Leute kaufen, und wer die Macht über die Geistreichen hat, ist der nicht geistreicher als der Geistreiche?

Ich, der durch das Geld alles, wonach ein menschliches Herz sich sehnt, vermag, besitze ich nicht alle menschlichen Vermögen? Verwandelt also mein Geld nicht alle meine Unvermögen in ihr Gegenteil?"[136]

Marx beginnt seine Exegese klassischer Literatur mit einem starken Kompliment, das auch auf Goethe gemünzt ist: „Shakespeare schildert das Wesen des Geldes trefflich." Trefflich sind die Einsichten großer Literatur in die „Kraft des Geldes", weil sie Geld als ein dialektisches, also für Widersprüche sensibles Medium begreifen. Geld hält Widersprüche nicht nur aus, sondern ist von ihnen geradezu magisch angezogen. Denn Geld lässt zusammenkommen, was eigentlich nicht zusammengehört. Es hat metamorphotische Kraft. Es macht den Hässlichen für schöne Menschen attraktiv, den Schwachen stark, den Lahmen schnell, den Kontaktscheuen sozial. All das vermag es aufgrund seiner kryptoästhetischen, nämlich metonymischen, personifizierenden und chiastischen Qualitäten. Marx ist mit Shakespeare und Goethe ersichtlich vom Medium Geld und der ihm eigenen Koppelung von Rationalität und Irrationalität, profanen und magischen Qualitäten fasziniert. „Wenn das Geld das Band ist, das mich an das menschliche Leben, das mir die Gesellschaft, das mich mit der Natur und den Menschen verbindet, ist das Geld nicht das Band aller Bande? Kann es nicht alle Bande lösen und binden? Ist es darum nicht auch das allgemeine Scheidungsmittel? Es ist die wahre Scheidemünze, wie das wahre Bindungsmittel, die [...] chemische Kraft der Gesellschaft. / Shakespeare hebt an dem Geld besonders 2 Eigenschaften heraus: / 1. Es ist die sichtbare Gottheit, die Verwandlung aller menschlichen und natürlichen Eigenschaften in ihr Gegenteil, die allgemeine Verwechslung und Verkehrung der Dinge; es verbrüdert Unmöglichkeiten; / 2. Es ist die allgemeine Hure, der allgemeine Kuppler der Menschen und Völker. / Die Verkehrung und Verwechslung aller menschlichen und natürlichen Qualitäten, die Verbrüderung der Unmöglichkeiten – die göttliche Kraft – des Geldes liegt in seinem Wesen als dem entfremdeten, entäußernden und sich veräußernden Gattungswesen der Menschen. Es ist das entäußerte Vermögen der Menschheit."[137]

Marxens Definition des Geldes als „entäußertes Vermögen der Menschheit" hat es in sich. Denn diese Definition seiner Funktion teilt das Geld mit dem Arbeits- und dem Kunst-Vermögen. Immer wieder, vom Früh- bis zum Spätwerk, hat Marx Arbeit als elementares Medium der Selbst-Entäußerung charakterisiert. Nur einige wenige Belege: „Die äußerliche Arbeit, die Arbeit, in welcher der Mensch sich entäußert, ist eine Arbeit der Selbstaufopferung,

136. Ibid., p. 563 sq.

137. MEW Ergänzungsband 1, l.c., p. 565

der Kasteiung. Endlich erscheint die Äußerlichkeit der Arbeit für den Arbeiter darin, daß sie nicht sein eigen, sondern eines andern ist, daß sie ihm nicht gehört, daß er in ihr nicht sich selbst, sondern einem andern angehört."[138] Entäußerte Arbeit ist die Bedingung der Möglichkeit des Entäußerungsmediums Geld, das zu Kapital, wird: „Wir haben allerdings den Begriff der entäußerten Arbeit (des entäußerten Lebens) aus der Nationalökonomie als Resultat aus der Bewegung des Privateigentums gewonnen. Aber es zeigt sich bei Analyse dieses Begriffes, daß, wenn das Privateigentum als Grund, als Ursache der entäußerten Arbeit erscheint, es vielmehr eine Konsequenz derselben ist, wie auch die Götter ursprünglich nicht die Ursache, sondern die Wirkung der menschlichen Verstandesverirrung sind. Später schlägt dies Verhältnis in Wechselwirkung um."[139] Auch hier also wieder eine chiastische Argumentationsfigur: Was Grund zu sein scheint, nämlich das Kapital, das Arbeit als Ware Arbeitskraft bezahlen kann, ist „vielmehr eine Konsequenz derselben". Denn ohne die Entäußerungen von Arbeit gäbe es kein Kapital. Kapital ist das andere seiner selbst: Produkt, Konsequenz von Arbeit.

Die Wechselwirkung zwischen dem, was Arbeit und Geld vermögen, ist also keine symmetrische, sondern eine radikal asymmetrische. Denn akkumuliertes Geld, das doch nichts anderes als das Resultat entäußerter Arbeit ist, kann als Kapital das Arbeitsvermögen, dem es seine Existenz verdankt, zur Ware unter anderen Waren depotenzieren. Die einschlägigen Äußerungen von Marx dazu nehmen sich wie eine Antizipation der zentralen Argumente von Max Weber über die Genese des Kapitalismus aus dem Akkumulations-Geist der Askese aus. „Die Nationalökonomie, diese Wissenschaft des Reichtums, ist daher zugleich die Wissenschaft des Entsagens, des Darbens, der Ersparung, und sie kömmt wirklich dazu, dem Menschen sogar das Bedürfnis einer reinen Luft oder der physischen Bewegung zu ersparen. Diese Wissenschaft der wunderbaren Industrie ist zugleich die Wissenschaft der Askese, und ihr wahres Ideal ist der asketische, aber wuchernde Geizhals und der asketische, aber produzierende Sklave. Ihr moralisches Ideal ist der Arbeiter, der in die Sparkasse einen Teil seines salaire bringt, und sie hat für diesen ihren Lieblingseinfall sogar eine knechtische Kunst vorgefunden. Man hat das sentimental aufs Theater gebracht. Sie ist daher – trotz ihres weltlichen und wollüstigen Aussehns – eine wirklich moralische Wissenschaft, die allermoralischste Wissenschaft. Die Selbstentsagung, die Entsagung des Lebens und aller menschlichen Bedürfnisse, ist ihr Hauptlehrsatz. Je weniger du ißt, trinkst, Bücher kaufst, in das Theater, auf den Ball, zum Wirtshaus gehst, denkst, liebst, theoretisierst, singst, malst, fichtst etc., um so [mehr]

138. MEW Ergänzungsband 1, p. 514

139. Ibid., p. 520.

sparst du, um so größer wird dein Schatz, den weder Motten noch Raub fressen, dein Kapital. Je weniger du bist, je weniger du dein Leben äußerst, um so mehr hast du, um so größer ist dein entäußertes Leben, um so mehr speicherst du auf von deinem entfremdeten Wesen. Alles, was dir der Nationalökonom an Leben nimmt und an Menschheit, das alles ersetzt er dir in Geld und Reichtum, und alles das, was du nicht kannst, das kann dein Geld: Es kann essen, trinken, auf den Ball, ins Theater gehn, es weiß sich die Kunst, die Gelehrsamkeit, die historischen Seltenheiten, die politische Macht, es kann reisen, es kann dir das alles aneignen; es kann das alles kaufen; es ist das wahre Vermögen."[140]

,Vermögen' ist wie ,Entäußerung' ein Lieblingsbegriff von Marx. Es ist auffallend, dass der doch so manifeste Doppelsinn des deutschen Wortes ,Vermögen' von Philosophen kaum je bedacht worden ist. Gerade die kantische Tradition der Transzendentalphilosophie kommt ohne Wortbildungen, die auf -vermögen enden, nicht über die Runden: Erkenntnisvermögen, Urteilsvermögen, Denkvermögen, Vorstellungsvermögen, Wahrnehmungsvermögen, Unterscheidungsvermögen, Erinnerungsvermögen, Einfühlungsvermögen etc. Es gehört zu den unproduktiven Paradoxien der jüngeren Philosophiegeschichte, dass die Philosophie seit ihrer Wende zur Sprachanalyse eklatant an Sprachsensibilität verloren hat. Sprachanalytische Philosophen sind zumeist solche, die sich weigern, sprachsensibel mit dem Ohr zu denken. Sie verschwenden keinen Gedanken darauf, dass das Wort ,Vermögen' einen ökonomischen Primärsinn hat, den es sodann derivativ anderen (Erkenntnis-, Urteils- etc.) Vermögen verleiht. Eine bemerkenswerte Ausnahme stellt Nietzsche dar. Ihm ist eine schlagende Kritik aller idealistischen Vermögensphilosophie zu verdanken. „Wie sind synthetische Urteile *a priori möglich*? fragte sich Kant, – und was antwortete er eigentlich? *Vermöge eines Vermögens*: leider aber nicht mit drei Worten, sondern so umständlich, ehrwürdig und mit einem solchen Aufwande von deutschem Tief- und Schnörkelsinne, daß man die lustige *niaiserie allemande* überhörte, welche in einer solchen Antwort steckt. Man war sogar außer sich über dieses neue Vermögen, und der Jubel kam auf seine Höhe, als Kant auch noch ein moralisches Vermögen im Menschen hinzuentdeckte – denn damals waren die Deutschen noch moralisch, und ganz und gar noch nicht ,real-politisch'. – Es kam der Honigmond der deutschen Philosophie; alle jungen Theologen des Tübinger Stifts gingen alsbald in die Büsche – alle suchten nach ,Vermögen'."[141]

Marx hat so wenig wie Nietzsche eine im Vergleich zur kantischen Tradition alternative Erkenntnistheorie entwickelt und ausgearbeitet – und eben

140. Ibid., p. 549

141. Nietzsche: Genealogie der Moral; in: Werke, ed. Karl Schlechta, Bd. II. München 1968, p. 576

auch keine eigene Ästhetik oder Theorie des künstlerischen Urteilsvermögens. Aber er macht doch immerhin darauf aufmerksam, dass drei gemeinhin konfliktreich zueinander stehende Vermögen bzw. „Kräfte“[142] eine eigentümliche strukturelle Korrespondenz aufweisen. Als „entäußertes Vermögen der Menschheit“ können nämlich das Geld, die Arbeit und die Kunst gleichermaßen verstanden werden. Diese drei Kräfte haben in Marxens Theorie ein ästhetisches Rendezvous. Sie haben sich dramatisch viel und Aufregendes zu sagen. Alle drei Größen (Arbeit, Geld, Kunst) sind nämlich einander verwandt und gerade deshalb im Konflikt. Sie sind, mit Erving Goffman zu formulieren, „socially crazy places“.[143] Gemeinsam ist der Arbeit, dem Geld und der Kunst, dass sie das, was vorfindlich ist, umgestalten bzw. mit einer Zweitversion versehen. Arbeit gilt für Marx und nicht nur für Marx als die Basisoperation, die Vorfindliches umgestaltet. Sie ist kreativ und kreatürlich zugleich. Arbeit ist – anders als Geld und Kunst – das, was die Gattung Mensch mit anderen Lebewesen teilt: Auch Bienen, Ameisen, Vögel und Biber müssen arbeiten, um ihr Leben zu reproduzieren. Arbeit schafft Mehrwert – Marxens nicht sonderlich originelle und schwer zu bestreitende Grundthese (durch Arbeit entsteht, was es sonst nicht gäbe: Häuser, Kleidung, Infrastruktur etc.) gewinnt Schärfe erst dann, wenn man das Arbeits-Vermögen mit dem Vermögen des Geldes kontrastiert. Und genau dies tut die telegrammförmig dichte Schlusspassage des zweiten *Ökonomisch-philosophischen Manuskripts* von 1844: „Das Verhältnis des Privateigentums ist Arbeit, Kapital und die Beziehung beider. Die Bewegung, die diese Glieder zu durchlaufen haben, sind: Erstens – unmittelbare oder vermittelte Einheit beider. Kapital und Arbeit erst noch vereint; dann zwar getrennt und entfremdet, aber sich wechselseitig als positive Bedingungen hebend und fördernd. / [Zweitens –] Gegensatz beider. Schließen sich wechselseitig aus; der Arbeiter weiß den Kapitalisten und umgekehrt als sein Nichtdasein; jeder sucht dem andren sein Dasein zu entreißen. / [Drittens –] Gegensatz jedes gegen sich selbst. Kapital = aufgehäufter (sic) Arbeit = Arbeit. Als solche zerfallend in sich und seine Zinsen, wie diese wieder in Zinsen und Gewinn. Restlose Aufopferung des Kapitalisten. Er fällt in die Arbeiterklasse, wie der Arbeiter – aber nur ausnahmsweise – Kapitalist wird. Arbeit als Moment des Kapitals, seine Kosten. Also der Arbeitslohn ein Opfer des Kapitals. / Arbeit zerfallen in sich und den Arbeitslohn. Arbeiter selbst ein Kapital, eine Ware. / Feindlicher wechselseitiger Gegensatz.“[144]

142. ‚Kraft‘ ist ein heute seltsam unzeitgemäß wirkendes Wort. Es kann jedoch auf eine kräftige Theorietradition zurücksehen, cf. Christoph Menke: Kraft – Ein Grundbegriff ästhetischer Anthropologie. Ffm 2008.

143. Erving Goffman: Asylums – Essays on the Social Situation of Mental Patients and Other Inmates. New York 1961, p. 130

144. MEW Ergänzungsband 1, p. 529

Die an Hegels Dialektik geschulte Argumentationsfigur ist deutlich: Arbeit und Kapital sind ein feindlicher wechselseitiger Gegensatz eben deshalb, weil sie eine Identität von Identität und Differenz sind.[145] Ohne das, was Arbeit schafft, nämlich mehr Werte, als ursprünglich vorhanden waren, gäbe es den Überfluss des Kapitals nicht. Das Vermögen des Kapitals verdankt sich also seinem anderen, dem Arbeitsvermögen. Geld und Kapital aber sind ein Kunstprodukt, eine Erfindung, eine Fiktion. Bei der Erschaffung der Welt hat Geld keine Rolle gespielt. Gott als kreditbedürftigen, von einer Bank abhängigen Großinvestor vorzustellen, wäre das theologische Sakrileg schlechthin. Und im göttlichen Schöpfungsplan ist Geld auch nicht vorgesehen. Dennoch greift – auch hier folgt Marx einer Argumentationsfigur aus Hegels *Wissenschaft der Logik* – das Begründete, Abhängige auf seinen Grund und Urheber über. Kapital, das nichts anderes ist als eine „Konsequenz" von Arbeit, macht Arbeit zur Ware Arbeitskraft, die wie andere Waren auch gekauft werden kann („Arbeit als Moment des Kapitals, seine Kosten."). Eine verkehrte Welt, die ihrer Verkehrtheit zum Trotz oder aber gerade wegen dieser Verkehrtheit funktioniert.

Die verkehrte Welt ist ein ästhetischer Topos[146], den Marx offensiv einsetzt. Am bekanntesten ist die einschlägige Passage aus der Deutschen Ideologie, in der es heißt: „Die Produktion der Ideen, Vorstellungen, des Bewußtseins ist zunächst unmittelbar verflochten in die materielle Tätigkeit und den materiellen Verkehr der Menschen, Sprache des wirklichen Lebens. Das Vorstellen, Denken, der geistige Verkehr der Menschen erscheinen hier noch als direkter Ausfluß ihres materiellen Verhaltens. Von der geistigen Produktion, wie sie in der Sprache der Politik, der Gesetze, der Moral, der Religion, Metaphysik usw. eines Volkes sich darstellt, gilt dasselbe. Die Menschen sind die Produzenten ihrer Vorstellungen, Ideen pp., aber die wirklichen, wirkenden Menschen, wie sie bedingt sind durch eine bestimmte Entwicklung ihrer Produktivkräfte und des denselben entsprechenden Verkehrs bis zu seinen weitesten Formationen hinauf. Das Bewußtsein kann nie etwas Andres sein als das bewußte Sein, und das Sein der Menschen ist ihr wirklicher Lebensprozeß. Wenn in der ganzen Ideologie die Menschen und ihre Verhältnisse wie in einer Camera obscura auf den Kopf gestellt erscheinen, so geht dies Phänomen ebensosehr aus ihrem historischen Lebensprozeß hervor, wie die Umdrehung der Gegenstände auf der Netzhaut aus ihrem unmittelbar physischen."[147] Wer die ideologischen Grundstrukturen der verkehrten Welt eben

145. Cf. zum Folgenden Jochen Hörisch: Tauschen, sprechen, begehren – Eine Kritik der unreinen Vernunft. München 2010

146. Cf. dazu u.a. Frédérick Tristan: Le monde à l'envers. Paris 1980. Marx als Analytiker, der mit Shakespeare die Gespenster des Kapitals beschreibt, sind Thema der Studie von Jacques Derrida: Marx' Gespenster – Der verschuldete Staat, die Traumarbeit und die neue Internationale. Ffm 1995

als Ideologie, also als Logik des falschen Scheins und der falschen Bilder, durchschaut, muss die verkehrte Welt vom Kopf auf die Füße stellen – so die vielzitierte Wendung in Friedrich Engels Essay *Ludwig Feuerbach und der Ausgang der klassischen deutschen Philosophie.*[148] Geld ist, so Marx, der Inbegriff, ja die Inkarnation der verkehrten Welt, weil Geld zwar die Entäußerung der Arbeit ist, aber wie in einer camera obscura umgekehrt als Fundament von Arbeit und Reichtum erscheint. „Die Verkehrung und Verwechslung aller menschlichen und natürlichen Qualitäten, die Verbrüderung der Unmöglichkeiten – die göttliche Kraft – des Geldes liegt in seinem Wesen als dem entfremdeten, entäußernden und sich veräußernden Gattungswesen der Menschen. Es ist das entäußerte Vermögen der Menschheit."[149]

Man muss sich die Pointe dieser Argumentation vergegenwärtigen, um sich von mächtigen Fehlformen der Marx-Rezeption emanzipieren zu können. Der überzitierte Marx-Satz, demzufolge das Sein das Bewusstsein bestimmt, wird nicht umsonst häufig in dieser spezifischen Verkürzung angeführt. Sie unterschlägt das ausschlaggebende Adjektiv und macht Marx damit zu einem naiv-realistischen Erkenntnistheoretiker, handelt seine Theorie also weit unter Wert. Ist es doch nicht das naturalistische, ontologische oder kreatürliche, sondern das „gesellschaftliche Sein", das das Bewusstsein der Menschen bestimmt. „Es ist nicht das Bewußtsein der Menschen, das ihr Sein, sondern umgekehrt ihr gesellschaftliches Sein, das ihr Bewußtsein bestimmt."[150] Was nichts anderes heißt als dies: dass das Geld, das falsche, weil die eigentlichen Verhältnisse auf den Kopf (und Kapital heißt und meint ja Kopf) stellende Medium der Entäußerung menschlichen Vermögens ist. Nun ist es eben kein Zufall, wenn Marx dieses Argument literarisch fundiert – z.B. wenn er in der *Deutschen Ideologie* ausführt: „Wie wenig das Geld, die allgemeinste Form des Eigentums, mit der persönlichen Eigentümlichkeit zu tun hat, wie sehr es ihr geradezu entgegengesetzt ist, wußte bereits Shakespeare besser als unser theoretisierender Kleinbürger."[151] Diese und viele weitere Passagen, in denen Marx Literatur und Dichtung gegen obskure bzw. camera-obscura-Theorien und Annahmen mobilisiert, machen deutlich, wie sehr ihn die nach Arbeit und Geld dritte Entäußerungsform des menschlichen Vermögens fasziniert – eben die ästhetische.

Kunst und Literatur faszinieren und irritieren Marx, weil sie Entäußerungen menschlichen Vermögens sind, die sich gerade eben nicht funktional

147. MEW 3, p. 26

148. MEW 21, p. 293

149. MEW Ergänzungsband 1,. P. 665

150. Marx: Kritik der politischen Ökonomie, MEW 13, p. 9

151. Marx/Engels: Die Deutsche Ideologie, MEW 3, p. 212

oder gar kausal auf fundamentalökonomische Strukturen und Daten beziehen lassen. In den Worten von Marx: „Bei der Kunst bekannt, daß bestimmte Blütezeiten derselben keineswegs im Verhältnis zur allgemeinen Entwicklung der Gesellschaft, also auch der materiellen Grundlage, gleichsam des Knochenbaus ihrer Organisation, stehn. Z.B. die Griechen verglichen mit den modernen oder auch Shakespeare."[152] Marx hat klar vor Augen, was Adornos *Ästhetische Theorie* später unter der Formel „Doppelcharakter der Kunst" thematisieren wird: Kunst ist zugleich autonom (im Sinne von: nicht algorithmisch auf gesellschaftliche Strukturen beziehbar) und fait social.[153] Das sieht schon Marx, wenn er in der Einleitung zur *Kritik der politischen Ökonomie* schreibt: „Von einer andren Seite: Ist Achilles möglich mit Pulver und Blei? Oder überhaupt die ‚Iliade' mit der Druckerpresse oder gar Druckmaschine? Hört das Singen und Sagen und die Muse mit dem Preßbengel nicht notwendig auf, also verschwinden nicht notwendige Bedingungen der epischen Poesie? / Aber die Schwierigkeit liegt nicht darin, zu verstehn, daß griechische Kunst und Epos an gewisse gesellschaftliche Entwicklungsformen geknüpft sind. Die Schwierigkeit ist, daß sie für uns noch Kunstgenuß gewähren und in gewisser Beziehung als Norm und unerreichbare Muster gelten."[154] So der auch hier bemerkenswert kanongläubige, in ästhetischen Belangen traditionelle Revolutionär Marx.

Systematisch entfaltet hat Marx nicht, warum Kunst und Literatur sich dem sozialen Determinismus entziehen. Aber er hat immerhin mehr als nur angedeutet, dass die ästhetischen Entäußerungen von Menschen anders als Geld nicht als „radikaler Leveller" zu begreifen sind – sondern eben als radikale Differenzierer. Kunst ist, anders als Geld, in einem spezifischen Sinne verrückt. Als eine spezifische Form von Arbeit stellt Kunst – wie Geld und eben doch auch ganz anders als Geld – Zweitversionen der Welt her, die Widersprüche nicht einhegen, sondern austragen. Das gilt vor allem auch im Hinblick auf den Widerspruch von Kapital und Arbeit. In der verkehrten Welt, in der wie in einer camera obscura die Verhältnisse auf den Kopf gestellt sind, sorgt Kunst, so der gelernte Hegelianer Marx, der weiß, wie doppelte Negationen funktionieren, für eine Verkehrung von Verkehrung, für eine Inversion der Inversion, in einem Wort für einen „socially crazy place", der als verrückter (und nicht etwa transzendenter!) Ort die angemessene, weil exzentrische Beobachtung der verkehrten Welt des Kapitals ermöglicht. Kunst ist der Gastgeber des Rendezvous von Arbeit und Geld. Sie partizipiert am artifiziellen Charakter des Geldes ebenso wie an den kreatürlichen

152. MEW 13, p. 641

153. Cf. Theodor W. Adorno: Ästhetische Theorie, Gesammelte Schriften Bd. 7. Ffm 1972, p. 334 sqq.

154. MEW 13, p. 641

Dimensionen der Arbeit. Deshalb gewähren die Werke von Shakespeare und Goethe mehr Einsichten als die der Ökonomen; und deshalb kann sich Marx das Leben im Kommunismus auch kaum anders vorstellen als eines, in dem alle Menschen Künstler und kritische Kritiker sind – und Lebenskünstler sowieso.

Kampfzonen. Das Feuilleton und die Universität

Die Universität ist bekanntlich eine sehr alte und traditionsreiche Institution. Wer gut zweihundert Jahre nach der Humboldtschen Universitätsreform auf eine universitäre Laufbahn zurückblicken kann, verfügt über ein Privileg: im Studium und den frühen Dozentenjahren eine Universität kennengelernt zu haben, die sich zumindest ihrer Idee nach noch an Humboldts Vorstellungen orientierte und in diesem Sinne traditionell war, die aber zugleich zahlreiche Impulse in die öffentlichen Debatten einspeiste und in diesem Sinne am Puls ihrer Zeit war. Wer wie Christa Karpenstein-Eßbach ein feines Gespür für die Verflechtungen zwischen kulturellen Dispositiven und Medientechnologien hat[155], wird bemerken, dass die heutige Universität nach der Bolognareform nicht mehr Impulse im und für Medien gibt, sondern selbst zu einer Institution geworden ist, die sich von medientechnischen und ökonomischen Mächten treiben, ja vorführen lässt.

Das ist keine ganz neue Einsicht: Das Verhältnis zwischen dem Feuilleton und der Universität war (bis auf die 60- und 70-er Jahre des letzten Jahrhunderts) und ist seltsam gereizt. Die Gründe für diese Gereiztheit sind leicht auszumachen. Beide Sphären sind aufeinander angewiesen, und beide Sphären müssen sich voneinander absetzen. Aus der Perspektive der Wissenschaft stellt sich das Verhältnis zum Feuilleton in der Regel so dar: Wissenschaftler publizieren, sie suchen nicht nur die Fach-, sondern auch die weitere Öffentlichkeit, denn sie müssen um die knappe Ressource Aufmerksamkeit kämpfen, zumal diese Zugang zur ebenfalls knappen Ressource Geld (z.B. zu Drittmitteln) eröffnen kann. Im besten Falle – der sich häufig erst nach langen und üblen Anfeindungen einstellt – findet unkonventionelle, überraschende, grundstürzende, produktive Wissenschaft den Zuspruch des Feuilletons. Die Relativitätstheorie ist ein klassischer Fall dafür; der Feuilleton-Präsenz der Relativitätstheorie hat Einsteins massenmedial kompatibles Auftreten nicht geschadet. Jeder auch nur einigermaßen helle Wissenschaftler weiß jedoch, dass fachinterne Reputation – und auch die stellt sich häufig genug erst nach qualvollen Anfeindungen und Paradigmenwechseln ein – im Zweifelsfall mehr zählt als allgemeine Feuilletonbeliebtheit. „Feuilletonprofessor" ist aus universitärer Perspektive deshalb ein Schimpfwort; starke Feuilleton-Präsenz produktiver Forscher trifft obligatorisch auf Misstrauen und selbstredend auch auf Neid von Kollegen. Auch das ist leicht nachzuvollziehen. „Nor-

155. Cf. Christa Karpenstein-Eßbach: Einführung in die Kulturwissenschaft der Medien. München 2004

male“ Wissenschaft ist einfach nicht sexy genug, um die Aufmerksamkeit des Feuilletons zu gewinnen. Und so sind die akademischen Standardreaktionen jederzeit abrufbereit: Die Feuilletonisten haben keine Ahnung, sie leben schon über ihre intellektuellen Verhältnisse, wenn sie sich anmaßen, wissenschaftliche Theorien allgemeinverständlich darzubieten, und erst recht, wenn sie es wagen, Wissenschaftler zu kritisieren. Wer sich, so ruft es aus universitären Gefilden, als Wissenschaftler aufs Feuilleton einlässt, wird darin umkommen. Allzu deutlich machen aber sollte ein Wissenschaftler seine Verachtung fürs Feuilleton nicht, ist er doch – zumindest, wenn er Geisteswissenschaftler ist – auf es angewiesen.

Aus der Perspektive des Feuilletons stellt sich das Verhältnis zur Universität in der Regel so dar: Feuilletonisten, die referieren und kritisieren, was andere gedacht und geschrieben haben, publizieren aufopferungsvoll. Sie leisten das schier Unmögliche: komplexes Spezialistenwissen einem gehobenen Publikum bekannt und verständlich zu machen. Über die faktischen Leserzahlen der Rezension eines Sachbuches macht sich kaum jemand große Illusionen. Aber es adelt eben doch, wenn die anspruchsvolle Tagespresse, deren Leserschaft sich zu großen Teilen aus akademisch gebildeten Köpfen zusammensetzt, die Universität wahrnimmt. Wenn die doch aus ihren Privilegien mehr machen würde ... Professoren haben Zeit und ein sicheres Beamtengehalt, die armen Rezensenten müssen hingegen mit knappem Zeitbudget und wenig Zeilenhonorar auskommen. Der eine oder andere Rezensent hätte keine größeren Einwände gegen eine Universitätskarriere gehabt; aber widrige Umstände und Verkennung überragender Begabung durch sterile Wissenschaftsbeamte standen dem im Wege. Ab und an muss man den überspezialisierten, steuerfinanzierten Unileuten mal zeigen, wie überflüssig viele von ihnen sind, wieviel besser man über das Bescheid weiß, was eigentlich zählt, wieviel eleganter man zu formulieren versteht. Schade, dass man im Tagesbetrieb nicht die Muße findet, bessere Wissenschaft zu betreiben – die zu rezensieren würde richtig Freude machen.

Die Liste gereizter wechselseitiger Wahrnehmungen zwischen Universität und Feuilleton ließe sich leicht verlängern, etwa mit dem Hinweis darauf, dass ‚Kritiker‘ und ‚Rezensent‘ anders als ‚Professor‘ keine geschützten Berufsbezeichnungen sind, dass die Mitarbeit im Feuilleton keine Qualifikationsarbeiten wie Dissertation oder Habilitation voraussetzt oder dass die Arbeit an einem Buch Jahre in Anspruch nehmen kann, Rezensenten aber mitunter nur den Klappentext lesen, ein paar Minuten im besprochenen Band blättern und sich ansonsten an Oscar Wildes wunderbare Maxime halten können: „Ich lese nie die Bücher, die ich rezensiere – man ist sonst so voreingenommen.“ Intensivere Analyse verdiente zumal der Umstand, dass viele Feuilletonisten sich gerade auf Professoren wie Norbert Bolz, Peter Sloterdijk, Sepp Gumbrecht oder Bazon Brock einschießen, die den Diskursraum zwischen Campus und Feuilleton betreten und offenbar als gefährliche Eindringlinge in umkämpfte Zonen wahrgenommen werden.

Nun liegt es nahe, die eigentümliche Gereiztheit beim Rendezvous von Feuilleton und Universität mit dem systemtheoretischen Hinweis auszunüchtern, dass beide Sphären, die wissenschaftlich-universitäre wie die feuilletonistisch-mediale, nun einmal unterschiedlichen Leitcodierungen verschrieben sind. Wissenschaft ist der Leitdifferenz wahr / falsch verpflichtet; das Feuilleton und die Massenmedien orientieren sich hingegen an der Unterscheidung von neu, interessant, skandalös, persönlich / veraltet, bekannt, normal, unpersönlich. Viel zu sagen haben sich das Feuilleton und die Wissenschaft deshalb nicht. Am besten ist es, die wechselseitige Verachtung nicht allzu deutlich werden zu lassen, denn auf eine diffuse Weise macht sich doch immer wieder die Intuition geltend, dass man aufeinander angewiesen ist.

Die Beziehungen zwischen Feuilleton und Universität wären also seltsam symmetrisch, wenn es nicht ein wirklich eigentümliches Tabu bzw. eine mächtige Asymmetrie gäbe: dass man Kritiker, die im Feuilleton schreiben, nicht ihrerseits kritisieren und Rezensionen nicht rezensieren darf. Dass Kritik, fachinterne wie öffentliche, das Lebenselixier der Wissenschaft ist, versteht sich spätestens seit der Neuzeit von selbst; vieles spricht dafür, diese Einsicht schon auf Sokrates zurückzudatieren. Man kann (z.B. mit dem Philosophen Hans Blumenberg) die Neuzeit als den Prozess der Renaissance sokratischer Kritiklust und der zunehmenden Zulassung von Neugier und Kritik beschreiben. Heute darf – und das ist auch gut so – in unsren Breiten jeder alle und alles kritisieren: das Klima und den Klimawandel, Politiker und Manager, Professoren und Gewerkschaftler, Medien und selbst den Papst. Nur Kritiker und Rezensenten nicht, sie stehen unter Kritik-Tabu. Zumal rezensierte Autoren dürfen, so will es ein seltsam verdruckstes Gesetz, ihre Kritiker nicht ihrerseits kritisieren und deren Rezensionen rezensieren. Das ist nicht immer so gewesen. Unsre großen Klassiker gingen mit inkompetenten Rezensenten noch anders um. „Schlagt ihn tot, den Hund! Es ist ein Rezensent", lautet die bündige Schlusszeile des Gedichts *Rezensent* aus der Feder des Humanisten Goethe. Totschlagen – das war Lessing nicht genug. Er schrieb seinem Kritiker Goeze öffentlich: „Es ist erlaubt, Ihnen den Eimer faulen Wassers, in welchem Sie mich ersäufen wollen, tropfenweise auf den entblößten Scheitel fallen zu lassen."

Zwischen der klassisch-humanistischen Empfehlung von Lessing und Goethe, inkompetente Rezensenten totzuschlagen oder der Folter zu unterwerfen, und dem Tabu, sie überhaupt zu kritisieren, liegen Welten. Angesichts dieser Differenz plädiert der Autor dieses Textes dafür, ausnahmsweise einmal nicht den Maximen unserer großen Humanisten Lessing und Goethe zu folgen, wohl aber dem Impuls, der ihren wohl überlegten Stellungnahmen zugrunde liegt: nämlich Rezensionen und Rezensenten ernst zu nehmen und sie eben deshalb öffentlich zu kritisieren. So wie es gute und schlechte Autoren und Professoren (Politiker, Päpste, Manager etc.) gibt, so gibt es heute gute, ja bemerkenswert viele sehr gute, kompetente, verantwortungsbewusste, stilsichere, aber eben auch schlechte, ja skandalös schlechte und pöbelhafte Rezensenten. Das Geschäft der Kritik ist es seit jeher, zwischen gut und schlecht zu unterscheiden, um dadurch die Qualität von Politik, Wirtschaft, Wissenschaft etc. – und eben auch der Kritik und des Rezensionswesens zu steigern. Ihre Leistung: die knappe Ressource Aufmerksamkeit zu lenken und zu bewirtschaften, ist zu wichtig, um sie kritiklos Unfähigen zu überlassen.

Der Verfasser dieser Zeilen weiß, wovon er schreibt. Er fühlt, wie unredlich es wäre zu verschweigen, dass er sich mit einem Rezensenten einen öffentlichen Schlagabtausch geliefert hat, der verblüffend viel Aufmerksamkeit gefunden hat. Und er weiß zugleich, dass es nicht unproblematisch ist, die alte akademische Maxime ‚De nobis ipsis silemus' zu ignorieren und von einem Selbstversuch zu berichten, der Kampfzonen zwischen dem gehobenen Feuilleton und der Universität grell ausleuchtete. Die Affaire ist schnell erzählt und – dem Internet sei Dank – ebenso schnell wie verlässlich zu dokumentieren (es genügt, die Namen Burkhard Müller und Jochen Hörisch zu googeln oder bei Wikipedia aufzurufen). Ein Rezensent, der aufgrund zweifelhafter Kompetenz und unfeinen Stils schon häufig viele Leser zum indignierten Kopfschütteln veranlasst hatte (etwa weil er Daniel Kehlmann „entstellende Schlamperei" vorgeworfen hatte, sei doch Alexander von Humboldt ein „Hüne" und nicht, wie von Kehlmann dargestellt, bestenfalls mittelgroß gewesen – nun hat Kehlmann schlicht Recht, s. SZ vom 1.3.2008 und Kehlmanns Brief in der SZ vom 8.4.2008), dieser Rezensent hatte in einer Besprechung meines Buches *Das Wissen der Literatur* (München 2008) entsetzliche Sachfehler (wie den, dass „Zentrifugalkräfte ins Innere" streben) gehäuft und dabei einen pöbelhaften Ton nicht gescheut (SZ vom 7.3.2008). Dagegen hatte ich mich in einer offenen E-Mail verwahrt, die das Internet-Magazin *Perlentaucher* verbreitete.

Die Aufregung war gewaltig – und dies nicht nur wegen des Unterhaltungswerts von scharfen Kontroversen, sondern in medienanalytischer Perspektive wohl auch deshalb, weil neue Formen von medialer (Zwischen-) Öffentlichkeit wie offene E-Mail oder *Perlentaucher* den Einfluss des traditionellen gedruckten Feuilletons bedrohen. Für das hier zu erörternde Problem ‚Kampfzonen zwischen Universität und Feuilleton' war die Kontroverse jedenfalls ergiebig und erhellend; auffallend viele Beobachter nahmen den Streit als Kampf zwischen Universität und Feuilleton wahr. Das war naheliegend, denn beide, Rezensent und Rezensierter, sind, wenn auch mit unterschiedlicher Gewichtung, in universitären wie feuilletonistischen Gefilden zuhause. Der Rezensent ist ein ungemein produktiver Mitarbeiter der SZ und Lateindozent an der TU Chemnitz dazu, der rezensierte Autor ist Professor für Neuere deutsche Literatur und Medienanalyse an der Universität Mannheim und publiziert ab und an Buchbesprechungen. Als „öffentliche Rauferei unter Literaturdozenten unterschiedlicher Besoldungsstufen" charakterisierte Jürgen Kaube schon in der Überschrift seines klugen Berichts für die FAZ (10.4.2008) den Streit. Der kritisierte Kritiker warf mir im Perlentaucher vom 11.4.2008 in dem ihn kennzeichnenden Stil vor, ich hätte keinen „Mumm", sei „selbstherrlich", „geistig bequem", „autoritär" und lebte als „Würdenträger" an der Universität in einer „Welt, wo der Ober den Unter sticht" und wo ich die von mir „total abhängigen" Assistenten und Studenten nach Lust und Laune kujonieren könne; er, der Rezensent, wisse, dass ich mir wünschte, so autoritär „sollte es auf der Welt überhaupt zugehen". Das ist nun in Reinform das, was Psychologen ‚Projektion' nennen; ein Blick in meinen Essay *Die ungeliebte Universität* (München 2007) oder in studentische Evaluierungen meiner Lehre hätten die Unsinnigkeit dieses erneuten Ausfalls gezeigt (in der Rezension hatte es geheißen, von mir könne man Sätze erwarten wie ‚Die Hand habe sechs Finger' und ‚Der rechte Winkel habe 100 Grad').

Keine Frage: Hier hat ein Rezensent ein recht gebrochenes Verhältnis zur Universität und zu Grundlagenkenntnissen, hingegen ein recht ungebrochenes zu Affekten und Ressentiments. Auffallend an der lebhaften Feuilleton-Diskussion über die Kontroverse zwischen Autor und Rezensent war, dass sich kaum einer für den sachlichen Wahrheitsgehalt von Burkhard Müllers Kritik interessierte. Ganz unverständlich ist das nicht. Denn Müller hatte u.a. meine Aussagen moniert, die europäischen Alphabete verfügten über ca. 25 Buchstaben (ob er auf ca. 250 oder eher 2,5 tippt – da wollte er sich nicht festlegen), die Leitunterscheidung des Rechtssystems sei recht / unrecht (da wollte er sich festlegen: die Leitunterscheidung sei privat / öffentlich), dass Konservative häufig revolutionäre Prozesse freisetzten, sei paradox (das sei kein Paradox, meinte Müller – was sonst, etwa eine Tautologie? – da gab es keine Gegenthese Müllers), und in Wilhelm Raabes Erzählung *Stopfkuchen* gebe es zahlreiche Goethe-Anspielungen (dem sei nicht so, konstatierte Müller – auch das ist sachlich einfach falsch). Nun ist es verständlich, dass sich kein Diskutant mit der Übernahme von Müllers bizarren Inkompetenzen, also mit Äußerungen wie „Müller hat doch gegen Hörisch sachlich recht, wenn er sagt, dass Zentrifugalkräfte nach innen streben", diskreditieren wollte. Dennoch haben viele Feuilletonisten den Feuilletonisten Müller gegen den Angriff eines Uni-Menschen verteidigt, so nach dem Motto: Wo kommen wir denn hin, wenn sich Profs öffentlich über uns lustig machen dürfen – und das auch noch außerhalb unseres Kontrollbereichs, nämlich im Internet-Magazin *Perlentaucher*, gegen den wir dauerhaft prozessieren? Genau dies: den sachlichen Gehalt einer Kontroverse auszublenden und sich auf ihren Unterhaltungswert zu konzentrieren, wäre im akademischen Diskurs unmöglich. Rezensent und Literaturkritiker ist eben keine geschützte Berufsbezeichnung, so darf sich jeder von Sachkenntnis Unbeleckte nennen, der Lokomotiven durch das Frankfurt der Goethezeit fahren sieht. Es gibt deshalb auch keine Skandale um Feuilletonisten, die denen um Copy-and-paste-Doktoren entsprechen. Zu Guttenberg ist kein Doktor mehr, Raddatz und Müller waren auch nach ihren Blamagen weiterhin aktive Rezensenten, gut im Austeilen, schlecht im Einstecken.

Ein entspanntes Verhältnis zu Sachfragen und Sachkenntnissen kultivierte in der genannten Kontroverse auch Thomas Assheuer von der *Zeit* (17.7.2008). Unter der kultivierten Überschrift *Ab in die Tonne* stellte er nach einem definitiv falschen (falsch/richtig, darauf wurde schon hingewiesen, ist die wissenschaftliche Leitorientierung, nicht die des Feuilletons) Kurzreferat meiner Literaturtheorie fest, „dass von dem Werk (*Das Wissen der Literatur*) nichts (bleibe) als ein trauriges Häuflein akademischer Asche.“ Man muss den Schreiber dieses Ausfalls vor sich selbst in Schutz nehmen. Der Mann ist kein bücherverbrennungswütiger Faschist, sondern ein an Habermas orientierter Diskursethiker – was aber offenbar nicht ausschließt, dass er sich wie andere Feuilletonisten wünscht, von einem akademischen Buch möge nur ein trauriges Häuflein Asche übrigbleiben. Der Propagandist der Diskursethik trägt diese selbst zu Grabe. Man sollte ihm für die öffentliche Ausstellung seiner Bücherverbrennungswünsche dankbar sein.

Mein Wunsch, die aufschlussreiche Kontroverse um die Kritik meines Buches zu dokumentieren, scheiterte am Einspruch des kritisierten Kritikers. Er wollte seine Zustimmung zu der von mir zugesagten ungekürzten Wiedergabe seiner Texte davon abhängig machen, ob ihm mein Kommentar zusage – was nicht sehr wahrscheinlich ist. So handfest kann es im Kampf um Diskurshoheiten in Zonen zwischen Universität und Feuilleton zugehen. Ob sich aus dem bizarren Fall in guter aufgeklärter Tradition etwas lernen lässt? Ja, dass sich eine triviale, aber zutreffende Einsicht endlich durchsetzt – es lohnt sich, öffentlich nicht nur über die Qualität von Professoren, Politikern, Päpsten und Managern, sondern auch von Kritikern zu diskutieren. Denn angesichts von allgegenwärtigen Kämpfen um die knappe Ressource Aufmerksamkeit ist ihr Tun und Lassen zu wichtig, um es kritiklos Affekt-, Ressentiment- und Machtspielen zu überlassen.

Der Germanist Friedrich Kittler

Dem seltsamen Fach, das da Germanistik heißt, halten viele kluge Köpfe nur die Treue, indem sie es verlassen. Es ist auffällig, wie viele unter den Intellektuellen und Professoren, die überhaupt noch über Fachgrenzen hinaus medienöffentlich Aufmerksamkeit erhalten, nicht als Germanisten wahrgenommen werden, obwohl sie Germanisten sind – oder eben waren. So unterschiedliche Köpfe wie Karl-Heinz Bohrer, Peter Sloterdijk, Manfred Frank, Rüdiger Safranski, Klaus Theweleit, Hartmut Böhme, Joseph Vogl oder Richard David Precht (um nur sie zu nennen) haben ihre Promotionen und zum Teil auch Habilitationen im germanistischen Teilfach Neuere deutsche Literatur abgeschlossen. Wenn sie (wie Karl-Heinz Bohrer und Joseph Vogl) nach produktiven Umwegen auf germanistische Lehrstühle berufen wurden, entwickelten sie dort ein Publikationsprofil, das rechtschaffene Philologen (und andere Disziplinen wie z.B. die VWL) gründlich irritierte und provozierte. Oder aber sie entfernten sich auch institutionell zügig vom Fach Germanistik und wurden etwa Philosophen oder Kulturwissenschaftler. Im Vergleich mit den Genannten fällt an Friedrich Kittler auf, dass er, der von so vielen Germanisten Angefeindete, dem Fach über bemerkenswert lange Phasen seines Berufslebens institutionell verbunden blieb. Friedrich Kittler promovierte 1976 und habilitierte 1984 an der Universität Freiburg in Neuerer Germanistik; von 1987 bis 1993 war er Germanistik-Ordinarius an der Universität Bochum; erst ab 1993 firmierte Friedrich Kittler mit der Annahme des Rufes auf den Lehrstuhl für Ästhetik und Geschichte der Medien an der Berliner Humboldt-Universität auch äußerlich als der Medientheoretiker und –historiker, als der er schon zuvor vorwiegend wahrgenommen wurde.

Bis zu seinem frühen Tod (welcher Tod ist nicht früh? „Der Tod verknappt die Redezeit“ ist eine der vielen prägnanten Formulierungen des Kopfes, der einen unverwechselbaren Stil bzw. sound entwickelte), bis zu seinem allzu frühen Tod hatte Friedrich Kittler trotz oder eben gerade wegen seiner medienanalytischen Souveränität ein enthusiastisches Verhältnis zur Literatur – wie sein Vornamens- und Oberlippenbartträger-Vetter Friedrich Nietzsche, der gerne die Formel „wir Philologen“ verwendete und sich zeitlebens nicht beleidigt fühlte, wenn er als klassischer Philologe wahrgenommen und bezeichnet wurde. Friedrich Kittlers unvollendetes Spätwerk *Musik und Mathematik* zeigt eine (von Nietzsche und Heidegger, aber etwa auch von Michael Theunissen geteilte) Faszination für die frühe Literatur Griechenlands, also für eine Medienepoche, die denkbar weit entfernt ist von der Epoche der neuen Medien nach der Gutenberggalaxis, deren Analyse Friedrich Kittler berühmt machte. Sein 1993, also kurz nach dem Wechsel von Bochum nach

Berlin, vom germanistischen auf den medienwissenschaftlichen Lehrstuhl erschienenes wunderbares Buch *Draculas Vermächtnis* trägt den zugleich präzisen und irreführenden Titel *Technische Schriften.* Ein Blick ins Inhaltsverzeichnis genügt, um offenbar werden zu lassen, dass diese technischen Schriften eins sind mit Literaturanalysen – die Studien handeln von Bram Stokers Dracula-Roman, von romantischen Erzählungen, von Benns Gedichten, von Pink Floyd und Wagner, von barocken Trauerspielen, Rilkes Prosa und Thomas Pynchons Romanen. Poesienäher und poetischer sind technische Schriften nie erschienen. Und sein erstes Buch *Der Traum und die Rede – Eine Analyse der Kommunikationssituation Conrad Ferdinand Meyers* gilt, wie sollte es (damals – gewissermaßen vor Kittler! – anders sein?) einem seine Literarität deutlich betonendem literarischen Werk, dem von Conrad Ferdinand Meyer.

So als wollte sie ihre unbedingte Nähe zu Literatur und Lettern schon äußerlich herausstellen, erschien diese Arbeit 1977 als Faksimile eines Typewriter-Manuskripts – mit einem Verschreiber, wie er freudianischer nicht sein könnte: Von einer „Aufnahme in ein Klo-" steht da etwas zu lesen, denn das „ster" in der nächsten Zeile nach der Trennung fehlt. „Hilar, der Angela auf dem Engelberg findet," so heißt es dort über Meyers Verserzählung *Engelberg,* „erfindet den angelischen Ursprung, um ihr den Makel ihrer Herkunft zu nehmen und Aufnahme in ein Klo- zu verschaffen."[156] Der Name „Lacan" (und im produktiven Bann Lacans steht diese und nicht nur diese Arbeit Friedrich Kittlers) ist ein Anagramm von „canal". Freiburg war in den siebziger Jahren und darüber hinaus die Universität, deren theoriefreundliche Germanistik sich entschieden, klar und komplex auf ein Bündnis mit der Psychoanalyse eingelassen hatte, wofür u.a. Friedrich Kittlers Doktorvater Gerhard Kaiser, Klaus Theweleit und Carl Pietzker einstanden. Seit Jahrzehnten ist die Freiburger Germanistik nicht mehr von dem Ehrgeiz getrieben, durch theoretische Ambitionen von sich reden zu machen; sie steht ganz im Zeichen der Rephilologisierung des Faches (bei deutlicher Distanz zu den radikalen Editionsphilologen um den Roten Stern- bzw. Stroemfeld-Verlag); ihre wenigen Hervorbringungen haben wenig Anstößiges und lösen keinen Streit aus.

Friedrich Kittler, der Germanist, schreibt am Ende seiner Dissertation einen der ebenso klaren wie eben um ihrer Klarheit willen rätselhaften Sätze, die bald als typischer Kittler-sound identifiziert werden und die ebenso faszinieren wie polarisieren – Germanisten, die gut schreiben können und die gar einen eigenen Stil entwickeln, waren im Fach immer verdächtig: „Die Li-

156. Friedrich A. Kittler: Der Traum und die Rede – Eine Analyse der Kommunikationssituation Conrad Ferdinand Meyers. Bern / München 1977, p. 164 sq.

teratur ist eine Stätte, an der sich die Reden kreuzen und aufeinandertürmen, ohne in eine Einheit der Theorie oder Bedeutung einzugehen."[157] Präziser hätte Friedrich Kittler es nicht ausdrücken können: Literatur bedeutet ihm viel, eben weil sie alle homogenen Bedeutungsintegrale erodieren lässt (später wird man formulieren: dekonstruiert). Der Affront gegen eine überwertig auf die Kategorie ‚Sinn' fixierte Germanistik ist schon hier deutlich; der gegen eine Germanistik, die Literatur als Bestätigungsmaterial ihrer nicht sehr anspruchsvollen Theorien (Aufstieg des Bürgertums, Niedergang des Adels; transzendentale Obdachlosigkeit; Verdinglichung; Verlust der Mitte; Frauenunterdrückung und dergleichen Konzepte mehr) verwurstet, gleichermaßen. Freunde machte und macht man sich im Fach Germanistik mit dergleichen Klartext (ein Lieblingswort Friedrich Kittlers) nicht.

Die Formel vom Germanisten Kittler bedarf sogleich der Ergänzung. Und dies auch deshalb, weil Friedrich Kittler ab und an verdächtigt wurde, dass ihm deutschnationale Impulse nicht fremd seien. Den zweiten Vornamen Adolf erhielt der 1943 tatsächlich in eine protestantisch-deutschnationale Familie hineingeborene Friedrich Kittler nicht nach Hitler, sondern nach dem Schwedenkönig Gustav Adolf. Anfangs publizierte Friedrich Kittler unter dem Namen Friedrich A. Kittler; der zweite deutsche Vorname war zur amerikanischen middle initial geworden. Und von der englischen, amerikanischen und französischen Literatur ist Friedrich Kittler meist noch stärker fasziniert als von der deutschsprachigen. Dass Alan Turing die Enigma-Dechiffriermaschine der Nazis geknackt und damit entscheidend zu einem Sieg der Alliierten im WK II beigetragen hatte, rechnete Kittler dem effizienten Hitler-Feind hoch an; Thomas Pynchon und Pink Floyd zählten zu seinen favorite authors; mit französischen Theoretikern wie Foucault und Lacan konnte Friedrich Kittler ersichtlich mehr anfangen als mit Gadamer und Habermas; und das kalifornische Campusleben gefiel ihm deutlich besser als der deutsche Universitätsbetrieb. Wer Friedrich Kittlers intellektuelle Koordinaten deutschlastig nennt, hat seine Schriften nicht zur Kenntnis genommen. Die Hermeneutik war eine deutsche Wissenschaft, Kittlers medienmaterialistische Antihermeneutik ist und wirkt international und komparatistisch.

Die als Typoskript veröffentlichte Dissertation blieb ein Geheimtipp. Ein gewisses Aufsehen und Ärger, wenn auch in der Dimension nicht ansatzweise vergleichbar mit den im selben Jahr erschienenen *Männerphantasien* des mit Friedrich Kittler befreundeten Klaus Theweleit, erregte hingegen der 1977 erschiene Band *Urszenen – Literaturwissenschaft als Diskursanalyse und Diskurskritik*. Er wurde vom Göttinger Germanisten Horst Turk und Friedrich Kittler gemeinsam herausgegeben, ging auf eine Ferienakademie der Studi-

157. Ibid., p. 327

enstiftung im österreichischen Alpbach (1975) zurück und enthielt Beiträge u.a. von Norbert W. Bolz (der damals auch noch unter einem middle initial-Namen publizierte), Reinhart Meyer-Kalkus, Raimar Stefan Zons (der seinen zweiten Vornamen ausschrieb), Bettina Rommel und vom Verfasser des vorliegenden Beitrags. In dem von Friedrich Kittler stammenden Teil des Vorworts, der leicht von dem aus der Feder von Horst Turk zu unterscheiden ist, finden sich viele Sätze, die schlagend deutlich machen, welch große Provokation von Kittlers Schreiben für die Geisteswissenschaften ausging. So z.B. dieser Satz: „Wenn es die drei grundlegenden Operationen der Metaphysik sind, das aleatorische Ereignis, daß Reden ergehen, auf die Wahrheiten zu reduzieren, von denen die Rede ist, die endlose Erratik des Begehrens ‚an diese oder jene Person, diesen oder jenen Gegenstand im Rahmen der Repräsentation zu ketten' (Foucault) und die Streuung der Macht in die Figur eines Herrn der Rede zu sammeln, sind die Weisheit als Summe aller Wahrheiten, die Liebe als Subjekt/Objekt der Wünsche und die Macht des Einen Euphemismen des Diskurses, des Begehrens, der Macht des Anderen."[158] Kittlers Schreibprogramm ist fortan von schlagender und eben deshalb irritierender Klarheit. Es richtet sich, primärliterarisch munitioniert – ist Literatur doch die „Stätte, an der sich die Reden kreuzen und aufeinandertürmen, ohne in eine Einheit der Theorie oder Bedeutung einzugehen" – gegen den Furor geisteswissenschaftlicher Metaphysik, die unablässig nach dem homologisierenden Einen sucht. Viele unter denjenigen, die glaubten, in Horizontverschmelzungen, Konsensfindungen, unhintergehbaren Subjekten, Widerspruchsfreiheit, Kommunikation, wechselseitige Anerkennung und anderen go(o)d-terms ein Einheitsfundament gefunden zu haben, ließen sich von Kittlers Lehren nicht erfreuen und befanden, er verdiene es nicht, ein habilitierter Mensch zu sein.

Der Streit um Friedrich Kittlers Freiburger Habilitation von 1982 ist legendär. Zu den drei Hauptgutachten, von denen sich zwei trotz gravierender Einwände für und eines entschieden gegen die Annahme der Schrift *Aufschreibesysteme 1800/1900* als habilitationswürdige Leistung aussprachen, kamen bald acht weitere externe Zusatzgutachten.[159] Es gehört zu den buchenswerten Ruhmesblättern der Universitäts- und Fachgeschichte, dass die Habilitation von Friedrich Kittler trotz eines militanten Abwehrkampfes gelang. Dass die Abwehr verzweifelte Gottseibeiuns-Rufe bemühte, ist verständlich. Denn Kittlers bald berühmtes und in den Augen vieler eben auch berüchtigtes Buch

158. Horst Turk/Friedrich A. Kittler (edd.): Urszenen – Literaturwissenschaft als Diskursanalyse und Diskurskritik. Ffm 1977

159. Dokumentiert ist all dies nun von Claus Pias in der Zeitschrift für Medienwissenschaft 1/2012, pp. 114–192

kränkte nicht nur traditionelle Philologen systematisch, sondern gerade auch Geisteswissenschaftler, die selbstbewusst darauf hinweisen konnten, nach 1968 ihre avancierten Lektionen etwa in Sozialgeschichte, Kritischer Theorie und Hermeneutik gelernt zu haben. Ein Fach, das stolz darauf war, in der Literatur neben Sinn und Schicksal endlich auch Webstühle, Dampfmaschinen und unterdrückte Frauen entdeckt zu haben, musste sich von Friedrich Kittler auf Blindheit ausgerechnet in der eigenen Sphäre hinweisen lassen. Literatur, die eingeht, wenn sie interpretatorisch genötigt wird, „in eine Einheit der Theorie oder Bedeutung einzugehen", handelt auch von Papier und Schreibgeräten, von Schulen und Wiegenlieder singenden Müttern, von Alphabetisierungspflicht und Speichertechniken, von Schreibmaschinen und Grammophonen. Die überzeugend belegte These, dass Sinn und Bedeutung in Medientechniken und Medien-Infrastrukturen ihre Möglichkeitsbedingung haben und dass systematische Blindheit in dieser Hinsicht die Möglichkeitsbedingung von Geisteswissenschaften ist, stellt den Geist der Geisteswissenschaften selbst in Frage. Selbstredend (eine weitere Lieblingswendung Friedrich Kittlers) gab es einen Aufschrei selbst unter methodenliberalen Geisteswissenschaftlern, als Friedrich Kittler einen Band zur „Austreibung des Geistes aus den Geisteswissenschaften" vorlegte.

Von der psychoanalytischen Literaturwissenschaft zur Diskursanalyse – auf diese schlichte Formel lässt sich Friedrich Kittlers frühes Schreibprogramm bringen. Diskursanalyse fragt danach, wer spricht (qui parle?), in medienanalytischer Radikalisierung: wer programmiert, ein wenig komplexer formuliert: wer durch wen wem wie mit welchen Machteffekten aufgrund welcher Diskursordnung und Medientechnik was sagen, diktieren und vorschreiben kann und darf. Zu den Zumutungen, die Friedrich Kittlers einschlägige Literaturstudien[160] auch für die Kritischen Theoretiker unter den Geisteswissenschaftlern bereithielten, zählt, dass er nicht das beliebte Spiel spielte, in dem Gespenster Gespenstern ihre Gespensterhaftigkeit austreiben, sondern aufzeigte, welch viele Geister den vermeintlich einen Geist produzieren. Irritierend, weil schlagend deutlich machen seine Analysen u.a. von Sturm-und-Drang-Dramen, romantischen Märchen, Goethes Romanen und klassischster Lyrik, dass diese Texte eben nicht im Dies- oder Jenseits von Programmierungen und Macht ihren Ort haben, sondern dass ihnen vielmehr ein anschreibbarer Systemplatz und eine spezifische Funktion (wie Produktion von schönen Seelen, Partisanen oder Beamten) zukommt.

Von der Psychoanalyse über die Diskursanalyse zur Medienanalyse: Literaturen waren und blieben für Friedrich Kittler (gerade für den Autor von *Musik und Mathematik*) der Stoff, der nicht nur der Analyse wert ist, sondern

160. Allen voran erwähnt sei das 1991 erschienene Buch *Dichter, Mutter, Kind* (München).

Analysen, die zählen, allererst ermöglicht. Zu den Neuprogrammierungen, die der Diskursbegründer Friedrich Kittler bewerkstelligt hat, zählt nicht zuletzt die wunderbare Zumutung an die Geisteswissenschaften, es möge „auch in den Wissenschaften von der Interpretation wahre und falsche Sätze geben."[161] Wahre und falsche Sätze darf man, wie der wachste aller Heidegger-Leser wusste, nicht mit dem Geschehen der Wahrheit verwechseln. „Ohne Musik wäre das Leben ein Irrtum", lautet ein halkyonisch-heiteres Nietzsche-Wort. Da es zu romantisch und zu sentimental klänge, wenn man das Wort ‚Musik' durch das Wort ‚Liebe' ersetzen würde, muss man das große Wort Nietzsches auch als Stellvertretersatz lesen – ohne Liebe wäre das Leben ein Irrtum. Der Germanist, der in jedem Wortsinne klassische Philologe Friedrich Kittler hat gewusst, was Philologie eigentlich heißt.

161. Friedrich Kittler: Wenn die Freiheit existiert, dann soll sie doch ausbrechen; in: Rudolf Maresch (ed.): Am Ende vorbei. Wien 1994, p. 97

Die Sprache der Philosophie. Zum Werk von Peter Sloterdijk

Von Walter Benjamin stammt das prägnante Wort: „Zitate in meiner Arbeit sind wie Räuber am Weg, die bewaffnet hervorbrechen und dem Müßiggänger die Überzeugung abnehmen."[162] Die Sloterdijk-Bände in meiner Bibliothek weisen zahlreiche Markierungen auf, die Sätze hervorheben, die ich in meinen Zitatenschatz aufnehmen möchte, weil sie illuminierend zu sein nicht aufhören. Ich nenne nur drei von verblüffend vielen, die mir beim lustvollen Blättern in dem Band *Du mußt dein Leben ändern* in die Augen und Ohren sprangen und die geeignet sind, mainstream-Müßiggängern, die sich für Querdenker und Nonkonformisten halten, die Überzeugung zu nehmen. Da steht erstens der lakonische Satz zu lesen, „daß es Religion nicht gibt. Sieht man dem Fetisch Religion auf den Grund, erkennt man ausschließlich anthropotechnische Prozeduren."[163] Die Metaphysik bzw. die „Überwelt" ist nach einem so pointierten wie schnell verbreiteten Wort von Peter Sloterdijk „der älteste Parasit der Welt"[164]. Eine Diagnose, die nicht automatisch zur Hochschätzung postmetaphysischen Denkens führt, wie ein zweites Zitat belegt. Es betrifft und trifft „Jürgen Habermas ..., dessen Publikationen zur Theorie des kommunikativen Handelns ... wie Merkblätter zum Endausbau von Basislagern in ebenen Gegenden gelesen werden können."[165] Das dritte Zitat führt in höchste und tiefste Gefilde und könnte doch knapper und pointierter nicht sein: „der Tod (stellt) das reaktionäre Prinzip schlechthin (dar)."[166] Nun sind diese unüberhörbar sprachmächtigen und brillanten Wendungen nicht einem Buch mit Aphorismen entnommen, sondern einer viele hundert Seiten umfassenden Abhandlung, dem bevorzugten Genre von Peter Sloterdijk. Suchte man für das spezifisch Sloterdijksche genus dicendi bzw. scribendi einen angemessenen Begriff, so böte sich wohl der paradoxe des episch eingelösten Aphorismus an. Doch auch diese Bezeichnung verfehlt, wie sofort ersichtlich, den Reiz von Peter Sloterdijks Büchern. Sie bieten zwar Aug in Aug mit der Fülle von Sein und Dasein epische Panoramen mit einer Überfülle an Einsichten, Perspektiven, Problemanalysen, Theoriere- und dekonstruktionen sowie Ein- und Durchblicken aller Art, aber diese sind eben nicht

162. Walter Benjamin: Einbahnstraße, Gesammelte Schriften, edd. Tiedemann/Schweppenhäuser, Bd. IV/1, ed. Tillman Rexroth. Ffm 1972, p. 138

163. Peter Sloterdijk: Du mußt dein Leben ändern – Über Anthropotechnik. Ffm 2009, p. 166

164. Ibid., p. 21

165. Ibid., p. 281

166. Ibid., p. 626

episch, sondern theoretisch konstelliert. So spannend, so überraschend, so anregend, so erotisch, so verführerisch, so elegant und eben deshalb auch sachlich überzeugend kann Theorie sein, wenn sie der epischen Kraft von Sprache vertraut.

Transzendentalbelletrist, um die hübsche Prägung von Odo Marquard aufzunehmen, ist Peter Sloterdijk aber auch nicht. Denn nichts ist ihm fremder als die Reduktion einer Überfülle von Problemen auf ein transzendentales Letztprinzip, ein Meta-Signifikat oder eine methodische Schlüsselattitude. Sloterdijk gehört definitiv nicht zu den Theoretikern, die an ihren magischen Schlüsselworten (wie Anerkennung, Konsens, Letztbegründung, Kommunikation, Selbstbewusstsein, Konstruktion, Dekonstruktion, Seinsfrage, Verständigung oder Komplexitätsreduktion) zu erkennen sind. Wohl aber an einer gewissermaßen episch beschwingten Theorieanstrengung, die zwar nicht das, aber doch ein wichtiges Wahrheitskriterium darin findet, ein blockiertes Problem sprachlich zu verflüssigen. Das Zur-Welt-kommen ist nicht irgendein, sondern das Problem von Menschen, die Aussichten auf ein zwar nicht erlöstes, aber doch gelöstes Leben in enthusiastischer Gelassenheit haben, wenn es ihnen gelingt, auch zur Sprache zu kommen, also dem Gewicht von Sein, Zeit und Dasein sprachlich gewachsen zu sein. Seine ebenso faszinierende wie unheimliche Dimensionen streifende Produktivität verdankt sich einer Maxime, die sich deutlich von der Wittgensteins absetzt: Worüber andere nicht reden können, darüber muss ich schreiben.

In der Sphäre der gegenwärtigen Philosophie schreiben – um es benevolent auszudrücken – viele so atemberaubend schlecht, damit jeder, aber auch jeder merkt, dass es nur um die Sache gehen soll. Wer brillant schreibt, macht sich in der Philosophie seit jeher bei vielen verdächtig (Nietzsche!). Sloterdijks Stil ist nun aber eben keiner, der schwer bewaffnet daher kommt und dem intellektuellen Massentypus, der da Querdenker heißt, die wohlfeile Überzeugung raubt, sondern einer, der ihn vielmehr durch reiche Geschenke verblüfft und irritiert. Peter Sloterdijk ist der Wegelagerer, der gibt und nicht nimmt – ein Oxford und Cambridge entsprungener Robin Hood der Philosophie, mit allen Wassern der Gelehrsamkeit gewaschen, deren verblichenen Glanz er in „aufklärungskonservativen Unternehmen“[167] zu erneuern versteht. Sloterdijks Bücher zu lesen, heißt zu einem Fest des Denkens geladen zu sein – und eben dies ist vielen seiner Kritiker suspekt. Gerade schlechte und stilistisch schwächelnde Feuilletonisten reagieren äußerst gereizt und ressentimentgeladen, wenn ein Denker nicht nur gehaltvoller, sondern auch um Dimensionen besser, eleganter, einladender, pointierter, vielschichtiger schreibt als sie. Ersichtlich gehört Sloterdijk zu den Denkern, die keine Angst

167. Ibid., p. 17

vor schöner und eben auch schrecklich-schöner Literatur haben – wie nicht nur seine Romane *Der Zauberbaum* und *Das Schelling-Projekt* belegen. Auf Feste des sprachvirtuosen Denkens reagieren aber nicht nur Feuilletonisten, sondern gerade auch philosophische Zunftgenossen gereizt. Sie zitieren dann gerne einen der berühmtesten Sätze Wittgensteins: „Die philosophischen Probleme entstehen, wenn die Sprache feiert.“[168] So lautet bekanntlich einer der berühmtesten und meistzitierten Sätze Wittgensteins. In der englischen Fassung klingt der Satz signifikant anders: „For philosophical problems arise when language goes on holiday.“[169]

Nüchterne analytische Philosophen zitieren diesen Satz gerne, um vor Denkern wie Hegel oder Heidegger, Lacan oder Derrida, Adorno oder Sloterdijk zu warnen, die ein entspanntes Verhältnis zu dem elementaren Umstand unterhalten, dass das Verhältnis von Sprache und Sein notorisch unzuverlässig ist. Es gibt keine Algorithmen, die verlässliche Beziehungen zwischen dem Haufen an Worten und dem Haufen an Sachverhalten stiften könnten. Gerade weil das Verhältnis zwischen *Les mots et les choses* systematisch und in allen Sprachen instabil ist, gerade weil es mehr Sprache als Sein, aber eben auch mehr Sein als Sprache gibt, gerade weil Worten wie Einhorn und Drache nichts Reales entspricht, es zugleich aber auch unendlich mehr Sandkörner und Gräser als eineindeutige Benennungen für jedes einzelne Ding gibt, ist die Suche nach verlässlichen Zeichen so unwiderstehlich.

Vergleichsweise plumpe, aber dennoch oder eben deshalb immer wieder erfolgreiche und beliebte Versuche, die Unverlässlichkeit von Sprache und Zeichen zu konterkarieren, sind notorisch bekannt: Eine charismatisch-persönliche oder institutionelle Instanz – ein Seher, ein Führer, ein unfehlbares kirchliches Lehramt oder eine Partei, die immer recht hat – gilt dann als Quelle der Produktion verlässlicher Orientierungszeichen. Anspruchsvollere, aber deshalb nicht schon weniger problematische Konzepte stellen etwa die ernsthaft an unhintergehbare Letztbegründungen glaubende Transzendentalpragmatik Apels oder ihre Softvariante, die Konsensustheorie von Habermas, dar. Notabene: „Transzendentalpragmatik“ ist, wie man nach einem Erstsemester-Einführungskurs in die Philosophie erkennen kann, ein Oxymoron; wer sich diesem Programm verschreibt, verpflichtet sich zur Serienproduktion eben der pragmatischen Selbstwidersprüche, die er inkriminiert. Mehr Aufmerksamkeit als diese Konzepte verdienen mediale Funktionssysteme, die sich mit bemerkenswertem Erfolg um privilegierte Zeichensysteme herum konstelliert haben und sich über Jahrhunderte, wenn nicht Jahrtausende hindurch intersubjektive Verbindlichkeit sichern konnten. Es liegt na-

168. Ludwig Wittgenstein: Philosophische Untersuchungen; in: Schriften 1. Ffm 1969, p. 309

169. Ludwig Wittgenstein: Philosophical Investigations. Malden 2001, §38

he, etwa die Kulte um Geld und Abendmahl als Versuche zu verstehen, Super- und Metazeichen zu etablieren, die versprechen, mehr (wert) als andere Zeichen zu sein, nämlich Zeichen, an denen etwas dran ist, also Zeichen zu sein, die wirklich Gewicht und Wert haben, die ontisch oder ontologisch verlässlich sind. Dass die Hostie und der Wein nach der Transsubstantiation sind, was sie bedeuten, dass der 50-Euro-Schein tatsächlich fünfzig Euro und somit grotesk mehr wert ist, als er materialmäßig gesehen wert ist, ist in jedem Wortsinne bedenkenswert bzw. bedenklich. Man muss nicht ein mit allen Mitteln der analytischen Philosophie gewaschener Kopf sein, um begründete Zweifel daran zu haben, ob sich das eucharistische Versprechen unter dem Elektronenmikroskop tatsächlich bewährt oder ob Geldzeichen tatsächlich den Wert haben bzw. inkarnieren, den sie anzeigen. Hochgradig analysebedürftig ist aber der Umstand, dass so unwahrscheinliche Zeichen wie die Geld- bzw. die eucharistischen Zeichen keine bizarren Randbezirke unserer Kultur und Gesellschaft besiedeln, sondern vielmehr in ihrem Zentrum stehen bzw. standen. In den Worten aus Peter Sloterdijks Abhandlung *Im Weltinnenraum des Kapitals*, die ihm in seiner Studie *Du mußt dein Leben ändern* ein Selbstzitat wert ist: „Die Haupttatsache der Neuzeit ist nicht, daß die Erde um die Sonne, sondern daß das Geld um die Erde läuft.“[170] Alle Indizien sprechen dafür, dass Geld- und Abendmahlzeichen als Superzeichen beglaubigt werden, nicht obwohl, sondern weil die von ihnen ausgehenden und mit ihnen gegebenen Versprechen hochgradig unplausibel sind.

Mit Sloterdijks aufklärungskonservativem Gestus, sich auf die Fülle realphilosophischer Probleme mitsamt ihren Selbstmissverständnissen, Komplexitäten und Komplexen porös einzulassen, kann man Hegels Forderung an die Philosophie eher einlösen als mit pseudoanalytischen Purifikationsgesten: Philosophie gelingt es dann tatsächlich, ihre Zeit in Gedanken und sprachlich erlösende Wendungen zu fassen. Viele der Philosophen und Theoretiker, die früher wie heute die Bühne des Denkens bevölkern und Aufmerksamkeit beanspruchen, sind einem recht einfachen Programm verschrieben: Sie versuchen zu zeigen, was an guten Personen, Gruppen, Einstellungen, Methoden, Theorien etc. gut, an schlechten schlecht und an bösen böse ist. Dem anspruchsvolleren Geschäft, die bösen Seiten-, Mit- und Folgeaspekte des Guten und die guten des Bösen zu erfassen und zu sondieren, kann man sich im Lichte Sloterdijkscher Heiterkeit widmen. Sprache ist – welch selten bedachte Trivialität – ein Medium, das wahre wie falsche Sätze möglich macht; Sprache kann Dissens wie Konsens herbeiführen und ausdrücken;

170. Peter Sloterdijk: Im Weltinnenraum des Kapitals – Für eine philosophische Theorie der Globalisierung. Ffm 2005, p. 79; zitiert in P.S.: Du mußt dein Leben ändern – Über Anthropotechnik. Ffm 2009, p. 500

Sprache kann ein Medium der Herrschaft wie der Befreiung, der Verunklarung wie der Aufklärung sein; Sprache kann nüchtern sein oder eben, um es mit Wittgenstein auszudrücken, feiern oder Urlaub machen. Auffallend ist, dass die sprachnahen Leitmedien Geld und Abendmahl, die doch die Wahrheitsversprechen der Zeichen vor Versprechern immunisieren sollen, nicht wie Sprache nur ab und an über ihre Verhältnisse leben und verlautbaren, sondern dies vielmehr ständig tun. Nicht dennoch, sondern eben deshalb waren bzw. sind sie so übermächtig. Sie feiern permanent und gehen, systematisch Urlaub machend, auf Distanz zu den nüchternen Arbeitsanforderungen an vernünftige Deckungen der Versprechen, die von Zeichen ausgehen und in Zeichen eingehen. Nun ist feiern oder Urlaub machen ja eine zumeist durchaus angenehme und willkommene Tätigkeit und als solche nicht kritikbedürftig. Es ist aber unvernünftig, die unvernünftigen Möglichkeiten der Sprachen und Medien zu ignorieren und die Möglichkeiten rechthaberischer Vernunft zu überschätzen. Und es ist vernünftig, gegen diese Unvernunft eine enthusiastisch gelassene, epische, umsichtige, gelehrte, heitere, poröse und aphoristisch zuspitzende Sprache ins Spiel zu bringen, wie sie die Theorieszene seit Nietzsche nicht mehr vernommen hatte. „Wir Philosophen und „freien Geister“ fühlen uns bei der Nachricht, daß der „alte Gott tot“ ist, wie von einer neuen Morgenröte angestrahlt; unser Herz strömt dabei über von Dankbarkeit, Erstaunen, Ahnung, Erwartung – endlich erscheint uns der Horizont wieder frei, gesetzt selbst, daß er nicht hell ist, endlich dürfen unsre Schiffe wieder auslaufen, auf jede Gefahr hin auslaufen, jedes Wagnis des Erkennenden ist wieder erlaubt, das Meer, unser Meer liegt wieder offen da, vielleicht gab es noch niemals ein so „offnes Meer“.“[171]

171. Friedrich Nietzsche: Morgenröte, Werke, ed. Karl Schlechta, Bd. 2. München 1966, p. 206

II

Die Zeit der Medien

Christentum ist Medienreligion. Bedeutsamkeit in Film und Fernsehen

Die zehn Gebote sind von göttlicher Hand in Ton geritzt und klingen wie in Stein gemeißelt: knapp, klar und apodiktisch. Da ist kein Buchstabe zuviel – du sollst nicht lügen, du sollst nicht töten, du sollst nicht ehebrechen. Umso auffallender ist es, dass das erste (so zählen Katholiken und Lutheraner) bzw. zweite Gebot (so zählen Orthodoxe, Anglikaner und Reformierte) von Gott vergleichsweise ausführlich begründet und mit starken Affekten versehen wird. Bei keinem anderen Gebot ist Gott so erregt, engagiert, versprechend und drohend wie bei der Verkündung dieses Gebots. „Du sollst dir kein Bildnis machen, keinerlei Gleichnis, weder des, das oben im Himmel, noch des, das unten auf Erden, noch des, das im Wasser unter der Erde ist. Du sollst sie nicht anbeten noch ihnen dienen. Denn ich der HERR, dein Gott, bin ein eifriger Gott, der die Missetat der Väter heimsucht über die Kinder ins dritte und vierte Glied, die mich hassen; und Barmherzigkeit erzeige in viel tausend, die mich lieben und meine Gebote halten." (Exodus 20, 4–6 und Deuteronomium 5, 8–10).

Das ist unmissverständlich und gerade deshalb eine bis heute irritierende Passage. Denn noch so großer theologischer Interpretationskunst muss es schwerfallen, den Gott, der sich hier unüberhörbar ereifert und sich selbst als eifersüchtig-zornigen Charakter präsentiert, als Gott der Liebe zu verstehen. Als kunstsinniger Liebhaber von Bildern all dessen, was zwischen Himmel, Erde und Abgrund zu beobachten ist, stellt sich dieser Gott eindeutig nicht vor. Rachsüchtig will er vielmehr bis ins dritte und vierte Glied diejenigen heimsuchen, die gegen das Bilderverbot verstoßen. Das erste der zehn Gebote ist keine gute Geschäftsgrundlage für Maler, Bildhauer und Fotografen – und erst recht nicht für Filmproduzenten. Die Firma Eikon, die 1960 in München auf Initiative des rührigen Publizisten Robert Geisendörfer gegründet wurde und sich als Nachfolgerin der evangelisch-kirchlich organisierten Filmvertriebs-Gesellschaft Matthias-Film in Stuttgart verstand, verstößt seit langen Jahren gegen das erste der zehn Gebote – was wir heute feiern. Sie kann sich dabei nicht einmal auf Unkenntnis der göttlichen Gesetzeslage herausreden. Denn die zehn Gebote werden den Köpfen einer kirchlich getragenen und christlich eingebetteten Firma einigermaßen geläufig sein. Christliche Filmproduktion – das ist ein Sakrileg. Der jüdisch-christliche Gott ist kein Maler, kein Bildhauer, kein Ingenieur und kein Filmregisseur; er ist ein Gott, der kraft seines Wortes schafft. Gott sprach ‚es werde xyz' und es ward xyz.

So kann, ja so muss man argumentieren, wenn man die Heilige Schrift ernst nimmt.[172] Man kann aber zugleich auch darauf hinweisen, dass die christliche Religion anders als Judentum und Islam immer ein eigentümlich ambivalentes Verhältnis zu Bildern entwickelt hat. Nach seinem eigenen Bilde hat Gott den Menschen geschaffen; und so ist es Menschen nicht zu verdenken, wenn sie sich nach ihrem eigenen Bilde ein Bild dessen machen, der sie gemacht hat. „Da Gott den Menschen schuff / machet er jn nach dem gleichnis Gottes." (Gen 5,1 Luthers Übersetzung von 1545) Die gängige Rede von den drei großen Gemeinsamkeiten der drei Weltreligionen Judentum, Christentum und Islam: alle drei Religionen seien erstens monotheistisch, zweitens Buchreligionen und drittens Offenbarungsreligionen, ist wenig plausibel, weil sie die irritierenden Momente christlicher Religiosität weitgehend ausblendet. Aus jüdischer und islamischer Sicht ist das Christentum bestenfalls eine heikle Soft-Version des Monotheismus; Trinitätstheologie ist mit klarem Monotheismus nicht zu vereinbaren (um vom katholischen Polytheismus mit der eigentümlichen und sehr filmtauglichen Figur einer Muttergottes und hunderten anbetungswürdigen Heiligen zu schweigen). Buchreligion ist das Christentum auch nur unter großen Vorbehalten zu nennen; vielmehr ist es eine Religion, die u.a. auf zwei einander ergänzende, aber eben auch miteinander konkurrierende Bücher fokussiert ist. Und diese beiden Bücher sind ersichtlich nicht aus einem Guss, sondern Anthologien, die höchst unterschiedliche Textgattungen von höchst unterschiedlicher Filmtauglichkeit zwischen zwei Buchdeckel bringen: u.a. chronologische Tabellen und Legenden, kosmologische Abhandlungen und Liebeslyrik, Gebetstexte und administrative Korrespondenzen, Predigten und sex-and-crime-stories, prophetische und apokalyptische Traktate, Bauanweisungen und Gesetzestexte. Als göttliche Selbstoffenbarungstexte wie die Thora und der Koran sind das Alte und das Neue Testament auch nicht zu verstehen. Offenbart hat sich der christliche Gott nicht so sehr in den Büchern einer Anthologie als vielmehr in seinem Sohn Jesus Christus. Christentum ist nicht eigentlich Buch-, sondern Inkarnationstheologie. Das göttliche Wort ward Fleisch und wohnte mitten unter uns. Und selbst nach seinem Kreuzestod bleibt der Erlöser nicht nur semantisch, sondern auch somatisch gegenwärtig. Brot und Wein sind als Medien göttlicher Präsenz den Buchstaben von Schriften überlegen.

Ein Gott, der seinen Sohn ganz Mensch werden und auf Erden wandeln lässt, kann das Bilderverbot nicht ganz buchstäblich gemeint haben. Jesus Christus selbst macht aus seiner Bild- und Medientauglichkeit kein Geheim-

172. Aus der fast unübersehbaren Literatur zum Thema sei angeführt nur der umsichtige Essay von W.J.T. Mitchell: Idolatrie – Nietzsche, Blake und Poussin; in: Trajekte – Zft des Zentrums für Literatur- und Kulturforschung Berlin Nr. 21 / September 2010, pp. 20–29

nis; Söhne pflegen ihren Vätern nicht ganz unähnlich zu sein. „Ich bin der Weg, die Wahrheit und das Leben. Niemand kommt zum Vater denn durch mich." Das sind in jedem Sinne selbstbewusste Worte, die deutlich machen wollen: Dieses Medium ist die Botschaft. Der ganz Mensch gewordene Gottessohn Jesus Christus ist, keine Frage, Mittler, Übermittler, Kanal einer transzendenten Sendung. Aber das teilt er mit vielen anderen, die da z.B. Abraham, Moses, Aron, Jakob, Joseph, Engel, Petrus, Paulus, Johannes, Rabbi Löw, Mohamed, Theresa von Avila, Luther, Ayatollah Khomeini oder Benedikt I-XVI heißen. Von all diesen unterscheidet sich Jesus Christus klar und deutlich. Der Mensch gewordene Gottessohn überbringt nicht nur eine frohe Botschaft, dieses Medium, dieser Mittler selbst ist die frohe Botschaft. Der Jahrhundertsatz des frommen Medientheoretikers Marshall McLuhan „The medium ist the message" ist christologisch zu verstehen; denn er versteht Christologie als Medienereignis und Medientechnologie als inkarnierte Christologie. Christentum ist tatsächlich Medienreligion durch und durch. Kein Wunder, dass sich avancierte Medientechnologien wie der Buchdruck, die Zeitung, die Telegraphie, die Telephonie, die Photographie, die Phonographie, die Kinematographie, das Radio, das Fernsehen und das Internet im Umkreis des Christentums entfaltet und durchgesetzt haben – also im Umkreis einer Religion, die ein Kommunikations- und Kommunionsgenie von Graden zum Mittelpunkt hat, ein Medium sondergleichen, das im Abendmahl das erste Massen- und Leitmedium stiftet und von pfingstlicher Universalverständigung nicht nur träumt, sondern sie in frohen Botschaften, Sendungen, Televisionen und Missionen auch tatsächlich herstellt.

Christliche Filmproduktion ist, vom ersten Gebot her gesehen, ein Sakrileg. Christliche Filmproduktion ist, vom Medium des Mensch gewordenen Gottessohnes Jesus Christus (um vom Mediengenie und wahren Begründer des Christentums, Paulus, zu schweigen) her gesehen, ein frommes Sakrileg. Sünder, wir wissen es u.a. durch das Gleichnis vom verlorenen Sohn, sind für Gott interessanter als verlässliche Gutmenschen (was nicht ausschließt, dass Menschen über die gegenwärtig gängige Feuilleton-Kritik am Gutmenschen auch den Kopf schütteln können; ich bekenne, zu den eigentümlichen und langweiligen Charakteren zu gehören, die sich freuen, wenn ein Mit- bzw. Gutmensch einem Gestrauchelten aufhilft statt ihm ein Bein zu stellen). Doch zurück zu Gott und seiner Aufmerksamkeit für Sünder: Wir dürfen unterstellen, dass Gott wusste, was er tat, als er „fiat lux" sprach und es Licht wurde. Gott schuf mit dem Licht die Bedingung der Möglichkeit für Lichtspiele und für Filme. Klänge es nicht latent blasphemisch (warum eigentlich? Siehe erstes Gebot!), so könnte, ja müsste man die Genesis als ganz großes Kino charakterisieren. Wer philosophische und ontotheologische Klänge medienanalytischem sound vorzieht, kann die uranfänglichen Lichtspiele auch als Geschehen der A-Letheia, der Lichtung, der Unverborgenheit von bedeutsamen Sein verstehen.

Wir dürfen uns Gott, der als Letztbeobachter bekanntlich alles sieht, auch als eifrigen Kinogänger vorstellen, der u.a. beobachtet, dass einer der frühsten Filme überhaupt ein Jesus-Film war. Schon 1897, also gerade einmal knapp zwei Jahre nach der ersten Kino-Vorstellung, haben die Brüder mit dem erleuchteten Namen Lumière einen Film gedreht, der keinen anderen Titel als *Das Leben und die Passion Jesu Christi* trägt. Zwischen diesem kurzen Streifen und dem fast hundert Jahre später entstandenen Film mit dem fast identischen Titel *The Passion of the Christ* von Mel Gibson (2004) – der sadomasochistische Streifen ist kein Ruhmesblatt in der Geschichte des Genres religiöser Film – wurde eine bemerkenswert große Anzahl explizit religiöser Filme gedreht. Um nur einige wenige in Erinnerung zu rufen: Es gibt Bibelfilme wie *Die zehn Gebote*, Jesusfilme wie *König der Könige* oder *Jesus von Montreal*, serienweise Filme über Pfarrer wie Don Camillo und Peppone bzw. Nonnen wie *Geschichte einer Nonne* oder die TV-Serie *Um Himmels willen*, es gibt Filme über Heilige wie Franziskus oder Johanna von Orleans, es gibt Skandalfilme wie *Die letzte Versuchung Christi*, und es gibt Gottsucher-Filme zuhauf u.a. von Ingmar Bergmann, Robert Bresson, Luis Bunuel, Andrej Tarkowski, Lars von Trier, Krzysztof Kieslowski, Martin Scorsese und Wim Wenders.

Keine Frage: Das Verhältnis zwischen dem Kino und dem Religiösen ist ab ovo intim zu nennen – trotz des Bilderverbots. Das ist den Filmwissenschaften früh aufgefallen, über einen Mangel an Literatur zum Thema Film und Religion braucht sich niemand zu beklagen.[173] Es gibt Fachzeitschriften, die sich ausschließlich diesem Thema widmen – so das *Journal of Religion and Film* (Nebraska University); es gibt ein Internetforum (www.religionund-film.de) und es gibt eine Forschergruppe Film und Theologie, die im Juni 2001 in Graz eine Tagung zum Thema organisierte. Buchenswert ist zumal,

173. Genannt seien drei neuere englischsprachige Bücher zum Thema, die auch einen guten Forschungsüberblick geben: Jolyon Mitchell (ed.): The film and religion reader. New York / London 2007; John Lyden: Film as religion: myths, morals, and rituals. New York 2003 und Christopher Decay: Faith in Film – Religious Themes in Contemporary Cinema. Hampshire / UK 2005. Cf. auch Joachim Valentin (ed.): Weltreligionen im Film (Reihe Film und Theologie Bd. 3). Auffällig ist zumal die Fülle an französischer Literatur zum Thema, cf. u.a. Ayfre, Amédée: Un cinéma spiritualiste. Paris 2004 ; Beguin, Marcel: Le cinéma et l'Èglise – 100 ans d' histoire(s) en France. Paris 1995 ; Bonnier, Eric: Marie de Nazareth, textes d'Evangile : d'après le film mis en scène par Jean Delannoy. Filipacchi 1995; Bresson, Robert : Notes sur le Cinématographe. Paris 1995 ; Deacy, Christopher: Faith in Film – Religious Themes in Contemporary Cinema. London 2005; Ford, Charles: Le cinéma au service de la foi. Paris 1953; Lyden, John C.: Film as Religion – Myths, Morals, and Rituals. New York 2003; Mitchell, Jolyon (ed.): The Religion and Film Reader. London 2007; Prigent, Pierre: Ils ont filmé l'invisible. Paris 2003; Rossellini, Roberto: Le cinéma révélé. Paris 2008; Tarkowski, Andrej: Le temps scellé. Paris (Cahiers du Cinéma) 1989; Valentin, Joachim (ed.): Weltreligionen im Film – Christentum, Islam, Judentum, Hinduismus, Buddhismus. Marburg 2002.

dass sowohl die katholische als auch die evangelische Kirche früh die Bündnisfähigkeit zwischen Film und Kirche erkannt haben. Gerade die bilderfreundliche katholische Kirche hat vor allem in Frankreich und Italien schon kurz nach 1900 Pfarrkinos eingerichtet und betrieben. Sie konnte dabei locker an die Tradition der biblia pauperum anknüpfen, die in Zeiten, da alphabetisiert zu sein noch ein rares Privileg war, geistig und geistlich armen Laien Zugang auch zu dem Tisch des Herrn gewährte, auf dem nicht geweihte Hostien, sondern das Heilige Buch der Bücher bilderreich angeboten wurde. Der Protestantismus hatte bekanntlich ein weniger entspanntes Verhältnis zu Bildern, dafür aber ein umso engeres zum Kirchenlied und zur Verkündigung des Gotteswortes in der Predigt. Doch auch ihm galt der Film, spätestens als er eine Tonspur mit sich führte, als kirchenkompatibel und gerechtfertigt. Simul justus et peccator – Luthers wunderbare Rechtfertigungs-Formel gilt nicht nur für Christen, sondern auch für Filme. Sie zeigen Sünder, und sie sind sündig; vielen frühen Zeitgenossen, gerade frommen und konservativen, galt das Kino als Teufelswerk. Versuchungen und Sünden sind der Stoff, aus dem die Filme sind (um vom buchstäblichen Stoff, aus dem die frühen Filme sind, dem leicht entflammbaren und schon deshalb höllennahen Nitroglycerin zu schweigen). Dennoch sind Filme zugleich gerechtfertigt. Denn sie führen Sinn und Sinne zusammen – wie die christliche Religion, die das Wort Fleisch werden lässt und sich an weltlichen Dingen wie Narzissen und Tulipanen freuen kann.

Der Satz, dass alles viel komplizierter ist als einfache, zuspitzende und Überblick versprechende Formeln es nahelegen, ist immer richtig – und selbst einer der abstraktesten, auf alle Subtilitäten verzichtenden Sätze, gilt er doch in schlechthin allen Kontexten. So sei die medienanalytische Zuspitzung gewagt: Der homiletisch disponierte Protestantismus unterhält eine intime Beziehung zum Radio, der bilderfrohe Katholizismus unterhält intime Beziehungen zum Fernsehen. Der urbi-et-orbi-Segen, die Exequien für einen Papst oder die Ereignisse um ein Konklave sind außerordentlich TV-tauglich; eine Fronleichnamsprozession ist es auch (ab und an wie bei den jüngeren Skandalfällen um seltsame Priester und Bischöfe handelt es sich allerdings bestenfalls um Produktionen von B-Movie-Qualität). Bei Podiumsdiskussionen, Bibelarbeiten, interpretatorischen Seminaren, gemeinsamem Singen, Worten zum Sonntag, Predigten und Radio-Essays machen hingegen (selbstredend in idealtypischer, nicht in Einzelfall-Sicht) Protestanten eine bessere Figur als Katholiken. Der Film, genauer: der Tonfilm ist nun das ökumenische Weltkind in der Mitten. Wir haben uns so an die Existenz von Filmen gewöhnt, dass die eigentliche Leistung dieses in jedem Wortsinn wunderbaren Genres kaum mehr wahrgenommen wird. Sie ist ebenso schlicht wie weitreichend. Der Film bringt Worte und Bilder, Kommunikation und Wahrnehmung, Sinn und Sinne zusammen. Er unterhält damit wahlverwandtschaftliche und genealogische Beziehungen zur Gottesdienst- bzw. Messeliturgie ebenso wie zu Theater und Oper – also zu den vortechnischen Medien, die Wahrnehmung und Kommunikation integrieren.

Worte sind Worte sind Worte, Bilder sind Bilder sind Bilder. Aus gutem Grund sprechen wir von literarischer Bildlichkeit, wenn wir die Leistung von Tropen aller Art, etwa von Metaphern, Symbolen, Metonymien und Allegorien charakterisieren wollen. Sie provozieren mit sprachlich-kommunikativen Mitteln visuelle Wahrnehmungen und erfüllen damit ihren Wortsinn: griech. τροπη / Wendung (aus einer in die andere Sphäre). Wir glauben, Laut- oder Buchstabenfolgen vernehmend, etwas und zwar mehr als bloße Laute oder schwarze Buchstaben auf hellem Grund zu hören bzw. zu sehen, also wahrzunehmen (z.B. eine Landschaft, ein Gesicht, einen Ereigniszusammenhang). Wer ein Bild oder einen Wirklichkeitsausschnitt (ein Wandmosaik, ein Gesicht oder eine Straßenszene) betrachtet, kann kommunikativ noch so begabt sein – sie oder er wird automatisch an dem Projekt scheitern, diese Wahrnehmung (wie es so schön heißt) derart in Worte zu kleiden, dass der Hörer oder Leser präzise seine Wahrnehmung teilt. Wahrnehmung ist und bleibt Wahrnehmung und Kommunikation Kommunikation. Bildende Kunst und Literatur (aber auch Theorie und Religion) versuchen sich also an einer Unmöglichkeit, wenn sie sich dem Projekt verschreiben, Wahrnehmung zu kommunizieren und Kommunikation wahrnehmbar zu machen.[174] Dem Tonfilm fällt genau das leicht, man ist fast geneigt zu sagen: zu leicht, gespenstisch leicht. Verlässlich, viel verlässlicher, als dies von Vorstellung zu Vorstellung sich unterscheidende Theater- oder Operndarbietungen vermögen, korreliert und synchronisiert der Film Wahrnehmungen und Kommunikationen. Was nichts anderes heißt als dies: Der Film hebt die Alternative Sinn- oder Sinnenfokussierung auf. Und damit vollzieht er die Trope, die Wendung von Transzendenz zu Immanenz et vice versa; er überwindet bzw. (mit und gegen den Medientechnikkritiker Heidegger zu sprechen) er verwindet die Metaphysik und verwebt Immanenz und Transzendenz ineins.

Deshalb nimmt sich Paul Gerhardts schönstes und bekanntestes Lied *Geh aus mein Herz und suche Freud* nicht „nur" wie ein Lobpreis der Schöpfung Gottes aus (das ist es sowieso, wobei das Lied seinen Reiz daraus bezieht, dass es die göttliche Schöpfung nicht minder preist als den göttlichen Schöpfer), sondern auch wie ein Lobpreis des dem Irdischen verhafteten Films. Die erste Hälfte des Liedes (Strophen 1–7) ist brillanter Ausdruck einer geradezu pantheistischen Weltaffirmation. Mit der berühmten Evokation von Narzissus und Tulipan, die sich viel schöner anziehen als Salomon dies mit seinen

174. Cf. dazu u.a. Niklas Luhmann: Die Kunst der Gesellschaft. Ffm 1995, p. 82 sqq.

Seidenkleidern vermag, setzt das Lied theologisch risikobereit auf eine narzisstische Selbstverliebtheit der Schöpfung. In der Formel „sich schöner anziehen" liegt eine reizvolle Doppeldeutigkeit. Der Sommer kleidet die Schöpfung ungemein, so sehr, so schön, dass deutlich wird, wie wahlverwandtschaftlich sich Narzissus (als Inkarnation des in sich Vollendeten und deshalb gerade nicht Erlösungsbedürftigen) und Tulipan (die dank ihres Stempels und Griffels als Sinn-Inkarnations-Symbol gilt) wechselseitig anziehen. Die achte und also mittlere Strophe des fünfzehn Strophen umfassenden Gedichts leitet die Wende, die Trope ein von allzu viel pantheistischer Seinsverzückung zur religiösen Transzendenzbesinnung; sie kriegt, um salopp zu formulieren, die Kurve von den Welt-Sinnen zum eschatologischen Transzendenzsinn. Um so auffallender, dass in dieser achten Strophe das Wort ‚Sinne' und nicht etwa das Wort ‚Sinn' eine zentrale Rolle spielt und dass irdisch ausphantasierte Paradies-Bilder über gnostischen Reinheitssinn dominieren.

8. Ich selbsten kann und mag nicht ruhn, / des großen Gottes großes Tun / erweckt mir alle Sinnen; / ich singe mit, wenn alles singt, / und lasse, was dem Höchsten klingt, / aus meinem Herzen rinnen.

9. Ach, denk ich, bist du hier so schön / und lässt du's uns so lieblich gehn / auf dieser armen Erden: / Was will doch wohl nach dieser Welt / dort in dem reichen Himmelszelt / und güldnen Schlosse werden!

10. Welch hohe Lust, welch heller Schein / wird wohl in Christi Garten sein! / Wie muss es da wohl klingen, / da so viel tausend Seraphim / mit unverdrossnem Mund und Stimm / ihr Halleluja singen.

11. O wär ich da! O stünd ich schon, / ach süßer Gott, vor deinem Thron / und trüge meine Palmen: / So wollt ich nach der Engel Weis / erhöhen deines Namens Preis / mit tausend schönen Psalmen.

12. Doch gleichwohl will ich, weil ich noch / hier trage dieses Leibes Joch, / auch nicht gar stille schweigen; / mein Herze soll sich fort und fort / an diesem und an allem Ort / zu deinem Lobe neigen.

13. Hilf mir und segne meinen Geist / mit Segen, der vom Himmel fleußt, / dass ich dir stetig blühe; / gib, dass der Sommer deiner Gnad / in meiner Seele früh und spat / viel Glaubens-früchte ziehe.

14. Mach in mir deinem Geiste Raum, / dass ich dir werd ein guter Baum, / und lass mich wohl bekleiben. / Verleihe, dass zu deinem Ruhm / ich deines Gartens schöne Blum / und Pflanze möge bleiben.

15. Erwähle mich zum Paradeis / und lass mich bis zur letzten Reis / an Leib und Seele grünen, / so will ich dir und deiner Ehr / allein und sonsten keinem mehr / hier und dort ewig dienen.

„Arme Erde" vs. „reiches Himmelszelt" – diese konventionelle Gegenüberstellung klingt anders, wenn sie nach sieben Strophen erklingt, die reiner Seins- und Daseinslust überzeugendsten Ausdruck verliehen haben. Und sie wird anders als üblich geklungen haben, wenn das Lied mit der Formel der letzten und fünfzehnten Strophe ausklingt, die „hier und dort", Erde und Himmel, Immanenz und Transzendenz, Leib und Seele, Zeitlichkeit und Ewigkeit halbwegs gleichberechtigt und jedenfalls nicht als das jeweils ganz andere ihrer selbst zueinander stellt und gesellt. Paul Gerhardts großartiges Lied macht einen eigentümlichen Paradies-Test, der zu einem filmreifen Resultat führt: Das Leben im Paradeis ist nicht das totaliter aliter des irdischen Lebens, sondern dessen Steigerung – bigger than life.

Sprache ist, ob gesprochen oder geschrieben, auf Sinn und also auf Transzendenz fixiert; sie kann selbst dann nicht anders, wenn sie diese Fixierung dadaistisch oder surrealistisch zu sprengen versucht. Wahrnehmung ist hingegen auf Sinne und also auf Seiendes, auf Immanenz, auf Innerweltliches fixiert; sie kann nicht anders.[175] Filme unterlaufen diese Differenz; sie bestätigen und überwinden zugleich die kantische Zweistämmelehre der Erkenntnis, die nach Synthesen von Begriffen und Anschauungen sucht. Film und Fernsehen haben beide Sphären, die des Sinns und die der Sinne, immer schon zusammengebracht. Und eben diese seine Eigenschaft macht den Film theologie- und näherhin christologiekompatibel. In Film und Fernsehen wird das Wort wenn nicht Fleisch, so doch fleischlich, sinnlich, weltimmanent wahrnehmbar und kommunizierbar. Siegfried Kracauer hat dafür eine großartige Formel gefunden. Seiner 1960 auf englisch bzw. amerikanisch erschienenen Filmtheorie gab er einen prägnanten Untertitel: *The Redemption of Physical Reality*. Der Untertitel der deutschsprachigen Ausgabe gibt die theologische Dimension dieser Formel nicht wieder: *Die Errettung der äußeren Wirklichkeit* ist etwas anderes als die Erlösung der Physis. Man muss sich die Pointe Kracauers, die er selbst noch deutlicher hätte herausarbeiten können, vergegenwärtigen. Der Film überwindet alle Formen gnostischer Weltverwer-

175. Jochen Hörisch: Der Sinn und die Sinne – Eine Geschichte der Medien. Ffm 2002 (als Taschenbuch unter dem Titel *Eine Geschichte der Medien – Vom Urknall zum Internet*. Ffm 2009 (4.))

fung. Er überwindet die Weltfremdheit, der die Gnosis Ausdruck verleiht, wenn sie dieses Leben hier und jetzt als durch und durch falsch, nämlich als die demiurgische Verfehlung des rechten, pneumatischen, eschatologischen Lebens charakterisiert.[176] In Kracauers Worten, die interessanter Weise direkt an Ausführungen des christlichen Existentialisten Gabriel Marcel anknüpfen: „Filme tendieren dazu, (das) Gewebe des täglichen Lebens zu entfalten, dessen Komposition je nach Ort, Volk und Zeit wechselt. So helfen sie uns, unsere gegebene materielle Umwelt nicht nur zu würdigen, sondern überall hin auszudehnen. Sie machen aus der Welt virtuell unser Zuhause. / Das wurde schon in den frühen Tagen des Mediums gesehen. Der lange in Amerika lebende deutsche Kritiker Hermann G. Scheffauer sagte bereits 1920 voraus, der Mensch werde durch den Film ‚die Erde kennenlernen wie sein eigenes Haus, auch wenn er niemals über die engen Grenzen seines Dorfes hinauskommt'. Mehr als dreißig Jahre später äußert sich Gabriel Marcel in ähnlicher Weise. Er spricht dem Film, besonders dem Dokumentarfilm, die Kraft zu, ‚unsere Beziehung zu dieser Erde, die unsere Wohnstätte ist', zu vertiefen und inniger zu gestalten. ‚Und ich möchte noch sagen', fügt er hinzu, ‚daß mir, der ich dazu neige, dessen müde zu werden, was ich gewohnheitsmäßig sehe – das heißt, was ich in Wirklichkeit gar nicht mehr sehe – diese dem Kino eigene Kraft buchstäblich erlösend (salvatrice) erscheint.'"[177]

Die Produktionen von Eikon sind der Idee einer „redemption of physical reality" verpflichtet. Deshalb sind sie kultur=medienprotestantisch im besten Wortsinn. Ob preisgekrönte TV-Serien für Kinder wie Löwenzahn mit Peter Lustig bzw. Siebenstein mit dem Raben Rudi oder die großartige Verfilmung von Uwe Johnsons Roman *Jahrestage* durch Margarethe von Trotta, deren vier Teile die ARD erstmals im Jahr 2000 gesendet hat – durch die Produktionen von Eikon zieht sich ein roter Faden, der einzelne Szenen, Einblicke und Texturen zu einer eigentümlichen frohen Botschaft verwebt. Und die lautet: Die Welt und die Art, wie Menschen sie eingerichtet haben, ist, wie jeder auch nur einigermaßen helle Kopf weiß, kritik- und änderungsbedürftig – und dennoch ist, was nicht jeder weiß und wie Paul Gerhardt, der sein Lied weiß Gott in dunklen Zeiten schrieb, akzeptiert, dennoch ist das Leben besser als sein (nicht nur durch Gnostiker beschmutzter) Ruf. Mit keinem anderen Text, mit keinem anderen TV-Film ließe sich diese Botschaft besser illustrieren als mit Johnsons/von Trottas *Jahrestagen*. Johnsons epochaler Roman handelt in stets neuen Annäherungen auch von dem Umgang mit Film und

176. Zur Gnosis cf. Hans Jonas: Gnosis – Die Botschaft des fremden Gottes. Ffm 2006

177. Siegfried Kracauer: Theorie des Films – Die Errettung der äußeren Wirklichkeit. Ffm 1975, p. 394. Das Marcel-Zitat: Possibilités et limites de l'art cinématographique; in: Revue Internation de filmologie, Juli–Dez. 1954, Bd. V, Nr. 18/19, p. 164 (nach Kracauers Zitatnachweis).

Fernsehen – und von Religion. Um nur einige Szenen[178] zu evozieren: Zu den intensiven Erinnerungen Lisbeths, der gnostische Religiosität nicht fremd ist, gehören ihre Kinobesuche in den Jahren vor dem zweiten Weltkrieg, die ihr, die der Welt abhanden kommen möchte und der die Welt abhanden zu kommen droht, „andere Tage", nämlich lebensfrohe Tage bescheren: „Es gab andere Tage. Tage, an denen sie schon müde anfing. Dann mochte sie nicht in die Geschäfte, konnte eine halbe Stunde versitzen in den Bahnhofgaststätten von Lübeck, und ließ sich dann von den Einkäufen doch abhalten durch ein Filmplakat. Der Weg von der Kinokasse in den Saal war ihr sehr unbehaglich, noch das Warten im dürftigen Licht, aber die Kopfschmerzen verschwanden, sobald die Bilder zu laufen anfingen. Noch wenn sie abends in Jerichow ankam, war sie benommen, unaufmerksam, aber doch erholt von den anderthalb Stunden Vergessens, von der Abwesenheit in einer Welt aus Spiel und Vortäuschung, ohne eine Spur von Cresspahls Krieg." (686, cf. 710, 727 sqq.)[179]

Neue Medien sind aus kulturkritischer Sicht immer hochproblematisch. Platon kritisiert die Erfindung der Schrift, weil sie denen beispringt, die zu faul sind, Texte auswendig zu lernen und weil ihr die Lebendigkeit der Rede abgeht; massenhaft produzierte Druckwerke sind aus Sicht von Mönchen, die Jahre brauchten, um ein sorgfältig kopiertes Unikat herzustellen, das reine Teufelswerk, das Protestanten wider die allgemeingültige Lehre produziert; Romanlektüre verdirbt junge Frauen; Kino ist schlechter als das Theater; das Fernsehen ist als Mattscheibe und Glotze schlimmer noch als das Kino; aber wenn die Kids doch wenigstens noch fernsehen würden statt im Internet zu surfen, zu twittern und zu simsen... Wenn sich die Kultur= Medienkritik angesichts neuer Medientechnologien beruhigt hat, macht sie regelmäßig die Erfahrung, dass das Neue zwar schlecht ist, dass es aber doch lohnt, in der Sphäre des Schlechten zwischen dem wirklich bösen Schlechten und dem guten Schlechten zu unterscheiden. Kurzum: Filme sind aus der Perspektive buchsozialisierter Bildungsbürger schlecht, aber es gibt gute und schlechte Filme (dass es auch gute und schlechte Bücher gibt, übersieht man dabei dann immer noch gerne). Zu den besonders aufschlussreichen Passagen der *Jahrestage* über den Film gehört es nun, dass selbst üble Filme noch ihr Gutes haben, weil die Botschaft des Films medienapriorisch eine seinsaffirmative und eben nicht vernichtungswütige ist (noch der übelste Killer-Film muss zeigen, was und wer da getötet wird). „In Jerichow, Mecklenburg-Lübeck, hatte die Gaufilmstelle Anfang November im Schützenhaus zwei Filme vorgeführt, ‚Schwert des Friedens' und ‚Juden ohne Maske'. Der erste

178. Für wertvolle Hinweise zu den *Jahrestagen* danke ich Hannah Dingeldein.

179. Die Seitenangaben in Klammern beziehen sich auf Uwe Johnson: Jahrestage 1–4. Ffm 1970–1983

hatte sogar vom Land Zuschauer herangezogen, einmal weil da Aufnahmen aus der Vorkriegszeit versprochen waren, zum anderen, weil er bei aller Aufrüstung doch einen Krieg in Zukunft abstritt. Gegen Ende von ‚Juden ohne Maske' war der Saal recht leer geworden, zum Verdruß von Gastronom Prasemann, der dem Publikum hinterher hätte Bier und Korn verkaufen wollen, und zur Wut von Friedrich Jansen, der sich vornahm, bei einer nächsten Vorführung S.A.-Posten vor die Türen zu stellen. Wer immer der Gaufilmwart war, mit den Denkweisen einer Landstadt war er nicht vertraut. Der Film war zusammengesetzt aus Schnipseln von Lichtspielen, die einst deutsche Juden hergestellt hatten, und sie enthüllten nicht ‚die verheerende Wirkung des jüdischen Einflusses auf unserer Kultur', sondern daß die gezeigten Sachen nur in Großstädten vorfallen konnten." (719)

Gesine, die leidenschaftliche Leserin der *New York Times*, ist eine ebenso überzeugte wie moderate Fernsehverweigerin (1337). Sie ist liberal genug, ihrer Tochter Marie den Blick in die Ferne nicht zu verweigern. „Thank you for letting me have this: sagte sie. / – Wer ich? Mrs. Cresspahl fährt aus ihrer Schläfrigkeit auf, fast glaubt sie neben sich noch jemand sitzen. / – Ja. Du. Daß du mir das Fernsehen erlaubt hast. Dafür bedanke ich mich." (1326 sq.). Schon zuvor hieß es ebenso knapp wie enigmatisch: „Beweis gegen Mrs. Cresspahl: Fernsehen ist tauglich. Sogar brauchbar für Schularbeiten." (1306) Der Befund ist bemerkenswert. Wie lange vor ihm Goethe, der in den *Wahlverwandtschaften* mit der Figur des englischen Lords und seiner tragbaren camera obscura den Advent neuer Medien ebenso gelassen wie aufmerksam begrüßt[180], so akzeptiert auch Johnson in seinem auf Bücher und Print-Medien fokussierten Roman die neuen elektronischen Massenmedien (Film und Fernsehen voran) als empirisch-transzendentales Dispositiv. Die Einsicht ist ebenso klar wie weitreichend: Medien sind evolutionäre Errungenschaften, die nicht mehr oder nur noch um den Preis schwerster Verwerfungen reversibel sind. Wenn Schrift und Geld, Druck und Photographie, Radio und Fernsehen, PC und Internet, Handy und Smartphones einmal da sind, so sind sie nachhaltig da; sie stehen nicht mehr ernsthaft zur Disposition. Umso wichtiger ist die Aufgabe, aus und mit ihnen das Beste zu machen. Eikon ist das gelungen. In den Produktionen von Eikon schwingt ein basso continuo mit, der auch Johnsons Roman durchzieht. „Und wie war das Wetter im Juli? die New York Times hat es in Erfahrung gebracht und sagt Bescheid: Für die Jahreszeit zu heiß. Ungefähr um den 16. Juli muß es uns ein wenig erbärmlich gegangen sein. Jenen Dienstag, wir könnten ihn zur Hälfte entbehren. Don't wish your life away." (1694)

180. Cf. Jochen Hörisch: Ende der Vorstellung – Die Poesie der Medien. Ffm 1999 (Kap. I/2: Der Advent neuer Medien in Goethes *Wahlverwandtschaften*)

Don't wish your life away. Der ebenso lakonische wie tiefe Satz zitiert und übersetzt eine Sentenz aus Fontanes Roman *Irrungen, Wirrungen* ins Amerikanische und ins Filmische. Lene und Botho von Rienäcker müssen sich, nachdem sie einen kurzen Sommer des Glücks erlebt hatten, aus familienpolitischen und ökonomischen Rücksichten trennen. Die Szene ist filmreif, was auch heißt: nicht frei von akzeptablem, höherem Kitsch. Und sie ist so großartig, dass der nüchterne Johnson ihre Kernformel übernahm: „Sie lehnte sich an ihn und sagte ruhig und herzlich: „Und das ist nun also das letzte Mal, daß ich deine Hand in meiner halte?" / „Ja, Lene. Kannst du mir verzeihn?" / „Wie du nur immer frägst. Was soll ich dir verzeihn?" / „Daß ich deinem Herzen wehe tue." / „Ja, weh tut es. Das ist wahr." / Und nun schwieg sie wieder und sah hinauf auf die blaß am Himmel heraufziehenden Sterne. / „Woran denkst du, Lene?" / „Wie schön es wäre, dort oben zu sein." / „Sprich nicht so. Du darfst dir das Leben nicht wegwünschen; von solchem Wunsch ist nur noch ein Schritt..." / Sie lächelte. „Nein, das nicht. Ich bin nicht wie das Mädchen, das an den Ziehbrunnen lief und sich hineinstürzte, weil ihr Liebhaber mit einer andern tanzte. Weißt du noch, wie du mir davon erzähltest?" / „Aber was soll es dann? Du bist doch nicht so, daß du so was sagst, bloß um etwas zu sagen." / „Nein, ich hab es auch ernsthaft gemeint. Und wirklich" (und sie wies hinauf), „ich wäre gerne da. Da hätt ich Ruh. Aber ich kann es abwarten... Und nun komm und laß uns ins Feld gehn. Ich habe kein Tuch mit herausgenommen und find es kalt hier im Stillsitzen." / Und so gingen sie denn denselben Feldweg hinauf, der sie damals bis an die vorderste Häuserreihe von Wilmersdorf geführt hatte. Der Turm war deutlich sichtbar unter dem sternklaren Himmel, und nur über den Wiesengrund zog ein dünner Nebelschleier." [181]

Wünsch dir das Leben nicht weg, don't wish your life away. Wenn Filme gelingen, zeigen sie die Bedeutsamkeit des irdischen Lebens, wenn sie gar ins Fernsehen gelangen, ist es, als hätt der Himmel die Erde und all ihre Bewohner still geküsst, als hätten der sternklare Himmel und der Wiesengrund ein Rendezvous. Gute Filme sind der dünne Nebelschleier, der entbirgt, was das Leben bedeutsam macht.

181. Romane und Erzählungen Bd. 5, p. 100. Cf. zu den Fontane-Bezügen in den *Jahrestagen* Jochen Hörisch: Uwe Johnson geht auf seine letzte Lesereise; in: David Wellbery et al. (edd.): Eine neue Geschichte der deutschen Literatur. Berlin 2009, pp. 1141–1146

Sich ein Bild machen oder „Im Bilde sein". Die guten alten Bilder und die digitale Bildrevolution

Es gibt irritierend viele Redewendungen um das deutsche four-letter-word „Bild". Schon die geläufige Formel ‚im Bilde sein' (ich bin, wir sind im Bilde) ist hintersinnig. Besagt sie doch zumindest zweierlei: dass wir erstens glauben, uns ein angemessenes Bild der Lage gemacht zu haben, und dass wir, die wir uns ein Bild machen, zweitens selbst Element eines Bildes sind, das andere sich gemacht haben. Wer auch nur elementar gebildet ist, ist sich im Zeitalter des Konstruktivismus bewusst, dass es eine falsche Einbildung wäre (schon deshalb, weil Einbildungen per se jenseits der wahr-falsch-Unterscheidung prozedieren), zu glauben, es könne ein objektives Bild der Lage geben. Man muss nicht Magrittes Gemälde *Ceci n'est pas une pipe* oder *Der Verrat der Bilder* vor Augen haben, um zu begreifen, dass ein Bild nun eben ein Bild ist und dass es einen Unterschied macht, ob man ein materiales Bild (Öl auf Leinwand etc.) vor Augen hat oder ob man das Bild meint, das man sich imaginiert und das andere sich von uns machen. An subtilen bildlichen Manifestationen des Problems und an theoriegeleiteten Reflexionen zur Frage ‚Was ist ein Bild?' herrscht kein Mangel. Epochale Bilder wie die *Hoffräulein* (*Las meninas*) von Velazquez, die *Gesandten* von Holbein, zahlreiche Bild-im-Bild-Bilder (etwa Atelierszenen oder Gemälde von Bildbetrachtern in Ausstellungen), aber auch Filme wie *Der Kontrakt des Zeichners* (*The Draughtman's Contract*) von Peter Greenaway beziehen ihren spezifischen Reiz aus den Verweisungs-Verweisungsstrukturen ihrer Blicklenkung, die kein sicheres Letztfundament für Letztbeobachtungspositionen wahrzunehmen erlauben. Wir sind im Bilde, wenn wir wahrnehmen, dass sich andere ein Bild davon machen, wie wir uns ein Bild (von ihnen) machen.

Es gibt ein 1951 entstandenes und seit 1962 in der Kunsthalle Mannheim ausgestelltes Bild von Francis Bacon (1909–1992), das den Titel *Schreiender Papst* trägt. Es verweist deutlich auf andere berühmte Bilder wie den *Schrei* von Edvard Munch oder das Porträt des Papstes Innozenz X, das Velazquez 1665 malte.

Aufmerksamkeit verdient und erhält Bacons Gemälde, zu dem er Dutzende von Varianten schuf, stets erneut, weil es im klassischen Medium der Malerei eindringlich vor Augen führt, wie es um die Logik von Bildern und Weltbildern steht bzw. eben nicht steht. Denn Francis Bacon rückt einen Papst ins Bild, um den sich alles dreht und der selbst von einem Drehschwindel erfasst ist. Bacons Papst sitzt auf einem stabilen Thron in einem Glaskasten. Mit seiner linken Hand klammert er sich am Knauf der Armlehne fest; offenbar bedarf er des Halts. Seine rechte Hand sucht tiefer als die linke an der

Verstrebung der rechten Lehne Zuflucht. Der Mann, der doch der Fels ist, auf dem die Kirche ruhen soll, steht seinerseits nicht auf festem Fundament. Seine Füße schweben über dem Grund bzw. dem Abgrund, so dass sein Körper eigentümlich gestaucht erscheint. Der stabil scheinende Thron, auf dem er sitzt, ist, wenn der Betrachter recht im Bilde ist, in vielfacher Hinsicht labil und fragil. Denn er schwebt über dem Boden auf einem gläsernen Sockel, und er wird durch eine kühne runde Linie durchschnitten, die in eigentümlichem Kontrast zu den ansonsten geraden und eckig zueinander konfigurierten Linien steht – so wird aus dem Thron ein Gebilde, das einem Schaukelstuhl ähnelt. Auf diesem nun sitzt der Papst, von dem es in den berühmten Worten des Matthäusevangeliums heißt, dass Jesus ihm für die Zeit seiner irdischen Abwesenheit das Stellvertreteramt und die Kirchenleitung anvertraut hat.

Mit den Jesusworten an Petrus, den ersten Papst, hat es eine eigentümliche Bewandtnis. Denn sie sind offenbar nur an diese eine Person und nicht an eine lange Namensliste möglicher Stellvertreter des ersten Stellvertreters des Gottessohnes = Gottesstellvertreters auf Erden gerichtet, an ein Individuum, mit dessen Eigennamen Jesus Christus ironisch spielt: Petrus Simon. „Ich aber sage dir: Du bist Petrus und auf diesen Felsen (griech. *Petra*) werde ich meine Kirche (*ecclesia*) bauen und die Mächte (pulae, wörtlich Tore) der Unterwelt (*hades*) werden sie nicht überwältigen." (Mt 16,18) Der Gottessohn erlaubt sich, wenn er seinen Stellvertreter auf Erden einsetzt, einen erhabenen Kalauer bzw. ein abgründiges Namensspiel. Der Fels, auf dem die Kirche ruht, ruht seinerseits auf einem heiklen Eigennamen, also einem Namen, der seinem Namen wenig Ehre macht – benennen sich die Benannten doch eben nicht selbst aus eigener Macht und Souveränität, ist der Taufakt, der Akt der Namensverleihung doch eine Urszene semantischer Fremdbestimmung. Bacon hat sich die Pointe nicht entgehen lassen, den Inhaber des Petrusamtes auf schwankendem Boden, über den Mächten der Unterwelt schwebend und schaukelnd darzustellen. Sein Papst schreit auch deshalb, weil er, der Fels, in diesen Abgrund zu stürzen droht.

Die Worte, mit denen nach katholischer Lehre das Amt des Papstes gestiftet wird, stammen aus dem Munde eines Menschen, der im Bilde ist, der durchblickt, weil er eben nicht nur Normalsterblicher, sondern zugleich Gottessohn ist, der bald sterben, aber eben auch aus dem Reich des Todes und der Unterwelt wieder auferstehen wird. Unabsehbar viele Bilder werden den lebenden, sterbenden, gekreuzigten und wieder auferstandenen Jesus Christus darstellen. Aus dem, der im Bilde ist, wird somit einer, der gleichfalls im Bilde ist – nämlich von anderen beobachtet wird. Sein Stellvertreter auf Erden, so wie Francis Bacon ihn ins Bild gebracht hat, ist sich dieser und weiterer Paradoxien bewusst. Weil er im Bilde ist, schreit er. Er, der nach Gottvater, Gottessohn, Heiligem Geist und erstem Papst Nachrangige ist nicht etwa aufgrund dieser seiner Nachrangigkeit narzisstisch gekränkt, sondern fundamentaltheologisch und bildstrukturell verwirrt. Er stellt im Glashaus sitzend und durch Brillengläser schauend fest, dass er, der Fromme, frevelt, wenn er den Letztbeobachter Gott, der universell im Bilde ist, seinerseits beobachtet. Unterhalb dieses Paradoxieniveaus ist Theologie nicht zu haben. Den schreienden Papst überkommt offenbar die bange Ahnung, dass diese Paradoxie nicht die einzige ist, die den göttlichen Letztbeobachter trifft und betrifft. Ob der allmächtige Gott auch so wie der Stellvertreter seines Sohnes ins Reich des Todes versinken kann? Wäre es nicht eigenartig, wenn sterbliche Menschen etwas vermögen, was dem allmächtigen Gott versagt ist – eben sterben zu können? Sollte das Geheimnis des Glaubens an Jesus Christus darin liegen, einen gestorbenen und eben deshalb allmächtigen Gott(essohn) zu beglaubigen? Francis Bacons Papst hat viele Gründe zu schreien – auch darüber, dass ein Bild mehr (und eben zugleich auch deutlich weniger!) sagt als tausend Worte.

Gemälde schweigen, auch wenn sie geöffnete Münder zeigen, aus denen sich Schreie und Flüstertöne, kluge und dumme, liebevolle und aggressive Äußerungen ergießen würden, wenn denn ein Gemälde sprachfähig wäre. Gesprochenes kann man nicht sehen; selbst wer sich auf die Kunst versteht, Laute von den Lippen abzulesen, sieht eben sich bewegende Lippen, nicht aber den Sinn, den sie artikulieren. Es gibt ein altes Theologumenon, demzufolge sich zeigt bzw. offenbart, was sich nicht sagen lässt. Mit der Tradition des Bilderverbots, wie es die jüdische, christliche und islamische Religion in unterschiedlichen Ausprägungen kennt, liegt dieses Theologumenon in einem latenten Konflikt. Wir sollen uns kein Bildnis von Gott machen, denn mit dem von uns verfertigten Bildnis würden wir dem blendenden Schein erliegen, über Gott, den Abgebildeten zu verfügen. Gott kann sich zeigen und offenbaren, wir aber können ihn nicht angemessen darstellen und schon gar nicht über ihn bestimmen. Dieses Motiv hat noch in Kreisen der analytischen Philosophie Autorität. Heißt es doch in Wittgensteins *Tractatus logico-philosophicus* in ergreifender Schlichtheit: „Es gibt allerdings Unaussprechliches. Dies zeigt sich, es ist das Mystische." (6.522)[182] Das Mystische, Mysteriöse, Geheimnisvolle gehört der visuellen Sphäre zu. Es wird entschleiert, es soll sich als nackte Wahrheit offenbaren, es bedarf der Enthüllung, es kann in Evidenz übergehen, es kann aber auch blenden und blind machen. Zu viel Offenbarung, zu viel strahlende Illumination vertragen wir offenbar nicht. Es sei denn, wir halten dem Gewicht von Sein und Zeit sprachlich stand. Dann bewegen wir uns aber nicht mehr in der visuellen Sphäre der Bilder,

182. Wittgenstein, Ludwig: Tractatus logico-philosophicus. New York 1922. (6.522), p.186

sondern im Medium der Sprache. Das Rätsel ist im Medium der Sprache, was das Geheimnis im Medium der Bilder ist. Wem es gelingt, das Enigma zu lösen und den rätselhaften Code zu dechiffrieren, wem das Losungswort über die Lippen kommt, hat das Rätsel des Sinns gelöst und muss doch feststellen, dass das Mysterium des Seins bleibt. Das gilt vice versa auch für den Enthüller des Mysteriums: Er sieht, was der Fall ist, ist also im Bilde, ohne damit schon den Sinn dessen entschlüsselt zu haben, was sich ihm darbietet. Er sieht und durchschaut alles, ihm offenbart sich das Geheimnis, und dennoch oder eben deshalb bleibt alles rätselhaft. Rätsel und Geheimnis können so wenig zueinander kommen wie die beiden Königskinder – und wie Bilder und Sprache. Und doch sind sie einander ganz nahe.

„Ein a priori wahres Bild gibt es nicht."[183] Aber es gibt diesen Satz, der offenbar wahr sein soll und der davon zeugt, dass sich ein kluger Kopf wie Wittgenstein ein Bild der Lage hat machen können. Die überlange Epoche der Medientechnologie, in der Sprache und Bilder, Kommunikation und Wahrnehmung, Enigma und Mysterium einfach deshalb unterschiedlichen Sphären zugehörten, weil Leinwand und Schreibpapier, Pinsel und Kreide, Fotoapparat und Wachswalze leicht zu unterscheiden waren, war die Epoche der Metaphysik und der Ontotheologie – mit Heidegger zu formulieren: die Zeit des Weltbildes. Metaphysik hieß immer auch, davon auszugehen, dass hinter der Physis noch etwas anderes als die Physis west; dass soma und sema zusammengehören, weil sie getrennt sind; dass das Seiende, das Ontische, vom Logos des göttlichen Seins (Onto-Theologie) gelassen wird. Für diese Denkmodelle, die ohne Medienmodellierungen undenkbar wären, gibt es ein schönes Denkbild, das in Francis Bacons Gemälde Schreiender Papst hineinspielt. Danach gehören das verhüllende Textil und der enträtselnde Text nicht nur etymologisch zusammen. Text/il/e ent- und verbergen. *Der schreiende Papst* artikuliert unförmig, er schreit eben, und er trägt ein unförmiges Textil, das Falten wirft.

Die Natur ist stumm, weil sie trauert. Und sie trauert ob ihrer Stummheit. Ein Circulus vitiosus, der Anlass zu einem Schrei gibt. Der Himmel schweigt, über allen Gipfeln ist Ruh. Bildende Kunst schweigt ihrerseits, aber das Pathos ihres Gelingens ist es, das Schweigen dessen, was im Bilde ist, zum Schweigen zu bringen. Der Letztsinn lässt sich weder wahrnehmen noch vernehmen – aber genau das lässt sich wahrnehmen und aussagen. Das weiß auch Lenz in Büchners Erzählung, die auffällig-unauffällig die Verben ‚sehen' und ‚hören' in eine spannungsreiche Konstellation bringt. „Gegen Abend wurde Oberlin zu einem Kranken nach Bellefosse gerufen. Es war gelindes Wetter und Mondschein. Auf dem Rückweg begegnete ihm Lenz. Er

183. Ibid. (2.225), p. 42

schien ganz vernünftig und sprach ruhig und freundlich mit Oberlin. Der bat ihn, nicht zu weit zu gehen; er versprach's. Im Wegggeh'n wandte er sich plötzlich um und trat wieder ganz nahe zu Oberlin und sagte rasch: ›Sehn'(!) Sie, Herr Pfarrer, wenn ich das nur nicht mehr hören (!) müsste, mir wäre geholfen.‹ – ›Was denn, mein Lieber?‹ – ›Hören Sie denn nichts? Hören Sie denn nicht die entsetzliche Stimme, die um den ganzen Horizont schreit und die man gewöhnlich die Stille heißt? Seit ich in dem stillen Tal bin, hör' ich's immer, es lässt mich nicht schlafen; ja, Herr Pfarrer, wenn ich wieder einmal schlafen könnte!‹ Er ging dann kopfschüttelnd weiter."[184]

„Zu weit gehen" und „versprechen" sind bekanntlich (wie ‚im Bilde sein') doppelsinnige Wendungen. Die Begegnungen von sehen und hören, von bildender Kunst und Sprache, von Wahrnehmung und Kommunikation sind ohne Paradoxien nicht zu haben. Wer glaubt, beide Sphären zur Deckung bringen zu können, geht zu weit und verspricht sich, wenn er ein verlässlich glückendes Rendezvous verspricht. Die hier angedeuteten Reflexionen über die Probleme, die das Verlangen, im Bilde zu sein und davon sprachlich Rechenschaft ablegen zu können, mit sich bringt, haben nun aber einen medientechnologischen Hintergrund, der sich in den letzten zwei Jahrzehnten dramatisch verschoben hat. Und zwar eben deshalb, weil sich die spannungsreiche Konstellation von Bildern und Aussagen bemerkenswert entdramatisiert hat. Digitale Medientechnologie zu implementieren heißt paradoxerweise eben zuallererst, den altehrwürdigen Binarismus von Sprache und Bildern, von Kommunikation und Wahrnehmung zu überwinden. Dieselben digitalen Rechenknechte, die von der Kultur- und Medienkritik plausibel verdächtigt werden, sich zu Herren aufzuschwingen, speichern, übertragen und bearbeiten gleichermaßen Zahlen, Lettern und die Pixel, aus denen die neuen Bilder sind. Man kann sich die damit freundlich einhergehende Medienrevolution nicht kindlich staunend genug vor Augen führen. Wer einen Menschen mit einem Pinsel in der Hand vor einer Staffelei sah, wusste medienapriorisch: Hier wird ein Bild gemacht. Wer einen Menschen mit einem Griffel, einer Feder, einem Bleistift oder einem Stück Kreide vor einem Pergament, einem Papier oder einer Tafel sah, lag zumeist nicht falsch mit der Vermutung: Hier entsteht ein Text. Und wer jemanden vor einem Abakus oder einem Rechenschieber sah, dem war klar: Hier wird gerechnet. Reizvolle Ausnahmen bestätigten die Regel – natürlich war es verführerisch, den Pinsel zu schwingen, um Zahlen auf die Leinwand zu bannen oder mit der Feder ein Gesicht auf Papier zu porträtieren. Solche fließenden, eben analogen Übergänge testeten die Sphärentrennungen zwischen rechnen, schreiben und zeichnen, um sie zu befestigen.

184. Büchner, Georg: Lenz; in: Henri Poschmann (ed.): Georg Büchner; Sämtliche Werke, Briefe und Dokumente in zwei Bänden. Ffm 1992, p. 249

Wer heute vor einem Computermonitor und einer Tastatur sitzt oder auf das Display seines Smartphones tippt, macht mit diesem bildlichen Arrangement nicht schon deutlich, ob er Daten speichert, überträgt oder bearbeitet und ob diese Daten bildlicher, sprachlicher oder numerischer Natur sind. Dass der Tiefencode all dieser Medienprozeduren aus den beiden armseligen Zahlen 0 und 1 besteht, ist allen bekannt und verwundert deshalb niemanden mehr. Indigniertes Kopfschütteln und narzisstische Kränkung stellt sich bei den Verfassern umfangreicher Texte ab und an ein, wenn sie den geringen Speicherplatz, den 500 Buchseiten benötigen, mit dem erheblichen Speicherplatz nur eines Ferienfotos vergleichen (um von dem eines kurzen Videoclips zu schweigen). Sie sind dann sofort darüber im Bilde, was zählt und Gewicht hat. Zahlen erzählen davon, wie sehr das Zählen das Erzählen dominiert. Digitale Bilder sind in dieser Konstellation das Weltkind in der Mitten. Sie verleihen den Wendungen ‚sich ein Bild machen' und ‚im Bilde sein' neuen Glanz. Wer sich auf digitale Bilder einlässt (und wie sollte man das heute vermeiden?), kann wissen, dass er zugleich beides kann: ungemein verlässlich (mit Millionen Pixel und in höchster Auflösung) registrieren, was der Fall ist, und sich zugleich ein Bild machen, also das Material resp. im Vergleich zur analogen Foto- und Filmtechnik das Nichtmaterial bearbeiten.

Und so können wir uns ein Bild der gegenwärtigen Medienlage machen und im Bilde sein. Die altehrwürdigen Oppositionen und Binarismen (wie Wahrnehmung – Kommunikation, Physis – Metaphysik, Bilder – Sprache etc.) sind medientechnisch überwunden. Wer sich ein Bild vom Buch der Welt, der Natur, der Schöpfung, der Geschichte etc. macht, kann zugleich ein neues Bild dieser Bücher schaffen. Wie unmetaphorisch diese Rede ist, macht die Gentechnologie schlagend deutlich. Medientechnisch den Humancode zu dechiffrieren, also zu lesen, heißt, ihn auch neu schreiben zu können. Wenn Menschen dem Buch der Bücher zufolge von Gott nach seinem eigenen Bilde geschaffen wurden, so können sie sich nun ein Bild ihrer selbst designen und dafür sorgen, dass sie diesem Bild gleich werden. Hans Blumenberg, also ein Philosoph, der die branchenübliche Wende zur analytischen Philosophie nicht mitvollzogen hat, hat immer wieder darauf hingewiesen, dass ein Denken und Sprechen dies- oder jenseits von Metaphern unmöglich ist. Metaphern, so die nicht sonderlich subtile, aber eben doch solide und plausible Grunddefinition, sind Weisen bildlicher Rede. Zu den Eigentümlichkeiten der digitalen Medienlage gehört es, dass Metaphern in 0/1-Sequenzen keinen Raum haben.

Dennoch werden Metaphern und Metonymien, in denen Bilder und Worte ihr Rendezvous haben, nicht aufhören aufzuhören. Das belegt auch die legendäre Schlagzeile der Bildzeitung vom 20. April 2005, die die frohe Botschaft von der Wahl des deutschen Kardinals Joseph Ratzinger zum neuen

Papst verkündete. „Wir sind Papst" lautete die schnell zum Kultzitat avancierte überdimensionale Titelzeile. „Unser Joseph Ratzinger ist Benedikt XVI" lautete der Unter- bzw. Obertitel. Schon eine Woche später, am 27. April 2005, wurde sich die Bildzeitung selbst historisch, als sie auf der ersten Seite titelte: „Eine Schlagzeile wird Kult".

Von Francis Bacons Gemälde *Schreiender Papst* unterscheidet sich die legendäre erste Seite der Bildzeitung vom 20. April 2005 (kein Kommentar zu den Assoziationen, die dieser Tag zumindest bei Älteren freisetzt) in vielfacher Hinsicht. „Wir sind Papst" – hier demontiert, wohl ohne dies recht zu wollen, ein Massenmedium, dessen Name schon kundtut, dass Bilder das eigentliche Sagen haben, in drei Worten die Position eines souveränen Letztbeobachters. Alle beobachten alle. Alle können sich ein Bild machen und eine Meinung bilden. So wie Millionen Pixel sich zu einem Bild konfigurieren, das sich unendlich bearbeiten lässt, so konfigurieren sich, die Metaphorik des berühmten Titelkupfers von Hobbes *Leviathan* ernst nehmend, Millionen Mediennutzer, Medienuser, Medienloser zu dem Letztbeobachter, von dem sie wissen, dass es ihn nicht gibt.

Das Personalkarussell bei den Printmedien und die Internet-Revolution

Frank Schirrmacher wurde im zarten Alter von 35 Jahren Mitherausgeber der FAZ und blieb dies zwanzig Jahre lang bis zu seinem frühen Tod. Die Gedenkfeier zu seinen Ehren in der Frankfurter Paulskirche am 5. September 2014 wurde zum Staatsakt. Auf ähnlich lange Epochen, in denen sie der klassischen Printmedien-Szene ihre starken Stempel aufdrückten, konnten Rudolf Augstein und Henri Nannen, Marion Gräfin Dönhoff und Axel Springer, Erich Böhme und Alice Schwarzer (um nur sie zu nennen) zurückblicken. Nun aber (geschrieben wurde dieser Text 2015) gilt in der klassischen Printmedien-Branche das Prinzip des kurzfristigen hire-and-fire. Thomas Osterkorn war im Jahr 2013 nur wenige Monate einer der beiden Chefredakteure des *Stern*, Dominik Wichmann wurde nach kurzer Amtszeit entlassen; Stefan Aust war sechzehn Jahre lang Chefredakteur des *Spiegel* (1994–2008), Matthias Müller von Blumencron und Georg Mascolo gaben dort fünf Jahre lang den Ton an, von 2013 bis 2014, also gerade ein Jahr lang machte der Hoffnungsträger Wolfgang Büchner den Job. Beruhigend zu wissen ist es angesichts solcher fluiden Kontexte, dass Kai Diekmann von der *Bild* seit 2001 kontinuierlich darüber entscheidet, wer unter den deutschen Politikern im Aufzug herauf oder herunter gefahren wird.

Das Personalkarussell in den Chefetagen der guten alten Druckmedien dreht sich immer schneller. Und eine nur noch mit ritueller Mühe gedämpfte Panikstimmung macht sich breit. In immer kürzeren Abständen werden neue Chefredakteure bestellt und entlassen, die mit immer neuen Konzepten retten sollen, was noch zu retten ist. „Relaunch" ist das dann fällige Stichwort; ein neues Format, eine neue Drucktype und mehr Farbfotos sollen es richten. Jeder kann wissen, dass dieser Abwehrzauber und dieser Hoffnungsträger-Hype von rührender Hilflosigkeit ist. Dass den aufgeregten Personalentscheidungen eine tiefe Strukturkrise zugrunde liegt, pfeifen nämlich die Spatzen von den Dächern. Was nicht ausschließt, dass sehr viele gerade unter den Medien-Profis das schrille und doch eindeutige Massengezwitscher lange nicht wahrnehmen wollten, nun aber nicht mehr verdrängen können. Dabei ist die Botschaft von schöner bzw. schrecklicher Eindeutigkeit: Jüngere Zeitgenossen, gerade auch gut ausgebildete, verweigern sich hartnäckig der täglichen Lektüre abonnierter Zeitungen. Die Anzeigeneinnahmen brechen ein. Die Entlassungswelle ist da – auch auf der Redakteursebene. Gewinne machen die alten Printmedien allenfalls noch mit Weinverkauf und der Vermittlung von Kreuzfahrten, nicht aber mit der Produktion von Gedrucktem.

Kurzum: Jeder, der nicht über exquisite Verdrängungsleistungen verfügt, kann seit langem wissen, dass die Internet-Revolution die klassischen Printmedien unumkehrbar marginalisiert. Es wird auch in zehn, zwanzig und dreißig Jahren noch gedruckte Bücher und Zeitungen geben – aber eben so, wie es heute noch Pferde und Kutschen gibt. Keine kulturkritisch-nostalgische, in sich noch so überzeugende Klage über die großartige Haptik von Büchern, den Geruch einer frischen Zeitung und das anheimelnde Rascheln beim Umblättern einer Seite wird etwas daran ändern, dass sich elektronische Publikationsformen aufgrund ihrer ökonomischen, ökologischen und vor allem logistischen Vorteile durchsetzen – ach was, bereits durchgesetzt haben. Verteidiger der alten Printmedien sind so liebenswerte und so traurige Figuren wie zwei Mönche, die um 1500 darüber klagen, dass da so ein teuflischer Medienfuzzi die Bibel massenreproduziert, wo sie doch noch in aufopferungsvoller Aufmerksamkeit jahrelang Buchstabe für Buchstabe das Alte und das Neue Testament (fehleranfällig) abgeschrieben haben.

Ja, es gibt auch auf dem Gebiet der Mediengeschichte verlässliche Gesetzmäßigkeiten, gegen die man nicht sinnvoll revoltieren kann, auf die man aber klüger oder bornierter reagieren kann. Eines dieser Gesetze lautet: Die Dynamik neuer Medien lässt sich von kulturkritischen Klagen nicht ausbremsen. An Beispielen ist kein Mangel. Die Schrift setzt sich durch, auch wenn Platon sie als Medium verdammt, das die Gedächtniskunst austrocknet; Kino und Fernsehen setzen sich durch, auch wenn tonangebende Kreise das Theater höher schätzen; der Tonfilm setzt sich durch, auch wenn hochkulturelle Kinofans dem Mann am Klavier nachtrauern etc. Solche Medienkulturkämpfe haben immer auch einen unfreiwillig komischen Aspekt. Das ehemals bekämpfte neue Medium (etwa das Kino) wird nämlich genau dann selbst und gerade bei seinen ehemaligen Verächtern zum guten Medium erklärt, wenn es seinerseits von einem neuen Medium wie dem Fernsehen bedroht wird.

„Nicht weinen!“ war der sachliche Kommentar von Walter Benjamin zu Medienrevolutionen und Phänomenen wie dem massenmedial bedingten Auraverlust. Ein Trost aber bleibt den Medienkonservativen. Alte Medien verschwinden nicht einfach. Sie nehmen vielmehr einen anderen Systemplatz ein, sie erhalten eine neue Funktion. So wie man im automobilen Zeitalter nicht mehr reitet, um von A nach B zu kommen, sondern um exquisite Sport- und Naturerfahrungen zu machen, so wird man auch in Zukunft noch gedruckte Bücher und (dann sehr teure) Zeitungen in die Hand nehmen – etwa um den zu verschenkenden Lyrikband mit einer verliebten Widmung zu versehen oder um im Luxushotel auf dem Lande für zwei, drei Urlaubswochen ostentativ einem unzeitgemäßen Lebensstil zu frönen. Gedruckte Zeitungen werden wieder das, was sie in ihrer Frühzeit einmal waren – „Hinkende Boten“, langsame Reflexionsmedien. Der schnell reitende Bote kam mit der Siegesnachricht, der hinkende Bote machte darauf aufmerksam, dass man noch mehr Siege nicht verkraften könne. Sonntagszeitungen und wöchentlich erscheinenden Zeitschriften ergeht es aus gutem Grund deutlich besser als der regionalen und überregionalen Tages-Presse. Sie haben eine präzise Funktion, die nicht recht ins Internet passt: langsam und bedächtig zu sein.

Schon Nietzsche hatte ein feines Gespür dafür, dass es seltsame Allianzen zwischen dem Unzeitgemäßen und dem Avantgardistischen geben kann. Liebhaber des Gedruckten (wie der Ü-60-jährige Schreiber dieser Zeilen, der sein reales und symbolisches Bibliotheks-Kapital weitgehend entwertet sieht) haben kaum eine andere Option als sich wach, illusionslos und verdrängungsfrei auf die neue Medienkonstellation einzustellen. Die alten und ökonomisch privilegierten Anhänger der Holzindustrie beim *Spiegel* mögen aufgrund eines für sie günstigen Vertragswerkes noch die Zügel in der Hand halten, die Pferde galoppieren dennoch in die Richtung, in die die Köpfe von *Spon* (Spiegel Online) schon vor langem aufgebrochen sind. Marx hat zumindest in dieser Hinsicht Recht: Neue Produktivkräfte und Produktionsmittel lassen tradierte Produktionsverhältnisse schnell aus dem Tritt kommen; Revolutionen an der Techno-Basis bedingen Umstürze im Überbau.

Die hektischen Personalentscheidungen in den Chefetagen der guten alten Printmedien sind erst einmal Schaum auf der Brandung, die alte Festungen unterspült. Was aber gerade nicht heißt, dass diese Personalentscheidungen unwichtig sind. Die klassischen Printmedien haben nur dann eine Chance auf eine starke Randexistenz im neuen Mediensystem, wenn sie wirklich gut sind, wenn sie in der einen oder anderen Hinsicht eine Qualität, eine Gründlichkeit, eine Langsamkeit anbieten, die nicht recht ins Internet passt. Wie sagt man es schonend, bei allem Respekt vor dem „de mortuis nihil nisi bene"-Satz (über Verstorbene soll man nur Gutes sagen), bei aller Bewunderung für eine einflussreiche Macher-Persönlichkeit wie Schirrmacher? Verstecken wir uns, wenig mutig, hinter einem Zitat. Im *Merkur* vom Februar 2012 hatte Joachim Roloff Schirrmachers Internet-kritisches Buch *Payback* sorgfältig analysiert und war zu dem materialreich und sachlich begründeten Urteil gekommen, „dass Schirrmacher von dem, worüber er schreibt und redet, keinen blassen Schimmer hat." Und dies nicht nur, weil Schirrmacher den Twitter-„Tweet" konsequent mit dem „Tweed"-Stoff verwechselte und tatsächlich Sätze schrieb wie: „Nehmen wir den maschinenzentrierten Blick auf die Welt ein oder den menschenorientierten Blick? ... Auf die letzte Frage lautet die Antwort eindeutig: Ja." Roloffs Text ist auch im Netz nachzulesen (www.merkur-blog.de): Hilfloser und stammelnder als in Schirrmachers Buch kann die Kritik an der neuen Medienwelt nicht daherkommen. Wenn der nach verbreitetem Urteil beste und klügste Feuilleton-Kopf dergleichen schreibt, was kann man dann von den mittleren Rängen erwarten?

Nur Köpfe, die das Ende der Gutenberg-Galaxis und die unwiderstehlichen Möglichkeiten des Internets endlich illusionslos zur Kenntnis nehmen (McLuhans großartige Einschätzung konnte man schon vor fünfzig Jahren lesen), sind heute in der Printbranche Chefetagen-tauglich. Alle anderen werden im sicher noch anhaltenden Personalkarussell vom Dauerschwindel erfasst werden, ihnen wird Hören und Sehen vergehen.

Die Zukunft der Qualitätsmedien. Überlegungen zur medialen Geltung von Greshams Gesetz

Klagen über Sinnverluste und Sinndefizite zählen zum Standardrepertoire der Kulturkritik. Je moderner, je postmoderner Gesellschaften, Mediensysteme und Kulturen werden, desto heftiger mache sich der Mangel an Sinn bemerkbar. Das ist nun eine seltsame Klage. Denn das Angebot an Sinnoptionen dürfte nie so groß gewesen sein wie in der gegenwärtigen Welt-, Medien- und Informationsgesellschaft. Von Analytischer Philosophie und Ayurveda bis zu Zenbuddhismus und Zufallstheorien haben wir unübersehbar viele Möglichkeiten, Sinn zu suchen und zu finden. So viel Sinn war nie. Und eben deshalb droht die Ressource Sinn zu inflationieren. Nicht ohne Grund ist Sinn ein Wort, das seinen Sinn elementar ändert, wenn man seinen Plural bildet – Sinne. Soviel Unsinn war nie, soviel Rauschen war nie.

Es sei doch erstaunlich, hörte ich als Kind meinen Onkel sagen, dass weltweit tagtäglich gerade genau so viel passiere, wie in die Zeitung passe. Der Satz hat mich in tiefes Nachdenken und Grübeln gestürzt, aus dem ich heute noch nicht recht erwacht bin. Das Verhältnis von Medien und Welt, soviel ist mir mittlerweile aufgegangen, ist kein verlässliches 1:1-Verhältnis, eigentümlich symbiotisch ist es aber immerhin. „Was wir ... über die Welt, in der wir leben, wissen, wissen wir durch die Massenmedien“, lautet lapidar der erste Satz von Niklas Luhmanns Studie mit dem doppeldeutigen Titel *Die Realität der Massenmedien*[185]. Um nur zwei Beispiele ins notorisch auf geringe bis mittlere Reichweite gepolte Mediengedächtnis (für alles darüber zurückgehende ist die Geschichtsschreibung zuständig) zurückzubringen: Wir waren nicht dabei und schon gar nicht mit dem dortigen Meeresboden vertraut, als 1995 nördlich der Shetland-Insel die Brent Spar-Ölplattform versenkt werden sollte und aufgrund einer erfolgreichen, wenn auch sachlich fehlerhaften Medienkampagne von Greenpeace an Land geschleppt wurde, und wir, die wir dennoch im Bilde zu sein glauben, sind nicht am Golf von Mexiko gewesen, um uns selbst ein Bild von den Auswirkungen der Explosion von Deepwater-Horizon machen zu können. Wie wichtig unter solch dauerdramatischen Standard-Umständen verlässliche Qualitätsmedien sind, liegt auf der Hand bzw. vor Augen – gerade weil wir zumeist nur eine Zeitung, ein Fernsehgerät, einen PC-Monitor oder ein Smartphone zur Hand und vor Augen haben, wenn wir uns ein Bild der Welt bzw. ein Bild von einem Weltausschnitt machen (um vom Weltbild zu schweigen).

185. Opladen 1996 (2.), p. 9

Quantität ist in knapp bemessenen Medienkontexten ein ebenso einfaches wie verlässliches Anzeichen dafür, dass sich Wichtiges, Grundstürzendes ereignet hat. Die Tagesschau dauert 15 Minuten – und auch in diesem AV-Medium gilt, dass stets weltweit gerade soviel Wichtiges geschieht, wie sich in dieser Zeit darstellen lässt. Wenn aber die Zeitungen auffallend dicker und die Nachrichtensendungen auffallend länger sind als sonst, dann hat sich, wir wissen es intuitiv, Außerordentliches ereignet. Die in der Tat knappe Ressource menschliche Aufmerksamkeit regelmäßig so zu fokussieren, dass sie der Überfülle der Weltereignisse und –probleme (wie schwankend auch immer) standhalten kann, ist die Hauptaufgabe der Medien. Man kann es auch blumiger und zugleich medientechnischer sagen: Dem Rauschen signifikante Signale zu entlocken, daraus die relevanten Informationen herauszufischen und sie recht zu verstehen – das macht die Leistung von Qualitätsmedien aus. Sie stehen und fallen mit dem Vertrauen darein, dass weniger mehr sein kann, dass es möglich ist, Überkomplexität sinnvoll zu reduzieren und dass das Neue nur erkennen und einschätzen kann, wer das Klassisch-Kanonische kennt.

Qualitätsmedien haben es um so schwerer, je leichter es Massen fällt, Zugang zu Daten zu finden und diese auch selbst zu produzieren. Wenn in Zeiten des Internets jeder Journalist sein kann (und Journalist ist ebenso wenig wie Literaturkritiker, Schriftsteller oder Psychotherapeut eine rechtlich geschützte Berufsbezeichnung), so ist das (wie so häufig) die Lösung eines Problems und zugleich der Grund für ein neues Problem. Unter einem Mangel an Daten, Informationen, Nachrichten, Eilmeldungen und Meinungen leiden wir wohl kaum oder allenfalls so, wie wir angesichts von Sinnüberangeboten an Sinnmangel leiden. Gelöst wird durch Internet-Journalismus auch von Laien u.a. das alte Problem der hohen finanziellen und hierarchischen Zugangshürden zur Öffentlichkeit und zur knappen Ressource Aufmerksamkeit; angezettelt bzw. verschärft wird aber eben dadurch u.a. das mit Entprofessionalisierung obligatorisch einhergehende Problem des Qualitäts- und Kontrollverlusts. Medienpluralismus ist wunderbar, wer außer nordkoreanischen großen und geliebten Führern würde sich heute noch ernsthaft eine monozentrische Medienstruktur wünschen? Zugleich ist unverkennbar, dass die simpelste Form von Medienkritik durchaus ein heikles Problem trifft: Es wird unglaublich viel in jedem Wortsinne überflüssiger noise, Rauschen und eben auch Dreck durch die zahllosen Kanäle geschwemmt, die ihrem Begriff somit alle Ehre bzw. Unehre machen.

Angesichts dieser Konstellation lohnt ein Blick zurück auf strukturell vergleichbare Probleme mit einem anderen, aber gewiss nicht weniger mächtigen Massenmedium als dem der Print- und der elektronischen Medien: dem Geld. In dem Maße, in dem es mit Beginn der Neuzeit seinen Siegeszug antrat, wurde deutlich, dass es systematisch mit Problemen der Sicherung seiner Qualität konfrontiert war und bis heute ist. Thomas Gresham (1519–1579), der Begründer der Londoner Börse und Finanz-Ratgeber von Queen Elisabeth I., hat diesem Problem schon vor fast einem halben Jahrtausend zu lakonischem Ausdruck verholfen (er hätte sich dabei auf einen viel älteren Text berufen können, auf die im Jahre 405 v.Chr. entstandene Komödie *Frösche* des Aristophanes[186], auch Kopernikus u.a. haben das Phänomen zuvor schon bedacht), als er das später nach ihm benannte Gesetz formulierte: Schlechtes Geld verdrängt gutes Geld. Wer Münzen mit geringem und hohem Silbergehalt, aber demselben Nennwert im Geldbeutel hat, wird selbstredend mit schlechten Münzen bezahlen wollen und die guten horten; wer aus dem Ausland zurückkommt und noch schwache inflationäre Währung mit sich führt, wird diese rasch in stabile Währungen umtauschen wollen; wer Geld gefälscht hat, muss und wird versuchen, es in Umlauf zu bringen. Kurzum: Bad money drives out good money.

Weil das erstens so ist und weil zweitens einsichtig ist, dass schlechtes Geld für (fast) alle ein schlechtes Geschäft ist, gibt es starke Instanzen, deren Aufgabe es ist, die Geltungskraft von Greshams Gesetz im Zaum zu halten. So ist die Herstellung von Falschgeld mit hohen Strafen bewehrt, so sorgen Zentralbanken, die vor direkten politischen Interventionen institutionell geschützt werden, für stabile Währungen, und so akzeptieren auch die allermeisten Nutzer des quasi unvermeidlichen Leitmediums Geld starke, nicht abwählbare, sehr arkan verfahrende Autoritäten wie Zentralbankräte, deren einzige Aufgabe es ist, die Qualität des Mediums Geld zu sichern. Über Leitzinssätze, Geldmengen und Geldstabilität entscheidet unter konklavegleichem Ausschluss der Öffentlichkeit eine monetäre Priesterklasse, die nur sich selbst rechenschaftspflichtig ist. Sie veröffentlicht keine Protokolle, empfängt keine Journalisten und gibt keine Pressekonferenz. Und die meisten Zeitgenossen finden, dass das so auch gut ist.

Mit Medien verhält es sich nun nicht anders als mit Geld: Die allzu vielen schlechten Medien be- und verdrängen systematisch gute Medien. Greshams Gesetz gilt nicht nur im Hinblick auf Geld, sondern auch im Hinblick auf Medien. Heute macht sich selbstredend jeder verdächtig, der an Restbeständen normativer Qualitätskriterien festhält, aber so riskant ist die Feststellung

186. Dort gemahnt der Chorführer in der dritten Szene: „Oftmals hat es mir geschienen: / unserm Staat ergeht es ganz / Ebenso mit seinen besten Bürgern, jedes Lobes wert, / Wie es mit der alten Münze und dem neuen Golde geht; / Denn auch jene, die doch wahrlich weder falsch ist noch zu leicht, / Ja, die unter allen Münzen, die ich weiß, die beste ist / Und allein ein gut Gepräge trägt und Klang und Geltung hat / Unter den Hellenen allen und im Ausland überall: / Jene braucht ihr nicht mehr, sondern dieses schlechte Kupfergeld, / Gestern oder ehegestern ausgeprägt, von schlechtem Klang!"

denn auch wieder nicht, dass die öffentlich-rechtlichen Sender in aller Regel bessere Qualität bieten als die privaten und dass Tageszeitungen wie die FAZ, die SZ, die FR, die Welt, die taz oder die NZZ in einem präzisen Sinne über relevante Probleme besser informieren als Boulevardblätter. Sonderlich originell ist diese These nicht, und natürlich kann und soll man lange darüber diskutieren, ob vom Schicksal oder von ungerechten Gesellschaftsordnungen benachteiligte Milieus nicht die Möglichkeit erhalten sollten, sich auch mithilfe von Falschgeld oder durch mediale Abkoppelung von Orientierungen an der Hochkultur zu emanzipieren. Aber falsch wird dadurch die Feststellung nicht, dass Klatsch- und Tratsch-Journalismus sachlich orientierte Recherchen, dass Schreisendungen gepflegte Frühschoppenkonversation, dass Softpornos Verfilmungen von Thomas-Mann-Romanen, dass Trash-Movies Hitchcock-Filme und dass Big-Brother-Container die Bretter, die die Welt bedeuten, be- und verdrängen.

Wer unter dieser Entwicklung leidet, wer Berlusconi und Trump nicht für die Lösung aller Politik-, Kultur- und Medienkrisen hält und wer deshalb den Impuls verspürt, etwas für die Qualitätssicherung von Medien(-Inhalten) zu tun, steht vor einem schwer lösbaren Problem. Denn Greshams Gesetz lässt sich mit analytischem Gewinn auf Medienprobleme anwenden; die geldanaloge Problemlösung, nämlich eine autoritative bis autoritäre Medienzentralbank zur Qualitätskontrolle einzurichten, die mediales Falschgeld aus dem Verkehr zieht und schlechte Medienprodukte systematisch bekämpft oder gar verbietet, verbietet sich ihrerseits erst einmal von selbst. Liefe sie doch bestenfalls auf Softvarianten von Zensur heraus. Eine Mediengesetzgebung, wie sie die rechtsautoritäre Regierung in Ungarn unter Viktor Orbán (offenbar unter Billigung einer Mehrheit der ungarischen Bevölkerung!) durchgesetzt hat, ist ein Alptraum für alle, denen wirklich daran liegt, pluralen Qualitätsmedien eine verlässliche Existenzgrundlage zu sichern.

Beim zweiten Blick auf die Mediengeschichte und die Lage der Medien heute ist allerdings unverkennbar, dass es in den letzten Jahrhunderten wenn nicht die eine Medienzentralbank, so doch so etwas wie oligopole Medienbanken gegeben hat. Sie sorgten und sorgen trotz ihrer nicht sonderlich hohen Popularität noch immer mit Instrumenten wie Copyright, Buchpreisbindung, Presserat, Theatersubventionen und GEZ-Gebühren für mediale Qualitätssicherungen – und sind entsprechend umstritten. Nicht eigentlich umstritten ist und kaum als zentrales, autoritatives und juristisch starkes Qualitätssicherungsinstrument wahrgenommen wird eigentümlicher Weise das stärkste funktionale Äquivalent zur Zentralbank in der Mediensphäre: die allgemeine Schulpflicht, die ab der Wende vom 17. zum 18. Jahrhundert alle Mitteleuropäer für die Medienformate der Gutenberggalaxis und via Kanonvermittlung für die sog. Hochkultur konditioniert. Kaum jemand liebt die Schule und die Schulpflicht; umso bemerkenswerter, dass so gut wie alle diesen starken Zwang akzeptieren, der jungen Leuten mindestens 10 Jahre vorschreibt, was sie von Montags bis Freitags (noch in der Kindheit des Autors: auch am Samstag!) zu tun und zu lernen haben.

Nun ist unverkennbar, dass die alten medialen Qualitätssicherungsinstrumente ebenso unpopulär wie krisengeschüttelt sind. Der Grund dafür ist – aufschlussreicher Weise erneut mit einem bedeutenden Geldtheoretiker – schnell genannt: Neue Produktionsmittel provozieren neue Produktionsverhältnisse. Vom Zeitungsboten bis zum Copyright, von der Buchpreisbindung bis zum GEZ-System steht alles, was einmal halbwegs selbstverständlich schien, zur Disposition. Ich habe nicht das Gefühl, allzu verwegen zu sein, wenn ich prognostiziere, dass es all dies in ein bis zwei Jahrzehnten nicht mehr oder allenfalls in bis zur Unkenntlichkeit modifizierten Form geben wird.

Wer an medialer Qualitätssicherung interessiert ist, sollte sich angesichts dieser Konstellation keinen Illusionen hingeben. Dem Qualitätsjournalismus und den Qualitätsmedien überhaupt weht nicht der Wind ins Gesicht, sie sind von wiederkehrenden und anhaltenden Tsunamis bedroht. Um zu pointieren: Wir alle wissen, wie es um die Entwicklung der Auflagenhöhe und der Werbe-Einnahmen von Traditionsblättern wie der *New York Times* und *Le Monde* steht, wir wissen auch, dass *Arte* und *3sat* vorzügliche TV-Programme sind – und wir alle wissen, dass sie unter Quotengesichtspunkten und bei der Verpflichtung, sich selbst durch hohe und zahlungsbereite Nachfrage zu finanzieren, schlechthin chancenlos wären. Und eben deshalb ist der Vorschlag, um der Qualitätssicherung willen eine mediale Entsprechung zur Zentralbank einzurichten, so absonderlich nun auch wieder nicht. Konkret würde das heißen: So wie gute Theater nur aufgrund von Subventionen leben können, so sind Qualitätsmedien nicht zu marktfähigen Preisen zu haben. Sie bedürfen der öffentlichen Alimentierung (aus Steuern bzw. aus allgemeinverbindlichen einkommensabhängigen Gebühren wie einer Kultur-, Medien- und Info-Flatrate).

Der wohlfeile Einwand, dass mit der Einrichtung einer Gebührenpauschale, die Qualitätsmedien sichert, die Unabhängigkeit der Medien bedroht wäre, ist wenig plausibel. Man muss nicht an die gereizten Kämpfe um die Springer-Presse in den Jahren um 1968 erinnern, um zur sachlichen Feststellung zu kommen: Regierungsnah und staatsunkritisch waren und sind in Deutschland und nicht nur in Deutschland (man denke an Berlusconi oder Murdoch) bezeichnender Weise nicht die staatsnah und steueraffin finanzierten (öffentlich-rechtlichen), sondern viele privaten und marktgängigen Medien. Die BBC ist bzw. war der historische, ja mittlerweile mythologische Inbegriff des schönen Paradoxes, dass ein mit staatlichen bzw. quasi-staatlich eingesammelten Gebühren betriebene Medienanstalt Staat und Regierung kritisch gegenübersteht – und eben dadurch stärkt. Über Sinn und Unsinn der weitreichenden Subventionierung deutscher Theater kann man trefflich und lange streiten; über Regietheater sowieso. Dass die deutschen Bühnen gegenüber der löblichen Obrigkeit allzu brav und unkritisch seien, weil sie von der öffentlichen Hand finanziert werden, hat aus nachvollziehbaren Gründen bislang niemand ernsthaft behauptet.

Ein Medienrat müsste von Politik und Wirtschaft so unabhängig sein wie eine Zentralbank. Er hätte dafür zu sorgen, dass alle freien Zugang zu Qualitätsmedien haben. Und er müsste nolens volens anders als die monetäre Zentralbank ein ebenso selbstbewusstes wie gelassenes Verhältnis zur Konkurrenz, also zu medialem Falschgeld und zu ungedeckten Medienschecks entwickeln. Falschgeld lässt sich juristisch verbieten; es verbietet sich jedoch für jeden auch nur ansatzweise liberalen Staat oder Staatenverbund, schlechte Medien zu verbieten. Hier endet die ansonsten starke Analogie zwischen der Geld- und der Mediensphäre. Enorme Qualitätsdifferenzen bei Medienprodukten wird keine öffentlich-rechtlich alimentierende Medienbank verhindern können. Ihr Ziel ist es ausschließlich, Qualitätsmedien die Marktgängigkeit zu sichern. Die Qualität der deutschsprachigen Print- und AV-Medien ist im internationalen Vergleich bemerkenswert hoch. Wer nach Ferien oder berufsbedingten Auslandsaufenthalten aus fernen oder auch näher gelegenen Ländern nach Deutschland zurückgekehrt ist, wird eine eigentümliche Erfahrung machen – nämlich die, dass die Presse und die öffentlich-rechtlichen Sender in Deutschland keinen Vergleich mit der Qualität etwa britischer, amerikanischer, italienischer oder französischer Medien (um von denen in Ägypten oder China zu schweigen) scheuen müssen. Alles kommt darauf an, dafür zu sorgen, dass das so bleibt.

Über die Schwierigkeiten und Streitereien, die die konkrete Umsetzung des angedeuteten Vorschlages mit sich brächte, wird sich niemand (und am wenigsten der Autor dieses Textes) Illusionen hingeben. Um aber doch ansatzweise Kleingeld auf die großen Scheine des Vorschlags herauszugeben, einen Qualitätsmedien sichernden Medienzentralbankrat einzurichten und um eine Diskussion anzustoßen, die weitere operable Vorschläge provoziert, seien folgende Eckpunkte genannt:

An die Stelle der bisherigen GEZ-Gebühren tritt eine Kultur- und Medienpauschale, die vom Einkommen und Vermögen der Mediennutzer abhängig ist. Ihre durchschnittliche Höhe liegt deutlich unter der Summe, die sich ergibt, wenn man die Gebühren für die im Folgenden genannten Leistungen addiert (um denn doch einen Richtwert zu nennen: durchschnittlich 70 € monatlich).

Diese Pauschale gibt jedem Bürger ab 16 Jahren das Recht auf unbegrenzten Zugang zum Internet, zu werbefreien Radio- und Fernsehsendungen sowie auf den Bezug einer Regional- und einer überregionalen Tageszeitung sowie eines wöchentlich erscheinenden Magazins.

Darüber hinaus umfasst die Kultur- und Medienpauschale das Recht auf zwölf Theater- bzw. Opernbesuche pro Jahr sowie auf zwölf Programmkinobesuche pro Jahr.

Über den (großen, aber eben nicht alle Produkte umfassenden) Pool der via Pauschale zugänglichen Qualitätsmedien entscheidet ein von politischen Interventionen unabhängiger, neun Personen umfassender Medienrat. Er wird für eine je fünfjährige nicht verlängerbare Amtszeit von der Bundesversammlung bestimmt, die auch den Bundespräsidenten wählt. Der Bundespräsident leitet die einmal jährlich stattfindende Sitzung des Medienrats.

Der Medienrat hat selbstredend keinerlei Weisungsbefugnisse gegenüber den Medienproduzenten. Er entscheidet ausschließlich darüber, welche Medien in den Pool der Qualitätsmedien gehören, für deren Nutzung die Medienbank eine Pauschale bezahlt.

Selbstverständlich ist kein Einzelmedium (Zeitung, Zeitschrift, Theater etc.) verpflichtet, sich für dieses Modell zu öffnen. Es ist auch jedem Medienbenutzer unbenommen, die ihm frei zugänglichen Qualitätsmedien zu ignorieren, Boulevardblätter zu lesen und Big Brother-Sendungen zu goutieren.

Der hier angedeutete Vorschlag hat, das sei nicht verschwiegen, das ist ja auch offensichtlich, eine strukturkonservative und normative Implikation. Er hält Hochkultur für kein Schimpfwort, und er macht sich zugleich wenig Illusionen darüber, dass Hochkultur (wie Schulpflicht und wie das Verbot, selbst Geld drucken zu dürfen) nicht bei allen per se populär ist. Dennoch geht es bei dem hier skizzierten Vorschlag nicht darum, alle Mediennutzer auf Dante, Shakespeare, Goethe und Proust einzuschwören, sondern darum, ernsthaft mit dem Problem umzugehen, dass in einer Medien- und Informationsgesellschaft qualitativ gesicherte, hochwertige, allen zugängliche Informationen und Medien kein Luxusangebot, sondern eine Überlebensnotwendigkeit darstellen. Eine Verwirklichung des hier vorgetragenen Vorschlags, durch strukturelle Maßnahmen der Qualitätssicherung und des einladenden Zugangs zu medialen Qualitätsprodukten, könnte verhindern helfen, dass der Kalauer wahr wird, der da lautet: Das Niveau ist ungeheuer hoch, es ist nur keiner drauf.

Die Gewalt der Medien und die Medien der Gewalt

Gewalt und Sex sind von den Anfängen bis heute für Kunst, Literatur und Medien ein unwiderstehliches Faszinosum – wie ein Blick auf die Höhlenbilder in Lascaux oder in Homers *Ilias* sofort zeigt. Nicht immer ist man allerdings auf dem Niveau Homers oder der frühen Höhlenbilder-Kunst, wenn es um Sex und Gewalt geht, wie jüngst der unsägliche, weil in jedem Wortsinn ordinäre Fall von Harvey Weinstein demonstrierte. Die sich im Anschluss an diesen Fall schnell entwickelnde Hashtag-Initiative #metoo hat deutlich gemacht, dass es sich bei den bekannt gewordenen Übergriffen in der Tat nicht um einen einzelnen irritierenden Serientäter in machtvoller Position, sondern um ein verbreitetes Muster handelt. Die massenmedial verbreitete Erregung über den Fall Weinstein ist absolut plausibel, nachvollziehbar und sicherlich auch produktiv: Sie soll und wird wohl übergriffige Männer in Machtpositionen in Schranken weisen. Der Hashtag #metoo ist ja seinerseits schon Element einer Serie; gingen ihm doch u.a. die Hashtags #aufschrei und #neinheisstnein voraus, die durch die Hotelbar-Anmache des FDP-Politikers Rainer Brüderle und die von der Schauspielerin Gina Lisa Lohfink angezeigte Vergewaltigung durch zwei Männer ausgelöst wurden. Nun provozieren gerade der letztgenannte Fall oder auch der skandalöse Justizirrtum, der den Lehrer Horst Arnold aufgrund eines – wie später erwiesen – völlig fingierten Vergewaltigungsvorwurfs über fünf Jahre ins Gefängnis brachte, Nachfragen, die so unpopulär wie notwendig sind. Die der im Fall Lohfink der Vergewaltigung angeklagten Männer wurden freigesprochen, das vorhandene Videomaterial und gespeicherte E-Mail- und Twitter-Mitteilungen belegten einvernehmlichen Dreier-Sex; Lohfink wurde wegen falscher Verdächtigung verurteilt.

Die Medienresonanz aller vier Fälle (Weinstein, Brüderle, Arnold und Lohfink) war erheblich; am wenigsten im kollektiven Mediengedächtnis verblieben ist der Fall Horst Arnold. Aber gerade in diesem Fall ist es so quälend wie erhellend, aus dem sachlichen Wikipedia-Artikel zu zitieren: „Arnold musste die gesamte Haftstrafe verbüßen, da er die ihm zur Last gelegte Tat weiterhin bestritt und sich weigerte, sich in einer Therapiegruppe für Sexualstraftäter damit auseinanderzusetzen. (...) Erst nach seiner Haftentlassung fiel der Frauenbeauftragten der Schule, Anja Keinath (die zuvor Heidi K. im Prozess unterstützend zur Seite gestanden hatte), auf, dass sich das vermeintliche Opfer mehr und mehr in Widersprüche und Lügen verstrickte, die nicht nur den Fall Horst Arnold betrafen. (...) Der Bruder der Frauenbeauftragten, Hartmut Lierow, Anwalt für Zivilrecht in Berlin, stellte daraufhin Nachforschungen an und recherchierte weitere Ungereimtheiten in der Biografie von Heidi K. Lierow fand heraus, dass Heidi K. bereits mehrfach dadurch aufgefallen war, Lebensumstände zu schildern, die nachweislich falsch waren. Ihre Darstellungen waren so außergewöhnlich, dass sie auch in ihrem Umfeld nicht mehr ernst genommen wurde. Mit diesen Erkenntnissen erwirkte Lierow 2008 ein Wiederaufnahmeverfahren am Landgericht Kassel, das am 5. Juli 2011 mit einem Freispruch für Horst Arnold wegen erwiesener Unschuld endete. Auch die Staatsanwaltschaft hatte auf Freispruch plädiert. Das Gericht sah es als erwiesen an, dass Heidi K. mit den falschen Anschuldigungen einen Konkurrenten um eine schulinterne Position hatte beseitigen wollen. Es stehe „ohne jeden Zweifel" fest, dass Arnold die Vergewaltigung nicht begangen habe. Der Vorsitzende Richter stellte fest, das Landgericht Darmstadt habe im ersten Prozess dem vermeintlichen Opfer geglaubt, obwohl ein „an sich kaum glaubhaftes Geschehen geschildert" worden sei. Bei der Urteilsfindung 2001 seien „elementare Grundregeln der Wahrheitsfindung" verletzt worden. Der 2001 für die Ermittlungen zuständige Kriminalhauptkommissar Horst Plefka sagte aus, er habe von Anfang an Zweifel an dem von K. behaupteten Tatgeschehen gehabt. Ermittlungen in der Vergangenheit von K. zur Prüfung ihrer Glaubwürdigkeit seien jedoch unterblieben, da man Angst vor einem „Aufschrei" gehabt habe. Im ersten Verfahren war Plefka nicht als Zeuge geladen gewesen. Nach einem Revisionsantrag von Heidi K. bestätigte der Bundesgerichtshof am 9. Februar 2012 den Freispruch, indem er per Beschluss die Revision verwarf, da die Nachprüfung des Urteils keinen Rechtsfehler ergeben habe. Der Freispruch des Landgerichts Kassel wurde damit rechtskräftig. (...) Nach seinem Freispruch kämpfte Arnold vergeblich um eine angemessene Haftentschädigung; bis zu seinem Tod wurde sie nicht ausgezahlt. Auch die Wiedereingliederung in seinen Beruf als Lehrer konnte er nicht erreichen. Um wieder als Lehrer eingestellt zu werden, müsse er sich erneut bewerben, teilte ihm das Hessische Kultusministerium mit. Für eine automatische oder wenigstens bevorzugte Wiedereinstellung Arnolds sah das Ministerium keine Veranlassung. Arnold lebte bis zuletzt von ALG II. Am Morgen des 29. Juni 2012 wurde Arnold unweit seiner Wohnung in Völklingen auf offener Straße tot aufgefunden; er hatte einen Herzinfarkt erlitten. Am selben Tag beschloss die Staatsanwaltschaft Darmstadt, Anklage gegen Heidi K. wegen Freiheitsberaubung zu erheben." Sie wurde – wie zuvor Horst Arnold – zu fünfeinhalb Jahren Haft verurteilt.

Heidi K. – der Klarname der Frau, die Horst Arnolds Leben ruinierte, ist nicht öffentlich bekannt. Die Namen Dominique Strauss-Kahn und Jörg Kachelmann kennt hingegen die Medienöffentlichkeit – und kannte sie schon, bevor sie berüchtigte Dimensionen annahmen. Philologen fällt bei diesen Namen auf, dass der erstgenannte französische Vorname sowohl maskulin als auch feminin ist, in beiden Fällen aber eine Assonanz zum Wort ‚dominieren' gegeben ist, und dass im zweiten Fall ein deutschsprachiger Mann nun eben auch Kachelmann heißt. Die Namen der Frauen, die diese dominanten und prominenten Männer wegen Vergewaltigung angeklagt haben, sind nicht im kollektiven Gedächtnis präsent. An die Ereignisse bzw. Vorwürfe muss man nicht eigens erinnern, sie sind allgemein bekannt. Bekannt ist gleichermaßen, dass beide, der französische Spitzenpolitiker mit guten Aussichten darauf, der nächste Präsident der Republik zu werden, und der allseits beliebte deutsche Wetter-Moderator, in aufwendigen und mit äußerstem Medieninteresse verfolgten Prozessen vom Vorwurf der Vergewaltigung freigesprochen wurden. Was nichts an den gewaltigen Prestige-, Macht-, Zeit- und Geld-Verlusten änderte, die beiden widerfuhren. Strauss-Kahn saß, nachdem er medienöffentlich verhaftet und in Handschellen abgeführt wurde, vom 14.–19. Mai 2011 in Untersuchungshaft und stand dann nach Zahlung einer Kaution von sechs Millionen Dollar bis zum 1. Juli unter Hausarrest. Seine politische Karriere nahm ein jähes Ende, wozu auch weitere öffentliche Einblicke in sein ausschweifendes Sexlife beitrugen.

Zu den eigentümlichen und doch nur selten beachteten, geschweige denn medienöffentlich diskutierten Umständen der Strauss-Kahn-Affaire gehört die Suggestivität des kritischen Schemas, das da erfüllt zu sein schien: Einer der mächtigsten Männer der sog. ersten Welt bzw. des Westens, reich, berühmt, erfolgsgewohnt, weltweit in Elitekreisen verkehrend, Direktor des Internationalen Währungsfonds, vergewaltigt eine arme, aus der dritten Welt eingewanderte Putzkraft in der Suite eines New Yorker Luxushotels. Wieweit bei der sich sofort einstellenden Empörung die Hinweise, der Täter entstamme einer jüdischen Familie, mitgewirkt haben, lässt sich nicht exakt bestimmen. Man muss kein militanter Political-Correctness-Fan, frau muss keine militante Feministin, man muss kein Antisemit sein, um sich über so viel Schändlichkeit und strukturelle Gewalt, die in körperliche Vergewaltigung umschlägt, zu erregen. Man muss aber auch kein professioneller Investigationsjournalist und kein mit allen analytischen Wassern geschulter Kriminologe sein, um die groteske Unplausibilität der ein wenig zu suggestiven Geschichte zu erkennen. Denn es genügen die simpelsten und trivialer Weise unstrittigen Angaben zum Sachverhalt, um das Vergewaltigungsnarrativ, juristisch gesprochen: den Tatbestands-Vorwurf irritierend zu finden: Ein damals 62 Jahre alter Mann zwingt eine dreißig Jahre jüngere, kräftig gebaute und um mehrere Zentimeter größere (die in Medien zugänglichen Angaben für Strauss-Kahn betragen zwischen 168 und 174 cm, die für das Opfer 178–182 cm) Frau zum Oralsex. So die Anklage der aus Guinea stammenden Nafissatou Diallo, die auf Nachfrage verneint, dass der Täter mit einer Waffe drohte oder Betäubungsmittel einsetzte.

Es ist und bleibt auch im Rückblick irritierend, wieviele Medien, die über die Affaire Strauss-Kahn berichteten und Urteile fällten, die evidente interne

Widersprüchlichkeit des Anklagenarrativs entweder nicht wahrnehmen oder nicht problematisieren wollten. Die emotionale Empörung gegen Gewalt hat offenbar die Vernunft gerade auch von Medienprofis ausgeschaltet. Dabei war einigen Zeitgenossen die groteske Dimension der Anklage nicht ganz entgangen; die frühen Hinweise etwa von Richard Herzinger in der *Welt* vom 16.5.2011 – „Strauss-Kahn besetzt damit in der medialen Wahrnehmung von Anfang an die Idealrolle des abstoßenden Bösewichts – des unverbesserlichen Lustgreises, der seine Finger nicht von jungem Fleisch lassen kann" – fanden aber kaum Resonanz. Als die peinliche Qualität der medialen Vorverurteilung allzu deutlich wurde, setzte nicht etwa eine allgemeine Reflexion über die Gewalt der Medien ein, vielmehr setzte sich angesichts dessen, was über das Privatleben von Strauss-Kahn bekannt wurde, so etwas wie das Gefühl „es trifft ja doch den Richtigen" durch. Die Fälle Kachelmann, Strauss-Kahn und jüngst auch der des Musikwissenschaftlers Siegfried Mauser zeigen in aller Deutlichkeit, dass Medien (jedenfalls die in unseren Breiten) seit vielen Jahren außerordentlich sensibel auf Gewalt reagieren – bevorzugt auf die Gewalt, die von einflussreichen, älteren, mächtigen, weißen Männern ausgeht (und das ist zweifellos auch gut so, wie unter vielen anderen mehr jüngst der wohl eindeutige Fall des Hollywood-Film-Produzenten Harvey Weinstein belegt!). Dabei laufen Medien aber immer auch Gefahr, die z.T. Biographien zerstörende Gewalt auszublenden, die sie selbst ausüben, wenn sie diagnostisch mal gewaltig, mal nur schlicht die Faktenlage verkennen, weil sie großen Erzählungen mehr vertrauen als misstrauischen und unpopulären Zweifeln zugunsten der Angeklagten.

Medien berichten von Gewalt, sie analysieren und kritisieren Gewaltausübung, und sie üben selbst Gewalt aus. In Zeiten, in denen den klassischen Printmedien wie den öffentlich-rechtlichen Massenmedien (man ist geneigt zu sagen: ehemaligen Massenmedien) der Wind, ach was: der disruptive Internet-Sturm ins Gesicht braust, ist das Zögern verständlich, mit dem gerade Medienprofis aller Couleur auf z.T. gewaltige Fehlleistungen der Medien und eben auch konkret benennbarer Medienprofis reagieren. Um nur zwei Beispiele anzuführen: Dass der grand old man der ZEIT, Theo Sommer, wegen Steuerhinterziehung in erheblichem Ausmaß verurteilt wurde und als vorbestraft gilt und dass die Kämpferin für soziale Gerechtigkeit Alice Schwarzer diesem Mann darin nicht nachstand, buchen viele Medien als Peinlichkeit, über die des Sängers Höflichkeit nach kurzer Pflichterwähnung zu schweigen habe. Die beiden vorbestraften Wirtschaftskriminellen (eine sachlich angemessene, aber in den meisten Medien so nicht anzutreffende Bezeichnung) publizieren munter weiter (und das ist auch ihr gutes Recht; sie dürfen sich auch weiterhin für einen feinen Hanseaten bzw. für eine Kämpferin um soziale Gerechtigkeit halten) – wären sie Politiker gewesen, hätten sie jedoch definitiv ihre Ämter verloren. Für Journalisten gelten in demokratischen Saaten andere Regeln als die, die Journalisten für Politiker in Anschlag bringen.

Ein Beispiel für diese Asymmetrie ist im kollektiven deutschen Gedächtnis so gegenwärtig wie die Fälle Strauss-Kahn und Kachelmann. Grotesk übertribunalisiert wurden in vielen Medien (gerade auch von Journalisten, die gerne ihren Presseausweis vorzeigen, um etwas umsonst oder mit hohem Rabatt zu erhalten) die Vergehen des Bundespräsidenten Christian Wulff, der bekanntlich bei Freunden übernachtete, ohne dafür zu bezahlen (was die bekannte ZDF-Moderatorin Bettine Schausten stets tut, wie sie einem belustigten bis konsternierten TV-Publikum erklärte), sein Haus mit einem günstigen Kredit finanzierte, beim Autoleasing ein Bobby-Car für seinen Sohn dazu erhielt und vor Gericht anders als die genannten Medienprofis Theo Sommer und Alice Schwarzer einen Freispruch erster Klasse bekam. Im Gerichtsverfahren gegen den Bundespräsidenten ging es um den Vorwurf einer Vorteilsannahme in Höhe von 700 € (Freispruch), der Steuerhinterzieher Theo Sommer hatte seine Mitbürger um 700 000 € betrogen (verjährte Steuervergehen nicht mit eingerechnet, weder Theo Sommer noch Alice Schwarzer haben meines Wissens ausstehende, aber verjährte Steuerschulden beglichen).

Dass medienöffentliche Kritik an der problematischen Weise, wie andere mit Macht und Gewalt umgehen, nicht nur geboten ist, sondern auch Prestige, Einfluss und ökonomischen Erfolg einbringt und insofern trotz obligatorischer Anfeindung durch die Kritisierten angenehm sein kann, leuchtet unmittelbar ein. Trivialer Weise ist es weniger angenehm, selbst öffentlich kritisiert und gar der Gewaltausübung geziehen zu werden. Medien müssen – nicht nur in Deutschland – seit einigen Jahren verstärkt mit einer Wahrnehmung leben, die ihnen nicht ganz angenehm sein kann: dass sie nicht nur ungerechtfertigte Gewalt in ihren vielfältigen Formen aufdecken und kritisieren, sondern auch selbst ausüben. Dass Medien in halbwegs freien Gesellschaften neben Legislative, Exekutive und Judikative zur vierten Gewalt geworden sind[187], lässt sich kaum bestreiten (Lobbyismus sollte übrigens als fünfte Gewalt in Rechnung gestellt werden). Deshalb müssen Medien und konkret eben auch einzelne persönlich zu benennende Medienvertreter sich ebenso wie Abgeordnete, Minister und Richter Kritik gefallen lassen, wenn sie bei der Ausübung der ihnen anvertrauten Gewalt das eine oder andere Mal gewaltig danebenliegen, unvernünftige Vorurteile walten lassen und sich also nicht mit Ruhm bekleckern.

Diese medienkritischen Äußerungen fallen mir aus – wie ich annehme – schnell nachvollziehbaren Gründen nicht leicht. Nur zwei seien ausdrücklich

187. Vgl. dazu u.a. Thomas Meyer: Die Unbelangbaren – Wie politische Journalisten mitregieren. Berlin 2015

genannt – erstens: die rechtsradikale Pauschalpolemik gegen die „Lügenpresse“ (schweigen wir von Donald Trumps wüsten Ausfällen gegen Medien, die ihn zu kritisieren wagen) ist so verfehlt und angesichts der Vielfalt und der Qualität gerade auch der deutschen Medienlandschaft so grotesk, dass man automatisch zögert, eine Medienkritik zu artikulieren, die von falscher Seite vereinnahmt werden könnte. Deshalb in aller Deutlichkeit: Jeder, der auch nur ansatzweise bei Sinnen ist, wird es begrüßen, dass die große Mehrheit der deutschen Print-, Radio- und TV-Medien Maßstäbe der political correctness respektiert, Verfehlungen in Politik und Wirtschaft (weniger engagiert im Sport) aufdeckt, übergriffige bis vergewaltigungsbereite Männer, die nicht wissen, was sich Damen gegenüber schickt, vorführen und kritisiert und rechtsradikalen Tendenzen und Impulsen entgegentritt. Die Alternative, nämlich rechtspopulistische Stimmungspolitik zu unterstützen, ist ja zu Zeiten der Weimarer Republik im Umkreis etwa der Hugenberg-Presse mit bekannten Folgen praktiziert wurden. Der zweite Grund für die auffallende Zurückhaltung moderater Köpfe bei Kritik an Fehlleistungen der klassischen Medien Presse, Radio und TV wiegt wohl noch schwerer: die durchs Internet bedingten disruptiven Entwicklungen auf dem Mediensektor.

Den klassischen Medien wie der Presse oder dem öffentlich-rechtlichen Radio und Fernsehen, um vom Theater und vom gedruckten Buch zu schweigen, bläst der Wind, ach was, der Sturm ins Gesicht. Der Grund dafür ist offenbar: Das Internet sorgt für einen Struktur-, Logistik- und Mentalitätswandel in der Medienbranche, der atemberaubend und in jedem Wortsinne gewaltig ist. Unheimliche Qualität gewinnt dieser Prozess dadurch, dass er eigentümlich anonym waltet. Kritik am Internet lässt sich anders als Kritik an einzelnen Medien und Journalisten nicht recht adressieren. Das Internet hat so wenig wie die Moderne, das Geld oder die Globalisierung eine Adresse. Man kann eine Demonstration vor einem Sendegebäude oder einem Pressehaus, nicht aber vor der zentralen Niederlassung des Internets organisieren; man kann einen Intendanten oder Chefredakteur kritisieren und beschimpfen – problematisch, nein: unmöglich aber ist es, die Kritik am „Netz“ so zu artikulieren und zu adressieren, dass es sich beleidigt fühlt und mit Prozessen droht. Dieses von Kultur- und Medienkritikern um seiner Schlichtheit willen immer wieder unterschätzte Adressatenproblem stellt sich bei der Medienkritik noch schärfer als etwa bei der Kritik der Moderne, des Geldes oder der Globalisierung, die so wenig wie das Internet eine Anschrift, einen Eigennamen und eine Telefonnummer haben. Denn Medien, die reichweitenstark sein wollen, sind, wie man spätestens im ersten Semester eines Studiums der Medienwissenschaft lernt, auf Personalisierung angewiesen. Die Ingenieure, Informatiker und Programmierer, die die Internetinfrastruktur organisieren und am Laufen halten, sind eigentümlich anonym, jedoch alles andere als ohnmächtig. Kein Wunder, dass Vertreter traditioneller Medien unsicher, verstört und gereizt auf die disruptiven Entwicklungen auf dem Mediensektor reagieren. Denn sie erleiden neben starken ökonomischen Einbußen auch einen Prestige- und Einflussverlust, der irritierend und kränkend ist. Die Nervosität in den Debatten um die Qualität der unterschiedlichen Medien nimmt deshalb rasant zu. Auffallend ist dabei, dass sich die Traditionsmedien (wie jüngst die Schelte des *Spiegels* über ARD und ZDF und die darauf folgenden Reaktionen zeigten[188]) untereinander streiten wie die Kesselflicker, weil der eigentliche Adressat ihrer Kritik, das Internet mitsamt der Verwerfungen, die es den Traditions-Medien beschert, nicht zur Disposition steht. Das Internet waltet unbeeindruckt von aller Kritik unausgesetzt und mit stets steigender Intensität; es sorgt dabei für ebenso faszinierende wie unheimliche Verwerfungen.

Was Marx – um ihm kurz vor seinem zweihundertsten Geburtstag Reverenz zu erweisen – im *Kommunistischen Manifest* über den Kapitalismus ausführte (auch er hat übrigens keine spezifische Adresse, bei der man sich wirkungsvoll über ihn beschweren könnte) – gilt in frappanter Weise auch für das Internet. Im folgenden berühmten Zitat ist nur das Wort ‚Bourgeoisepoche' gegen die Wendung ‚Epoche des Internets' ausgetauscht: „Die fortwährende Umwälzung der Produktion, die ununterbrochene Erschütterung aller gesellschaftlichen Zustände, die ewige Unsicherheit und Bewegung zeichnet die Epoche des Internets vor allen anderen aus. Alle festen eingerosteten Verhältnisse mit ihrem Gefolge von altehrwürdigen Vorstellungen und Anschauungen werden aufgelöst, alle neugebildeten veralten, ehe sie verknöchern können. Alles Ständische und Stehende verdampft, alles Heilige wird entweiht, und die Menschen sind endlich gezwungen, ihre Lebensstellung, ihre gegenseitigen Beziehungen mit nüchternen Augen anzusehen."[189] Mit zumindest einer seiner Thesen hatte Marx fraglos Recht: Veränderte Produktivkräfte sorgen obligatorisch für veränderte Produktionsverhältnisse. Was in unserem Kontext heißt: Die Produktivkraft Internet hat bereits die alten Medienverhältnisse verdampfen lassen und wird sie weiterhin revolutionieren. Um nur einige wenige Aspekte konkret zu benennen: Die Musikindustrie, wie wir sie noch vor fünf Jahren kannten, ist im Zeitalter von Streaming-Diensten mitsamt ihren Bezahl- und Vertriebsmodellen schon heute nicht mehr wiederzuerkennen; Wissenschaftsverlage mit (in diesem Fall – um zurückhaltend zu formulieren – grenzwertigen Geschäftsmodellen wie denen des Elsevier-Verlages) wird es in zehn Jahren nicht mehr geben; neue große

188. Cf. die Spiegel-Titel-Story vom 7.10.2017: Die unheimliche Macht – Wie ARD und ZDF Politik betreiben.

189. Marx/Engels: Manifest der kommunistischen Partei; in: MEW Bd. 4, p. 465

Print-Lexika verlegen zu wollen, ist angesichts von Wikipedia schon seit vielen Jahren eine geradezu groteske Idee; und – trotz wilden Aufbäumens – die Printpresse und der Buchmarkt, der Buchhandel, die Buchpreisbindung und das uns vertraute Copyright sind ein Auslaufmodell (um nicht missverstanden zu werden, füge ich hinzu: leider, da geht unendlich viel verloren, aber das Bedauern bis Entsetzen ändert weder die Diagnose noch die Prognose.)

Werfen wir angesichts dieser Lage einen Blick zurück auf die heroische Geschichte der bürgerlich demokratischen Aufklärungsmedien. Sie können zu Recht stolz sein auf ihre Leistung. Einige wenige Stichworte genügen, um im kollektiven Gedächtnis erneut gegenwärtig werden zu lassen, was wir der vierten Gewalt, konkreter: klugen, unbestechlichen und mutigen Journalisten verdanken: die Aufdeckung des antisemitischen Komplotts gegen Dreyfuss, die Spiegel-Strauß-Affaire, der Watergate-Skandal, die Publikation der Vietnam-Papiere, die (wenn auch noch unvollendete) Klärung der Barschel-Intrigen – um nur diese wenigen Beispiele zu nennen. Sie vermögen ebenso argumentativ wie suggestiv zu begründen, dass und warum Medien in freien und offenen Gesellschaften zur vierten Gewalt neben Legislative, Exekutive und Judikative geworden sind.

Kein Wunder, dass das Selbstwertgefühl mutiger und kluger Presse- und Medienleute gut entwickelt ist: Wir sind das Sturmgeschütz der Demokratie, um den legendären Satz von Rudolf Augstein zu bemühen. Alle Erfolgsgeschichten haben aber immer auch ihren Preis: Den klassischen Aufklärungsmedien kommen die ganz großen Skandalgeschichten abhanden. Denn es ist angesichts der aufklärerischen Gegenmacht unabhängiger Medien in liberalen Gesellschaften für finstere Mächte schlicht und einfach sehr viel schwerer geworden, gegen fundamentale Gesetze und Anstand zu verstoßen. Und das ist zweifellos auch gut so. Intrigante Politiker (aber auch andere Milieus wie etwa die Wirtschaftseliten) müssen sehr handfest damit rechnen, dass ihr illegales Tun auffliegt – dank aufmerksamer, kritischer Medien, die man eben deshalb nicht genug schätzen kann. Der ironische Nebeneffekt dieser positiven Entwicklung ist, dass auch Skandale nicht mehr das sind, was sie einmal waren.

Kritischer Journalismus aber ist auf die Aufdeckung von Skandalen systematisch angewiesen. Und also wird häufig skandalisiert, was denn doch deutlich unterhalb des Niveaus von Starfighter-Korruption, CIA-gestütztem Putsch gegen Allende oder Parteien- und Politikerbestechung im großen Maßstab ist. Etwa, dass ein Bundespräsident bei Freunden übernachtet, ohne dafür zu zahlen, oder dass ein Bundeskanzlerkandidat den wahren Satz ausspricht, guten Wein könne es nicht für weniger als fünf Euro pro Flasche geben. Wenn dann noch hinzu kommt, dass ein unerträglicher Skandal, nämlich eine ausländerfeindliche Mordserie wie die des NSU den kritischen

Traditions-Medien nicht auffiel, ist es nicht verwunderlich, wenn diese einen Ansehensverlust erleiden.

Zu diesem Prestigeverlust trägt auch bei, dass gerade die klassischen Medien in den letzten Jahren, also ausgerechnet in Zeiten der verschärften Konkurrenz mit Internetmedien, vielfach einen irritierenden Mangel an Urteilskraft aufweisen. Um nach dem Fall Dominique Strauss-Kahn einen weiteren, ganz anders gearteten zu nennen: die Reaktion der traditionellen Medien auf Edward Snowdens Enthüllungen über den Umgang des US-Geheimdienstes NSA mit dem Internet. Ich gehöre zu den arroganten Köpfen, die bekennen, von dieser Enthüllung nicht überrascht worden zu sein. Die allermeisten Medien aber zeigten sich überrascht und entsetzt. Sie waren also zuvor unglaublich naiv, gutgläubig und unkritisch. Haben sie wirklich geglaubt, der US-Geheimdienst würde das Internet nicht im großen Maßstab automatisch abtasten? Wenn sie nicht so naiv waren, warum haben sie dann nicht recherchiert? Die Aufdeckung der NSA-Aktivitäten war ja nicht das Ergebnis eines investigativen Journalismus, vielmehr hat ein kritischer und mutiger NSA-Mitarbeiter, der erhebliche Sanktionen auf sich nimmt, die Öffentlichkeit gesucht. Russland, das ihm Zuflucht gewährt hat, wird kaum einen Preis für Zivilcourage im Kampf gegen übergriffige staatliche Organisationen nach Edward Snowden benennen.

Zu den beiden genannten heiklen Medien-Entwicklungen der letzten Jahre (nämlich erstens der Tendenz zur – mit Verlaub – idiotischen und selbstgerechten Überskandalisierung und Übertribunalisierung und zweitens einem ebenso verbreiteten wie irritierenden Mangel an Urteilskraft) tritt drittens eine Angleichung an die statt eine Absetzung von den shitstorm-Tendenzen der massenjournalistischen Blogger- und Twittersphäre. Qualitätsmedien, welche Tautologie, haben nur dann eine Bestandschance, wenn sie besser, also komplexer, urteilssicherer, analytischer, sagen wir getrost: feiner sind als das affektive Grundrauschen im Internet. Genau dies aber ist nicht verlässlich der Fall. Um nur ein, wenn auch extremes Beispiel zu nennen – es fällt mir nicht leicht, dergleichen auch nur zu zitieren: Hans-Ulrich Jörges schrieb als Mitglied der Chefredaktion des *Stern* (wir erinnern uns: die Illustrierte, die durch den fanatischen SS-Mann und Nazi-Propagandamann Henri Nannen groß wurde und die die plump gefälschten Hitler-Tagebücher publizierte) am 16. Februar 2012 auf dem Höhepunkt der Affaire um Bundespräsident Wulff: „Mit Verlaub, Herr Präsident, Sie haben keinen Arsch in der Hose. (...) Es ist vorbei. Aus. Dead wolf howling."

Der Stern-Redakteur Jörges hält sich wahrscheinlich für einen gut erzogenen, stil- und urteilssicheren Mann, der glaubt, sich um unsere Demokratie verdient gemacht zu haben. Er muss aber zur Kenntnis nehmen, dass andere ihn und sein Tun nicht so wahrnehmen und dies auch kundtun. Ein klassischer Fall von kognitiven Dissonanzen. Es genügt ein schlichtes Gedankenexperiment: Wie würden MedienkollegInnen reagieren, wenn in einer auflagenstarken Zeitung bzw. Zeitschrift aus der Feder des Chefredakteurs zu lesen wäre: „Mit Verlaub, Frau Schausten, Frau Schwarzer, Herr Sommer, Sie haben keinen Arsch in der Hose. Es ist vorbei mit Ihnen. Da können Sie soviel heulen, wie Sie wollen. Wir fordern Ihren Rücktritt – ohne Renten- bzw. Pensionsbezüge." Wer solche Sätze aus besten Gründen verwerflich findet, wird Schwierigkeiten haben, wenn er die Äußerungen des Stern-Chefredakteurs Jörges über den Bundespräsidenten verteidigt. Wahrscheinlich hält sich Jörges für einen Aufklärer und wackeren kritischen Begleiter unserer Demokratie; er betreibt jedoch eine unsäglich dumme Politikerschelte, die einen ganzen Berufsstand, den der Politiker, verächtlich macht und Wähler in die Arme der AfD treibt.

Womit wir beim vierten Aspekt der gegenwärtigen Medien-Nervosität und -Gereiztheit sind (es gibt sicherlich noch sehr viel mehr): Ob man es begrüßt oder kulturkonservativ beklagt – die Kritik-Verhältnisse haben sich schon seit „1968" langsam, aber sicher neu justiert. Nämlich in Richtung Symmetrisierung: Ob Geistlicher oder Politiker, ob Journalist oder Professor, ob Hauptschulabschluss oder Abitur – jeder darf jeden einigermaßen ungestraft kritisieren und muss sich seinerseits Kritik gefallen lassen. Bestimmten Berufsgruppen wie Päpsten, Spitzensportlern, Managern, Berühmtheiten aller Art und eben auch Journalisten fällt der Abschied von asymmetrischen Kritikverhältnissen bemerkenswert schwer (paradigmatisch etwa Papst Benedikt, der sich von der Bundeskanzlerin öffentlich für die Aufhebung der Exkommunikation des Holocaustleugners Bischof Williamson kritisieren lassen musste).

Nun fällt es einer wachen Öffentlichkeit auf, dass nicht alle, aber viele Journalisten sehr gut im Austeilen, aber schlecht im Einstecken sind. Fritz J. Raddatz hatte wenig Scheu vor scharfen Attacken und wenig Verständnis dafür, dass seine grotesken und systematischen Fehlleistungen für anhaltende Irritation und Belustigung sorgten. Alice Schwarzer hält es für eine Zumutung, ja schreiende Ungerechtigkeit, wenn man öffentlich über ihre Steuerhinterziehung berichtet und diskutiert. Bettina Schausten mag kein rechtes Verständnis dafür aufbringen, dass viele sich über ihre Behauptung vor Millionen von TV-Zuschauern lustig machen, sie bezahle anders als Bundespräsident Wulff stets, wenn sie bei Freunden übernachte. Und der Springer-Chef Matthias Döpfner ist irritiert und fühlt sich missverstanden, wenn sein fataler Satz „Wer mit der ‚Bild' im Aufzug nach oben fährt, fährt mit ihr auch wieder nach unten" von vielen kritisiert wird, weil er zutreffe und weil hier einer ausplaudere, dass es in der Tat machtvolle Medien gibt, die nicht immer nur Sturmgeschütze der Demokratie sind. Es lohnt sich, an eine Trivialität zu erinnern. Journalisten sind Politikern und Literaturkritiker sind Autoren nicht per se überlegen, weder moralisch noch kognitiv; auch sie, die professionell kritisieren, dürfen ihrerseits kritisiert werden. Medial groß inszenierte Überskandalisierungen und Übertribunalisierungen sorgen dafür, dass sich immer mehr kluge und unabhängige Köpfe weigern, in die Politik zu gehen. Eine latent psychotische Überbeobachtung, der jedes Gefühl für Maßstäbe verloren gegangen ist, bringt Demokratien nicht voran, sondern bedroht sie.

Einerseits-andererseits-Texte sind schrecklich, weil langweilig. Und dennoch sind sie häufig sachlich geboten. So auch im vorliegenden Fall. Aller angeführten Kritik zum Trotz gilt: Wir haben nach wie vor eine bemerkenswert komplexe und qualitativ hochwertige Medienlandschaft. Und also haben wir viel zu verlieren. Ich stimme der Widerrede des Medienwissenschaftlers Bernhard Pörksen in der ZEIT vom 8. November 2014 gegen allgemeine Medienverdrossenheit („Lügenpresse") zu und versuche eben deshalb Tendenzen zu kritisieren, die einer solchen Verdrossenheit Vorschub leisten. Und ich habe Bewunderung und Verständnis für die ZEIT-Redakteurin Susanne Gaschke, die sich in die aktive Politik begab, Oberbürgermeisterin von Kiel wurde und nach einem Jahr buchstäblich unter Tränen wieder aus der Politik verabschiedete, weil die Medien sie so gemein behandelt hatten. Um nochmals in der Medien-Oberliga, also bei der ZEIT zu bleiben: Deren Chefredakteur Giovanni di Lorenzo, der zu den bestinformierten Köpfen der Republik zählen sollte, bekannte fröhlich und medienöffentlich in der Runde um Günther Jauch, bei der Europawahl zwei Stimmen abgegeben zu haben – habe er doch zwei Pässe, einen italienischen und einen deutschen. Das Verfahren gegen den sich so vielfach blamierenden Wahlbetrüger wurde gegen Zahlung einer Strafsumme in unbekannter Höhe eingestellt – ein Spitzenpolitiker mit demselben Täterprofil hätte anders als der Spitzenjournalist mit Sicherheit sein Amt verloren.

Soviel, da die Wahrheit fast immer konkret ist, zur Gewalt, die Medien eben nicht nur bei Politikern, Managern und Machthabern aller Art kritisieren, sondern auch ihrerseits ausüben. Gegen Medienverdrossenheit gibt es nur ein Gegenmittel: sehr gute, stilsichere, mit Augenmaß gesegnete und gegen Selbstgerechtigkeit immune Medien, die zwischen adressierbarer und nicht-adressierbarer Gewalt bzw. Gewalt-Kritik zu unterscheiden verstehen. Zu den eigentümlichsten Diskussionen der letzten Jahre gehört die Problematisierung der Gewalt, die dem Medium Sprache und gängigen Weisen des Sprechens innewohnt. Feministische Sprachkritik hat erfolgreich für Sensibilisierung und verändertes Sprechverhalten etwa bei Anreden, bei Ausdrücken wie ‚Fräulein' oder ‚dämlich' oder bei den Resonanzen von Worten (wie: dass im Wort ‚Mädchen' die Etymologie von ‚Mägdchen' bzw. Magd mitschwingt, die Worte ‚Junge' und ‚Knabe' hingegen auf ‚Junker' und ‚Knappe' zurückgehen) gesorgt. Die aus solchen Diskussionen resultierenden Sensibilisierungsgewinne sind offensichtlich, sie tragen erheblich zur revolutionären Neujustierung des Geschlechterverhältnisses bei, die sich in den drei vergangenen Jahrzehnten in der sog. westlichen Welt durchgesetzt hat. Wie erfolgreich diese Revolution war, ist schon daran ersichtlich, dass nur noch Leute, die über 60 Jahre alt sind, eine in der Regel positiv besetzte Rest-Irritation darüber empfinden, dass Deutschland seit 12 Jahren von einer Bundeskanzlerin reagiert wird, dass wir eine Verteidigungsministerin haben, dass britische Premierministerinnen wie Thatcher und May für eine eigenwillige Politik sorgen – und dass fast alle bedauern, dass nicht eine Frau, sondern ein deliranter Karikatur-Mann zum Präsidenten der USA gewählt wurde.

Nun haben erfolgreiche Revolutionen, die alte und diskreditierte Eliten zu Fall bringen, mit eigentümlicher Regelmäßigkeit die Tendenz, in verrückte und zerstörungswütige Phasen einzutreten. Aus Impulsen, die unzumutbarer Gewalt entgegentreten, resultieren dann häufig selbst gewalttätige Impulse. Das gilt u.a. für die Französische Revolution und ihren jacobinischen Tugendterror, für die Oktoberrevolution und ihre massenmörderisch-stalinistischen Exzesse, für die Kulturrevolution in China, für Nordkorea, wo Kommunismus zügig in eine Gespensterform des Neufeudalismus umgeschlagen ist, für Kuba, wo ein alt gewordener Revolutionär das Land an seinen kleinen Bruder weiterreicht oder für Simbabwe, wo ein gefeierter Kämpfer für Dekolonialisierung und Freiheit zum gespenstischen Despoten wird. Strukturell gilt das auch für die political-correctness- und Gender-Revolution. Sie begann – wie die genannten Revolutionen – mit einer plausiblen und weitgehend erfolgreichen Sensibilisierung gegen unerträgliche strukturelle und handfeste Gewalt. Und sie droht nun, selbst zu einer neopuritanisch-jacobinisch-stalinistischen Gewalt zu werden. Viele, nicht nur Männer, sondern, um korrekt zu formulieren, auch Menschinnen, Mitgliederinnen, Gästinnen, Kinderinnen können Opferinnen dieses Umschlags von medialer Sensibilisierung gegen Gewalt in nicht nur mediale Gewaltausübung werden.

Die mediale Aufrüstung der Universitäten

Die vom Deutschen Hochschulverband DHV herausgegebene Zeitschrift *Forschung & Lehre* brachte in ihrer Ausgabe 5/2014 folgendes Interview mit mir über MOOCs (Massive open online courses) als neues Medieninstrument in der universitären Lehre.

Sie betonen, dass die Universität eine „unzeitgemäße" Institution sein soll. Was meinen Sie damit? Was gehört dazu?

Die gängige Wendung, dass sich alles ständig ändert, ist ein wenig zu offensichtlich, um ganz zuzutreffen. Sie blendet nämlich Kontinuitäten aus, die häufig noch erstaunlicher sind als der stetige Wandel. So ist es frappierend und faszinierend zu beobachten, wie wenig sich die Universität seit 2500 Jahren verändert hat. Seit der platonischen Akademie über die mittelalterliche societas magistrorum et discipulorum, die frühneuzeitlichen Universitätsneugründungen und die Humboldt-Universität bis hin zur Bologna-Reform-Hochschule ist die Universität ihrem Grundschema treu geblieben: Ältere und Jüngere treffen in Hörsälen, Seminarräumen und Laboratorien aufeinander, um gemeinsam herauszufinden, welche Aussagen wahr und welche falsch sind. Wenn sie zu großer und problematischer Form auflaufen, wollen sie gar die Wahrheit selbst ergründen und benennen. Diese Grundkonstellation hat sich durchgehalten, unabhängig davon, ob Papyri oder Bücher, Wachs- oder Kreidetafeln, Dias oder Beamer (übrigens auch: ob nur Männer oder auch Frauen) mit anwesend waren. In diesem Sinne ist die Universität ein bezaubernd sturer Anachronismus. Stark ist sie, wenn sie sich zu dieser ihrer Unzeitgemäßheit bekennt.

Frönen die Befürworter der MOOCs zu sehr dem Zeitgeist? Fallen sie auf einen „Hype" herein oder haben sie im Gegenteil die Zeichen der Zeit richtig gedeutet?

Es gibt nicht den einen Zeitgeist, sondern konkurrierende Zeitgeister. Und der heitere, der enthusiastische akademische Zeitgeist kokettiert anders als der Wissenschaftsmanager-Zeitgeist nicht mit dem neusten Stand der Medientechnik, sondern mit der Unzeitgemäßheit der Universität. Um Missverständnisse zu vermeiden: Ich bin Intensivnutzer neuer Medien und von ihren Möglichkeiten dauerhaft fasziniert; ich bin auch mit ein paar Theorieäußerungen auf youtube präsent. Als Philologe weiß ich zumal die Vorteile riesiger elektronischer Textcorpora zu schätzen. Zugleich habe ich vielfach erfahren (etwa bei Ferienakademien der Studienstiftung), wie verblüffend anregend und produktiv das Unzeitgemäße schlechthin sein kann – z.B. eine mehrstündige gemeinsame Wanderung voll intensiver Gespräche. Sich müßig, scheinbar ziellos zu bewegen, zu flanieren, mit offenen Ohren und mitunter geöffnetem Mund mit dieser oder jener Idee anzubandeln – das macht seit jeher das universitäre Leben aus. Universitäten wurden immer unfreiwillig komisch, wenn sie besonders avanciert sein wollten. Ich erinnere mich, dass Unis mit dem Argument um Studis warben, bei ihnen gäbe es eine E-Mail-Adresse umsonst. Abenteuerlich hohe Studiengebühren zahlen US-Studenten ja nicht für eine Mail-Adresse oder für Zugang zu MOOCs, sondern um mit berühmten Geistern face-to-face-communication pflegen zu können. MOOCs sind MOOCs, und man kann sie einsetzen wie Beamer für Power Point-Präsentationen, auf denen man lesen kann „Vielen Dank für Ihre Aufmerksamkeit" just dann (oder schlimmer: mit irritierender Vor- oder Nachzeitigkeit), wenn der Vortragende genau das sagt. Gleichschwebende Aufmerksamkeit auch für das abseitig Scheinende ist die beste Ressource der Universität; sie fügt sich nicht ins MOOC-Schema.

In einem alten Konzept der Vorlesung heißt es: „Der Lehrer muss alles, was er sagt, vor den Zuhörern entstehen lassen; er muss nicht erzählen, was er weiß, sondern sein eignes Erkennen, die Tat selbst, reproduzieren". Denn die Studenten sollten nicht nur Kenntnisse sammeln, sondern denken lernen. Können die MOOCs dieses Ziel der Universität unterstützen oder verhindern sie es eher?

Ihre Frage verweist zu Recht auf die performative Dimension universitärer Lehre. Und die hat einen Ereignischarakter und eine Präsenzqualität, die MOOCs nicht erreichen können. Romantiker sind häufig die besseren Realisten. Dass ein neuer Gedanke aufblitzt, irritiert, verworfen wird, von einigen zäh verteidigt, von anderen verlacht wird, durchdacht sein will, bis zur nächsten Sitzung (gerne mit Rekurs auf MOOCs zum diskutierten Thema) ausgiebig durchdekliniert werden muss – das ist keine Unimythologie, sicherlich auch keine Uni-Alltagserfahrung, aber doch die Leitidee der Universität. Wenn sie Gestalt wird, dann geschieht das in aller Regel weit weg von Power Point und MOOCs. Das Akrostichon MOOC (massive open online course) spielt ja mit offenen Karten. Es kennt keine produktive Abwesenheit und Einsamkeit, es öffnet sich massiv dem mainstream, es mag keinen Zickzackkurs. Mit einem Wort: es passt nur in dem Sinn zur Universität, dass es das Andere der Universität markiert. Um Konzessionen zu machen: MOOCs sind unter neuen Unimedienbedingungen (bestenfalls!) das, was Repetitoren im Fach Jura waren und sind – das Andere der Universität innerhalb der Universität.

Worin liegen die Chancen der MOOCs, worin die Nachteile?

Alle Chancen von MOOC können mit Nachteilen von MOOC zusammenfallen. MOOCs können kanonisches Grundlagenwissen bereithalten – es kann das falsche, gegen Neues immunisierende Wissen sein. MOOCs können preiswerte Formen der Wissensvermittlung anbieten – und sie schreien danach, durchkommerzialisiert zu werden. MOOCs machen (Stichwort Klickzahlen) akademischen Erfolg messbar – wie die Summen eingeworbener Drittmittel, die dazu führen, im akademischen Geschäft (selbst und gerade bei Berufungen) auf diese Kennziffer zu achten und nicht auf die Qualität und den Überraschungswert der Ergebnisse. MOOCs fügen sich dem individuellen Zeitmanagement – und rauben die Erfahrung, dass es Kairos, Überzeitlichkeit und Unzeitgemäßheit gibt. MOOCs sind dosierter Aufmerksamkeit zugänglich, ich kann einer Vorlesung mit beliebig viel Unterbrechungen und Wiederholungen folgen – Unilehre verlangt die überlebenswichtige Kultur einer 90 Minuten lang durchgehaltenen Aufmerksamkeit. MOOCs pflegen das heute massenhaft anzutreffende Paradox der individualisierten Kollektive – und sie lassen die Erfahrung erodieren, als Mitglied einer Gruppe auch im Bild darüber zu sein, was für ein Bild sich andere über meine Bildung machen. Die Universität hat neue Medien wie das Buch dankbar aufgegriffen, sie wird sicherlich und aus guten Gründen weiterhin auf E-Publishing umstellen – und in anderen Bereichen alten Medien die Treue halten. MOOCs aber muss sie anerkennen, indem sie sie bekämpft und zeigt, dass sie besser ist.

Freundschaft im Zeitalter des Internets

Am 22. März 2011 (beiläufig: der Todestag des Gottes der Gutenberg-Galaxis – Goethe starb am 22.3.1832) wandte sich Karl Theodor zu Guttenberg in einer kurzen Video-Botschaft an seine „lieben Facebook-Freunde", um ihnen für die Unterstützung in schwerer Zeit zu danken. „Liebe Facebook-Freunde, ich bin aus bekannten Gründen erst in den letzten Tagen dazu gekommen, die zahlreichen, ja zehntausende Kommentare auch einmal zu lesen. Ich habe mich immens gefreut." Und dann spricht KTG eine Art Facebook-Freundschafts-Treueschwur, der vergleichsweise leicht einzuhalten ist: „Wir werden voneinander hören, und ich werde mich melden." (http://www.stern.de/politik/deutschland/ansprache-an-facebook-freunde-guttenberg-strahlt-wieder-1666412.html) Die Episode ist unscheinbar und doch in zumindest fünffacher Hinsicht wert, analysiert zu werden. Denn sie verdeutlicht, wie eigentümlich sich das Verständnis von Freundschaft im Zeitalter von Internet und Facebook gewandelt hat – und umgekehrt: wieviel alte semantische Bestände um das Konzept ‚Freundschaft' auch im Zeitalter sozialer Netzwerke wie Facebook noch Bestand haben.

Auffallend ist erstens, dass Freunde im Facebook-Zeitalter kein knappes Gut mehr sind. Die Zahl der Freunde musste, das galt über viele Epochengrenzen hinweg, überschaubar sein. Freunde, deren Namen man nicht im Kopf hat, sondern nur über das Adressbuch erschließen kann, waren ein Widerspruch in sich. Hundert, tausend, gar zehntausend Freunde[190] sind nach traditionellem Verständnis keine Freunde, sondern etwas anderes, etwa Kommentatoren, Kunden oder Karteikartennamen. Zu Guttenberg ist sich dieses Umstands bewusst. Spricht er doch ausdrücklich seine ca. vierhunderttausend Adoranten als „Facebook-Freunde" und nicht direkt als seine Freunde an. Gerade die von vielen kulturkritisch vermerkte Inflationierung des Begriffes ‚Freund' in Facebook-Kontexten macht aber den wirklichen Freund umso markanter. Er kann keine online-Existenz sein, es muss ihn offline geben. Nichts ist also leichter, als den bloßen Facebook-Freund, den es hundert-, ja tausendfach geben kann, vom wahren, richtigen, gar besten Freund zu unterscheiden (so wie niemand ernsthaft annimmt, ein Parteifreund müsse ein wahrer Freund sein). Epochen vor dem Internet kennen den Kult um den besten Freund. Es genügt, einen weiten Bogen von Achill und Patroklos bis hin zu Old Shatterhand und Winnetou zu spannen, um zu

190. Nach der Studie von Bernadette Kneidinger: Facebook und Co. – Eine soziologische Analyse von Interaktionsformen in Online Social Networks. Wiesbaden 2010 haben „ein Drittel der Facebook-Nutzer weniger als 50 Freunde, jeder Fünfte (22%) hat zwischen 50 und 100 ‚Facebook-Freunde', und nur knapp 7% haben tatsächlich mehr als 300 Personen in ihren Freundeslisten." (p. 82)

erkennen, wie prägnant das Motiv des besten Freundes ausgebildet war – und wie heikel es um dieses Motiv bestellt war. Denn eine symbiotische Zweierbeziehung, die folie à deux ist das Erkennungsmerkmal romantischer, leidenschaftlicher Liebe schlechthin. „Du und kein anderer, du und keine andere bist der Mann bzw. die Frau meines Lebens“ lautet die exklusive Codierungsformel passionierter Liebe[191], die Romeo und Julia oder Tristan und Isolde vereint. Wenn Freundschaft so exklusiv wird, dass sie ganz auf den einen besten Freund fokussiert ist, steht sie automatisch im Verdacht, nicht hinreichend zwischen Liebe und Freundschaft zu unterscheiden, also (homo)sexuell grundiert zu sein, ein Motiv, das sich am antiken Freundschaftspaar Achill / Patroklos und am Wildwestfreundschaftspaar Winnetou / Old Shatterhand unschwer bewährt. Freundschaft darf keine folie à deux sein, sie muss sich im Diesseits erotischer Schwingungen bewegen, und also muss sie den Rationalitätsstandards genügen, die die triangulär strukturierte symbolische Ordnung vom Imaginären und Phantasmatischen unterscheiden. Deshalb ist es nicht verwunderlich, dass die klassische Freundschaft des Gutenberg-Zeitalters eine pointierte Dreierkonstellation ist.[192] Mit Schillers klassischen Worten: „Ich sei, gewährt mir die Bitte / in Eurem Bunde der Dritte.“ An der starken Wahlverwandtschaft der Zahl drei und der Konzeption von Freundschaft lassen schon sprichwörtliche Buch- bzw. Liedtitel keinen Zweifel aufkommen: *Die drei Musketiere* (die so heißen, obwohl der Roman eigentlich von vier Musketieren handelt!), *Three men in a boat, Die Drei von der Tankstelle.* Freundschaft ist eine Konstellation von 3+n Menschen, wobei nicht nur im Fußballzeitalter, sondern schon im Kreis um Jesus Christus bei ca. elf Leuten Schluss sein muss.[193]

Von Gutenberg zurück bzw. voran zu zu Guttenberg! An seiner Video-Äußerung fällt zweitens auf, dass das Phantasma inflationär vieler Freunde keine Innovation des Internet-Zeitalters ist, sondern eine lange Vorgeschichte hat. Es genügt, an den Begriff ‚Parteifreunde‘ und die ihm zugesellten Witze (was ist die Steigerung von ‚Feind‘? – Parteifreund) zu erinnern. Freundschaft meint eben nicht erst im Facebook-Zeitalter neben den persönlichen Freundschaften auch alle diejenigen, die keine Feinde sind. Die Freund-Feind-Unterscheidung grundiert die große wie die kleine Politik.[194] Staaten und Natio-

191. Cf. Niklas Luhmann: Liebe als Passion – Zur Codierung von Intimität. Ffm 1982

192. Cf. Jochen Hörisch: Freundschaft und Liebe – Zwei Liebende, drei Freunde; in: J. H.: Das Wissen der Literatur. München 2007, pp. 158–168 und die von Gerhard Richter herausgegebene Festschrift für Stanley Corngold: Literary Paternity, Literary Friendship – Essays in Honor of Stanley Corngold. Chapel Hill/London 2002

193. *Elf Freunde* ist denn auch der Titel des *Magazins für Fußball-Kultur*, das seit 2005 monatlich erscheint.

194. Cf. Carl Schmitt: Der Begriff des Politischen. Berlin 1932

nen schließen einen Freundschafts- und Beistandsvertrag oder geben eine Kriegserklärung ab; Parteifreunde bekämpfen politische Gegner; Facebook-Freunde verteidigen KTG gegen seine Feinde. Wie elementar die Freund-Feind-Unterscheidung ist, macht neben vielen anderen Texten eine Passage aus Richard Wagners romantischer Oper *Tannhäuser* deutlich. Der edle Sänger hat seinen Freundeskreis verraten, als er sich Venus in die Arme warf. Er hat also nicht nur zugunsten einer ultimativen Frau, der Liebesgöttin selbst, individuelle Freundesbande mit Männern gekappt, sondern einen Lagerwechsel vollzogen. Aus den christlichen, sittlich gefestigten Kontexten des Lebens auf der Wartburg im Umkreis der Heiligen Elisabeth zog es ihn ins laszive antike Reich der Venus. Und so ist es nicht verwunderlich, dass seine ehemaligen Freunde bei Tannhäusers Wiederkehr wissen wollen, ob er Freund oder Feind sei.

BITEROLF.
Sag', was uns deine Wiederkunft bedeutet?
Versöhnung? Oder gilt's erneu'tem Kampf?
WALTHER.
Nah'st du als Freund uns oder Feind?
DIE ANDEREN SÄNGER außer WOLFRAM.
Als Feind?
WOLFRAM.
O fraget nicht! Ist dieß des Hochmuths Miene? –
Gegrüßt sei uns, du kühner Sänger,
der, ach! so lang' in unsrer Mitte fehlt!
WALTHER.
Willkommen, wenn du friedlich nah'st!
BITEROLF.
Gegrüßt, wenn du uns Freunde nennst!
ALLE SÄNGER.
Gegrüßt! Gegrüßt! Gegrüßt sei uns!

Das Freund-/Feind-Schema wirkt im Zeitalter des Internets nach (man ist etwa pro oder contra KTG), aber es verblasst. Zum Pathos der Facebook-Kommunikation gehört, dass im weltweiten Dorf virtuell alle meine Freunde werden können. Nun muss man kein großer dialektischer Kopf von Hegelschem Niveau sein, um zu bemerken, dass alle all zu gut gemeinten Inklusionsformeln ihre unheimlichen Dimensionen haben. Kann man, um an die berühmte Zeile aus Schillers *Ode an die Freude* zu erinnern, die eben auch eine Ode an die Freunde ist („wem der große Wurf gelungen, eines Freundes Freund zu sein"), kann man an alle den Wunsch adressieren: „alle Menschen werden Brüder" – kann man das ernsthaft wollen, ist man Spielverderber und Freundschaftsverräter, wenn man danach fragt, wo denn, wenn dieser wohlgemute Wunsch in Erfüllung gehen sollte, die Schwestern bleiben und diejenigen Frauen, die, da sie nicht dem Inzesttabu unterliegen sollen, nicht nur nicht Brüder, sondern nicht einmal Schwestern werden sollten?

Zum traditionellen Verständnis und zum spezifischen Pathos von Freundschaft gehört es drittens, dass in ihr soziale Differenzen (fast) erodieren.[195] Fast: Freundschaft ist eine Beziehung zwischen Gleichen, die wissen, dass sie ungleich bleiben. Freundschaften zwischen Herr und Knecht, Chef und Angestelltem, Reichem und Armen kann es geben – in Ausnahmefällen; sie sind literaturtauglich, wenn auch nicht ganz so literaturtauglich wie Liebe über Standes- und Klassengrenzen hinweg (man denke an Faust und Gretchen, Botho von Rienäcker und Lene in Fontanes Roman *Irrungen, Wirrungen* oder den student prince). Anbieten muss die Freundschaft zwischen sozial asymmetrisch Positionierten aber immer und banaler Weise der Höhergestellte. Ich sei, gewährt mir die Bitte, in eurem Bunde der Dritte, darf der umgestimmte Despot zum verhinderten Tyrannenmörder oder der pensionierte Chef zu seinem mit ihm pensionierten Chauffeur, nicht aber dieser zu jenem sagen. Um so auffallender ist es, dass Facebook-Freundschaften zwar nicht a-hierarchisch sind, aber doch so sein und scheinen wollen. Das macht schon die fast obligatorische „du" und „ihr"-Anrede deutlich. Auch zu Guttenbergs Facebook-Freunde duzen fast ausnahmslos den Herrn Minister und Spross eines uradeligen Geschlechts („wir stehen zu dir", „lass dich nicht von den Medien fertigmachen"). Um so auffallender ist es, dass zu Guttenberg bei seiner Videoreplik die Anredefrage einigermaßen elegant umgeht. Sagt er doch: „Wir werden voneinander hören, und ich werde mich melden" und nicht etwa „ich werde mich bei euch melden". Fraglos ist Facebook zuerst einmal eine mediale Plattform sozialer Nivellierung, die dann aber umso deutlicher das comeback sozialer Distinktionsbedürfnisse in Erscheinung treten lässt. Wenn man mit sehr vielen kommuniziert, ist es wichtig, deutlich zu machen, mit wem man nicht kommunizieren will oder welcher Untergruppe von Freunden man mitteilen möchte, was andere Freunde nicht erfahren sollen. Der zügige Achtungserfolg des Facebook-Konkurrenzprogramms Google+ hing nach Einschätzung aller Kommentatoren damit zusammen, dass das neue Programm Adressatengruppen viel leichter als das ältere voneinander isolieren kann. Facebook musste in dieser Hinsicht nachbessern und hat genau dies getan: die Möglichkeiten der Nichtkommunikation auszubauen. Nicht jeder Freund (um von Mitgliedern der Familienbande

195. Cf. Georg Simmel: Soziologie – Untersuchungen über die Formen der Vergesellschaftung; in: Gesamtausgabe in 24 Bänden Bd. 11, ed. Otthein Rammstedt. Ffm 1992, pp. 395–405

zu schweigen) muss alles von mir wissen. Es gibt eben intime und nicht-intime Freundschaften – wie im Zeitalter des Brief- und Telefonverkehrs.

„Ich werde mich melden." Ein bei aller Schlichtheit klassischer Fall von Metakommunikation. Dass man weitgehend inhaltsfrei Kommunikation kommunizieren kann, ist nun (viertens) ebenfalls ein vertrautes Problem, das sich aber auf Internetbasis in neuer Schärfe stellt. Kein anderer als Goethe hat in seinem Altersroman *Wilhelm Meisters Wanderjahre* einen Freundschaftsbund geschildert, der unablässig die Fernkommunikation kultiviert. Wilhelm Meister verkehrt mit seiner Frau Natalie im gesamten Roman ausschließlich brieflich und nicht etwa erotisch. Ihre Korrespondenz ist eine semantische, keine somatische. Neudeutsch gesprochen: Die beiden sind, soweit das klassische Postsystem dies zulässt, ständig online, ihnen bleiben offline-chocs erspart oder eben fast erspart. Denn Wilhelm Meister macht eine Erfahrung, die unter gänzlich anderen medientechnischen Konstellationen der von Neo im Film *Matrix* nicht ganz unähnlich ist, nämlich die Erfahrung, dass die Kommunikation gewichtiger ist als das Kommunizierte. „Der Mensch ist ein geselliges, gesprächiges Wesen; seine Lust ist groß, wenn er Fähigkeiten ausübt, die ihm gegeben sind, und wenn auch weiter nichts dabei herauskäme. Wie oft beklagt man sich in Gesellschaft, daß einer den andern nicht zum Worte kommen läßt, und ebenso kann man sagen, daß einer den andern nicht zum Schreiben kommen ließe, wenn nicht das Schreiben gewöhnlich ein Geschäft wäre, das man einsam und allein abtun muß. / Wie viel die Menschen schreiben, davon hat man gar keinen Begriff. Von dem, was davon gedruckt wird, will ich gar nicht reden, ob es gleich schon genug ist. Was aber an Briefen und Nachrichten und Geschichten, Anekdoten, Beschreibungen von gegenwärtigen Zuständen einzelner Menschen in Briefen und größeren Aufsätzen in der Stille zirkuliert, davon kann man sich nur eine Vorstellung machen, wenn man in gebildeten Familien eine Zeitlang lebt, wie es mir jetzt geht. In der Sphäre, in der ich mich gegenwärtig befinde, bringt man beinahe so viel Zeit zu, seinen Verwandten und Freunden dasjenige mitzuteilen, womit man sich beschäftigt, als man Zeit sich zu beschäftigen selbst hatte."[196] Wir hören voneinander, ich werde mich melden, wir telefonieren mal wieder, sachlich hat's nicht viel gebracht, aber gut, dass wir drüber geredet haben – alltägliche Formeln wie diese zeigen an, dass Kommunikation auch außerhalb philosophisch-soziologisch-medienwissenschaftlicher Seminare zunehmend Metakommunikation wird. Der Vergleich mit dem frappierenden Goethe-Zitat („In der Sphäre, in der ich mich gegenwärtig befinde, bringt man beinahe so viel Zeit zu, seinen Verwandten und

196. Goethe: Wilhelm Meisters Wanderjahre; Sämtliche Werke in vierzig Bänden, I. Abteilung/ Band 10, ed. Gerhard Neumann. Ffm 1989, p. 338 sq.

Freunden dasjenige mitzuteilen, womit man sich beschäftigt, als man Zeit sich zu beschäftigen selbst hatte") zeigt aber auch an, dass face-to-face-communication einerseits und die Schrift- (Buch-, Brief-) Kommunikation andererseits schon im frühen neunzehnten Jahrhundert eigentümliche Grenzwertsymbiosen eingehen können. Wer Kommunikation kommuniziert, kann kaum anders als Medien zu seinem besten Freund zu machen.

Nun ist (fünftens) auch dies: Dass ein Medium, welches von Freundschaften handelt, Freundschaften pflegt und Freundschaften herstellt, seinerseits zum Meta- und Mega-Freund wird, kein exklusives Kennzeichen des Facebook-Zeitalters. Die Erfahrung, Trost, Zuspruch, Verständnis und Freundschaft in einem Bild, einem Lied, einem Buch, also einem Medium zu finden, hat eine lange Geschichte. „Tolle, lege" – nimm und lies, hörte Augustinus eine Kinderstimme sprechen, und er schlug die Stelle im Römerbrief auf, die ihm signalisierte, dass und wie er sein Leben zu ändern habe. Eine Sonderkonjunktur entfaltet dieses alte Motiv, als eine reife, nämlich bereits gut dreihundert Jahre alte Medientechnik, die des Buchdrucks, auf eine neue Bildungsinfrastruktur, die der allgemeinen Alphabetisierung, und auf einen neuen sound trifft. Ein Freund schreibt einem Freund (und eben nicht einer Freundin und Geliebten!), welche Enttäuschungen ihm die Liebe bereitet hat. Da der Satz „und dann brachte ich mich um" eine pragmatische Unmöglichkeit ist, muss ein Herausgeber berichten, wie ein junger Mann mit dem sprechenden Namen Werther am Wert der Liebe und des Lebens, nie aber an dem der Freundschaft verzweifelt. „Was ich von der Geschichte des armen Werther nur habe auffinden können, habe ich mit Fleiß gesammlet und lege es euch hier vor, und weiß, daß ihr mir's danken werdet. Ihr könnt seinem Geist und seinem Charakter eure Bewunderung und Liebe, seinem Schicksale eure Thränen nicht versagen. / Und du gute Seele, die du eben den Drang fühlst wie er, schöpfe Trost aus seinem Leiden, und laß das Büchlein deinen Freund seyn, wenn du aus Geschick oder eigener Schuld keinen nähern finden kannst!"[197] Der Herausgeber des Erfolgsromans schlechthin duzt und ihrzt drauflos, dass es eine wahre Lust ist. Die vielen Freunde, die der Roman, der da *Die Leiden des jungen Werthers* heißt, finden wird, können nicht so leicht über ihr Lieblingsbuch miteinander kommunizieren, wie heute Facebook-Freunde und Blogger. Aber sie haben doch über medientechnische Epochengrenzen hinweg diese Gemeinsamkeit, dass sie nicht in einem Menschen, sondern in einem Medienprodukt bzw. einer Medieninfrastruktur den allerbesten Freund haben: „laß das Büchlein (das Internet, Facebook) deinen Freund sein, wenn du aus Geschick oder eigener Schuld keinen nähern finden kannst."

197. Goethe: Die Leiden des jungen Werthers (Erstfassung); Sämtliche Werke in vierzig Bänden (Frankfurter Ausgabe), I. Abteilung/Band 8, ed. Waltraud Wiethölter. Ffm 1994, p. 11

Eine schnell berühmt gewordene amerikanische Studie zur affektiven Bindung von Studenten an ihre Smartphones, Computer und social media (http://www.reuters.com/article/2010/04/23/us-internet-addicts-life-idUSTRE63M4QN20100423) hat ein bemerkenswertes Resultat erbracht. Die meisten Jugendlichen wären eher bereit, ihre Bindung an die Freundin oder den besten Freund aufzugeben als auf ihr Smartphone zu verzichten. Noch dieses häufig kulturkritisch kommentierte Datum hat seine Vorgeschichte. Die Griechen verfügten über ein Wort, das Freundschaft und Liebe zugleich meint – Φιλια / Philia. Es erwies sich als langlebig und hatte zu Hochzeiten der Gutenberg-Galaxis seinerseits Hochkonjunktur. Welche Freundschaft bzw. Liebe könnte je nach individueller Disposition größer und enttäuschungsresistenter sein als die zum Logos und zur Schrift (Philologie), zur Weisheit (Philosophie), zur Musik (Philharmonie), zum Menschen überhaupt (Philanthropie), zur griechischen Kultur (Philhellenismus) oder auch zur Bedingung der Möglichkeit von Fernkommunikation, also zu Briefmarken (Philatelie)? Menschen gehen wenn nicht Liebesaffären, so doch Freundschaften mit dem jeweiligen Stand der Medientechnik ein, weil sie die Bedingung der Möglichkeit von Liebe und Freundschaft ist. *„Louis, I think this is the beginning of a beautiful friendship,“* lautet der letzte Satz eines Kultfilms, der von Liebe und Freundschaft handelt und nicht nur für Kinofreunde und –liebhaber den Beginn einer lebenslangen Liebe / Freundschaft zu einem Medium, zum ganz großen Kino besiegelte. Die Differenz zwischen einem Bücherfreund bzw. Cineasten einerseits und einem Facebook-Fan andererseits ist schnell benannt. Das Buch oder der Film ist und bleibt, wie es/er ist. Facebook – der Begriff suggeriert, dass hier ein Mensch und das alte Medium Buch ein wundersames Rendezvous haben, weil es zwischen face-to-face-communication und Medienkommunikation keine zackige Demarkationslinie mehr gibt – Facebook ist ein social network, ein Netz, mit dem man Freunde fangen und in dem man sich genau dann verfangen kann, wenn das Medium selbst zum besten Freund avanciert.

Martin Scorseses Film *Die Farbe des Geldes*

„Das Glück selbst ist eine Kunst."
(Stimme aus dem off gleich zu Beginn
des Films *Die Farbe des Geldes*,
im Original die von Scorsese selbst)

Eine klassisch-psychoanalytische Interpretation

Es ist eine leichte, eine allzu leichte, eine geradezu verdächtig leichte Aufgabe, Scorseses Film *Die Farbe des Geldes* psychoanalytisch zu interpretieren. Es wäre fast ebenso leicht, sich über eine solche Interpretation lustig zu machen, etwa so, wie Robert Gernhardt dies einst tat: „Zu Siegmund Freud kam einst ein Mann, der ihm einen seltsamen Traum erzählte. Sein Es habe – im Traum – Triebansprüche geäußert, das Über-Ich habe sie zu unterdrücken versucht, das Ich habe sie daraufhin sublimiert. / ‚Haben Sie das wirklich geträumt?' fragte Freud. ‚Ja', entgegnete der Mann. / Freud überlegte einen Moment und sagte: ‚Die Erklärung des Traums ist einfach. Ihr Es wird von einem Über-Ich unterdrückt und äußert Triebansprüche, die vom Ich ...' ‚Das ist aber keine Erklärung, das ist mein Traum', unterbrach ihn der Mann. / ‚Wenn Sie nicht wollen, daß ich Ihnen Ihre Träume erkläre, brauchen Sie es nur zu sagen', antwortete Freud schroff und entließ den Mann, den von Stund an ein schrecklicher Minderwertigkeitskomplex befiel." Eine klassisch-psychoanalytische Interpretation des Films *Die Farbe des Geldes* ist, solchen Spotts ungeachtet, so leicht wie angemessen, ja schlicht richtig und geboten.

Um nur drei einschlägige Aspekte zu benennen: Unübersehbar ist *erstens* die ödipale Motivik des Films (wie auch die seiner zwei Jahre zuvor erschienenen Romanvorlage aus der Feder von Walter Tevis). Ein älterer Mann entdeckt ein junges Talent, das ihn an sich selbst und seine besten Zeiten erinnert. Und es beginnt ein ernstes Spiel der Vater-Sohn-Rivalität, das einen frühen Höhepunkt findet, als Eddie Vincent demütigt, ihm Geld vorenthält und die Szene so arrangiert, dass der (in dieser Szene ausdrücklich und mehrfach als Sohn angesprochene) von Gewinnern im Billard-Match bedroht, geschlagen und verletzt wird, um ihn dann als (Adoptions-) Vater zu retten – um den Preis der öffentlichen Vorführung des dummen, schutzbedürftigen Jungen. Ein Rivalitätenspiel, das die klassische Angst des Sohnes einschließt, seine schöne Geliebte könne Beute des übermächtigen Vaters werden, und das einen zweiten Höhepunkt hat, als es dem Sohn gelingt, den Vater zu demütigen – er blufft besser als dieser und macht ihn zum betrogenen Betrüger. Der Name des Vaters wie der des Sohnes haben telling-name-Qualitäten: Eddie / Daddy und Vincent / Vince / Sieger.

Unübersehbar ist *zweitens* die phallische Dimension des Requisits, das den Vater wie den Sohn gleichermaßen fasziniert: Im Mittelpunkt ihrer kultischen Verehrung steht der Queue, der ja durch sein Aussehen, seine Aktivitäten und wiederum seinen Namen aus seinen phallischen Qualitäten kein großes Rätsel macht. „Queue" ist im Französischen die Bezeichnung für „Schwanz" (gerade auch im sexuellen Sinn). Man muss nun kein großer Freudianer sein, um diesen langen Stab, mit dem sich so stoßen lässt, dass Kugeln in befriedigender bis begeisternder Weise in einem Loch verschwinden, als phallisches Requisit zu begreifen. Das Wort „queue" ist im Französischen feminin; in der Sprache des Billardspiels heißt es hingegen der oder das Queue. Beide, Eddie / Daddy und Vincent huldigen dem Queue und dem Markenlabel Balabushka, der Stradivari unter den Billard-Queues, in geradezu fetischistischer Weise. Der Vater hat ein solches großartiges Ding dem Sohn zum Geschenk gemacht; beide holen es mehrfach zärtlich aus dem Futteral und setzen es so zusammen, dass es sich verlängert, also so erigiert, dass es kraftvoll und geistreich zustoßen kann. Billardspielende, phallische, in der Regel ältere Frauen lässt der Film erst spät und insgesamt spärlich auftreten. Billard wird eindeutig als das maskuline Spiel inszeniert, das es ist. Vincents Geliebte Carmen ist weiblich selbstbewusst und sich ihrer weiblichen Reize so bewusst wie ihre Namensgeberin aus Bizets Oper. Sie selbst spielt nicht Billard und muss einmal, als einzige Frau in der Männerdomäne Billard anwesend, den Saal verlassen, um den zu erwartenden Übergriffen zu entgehen. Dennoch ist sie eine mächtige Frau – sie droht Vincent damit, seinen Queue zu bestreiken, wenn er nicht tut, was sie und Eddie wollen. Wenn Vincent nicht in der Lage sei, auf Eddies intellektuelles Niveau zu kommen, müsse er es sich mit der Hand machen (60:12), also wieder auf die autoerotisch-narzisstische Ebene regredieren, die ihre Billard-Spiel-Entsprechung darin findet, dass der Spieler zwar vorzügliche Handarbeit leistet, aber dennoch verliert, weil er unterhalb des Niveaus der Dialektik von Authentizität und Bluff prozediert.

Vincent ist *drittens* zu Beginn und über weite Strecken des Films bemerkenswert infantil – und eben auch hochgradig narzisstisch. Sein Geld verdient er nicht umsonst in einem riesigen Spielzeuggeschäft, in dem er sich offensichtlich ziemlich wohl fühlt, obwohl sein Lohn bescheiden sein dürfte. Geld ist, nach einer so schönen wie klaren Wendung von Freud, kein Kinderwunsch. Und es ist auffallend, wie wenig sich Vincent aus Geld macht. Gleich zu Beginn des Films gibt er lachend das Geld, das er am Spielautomaten gewonnen habt, an Carmen weiter; ähnliche Szenen folgen wiederholt, Vincent macht sich fast nichts aus Geld, wohl aber aus Siegen, aus Gewinnen. Eddie muss ihn mehr oder weniger dezent darauf aufmerksam machen, dass seine schöne, erfahrenere und reifere Gefährtin ihn als zu wenig potent (im sexuellen wie im monetären Sinn) wahrnehmen könne, wenn er, der anfänglich widerstrebt, nicht dem Vorschlag des väterlichen Freundes / Feindes folgt, gemeinsam auf die große Billard-Abenteuer-Reise zu gehen. Vincent, der schon durch seinen Namen zu Sieg und Triumph bestimmt ist, ist in all seiner Infantilität narzisstisch; er freut sich tanzend und traumtänzerisch seiner Siege (sein weiblich konnotierter Nachname ist Lauria, er wird laureatus sein) und muss erst noch lernen, dass erfülltes Begehren ohne vorheriges Entbehren, dass Erfüllung ohne Mangel, dass Gewinn ohne Verlust, ja, dass Lust ohne Verlust (und Vorlust!) nicht zu haben ist. Wer Billard spielt, kann sich suggerieren, sein Schicksal buchstäblich selbst in der Hand zu haben, wenn er sein Handwerk denn zur Artistik veredelt, so wie Vincent es vorexerziert. Doch diese Suggestion erfährt bald ihre Dekonstruktion – zum Sieg gehört eben auch psychologiebasierte Kopfarbeit. In den Worten des Films: Wer im Billard siegen will, muss nicht nur ein exzellenter Sportler, sondern auch ein aufmerksamer „Student des menschlichen Verhaltens" sein (13:15).

Soviel zu diesen drei sich einem auch nur halbwegs psychoanalytisch geübten Blick sogleich erschließenden Motiven. Umrahmt und angereichert sind sie mit zahlreichen weiteren Motiven und Szenen, die man nur evozieren muss, um sein freudianisches Gefallen an ihnen zu haben: an der Duschszene, an dem Auf- wie Abstieg signalisierenden engen Treppenhaus, an dem phallischen Luxusauto mit dem häufig eingeblendeten Nummerschild, auf dem ‚heritage' zu lesen steht und an vielen einschlägigen Symbolen mehr.

Stoffliche und stofflose Sucht

Eine klare Vater-Sohn-Konstellation – oder eben nicht. Denn Eddie ist ja nicht wirklich Vincents Vater und Vincent nicht Eddies Sohn. Diese Zuschreibungen sind nun eben kulturelle Zuschreibungen und nicht biologische Konstellationen. Aber beide passen doch so gut zusammen, dass sie auch den ödipalen Showdown und die Trennungskrise überstehen. Kein Wunder: Ihr Begehren ist komplementär und bietet sich für eine win-win-Konstellation an. Eddie will wieder jung werden, und Vincent muss umgekehrt lernen, erwachsen zu werden. In dramatischer Formulierung: Eddie, der in seinen reifen Jahren nicht mehr heiß lebte, der fort war von dem Schauplatz, an dem für ihn die Musik spielt und die Billardkugeln klingen und bumsen, ist am Ende wieder ganz da („I am back" lautet der berühmte Schlusssatz des Films). Er hat Vincent, aber eben auch sich selbst geformt und rundumerneuert, sei es durch Schwimmen, Krafttraining oder Augenarztbesuche. Und Vincent, der in seinem kindlichen Narzissmus zwar gut drauf war, aber sein Potential nicht entfalten konnte (ob Tom Cruise aufgrund dieser Rollenerfahrung der

Scientology-Sekte 1986, also gleich nach den Dreharbeiten zu *The Colour of Money* in die Fänge ging?), Vincent ist am Ende auf dem bemerkenswerten analytisch-intellektuellen Niveau Eddies, wenn nicht eine halbe Stufe darüber.

Womit wir bei der Dimension des Films sind, der traditionelle psychoanalytische Motiv- und Symbolanalyse überschreitet und sich zugleich doch psychoanalytisch erschließt. Dezent und klar zugleich angedeutet ist diese Dimension schon in der Eingangsszene des Films: Die Kamera gleitet über den Rauch einer Zigarette zu eben dieser, dann zu einem Whiskyglas und sodann über Dollarscheine. Damit exponiert gleich die Eingangsszene ein Hauptmotiv des Films: die Sucht und näherhin die Identität und Differenz zwischen einer Sucht, die über einen Stoff (wie Nikotin oder Alkohol) vermittelt ist oder aber ohne Stoffe auskommt (wie die Spiel-, Sex- oder Geld-Sucht). Auffallend ist, dass Eddie ordentlich raucht und trinkt, aber offenbar nicht nikotinsüchtig und alkoholabhängig ist (was nicht ausschließt, dass er sich auch mal betrinkt). Mit dem Handel von Alkoholika verdient er ja sein Geld und dies offenbar in einer so gediegenen Größenordnung, dass er sich (im Film stets erneut aus- bzw. herausgestellte) Luxusgüter wie ein Oberklasseauto, eine teure Schweizer Uhr oder einen edlen Kaschmirmantel leisten kann. Finanzielle Not kann es also nicht sein, die ihn nach langer, nach jahrzehntelanger Abstinenz wieder zum Billardspiel treibt. Der Nicht-mehr-Billardspieler Eddie lebt wie ein trockener Alkoholiker – nur mit dem Unterschied, dass seine Sucht eben keine stofflich vermittelte ist. Nun dürften nicht-stoffliche Süchte mindestens ebenso bedrohlich, wenn nicht noch bedrohlicher sein als stofflich vermittelte (etwa im Fall der Anorexie, der seltsamen Sucht, nicht zu essen, sich zu verzehren, weil man/frau sich nicht auf den Verzehr von Stoffen einlässt).

Geld ist der stofflose Stoff schlechthin. Es hat bekanntlich keinen Gebrauchswert, aber es ermöglicht Zugang zu Stoffen und Gütern aller Art. Geld als solches, Geld als Medium hat – anders als goldene oder silberne Münzen und anders als grüne Dollarscheine oder blaue, rötliche oder braune Euroscheine – keine sinnlichen Qualitäten, also auch keine Farbe. So wie Strom keine Farbe hat und eine Werbeagentur deshalb mit der Behauptung, Strom sei gelb, Kunden zu gewinnen versuchen kann, so muss Geld mit seiner klassischen Münz-Erscheinungsform selbst sinnlich-stoffliche Qualität gewinnen, vor allem aber versprechen, in sinnliche Güter transsubstantiierbar zu sein. Georg Seeßlen hat in seinem eindringlichen Buch über die Filmkunst von Scorsese auf die religiösen, genauer: katholischen Hintergrundsignale hingewiesen, die die Werke des in Little Italy großgewordenen Regisseurs, der in jungen Jahren Priester werden wollte, durchziehen. So auch in *The Colour of Money*. „In den Räumen, in denen das (Billard-, J. H.) Spiel selbst gespielt wird, ist immer zugleich das Hinterzimmer und die ‚Kathedrale' erkennbar. Als Eddie am Ende die ‚Arena' in Atlantic City betritt, hören wir nach den vielen frivolen und sarkastisch kommentierenden Rocksongs eine raumfüllende, sakrale Musik."[198] Die Sphäre monetärer Transsubstantiation wird als Hinterzimmer der sakralen Kathedrale inszeniert, in der die eigentliche Wandlung von Verlierern in Gewinner, von Erlösungsbedürftigen in Erlöste geschieht bzw. sich ereignen sollte. Bemerkenswert ist es nun aber, dass erstens Eddie keine Geldprobleme hat, dass zweitens der Film niemals zeigt, wie mit den beim Billardspiel gewonnenen Summen eingekauft wird und dass drittens Eddie auf naheliegende Sinnes=Sexerfahrungen verzichtet – ausdrücklich im Namen des Geldes.

Zweifellos eine Schlüsselszene in der (frühen) Mitte des Films (47:00): Zwischen Eddie und Vincent kam es zum Wortwechsel, der in dem prototypisch ödipalen Satz gipfelte „Nur einer kann der beste sein" (47:15). Eddie verlässt den Billard-Salon und geht ins Hotel zu Carmen, die, als er ihr Zimmer betritt, nur leicht bekleidet und in lasziver Haltung auf dem Bett liegt. Es kommt jedoch nicht zum Sex zwischen beiden, obwohl Carmen durchaus verführerisch agiert und Eddie, wie einschlägige Szenen mit seiner Freundin Janelle bezeugen, auch als älterer Mann durchaus die Freuden der Liebe zu genießen weiß. Zudem steht Carmens Attraktivität außer Zweifel; Vincent hat allen Grund, eifersüchtig zu sein. „My baby is in love with another guy" – der Song von Little Willie John wird im Film eingespielt. Doch Vincents Eifersucht ist letztlich unbegründet. Denn Eddie verbietet sich und ihr die Freuden des Sex – denn „wir sind Geschäftspartner", wie er, der durchaus scharf auf sie ist, ihr einschärft. „Es geht nicht um Sex, es geht um Geld," hat er schon früher klargestellt (33:50).

Damit gelingt Scorsese – mit welchem Grad an Bewusstheit auch immer – ein bemerkenswertes Motivarrangement. Der filmtechnisch im besten Sinn traditionelle Streifen (die erste Hollywood-Produktion von Scorsese, sein bis dahin mit 14,5 Millionen Dollar mit Abstand teuerster Film) knüpft recht direkt an die Story und das Personal des 1961 erschienenen Films *The Hustler* (*Haie der Großstadt*) von Robert Rossen an; auch da ging es bereits um den von Paul Newman gespielten Billardspieler Eddie Felson, der nach anfänglichen großen Erfolgen abstürzt und auf Revanche aus ist. Die Erzählzeit von Scorseses Anknüpfungs-Film, der auch ohne jede Kenntnis dieses filmhistorischen Bezugs funktioniert, beginnt ca. 25 Jahre später. Scorseses *The Colour of Money* setzt nun, anders als *The Hustler*, systematisch auf Sinn statt auf Sinne und Sinnlichkeiten, auf die second-order-Ebene statt auf Unmittelbarkeit, auf Medien statt auf das durch Medien Vermittelte. Dies aber in sehr konkreter, filmisch suggestiver Weise mit Szenen, die aus dem prallen

198. Georg Seeßlen: Martin Scorsese. Berlin 2003, p. 216

Leben gegriffen sind. Diese Spannung ist der Stoff, aus dem Scorseses Film gemacht ist. *Die Farbe des Geldes* präsentiert vier Meta-Ebenen bzw. vier Logiken, die es nahelegen, um die Ecke zu denken, zu kommunizieren, zu spielen, zu leben, zu wirtschaften:

Erstens ist Billard das Spiel der inszenierten Vermittlung. Bekanntlich darf der Queue beim Billardspiel anders als etwa beim Cricket oder beim Hockey nicht unmittelbar die Kugel stoßen, die er im Loch verschwinden lassen („lochen") möchte. Vielmehr muss er stets die weiße Kugel stoßen, die ihre Energie und Richtung, mehr oder weniger kunstvoll verdreht, an die farbigen Kugeln weitergibt. *Zweitens* wird diese Form der systematisierten Vermittlung ihrerseits noch einmal vermittelt, indem man auf den Ausgang des Spiels wetten kann – was ein weites Reich der Verstellung, der Erwartungserwartungen und des Bluffs eröffnet. Das Erziehungs- und Initiationsprogramm, das Eddie Vincent verschreibt, setzt genau auf dieser Ebene an. Auf der (vergleichsweise) unmittelbaren Ebene handwerklicher, sportlicher und artistischer Fähigkeiten, im Hinblick also auf souveränen Umgang mit dem Queue, kann der Vater dem Naturtalent seines Sohnes nichts mehr beibringen, auf der psychologischen Meta-Ebene, die mit der finanziellen (fast) zusammenfällt, aber durchaus. Die Machtverhältnisse zwischen Eddie und Vincent lassen sich kühl beziffern: Der Vater erhält 60 % vom Gewinn des Sohnes.

Zu dieser Dimension vermittelter Vermittlungen (das Bluff-Spiel nennt Eddie schön „Zwei Brüder und ein Fremder") gehört *drittens* auch, dass Eddie anfangs ja selbst nicht spielen will, sondern Vincent für sich spielen lässt. Ein Intersubjektivitäts-, ein Wahrheit-und-Lüge-, ein Authentizitäts- und Verstellungs-Arrangement, das an Sätze wie „Die beste Maske, die wir tragen, ist unser eigenes Gesicht", an die verquere Logik von Freuds Lieblingswitz („Zwei Juden treffen sich im Eisenbahnwagen einer galizischen Station. ‚Wohin fahrst du?' fragt der eine. ‚Nach Krakau', ist die Antwort. ‚Sieh' her, was du für Lügner bist', braust der andere auf. ‚Wenn du sagst, du fahrst nach Krakau, willst du doch, daß ich glauben soll, du fahrst nach Lemberg. Nun weiß ich aber, daß du wirklich fahrst nach Krakau. Also warum lügst du?'"[199]) oder an das Lacansche Gefangenen-Dilemma erinnert. Dabei vergisst der Film *viertens* nie, dass dies- und jenseits aller auf Menschen fokussierten Psychologie Geld das Abstraktions- und Vermittlungs-Medium schlechthin ist. Welche Farbe es hat, wird und kann der Film nicht verraten.

Es dürfte nur wenige Filme geben, die ein derart hohes Abstraktions- und Sinn-Niveau so narrativ und suggestiv umsetzen wie *Die Farbe des Geldes*. U.a.

199. Freud: Der Witz und seine Beziehung zum Unbewußten; in: Freud-Studienausgabe Bd. IV – Psychologische Schriften. Ffm 1970, p. 109

George Marshalls *Der große Bluff / Destry rides again* aus dem Jahr 1939 oder George Roy Hills *Der Clou / The sting* aus dem Jahr 1973 wären in diesem Zusammenhang zu erwähnen; Resnais Film *Letztes Jahr in Marienbad* (1961), der ja ebenfalls um die Abgründe eines Spiels kreist, geht ähnlichen Motiven nach, aber filmästhetisch liegen selbstredend Welten zwischen beiden Filmen. Es gehört zu den Stärken von Scorseses Film, dass er noch die Paradoxie mit bedenkt, derzufolge das Niveau ungeheuer hoch sein kann, aber keiner auf diesem Niveau ist bzw. dieses Niveau durchhält. Sowohl Eddie als auch Vincent suchen nach einem Dies- oder Jenseits des Bluffs, der Verstellungen und Täuschungen, wenn sie schlicht wissen wollen, wer von ihnen der bessere Billardspieler ist. Psychoanalytisch gesprochen regredieren beide ödipal, wenn sie ohne Hintergedanken gegeneinander kämpfen. Systemtheoretisch gesprochen lassen der Brillenträger Eddie und der gerne bewundernde Blicke auf sich ziehende Vincent dann die Differenz von Teilnehmer- und Beobachtungsperspektive kollabieren. Aber sie ignorieren damit, dass die, die gegeneinander kämpfen, immer auch miteinander kämpfen. Wenn zwei sich streiten, tun sie dasselbe: sie streiten sich.[200]

Wer verliert, gewinnt – Die Funktion des Geldes

Streitigkeiten und Kämpfe kennen Gewinner und Verlierer. Dass Verluste Gewinne und Gewinne auch Verluste sein können, ist ersichtlich ein Leitmotiv dieses Films – und unüberhörbar ist es auch, weil die Wendung inklusive ihrer Umkehrung („wer gewinnt, verliert") ja direkt ausgesprochen wird. Wiederholt muss Eddie (auch mit Carmens Hilfe) Vincent daran erinnern, dass er seine überragenden Fähigkeiten im Umgang mit dem Queue nicht allzu offensichtlich präsentiert. Denn dann schwindet die Aussicht, dass einer gegen ihn wettet und damit auch die Aussicht auf satte Gewinne. Eine Logik, die Vincent nur schwer zu vermitteln ist. Interessanterweise geschieht diese Vermittlung wiederum über eine Vermittlung, nämlich nicht direkt über Eddie, sondern über den von Vincent unterschätzten schwarzen Profispieler, der den naiven Zufallsgewinner spielt, der einfach Glück hat und der doch mit allen Wassern gewaschen ist. Er, der nicht sonderlich intelligent auftritt, hat nach eigener Auskunft einen Job an der Uni – als Versuchskaninchen bei Psychotests (60:15). Vincent fällt auf diese brillant-dumme Rhetorik herein; danach aber hat er seine Lektion gelernt – und zieht ausgerechnet seinen

200. Ein Motiv, das der vor kurzem (im Sommer 2015) in die Kinos gekommene französische Film von Martin Bourboulon *Mama gegen Papa – Wer hier verliert gewinnt* – wenn auch nicht so subtil wie Scorseses Film – entfaltet. Schon 2004 (aber eben fast dreißig Jahre nach Scorsese) hat Laurent Bénégui einen Film mit dem Titel *Qui perd gagne* gedreht.

Lehrmeister über den Billardtisch. Eine bemerkenswerte Variante des literarhistorisch gut etablierten Motivs vom betrogenen Betrüger.

Wer verliert, gewinnt; wer gewinnt, verliert. Vincent hat eine weitreichende Einsicht gewonnen, als er ein Billardspiel verloren hat, nicht zahlen kann und fast zusammengeschlagen wird – um nur eine einschlägige Szene zu evozieren. Ein weitreichendes und sich tiefenpsychologisch bewährendes Motiv, wie vor Freud u.a. schon, um ganz weit zurückzugehen, Platons wunderbarer Dialog *Symposion* wusste, oder, daran anknüpfend, auch Goethe, der Faust sagen lässt: „So tauml' ich von Begierde zu Genuß, / Und im Genuß verschmacht' ich nach Begierde." Wer Genuss gewinnt, verliert sein lustvolles Begehren. Diese Einsicht steckt auch im bekannten Witz vom Masochisten, der den Sadisten bittet, ihn zu quälen, was der mit der Antwort quittiert ‚nein', worauf der Masochist sagt: ‚danke!' Das sind anspruchs- und reizvolle Dialektiken, die man freilich auch erschließen kann, wenn man andere Werke als Scorseses Film aufmerksam zur Kenntnis nimmt. Die spezifische Pointe des reichen Motivgewebes dieses Films zielt auf die eigentümlich distanzierte und distanzierende, nämlich Distanzen (etwa zwischen Carmen und Eddie) schaffende Funktion des apersonalen Geldes. Geld ist kein anthropomorphes Subjekt, das begehren und genießen, gewinnen oder verlieren kann, sondern ein Medium, das über Knappheiten informiert (und fälschungsanfällig ist – aber dieses Motiv spielt in *Die Farbe des Geldes* keine Rolle). Was nicht aus-, sondern eben einschließt, dass Geld hochgradig sexuell und näherhin phallisch konnotiert, aber eben nur konnotiert, nicht aber „an sich" sein kann (ein Unternehmen kann potent sein, eine Bilanz kann einknicken und sich wieder aufrichten, ein Gläubiger kann befriedigt werden).

Kurzum: Geld ist ein cooles Distanz-Medium und eben deshalb so begehrenswert für Leute wie Eddie, die ihre Triebe und Süchte kultivieren wollen und müssen. Er mache nie Witze über Geld, lässt Eddie gleich anfangs wissen (9:30). Als Medium nämlich hat Geld über die Subjekte, die mit ihm umgehen (müssen), immer schon gesiegt. Wer sich auf Geld einlässt – und wie sollte man das vermeiden? – treibt systematisch Identifikation mit dem Aggressor, der lustvoll besetzbare Aggressoren, die da u.a. Leidenschaft, Triebe, Es, Regression und Süchte heißen, in Schach halten will. Geld, ein Machtmedium jenseits von Subjekten, gewinnt, wenn Billardspieler um Geld spielen. Zu den wirklich verblüffenden Szenen des Films gehört eine, die gleich zu Beginn zu sehen ist (11:50). Vincent spielt – aber eben nicht das traditionsreiche Billardspiel, sondern am Stacker, am Spielautomaten, an einer Maschine, also am und mit dem Gegenpol heißer Subjektivität. Und er stellt (bereits im Jahr 1986, also vor dreißig Jahren!) fest, dass bald Computer gewinnen und die Sieger sein werden – noch auf dem Schlachtfeld echter Kriege. Billard und Queue haben eine alte, aristokratische Früh- und Entstehungsgeschichte; sie gehören einer wunderbar antiquierten Epoche an. Das Spiel am Stacker-Automaten ist, wie der Film gleich anfangs lakonisch feststellt, zeitgemäßer als Billard. Die Motivkonstellation gewinnen-verlieren hat in diesem Film auch eine transhumane Dimension – wie auch Kafkas Text *Von den Gleichnissen*:

> „Viele beklagen sich, daß die Worte der Weisen immer wieder nur Gleichnisse seien, aber unverwendbar im täglichen Leben, und nur dieses allein haben wir. Wenn der Weise sagt: „Gehe hinüber“, so meint er nicht, daß man auf die andere Seite hinübergehen solle, was man immerhin noch leisten könnte, wenn das Ergebnis des Weges wert wäre, sondern er meint irgendein sagenhaftes Drüben, etwas, das wir nicht kennen, das auch von ihm nicht näher zu bezeichnen ist und das uns also hier gar nichts helfen kann. Alle diese Gleichnisse wollen eigentlich nur sagen, daß das Unfaßbare unfaßbar ist, und das haben wir gewußt. Aber das, womit wir uns jeden Tag abmühen, sind andere Dinge. / Darauf sagte einer: „Warum wehrt ihr euch? Würdet ihr den Gleichnissen folgen, dann wäret ihr selbst Gleichnisse geworden und damit schon der täglichen Mühe frei.“ / Ein anderer sagte: „Ich wette, daß auch das ein Gleichnis ist.“ Der erste sagte: „Du hast gewonnen.“ / Der zweite sagte: „Aber leider nur im Gleichnis.“ / Der erste sagte: „Nein, in Wirklichkeit; im Gleichnis hast du verloren.“

Das nasse Element. Filmanalytische Anmerkungen zu François Ozons Film *Swimming Pool*

Wasser: Das Kino ist in seinem Element

Seit seinen Anfängen hat der Film zu einigen Motiven ein geradezu obsessiv inniges Verhältnis entwickelt. Den ersten Rang in der Liste filmischer Motiv-Obsessionen nimmt fraglos die Mobilität ein. Dass die Kinematographie sich von Fortbewegungstechniken faszinieren lässt, leuchtet unmittelbar ein: Bewegte Bilder sind a priori auf alle und besonders auf avancierte Bewegungsverläufe fokussiert. Automobile und Züge sind noch vor Pferden, Kutschen, Schiffen und Schuhen die Lieblingsrequisiten nicht nur der frühen Filme. Das Automobil und die Kinematographie erblickten (zusammen mit der Psychoanalyse – auch Freuds *Studien über Hysterie* erschienen erstmals in diesem Jahr) 1895 das Licht der Welt, sie sind Jahrgangszwillinge (bzw. -drillinge). Als das Kino das reife Alter von 50 Jahren erreicht hatte, erlaubte sich der seitdem berühmteste Kultfilm aller Zeiten – *Casablanca* – den subtilen Scherz, gleich drei Protagonisten Autonamen zu geben: der Polizeichef heißt Renault, der mit Rick konkurrierende Barbesitzer heißt Ferrari, und eine Nebenfigur trägt den Namen Pirelli. Überflüssig zu erwähnen, dass *Casablanca* rasante Autofahrtszenen präsentiert, einen von Flüchtlingen überfüllten Bahnhof zeigt und mit einer Szene auf einem Flughafen endet. Wohl noch stärker als Autos sind Züge filmisch in zentraler Weise präsent. Eisenbahngleise mit ihren Schwellen nehmen sich wie ins Grandiose verstärkte Filmstreifen aus. Einer der ersten Filme überhaupt war bekanntlich *L'arrivée d'un train* von Louis Lumière; ihm folgten laut der instruktiven Tabelle der Internetseite http://www.eisenbahn-im-film.de/eif1.htm mehr als 1800 Filme, in denen Züge eine entscheidende Rolle spielen.

Neben der unübersehbaren und auch häufig thematisierten Faszinationskraft, die Autos und Züge, aber auch Pferde und Schiffe auf das Medium Film ausüben, verblasst ein wenig der Umstand, dass auch Medien – Medien im doppelten Wortsinne – im Fokus der filmischen Aufmerksamkeit stehen. Natürliche Medien wie Luft und Wasser, Erde und Feuer, aber eben auch technische Medien wie Telefon und Telegraf haben seit den Anfängen des Kinos starke filmische Auftritte. In besonderer Weise aber hat das Medium Wasser das Medium Film fasziniert. So schreibt der Medienkulturwissenschaftler Florian Sprenger in einem kurzen Essay mit dem hübschen Titel *Eins und eins gleich eins*: „Als flüssiges Medium und flüchtiges Fluidum bietet sich Wasser für verschiedenste Gestaltungen geradezu an. Es hat keine festgelegte

Form, tritt aber immer in Formen auf, als Regen, Eis, Meer, Fluss, Strahl, Tropfen, spiegelnde Oberfläche, als Lache, Pfütze, See, Welle, Strömung, Brandung, Gischt, Dunst, Nebel, Strudel, als Träne, Getränk, Schnee, Tau, Fontäne. All dies sind Erscheinungsformen des überaus wandlungsreichen Wassers, die bei aller Unterschiedlichkeit einige Eigenschaften teilen. / Das Beobachten von Wellen und Bewegungen der Wasseroberfläche, von Brechungen und durchscheinenden Impressionen hat Filmemacher von Anbeginn fasziniert. Diese Faszination ist aber nicht allein eine visuelle Affektion, wie sie jeder kennt, der einmal lange am Strand oder an einem nächtlichen Seeufer gesessen hat. Was die Filmemacher vielmehr zu begeistern scheint, ist eine Ähnlichkeit zweier Medien, des Filmes und des Wassers. Denn Wasser wie Film gibt es nur in Bewegung, und Wasser selbst ist, wie das Filmmaterial, unsichtbar und durchsichtig. Film macht, eben weil er unbelichtet durchsichtig ist, anderes sichtbar.“[201]

Ähnlich argumentiert Manfred Riepe in seinem Essay *Ozeanische Gefühle – Wasser im Film – Von Fluten, Wellen und Tränen, vom Versinken und Ertrinken.*[202] Er verweist auf Filme wie *Wenn die Gondeln Trauer tragen, Tod in Venedig, Das Boot, Deep impact, 20000 Meilen unter dem Meer, Moby Dick, Waterworld, Life of P* und *Titanic*, um die tiefe Affinität des Mediums Film zum Element oder eben zum Medium Wasser herauszustellen. Die Liste ließe sich unschwer erheblich verlängern, und selbstredend muss sie auch die beiden Filme enthalten, die sich den Titel *Swimming Pool* teilen: François Ozons Film wurde 2003 erstmals gezeigt; den Film *La Piscine / Swimming Pool* von Jacques Deray aus dem Jahr 1969 hat Ozon eigenen Angaben zufolge erst zur Kenntnis genommen, nachdem er seinen Film fertiggestellt hatte. Eine Auskunft, die viele Cineasten nicht recht glauben wollten – ist doch der mit Romy Schneider, Alain Delon und Jane Birkin höchst prominent besetzte frühere Swimming-Pool-Film kein Geheimtipp. Unplausibel ist die Auskunft dennoch nicht. Gehört es doch zu einer verbreiteten Künstlerpsychologie, die Werke anderer – die von prominenten Vorgängern und Konkurrenten zumal – aus Bedenken, gar Angst davor, sie könnten einschüchternd gut sein, zu ignorieren. Harald Bloom ist diesem Komplex in seiner einflussreichen Studie *Einflußangst – Eine Theorie der Dichtung*[203] nachgegangen. Man muss nicht die dritte Bedeutung des Begriffs ‚Medium' – nach der elementar-natürlichen und der technischen die spiritistische – bemühen, um starke Affinitäten zwischen Derays und Ozons Swimming-Pool-Filmen ausmachen zu können.

201. Florian Sprenger: 1+1=1 – Bewegte Elemente im Werk Andreij Tarkowskijs. In: Leitner, Birgit/Engell, Lorenz (edd): Philosophie des Films. Weimar 2007, pp. 128–141

202. https://www.epd-film.de/themen/ ozeanische-gefuehle-wasser-im-film – 28.7.2015

203. Ffm / Basel 1995

Ozons Gesamtwerk weist eine Fokussierung auf Elemente bzw. Medien auf, die die übliche Präsenz von Medien in Filmen noch deutlich überbietet. 1997 drehte er den Kurzfilm *Regarde la mer* (Blicke aufs Meer); sein zehn Jahre später entstandener, an der baskischen Atlantikküste spielender Film *Le refuge* trägt in der deutschen Fassung den treffenden Titel *Rückkehr ans Meer*; Elemente und das Wasser voran spielen in Ozons Filmen durchweg eine entscheidende Rolle. Zu Ozons starkem Interesse an Medien und Elementen dürfte sein signifikanter Name beigetragen haben: Ozon. Ein medialer Name. „Ozon (altgriechisch οζειν ozein „riechen“) ist ein aus drei Sauerstoffatomen bestehendes Molekül (O_3). Ozonmoleküle in der Luft zerfallen unter Normalbedingungen innerhalb einiger Tage, im Dunkeln jedoch sehr schnell zu biatomarem Sauerstoff. Einerseits ist Ozon (franz. ozone) ein starkes Oxidationsmittel, das bei Menschen und Tieren zu Reizungen der Atemwege und der Augen führen kann, andererseits schützt die Ozonschicht in der Stratosphäre die Lebewesen auf der Erde vor Schädigungen durch energiereiche mutagene ultraviolette Strahlung der Sonne.“ So belehrt uns Wikipedia. Die meisten Protagonisten von Ozons mediterranem Film *Swimming Pool* tragen Sonnenbrillen. Und der jugendlich gebliebene Kellner, in den sich die Protagonistin verliebt, wird wiederholt als Sonnenlichtliebhaber gezeigt, der entspannt an der Wand seines Bistrots lehnt und gelassen ein- und ausatmet.

Die vier Elemente – und Kino als die Quintessenz

Das Wort ‚Medium / Medien‘ war in fast allen europäischen Sprachen lange Zeit ein Synonym für Elemente. Medien sind das, was dazwischen ist. Und zwischen Göttern, Menschen, Tieren, Pflanzen und Dingen sind, so will es schon das Denken der klassischen Antike, die vier Elemente resp. Medien, um deren jeweiligen Vorrang die vorsokratischen Philosophen streiten: Wasser (Thales), Luft (Anaximenes), Feuer (Heraklit) und Erde. Die Suche nach einem fünften Element, einem fünften Medium, einer fünften Essenz, die allen vier Medien gemeinsam ist, zieht sich durch die Jahrhunderte. Dabei gibt es eine bemerkenswerte Konstante: Das fünfte, das quintessentielle Medium wurde fast durchweg als künstliches, technisches, artifizielles Medium fokussiert und konzipiert. Quintessenzen sind (mit der halben Ausnahme des Äthers, der häufig als Kandidat für das fünfte Element gehandelt wurde) nicht natürlich, sondern Kunstprodukte – alchemistische Essenzen, Elixiere, Zauberstoffe und dergleichen mehr. Neuzeit und Moderne haben es dann in der Tat geschafft, auf wesentliche, aber nicht in der Natur vorfindliche, sondern erfundene, auf quintessentielle Medien zu setzen, die so essentiell sind wie die natürlichen Medien: Geld und technische Medien.

An Ozons Filmen fällt kaum auf, weil dieses Motiv quasi als Selbstverständlichkeit mitläuft, dass ihre Protagonisten fast durchweg nicht nur liquide, sondern richtig reich sind. Das Medium Geld verflüssigt ihr Leben. Das gilt gerade auch für die Figuren des Films *Swimming Pool*. Die verwöhnte Tochter eines reichen Verlegers schwimmt ebenso wie seine Erfolgsautorin nicht nur im Wasser, sondern auch im Geld. Und sie sind von technischen Medien umgeben, die sie zur Hand haben – und die umgekehrt sie in der Hand haben. Es lohnt sich, mit klassisch strukturalistischen Analysemitteln herauszustellen, dass die Opposition natürliche vs. technische Medien als roter Motivfaden den Film durchzieht. Dazu gleich mehr. Eingebettet ist diese leitmotivische Opposition in weitere wahlverwandte Oppositionspaare wie (um nur einige der wichtigsten zu nennen):

London (Metropole) vs. Frankreich (Landidylle)
alt vs. jung
Konformismus vs. Nonkonformismus
nackt vs. bekleidet
Männer vs. Frauen
mit einer Plane bzw. von Blättern bedeckter vs. offener Swimmingpool
künstlich angelegter Pool vs. Meer
eintauchen/untertauchen vs. auftauchen
Fiktion (Schriftstellerei), Imagination, Phantasie, Projektion vs. „Realität“
altes Medium Literatur vs. neue Medien (Telefon, Radio, TV, Stereo-Anlage, Laptop)
gelingende vs. scheiternde Kommunikation (der Verleger ist telefonisch mit System nicht erreichbar)

Auffallend ist es nun, dass Ozons Film diese und weitere Oppositionen als Unterscheidungen in Szene setzt, die jeweils einen re-entry der Unterscheidung nahelegen. Die von Charlotte Rampling virtuos gespielte alternde Schriftstellerin Sarah findet in Julie eine provozierend junge Opponentin – doch sie kann als ältere Frau jugendlich und die jugendliche Schönheit kann umgekehrt früh verlebt sein. Julie ist abgelebter als die sich verjüngende Krimiautorin, die nun existentiell Szenen er- und durchlebt, von denen sie sonst nur geschrieben hat. Im Pool zu schwimmen, ist in der Regel weniger riskant als sich ins Meer zu begeben – (nicht nur) in diesem Film ist Schwimmen im Pool lebensgefährlich. Fiktionen sind das Gegenteil von Fakten, aber Fiktionen und Phantasmen gibt es wirklich. Ein Meer ist weniger konturiert als eine Mutter (im Französischen sind bekanntlich die Worte ‚mer‘ und ‚mère‘ homophon), aber in diesem Film werden beide Größen nicht nur aufgrund ihres Gleichklangs vereint. Sarah ist – jedenfalls bekundet der Film nichts

Gegenteiliges – offenbar keine Mutter, und sie tritt eingangs auch nicht mütterlich auf. Ihre Fruchtbarkeit ist ihre literarische Produktivität, sie bringt, um das alte lateinische Wortspiel zu bemühen, libri (lat. Bücher) statt liberi (lat. Kinder) hervor. Der Tod ist das Andere des Lebens, doch auch Tote (wie die einem Unfall zum Opfer gefallene Mutter Julies) können wie in der Fieberphantasie der Tochter (die den Unfall überlebte, woran eine Narbe erinnert) als Lebende präsent sein. Diener und Herren bzw. Herrinnen bilden ein Oppositionspaar, das sich aber umdrehen lässt: „jetzt bedienen Sie mich", sagt der Kellner zu Sarah, als er im Ferienhaus unerwartet auf sie trifft und sie ihm einen Drink und Joint reicht. Drogen sind die Alternative zur Nüchternheit, aber sie können den klaren Durchblick bescheren, den die nüchterne Kunst der Tabuisierung verstellt. Sarah erscheint zu Beginn des Films als die etablierte Konformistin, der Julie als libertäre Nonkonformistin opponiert, aber die Schriftstellerin verweist nicht ohne Koketterie darauf, dass sie in Julies Alter das swinging London der 60-er Jahre lustvoll erlebt hat – und diese Lebensphase nun recycelt.

Natürliche und technische Medien in Ozons Film *Swimming Pool*

Das Spiel, leitmotivisch Oppositionsachsen aufzubauen, um sie sodann zu unterlaufen, charakterisiert auch die den Film durchziehende Medienthematik. Natürliche Medien / Elemente haben in *Swimming Pool* starke Auftritte. Die Eingangsszene des Films zeigt die Wellen der Themse, die selbstredend von den Wellen der Seine, wie andere Ozon-Filme sie gerne zeigen, kaum zu unterscheiden sind. Folgt die Medien-Szene, in der Sarah in der Londoner U-Bahn zu ihrem Verleger fährt und von einer Frau angesprochen wird, die in einem Krimi aus ihrer Feder liest und nun erfreut die Autorin anspricht, die aber ihre Identität verleugnet. Natürliche Elemente spielen, wie jedem Zuschauer sofort einleuchten wird, in weiteren Filmszenen eine entscheidende Rolle. In Erinnerung gebracht seien nur einige Szenen. Ins Wasser des Pools begibt sich Sarah erst, als dieser von den vielen Baumblättern, also von Erdenresten gereinigt ist. Szenen, in denen Sarah, Julie und Frank schwimmen, tauchen, auftauchen, durchziehen leitmotivisch den Film. Diesen Szenen korrespondieren andere Szenen, die das flüssige Element als trügerisches Medium präsentieren. So werden viele geistige Getränke konsumiert, und so wird eindringlich gezeigt, wie Sarah, um Julie zu täuschen, Wasser in eine Weinflasche gießt, aus der sie getrunken hat. Das Komplementärmedium zu Wasser, Erde, verschafft sich nicht nur in den Blättern Geltung, die den Pool bedecken. Zu den Schlüsselszenen des Films gehört es, dass Sarah als faszinierte und irritierte Beobachterin des Swimming-Pool-Sex zwischen Frank und Julie (die als junge Frau die aktiv bedrängende Rolle spielt, die in der Regel Männern zugeordnet wird) einen Stein vom Balkon in den Garten wirft. Kurz darauf erschlägt Julie ihren zurückweichenden Lover mit einem Stein. Beide Frauen sind danach keine Konkurrentinnen mehr; gemeinsam vergraben sie den erschlagenen Mann in der Erde – was naturgemäß Spuren hinterlässt, die der Gärtner und Gehilfe Marcel am nächsten Tag bemerkt. Feuer als das dritte Element kann in dieser Konstellation nicht fehlen. Es wird viel geraucht in diesem Film (Zigaretten, Joints), Kaminfeuer wird mehrfach eingeblendet, und verbrannt werden Textilien (von Frank) wie Texte (das Manuskript von Julies Mutter, von dem es allerdings noch eine Abschrift gibt – auch die nicht nur etymologische Affinität von Textilien und Texten ist ein Leitmotiv in Ozons gesamten Werk, das eine eigene Studie wert wäre). Das vierte Element / natürliche Medium, die Luft, wird insbesondere Frank zugeordnet; er, der so bewusst atmet und Sonnenstrahlen genießt, trägt Züge eines sympathischen Luftikus und wird sich für die, die nicht wissen, unter welcher Erde er liegt, in Luft auflösen.

Im Kontrast- bzw. Komplementärverhältnis zu diesen natürlichen Medien stehen die künstlichen bzw. technischen Medien, die im Film dauerhaft präsent sind. Im Büro des Verlegers stehen eine luxuriöse Hifi-Anlage, ein Fernsehgerät und mehr als nur ein Telefon. Der Mann des Buches ist von neuen Medien umgeben, ja geradezu eingerahmt. Seine Tochter Julie liest kaum, dafür aber zappt sie gerne durch alle möglichen TV-Programme. Die Männer, die sie empfängt, legen gleich nach ihrer Ankunft im großzügigen Ferienhaus Platten bzw. CDs auf, um die Idylle zu beschallen und ihr so die Idyllenhaftigkeit auszutreiben. In einem solchen Medienumfeld muss sich das alte Medium Literatur behaupten. Es wird eindringlich in seiner reizvollen Unzeitgemäßheit vorgeführt. Ist doch auch das Buch an die neue digitale Medienwelt gekoppelt. Die professionelle, von der Melancholie des beginnenden Alters gezeichnete Krimi-Autorin kommt dem alten Medium Literatur mit dem neusten Stand der Technik bei. Auffallend häufig wird Sarah bei ihrer Schreibarbeit am Laptop gezeigt; dem Anschluss dieses Schreibgeräts an die Steckdose gilt nach dem Eintreffen im Ferienhaus ihre erste Sorge (erst danach wird sie ihre Textilien in den Schrank hängen). Auch der an diesen Laptop gekoppelte Drucker, der die digitalen Daten in analoge Papierform konvertiert, ist dem Regisseur mehrere Einstellungen wert. Die jüngere Julie hingegen führt handschriftlich ein Tagebuch, das Sarah für ihr Buchprojekt ausbeutet. Die jüngere verwendet also die ältere Medientechnik et vice versa. Ungebrochen ist auch Sarahs Verhältnis zum Telefon – bzw. es wäre für sie, die Vieltelefoniererin, ungebrochen, wenn denn der angerufene Verleger erreichbar wäre bzw. sein wollte. In gängigen medienwissenschaftlichen Analysen werden neuere Medien nach der Gutenberg-Galaxis in aller Regel als Beschleuniger und Intensivierer von Kommunikationsverhältnissen verstanden. Es gehört zu den aufschlussreichen Nebenmotiven von Ozons Film, dass er eine andere Wahrnehmung neuer Medien dagegenhält, wenn er ein technisches Medium wie das Telefon als Instrument versteht, das Kommunikationsverweigerung und -unterbrechung ermöglicht. Für face-to-face-Kommunikation gilt bekanntlich der Satz, dass man nicht nicht kommunizieren kann; wer auf dem Flur den Kollegen nicht grüßt, hat wie der, der auf den Gruß nicht reagiert, etwas mitgeteilt. Technische Medien wie Telefon und Anrufbeantworter (schon der Brief, den man ja nicht öffnen muss, den empfangen zu haben man verleugnen kann) ermöglichen hingegen die Verlangsamung und Verweigerung von Kommunikation. Man muss den Hörer nicht abnehmen, wenn das Telefon klingelt; man kann eine auf dem Anrufbeantworter gespeicherte Nachricht spät oder eben auch gar nicht beantworten. Das Zusammenleben in einem Ferienhaus und der dadurch gegebene Kommunikationszwang setzt die dort aufeinander Stoßenden systematisch unter Stress. Sie können aber Kommunikation abbrechen, wenn sie untertauchen – oder gar ertrinken, versinken.

Die Phantasmen und das Reale

Es genügt, die genannten Szenen zu evozieren, um ein, wenn nicht das Leitmotiv von Ozons Film *Swimming Pool* zu erschließen: Wir sind heute von technischen Medien so umgeben wie von den natürlichen Elementen / Medien. Medientechnik ist uns zur zweiten Natur, zur alltäglich vertrauten Umwelt geworden. Ozon hat dafür ein suggestives Bild gefunden, das mehrfach in seinem Film auftaucht: Der Laptop-Monitor hat mit dem Swimmingpool die blaue Farbe und das Länge x Breite-Verhältnis gemeinsam. Beide Medien korrespondieren einander – gerade auch im Hinblick auf das zentrale Motiv (nicht nur) dieses Films von Ozon. Handelt er doch in beeindruckender Eindringlichkeit davon, dass das Medium Wasser wie die technischen Medien uns den festen Boden unter den Füßen und mit ihm die Gewissheit entziehen, verlässlich zwischen Sein und Schein, Realität und Imagination, Verbindlichkeit und Phantasma unterscheiden zu können. Dass die Grenzen zwischen beiden Sphären zunehmend erodieren, ist allen, die diesen Film wahrnehmen, sofort ersichtlich. Und das ist vom Regisseur auch ausdrücklich intendiert. François Ozon hat in einem Interview in der *taz* vom 14. August 2003 über seinen Film gesagt: „Ab einer bestimmten Stelle im Film weiß man nicht mehr, ob man sich gerade im Film, im Buch, das Sarah schreibt, oder in der Phantasie von Sarah Morton befindet."

Auch dies ist nicht erst seit den frühen Dracula-Filmen, seit Fritz Lang und Hitchcock, sondern schon ganz anfänglich in den Filmen von Georges Méliès ein Standardmotiv der Filmgeschichte: dass vermeintlich gewisse Wahrnehmungen, dass die Sein-Schein-Unterscheidung, dass die Grenze zwischen dem Normalen und dem Paranormalen, dass die Opposition von Vernunft und Wahnsinn unsicher wird und zur Disposition steht. Die meisten Interpreten der Filme von François Ozon sind diesem Motiv verpflichtet, und sie können dafür gute Gründe nennen. Dass es sich um ein Zentralmotiv des Gesamtwerkes und auch des Films *Swimming Pool* handelt, steht außer Frage. Eine Nachfrage wert aber ist der Umstand, dass dieses Motiv ein wenig zu evident ist, um sich den Standardinterpretationen zu fügen. Um polemisch zu akzentuieren: Wer Ozons Filme als – und sei es intelligentere und ästhetisch überzeugendere – cineastische Parallelaktionen zu Donald Trumps großzügigem Umgang mit fake news und alternativen Fakten sieht, übersieht etwas Entscheidendes. Nämlich erstens, dass alle Ozon-Filme mit dem Motiv arbeiten bzw. spielen, dass es das Andere dessen, was es wirklich gibt, seinerseits wirklich gibt. Wir träumen, projizieren, phantasieren, inszenieren und delirieren tatsächlich. Wer radikal antirealistisch, also konstruktivistisch denkt und argumentiert, tut dies eben wirklich. Beste Gründe sprechen ja auch in der Tat dafür, den Konstruktivismus als den besseren Realismus zu verstehen. Sind wir doch im Hinblick auf Großkonzepte, die in der Regel daran zu erkennen sind, dass sie mit Suffixen wie -heit, -keit oder -tät versehen sind (Wahrheit, Wirklichkeit, Realität), tatsächlich dazu verdammt zu konstruieren. Denn die Wahrheit oder die Wirklichkeit gibt es bekanntlich nicht. Wohl aber gibt es wahre und falsche Aussagen, wohl aber gibt es wirklich Dinge, Sachverhalte, Personen, statthabende Ereignisse.

Nach einem großen Wort von Sigmund Freud gibt es im Unbewussten kein Realitätszeichen. Wohl aber in dem, was wir das tatsächliche Leben nennen, zu dem das Unbewusste gehört. Menschen lieben und leiden, gesunden und sterben tatsächlich. Es gehört zu den Pointen der Filme von Ozon, der offenbar mit den Werken des Psychoanalytikers Jacques Lacan gut vertraut ist, dass er dem Konzept des Realen szenische Eindringlichkeit abgewinnen kann. An einer Szene aus dem Film *Une nouvelle amie* (Eine neue Freundin) lässt sich das besonders klar demonstrieren. Der plot ist schnell in Erinnerung gebracht: Claire und Laura sind seit ihrer frühen Kindheit beste Freundinnen. Laura erkrankt und stirbt, kurz nachdem sie und ihr Mann David stolze Eltern einer Tochter geworden sind. Nach dem Tod seiner Frau spürt David mehr und mehr transvestitische Lust; er trägt gerne (gerade auch, wenn er sich um seine kleine Tochter kümmert) Frauenkleider und konstruiert ebenso erfolg- wie lustreich seine Virginia-Identität (nomen est omen). Doing-gender-Theorien, wie sie u.a. Judith Butler populär gemacht hat, lassen deutlich grüßen. Claire ist von der neuen Virginia-Identität Davids zuerst irritiert, dann aber zunehmend fasziniert. Sie, die doch den genuin der Aufklärung verpflichteten Namen Claire trägt, lässt sich schließlich ohne realistische Vorbehalte auf Davids / Virginias Geschlechterphantasie und -konstruktion ein. Als sie mit Virginia ins Bett geht, schreckt sie jedoch auf: Daran, dass sie mit einem Mann im Bett liegt, gibt es, wie der erigierte Phallus von David zeigt, keinen Zweifel.

Nach einem tiefsinnigen Bonmot ist real das, was nicht verschwindet, auch wenn man nicht daran glaubt. Man kann mit Donald Trump und anderen den von Menschen gemachten globalen Klimawandel für eine fake news halten – und doch verschwinden die Überschwemmungen, Wirbelstürme und Starkwetterereignisse nicht. Wohl aber schwinden die Gletscher und die Eismassen der Antarktis – tatsächlich. Auch derjenige, der den Klimawandel leugnet, muss sein Haus räumen, wenn es überschwemmt wird. In *Swimming Pool* gibt es Szenen, die diesem elementar realistischen Motiv verpflichtet sind. Sarahs Urlaubsidylle wird wirklich gestört, Julie hat tatsächlich traumatische Erfahrungen gemacht, Frank ist wirklich erschlagen worden. Und die fiktiven Krimi-Narrative, denen Sarah ihr Einkommen und ihren Ruhm verdankt, gibt es (in diesem Film, den es wirklich gibt) ebenso wie Phantasien und Projektionen. Aus gutem Grund sind Ozons Filme – und *Swimming Pool* insbesondere – einer Ästhetik des narrativen Realismus verpflichtet; wenn sie surrealistische Einsprengsel aufweisen, so stets mit der Markierung, dass es surrealistische Erfahrungen, Kunstwerke und Motive wirklich gibt. *Swimming Pool* ist ein Film, der mit der Nähe, aber eben auch mit der Differenz zwischen natürlichen Elementen und technischen Medien spielt. Ein Film, der weiß, dass es einen Unterschied macht, ob man ins Wasser springt und untertaucht, ob man im Kino sieht, wie jemand untertaucht oder ob man in die Welt des Films eintaucht. Ein Film aber auch, der ein luzides Bewusstsein davon hat, dass technische Medien mitsamt ihrer Neujustierung von Sein-Schein-Konstellationen wirklich zur Quintessenz unseres alltäglichen wie unseres Lebens wie unseres Urlaubs vom (Alltags-) Leben geworden sind.

Transformationen und Transsubstantiationen

I

Um Worte, die mit dem Präfix ‚trans-' beginnen, ist es eigentümlich bestellt. Denn das, worauf sie verweisen, lässt sich selten prägnant bestimmen. Ob ‚transzendental' oder ‚transsexuell', ob ‚Transsilvanien' oder ‚Transvestit', ob ‚Transport' oder ‚Transfer', ob ‚transitiv' oder ‚Transit', ob ‚Translatio(n)' oder ‚Transparenz', ob ‚Transsubstantiation' oder eben ‚Transformation' – die schlichte lateinische Vorsilbe ‚trans' ist leicht zu übersetzen (in deutsche Worte wie über, hindurch, darüber hinaus) und hat doch die fatale Neigung, diejenigen, die ihr vertrauen und mit ihr umgehen, in schweres oder aber allzu luftiges Gelände zu entführen. Das Präfix ‚trans' hat (wie alle Präfixe) kupplerische Qualitäten, aber diese Vorsilbe zieht besonders komplexe bis suspekte Begriffe wie ‚Substanz', ‚Sex' oder ‚Form' geradezu magisch an. Der Grund für die strange-attractor-Qualität dieser Vorsilbe lässt sich schnell angeben. Das Präfix ‚trans-' koppelt und entkoppelt zugleich; denn es meint ja mit verlässlicher Regelmäßigkeit, dass etwas nicht bleibt, was es einmal war, und nicht da bleibt, wo es ursprünglich hingehörte. Wer und was immer sich auf den Weg macht (etwa von der Immanenz in die Transzendenz), wer oder was seinen Ursprung verlässt, wechselt mit der Sphäre auch die Identität. Bislang handelte es sich um diese Substanz (etwa Brot), nun nach einem bemerkenswerten Transit in überirdische und zugleich irritierend fleischliche Sphären ist daraus der Leib Christi geworden; bislang hatte xyz dieses Geschlecht, nun nach einer bemerkenswerten Transfiguration hat xyz ein anderes Geschlecht angenommen; bislang hatte dies oder jenes diese Form, nach einem Transformationsprozess aber hat sich diese Form bis zur Nichtwiedererkennbarkeit gewandelt.

Unter allen eigenartigen, weil per se auf Zweideutigkeit hin orientierten Trans-Wörtern hat das Wort bzw. das Konzept ‚Transformation' wiederum eine besonders eigentümliche Stellung. Es taucht nämlich in recht unterschiedlichen Kontexten und Sphären auf. Wer von Transsexualität spricht, meint Wandlungsprozesse, die in der sexuellen Sphäre verbleiben; wer sich theologisch tiefsinnig über Transsubstantialität äußert, handelt von Wandlungen innerhalb einer religiösen Sphäre. Um den Begriff ‚Transformation' ist es hingegen noch vertrackter bestellt als bei den vorgenannten und anderen Trans-Begriffen. Und dies aus einem wiederum ebenso schlichten wie tiefen Grund: Transformationen sind nicht sphärenspezifisch, sondern ubiquitär; und sie sind beides zugleich: tiefsinnig und technisch. Das lässt sich schnell illustrieren. Erstmals begegnete mir (und wohl nicht nur mir) das

Transformationskonzept, als ich in frühen Kindheitstagen zu Weihnachten eine Modelleisenbahn zum Geschenk erhielt. Die Lok ließ sich über einen Trafo, einen Transformator, einen Umspanner von elektrischer Energie (wie ein technikkundiger Verwandter mir erklärte) steuern, was mich eigentümlich faszinierte. Wiederbegegnet ist mir dann dieses Wort zu Beginn meines Germanistik-Studiums. In Einführungskursen in die Linguistik wurden wir mit der Transformationsgrammatik von Noam Chomsky bekannt gemacht. In philosophischen Lehrveranstaltungen wurde ich dann darauf aufmerksam gemacht, dass eine *Transformation der Philosophie* (so der damals vielzitierte Titel eines 1973 erschienenen Buches von Karl-Otto Apel) anstehe, weil es quasi-transzendentale Letztgewissheiten gäbe, die sich erschließen, wenn man in Kommunikationsakten pragmatische Selbstwidersprüche meidet wie der Teufel das Weihwasser.

Transformation aber war und ist auch ein zentraler, obwohl nicht immer trennscharfer Begriff in Disziplinen wie der Soziologie und Politologie, der Psychologie, der Religionswissenschaft und der Philosophie (so trug die Rektorats-Antrittsrede, die der berühmte Philosoph Ernst Cassirer 1929 in Hamburg hielt, den Titel *Formen und Formwandlungen des philosophischen Wahrheitsbegriffs*). Besondere Aufmerksamkeit bei Analysen des Transformationsbegriffes verdient das 1944 erschienene soziologische Standardwerk von Karl Polanyi, das den Titel *The Great Transformation* trägt. Seine beiden weitreichenden Hauptthesen sind von unzweifelhafter Aktualität, sie reizen und irritieren bis heute neoklassische wie neoliberale Wirtschaftswissenschaftler. Die erste These, die deutlich an Marx anschließt: Im europäischen neunzehnten Jahrhundert ändern wichtigste Werte mit dramatischen Konsequenzen ihre tradierten Formen. Land, das ja nicht wie Waren produziert und vermehrt werden kann, Arbeit, die ja die Warenwerte erst schafft, und Geld, das ja Warenwerte signifizieren soll, aber anders als Waren keinen Gebrauchswert hat, werden nämlich selbst warenförmig, obwohl sie sich von gängigen Waren wie Nahrung, Kleidung, Möbeln, Werkzeugen, Büchern etc. radikal unterscheiden. Dafür sorgt (so die zweite Leitthese von *The Great Transformation*) ein entfesselter Markt, der seit Adam Smith als naturwüchsiger Mechanismus des sinnvollen Ausgleichs von Angebot und Nachfrage missverstanden wird, aber alles andere als naturwüchsig und selbstverständlich, nämlich vielmehr ein Kunstprodukt des modernen bürgerlichen Nationalstaates ist. Der Titel von Polanyis Buch ist so prägnant wie seine Leitthese: Eine Formänderung sorgt für gewaltige Verwerfungen, die man in jedem Wortsinne als materielle, als substantielle Verwerfungen charakterisieren kann. Land, Arbeit und Geld sehen ja nicht per se anders aus, wenn sie zu warenförmigen Gütern werden – und doch ist der Transformationsprozess, der durch diese Formänderung eingeleitet wird, disruptiv. Function follows form.

Begriffe, die in der Elektrotechnik und der Kulturwissenschaft, in der Grammatiktheorie und der Politikwissenschaft und in virtuell allen Disziplinen, die auf sich halten (inklusive der Designtheorie), eine entscheidende Rolle spielen, sind zugleich attraktiv und suspekt. Attraktiv ist der Transformationsbegriff, weil ihm eine spezifisch technische Komponente eignet (Transformator, Transformationsgrammatik). Für Transformationen sind Ingenieure zuständig, nicht Genies. Suspekt ist das Konzept Transformation aus demselben Grund: Ändert sich da etwas, ohne sich eigentlich zu ändern, handelt es sich da um eine bloße Anpassung an neue Umstände und Umwelten, meint Transformation den Verzicht auf die Verheißung, etwas könne eben nicht nur neue Form gewinnen, sondern ganz anders, totaliter aliter werden? Wer etwas transformiert, also umformt, in neue Formen gießt, verwandelt, umspannt, neugestaltet, handelt bestenfalls wie ein Ingenieur, im problematischeren Fall wie ein Handwerker, der Kaputtes repariert. Dieses handwerkliche bis ingenieurhafte Moment am Transformationskonzept mag ein Grund dafür gewesen sein, dass das monumentale *Historische Wörterbuch der Philosophie* zwar mehr als viertausendmal das Wort ‚transzendent(al)' verwendet und ihm selbstredend einen umfangreichen Artikel widmet, den Begriff der Transformation hingegen wohl ab und an erwähnt, ihm aber einen eigenen Artikel vorenthält.

Das prominenteste schulphilosophische Fallbeispiel für Transformationsprozesse stammt denn auch aus dem handwerklichen Bereich der Reparaturarbeiten: das Schiff des Theseus. Plutarch, also ein antiker Historiker, kein Philosoph, hat den Fall berichtet; Hobbes, also ein Staatsrechtler mit philosophischen Ambitionen, hat ihm zu neuzeitlicher Prominenz verholfen. „Das Schiff, auf dem Theseus mit den Jünglingen losgesegelt und auch sicher zurückgekehrt ist, eine Galeere mit 30 Rudern, wurde von den Athenern bis zur Zeit des Demetrios Phaleros aufbewahrt. Von Zeit zu Zeit entfernten sie daraus alte Planken und ersetzten sie durch neue intakte. Das Schiff wurde daher für die Philosophen zu einer ständigen Veranschaulichung zur Streitfrage der Weiterentwicklung; denn die einen behaupteten, das Boot sei nach wie vor dasselbe geblieben, die anderen hingegen, es sei nicht mehr dasselbe."[204] In der Tat ein intrikates Problem: Wenn man nach und nach Bootsbestandteile oder auch nur Teile dieser Teile (Planken, Segel, Ruder, Mast) austauscht und durch neue ersetzt, bis kein noch so kleiner Holzsplitter mehr dem ehemaligen Boot entstammt – handelt es sich dann noch um dasselbe Boot? Man kann die Paradoxie noch verschärfen: Wenn ein Antiquitätenverehrer die entsorgten Altteile (das zerfetzte Segel, das gebrochene Ruder, die

204. Plutarch: Vita Thesei 23, übers. Wilhelm K. Essler, in: Was ist und zu welchem Ende betreibt man Metaphysik?, Dialectica 49 (1995), pp. 281–315

morschen Planken) verwahrt und wieder, viele Lücken und Materialschwund in Kauf nehmend, zusammengesetzt hätte – welches der beiden Gebilde, das authentische, aber funktionsunfähige oder das rundumerneuerte funktionsfähige, wäre dann das „richtige" Boot? Wie sinnvoll ist es, von Transformation zu sprechen, wenn bei dem substantiell rundumerneuerten Schiff doch nur eines identisch geblieben ist – eben seine Form? Apropos Boot und Schiff: Ab welcher Größe, bei welchem Transformationsgrad wird ein Boot zum Schiff, wird ein Hügel zum Berg, wird eine Ansammlung von Sandkörnern zum Sandhaufen?

Solche Formfragen sind weniger sophistisch, als es scheint. Um ein auch zeitlich zugleich nahe und fern liegendes Beispiel zu bemühen: Das im November 2017 für ca. 450 Millionen Dollar versteigerte, da Vinci zugeschriebene und ein halbes Jahrtausend alte Bild *Salvator mundi* wurde vom Auktionshaus Christie's ebenso ironischer wie realistischer Weise unter der Rubrik ‚zeitgenössische Kunst' angeboten. Es ist mehrfach und so gründlich restauriert wurden, dass wohl kein Farbpigment auf dem Holz (dies scheint immerhin seit dem Jahr 1500 geblieben zu sein) mehr direkten Kontakt mit Leonardos Pinsel (wenn da Vinci denn selbst den Pinsel führte) gehabt haben dürfte. Wie viele Restaurationen und Transformationen hat das Gemälde erleiden müssen, um es selbst zu bleiben; wie sinnvoll ist es, noch von ein und demselben Bild zu sprechen? Dergleichen Fragen stellen sich aber nicht nur in der ästhetischen, sondern auch in der technischen Sphäre. Der Schriftsteller und Essayist Bruno Preisendörfer hat ein Buch mit dem Titel *Die Verwandlung der Dinge* und dem Untertitel *Eine Zeitreise von 1950 bis morgen* vorgelegt.[205] Darin beschreibt und analysiert er eindringlich die Transformationen der Geräte, die unser Alltagsleben in den letzten Jahrzehnten begleiten und grundieren. *Vom Kofferradio zum MP3-Player, von der LP zum Streaming, vom Fernsprecher zum Smartphone* lauten einige der Kapitelüberschriften. Und die bei allen Schilderungen mitlaufende Frage lautet, ob die dinglichen Transformationsprozesse Dimensionen annehmen, die es heikel erscheinen lassen, noch davon auszugehen, es gebe so etwas wie einen alle Veränderungen überstehenden harten Identitätskern, gewissermaßen die platonische Idee des Tonträgers, des Bildspeichers oder des Schreibgeräts. Wie sinnvoll ist es, eine Transformationsgeschichte von Schreibutensilien und Zeichenträgern so zu schreiben, dass man Laptop und Tablet als Transformation von Griffel und Schreibtafel, das Smartphone als Transformation des Telefons mit Wählscheibe, den Streamingdienst als Transformation der Wachswalze und der Langspielplatte darstellt?

205. Berlin 2018

II

Ob mit sich identisch bleibt, wer und was sich ändert, zählt zu den meistdiskutierten Fragen der Philosophie- und Theoriegeschichte. Wie sinnvoll ist es zu sagen, der, die oder das da sei im Alter von drei Wochen, drei Jahren, drei Jahrzehnten ein und dieselbe Pflanze, ein und dasselbe Schiff, ein und derselbe Mensch? Alte und stets erneuerbare Fragen der Philosophie, die abschließend zu beantworten nicht möglich sein dürfte, die sich aber poetisch eindringlich immer erneut stellen lassen – wie z.B. in Gottfried Benns berühmtem Gedicht *Dann-*, das keine Bedenken vor einem transformativen Umgang mit Syntaxregeln hat:

Wenn ein Gesicht, das man als junges kannte
und dem man Glanz und Tränen fortgeküßt,
sich in den ersten Zug des Alters wandte,
den frühen Zauber lebend eingebüßt

Der Bogen einst, dem jeder Pfeil gelungen,
purpurgefiedert lag das Rohr im Blau,
die Cymbel auch, die jedes Lied gesungen:
– „Funkelnde Schale“, – „Wiesen im
Dämmergrau“ –,

Dem ersten Zug der zweite schon im Bunde,
ach, an der Stirne hält sie schon die Wacht,
die einsame, die letzte Stunde –,
das ganze liebe Antlitz dann in Nacht.[206]

Um ohne Angst vor Tiefsinn zu formulieren: Solange Sein und Dasein zeitlich verfasst sind, pointierter: solange Sein und Zeit eins und zugleich einigdifferent sind[207], stehen Transformationsprozesse nicht zur Disposition. Die dialektische Antwort auf die Frage nach zeitlich sich durchhaltender Identität (um Goethes berühmte Formel zu bemühen, nach „Dauer im Wechsel“) ist sicherlich nicht die dümmste: Wenn sich alles ändert, wandelt, transformiert, bleibt nur eines konstant, nämlich der Veränderungsprozess, der Wandel, die Transformation. Die von Hegel und Hans-Magnus Enzensberger

206. Gottfried Benn: Dann-; in: Sämtliche Werke – Gedichte 1, ed. Gerhard Schuster (Stuttgarter Ausgabe). Stuttgart 2002 (2.), p. 190

207. Cf. dazu Jochen Hörisch: Bedeutsamkeit – Über den Zusammenhang von Zeit, Sinn und Medien. München 2009

beschworene eindringliche Formel von der „Furie des Verschwindens", die nicht verschwindet, wenn alles verschwindet, überdramatisiert und beschwichtigt zugleich. Sie überdramatisiert, denn etwas (eine Spur, eine Erinnerung, eine entropische Unordnung) bleibt immer, wenn etwas verschwindet – „und wenn der ganze Schnee verbrennt, die Asche bleibt uns doch", sangen am Ende der Weimarer Republik die ‚Vier Nachrichter', alte Volksweisheiten aufnehmend. Und sie beschwichtigt, denn sie lässt das Versprechen auf eine gewisse Restverlässlichkeit mitlaufen. Theologen sprechen gerne davon, dass wir nicht tiefer fallen können als in die Hand Gottes. Man muss nur dran glauben, dass dem so ist. Und eben dieser Glauben kann seinerseits verschwinden, auch die Furie des Verschwindens kann gelegentlich verschwinden, auch Transformationsprozesse können Transformationen erleben und für gewisse Zeiträume auf Erhaltung, Statik und Kontinuität umschalten.

Es ist müßig zu fragen, ob die Aussage, die einzige Konstante in allen Prozessen sei, dass sich alles transformiere, banal oder tiefsinnig ist. Nicht müßig ist hingegen die Frage, wie Kulturen auf die Unvermeidbarkeit von Transformationsprozessen reagieren. Sie haben dabei mehrere kontextabhängige Optionen, die sich aber doch auf zwei Grundmöglichkeiten fokussieren lassen. Kulturen können Transformationen als Bedrohung bewerten und auf diese Bedrohung apotropäisch reagieren. Sie werden dann fast alles tun, um das Unheil zu wenden, das in Transformationsprozessen steckt. Ihr Grundimpuls zielt auf Bestandswahrung, Einhegung von Änderungsdynamiken aller Art, auf Subsistenzwirtschaft in allen, auch in geistigen Gebieten und im Bedrohungsfall auf ein „back to the roots"-Programm. Die Alternative ist schnell benannt; erst in Neuzeit und Moderne setzt sie sich in einigen wenigen, aber in jeder Weise einflussreichen Weltecken, die in der Regel westlich genannt werden, gegen meist erbitterten Widerstand durch, um dann zum common sense zu werden: Transformationsprozesse sind nicht nur unvermeidlich und deshalb kritisch zu akzeptieren, sondern auch positiv zu werten. Dynamik, Veränderung, Transformation sind dann Konzepte, die ihre pejorativen Resonanzräume hinter sich lassen. Der transformationsaffirmative Grundzug von Neuzeit und Moderne ist allerdings nicht ohne Paradoxien zu haben. Diese Paradoxien erschließen sich dem philologisch-funktionalen Blick recht schnell. Denn es fällt auf, dass die starken Transformationsprogramme von Neuzeit und Moderne eben nicht im Zeichen von Begriffen starten, die mit dem Präfix Trans- beginnen, sondern mit dem alternativen Präfix Re-. Renaissance, Reformation und Revolutionen aller Art haben eben diese starke Gemeinsamkeit, auf ein Re-, auf ein „zurück", auf ein „ad fontes!", auf ein „retour à la nature" zu setzen. Nun ist das Präfix re- die prägnante Alternative zur Vorsilbe trans-; aber gerade die genannten Re-Programme haben die starke Gemeinsamkeit, transformationsfreudig zu sein. Es leuchtet sofort ein, dass mit Renaissancen, Reformationen und Revolutionen große Transformationsprogramme gestartet werden.

Es lohnt sich, das ebenso ernste wie heitere philologische Spiel weiterzuspielen und nach Alternativen zum Transformations-Begriff nicht im Hinblick auf das Präfix, sondern auf das ihm anhängende Wort Form(ation) zu suchen. Auch da ist der (Be-)Fund eindeutig und doch frappierend: Spätestens mit Aristoteles steht der Gegenbegriff zu ‚Form' kategorisch fest – ‚Substanz'. Das Gegensatzpaar υλη, *Substanz*, *Stoff* einerseits und μορφη, *forma*, *Form/Gestalt* andererseits ist bestens, nämlich epochen- und schulübergreifend etabliert. So eingängig das Oppositionspaar Substanz-Form ist, so überraschend wirkt der Gegenbegriff zu Transformation – Transsubstantiation. Entstammt das Transsubstantiations-Konzept doch dem heißen Zentrum christlich-thomistischer Theologie, deren aristotelische Hintergrundstrahlung unverkennbar ist. Bemerkens- und bedenkenswert ist nun, dass sowohl religiöse als auch religionskritische Blicke auf das Konzept der Transsubstantiation sich in einer wesentlichen Hinsicht einig sind: Transsubstantiation ist (anders als Transformation) unplausibel, ist eine wunderbare bzw. wundersame bis verwunderliche Wandlung. Unter dem Elektronenmikroskop wird sich die starke Behauptung, diese Oblate sei nun Fleisch und dieser Wein sei nun Blut geworden, schnell falsifizieren lassen. Das kann man dann unterschiedlich, nämlich religionskritisch oder aber religionsaffirmativ als starkes Argument für die entscheidende Differenz von Glaubensstärke und schwachem irdischen Wissen verbuchen. Wie immer auch: Transformationen (im Sinne von Formänderungen) sind hochplausible, Transsubstantiationen sind hochheikle Prozesse (gerade auch dann, wenn sie wissenschaftlich-technisch wahr und ingenieurhaft schaltbar werden – etwa bei chemischen oder Kernfusions-Prozessen).

Dem Möglichen, gar Alltäglichen wird weniger Respekt und Anerkennung als dem Unmöglichen bzw. dem Hochunwahrscheinlichen entgegengebracht. So verwundert es nicht, dass bis in die Alltagssprache hinein der Substanz-Begriff hochgeschätzt, der Formbegriff hingegen abgewertet wird. Ein substanzieller Beitrag zu einer Debatte wiegt mehr als ein Einwand, der bloße Formalia betrifft; ein substanzielles Hindernis wiegt schwerer als eine formale Hürde; gesunde Substanz zählt mehr als eine vorübergehende Formschwäche. Die Gravitationskraft beider Begriffe, des tiefen Substanz- wie des oberflächlichen Form-Konzepts, ist so stark, dass sie so gut wie alle Reformationen, Renaissancen und Revolutionen überstanden hat.

III

Bleibt die Frage, ob Transformationsprozesse im Interesse der Substanzbewahrung antreten oder aber Substanz-gefährdend sind. Ihre Beantwortung ist eng an die halb triviale, halb dialektische Einsicht gekoppelt, dass es keine substanzlose Form und keine formlose Substanz geben kann. So wie es nach Heideggers großer Einsicht fahrlässig naiv wäre, Sein als eine Größe zu verstehen, zu der Zeit noch hinzutritt, so wäre es skandalös unterkomplex, Substanz als Größe zu verstehen, die sich in dieser oder jener Form ausgestalten ließe. Selbstredend steht zur Disposition von Form- und Designgestaltung, wie ein Stoff geschneidert, Gemüse auf dem Teller arrangiert und Steine zu dieser oder jener Architektur zusammengefügt werden. Es genügt aber schon der Hinweis auf ein simples Möbiusband, um deutlich zu machen, dass schlichte Transformierungen substanzielle Änderungen bewirken können.

Wer aus einem Streifen ein Möbiusband formt, lässt Materie und Substanz des Streifens gänzlich unverändert. Und doch ist das Möbiusband etwas ganz anderes als der Streifen, der nicht um sich selbst gedreht und wieder geschlossen wurde. Wittgensteins berühmter Hase-Enten-Kopf oder Eschers Vexierbilder sind einem ähnlich realistischen totaliter-aliter-Zauber verschrieben wie ein Möbiusband – diese Form kann als diese eine Form substantiell unterschiedlich wahrgenommen werden: Dieser Hasenkopf ist ein Entenkopf ist ein Hasenkopf.

Oder mit Escher: Aus dieser Formation eines Vogelschwarms geht – transformativ – die Formation eines Fisch-Schwarms hervor. Solche Transformationen vermögen beides: Sie faszinieren und sie irritieren, ja verängstigen. Etwas ist ganz anders, als es scheint. Die klassische Moderne hat suggestive Narrative ausgebildet, die solche Kippfiguren und Transformationsprozesse zum Kollektiv-Imaginären haben werden lassen. Dr. Jeckyll ist Mister Hyde; Dorian Gray bleibt im Kreis, der ihn umgibt, der einzige, der nicht altert, um sodann eine zeitraffende Extremtransformation durchzumachen; die Fledermaus ist ein Graf ist ein Vampyr; eine Rose ist eine Rose ist (k)eine Rose. Für solche personalisierten Transformations-Narrative lassen sich unschwer strukturelle Entsprechungen anführen: Die Befreiungsbewegung transformiert sich in eine Despotie, die noch übler ist als die, von der sie befreite; die Avantgarde transformiert sich zur museumstauglichen Neoklassik; der Nonkonformismus transformiert zur Option der Massen; die universale Automobilmachung transformiert zu massenhaften Staus etc. Es gehört zu den reizvollen Eigentümlichkeiten einer über sich selbst halbwegs aufgeklärten Moderne, dass sie sich daran gewöhnt, in vielen Gebilden das andere ihrer selbst als mitlaufende Möglichkeit zu gewahren. Moderne Köpfe sind transformationssensibel. Sie ahnen zumindest, dass immer alles anders werden kann, sie betreiben Technikfolgenabschätzung, sie halten es für möglich, dass zwischen der Lösung eines Problems und der Lösung als neuem Problem nicht immer klar zu unterscheiden ist.

Man muss nicht auf ultimativ dialektischen Reflexionshöhen sein, um sich mit dem Denkmotiv anzufreunden, dass es formlose Substanz nicht geben kann. Zumutungsreich ist hingegen die These, für die substantiell einiges spricht: dass Transformationsprozesse die eigentliche Substanz bilden, aus der Kulturen wie Techniken gemacht sind. Transformationen sind logisch wie chronologisch früher als Formen und Substanzen – schlicht deshalb, weil Zeit unausgesetzt neue Konstellationen zeitigt. Entspannte Beziehungen zum unhintergehbaren Transformations-Imperativ entscheiden über das Geschick ganzer Kulturen. Zu den Stärken der sog. westlichen Kultur gehört ihre Schwäche für Konversionsprozesse[208] – und für Häretiker, die keine Angst vor Umformungen des Vertrauten haben. Häretiker wie Sokrates und Jesus, Luther und Giordano Bruno, Freud und Einstein (um nur sie zu nennen) sind ganz dem Programm von Transformationen verschrieben – bis hin zu dem abenteuerlichen Gedanken, dass Gott selbst ganz Mensch geworden ist. Für schwache Köpfe sind Konversionen und Transformationen des Teufels. In dem Maße aber, in dem sich Kulturen gegen Transformationsprozesse immunisieren wollen, die sie als unheimliche Bedrohung empfinden, betreiben sie ihre Selbstzerstörung, besorgen sie also das Geschäft einer forcierten, eben destruktiven Transformation. Transformationsprozesse sind die Alternativen zu Destruktionsprozessen – und insofern konservativ. Sie wollen vor dem Schlimmsten, der Destruktion, bewahren. Eben deshalb lassen sie Formen des Formwandels zu, die substantiell sein können.

208. Cf. dazu Jochen Hörisch: Eine Geschichte der Medien – Vom Urknall zum Internet. Ffm 2004, p. 404 sqq. (Kap. Konversionen)

Kommunion und Kommunikation. Überlegungen zum Pfingstfest

Pfingsten ist nicht nur wegen der gesegneten Jahreszeit, in die es fällt, das heiterste unter den hohen christlichen Festen. Weihnachten fällt in die dunkle Jahreszeit; das Licht, das da mit Jesus Christus in die Welt kommt, erhellt finstere Zeiten, Zeiten der Fremdherrschaft, der Steuererhöhungen, der Abweisung von Schutzsuchenden, die keinen Raum in Herbergen finden, gar Zeiten der systematischen Kindstötung. Auch zu Ostern kann es noch kalt, windig und unangenehm zugehen. Das gilt nicht nur in meteorologischer, sondern auch in theologischer Hinsicht. Der Jubel über die Auferstehung am Ostersonntag ist grundiert von der abgründig dunklen Karfreitags-Erfahrung des grausamen Foltertodes, den der Gottes- und Menschensohn zuvor erleiden muss. Geprägt ist Ostern auch von einer eigentümlichen Kommunikationsverweigerung, nämlich von der Stille, die am und über dem Ostersamstag waltet, den Jesus Christus im Reich des Todes verbringt. Wie das denn ist – gestorben zu sein, tot zu sein – verrät der auferstandene Christus seinen Jüngern beim Wiedersehen in Emmaus nicht. Pfingsten hingegen ist ein geradezu verdächtig konfliktfreies und kommunikationsfreudiges Fest. Alle, die miteinander Vertrauten wie die Fremden, mögen und lieben sich, alle sind friedlich, jeder versteht jeden. Was will man mehr? Hören wir hinein in das zweite Kapitel der Apostelgeschichte:

1 Und als der Tag der Pfingsten erfüllt war, waren sie (die Apostel) alle einmütig beieinander.
2 Und es geschah schnell ein Brausen vom Himmel wie eines gewaltigen Windes und erfüllte das ganze Haus, da sie saßen.
3 Und es erschienen ihnen Zungen, zerteilt, wie von Feuer; und er setzte sich auf einen jeglichen unter ihnen;
4 und sie wurden alle voll des Heiligen Geistes und fingen an, zu predigen mit anderen Zungen, nach dem der Geist ihnen gab auszusprechen.
5 Es waren aber Juden zu Jerusalem wohnend, die waren gottesfürchtige Männer aus allerlei Volk, das unter dem Himmel ist.
6 Da nun diese Stimme geschah, kam die Menge zusammen und wurden bestürzt; denn es hörte ein jeglicher, daß sie mit seiner Sprache redeten.
7 Sie entsetzten sich aber alle, verwunderten sich und sprachen untereinander: Siehe, sind nicht diese alle, die da reden, aus Galiläa?
8 Wie hören wir denn ein jeglicher seine Sprache, darin wir geboren sind?
9 Parther und Meder und Elamiter, und die wir wohnen in Mesopotamien und in Judäa und Kappadozien, Pontus und Asien,

10 Phrygien und Pamphylien, Ägypten und an den Enden von Lybien bei Kyrene und Ausländer von Rom,
11 Juden und Judengenossen, Kreter und Araber: Wir hören sie mit unsern Zungen die großen Taten Gottes reden.
12 Sie entsetzten sich aber alle und wurden irre und sprachen einer zu dem andern: Was will das werden?
13 Die andern aber hatten's ihren Spott und sprachen: Sie sind voll süßen Weins.

(Apg 2,1–13 / Luther-Bibel von 1912)

Ein enthusiastisches, überwältigendes und ergreifendes Kommunikationserlebnis. Man muss nicht in Zeiten sich eskalierender Konflikte um multikulturelle Konstellationen leben, um am pfingstlichen Wirken des Heiligen Geistes seine helle Freude zu haben – zumal in der Heidelberger Heiliggeistkirche, die ja auch eine nicht immer friedliche Geschichte der Konfessionskonflikte hinter sich hat. Pfingsten löst alle Kommunikationsprobleme und erlöst von der babylonischen Sprachverwirrung. Die beiden letzten unter den zitierten Verse trüben allerdings ein wenig diese enthusiastische Stimmung. Denn es mischt sich ein frotzelnder bis aggressiver Ton in die kommunikative Konsenserfahrung. Einige Beobachter der Pfingstszene werden irre an dem, was sie da erfahren, sie entsetzen sich gar und fragen beunruhigt: „Was will das werden?" Andere reagieren mit Spott und gehen davon aus, dass sich die vom Pfingstgeist Ergriffenen die Welt der universalen Verständigung schön getrunken haben. Übrigens eine der wenigen Stellen im Alten wie im Neuen Testament, an denen gelacht wird. Was mir Mut gibt, von der Kanzel herab folgenden Pfingstwitz wiederzugeben: Die Heilige Dreifaltigkeit berät, wohin der diesjährige pfingstliche Betriebsausflug führen soll. Nach Indien, schlägt der Heilige Geist vor. Davon halte er nichts, antwortet Gottvater, dort treffe er allzu viele exotische Kollegen, die ihn nerven. Nach Jerusalem, schlägt er stattdessen vor. Dahin wolle er nicht, denn dort sei es ihm sehr schlecht ergangen, antwortet der Gottessohn und schlägt stattdessen Rom als Reiseziel vor. Wunderbar, ruft der Heilige Geist, da war ich noch nie. Damit dieser spöttische Witz im Zeitalter der ökumenischen Verständigung nicht allzu antikatholisch, sondern pfingstlich verständig ausfällt, sei erwähnt, dass es diesen Witz auch mit einer Alternative zu Rom gibt: Hannover.

Ob Rom oder Hannover: Gerne wird übersehen, überhört und überlesen, dass auch in und nach der pfingstlichen Urszene kommunikative Konflikte bleiben. Die unterschiedlichsten Gruppen finden gerade nicht zu einer einheitlichen vorbabylonischen Universalsprache zurück, jeder bleibt bei seiner Sprache, seinem Idiom, seiner Ausdrucksweise. Die Sprachenvielfalt bleibt – aber alle sind in der Lage, die ihnen zuvor fremden Sprachen zu verstehen und selbst zu sprechen. Es herrscht eben kein Universalkonsens, sonst könnte es den Spott und kritische Anmerkungen nicht geben. Die Pfingstgeschichte ist komplexer als eine an Habermas und anderen orientierte Feier von Konsens und Kommunikation als höchsten Theoriewerten. Sie weiß, dass Religionen und insbesondere die christliche Religion Zumutungen bereithält, die nicht gerade konsensfördernd sind – etwa die Idee eines gestorbenen Gottes(sohnes), eines Sohnes, der dennoch von Ewigkeit zu Ewigkeit lebt und also mit seinem Vater gleichalt ist, der eine jungfräuliche Mutter hat, der post mortem mitten unter uns ist, der Mensch und Gott zugleich ist, dessen grausamer Tod die Bedingung der Möglichkeit unserer Erlösung ist. Wer Konsens anstrebt, ist schlecht beraten, auf solche Paradoxien, auf solche mentalen und kognitiven Zumutungen zu setzen.

Die Pfingstgeschichte kommuniziert gerade dies: dass Diskurse diesen ihren Namen zu Recht tragen. Das Wort ‚Diskurs' stammt vom lat. Wort ‚discurrere', das nichts anderes meint als auseinanderlaufen, in unterschiedliche Richtungen gehen. Wir reden miteinander, weil wir Differenzen haben. Wenn wir mit dem, was der und die anderen uns sagen, gänzlich einverstanden sind, besteht kein Kommunikationsbedarf. Wir reden vielmehr, weil wir Differenzen haben. Dissens, nicht Konsens ist die regulative Idee von Kommunikation, die Diskurse davor bewahrt, zu kollabieren oder zu implodieren. Was auch hätten wir uns zu sagen, wenn wir keine Differenzen haben und alle mitsamt in ein- und dieselbe Richtung marschieren? Immer und ewig zusammen mit allen Halleluja zu singen, ist keine reizvolle Perspektive, der totale Konsens ebenso wenig. „Was soll das werden?", fragen denn auch nicht ohne Grund einige Zeitzeugen des Pfingstereignisses. Die Antwort auf diese Frage fällt nach 2000 Jahren präzise und doch ambivalent aus. Das Internet und Smartphones haben uns pfingstliche Kommunikations- und Verständigungs-Technik beschert, wie wir sie noch vor wenigen Jahrzehnten nicht für möglich gehalten hätten. Social media aller Art, Übersetzungsapps und -software, Word-, Foto- und Videoprogramme aller Art, die mehr zu sagen glauben als tausend Worte, nehmen sich aus, als sei das Ausnahmeereignis Pfingsten zum verlässlichen Standardfall geworden, der nicht göttlich waltet, sondern technisch geschaltet werden kann. Auch Köpfe, die die kulturkonservative Medienkritik nicht mitmachen wollen, werden zugeben müssen, dass die Versprechen der neuen, internetbasierten pfingstlichen Medien-Infrastruktur auch gebrochen werden können, dass sich da ein großer Anderer systematisch verspricht.

Weil Kommunikation selbst dann, wenn sie so glückt wie zu Pfingsten und wenn sie so allgegenwärtig wird wie im Internetzeitalter, vielsprachig, differenz- und dissensbetont ist, braucht sie einen Gegenpol. Und den findet sie in der Idee der Kommunion, für die das Abendmahl einsteht – auf dessen gemeinsame Feier in diesem Pfingstgottesdienst ich mich freue. Wer isst und trinkt, setzt seinen Mund, diese eigentümlich multifunktionale somatisch-semantische Körper- und Kopf-Öffnung, mit deren Hilfe wir essen, trinken, atmen, sprechen, küssen und beißen können, gerade nicht ein, um zu reden und zu discurrieren. Im Augenblick des Essens und Trinkens, in dem wir gute Gaben empfangen, können wir nicht sprechen, wohl aber hören, eben empfangen. Es gehört zu den prägnantesten Merkmalen des Christentums, dass es im Abendmahl Sinn und Bedeutung nicht ausschließlich an Sprache und Kommunikation bindet, sondern vielmehr die Inkarnation von Sinn beglaubigt. Der Gottes- und Menschensohn Jesus Christus überbringt nicht wie etwa Moses oder Mohammed eine göttliche Botschaft – er ist vielmehr die frohe Botschaft. Jesus ist, vom Heiligen Geist beseelt, zwar ungemein beredt, aber schreibfaul. Die einzige Szene im Neuen Testament, die ihn als Schreibenden zeigt, hat abgründige Qualitäten. Er schreibt etwas – ja was denn, wir wüssten es zu gerne – in den Sand (Joh. 8, 8), was keiner liest und wiedergibt, so dass weiterhin Diskursbedarf bleibt. Im Abendmahl aber wird stets erneut das Wort Fleisch und wohnet mitten uns. Man muss kein Spötter sein, um auch dieses zentrale christliche Theologumenon als eines zu charakterisieren, das keine Angst vor Provokationen hat. Das Johannes-Evangelium berichtet im sechsten Kapitel davon, als wie zumutungsreich selbst seine Jünger die Worte empfinden, die Jesus Christus in Kapernaum spricht:

53 Jesus sprach zu ihnen: Wahrlich, wahrlich ich sage euch: Werdet ihr nicht essen das Fleisch des Menschensohnes und trinken sein Blut, so habt ihr kein Leben in euch.
54 Wer mein Fleisch isset und trinket mein Blut, der hat das ewige Leben, und ich werde ihn am Jüngsten Tage auferwecken.
55 Denn mein Fleisch ist die rechte Speise, und mein Blut ist der rechte Trank.
56 Wer mein Fleisch isset und trinket mein Blut, der bleibt in mir und ich in ihm.
57 Wie mich gesandt hat der lebendige Vater und ich lebe um des Vaters willen, also, wer mich isset, der wird auch leben um meinetwillen.
58 Dies ist das Brot, das vom Himmel gekommen ist; nicht, wie eure Väter haben Manna gegessen und sind gestorben: wer dies Brot isset, der wird leben in Ewigkeit.
59 Solches sagte er in der Schule, da er lehrte zu Kapernaum.
60 Viele nun seine Jünger, die das hörten, sprachen: Das ist eine harte Rede; wer kann sie hören?

Das Tabu, Menschenblut zu trinken, ist in fast allen Kulturen verbreitet; im Judentum ist das Blut-Tabu besonders ausgeprägt. Wer so spricht, wer so harte Reden erklingen lässt wie Jesus Christus in Kapernaum, kann nicht auf universales Einverständnis aus sein. Die Predigtworte in Kapernaum begleiten keine Abendmahl-Szene, sie spielen aber unüberhörbar auf die Einsetzungsworte an, die Jesus Christus kurz vor seinem Tod gesprochen haben wird. Kommunikation beruht auf Entzweiung, Kommunion verspricht, diese Entzweiung zu überwinden. Ausgerechnet unser täglich Brot und damit der Inbegriff des Innerweltlichen wird im Abendmahl als die Gabe geheiligt, in der der Gottessohn ganz bei und in uns ist. Doch noch die Kommunion bleibt an differenzbetonte Kommunikation gebunden – konkret an die Einsetzungs- und Erinnerungsworte, die Jesus Christus beim Abendmahl mit den Jüngern sprach. Und die können gar nicht anders als differenzbetont zu sein. Ist das Abendmahl doch ein alle drei Zeitdimensionen umfassendes Mahl, das demnach die Differenz betonen muss, die es zu überwinden verspricht: ein Erinnerungsmahl („dieses tut zu meinem Gedächtnis“, sagt der Gottessohn), ein hier und jetzt stattfindendes Erlebnis einer irdischen Gemeinschaft und ein eschatologisches Ereignis, nämlich das Versprechen, es werde dereinst eine erlöste Gemeinschaft mit Gott geben.

Der christliche Glaube hat keine Angst vor Paradoxien und Differenzen. Er sucht sie vielmehr in einer Weise, der man eine riskante Lust an Provokationen nicht absprechen kann. Dass drei, Vater, Sohn und Heiliger Geist, eins sind; dass eine Jungfrau einen Sohn gebärt; dass ein grauenhafter Foltertod die Bedingung der Möglichkeit von Erlösung ist; dass Gott selbst in seinem Sohn die Erfahrung der Sterblichkeit macht, äußerste Ohnmacht also zur Allmacht gehört – diese und weitere Anschläge auf das, was man getrost gesunden Menschenverstand nennen kann, gehören zum Kern des christlichen Glaubens. Ohne Zumutungen ist er nicht zu haben. Zur christlichen Lust an Differenzen und Paradoxien gehört auch, dass die Gott-Mensch-Gemeinschaft, die das Abendmahl stiftet, wieder endet. Ansonsten müsste das Abendmahl ja nicht stets wiederholt gefeiert werden. Zur Frage, wann der bei und in uns in Brot und Wein gegenwärtige Gottessohn wieder abwesend ist, so dass es erneut der Teilnahme am Abendmahl bedarf, findet man weder in der Bibel noch in der theologischen Literatur überzeugende Auskunft. Differenzbetont, in diesem Fall: um die Differenz von An- und Abwesenheit konstelliert, ist noch das zentrale und zugleich exzentrische christliche Sakrament. Zugleich verspricht das Christentum gerade zu Pfingsten die Überwindung der Differenzen, die unser Leben strukturieren. Suchte man nach einer Materie gewordenen Inkarnation des christlichen Glaubens und des Pfingstversprechens – im Möbiusband wäre sie zu finden. Das Möbiusband ist eine nicht-orientierbare Fläche mit nur einer Seite und nur einer Kante.

Nicht orientierbar heißt: Man kann nicht zwischen links und rechts, oben und unten, Vorder- und Rückseite unterscheiden.

Eine möbiusbandähnliche Überwindung von Differenzen verspricht auch das Christentum. Vater und Sohn sind eins, Gott ist ganz Mensch geworden, Ewigkeit und Endlichkeit fallen in eins zusammen, alle Sprachen sind eine Sprache, Kommunikation geht in Kommunion ein und auf, das Alltäglichste (wie Essen und Trinken) wird zum Außerordentlichen: das sind die Impulse, die im Pfingstfest wirken. Ob es gelingen kann, solche Differenzen dauerhaft zu überwinden? Ob Pfingsten auf Dauer, gar auf Ewigkeit gestellt werden kann? Es müsste der Heilige Geist über uns kommen, um diese Frage zu beantworten. Ansonsten spricht alles dafür, dass wir uns auf ein Leben einstellen müssen, in dem gilt: we agree to disagree; wir sind uns einig, dass Einigkeit Uneinigkeit zur Voraussetzung hat und wir damit leben können, weil Differenz und Dissens nicht nur das Problem, sondern auch die Lösung sein können. Bleibt die Hoffnung, dass das Versprechen von Erlösung kein Versprecher ist. Dafür steht das Abendmahl ein – zumal an Pfingsten.

Wagner-Wonnen.
Zur Faszinationskraft des Mediums Musik

„Wonne des Herzens sei euch gewonnen“, wünscht im berühmten Brautlied von Wagners romantischster Oper der Chor dem frisch vermählten Paar Lohengrin und Elsa. Der mit dem hübschen Sprachspiel „Wonne“/„gewonnen“ versehene Wunsch wird nicht in Erfüllung gehen. Zu den vielfachen Gründen bzw. Abgründen ausbleibender Wonne-Erfahrungen gehört, dass Lohengrin ja nicht „aus Nacht und Leiden“, sondern „aus Glanz und Wonnen“ in profane Gefilde gekommen ist, um Elsa beizustehen. Eine sonderbare Konstellation: Der Schwanenritter verlässt die glanz- und wonnevolle Gralssphäre, um neue und andere Wonnen zu suchen. Diesen Impuls teilt er mit Tannhäuser, der sich im Venusberg nicht über einen Mangel an Wonne-Erfahrungen beklagen kann, aber ebenfalls neue Wonnen sucht. Wagners romantische Opern *Tannhäuser* und *Lohengrin* entsprechen und widersprechen sich zugleich. Beide erzählen davon, dass ein Mann göttliche Wonnesphären verlässt, um alternative Lebens-, Liebes- und Wonne-Erfahrungen zu machen. Doch der Auszug aus der Wonnewelt des Venusberges bzw. aus der Glanz- und Wonnewelt des Grals könnte unterschiedlicher nicht sein. Tannhäuser verlässt die antik-heidnische Liebesgöttin Venus, die ein überirdisches Maß an irdischen Freuden verspricht – und ihr Versprechen einlöst. Wer in Tannhäuser – wie jüngst (2019) Tobias Kratzer in seiner Bayreuther Inszenierung – einen Aussteiger sieht, der sex and drugs and rock ’n’ roll bzw. Wagner-Musik verfallen ist, liegt nicht falsch. Tannhäuser wechselt gerne die Seiten und die Sphären; er ist ein gleich zweifacher, womöglich gar ein oszillierender Dauer-Konvertit. Er, der die in Elisabeth von Thüringen inkarnierte christliche caritas-Liebe gepriesen hat, dann aber ins Lager bzw. ins Lotterbett von Venus wechselte, kehrt in die Welt der frommen himmlischen Liebe zurück, bleibt aber zugleich notorisch anfällig für die Verlockungen himmlischer Liebesnächte mit Venus. Lohengrin lässt hingegen eine fromme männerbündische Glanz- und Wonnesphäre hinter sich, die zwar über tradierte Erinnerungen an erotische (genauer: heterosexuelle) Versuchungen verfügt, diese aber überwunden hat. Er sucht und findet fast die Wonnen weltlicher Liebe – „Elsa, ich liebe dich.“ (2,76)[209] Um zu pointieren: Tannhäuser wechselt aus einer ultimativ sinnlichen Wonnesphäre in die des christlich codierten Lebenssinns; Lohengrin wechselt aus der christlichen Gralssphäre in die Sphäre der irdischen Liebe, die nicht nur von Elsa, sondern in ihren abgründigen Di-

209. Zitatnachweise im laufenden Text beziehen sich auf Band / Seite der Ausgabe von Richard Wagner: Sämtliche Schriften und Dichtungen. Volksausgabe, Bände 1–12 und 16. Leipzig o.J. (1911)

mensionen auch von der vorchristlichen Figur Ortrud repräsentiert, gar inkarniert wird. Beide, Tannhäuser wie Lohengrin, müssen erfahren, dass die sakrale wie die profane Wonnesphäre Elemente ihrer jeweiligen Alternative enthält.

Um Wonnen ist es, wie schon ein erster Blick, ein erstes Hinhören erschließt, in Wagners Werken eigentümlich bestellt. Bemerkens- und bedenkenswert ist bereits der Umstand, dass ,Wonne' fraglos das Lieblingswort Wagners[210] ist. Es kommt in allen seinen Werken so häufig vor, dass man getrost von einer Obsession Richard Wagners für dieses Wort und die von ihm angezeigte Erfahrung sprechen kann. Gerade in den sog. „großen Stellen" seines Werkes kommt der ,Wonne' eine Schlüsselstellung zu. Tannhäusers Preislied auf die Liebe feiert deren „gnadenreiche Wonnen"; Elsa und Lohengrin sollen und wollen die „Wonne der Herzen" gewinnen; in der *Walküre* weichen „Winterstürme ... dem Wonnemond", um wonnevoller Liebe Platz zu machen („O süßeste Wonne! Seligstes Weib!" (6,18)); Tristan und Isolde huldigen ekstatisch dem „Wonnereich der Nacht"; Isoldes Schlussgesang erklingt „Wonne klagend, alles sagend"; Siegfried und Brünnhilde erfahren im Liebesrausch die „Wonne der Götter"; und Klingsor macht aus der Wüste einen „Wonnegarten", in dem teuflisch-holde Fraun wachsen.

Auffallend ist auch Wagners sprachgewaltige Lust, das Wort ,Wonne' zum Kompositum zu erweitern. Um nur einige dieser Komposita zu nennen: Wonneglanz (12,389), Wonneblüte (12,362), Wonneglut (11,29), Wonnegarten, Wonnelaut (9,71), Wonneklänge (9,7), Wonneschauer (9,5), Wonneverlangen (8,185), Wonne-Evangelium (8,91), Wonnegefühl (8,21), Wonnezähren (2,110), Wonnemeer (7,80), Wonnemond, Wonnereich, Wonnesang (2,6), Wonneruf (5,178) etc.[211] In seinem 1871 nach dem preußisch-deutschen Sieg über Frankreich verfassten gehässigen „Lustspiel in antiker Manier" mit dem Titel *Kapitulation* findet sich sogar die alberne Prägung „Du Wonne-Gambetta", die sich auf „Du Freuden-Trompetta" reimt (9,25) – so tituliert der Chor den französischen Politiker Léon Gambetta, der in einen Ballon steigt, die deutschen und französischen Truppen miteinander vergleicht und sodann einen doppelsinnigen Schwindel-Anfall durchmacht. Wagners lustvoller Umgang mit dem Wort ,Wonne' kennt kaum Grenzen. Die Wendung „Wonne-Gambetta" fällt jedoch aus dem Rahmen der Wagnerschen Üblichkeiten, wird doch aus

210. Martin Gregor-Dellin nennt in seiner großen Richard-Wagner-Biographie (Richard Wagner – Sein Leben – sein Werk – sein Jahrhundert. München 1980) zwei weitere Lieblingsworte des wortgewaltigen Künstlers: ,unwillkürlich' und ,sonderbar' (pp. 636, 811); auf Wagners Vorliebe für das Wort ,Wonne' geht er aber nicht ein.

211. Offenbar hat das heute ein wenig unzeitgemäß wirkende Wort ,Wonne' am Ende des 19. Jahrhunderts Konjunktur. So spricht etwa Julius Bahnsen in seinem *Pessimisten-Brevier – Von einem Geweihten – Extractum vitae* (Berlin 1881) von „Wonnegram und Grameswonne" (p. 377).

einem von Wagner ansonsten ultimativ positiv besetzten ein hämisches und blödelndes Kompositum. Bei großzügiger Interpretation macht Wagner sich hier selbst über die Wonne lustig, die ihm das Wort ‚Wonne' und die Erfahrung von Wonnen bereitet.

Gerade große und komplexe Werke lassen sich über die Lieblingsworte ihrer Autoren erschließen. Denn sie zeigen ein Leitmotiv an, das so obsessive wie produktive Qualitäten aufweisen kann, sie verweisen auf eine sich durchhaltende Leitidee bzw. auf ein Leitproblem, das sich variantenreich entfaltet. Wer etwa Goethes Werke mit gleichschwebender Aufmerksamkeit liest, wird feststellen können, ja müssen, dass ‚bedeutend' und ‚Hand' Lieblingsworte des Klassikers sind.[212] Goethes Werke umkreisen stets erneut die Frage, was wirklich bedeutend im doppelten Wortsinne (von gewichtig und sinnreich) ist, wie das Gewicht des Seins und die Bedeutung bzw. der Sinn menschlichen Daseins zusammenfinden können bzw. auseinanderdriften und ob bzw. wieweit wir unser Leben selbst in der Hand haben. Übrigens kultiviert auch Goethes Werk eine besondere Beziehung zum Wort ‚Wonne'. Nur zwei Beispiele. Faust spürt, wenn er Gretchens Stube betritt und den Vorhang zu ihrem Bett hebt, einen „Wonnegraus". Den ungleichen Liebenden aber wird die Erfahrung paradiesischer Wonnen versagt bleiben, die Goethe im *West-östlichen Divan* feiert:

Zu nehmen, zu geben des Glückes Gaben
Wird immer ein groß Vergnügen seyn.
Sich liebend an einander zu laben
Wird Paradieses Wonne seyn.[213]

Ein großes und bei aller Emphase doch auch analytisches Wort aus Goethes Feder. Denn es stellt pointiert heraus, dass Wonne mehr ist als ein noch so großes Vergnügen. Vergnügen stellt sich ein, wenn man des Glückes vielfältige Gaben zu nehmen und zu geben versteht. Das setzt zwei Beteiligte mit klaren Rollendifferenzen voraus: einen Nehmenden und einen Gebenden. Wonne meint hingegen eine Vereinigungs-, gar Verschmelzungserfahrung, die eindeutig erotisch, zugleich aber auch religiös konnotiert ist. Meint ‚Wonne' doch die paradiesische, also dies- und jenseits jeder Schuld gegebene Lust, „sich liebend aneinander zu laben". Zu denken gibt allerdings der Umstand, dass Goethes muntere Zeilen futurisch formulieren: Paradieses Wonne hat

212. Cf. den einschlägigen Artikel im Goethe-Wörterbuch Bd. 2, Sp. 154–156 und Jochen Hörisch: Bedeutsamkeit – Über den Zusammenhang von Zeit, Sinn und Medien. München2009, p. 55 sqq. sowie Jochen Hörisch: Hände – Eine Kulturgeschichte. München 2020

213. Goethe: West-östlicher Divan, ed. Hendrik Birus. Ffm 1994, p. 75

nicht hier und jetzt statt, sondern wird sein. Ein Motiv, das auch Wagners Werk durchzieht und doch in der Wagner-Literatur nur selten bedacht wird: Das Versprechen künftiger Liebes-Wonnen kann ein Versprechen sein, das gebrochen wird. Die Wonne, sich liebend an einander zu laben, wird ausgerechnet einigen der großen Liebespaare in Wagners Werken versagt bleiben. Um es profan auszudrücken: Der fliegende Holländer und Senta, Lohengrin und Elsa, Tristan und Isolde, Parsifal und Kundry werden sich nicht ultimativ an einander laben; sie werden nicht miteinander schlafen, sie werden nicht Liebe machen, sie werden nicht lustvoll ein Fleisch werden und verschmelzen. Die eigentliche Wonne bleibt ihnen versagt. Sentas Opfertod durchkreuzt alle verheißenen Wonnen; Lohengrin und Elsa werden in der Hochzeitsnacht durch Elsas Neugier und Telramunds Mordversuch an der Liebesvereinigung gehindert; Tristan und Isolde werden an den Enden des ersten und zweiten Aufzugs durch die Dazwischenkunft von König Marke mit seinem Gefolge getrennt, bevor es zur wonnigen Symbiose kommt, am Ende des dritten Aufzugs wäre der tödlich verwundete Tristan nicht mehr in der Lage, mit der zu ihm gestoßenen Isolde die Wonnen der Liebe zu genießen; und Parsifal wird Kundrys Verführungskünsten nicht verfallen, weil dem Wunder der erfüllten Liebe das Eingedenken der Wunden, die das Leben und die Liebe schlugen, entgegensteht. Diesen ausbleibenden Liebeswonnen stehen, um weiterhin profan zu analysieren, die vollzogenen Liebesakte von Tannhäuser und Venus, von Siegmund und Sieglinde, von Siegfried und Brünnhilde gegenüber.

Was also ist mit dem von Wagner mehr noch als von Goethe so geschätztem Wort ‚Wonne' gemeint, was macht dieses Wort so bedeutend, welche Erfahrungen versucht es zu kommunizieren? Im 1960 erschienenen Band XIV,II des Grimmschen Wörterbuchs (30. Band der Taschenbuchausgabe), der die Wortstrecke Wilb-Ysop enthält, ist ein ausführlicher Artikel über ‚Wonne' zu lesen. Lese-Wonnen bereitet er kaum, ist er doch in seltsam hölzerner Diktion verfasst. Er unterscheidet zwei Grundbedeutungen dieses Wortes: „A. ‚was freude, lust gewährt, genusz bereitet', als bezeichnung eines objektiv gegebenen, oft auf gegenständliches oder geistiges bezogen. in älterer sprache vorherrschend, in jüngerer hinter der psychologischen bedeutung von wonne ... zurücktretend, zugleich freilich von dorther in seinem intensitätsgehalt gesteigert.

1) allgemein ‚freude, ergötzung, annehmlichkeit, vergnügen', im sinne einer vereinzelung oft pluralisch. vgl. ältere glossierungen und lexikalische ansetzungen wie delicie wunne (vor 1475)." Und es folgt die Grimm-übliche Serie von Belegen, bevor sich der Artikel im Teil B der zweiten Bedeutung zuwendet. „B. ‚gefühl der freude, lustgefühl'. in dieser bedeutung von anfang an neben A, dabei schon früh, namentlich aber in jüngerer sprache oft in ge-

steigerter bedeutung als ‚innige freude, entzücken, hoher genusz', vor allem im bereich geistig-seelischer genüsse, aber auch von körperlichem lustgefühl. die grenze dieses psychologischen gebrauchs gegen die objektiv-gegenständliche bedeutung A ist nicht in jedem einzelfall scharf zu ziehen, im ganzen aber tritt wonne als bezeichnung eines subjektiven zustandes in nhd. zeit immer stärker hervor, mit fühlbarem antrieb seit dem empfindsamen zeitalter in der mitte des 18. jh."[214]

Sonderlich einleuchtend ist die vom Grimmschen Wörterbuch vorgenommene Unterscheidung zweier Bedeutungsfelder beim Wort ‚Wonne' nicht. Was (so die Definition unter A) Freude, Lust und Genuss bereitet, ist vom Gefühl der Freude, der Lust und des Genusses (so die Definition unter B) kaum zu unterscheiden. Würde man Lust und Freude nicht fühlen, wären sie auch nicht gegeben und bereitet. Die Unterscheidung zwischen dem im Phänomen der Wonne „objektiv Gegebenen" (A) und der „Wonne als Bezeichnung eines subjektiven Zustandes" ist offensichtlich problematisch, was der Artikel auch selbst einräumt, wenn er davon ausgeht, dass die Grenze zwischen dem psychologischen Gebrauch des Wortes und seiner „objektiv-gegenständlichen Bedeutung ... nicht in jedem Einzelfall scharf zu ziehen" ist. Doch gerade diese Unsicherheiten sind aufschlussreich. ‚Wonne' meint offenbar mehr als das psychische Phänomen des Wohlgefühls. Wer Wonne(n) verspürt, bewegt sich in Sphären jenseits einer Psychologie der Konkretionen. Das macht schon der Wortgebrauch deutlich. Wonne-Erfahrungen sind eigentümlich intransitiv. Wer genießt, genießt etwas – gutes Essen, hervorragende Weine, erregende Liebesakte. Wer Freude spürt, hat seine Freude an gutem Wetter, gelungenen Kindern, einem liebevollen Partner, Wagners Werken etc. Wer Lust hat, hat Lust auf dieses oder jenes bzw. seine Lust an diesem oder jenem Treiben. ‚Wonne' ist hingegen sonderbar korrelations- und intentionslos – man spürt nicht Wonne an, für oder auf dieses oder jenes, sondern eben nur reine Wonne. Geläufig ist allenfalls die Wendung, jemand spüre Wonne bei diesem oder jenem tiefen Erlebnis, etwa beim Hören von Wagner-Klängen, die höher sind denn alle Vernunft. Offenbar ist es diese objektlose Qualität von ‚Wonne', die das Grimmsche Wörterbuch ungeschickt mit der Formel vom in Wonne-Erfahrungen „objektiv Gegebenen" andeutet. Hinweise auf die eigentümliche Qualität des Wortes ‚Wonne' gibt auch das Problem, es angemessen in andere Sprache, etwa ins Englische oder Französische zu übersetzen. ‚Bliss', ‚delight' und ‚joy' bzw. ‚plaisir', ‚délice', ‚béatitude' und ‚exaltation' sind ausdifferenzierte Bezeichnungen für Einzelaspekte, die das deutsche Wort ‚Wonne' in eins fasst.

214. Deutsches Wörterbuch von Jacob und Wilhelm Grimm. Bde I–XVI. Leipzig 1854–1960, (2. Auflage 1971, Neudruck München 1984 in 30 Bdn)

Die deutsche Sprache hält ihrerseits viele Entsprechungen für Einzelaspekte von ‚Wonne' parat, Entsprechungen zumal, die häufig mit dem Superlativ „höchst" oder „himmlisch" verbunden werden – etwa himmlischer Genuss, höchstes Entzücken, himmlische Glückseligkeit, höchste Lust. Auffallend ist dabei, dass das Wort ‚Wonne' Erfahrungen bezeichnet, die zugleich der sakralen und der profanen Sphäre zugehören. Wobei diese profane Sphäre fast durchweg sexuell konnotiert ist. So z.B. in den Werken von Goethe. In seinem frühen Drama *Satyros oder Der vergötterte Waldteufel* findet sich eine Szene, in der Psyche die Nachstellungen des Satyrs abzuwehren versucht:

PSYCHE Ich bin ein armes Mägdelein,
Der du Herr wollest gnädig sein.
Er umfaßt sie.
SATYROS Hab alles Glück der Welt im Arm
So Liebe-Himmels-Wonne-warm![215]

„Alles Glück der Welt" und überirdische, eben himmlische Liebe haben in der Wonne, die der Satyr (bekanntlich keine sonderlich fromme Figur) erfährt, ihr echauffiertes Rendezvous. Zugleich sexuell und religiös aufgeladen ist auch die bereits bemühte Szene, in der Faust sich Gretchens Bett nähert, die die irdische Hütte zum Himmelreich werden lässt.

O liebe Hand! so göttergleich!
Die Hütte wird durch dich ein Himmelreich.
Und hier!
Er hebt einen Bettvorhang auf.
Was faßt mich für ein Wonnegraus!
Hier möcht' ich volle Stunden säumen.
Natur! hier bildetest in leichten Träumen
Den eingebornen Engel aus;
Hier lag das Kind! mit warmem Leben
Den zarten Busen angefüllt,
Und hier mit heilig reinem Weben
Entwirkte sich das Götterbild![216]

Auf engem Raum häuft Goethe religiös vollgesogene Signalworte wie „göttergleich", „Himmelreich", „eingeboren", „rein", „Engel" und „Götterbild", obwohl

215. Goethe: Satyros oder Der vergötterte Waldteufel; in: Goethe: Dramen 1765–1775, ed. Dieter Borchmeyer (Frankfurter Ausgabe I/4). Ffm 1985, p. 397

216. Goethe: Faust, ed. Albrecht Schöne (Frankfurter Ausgabe I/7, p. 116 (vv. 2705–16)

oder eben weil die erotische Spannung dieser (Himmel-) Bettszene unverkennbar ist. Die sakral-profane, fromm-erotische, geistlich-sinnliche Spannung im Umfeld des Wortes ‚Wonne' ist nun aber kein exklusiv von Goethe gestaltetes Motiv. Sie hat vielmehr eine lange, nämlich biblische Vorgeschichte, die durch Luthers Übersetzung der Bibel ins Deutsche noch an Prägnanz gewonnen hat. Die Formel ‚Freud und Wonne' durchzieht die Luther-Bibel (u.a. 2. Sam. 1,26; Est 8,16; Ps 51,10; Ps 63, 6; Jes. 16,10; Luk. 1,14; Petr. 4,13). Und sie kann sich auf göttliche wie auf irdische Erfüllungserfahrungen beziehen, auf, wie es in Psalm 43,4 heißt, „Gott, der meine Freud und Wonne ist" oder aber auf eine alle Huldigungen verdienende schöne Frau wie im Hohelied Kap. 7: „1 Wie schön ist dein Gang in den Schuhen, du Fürstentochter! Deine Lenden stehen gleich aneinander wie zwei Spangen, die des Meisters Hand gemacht hat. 2 Dein Schoß ist wie ein runder Becher, dem nimmer Getränk mangelt. Dein Leib ist wie ein Weizenhaufen, umsteckt mit Rosen. 3 Deine zwei Brüste sind wie zwei Rehzwillinge. 4 Dein Hals ist wie ein elfenbeinerner Turm. (...) 6 Wie schön und wie lieblich bist du, du Liebe voller Wonne!"

Die enge Verknüpfung erotischer und religiöser Verzückungen war und ist bekanntlich ein ebenso reizvolles wie heikles Motiv in der mystischen Literatur. Hildegard von Bingen, Mechthild von Magdeburg und Teresa von Avila sind im christlichen Kulturkreis die prominentesten Figuren, in denen sich religiöse mit erotischer Ekstase vereint, in denen sich orgiastische Wonne bzw. himmlisches Entzücken inkarniert. Sie kommunizieren, soweit das überhaupt möglich ist (der Unsagbarkeitstopos spielt im Umkreis von Wonne-Erfahrungen eine entscheidende Rolle) den erotisch-religiösen Doppelsinn und zugleich die skandalträchtige Sinnlichkeit ultimativer Wonne-Erfahrungen. Kundry steht – dissident – in der Tradition dieser seltsamen Heiligen. Mit dem Versprechen „Dich grüßet Wonne und Heil zumal" (10,355), gelingt es ihr, Parsifal zu faszinieren. Wonne und Heil: Eine Erfahrung, die auch Faust und Gretchen teilen. Der alternde Gelehrte sagt (per Händedruck, aber eben dies sagt er, wiederum religiöse Signale und den Unsagbarkeitstopos bemühend, auch mit dem Mund), dass sich erotisch hinzugeben eine Wonne ist, die ewig sein muss – aber eben dies nicht sein kann.

MARGARETE (...)
  Er liebt mich!
FAUST Ja, mein Kind! Laß dieses Blumenwort
  Dir Götterausspruch sein: Er liebt dich!
  Verstehst du, was das heißt? Er liebt dich!
Er faßt ihr beide Hände.
MARGARETE Mich überläuft's!

FAUST O schaudre nicht! Laß diesen Blick,
Laß diesen Händedruck dir sagen,
Was unaussprechlich ist:
Sich hinzugeben ganz und eine Wonne
Zu fühlen, die ewig sein muß!
Ewig! – Ihr Ende würde Verzweiflung sein.
Nein, kein Ende! Kein Ende!
MARGARETE
drückt ihm die Hände, macht sich los und läuft weg.[217]

Gretchen wird keine unendliche Wonne spüren. Wonne wäre die Einlösung des Versprechens auf Grenzenlosigkeit, Ewigkeit und Unendlichkeit des Genießens, aber dieses Versprechen ist eines, das gebrochen wird.[218] Was nichts anderes heißt als dies: Reine, ewige Wonne kann es nicht geben. Jedenfalls nicht als individuelle Erfahrung, wie Schopenhauer sachlich feststellt, wenn er in *Die Welt als Wille und Vorstellung* „die erfüllende Ahnung unendlicher Wonne" als eine „alles Irdische überfliegende Metapher" begreift. „Die Sehnsucht der Liebe, der *himeros*, welchen in zahllosen Wendungen auszudrücken die Dichter aller Zeiten unablässig beschäftigt sind und den Gegenstand nicht erschöpfen, ja, ihm nicht genug thun können, diese Sehnsucht, welche an den Besitz eines bestimmten Weibes die Vorstellung einer unendlichen Säligkeit knüpft und einen unaussprechlichen Schmerz an den Gedanken, daß er nicht zu erlangen sei, – diese Sehnsucht und dieser Schmerz der Liebe können nicht ihren Stoff entnehmen aus den Bedürfnissen eines ephemeren Individuums; sondern sie sind der Seufzer des Geistes der Gattung, welcher hier ein unersetzliches Mittel zu seinen Zwecken zu gewinnen, oder zu verlieren sieht und daher tief aufstöhnt. Die Gattung allein hat unendliches Leben und ist daher unendlicher Wünsche, unendlicher Befriedigung und unendlicher Schmerzen fähig. Diese aber sind hier in der engen Brust eines Sterblichen eingekerkert: kein Wunder daher, wenn eine solche bersten zu wollen scheint und keinen Ausdruck finden kann für die sie erfüllende Ahndung unendlicher Wonne oder unendlichen Wehes. Dies also giebt den Stoff zu aller erotischen Poesie erhabener Gattung, die sich demgemäß in transscendente, alles Irdische überfliegende Metaphern versteigt."[219]

Schon vor seiner intensiven Schopenhauer-Lektüre hat Wagner das Problem der überirdischen und doch auch erotischen, also ganz weltimmanenten

217. Goethe: Faust, l.c., p. 137 (vv.3181–3194)

218. Dies ist auch das große Thema des Romans *Infinite jest* von David Foster Wallace (Boston 1996)

219. Arthur Schopenhauer: Die Welt als Wille und Vorstellung, Zürcher Ausgabe, ed. Arthur Hübscher, Bd. 4. Zürich 1977, p. 645

Wonne, die nur als „Ahndung“ zu haben ist, eindringlich ausgestaltet. Prägnant, ja fast schematisch wird das Wonne-Problem im *Tannhäuser* entfaltet. Dass Tannhäusers „Wonnegesang“ im Venusberg durch orgiastische Wonne-Erfahrungen inspiriert ist, steht außer Zweifel. Aber eben dies wird Tannhäuser zum Problem, wie Venus irritiert und gekränkt zur Kenntnis nehmen muss, als der Geliebte ihr mitteilt, er müsse aus ihrem Wonnereich fliehen:

> VENUS (*noch auf ihrem Lager.*)
> Was muß ich hören! Welch' ein Sang!
> Welch' trübem Ton verfällt dein Lied!
> Wohin floh die Begeist'rung dir,
> die Wonnesang dir nur gebot?
> Was ist's? Worin war meine Liebe lässig?
> Geliebter, wessen klagest du mich an?
> TANNHÄUSER (*zur Harfe.*)
> Dank deiner Huld! Gepriesen sei dein Lieben!
> Beglückt für immer, wer bei dir geweilt!
> Beneidet ewig, wer mit warmen Trieben
> in deinen Armen Göttergluth getheilt!
> Entzückend sind die Wunder deines Reiches,
> den Zauber aller Wonnen athm' ich hier;
> kein Land der weiten Erde bietet Gleiches. (2, 6 sq.)

Was treibt einen Mann, der „den Zauber aller Wonnen“ hier und jetzt atmet, aus dem beglückenden und entzückenden Wonnereich der Liebesgöttin hinaus? Eine erste Antwort ist naheliegend, ist sie doch sachlich überzeugend, geistreich und nicht nur im abendländischen, sondern u.a. auch im tantristischen[220] Liebesdiskurs, den Wagner gut kannte, fest etabliert: Spätestens seit Platons *Symposion* kann man nicht nur erfahren, sondern auch theoretisch begründen, dass das Begehren das Begehren dessen ist, was man (noch) nicht erlangt hat.[221] Denn das, was man besitzt, hat man ja schon, man braucht es also nicht zu begehren. Diese platonische Einsicht hat Goethes Faust auf die brillante Formel gebracht: „So tauml' ich von Begierde zu Genuß, / Und im Genuß verschmacht' ich nach Begierde.“[222] Fausts Verse lassen sich leicht in die Sprache der Psychoanalyse übersetzen: Die Vorlust ist größer als die Lust, die ja stets mit einem Verlust der Vorlust einhergehen muss. Post coitum om-

220. Cf. zu tantristischen Motiven bei Wagner (Tristan/Tantris) Jochen Hörisch: Weibes Wonne und Wert – Richard Wagners Theorie-Theater. Berlin 2015, p. 338 sqq.

221. Cf. Platon: Das Gastmahl, übers. Friedrich Schleiermacher, 200a

222. Goethe: Faust, l.c., p. 141 (v. 3249 sq.)

ne animal triste, wussten schon die alten Römer. Und auf dem Höhepunkt der Lust ist man oder frau von Sinnen. Dies aber ist mit ‚Wonne' gemeint: dass Sinn und Sinnlichkeit sich vereinen.

Wonne ist deshalb ein in sich widersprüchliches Konzept. Die korrelations- und intentionslose Wonne will reine Erfüllung, unüberbietbare, keine Wünsche mehr offen lassende Intensität von Lust und Genuss sein – unbewusst, höchste Lust. Genau diese ihre Vollkommenheit aber macht die Wonne paradoxer Weise unvollkommen. Wonne schließt weiter wirkendes Begehren und Verlangen aus – gerade die aber gehören zur glühenden Wonne. Ohne Reibung ist Liebesglühen nicht zu haben. Strukturell ist das Wonne-Paradox mit dem der göttlichen Allmacht verwandt, das Wagner gleichermaßen faszinierte.[223] Ein allmächtiger Gott muss auch ohnmächtig sein können; ein allmächtiger Gott muss auch sterben können, sonst könnten ohnmächtige Sterbliche etwas, was dem Allmächtigen versagt wäre. Wotan hat diesem Dilemma prägnant Ausdruck verliehen: „Eines nur will ich noch, das Ende, das Ende." Ein Wunsch, den er mit dem Fliegenden Holländer und Amfortas teilt, ein Wunsch aber auch, der Tannhäuser und Lohengrin, die ja auf erfüllte Wonne-Erfahrungen zurückblicken können, vertraut ist. Sie, die sich in der Sphäre der Unendlichkeit auskennen, suchen dezidiert die Sphäre der Endlichkeit auf – um dort eine Wonne zu erlangen, die ihnen bislang unvertraut war, die also nicht vollkommen gewesen sein kann. Auch Brünnhilde wird Liebeswonnen mit Siegfried erst genießen können, wenn Wotan die Gottheit von ihr geküsst hat. Die Affinität des Wonne- und des Allmacht-Paradoxes kommt in Tannhäusers Versuchen, sich Venus zu erklären, zum strahlend klaren Ausdruck:

TANNHÄUSER.
Mein Sehnen drängt zum Kampfe;
nicht such' ich Wonn' und Lust.
O, Göttin, woll' es fassen,
mich drängt es hin zum Tod!
VENUS.
Wenn selbst der Tod dich meidet,
ein Grab dir selbst verwehrt?
TANNHÄUSER.
Den Tod, das Grab im Herzen,
durch Buße find' ich Ruh'.
VENUS.
Nie ist dir Ruh' beschieden,

223. Cf. dazu ausführlicher Jochen Hörisch: Weibes Wonne und Wert, l.c., p. 153 sqq.

nie findest du das Heil!
Kehr' wieder, suchst du Frieden!
Kehr' wieder, suchst du Heil!
TANNHÄUSER.
Göttin der Wonne, nicht in dir –
Mein Fried', mein Heil ruht in Maria! (2,11)

Leicht ist es für Tannhäuser nicht, der „Göttin der Wonne" verständlich zu machen, dass er nicht länger „Wonn' und Lust" sucht – weil er wenn nicht erkannt, so doch erfahren hat, dass Wonne die Ruhe wäre, die sie verweigert, gehört doch zur wonnevollen Erfüllungserfahrung die Verweigerung der Erfüllung, weil die Erfüllung wonnevolles Glühen verweigert. Frieden, Heil und Ruhe sind mit den Ekstase-Erfahrungen, die Wonne gewährt, nicht vereinbar. Deshalb ruft Tannhäuser Maria, die jungfräuliche Muttergottes, an, die eben nicht irdische Wonnen, sondern Leiden verspricht. Mit Maria aber darf und kann man nicht schlafen. Wohl aber mit Elisabeth, die eine imitatio Mariae anstrebt und dennoch für Liebeswerben empfänglich ist. Dem Sänger beichtet sie, wie „jähe Lust" und „Gefühle, die (sie) nie empfangen", in sie „drangen", als sie Tannhäusers unerhörte Töne vernahm.

Doch welch' ein seltsam neues Leben
rief euer Lied mir in die Brust!
Bald wollt' es mich wie Schmerz durchbeben,
bald drang's in mich wie jähe Lust:
Gefühle, die ich nie empfunden!
Verlangen, das ich nie gekannt!
Was einst mir lieblich, war verschwunden
vor Wonnen, die noch nie genannt! –
Und als ihr nun von uns gegangen, –
war Frieden mir und Lust dahin;
die Weisen, die die Sänger sangen,
erschienen matt mir, trüb' ihr Sinn;
im Traume fühlt' ich dumpfe Schmerzen,
mein Wachen ward trübsel'ger Wahn;
die Freude zog aus meinem Herzen: –
Heinrich! Was thatet ihr mir an?
TANNHÄUSER (*hingerissen.*)
Den Gott der Liebe sollst du preisen,
er hat die Saiten mir berührt,
er sprach zu dir aus meinen Weisen,
zu dir hat er mich hergeführt! (2, 18 sq.)

Elisabeth, „von Wonneglanz umgeben“, „erwacht“ dank der wonnevollen Klänge, die Tannhäuser hervorzaubert, „zu neuem Leben“ (2,19). Sie könnte wonnevolle Ekstase-Erfahrungen machen, die über die von Mechthild, Hildegard und Teresa noch hinausgehen, weil sie überirdisches und irdisches Entzücken, wie sie in Maria und Venus inkarniert sind, zusammenbringt und vereint. Doch die sprachmächtige Auseinandersetzung zwischen Wolfram und Tannhäuser macht deutlich, dass diese Symbiose nicht möglich ist. Wolfram vertritt ein Entsagungskonzept, das mehr als nur ironische und abwehrende Reaktionen verdient. Bedient es sich doch des plausiblen Arguments, dass erfüllte Lust ohne Verlust der Vorlust und des Begehrens, die die eigentlichen Lustquellen sind, nicht zu haben ist.

> Und sieh'! Mir zeiget sich ein Wunderbronnen,
> in den mein Geist voll hohen Staunens blickt:
> aus ihm er schöpfet gnadenreiche Wonnen,
> durch die mein Herz er namenlos erquickt.
> Und nimmer möcht' ich diesen Bronnen trüben,
> berühren nicht den Quell mit frevlem Muth:
> in Anbetung möcht' ich mich opfernd üben,
> vergießen froh mein letztes Herzensblut. –
> Ihr Edlen mög't in diesen Worten lesen,
> wie ich erkenn' der Liebe reinstes Wesen!
> DIE RITTER und FRAUEN (*in beifälliger Bewegung.*)
> So ist's! So ist's! Gepriesen sei dein Lied! (2,23)

Wolfram will den Bronnen der gnadenreichen Wonnen nicht trüben. Denn ihm ist das Paradox bewusst, dass man von Begierde zu Genuss taumeln und im Genuss nach Begierde schmachten kann. Diesem geistreich erkannten Paradox gibt er nun aber eine nicht sonderlich originelle entsagungsmoralische Wende. Genau das kann und will Tannhäuser nicht akzeptieren. Zu den Pointen dieser Auseinandersetzung gehört, dass Tannhäuser und Wolfram sich im Wesentlichen, nämlich im Hinblick auf das Wonne-Paradox, einig sind. Auch und gerade Tannhäuser weiß, dass „(s)ein Verlangen nie erlischt“ und „(s)ein Sehnen ewig brennt“ – eben auch dann, wenn „des Durstes Brennen“ gekühlt wird und der Begehrende „in vollen Zügen ... Wonnen“ trinkt. Tristan wird ähnliche Erfahrungen machen, wenn er die alte Weise hört:

> Die alte Weise
> sagt mir's wieder: –
> mich sehnen – und sterben,
> sterben – und mich sehnen!

Nein! ach nein!
So heißt sie nicht:
Sehnen! Sehnen –
im Sterben mich zu sehnen,
vor Sehnsucht nicht zu sterben! – (7, 66)

Tannhäusers neue Weise klingt vitaler als die alte Weise des sterbenden Tristan. Ihren Hörern mutet sie unerhört an; sie entfaltet lustvoller als Tristans esoterische Interpretation ältester bzw. frühester Töne und provokativer als Isoldes „Wonne klagender, alles sagender" Schlussgesang das Strukturparadox der Wonne.

TANNHÄUSER
(der gegen das Ende von Wolfram's Gesange wie aus dem Traume auffuhr, erhebt sich schnell.)
Auch ich darf mich so glücklich nennen
zu schau'n, was, Wolfram, du geschaut!
Wer sollte nicht den Bronnen kennen?
Hör', seine Tugend preis' ich laut! –
Doch ohne Sehnsucht heiß zu fühlen
ich seinem Quell nicht nahen kann:
Des Durstes Brennen muß ich kühlen,
getrost leg' ich die Lippen an.
In vollen Zügen trink' ich Wonnen,
in die kein Zagen je sich mischt:
denn unversiegbar ist der Bronnen,
wie mein Verlangen nie erlischt.
So, daß mein Sehnen ewig brenne,
lab' an dem Quell ich ewig mich:
und wisse, Wolfram, so erkenne
der Liebe wahrstes Wesen ich! (2,23)

Die Kontrahenten Wolfram und Tannhäuser sind einander näher als es scheint; beiden ist das Wonne-Paradox vertraut. Gerade deshalb lässt sich ihre Differenz präzise bestimmen: Wolfram plädiert für Paradoxie-Vermeidung, Tannhäuser aber will sich der paradoxen Erfahrung bewusst aussetzen. Weil sein „Verlangen nie erlischt", auch dann nicht, wenn er in vollen Zügen Wonnen trinkt, akzeptiert er (wonnevoll!), dass sein Sehnen ewig brennt, damit er sich ewig am Wonnequell laben kann. Um es auf eine Formel zu bringen: Angesichts der Wonne-Paradoxien plädiert Wolfram für Entsagung (übrigens wiederum ein Konzept, das in Goethes Werken variantenreich diskutiert und entfaltet wird[224]), Tannhäuser plädiert hingegen dafür, der Entsagung zu entsagen. Seine Maxime lautet: Ich glühe, also bin ich. In den Worten von Wagners *Programmatischer Erläuterung* zur Tannhäuser-Ouvertüre: „Wie auf seinen Zauberruf thut sich nun das Wunder des Venusberges in hellster Fülle vor ihm auf; ungestümes Jauchzen und wilder Wonneruf erheben sich von allen Seiten; in trunkenem Jubel brausen die Bacchantinnen daher und reißen in ihrem wüthenden Tanze Tannhäuser fort bis in die heißen Liebesarme der Göttin selbst, die ihn, den in Wonne Ertrunkenen, mit rasender Gluth umschlingt, und in unnahbare Fernen, bis in das Reich des Nichtmehrseins, mit sich fortzieht." (5,178)

„Bis in das Reich des Nichtmehrseins": Die ewig erfüllte Wonne wäre kein kleiner Tod mehr, sie fiele mit dem „Nichtmehrsein" zusammen. Wagner hat spätestens mit *Tannhäuser* sein Konzept der Wonne mitsamt den ihm innewohnenden Paradoxien entfaltet. Ein kursorischer Blick in weitere seiner Werke genügt, um zu belegen, wie intensiv, ja obsessiv ihn die Problemkonstellationen um ‚Wonne' umgetrieben haben. Auch in Göttersphären und im Umgang mit Göttergatten kann es recht profan zugehen. Das wird in Frickas „um des Gatten Treue besorgter" Klage deutlich. Fricka hoffte, mit einer „herrlichen Wohnung" und einem „wonnigen Hausrat" (5, 215 – Wohnung / Wonne: wieder eines der Wagner so lieben Wortspiele), also mit einem „sanften Band" Wotan zu „säumender Rast" zu bewegen.

FRICKA.
Um des Gatten Treue besorgt
muß traurig ich wohl sinnen,
wie an mich er zu fesseln,
zieht's in die Ferne ihn fort:
herrliche Wohnung,
wonniger Hausrath,
sollten mit sanftem Band
dich binden zu säumender Rast.
Doch du bei dem Wohnbau sannst
auf Wehr und Wall allein. (5, 215)

Wotan weiß, dass Wonne sich nicht veralltäglichen lässt; mit „Hausrath" ist Wonne inkompatibel. Wotans Kinder machen die Probe aufs Exempel. In Hundings Wohnung können sich Siegmund und Sieglinde unmöglich vereinen. Winterstürme müssen dem Wonnemond weichen, damit die Liebenden den Exodus ins Freie wagen können, der eine Wonneerfahrung freisetzt,

224. Cf. Arthur Henkel: Entsagung – Eine Studie zu Goethes Altersroman. Tübingen 1974

der kein kleiner Tod, sondern der große Exitus folgt. Eine Erfahrung, die auch Tristan und Isolde machen, wenn sie sich dem Wonnereich der Nacht anvertrauen und „Todes-Wonne-Grauen“ erfahren:

Nur ein Wissen
dort uns eigen:
göttlich ew'ges
Ur-Vergessen, –
wie schwand mir seine Ahnung?
Sehnsücht'ge Mahnung,
nenn' ich dich,
die neu dem Licht
des Tag's mich zugetrieben?
Was einzig mir geblieben,
ein heiß-inbrünstig Lieben,
aus Todes-Wonne-Grauen
jagt mich's, das Licht zu schauen,
das trügend hell und golden
noch dir, Isolden, scheint! (7, S. 61)

Wagners wonnevolle Töne lassen keinen Zweifel daran aufkommen, wie die Konstellation von Eros und Thanatos zu verstehen ist. Das „heiß-inbrünstge Lieben“ vertreibt das „Todes-Wonne-Grauen“. Das Geheimnis der Liebe ist größer als das des Todes – ein Satz, der Pathos und Nüchternheit in sich vereint. Ist doch Eros die Bedingung der Möglichkeit noch von Thanatos, der schlicht nichts zu tun hätte und also funktionslos wäre, wenn es seinen schaffenden Antipoden nicht gäbe. Dass Tristan und Isolde den Liebestrank und nicht den Todestrank einnehmen, ist dieser Schlüsselfunktion von Eros zu verdanken.

O Heil dem Tranke!
Heil seinem Saft!
Heil seines Zaubers
hehrer Kraft!
Durch des Todes Thor,
wo er mir floß,
weit und offen
er mir erschloß,
darin sonst ich nur träumend gewacht,
das Wonnereich der Nacht.
Von dem Bild in des Herzens
bergendem Schrein

scheucht' er des Tages
täuschenden Schein,
daß nacht-sichtig mein Auge
wahr es zu sehen tauge. (7, 42)

Die ekstatisch Liebenden entrinnen dem „täuschenden Schein", für den bekanntlich (woran Nietzsche eindringlich erinnert) Apoll einsteht, um sich ganz den Wonnen anheimzugeben, die Dionysos inkarniert. In den Worten des jungen, ganz im Bann Wagners stehenden Nietzsche: „Und nun denken wir uns, wie in diese auf den Schein und die Mäßigung gebaute und künstlich gedämmte Welt der ekstatische Ton der Dionysusfeier in immer lockenderen Zauberweisen hineinklang, wie in diesen das ganze *Übermaß* der Natur in Lust, Leid und Erkenntnis, bis zum durchdringenden Schrei, laut wurde: denken wir uns, was diesem dämonischen Volksgesange gegenüber der psalmodierende Künstler des Apollo, mit dem gespensterhaften Harfenklange, bedeuten konnte! Die Musen der Künste des „Scheins" verblaßten vor einer Kunst, die in ihrem Rausche die Wahrheit sprach, die Weisheit des Silen rief Wehe! Wehe! aus gegen die heiteren Olympier. Das Individuum, mit allen seinen Grenzen und Maßen, ging hier in der Selbstvergessenheit der dionysischen Zustände unter und vergaß die apollinischen Satzungen. Das *Übermaß* enthüllte sich als Wahrheit, der Widerspruch, die aus Schmerzen geborene Wonne sprach von sich aus dem Herzen der Natur heraus. Und so war, überall dort, wo das Dionysische durchdrang, das Apollinische aufgehoben und vernichtet."[225]

Wagners Obsession für die alle Konzepte sprengende Wonne und sein kluges Bedenken der ihm eigenen Paradoxie mündet in einer Geste, die man getrost als Geniestreich charakterisieren kann. Der große Erotomane und der große Sänger Tannhäuser ist, so als hätte er bereits Nietzsches erstes großes Buch gelesen, zugleich Dionysos und Apoll verfallen. Er ist ein Sänger der Lust und des Verlustes („wohin verlierst du dich?" (2,5), fragt Venus anspielungsreich ihren Geliebten), er ist ein Sänger der Wollust und der Wonne. Er ist ein apollinischer Dionysos und ein dionysischer Apoll. Seine Lieder bringen Sinn und Sinne zusammen, indem sie lustvoll die Grenze zwischen diesen beiden Sphären überborden und übertönen. Seine unerhörten Lieder handeln nicht nur von Wonne, sie bereiten und sind Wonne. Der Psychoanalytiker Jacques Lacan hat dem französischen Wort ‚jouissance', das dem deutschen Wort ‚Wonne' wohl am nächsten kommt, einen Doppelsinn abgelauscht: jouis sens – genieße Sinn. Ein wonnevolles Wortspiel, das sich auch

225. Friedrich Nietzsche: Die Geburt der Tragödie aus dem Geist der Musik; Werke, ed. Karl Schlechta, Bd. 1. München 1966, p. 34 sq.

ins Deutsche übertragen lässt: Wonnevolles Genießen ist sinnliches Genießen von Sinn, Genieß-Sinn.[226] Brünnhilde wird ihrer Schwester Waltraute das Geheimnis der Wonne verraten, wenn sie auf Wonne-Erfahrungen verweist, die ihr „mehr als Walhall's Wonne“ (6,204) bedeuten. „O ließ' sich die Wonne dir sagen!“ ruft, singt, tönt sie der Schwester zu. Sagen lässt sich nicht eigentlich, was Wonne ausmacht, wohl aber singen. Wagners Werke handeln nicht nur von Wonne und ihren Paradoxien, Wagners Musik ist vielmehr Wonne-Musik, die in der vergehenden Gegenwart ihres Erklingens die Paradoxien der Wonne überwunden hat, weil sie einfach nur Wonne ist. Wagners Musik ist noch besser, als sie klingt.

226. Cf. Jacques Lacan: Le Séminaire livre XX – Encore. Paris 1975, (VI: Dieu et la jouissance de la femme)

Der Unfall, der Zufall, die Kausalität und die Korrespondenz. Beobachtungen zum Roman *Besichtigung eines Unglücks*

Die Erfindung des Dampfschiffes, der Eisenbahn, des Autos oder des Flugzeugs ist zugleich die Erfindung des Schiffuntergangs, des Zugunglücks, des Autounfalls oder des Flugzeugabsturzes. Der sog. Individualverkehr steht in der Statistik der Verkehrstoten mit weitem Abstand an erster Stelle. Die Gesamtzahl der Opfer des massenhaften Individualverkehrs in den letzten hundert Jahren ist deutlich höher als die aller Kriegstoten im blutigen 20. Jahrhundert. Die Abgründe der Freiheit des Autofahrens sind klugen Schriftstellern schon früh aufgefallen. Verweise auf den Beginn von *Der Mann ohne Eigenschaften* oder auf das Ende von *Der große Gatsby* liegen nahe; kritische Seitenblicke auf überdimensionierte SUVs bzw. „Trumms von Auto" wirft auch der neueste Roman von Gert Loschütz, dessen Erzähler wegen seiner „Autolosigkeit" (327)[227] von Freunden kritisiert wird. Dennoch spielt der tödliche Autounfall in der Literatur nicht die herausgehobene Rolle, die seiner entsetzlichen Häufigkeit im sog. wirklichen Leben entsprechen würde. Schiff-, Bahn- und Flugreisen sind – statistisch gesehen – weit sicherer als Autofahrten, jedoch literarisch ergiebiger (wie u.a. das Flugzeugunglück in Max Frischs *Homo faber*). Verweise auf Fontanes *Die Brück' am Tay*, auf Hauptmanns *Bahnwärter Thiel*, auf Thomas Manns Erzählung *Das Eisenbahnunglück* oder auf Uwe Johnsons *Mutmaßungen über Jakob* (auf die Loschütz mehrfach anspielt[228]) genügen, um die eigentümliche Faszinationskraft zu belegen, die zumal der Eisenbahnunfall auf die Literatur ausübt. Der prominenteste Fall eines Literatur gewordenen Eisenbahnunglücks ereignete sich am 9. Juni 1865 in der Nähe der englischen Stadt Staplehurst. Wegen eines falsch platzierten Signals kippte die Hälfte eines Zuges von einer Brücke, die wegen laufender Reparaturarbeiten nicht hätte befahren werden dürfen. Zehn Reisende fanden den Tod, vierzig wurden schwer verletzt, viele traumatisiert. Darunter ein prominenter Fahrgast, der mit seiner Geliebten Ellen Ternan im ersten, halb gestürzten, dann aber festhängenden Wagen saß: Charles Dickens. Seine dieses Unglück schildernde Kurzgeschichte trägt keinen anderen Titel als diesen: *The Signal-Man*. Einige Gründe für die starke Präsenz von Eisenbahnunglücken in der Literatur[229] und im Film, der allerdings deutlich stärker als Literatur auf Autos fo-

227. Eingeklammerte Seitenzahlen beziehen sich auf Gert Loschütz: Besichtigung eines Unglücks. Ffm 2021

228. Ein prägnanter Hinweis auf Uwe Johnsons Romankunst ist neben dem Motto die Wendung vom Gehen „quer über die Gleise" (23). „Aber Jakob ist immer quer über die Gleise gegangen" lautet der berühmte erste Satz von Uwe Johnsons 1959 veröffentlichtem Roman *Mutmaßungen über Jakob*.

kussiert ist (beide Bewegungstechniken, das Auto wie der Film, wurden im selben Jahr 1895 erfunden), sind offensichtlich. Katastrophen sind banaler Weise umso schrecklicher, je mehr Menschenleben sie mit einem Schlag und nicht mit öder statistischer Regelmäßigkeit wie beim Individualverkehr zerstören. Nicht trivial ist hingegen die besondere Literaturtauglichkeit des Schienen-Motivs. Züge, die aufeinanderprallen, können nicht ausweichen, allenfalls bremsen. Es ist ein Leichtes, dieses technische Problem in die Sprache der klassischen Dramentheorie zu übersetzen. Katastrophen sind dramentaugliche Katastrophen nur dann, wenn sie unausweichlich sind; retardierende Momente können nichts daran ändern, dass die peripatetische Wendung zum Abgrund und zum Unglück unvermeidbar ist. Literarisch ergiebig ist auch, dass Zug- (Schiffs-, Flug-) Reisende ihr Leben einem Zugführer (Kapitän, Piloten, Lotsen, Signalgeber) anvertrauen. Die Faszination des Autofahrens besteht nicht zuletzt darin, dass man sich (kontrafaktisch!) besonders sicher und zugleich souverän fühlt, wenn man selbst am Lenkrad sitzt und die Ereignisse steuern zu können glaubt. Gewissermaßen selbsterklärend ist wiederum, dass die mobile Dampfmaschine zur Inkarnation der gloriosen Frühgeschichte der Industrialisierung wurde und Eisenbahnunglücke sich deshalb bestens eignen, um vor den Gefahren moderner Technik, vor Umweltzerstörung, vor hypertropher Mobilität etc. zu warnen.

Es gehört zu den vielen Stärken von Gert Loschütz' Roman *Besichtigung eines Unglücks*, dass er dieser (leicht erweiterbaren) Liste ein aufschlussreiches Motiv hinzufügt – das einer nicht mehr menschengemäßen Zeit- und Zeichenordnung. Menschen und Nachrichten wurden über Jahrtausende mit ein- und derselben Geschwindigkeit transportiert – von einem Marathonläufer, auf einem Pferderücken, zu Schiff oder in einer Postkutsche.[230] Ein Halbmarathonlauf spielt denn auch am Ende dieses souverän komponierten Romans eine Schlüsselrolle (dazu später mehr). Erst die Erfindung der elektrischen Telegraphie und der Signaltechnik sorgte dafür, dass Menschenkörper mit dem Tempo, in dem Nachrichten aller Art transportiert werden, nicht mehr mithalten können. Sie werden abgehängt und fühlen sich entsprechend abhängig. Die Eisenbahn und die Telegraphie sind gleichzeitig entstanden. Zwar transportiert auch die Bahn Briefe und die Menschen, die sie geschrieben haben, noch mit ein- und derselben Geschwindigkeit, auch

229. Niall Ferguson (Doom – Die grossen Katastrophen der Vergangenheit und einige Lehren für die Zukunft. München 2021, p. 324 sqq.) gibt einen gehaltvollen Überblick über die Geschichte der großen Technik- und insbesondere Verkehrskatastrophen. Von den Untersuchungen zum Thema Katastrophen in der Literatur sei nur genannt: Claudia Lieb: Crash – Der Unfall der Moderne. Bielefeld 2008

230. Cf. dazu Sybille Krämer: Medium, Bote, Übertragung – Kleine Metaphysik der Medialität. Ffm 2008

wenn dieses Tempo frühen Zeitgenossen der Dampfrösser schwindelerregend schnell vorkam, aber die Telegraphenmeldungen, die an den Schienensträngen entlang liefen, mussten mit ihren Nachrichten und Signalen den Zügen voraus sein, um die Sicherheit des Bahnverkehrs zu garantieren.

„In der ersten Morgenstunden des 22. Dezembers 1939 – genau um 0 Uhr 53" (17) kam es im brandenburgischen Genthin zu dem bis heute größten Eisenbahnunfall in Deutschland. Die aufeinanderprallenden Züge waren wegen der bevorstehenden Weihnachtstage überfüllt; der Zweite Weltkrieg war wenige Wochen jung, sorgte aber im Bahnverkehr bereits für angespannte Personallagen und eine Überlastung vieler Strecken. 278 Reisende starben, mehr als 400 wurden z.T. schwer verletzt. Der aus Genthin stammende, wenn auch nach 1939 geborene Erzähler Thomas Vandersee rekonstruiert akribisch aus den Akten, wie es zu diesem Unfall kommen konnte und inwieweit die Lebensgeschichte seiner Mutter Lisa in diesen Unfall, in dieses, wie der Romantitel fokussiert, Unglück verstrickt ist, nämlich so peripher wie signifikant. Ein Roman, der ungewöhnlich stark an Realien gebunden ist; eine Fiktion, die eng mit Fakten liiert ist. „Das (dieses Faktum, J. H.) ist sicher. Während sonst fast nichts sicher ist." (27) Zur Katastrophe kam es, weil ein Streckenwärter, dem signalisiert wurde, dass zwei Züge aufgrund vorhergegangener kleinerer Störungen zu dicht hintereinanderfahren, versehentlich dem vorausfahrenden, nicht dem nachfolgenden Zug ein Haltesignal gegeben hatte. Hätte er dieses Signal nur vier Sekunden später gegeben, hätte es der voranfahrende bzw. bereits vorbeigefahrene Zugführer nicht wahrgenommen, wäre es nicht zum Unfall gekommen. „Was wäre, wenn" (21). „Hätte (der Zug) das Stellwerk vier Sekunden früher erreicht oder hätte der Mann das Signal vier Sekunden später gegeben, wäre er am Stellwerk vorbei gewesen. Dann hätte der Heizer das Signal nicht mehr sehen können, und es wäre, vermutlich, nicht das Geringste passiert." (83) Aber „jetzt droht, was normalerweise nebeneinander geschieht, ineinander zu fallen." (87)

„Noch ist alles in Ordnung, und im nächsten Moment ist es das nicht mehr." (50) Wie ein Unglück bzw. eine Katastrophe (wie Reaktorunfälle oder 9/11-Ereignisse) zu erklären, zu verstehen und zu verarbeiten sei, ist eine, wenn nicht die Leitfrage des Romans – und moderner Gesellschaften insgesamt, die Joker-Antworten wie ‚Gott' oder ‚Schicksal' nicht mehr plausibel finden können. Der faktengesättigte Roman macht darauf aufmerksam, dass „im Französischen ... das Wort für Unfall, accident, eine zweite Bedeutung (hat): Zufall." (97) Zufälle sind irritierende vormoderne Restbestände in modernen postmetaphysischen Gesellschaften. Gerade deshalb sind sie für die schöne Literatur unwiderstehlich. „Die Literatur (hat) seit jeher eine enge Beziehung zum Zufall, weil die Erzählung als sinnstiftende Kulturtechnik unweigerlich Fragen der Kausalität und Kontingenz aufwirft. Ab dem ausgehenden 18. Jahrhundert drängen Kontingenz und Zufall in den Vordergrund gesellschaftlicher Fragen. Gegen Ende des 19. Jahrhunderts steigen Zufall und Probabilistik im Zuge der Statistik, die sowohl in die Sozialwissenschaften als auch die Physik einwandert, zu kulturellen Leitprinzipien auf. Beide Stränge, Sozialwissenschaften und Physik, tragen zu einer ‚Erosion des Determinismus' bei, von der auch die modernistische Literatur um 1900 Zeugnis ablegt."[231] Je genauer Sozialwissenschaften und Physik hinschauen, desto problematischer erscheinen ihnen Konzepte wie Kausalität und Determinismus. ‚Unschärferelation' ist ein Begriff aus der Quantenmechanik, den auch Kultur- und Geisteswissenschaftler gerne verwenden, die (wie der Autor dieses Textes) über keine Kompetenz in Sachen Physik verfügen.

In den Worten des Romans *Besichtigung eines Unglücks*: „Zufall ist ein Begriff aus der Metaphysik"; „der Zufall ist nichts anderes als die verdeckte Ursache hinter den Dingen." (100) „Hinter den Dingen" – die Formel ist eine präzise Übersetzung des Wortsinns von ‚Metaphysik', welcher Begriff im Griechischen das bezeichnet, was nach (meta) den physischen Gegebenheiten kommt bzw. ihnen vorausgeht. Verdeckt, nicht einzusehen ist das, was die Welt im Innersten zusammenhält: der Gott, der sich nicht in die Karten sehen lässt, das Schicksal, der letzte Beweger, das fundamentum inconcussum, der letzte Grund, der sich als Abgrund erweisen kann – oder eben der Zufall. Zufall und Unfall sind nicht nur sprachlich, sondern auch sachlich eng verwandt. Deshalb ist es leicht zu verstehen, dass das vom amerikanischen Ingenieur Edward A. Murphy in der Mitte des letzten Jahrhunderts formulierte Gesetz „Anything that can go wrong will go wrong" so populär wurde – jeder kann bezeugen, welches Unheil scheinbar harmlose Objekte anrichten können. (Während ich dies schreibe bzw. diese nun aus dem Gedächtnis wiederhergestellten Zeilen schrieb, spielt, spielte mein Laptop verrückt, formierte diesen und nur diesen Murphy-Absatz neu, versah ihn mit mir unbekannten Zeichen, wechselte die Farbe der Buchstaben, ließ kurze Passagen verschwinden, J. H.). Im schwäbischen Philosophie- und Ästhetik-Professor Friedrich Theodor Vischer hat Murphy einen Vorläufer. In seinem 1879 veröffentlichten Roman *Auch einer* trifft der Erzähler bei einer Zugreise(!) durch die Schweiz auf einen Kauz, der ihm wortreich von seinen Leidenserfahrungen mit der (durch Vischer sprichwörtlich gewordenen) „Tücke des Objekts" berichtet und gleich als Erklärung dieses universalen Phänomens die Theorie anbietet, „daß die Physik eigentlich Metaphysik ist, Lehre vom Geisterreich", von der „allgemeinen Tendenziosität, ja Animosität des

231. Philipp Schönthaler: Die Automatisierung des Schreibens & Gegenprogramme der Literatur. Berlin 2022, p. 216. Das Zitat im Zitat bezieht sich auf Ian Hacking: The Taming of Chance. Cambridge 1990, p. 2

Objekts, des sogenannten Körpers, was die bisherige Physik geistlos mit Namen wie: Gesetz der Schwere, Statik und dergleichen bezeichnet hat, während es vielmehr aus Einwohnung böser Geister herzuleiten ist."[232] Das genus dicendi von Loschütz' Roman ist vom humoristisch-kauzigen von Vischer denkbar weit entfernt. Aber beide Romane teilen das Interesse an einer der großen Fragen eines postmetaphysischen Denkens, das metaphysische Themen nicht einfach tabuisieren will, nämlich an der modallogischen, ob das Verhältnis von Zufall und Notwendigkeit so zu denken sei, dass es notwendiger Weise Zufälle gibt – und zufälliger Weise Notwendigkeiten.

Nun ist *Besichtigung eines Unglücks* ein Roman von erhabener, an Wilhelm Raabes und Uwe Johnsons Prosakunst geschulter Nüchternheit und also unverdächtig, neue Formen frommen, esoterischen oder metaphysischen Denkens (wenn Denken denn in solchen Kontexten der rechte Begriff ist) ins Werk setzen zu wollen. Die poetisch faszinierende Nüchternheit dieses Romans bewährt sich aber eben auch darin, dass sie den Bereich des Unerklärlichen zwar eingrenzen will, aber doch Reste des Unerklärlichen anerkennen muss. Die Zeit ist aus den Fugen: Vier Sekunden – welche Risse, welche Fugen, welche kleinen Aufschübe und Verschiebungen sorgen dafür, dass eine Katastrophe geschieht? Beim Versuch einer Beantwortung dieser Frage lohnt es sich, den Begriff ‚Zufall' in die nüchterne Sprache der soziologischen Systemtheorie zu übersetzen: Kontingenz. Das Kontingenz-Konzept, wie es u.a. Talcott Parsons und Niklas Luhmann ausgearbeitet haben, meint erst einmal, dass fast alles, was Gesellschaft ausmacht, auch anders sein könnte, als es ist. Man kann dies oder jenes kaufen, diese oder eine andere Person heiraten, diese oder jene Ausbildung wählen, sich für diese oder jene Partei entscheiden, diese oder jene Lebensform bevorzugen, von einer zur anderen oder zu keiner Konfession wechseln. Je moderner und liberaler Gesellschaften sind, desto mehr Kontingenz-Spielräume halten sie bereit – und umso stärker wird der Imperativ, angesichts dieser Spielräume doch Verlässlichkeiten zu etablieren. Das geschieht häufig durch die Verbindlichkeiten, die doppelte Kontingenz ins Spiel bringt: Das Tun des Einen ist das Tun des Anderen. Ego und alter haben beide kontingente Handlungsoptionen und müssen diese eben deshalb aufeinander abstimmen. Ein Verkäufer muss einen Käufer finden; wer sich verliebt, will von der Person, in die er sich verliebt hat, zurückgeliebt werden; wer etwas anordnet, muss auf Gefolgschaft vertrauen können etc.. Der Signalgeber muss den richtigen Adressaten finden – et vice versa.

Für die Koordination von Interaktionen sorgen Medien, Institutionen und Organisationen aller Art. Ihre schiere Existenz weist darauf hin, wie problematisch es ist, soziale Ereignisse aller Art spezifischen Handlungen zuzu-

232. Friedrich Theodor Vischer: Auch einer – Eine Reisebekanntschaft. Stuttgart/Leipzig 1904, p. 24

rechnen. Man erzeugt dann „die Illusion einer selbstwirksamen Handlung, also gewissermaßen einer Kausalität zwischen beabsichtigter Wirkung und der Handlung."[233] Die dem Zugunglück folgende Gerichtsverhandlung versucht genau dies: Ereignisketten individuell zu verantwortenden Handlungen zuzurechnen. Dabei kann die juristische Aufarbeitung zugleich als selbstverständlich voraussetzen, dass kein an den Ereignissen Beteiligter diesen Unfall, diesen Zufall, dieses Unglück beabsichtigt hatte. Um die komplexen Konstellationen von Zufall und Notwendigkeit, um die Differenzen von beabsichtigter und tatsächlicher Wirkung von Handlungen, um die Spannung zwischen Struktur und Ereignis, zwischen – ja doch – dem großen Ganzen (Krieg, verheerender Unfall mit Hunderten Toten und Verletzten, Infrastruktur, Institutionen etc.) und den kleinen individuellen Lebensläufen kreist der jüngste Roman von Gert Loschütz. Er bringt schon im Titel zwei in Spannung zueinander stehende Begriffe zusammen: *Besichtigung eines Unglücks.* ‚Besichtigung' ist ein nüchterner, darum aber nicht schon von Wertungen freier Distanzbegriff. Wir besichtigen die Exponate eines Museums oder ein Bauwerk, und wir bewerten dabei das, was wir wahrnehmen. Von der Beobachtung ist die Besichtigung durch ihre gelassene Qualität unterschieden; das, was da besichtigt, in Augenschein genommen wird, steht ganz im Mittelpunkt, obwohl bzw. weil es nicht in unsere nächstvertraute Lebenswelt gehört (und uns auch nicht im possessiven Sinn gehört). Das Eichhörnchen auf dem Balkon, das Treiben von Kindern auf dem Spielplatz oder das Verhalten von Kollegen bei einer Konferenz besichtigen wir hingegen nicht distanziert gelassen, wir beobachten es vielmehr und sind uns selbst als Beobachter dabei interessant. ‚Unglück' ist anders als ‚Besichtigung' kein Distanz-, sondern ein Nähe-Begriff. Ein Unglück erschreckt und ergreift uns, es macht uns betroffen; es geht uns auch dann nahe, wenn es uns nicht unmittelbar betrifft.

Das Zugunglück von Genthin aber betrifft den Erzähler, wenn auch nur indirekt. Seine Mutter, so rekonstruiert er, der zufällig auf das Zugunglück aufmerksam gemacht wurde, hat als junge, in einem Textilgeschäft arbeitende Frau einer ebenfalls jungen, beim Unfall verletzten Frau neue Kleidung ins Krankenhaus gebracht. Loschütz spielt subtil mit den Korrespondenzen, die Texte und Textilien miteinander verweben. Sie bedecken unsere Blößen, auch die des Nichtwissens, indem sie kohärente Webmuster, Fäden und Stoffe zur Verfügung stellen, die uns vor der Kälte von Welt und Dasein schützen. Und so nimmt dieser ein Unglück besichtigende Text eine Wende, die von der minutiösen Rekonstruktion des Großereignisses Zugunglück bzw. Zugunfall zur minutiösen Fokussierung auf einzelne Biographien überleitet. Aus

233. Armin Nassehi: Theorie der überforderten Gesellschaft. München 2021, p. 326

dem, der ein großes Unglück besichtigt, wird ein Beobachter des kleinen Glücks und Unglücks einzelner, deren Biographien in dieses Unglück verstrickt sind. Wobei es zwei ineinander verwobene Stränge gibt, nämlich die Dreiecks-Geschichte von Carla, ihrem Verlobten Richard Kuiper und ihrem Begleiter Guiseppe Buonomo und die um seine Mutter Lisa konstellierte Familiengeschichte des Erzählers Thomas Vandersee. Carla ist mit dem von Nazis bedrohten Juden Richard verlobt, sie sucht und findet in dem aus Neapel stammenden Buonomo einen möglichen Helfer, dem sie sich aber in einer Weise anvertraut, die ihre Beziehung zu Richard in Frage stellt. Buonomo stirbt beim Zugunglück, Carla wird in der Liste der Verletzten als seine Frau, als Carla Buonomo geführt (180). Dass es um ihre Verlässlichkeit und Treue zweifelhaft bestellt ist, wird auch dadurch deutlich, dass sie sich später wiederholt scheiden lassen und insgesamt fünfmal verheiratet gewesen sein wird – und in dieser Unverlässlichkeit doch einer Konstante folgt: Alle ihre Männer tragen den Vornamen Richard (Ricardo, Ryszard), der reiche Herrscherqualitäten verspricht, sich dabei aber versprechen kann. Intrikat ist auch die Familienkonstellation, der der vaterlos großgewordene Erzähler entstammt. Findet er doch heraus, dass sein Vater nicht, wie seine Mutter Lisa vorgibt, früh verstorben ist, sondern dass „ein entfernter Verwandter, wie ich damals dachte, der Friedrich (ein Name, der die Silbe rich mit Richard teilt, J. H.) hieß, aber aus einem Grund, den ich nicht kannte, Bruno gerufen wurde," (221) sein Erzeuger ist.

Zu den subtilen Reizen dieses Romans gehört der Korrespondenzzauber, den die Namen seiner Figuren entfalten.[234] Nur einige weitere Hinweise und Deutungsansätze: Guiseppe Buonomo hat einen telling name, der auf die seltsamste Vaterrolle der Religions-und Kulturgeschichte, nämlich auf den Nicht-Vater von Jesus verweist: Joseph Gutmann. Ob er dem Signalcharakter seines Familiennamens gerecht wird, steht allerdings ebenso dahin wie die Antwort auf die Frage, ob Carla ihrem Namen, der weiblichen Variante des männlichen Herrschernamens Karl, entspricht. Der akribisch Akten und Zeitzeugnisse befragende Erzähler hat einen ebenfalls auf biblische Sphären verweisenden Vornamen, der ihn aber als nüchternen Zweifler ausweist: Thomas. Sein Familienname Vandersee evoziert das liquide bis maritime Element, das im Kontrast zur immobilen Schieneninfrastruktur steht. Seine Mutter trägt den Namen Lisa / Elisabeth; so hieß die Mutter von Johannes dem Täufer, der als Namensgeber im logosseligen Evangelisten Johannes einen namensver-

234. Michael Stolleis: Was ist ein Name? Zürich 2021 (Schriftenreihe der Vontobel-Stiftung) und Jochen Hörisch: Ich ist nicht Herr im eigenen Haus – Zur Psychoanalyse von Eigennamen; in: Allert, Gebhard / Rühling, Konrad / Zwiebel, Ralf (edd.): Pluralität und Singularität der Psychoanalyse – Arbeitstagung der deutschen Psychoanalytischen Vereinigung Kassel 3.–6. Juni 2015. Gießen 2015, pp. 19–34; in diesem Buch pp. 50–67

wandten Bruder im Geiste findet. Von tiefsinnigen wie profanen Taufen und Umbenennungen berichtet der Roman in feiner Beiläufigkeit, etwa wenn er die „Adolf-Hitler-Straße (erwähnt) (die in meiner Kindheit Ernst-Thälmann-Straße und heute wieder Brandenburger Straße heißt)." (59) Ein Jude namens Louis Lenski begeht „Namensflucht" (111) und nennt sich fortan Lenz (224) – was an den heiklen Witz vom Juden Katzmann erinnert, der mit knapper Not Pogrome in Polen überlebt hat, nach Frankreich emigriert und dort, um nie mehr als Jude identifiziert zu werden, seinen Namen ändert. Katz, denkt er, heißt im Französischen ‚chat' und Mann ‚l'homme'. Also nennt er sich fortan Chatlhomme (Schalom).

Kausalitäten, Zufälle, ein Unfall, vielfache Lebensgeschichten, die in die große Weltgeschichte verstrickt sind, Besichtigungen und Beobachtungen, die das eine oder andere Rätsel zu lösen versprechen: Der Roman *Besichtigung eines Unglücks* wird nicht trotz, sondern wegen seiner Sensibilität für Überkomplexität von einer starken Strukturdichotomie getragen. Im Mittelpunkt dieses so unaufdringlich philosophische mit poetischen Themen und Motiven vereinenden Romans steht die Opposition von Kausalität(en) einerseits und Korrespondenzen, Kohärenzen, Vibrationen andererseits. Die Entfaltung von Korrespondenzen kann spätestens seit Baudelaire als ästhetisches Kontrast- bzw. Komplementärprogramm zu den Kausalitätsanalysen der harten Wissenschaften verstanden werden. Die starke Intuition, dass zusammenkommt, was zusammengehört, dass die Welt und das Dasein von Entsprechungen und Vibrationen gekennzeichnet sind, dass Menschen Wesen sind, die Kohärenzen wünschen, diesen nachspüren und sie herstellen, ist die (wenn auch häufig implizite) Leitidee von Kunst und Literatur. In Loschütz' Roman wird sie explizit. Kleine und große Katastrophen sind dafür verantwortlich, dass nicht zusammenkommen kann, was und wer zusammengehört. Ein Zug erreicht nicht sein Ziel, Liebende werden sich nicht wiedersehen und vereinen können.

Katastrophen, die ihre Ursachen, Gründe und Kausalitäten haben, sind Kohärenz- und Korrespondenzunterbrecher. Das heißt aber auch: Man kann mit der Besichtigung eines Unglücks Kausalität als die latent katastrophenträchtige Ausnahme begreifen, die den Normalfall einer Lebenswelt voller Korrespondenzen unterbricht. Die großen Welt- wie die kleinen Lebensereignisse sind in ein Gewebe von Kohärenzen, Vibrationen und Korrespondenzen eingesponnen, das mitunter von den strengen Gesetzen der Kausalität zerrissen wird. Eine grandiose Umkehrung unseres eingespielten, auf Kausalität ausgerichteten Weltverhältnisses. Das griechische Wort Καταστροφη (Katastrophe) meint ja nichts anderes als Um-Kehr, Um-wendung, Ver-kehrung, Verkehrtheit. Eine in diesem Sinne noch und gerade in ihrer katastrophalen Verkehrtheit kohärente Passage spielt im endenden Roman eine Rolle.

Thomas Vandersees Geliebte Yps (auch hier spielt das Namensleitmotiv hinein, wird eine Yvonne doch meist nur mit ihrem griechischen Anfangsbuchstaben benannt), bringt Thomas, aus London heimkehrend, einen Zeitungsartikel mit, der präzise seiner Aufarbeitung des Genthiner Zugunglücks korrespondiert. „Er handelt von einem Unfall, der sich vor ein paar Wochen in der Nähe der Kensington Station ereignet hat. Obwohl groß genug, um auch bei uns Erwähnung zu finden, habe ich nirgends eine Zeile darüber gelesen. Zwei Vorortzüge sind frontal zusammengestoßen. Ein Sanitäter, der als einer der ersten am Unfallort eintraf, erzählte, der Anblick der ineinander verkeilten Züge sei das Schrecklichste gewesen, was er jemals gesehen habe, aber beinahe noch schlimmer sei etwas anderes gewesen: das Klingeln, Scharren, Musizieren der Handys. Es schien, als hätten alle, die unter dem Trümmerberg lagen, ein Handy dabei und als würden sie unentwegt angerufen. Sie waren tot oder verletzt, aber ihre Handys waren unversehrt geblieben und stießen Jubelrufe aus. Wie nach einer siegreich geschlagenen Schlacht." (292)

Eine ungeheure Steigerung des anfänglichen Motivs, dass Signale sich von den Menschen abgekoppelt haben, die sie erreichen wollen. Wer tot ist, ist der Totenstille verfallen. Er kommuniziert nicht mehr und kann also auch keine Kohärenzerfahrungen mehr machen (es sei denn, dass man die Nicht-Erfahrung, nichts mehr zu erleben, als erhabene Kohärenz rubriziert). Die Kausalität, die zu diesem Unglück führte, sorgt dafür, dass die unversehrt gebliebenen Handys vor sich hin klingeln, scharren und musizieren, ohne ihre Adressaten zu erreichen. Dem Roman *Besichtigung eines Unglücks* liegt eine markante Tiefenstruktur zugrunde. Er beginnt betont nüchtern auf der Mezzo-Ebene mit der Kausalitätsanalyse eines Unglücks, in das Hunderte Menschen involviert sind, wendet sich dann auf der Mikro-Ebene weiterhin sachlich, aber doch zugleich und notwendiger Weise existentiell einigen Einzelbiographien zu und endet mit einer ungeheuren Makro-These. Thomas und Lennart, der Ehemann seiner Geliebten Yps, haben sich angefreundet und wollen an einem Halbmarathon in Berlin teilnehmen. Doch sie haben die „Anmeldefrist versäumt" (295) und sind dazu verurteilt, anderen beim Laufen zuzusehen. Und dabei, genauer, bei der (nicht metaphysischen, ganz profanen) Überschreitung einer Brücke, wird dem Protagonisten eine profane Erleuchtung zuteil, ein buchstäblich umkehrender „jäher Perspektivwechsel, eine Hundertachtziggradwendung ... Der Zwang plötzlich, das Leben aus einem anderen Blickwinkel zu sehen, nicht aus dem des Lebenden, sondern aus dem des Toten oder besser: des Nichtexistenten / Zu-keiner-Zeit-existiert-Habenden („Nicht deine Zeit" lautet der erste Satz des Romans, J. H.), der auf Grund eines Schöpfungsversehens die Möglichkeit erhält, wie durch einen Türspalt aus dem Dunklen ins Heller schauen, aus dem Nichts ins Etwas, so ungefähr ... Dazu, beim Überqueren der Schlossbrücke, überfallartig die Erkenntnis, dass vor meiner Geburt Millionen von Jahre vergangen sind und nach meinem Tod wieder Millionen von Jahre vergehen werden, so dass die Annahme, das Leben sei der Normalfall, als blanker Unsinn dasteht. Umgekehrt ist es: Nicht das Da-, sondern das Nichtsein ist die Regel." (297)

Im Roman *Besichtigung eines Unglücks* hat ein geglücktes Rendezvous von Poesie und Philosophie statt. Der Erzähler dieses Romans spürt die zärtliche und zugleich unheimliche Gleichgültigkeit der Welt, versteht er sich doch auf die Umkehr von Perspektiven. Ein Motiv, das es nahelegt, nochmals auf Murphys Law einzugehen. Kluge Köpfe wollten das verbreitete Standardbeispiel auf seine Gültigkeit testen, und so konstruierten sie eine Maschine, die mit Marmelade bestrichene Toastbrote zufallsalgorithmisch gesteuert in die Luft warfen – in der festen Erwartung, dass ein Großteil dieser Brote mit der schmierigen Seite auf dem Boden landen würde. Aber es kam signifikant anders: Die meisten Brote fielen mit ihrer trockenen Seite auf den Boden. Murphys Gesetz sei also falsifiziert, so lautete die Schlussfolgerung der munteren Forschergruppe. Nein, das sei nicht der Fall, wandte ein Teilnehmer des Experiments ein. Man habe doch nach starken Indizien für die Gültigkeit von Murphys Gesetz gesucht. Das sei schiefgegangen – und also habe sich Murphys Gesetz wieder einmal bewährt. Ein starker Perspektivwechsel. Genau dies ist die Leistung großer Literatur: Sie ermuntert und ermutigt uns, das vermeintlich Vertraute anders als bisher zu beobachten, zu besichtigen, wahrzunehmen, zu werten. In den Worten aus Vischers Roman *Auch Einer*: „Von der Dichtkunst erwartet die Mehrheit der Menschen, sie solle ihnen ihre gewöhnlichen Vorstellungen nur mit Flittern von Silber- und Goldpapier aufgeputzt, angenehm entgegenbringen. Da sie in Wahrheit das gemeine Weltbild vielmehr auf den Kopf stellt, so wäre kein großer Dichter je berühmt geworden, wenn nicht die wenigen, welche wissen, was Phantasie ist, allmählich einen Anhang gesammelt und denselben mehr und mehr erweitert hätten. Sie haben Stein auf Stein in das stehende Wasser der Meinung geworfen, bis die Wogenkreise den ganzen Spiegel in Bewegung setzten."[235]

Wer Kausalität als Zentralgestirn der Natur- und Technikwissenschaften und Korrespondenzen als Leitsterne der Geistes- und Kulturwissenschaften begreift, macht auch nach der Infragestellung starker Kausalitätskonzepte durch die Quantenmechanik keinen kapitalen Fehler. Denn „das Gewebe dieser Welt ist aus Notwendigkeit und Zufall gebildet; die Vernunft des Menschen stellt sich zwischen beide und weiß sie zu beherrschen; sie behandelt das Notwendige als den Grund ihres Daseins; das Zufällige weiß sie zu lenken, zu leiten und zu nutzen, und nur, indem sie fest und unerschütterlich

235. Vischer: l.c., p. 498

steht, verdient der Mensch ein Gott der Erde genannt zu werden."[236] Das „Gewebe" mitsamt seiner Tendenz zur Musterbildung hat das (wie immer) vorletzte Wort, wenn es gilt, das Verhältnis von Zufall und Notwendigkeit zu bedenken. Katastrophen zerstören nicht etwa dieses Gewebemuster, sie lenken vielmehr unsere Aufmerksamkeit auf die Texturen, in die wir verstrickt sind – und an denen wir, diesen oder jenen Faden ziehend, mitschreiben.

236. Goethe: Wilhelm Meisters Lehrjahre; in: Hamburger Ausgabe Bd. 7. München 1981 (7.), p. 71

„Wagest du Scheusal neben der Schönheit dich zu zeigen?" Symbole und Allegorien des Schönen und des Hässlichen in Goethes *Faust*

Vollendete Schönheit ist nicht nur zu schön, um wahr zu sein; sie ist nicht einmal schön, sie blendet. Das Schöne ist auf das Unvollendete, Gestörte, Hässliche allein schon deshalb angewiesen, weil es sich nur so von seinem Anderen unterscheiden und abheben kann. Die Psychologen Anja Rikowski und Karl Grammer testeten 1999, welche Frauengesichter von Menschen beiderlei (bzw. politisch korrekt: diversen) Geschlechts als besonders schön wahrgenommen wurden. Sie legten den Probanden zwei Fotoserien von Frauengesichtern vor, die allgemein als schön wahrgenommen werden.[237] Die eine war unmanipuliert, die andere hingegen so bearbeitet, dass die eine Gesichtshälfte sich völlig symmetrisch in der anderen spiegelte. Das Ergebnis war eindeutig: eine große Mehrheit fand die nicht ganz symmetrischen Gesichter attraktiver als die makellos symmetrischen. Ein bekanntes Beispiel für diese Einsicht liefert das Starmodel Cindy Crawford – eine moderne bzw. postmoderne Helena, bewundert viel und viel gescholten. An ihrer linken Oberlippe befindet sich ein kleiner Leberfleck, den sie nicht entfernen ließ, der vielmehr zu ihrem Markenzeichen wurde.

Einige, vor allem indische Kulturen pflegen bekanntlich mit System solche Flecken, die von Angehörigen anderer Kulturen häufig als ästhetisierendes Selbstdesign wahrgenommen werden. Doch die indischen Tilaka sind primär religiöse Segenszeichen, deren schöne Qualität gewissermaßen mitläuft – ein starkes Indiz dafür, dass die Kalokagathie-Idee, derzufolge das Schöne, das Gute und das Wahre dreieinig sind, kein exklusives Privileg der abendländischen Kultur ist. Auch der Inbegriff des Schönen, der goldene Schnitt, setzt ja nicht auf perfekte Symmetrie, sondern auf die Asymmetrie, die gegeben ist, wenn ein Ganzes so in zwei Teile gegliedert wird, dass sich der große Teil zum kleinen verhält wie das Ganze zum größeren Teil. Dieses Teilungsverhältnis ist zwar nahe an der wiederum allzu ordentlichen Relation zwei zu eins bzw. 66,6 ...% zu 33,3 ...%, weicht aber doch so von ihr ab, dass genau diese Abweichung als schön empfunden wird: ca. 61,8 % zu ca. 38,2 % (die irrationale Teilungszahl 1,61803 ... bezeichnet dieses Verhältnis).

Eine hübsche Paradoxie: perfekt ist allein das Nicht-Perfekte. Kein geringerer als Goethe hat diese Paradoxie in Szene gesetzt, als er die schönste aller

237. Einen guten Überblick über die einschlägigen Forschungen gibt die Untersuchung von Martin Gründl: Determinanten physischer Attraktivität – der Einfluss von Durchschnittlichkeit, Symmetrie und sexuellem Dimorphismus auf die Attraktivität von Gesichtern. Habilitationsschrift Universität Regensburg 2011 (https://epub.uni-regensburg.de/27663/1/Habil_Gruendl_gesamt_093m.pdf)

Frauen auf der Bühne seines erhabenen Faust-Dramas präsentierte: Helena. Vorgestellt wird sie mit Worten, die sogleich markieren, dass mit ihr nicht alles stimmt: „Bewundert viel und viel gescholten, Helena" sind die ersten Worte, die im dritten Akt des Dramas erklingen – aus dem Munde von Helena selbst. Ein eigentümliches Verfahren. Dass sich die dramatis personae selbst vorstellen, ist im genus humile (vom Puppenspiel[238] bis zur comedia dell'arte), nicht aber in der Höhenkammliteratur üblich. Goethes *Faust* ist die bedeutendste Ausnahme von dieser Regel. Schon im ersten Akt von *Faust II* waltet dieser outriert allegorische Gestus. „Die Bedeutung der Gestalten / Möcht ich amtsgemäß entfalten" (v. 5506 sq.)[239] gibt der Herold in der Mummenschanz-Szene kund und zu wissen. Beim Auftritt Euphorions als Knabe Wagenlenker hat der Herold jedoch nicht viel zu tun. Denn der Knabe verlautbart selbst, wen er in der Mummenschanz darstellt: „Bin die Verschwendung, bin die Poesie" (v. 5573) – so stellt er sich selbst vor. Helena wird es ihm nachtun. Im Gespräch mit Eckermann vom 20.12.1829 hat Goethe diesen Knaben ausdrücklich als „allegorisches Wesen"[240] charakterisiert. Und so als seien diese Hinweise auf die allegorische und eben nicht symbolische[241] Tiefenstruktur von *Faust II* nicht deutlich genug, spricht der Knabe Wagenlenker in der Mummenschanz-Szene Klartext: „Denn wir sind Allegorien / Und so solltest du uns kennen." (v. 5531 sq.) Auch Mephisto charakterisiert im vierten Akt beim Auftritt der schon im jeweiligen Namen als Allegorien überführten Figuren Eilebeute, Habebald und Raufebold ausdrücklich ihren poetologischen Status und zugleich ihre Nähe zu seiner, zur teuflischen Sphäre:

DIE DREI GEWALTIGEN treten auf.
SAM. II. 23.8.
MEPHISTOPHELES
Da kommen meine Bursche ja!
Du siehst, von sehr verschiedenen Jahren,
Verschiednem Kleid und Rüstung sind sie da;
Du wirst nicht schlecht mit ihnen fahren.
AD SPECTATORES

238. Am 22.10.1826 schrieb Goethe an Wilhelm von Humboldt: „Es ist eine meiner ältesten Konzeptionen, sie ruht auf der Puppenspiel-Überlieferung, daß Faust den Mephisto genötigt, ihm die Helena zum Beilager heranzuschaffen." Zit. nach dem Kommentar von Albrecht Schöne zu seiner Edition von Goethes *Faust*, (Ffm 1994), p. 579

239. Eingeklammerte Angaben der Verszahlen beziehen sich auf die Edition von Goethes Faust in der Frankfurter Ausgabe (Bibliothek deutscher Klassiker Bd. 114), ed. Albrecht Schöne. Ffm 1994

240. S. den Kommentar in Albrecht Schönes Faust-Edition, l.c., p. 443

241. Cf. dazu die gründliche Analyse von Heinz Schlaffer: Faust zweiter Teil – Die Allegorie des 19. Jahrhunderts. Stuttgart 1981

Es liebt sich jetzt ein jedes Kind
Den Harnisch und den Ritterkragen;
Und, allegorisch wie die Lumpe sind,
Sie werden nur um desto mehr behagen. (vv. 10319-330)

Eine in vielfacher Hinsicht bemerkenswert vertrackte Passage. Dass Literatur höchsten Ranges ihre intertextuellen Bezüge ausdrücklich benennt, ist ungewöhnlich. Der explizite Verweis auf das 23. Kapitel des zweiten Buches Samuel ist aber so deutlich wie irritierend. Denn dort werden nicht etwa drei verwahrloste Haudrauf-Lumpe erwähnt, die einem teuflischen Befehlshaber wie Mephisto zu Willen sind, sondern drei vornehme Kämpfer, mit deren Hilfe es König David gelingt, die Philister zu besiegen. Irritierend ist auch, dass Mephisto sich direkt an die Zuschauer bzw. Leser des Faust-Dramas wendet und dabei eine anspruchsvolle poetologische Fußnote (hier geht's allegorisch zu) mit dem Hinweis verbindet, dass eben diese allegorische Qualität jedem Kind zugänglich ist, das einfaches Ritter-mit-Harnisch-Theater liebt. Irritierend aber ist vor allem, dass nicht nur Mephisto, sondern auch Helena eine enge Bindung an die Sphäre des Allegorischen unterhält. Beide begegnen einander im dritten Akt in äußerster Konfrontation.[242] Die schönste, aber viel gescholtene Frau trifft auf die hässlichste, auf Phorkyas, die von keinem anderen als Mephisto dargestellt wird. Der teuflische Misogyne, dem (wie nicht nur die Schlussverse von *Faust II* eindeutig zeigen) homosexuelle Gelüste nicht fremd sind, verwandelt sich in eine Frau, genauer: in einen Hermaphroditen, der nicht ansatzweise Aussichten hat, im Schönheits-Wettstreit mit Helena punkten zu können.

MEPHISTOPHELES *als Phorkyas im Profil*
Da steh' ich schon,
Des Chaos vielgeliebter Sohn!
PHORKYADEN
Des Chaos Töchter sind wir unbestritten.
MEPHISTOPHELES.
Man schilt mich nun, o Schmach! Hermaphroditen.
PHORKYADEN
Im neuen Drei der Schwestern welche Schöne!
Wir haben zwei der Augen, zwei der Zähne.
MEPHISTOPHELES
Vor aller Augen muß ich mich verstecken,
Im Höllenpfuhl die Teufel zu erschrecken. *ab.* (vv. 8027-33)

242. Cf. dazu Katharina Mommsen: Mephistopheles' Weg zu den Phorkyaden; in: K.M.: Natur und Fabelreich in Faust II. Berlin 1968

Die griechische Mythologie kennt die drei Phorkyaden (auch hier die Dreizahl wie bei den drei Gewaltigen) als Verkörperungen des Hässlichen. Sie werden schon als Greisinnen geboren; ihr seinerseits schon uralter Vater, der dekadente Meeresgott Phorkis, hat sie inzestuös mit seiner Schwester Keto gezeugt. In seinem erstmals 1770 erschienenen, auch von Goethe immer wieder konsultierten Nachschlagewerk *Gründliches mythologisches Lexikon* führt Benjamin Hederich s.v. Gorgones aus: „GORGONES, um, Gr. Γοργονες, ων, (Tab. IV.) 1 §. Namen. Diesen haben sie, nach einigen, von der vorhergehenden Gorgo oder Pallas; Palæph. de Incred. c. 32. nach andern aber, von dem Gorgon, ihrem Vater; oder auch nur von dem griechischen Worte γοργος, fürchterlich anzusehen, weil sie dergleichen waren. Becmann. Orig. L. L. in Gorgon. s. p. 518. Sonst aber heißen sie auch Phorcyades, von ihrem Vater, dem Phorkus. Apollod. lib. I. c. 2. §. 6. Doch legen diesen Namen wiederum andere nur ihren Schwestern, den Gräen bey. Hygin. Præf. p. 7. 2 §. Aeltern. Für ihren Vater wird insgemein Phorkus, Apollod. lib. I. c. 2. §. 6. oder, wie er auch genannt wird, Phorcyn oder Phorcis, Palæph. de Incred. c. 32. allein von einigen auch Gorgon, Hygin. præf. p. 7. für die Mutter aber beyderseits die Ceto, des Pontus und der Erde Tochter, angegeben. 3 §. Besondere Namen. Da ihrer drey an der Zahl waren, so hieß die eine Stheno, die andere Euryale und die dritte Medusa. Hesiod. Theog. v. 276. Die erstere nennen einige auch Steno, Zenobius ap. Muncker. ad Hy. Præf. p. 7. andere aber Astheno. Schol. Aeschyl. ap. eumd. l. c. 4 §. (...) Als er (Perseus auf dem Weg zu Medusa, J. H.) daher an den Ocean kam, so traf er zuerst der Gorgonen Schwestern, die Gräen, an, und entführete ihnen ihr Auge und ihren Zahn, womit sie alle drey sich behalfen. Er gab ihnen dieselben nicht eher wieder, bis sie ihm sagten, wo sich die Gorgonen befänden.“[243]

Die drei hexenhaften Gestalten verfügen gemeinsam nur über einen Zahn und ein Auge, die sie sich bei Bedarf wechselseitig ausleihen müssen – was auch der Chor erwähnt, als er Phorkyas erstmals erblickt und mit auffallend elaborierten Worten anspricht: „Bist du vielleicht der graugebornen, / Eines Auges und Eines Zahns / Wechselweis teilhaftigen, / Graien eine gekommen?“ (vv. 8732-35) Goethe ist offenbar großzügiger als die Überlieferung; er gewährt den drei Hässlichen zusammen je zwei Zähne und Augen – was nichts daran ändert, dass jede Einzelne von einem eklatanten hässlichen Mangel gezeichnet ist. Mephisto alias Phorkyas aber kompensiert diesen Mangel an Augen, Zähnen, Jugend und Schönheit durch seine bzw. ihre hermaphroditische Qualität. Phorkyas weist die Merkmale beider Geschlechter, also keinen Mangel, sondern eine als problematisch geltende Überfülle

243. Benjamin Hederich: Gründliches mythologisches Lexikon. Leipzig 1770, Artikel ‚Gorgones‘

an Geschlechtsmerkmalen auf.[244] Ihre Antipodin Helena ist hingegen „nur" weiblich. Ihre strahlende Schönheit lässt hässliche Momente vermissen. Auch das kann man (mit Mephisto) als Mangel verbuchen.

Dass sich Helena und Phorkyas nicht gut verstehen, versteht sich fast von selbst. Fast – denn wenn zwei sich erbittert streiten, tun sie dasselbe: Sie streiten sich. Und ein Streit ist nur in exquisiten Ausnahmefällen wie einem ritualisierten Sängerwettstreit schön, edel, hilfreich und gut. Dass auch solch edler Streit hässliche Dimensionen annehmen kann, hat Richard Wagner im *Tannhäuser* und in den *Meistersingern* suggestiv dargelegt. Die schöne Helena mitsamt dem ihr geneigten Chor und die hässliche Phorkyas beschimpfen sich wechselseitig nach allen Regeln der Kunst. Ihre Diktion gehört in metrischer und syntaktischer Hinsicht erlesenen Registern an; inhaltlich aber handelt es sich um grobe Beleidigungen. Der Chor zu Phorkyas: „Wagest du Scheusal / Neben der Schönheit / Dich vor dem Kennerblick / Phöbus zu zeigen?" (vv. 8736-39) Die Frage lässt sich mit einem beherzten ‚Ja' beantworten, was der Chor selbst wenn nicht beherzt, so doch in einer wiederum bemerkenswert komplizierten Wendung konzediert: „Doch uns Sterbliche nötigt, ach, / Leider trauriges Mißgeschick / Zu dem unsäglichen Augenschmerz, / Den das Verwerfliche, ewig-unselige / Schönheitsliebenden rege macht." (vv. 8744-48) Schönheitsliebende werden in der schmerzlichen Konfrontation mit dem Hässlichen zur Einsicht angeregt, dass das Hässliche ein Wahrheitsmoment hat. Sie können nicht ganz verdrängen, dass die antike Leitidee der καλοκαγαθιε (Kalokagathie) zu schön ist, um wahr zu sein.[245] Das Schöne und das Gute sind gerade nicht die zwei Seiten ein-und-derselben Medaille, was Phorkyas denn auch in ihrer Replik auf den Chor bündig ausspricht. „Alt ist das Wort, doch bleibet hoch und wahr der Sinn: / Daß Scham und Schönheit nie zusammen, Hand in Hand, / Den Weg verfolgen über der Erde grünen Pfad." (vv. 8754-56) Feinsinnige, gebildete, geradezu outriert im genus sublime artikulierte Worte aus dem Munde der Hässlichkeit: Schönheit ist schamlos. Antike und Renaissance präsentieren als Inkarnation der Schönheit deshalb nackte bzw. halbnackte Skulpturen wie den David des Michelangelos oder die Venus von Milo. Schön ist, wer und was sich von den Anforderungen der guten Sitten entkoppeln kann. Phorkyas beruft sich gebildet auf ein „altes Wort", nämlich auf eine Sentenz aus Ovids *Epistolae*: „Lis est cum forma magna pudicitiae" / Streit ist zwischen der hohen Gestalt und der Scham.[246] Sie antwortet feinsinnig auf die grob beleidigenden Sentenzen des

244. Cf. dazu Achim Aurnhammer: Androgynie – Studien zu einem Motiv in der europäischen Literatur. Köln / Wien 1986

245. Cf. dazu Jochen Hörisch: Poesie und Politik – Szenen einer riskanten Begegnung. München 2022

246. So Albrecht Schönes Kommentar und Verweis auf Ovids *Epistolae* XVI, 288.

Chors, der doch die Schönheit rühmt. Der dem Schönen verpflichtete Chor droht, schilt, verflucht und verwünscht Phorkyas, bevor sie den Mund aufgemacht macht. „Ja, so höre denn, wenn du frech / Uns entgegenest, höre Fluch, / Höre jeglicher Schelte Drohn, / Aus dem verwünschenden Munde der Glücklichen / Die von Göttern gebildet sind." (vv.-8749-53)

Phorkyas macht die Probe aufs Exempel; sie beweist überzeugend, dass auch sie nicht nur schön, gebildet und feinsinnig, sondern grob beleidigend sprechen kann. Die Inkarnation der Hässlichkeit zieht mit den schön gesprochenen, inhaltlich aber durchaus unschönen Invektiven des Helena-freundlichen Chor gleich, wenn sie darauf hinweist, dass „die Schönheit ... frech gesinnt" (v. 8761) sein kann und dass Helena eine „kriegserzeugte, schlachterzogene", „mannlustige ..., so wie verführt verführende ... Brut" (v. 8776) ist, die sie als „erobert, marktverkauft, vertauschte Ware, du" (v. 8783), also als sich prostituierende Schönheit verhöhnt. Der Streit eskaliert; die sechs durchnummerierten Choretiden beschimpfen ihrerseits Phorkyas als „ekle Leiche" (v. 8822) mit „Vampiren-Zähnen" (v. 8823), „gräßlich einzahnigen Lippen" und einem „furchtbaren Greuelschlund" (v. 8884 sq.), die einer Sippschaft von „Ungeheuern" entstammt und „im Unflat" (v. 8819) groß wurde. Diese eigentümliche Mischung aus grober Schimpfrede und ambitioniert-hochpoetischer Rhetorik wird von mitlaufenden wohldurchdachten Kommentaren aller Beteiligten begleitet. „Wie häßlich neben Schönheit zeigt sich Häßlichkeit" (v. 8810), sagt die Chorführerin und nimmt damit die Zweideutigkeit in Kauf, dass Hässlichkeit dann nicht hässlich wirkt, wenn ihr schöner Nebenbuhler nicht gegenwärtig ist. Dass „der Schönheit bedenkliche Begleiter ... zweideutig" (v. 8532) sind, hatte Helena selbst zuvor schon festgehalten. Auffallend und subtil zugleich ist auch der Umstand, dass im Streit zwischen Schönheit und Hässlichkeit ausdrücklich wechselhafte Verhältnisse angezeigt werden. Von „des Wechselstreites Ungestüm" (v. 8827) und von „Wechselnot" (8790)[247] legt auch das Diktum von Phorkyas Zeugnis ab: „Schelten sie mich auch für häßlich kenn ich doch das Schöne wohl." (v. 8912). Mephisto alias Phorkyas kennt gerade um seiner bzw. ihrer Hässlichkeit willen die Abgründe der Schönheit, die sich auch der Antipodin Helena nach dem frühen Tod des Kindes Euphorion, das sie von Faust empfing, erschließen: „Ein altes Wort bewährt sich leider auch an mir: / Daß Glück und Schönheit dauerhaft sich nicht vereint." (v. 9939 sq.) Um es weniger schön auszudrücken: Schönheit ist sowohl mit Scham als auch mit Glück inkompatibel.

247. „Wechselwut" ist ein Schlüsselwort schon in Goethes *Iphigenie*-Drama. Schon die alten Griechen gingen, so Hederich, davon aus, dass der Mensch seelisch zwiegespalten ist. „Sobald ein Mensch gezeuget oder doch gebohren werde, so würden ihm sofort auch zween Genii zugegeben, von denen der eine ein guter oder weißer, der andere aber ein böser oder schwarzer sey." (Artikel ‚Genius', p. 1143)

Schönheit hat, um es profan auszudrücken, ihren Preis, sie ist in vielfacher Hinsicht defizitär.

Eben deshalb kommt Schönheit in Goethes *Faust* nicht symbolisch, sondern allegorisch daher. Dass Goethes erhabenes und zugleich „Unflat" nicht scheuendes Drama vor allem, aber nicht nur im Helena-Akt geradezu überdeutlich allegorisch verfasst ist, ist vielen Interpreten aufgefallen und hat viele Goethe-Bewunderer irritiert. Denn die Allegorie galt in der Goethezeit und galt eben auch Goethe selbst im Vergleich zum Symbol als problematische, der überwundenen Barockliteratur zugehörige Trope.[248] In seinem gemeinsam mit Heinrich Meyer verfassten Essay *Über die Gegenstände der bildenden Kunst* wird der Gegensatz von Allegorie und Symbol bündig und klar zugunsten des Symbolischen herausgestellt. Die Allegorie personifiziert überdeutlich, also unpoetisch Abstrakta; sie ist schematisch, kalt und leblos, missbraucht sie doch das Besondere als bloßen Repräsentanten des Allgemeinen. Das Symbol erschließt hingegen nicht intellektualistisch-kognitiv, sondern intuitiv in der Anschauung des Besonderen das Allgemeine; es weist über sich selbst hinaus und verdichtet zugleich in sich eine reizvolle Überfülle an Bedeutungen. Symbole sind latent (was selbstredend heißt: nie ganz) das, was sie bedeuten. Die Taube ist ein Friedenssymbol, weil sie wirklich ein friedliches Tier ist. Das Kreuz ist ein Symbol für Jesus Christus, der zugleich Gottessohn und Mensch ist, weil sich im Kreuz tatsächlich die himmlische Vertikale und die irdische Horizontale treffen. Allegorien streben hingegen anders als Symbole keine Annäherung an das an, was sie bezeichnen. Sie sind nicht einheits-, sondern differenzbetont. Auch wer kein professioneller Symbol- und Allegorieforscher ist, weiß, dass das allegorische Schiff kein Schiff, sondern ein Staat, dass der Lotse kein Lotse, sondern ein Politiker, dass der Sturm kein Sturm, sondern ein turbulenter Konflikt ist, und dass ein Knabe, der von sich selbst sagt ‚ich repräsentiere die Poesie' nun eben als personificatio der Dichtung zu verstehen ist.

Kurzum: das Symbol ist tiefsinnig-poetisch, es ist reizvoll und schön; die Allegorie ist hingegen oberflächlich-rational, sie kommt ohne ästhetische Reize daher und ist deshalb unpoetisch, ja unschön, wenn nicht hässlich. Umso bemerkenswerter, ja rätselhafter ist es, dass Goethe im zweiten Teil seines *Faust*-Dramas so offensiv und transparent das allegorische genus dicendi einsetzt – und dies eben nicht nur bei der Präsentation negativ konnotierter Figuren wie Mephisto / Phorkyas, sondern auch u.a. bei Helena, dem

248. Die reiche Literatur zu diesem Thema macht es überflüssig, diese Zusammenhänge erneut detailliert zu entfalten. Hingewiesen sei stellvertretend auf das Standardwerk von Bengt Algot Sörensen (ed.): Allegorie und Symbol – Texte zur Theorie des dichterischen Bildes im 18. und frühen 19. Jahrhundert. Ffm 1972 und die Untersuchung von Bettine Menke: Prosopopoiia – Stimme und Text bei Brentano, Hoffmann, Kleist und Kafka. München 2000.

Knaben Lenker und dem ihm immanenten Euphorion, von dem Goethe im bereits kurz zitierten Gespräch mit Eckermann vom 20.12.1829 ausführt: Er ist „kein menschliches, sondern nur ein *allegorisches* Wesen. Es ist in ihm die *Poesie* personifiziert, die an keine Zeit, an keinen Ort und an keine Person gebunden ist. Derselbige Geist, dem es später beliebt Euphorion zu sein, erscheint jetzt als Knabe Lenker."[249] Friedrich Theodor Vischer, Verfasser einer viel gelesenen *Aesthetik oder Wissenschaft des Schönen* (1846), profilierte sich als einer der schärfsten Kritiker allegorischer Dichtung. Der „vehemente Allegorien-Hasser Vischer"[250] hatte keine Hemmung, sich respektlos über die allegorische Qualität von *Faust II* lustig zu machen. 1862 legte er unter dem hübschen Pseudonym Deutobold Symbolizetti Allegoriowitsch Mystifizinsky seine Goethe-Parodie *Faust – Der Tragödie dritter Teil* vor, die bis zum Abwinken die Allegorielastigkeit und die Unsinnigkeiten von Goethes Drama verspottet.

In der Tat hält *Faust II* in handlungslogischer Hinsicht starke Zumutungen bereit. So existiert Euphorion in Gestalt des Knaben Wagenlenker schon, bevor er als Sohn von Faust und Helena geboren wird. Um es wiederum unpoetisch auszudrücken: Der jung verglühende, tragische Euphorion ist die Zweitcodierung einer Figur, die schon im vorausgehenden Akt, genauer in der Mummenschanz-Szene, eine bedeutende, eine karnevaleske Rolle spielte. Erst kommt die Farce, dann die Tragödie. Das allegorische Prinzip machts möglich: Euphorion ist kein menschliches Wesen, sondern allegorisch aufgeladene Bedeutsamkeit. Zu den Paradoxien des um die Reize und Abgründe von Schönheit und Hässlichkeit kreisenden Helena-Aktes gehört es, dass Goethe die allzu einfache Figur der Allegorie adelt, indem er sie mit iterativer Komplexität versieht. Allegorien gelten nicht zuletzt deshalb als wenig reizvoll und schön, weil sie sich allzu leicht erschließen. Gerade weil das so verdächtig einfach und transparent ist, bereiten die letzten Worte des Helena-Aktes weitreichende Interpretationsprobleme. Nicht Helena, sondern Phorkyas hat das letzte Wort, nein: hätte das letzte Wort, wenn sie denn sprechen würde. Aber sie hat nur Gesten parat, die von der wohl seltsamsten Szenenanweisung der Weltliteratur beschrieben bzw. verschrieben werden. „PHORKYAS / Im Proszenium richtet sich riesenhaft auf, tritt aber von den Kothurnen herunter, lehnt Maske und Schleier zurück und zeigt sich als Mephistopheles, um, in so fern es nötig wäre, im Epilog das Stück zu kommentieren." (p. 389)

Buchstäblich in Szene gesetzt wird hier das Grundprinzip der Allegorie: a steht für (repräsentiert, vertritt, bedeutet) b. Phorkyas „lehnt Maske und Schleier zurück" (nicht ab, sie bilden also ihren theatergemäßen Hinter-

249. Zit. nach Albrecht Schönes Kommentar, l.c., p. 621

250. Heiko Postma: Gute Nacht, Goethe – Friedrich Theodor Vischer und sein ‚Faust III'. Hannover 2001, p. 67

grund) und gibt so zu erkennen, dass sie nicht Phorkyas, sondern Mephisto ist. Diese Demaskierung findet nicht auf der eigentlichen Bühne, sondern im parasitären Proszenium statt, an dem Ort, der den Zuschauern am nächsten ist und der der Bühne vorgelagert ist, an der vielbeschworenen vierten Bühnenwand, die es nicht bzw. allenfalls als absent-präsenten Vorhang gibt. Dabei nimmt Phorkyas / Mephisto riesenhafte Dimensionen an; sie macht sich aber paradoxer Weise zugleich kleiner, denn sie steigt von den Kothurnen, den hohen Bühnenschuhen herunter, die im antiken Theater gang und gäbe waren. Dadurch zeigt sie so, als hätte sie Brechts Überlegungen zum Verfremdungseffekt gelesen, den Zuschauern an, dass all das, was diese gesehen haben, bloßes Theater war. Aber genau diese Geste ist ihrerseits theatralisch. Phorkyas steht ja noch auf der Bühne, wenn auch an ihrem Rand. Sie ist überdimensioniert und marginalisiert zugleich, ein Scheinriese. Dass sie, „in so fern es nötig wäre“, bereit und fähig wäre, „im Epilog das Stück zu kommentieren“, sagt ja nicht sie selbst, sondern die Regieanweisung. Und die ist ironisch bis sarkastisch. Dass das klassizistischen Formatierungen verpflichtete fünfaktige Stück, das da *Faust – Der Tragödie zweiter Teil* heißt und im Helena-Akt seine Mitte findet, extrem kommentarbedürftig ist, wird niemand, der bei Trost ist, ernsthaft bezweifeln. Und dass ausgerechnet der böse, hässliche, perverse Mephisto (und nicht Helena, Faust oder Euphorion) den Durchblicker-Kommentar liefern könnte, dies aber nicht tut, obwohl es fraglos nötig ist, ist ein starkes Stück (für das Verfasser von Sekundärliteratur wie den Schreiber dieser Zeilen dankbar sein können, legitimiert es doch ihr Tun).

Kommentare zu großer Literatur sind weniger schön als die Primärtexte, denen ihre Aufmerksamkeit gilt. Aber ihnen schwant mitunter, dass es keine Primärtexte geben kann – weil Sprache durch und durch allegorisch ist, sofern sie auf das andere ihrer selbst und auf sich selbst als ihr Anderes verweist. Symbolische Qualität gewinnt Sprache, wenn sie sich in dieser ihrer allegorischen Schwäche selbst repräsentiert und also poetisch wird.

... Wie in diesen Versen von Robert Gernhardt:

Nachdem er durch Metzingen Gegangen war

Dich will ich loben: Häßliches,
Du hast so etwas Verläßliches.
Das Schöne schwindet, scheidet, flieht –
fast tut es weh, wenn man es sieht.
Wer Schönes anschaut, spürt die Zeit,
und Zeit meint stets: Bald ist's soweit.
Das Schöne gibt uns Grund zur Trauer.
Das Häßliche erfreut durch Dauer.[251]

251. Robert Gernhardt: Nachdem er durch Metzingen gegangen war; in: R.G.: Gesammelte Gedichte 1954–2004. Ffm 2005, p. 274

III

Ökonomie und Politik

Lob der Politik(er)[252]

Das Image von Politikern ist bemerkenswert schlecht. Dabei verdienen sie Lob und Anerkennung. Es versteht sich von selbst, dass man heutzutage eine solche Äußerung mit dem Zusatz versehen muss, sie sei völlig unironisch, ja absolut ernst gemeint. Es ist lobenswert bis großartig, wenn Menschen bereit sind, sich politisch zu engagieren und eben auch, wenn sie Politik als Beruf ergreifen und z.B. ein Abgeordnetenmandat im Bundestag wahrnehmen. Was ja nichts anderes heißt als dies: dass sie für ein Gehalt, das erfolgreichen Ärzten, Werbetextern und Rechtsanwälten, schweigen wir von Managern, nie und nimmer genug wäre, sehr viel und sehr lange arbeiten; dass sie häufig ein geordnetes Familienleben aufgeben; dass sie sehr hohe Karriererisiken (Abwahl!) auf sich nehmen; dass sie mit Leuten aus der eigenen Fraktion zusammenarbeiten müssen, die sie nicht mögen; dass sie Leute, die sie eigentlich schätzen, bekämpfen müssen, weil sie der falschen Gruppe zugehören; dass sie bestenfalls selten, im Regelfall aber nie auch nur einen kleinen eigenen Programmpunkt erfolgreich durch- und umsetzen können; dass sie nur außerordentlich geringe Chancen haben, eine wirkliche Spitzenposition wie Staatssekretär, Minister oder Kanzler zu erreichen; dass sie im Fokus einer wirklich gnadenlosen Medienaufmerksamkeit stehen; dass sie mit körperlichen Angriffen rechnen müssen; und nicht zuletzt, dass sie sich in einer Weise kritisieren, beschimpfen und beleidigen lassen müssen, die Vertreter anderer Berufsstände sofort veranlassen würden, einen Rechtsanwalt einzuschalten.

Unwiderstehlich attraktiv ist es also heute in Deutschland sicherlich nicht, Politiker zu werden. Es genügt ein kleiner Rückblick auf Zeiten, die gut zweihundert Jahre vorüber sind, um deutlich zu machen, was sich im Hinblick auf die Attraktivität der Politikerexistenz verändert hat. „Regieren!!" Zwei Ausrufezeichen, dick unterstrichen. So endet die Tagebucheintragung Goethes vom 8. Oktober 1777, die auf einen längeren Aufenthalt in der Residenzstadt Eisenach und auf der Wartburg, die aber darüber hinaus auf fast zwei Jahre amtlicher Tätigkeit in Weimar zurückblickt. „Herrlichster Morgen. Die Nebel blieben abwärts. Herzog Haasen schießen (...) Knebel und ich ... Viel geschwäzzt über die Armuth des Hof treibens, überhaupt der Sozietät. zu Tisch nach Eisenach." So lautet Goethes Tagebuchaufzeichnung zum vorangehenden Tag. Goethe hat erstmals ernsthafte Zweifel am Sinn seiner Regierungstätigkeit. Aber er reißt sich alsbald zusammen und macht weiter, sich selbst, wie ein vordatierter Gerhard Schröder, suggerierend: „Regieren!!" ...

252. Erstveröffentlichung 2004

macht Spaß. Die Macht macht Spaß. Zur Toskanafraktion wechselt Goethe erst ein knappes Jahrzehnt später.

Das ist nun lange her. Versuche von Schriftstellern, sich durch aktive Politikgestaltung einen Namen zu machen, sind – um zurückhaltend zu formulieren und nur an den vergleichsweise harmlosen Fall Johannes R. Becher zu erinnern und vom Autor des Romans *Michael* zu schweigen – nicht immer so beeindruckend verlaufen wie im Sonderfall Goethe. Die Vorstellung, Peter Handke würde das Schreiben aufgeben, um Außenminister zu werden, Botho Strauß dränge es ins Amt des Bundespräsidenten, Christa Wolf übernähme das Familienministerium, Günter Grass das für Soziales, Reinald Goetz das für Verteidigung, Dietmar Dath das für Wissenschaften und Christoph Hein werde Bundeskanzler – allein diese glücklicherweise nicht sehr realitätstüchtige Vorstellung ließe viele hinreichend klare Köpfe denn doch daran denken, den Exilkoffer zu packen. Nun sind die genannten wie ungenannten Schriftsteller an der Übernahme solcher Ämter aus gutem Grund nicht sonderlich interessiert – nicht zuletzt deshalb, weil auch sie es besser haben als die meisten der von ihnen, den Repräsentanten des klassischen Mediums der schönen Literatur ebenso wie von den „neuen Medien" scharf kritisierten Politiker.

Die nämlich haben in schrecklich schöner Eindeutigkeit das härtere Leben. Wer all die eingangs angedeuteten Mühen auf sich nimmt, verdient Achtung, Anerkennung, Respekt und Dank. Politiker aber erhalten sie in aller Regel nicht bzw. nicht mehr – weder vom klassischen Medium Literatur noch von den Massenmedien. Warum? Der einfachste Erklärungsansatz: dass sie als Gruppe diese Beleidigungen verdienten, ist unplausibel. Nichts spricht dafür, dass etwa Wissenschaftler, Journalisten, Schriftsteller, Manager, Selbständige oder Förster im Schnitt Moralstandards einhielten, die denen von Politikern signifikant überlegen wären. Umgekehrt: Es fällt auf, wieviel Heikles prominenten Repräsentanten anderer Sektoren nachgesehen und vergeben wird. Alice Schwarzer fühlt sich verfolgt, wenn jemand sachlich konstatiert, dass sie Steuerbetrügerin ist; der ehemalige Chefredakteur und Herausgeber der ‚Zeit' Theo Sommer ist wegen Betrug und Steuerhinterziehung vorbestraft, muss aber nicht mit einer solch intensiven medialen Verfolgung rechnen wie der freigesprochene ehemalige Bundespräsident Christian Wulff. Die Popularität von Stefan Effenberg oder Boris Becker oder Franz Beckenbauer oder Uli Hoeneß ist nicht eigentlich gesunken, nachdem sie durch Skandale aller Art (incl. handfester Medienbestechungsskandale wie im Fall des 1. FC Bayern) von sich reden gemacht haben. Verallgemeinernde Redewendungen, wie sie über Politiker gang und gäbe sind, findet man über Sportler nicht. Kaum einer sagt „Sportler sind doch alle korrupt, gedopt und total überbezahlt." Das ist um so auffallender, als man diesen Sportsfreunden ja nicht zu nahe tritt, wenn man sagt, dass sie ihre genuine Popularität reichlich unsinnigen Kompetenzen verdanken: Sie schlagen besser als unsereiner einen kleinen Ball über ein Netz, oder sie rennen im knappen Dutzend geschickter als unsereiner gut 90 Minuten einem größeren Ball hinterher, um ihn im Schnitt null- bis viermal in einen Kasten zu treten. Es gibt ersichtlich gewichtigere Ereignisse und Kompetenzen als diese. Und es gibt intelligentere, produktivere und kompetentere Kommentare zu Problemsituationen als die geflügelten Worte, die aus Sportlermund ergehen: „Vor dem Spiel ist nach dem Spiel. Der Ball ist rund. Schaun wir mal. Ich habe fertig. Zuerst hatten wir kein Glück, und dann kam auch noch Pech hinzu."

Zur Lösung drängender Probleme haben diese Sportler nicht nur nichts beigetragen, sie haben vielmehr neben halbwegs diskussionswerten Leistungen wie einem kriegsnahen, aber doch noch polizeilich kontrollierbaren Aggressionsauf- und -abbau eine hochgradig kontraproduktive Leistung erbracht. Sie haben nämlich erhebliche Anteile der so wichtigen wie knappen Ressource Aufmerksamkeit (individuelle wie kollektive!) auf schlechterdings Irrelevantes gelenkt, z.B. auf so evident unsinnige Fragen wie die, ob ein Bobfahrer in vorgeformter Bahn zwei Hundertstel Sekunden früher als sein Konkurrent ein völlig sinnloses Ziel erreicht hat. Trotz dieses ersichtlichen Unsinns sind Sportler populär, Politiker nicht. Trotz? Wohl eher wegen. Und so liegt eine erste These zur mangelhaften Medien-Popularität der Politiker heute nahe, die einen bislang inexistenten demoskopischen Test wert wäre – die Vermutung nämlich, dass an Politikern ihre systematische und schwerlich zu vermeidende Nähe zum Ernst nervt und aggressiv stimmt. Das angespannte Verhältnis zwischen Massenmedien und Politik lässt sich nicht zuletzt dadurch erklären, dass es in der Politik ernst, in den Medien hingegen lustig bis lustvoll zugeht. In der politischen Sphäre geht es nun einmal wenn nicht um Probleme von letzter, so doch von vorletzter Relevanz: Teilnahme am Irak-Krieg oder nicht, Ausstieg aus der atomaren Energieerzeugung oder nicht, Neugestaltung des Generationenvertrags bei sich drastisch wandelnden demographischen Daten oder nicht, Elite-Unis oder nicht?

Vergleichsweise hohe Popularitäts- und Sympathiewerte haben in einer Medien- und Spaßgesellschaft, die ernste Probleme nicht länger gänzlich verdrängen kann, aus gutem bzw. schlechtem Grund parteiübergreifend gerade jene sport- und karnevalnahen Politiker, die Spaß verstehen und Orden wider den tierischen Ernst erhalten oder anstreben: Blüm, Fischer, Schröder. Sie versprechen Befreiung vom Ernst noch und gerade in der genuinen Sphäre des profanen Ernstes. Trotzdem stehen sie vor einem ernsten Problem, das selbst erfahrene PR-Berater kaum lösen können (zweite These): Politik ist trotz aller gegenläufigen heroischen Bemühungen des ehemaligen FDP-Parteichefs Guido Westerwelle systematisch-semantisch so sehr an die Sphäre des Ernstes gebunden, dass ihr noch die gravierenden Probleme zugerechnet werden, die sie nicht eigentlich zu verantworten hat. Gerade die Generation, die ihre politische Primärsozialisation im Umkreis der 68-er-Bewegung gemacht hat, wird nun, da sie die wichtigsten politischen Positionen besetzt, mit einem der anhaltend populärsten Sätze jener Epoche konfrontiert: Alles ist politisch. In der nüchternen Sprache der Luhmannschen Systemtheorie ausgedrückt heißt dies: Dem System Politik wird in und von AV-Medien noch und gerade das verantwortlich zugerechnet, wofür sie keine, jedenfalls keine auch nur halbwegs direkte Verantwortung hat. Es werden zu wenig Kinder geboren – schuld ist die Politik; es gibt einen Wertezerfall – schuld ist die Politik; deutsche Universitäten verlieren international an Prestige – schuld ist die Politik; es gibt zuwenig technisch-wissenschaftliche Innovationen – schuld ist die Politik; Rohstoffe werden knapp – schuld ist die Politik; die Umweltprobleme wachsen – schuld ist die Politik etc.

Dieses Argumentationsschema ist nicht sonderlich originell und analytisch kaum haltbar. Aber es ist suggestiv und populär, so populär, dass es nach weiterer Popularisierung verlangt, zumal es sich für metonymische Verschiebungen geradezu anbietet: Schuld ist nicht nur „die Politik", schuld sind „die Politiker". Bemerkenswert ist dabei, dass das System Politik darauf zwar listig, aber dennoch nicht sehr erfolgreich reagiert. Politik zieht sich nämlich ziemlich genau in dem Maße, in dem sie für alles Ernste und Negative verantwortlich gemacht wird, aus bemerkenswert vielen Sektoren zurück. Sie dereguliert, liberalisiert und entpolitisiert (parteiübergreifend!), was das Zeug hält: den Zugverkehr, das klassische Postsystem, den Arbeitsmarkt, die neuen Telekommunikationstechniken, die Müllabfuhr, den Flugverkehr, die Medien, den Finanzsektor, das Bildungssystem, ganz zu schweigen von dem Willen, Lebensmodelle zu formen. Selbstredend kann diese listige Bescheidenheit in Selbstüberlistung enden. Kritisieren kann man dann plausibel, dass Politik dafür verantwortlich ist, nicht mehr für alles zuständig zu sein und die Verantwortung zu übernehmen.

Eben dies aber, so die dritte These, ist spätestens seit dem mit der französischen Revolution eingeläuteten Ende klassischer Kabinettspolitik eine der gewichtigen Funktionen von Politik: Sie muss Abstraktionen visibilisieren. Diese These klingt ihrerseits abstrakt, kann aber handfest illustriert werden. Der Finanz-Etat des Bundes ist im kantischen Sinne erhaben, nämlich nicht darstellbar – die Gesichtszüge der jeweiligen Bundesfinanzminister in der Haushaltsdebatte sind es (by the way: das stichhaltige Argument, dass die Schulden des einen die Guthaben des anderen sind, dass also die gut zwei Billionen Euro Schulden der öffentlichen Hand zwei Billionen Guthaben in – im weiteren Sinne – privatem Besitz entsprechen, wird medial schlechthin nicht thematisiert); das Bruttosozialprodukt ist noch weniger repräsentierbar –

fernsehtauglich bestens darstellen lässt sich hingegen das Leben von Superreichen und Verelendeten; komplexe Argumente und Analysen langweilen Fernsehzuschauer – handfester Talkshow-Krach hingegen nicht. Goethe konnte auch deshalb für einige Jahre ein glücklicher Politiker sein, weil er erstens Geheimrat und zweitens Bewohner der Gutenberg-Galaxis war – was ja schlicht hieß, dass er seine Entscheidungen nicht medienöffentlich rechtfertigen und um mehrheitliche Zustimmung ringen musste, sondern sie exklusiv dem regierenden Herzog zur Letztentscheidung vorlegte. Politiker zur Goethezeit hatten auch sonst Glück: Sie lebten noch im Zeitalter des medialen Quasi-Monopols von Schrift und Druck. Kein Fernsehen konnte ihre Fehlleistungen dokumentieren, und keine Echtzeitübertragung barg unkalkulierbare Risiken, wie sie paradigmatisch dem SED-Politiker Günter Schabowski bei seiner legendären Pressekonferenz am 9.11.1989 widerfuhren, die das schnelle Ende der DDR einläutete.

Das führt zur vierten und wohl heikelsten These: Eine an der gerechten und adäquaten Lösung von Sachproblemen interessierte Demokratie und eine TV- bzw. Internet-Medien-Gesellschaft passen nicht recht zusammen. Und dies aus einem so einfachen wie tiefreichenden Grund, den McLuhans berüchtigter Satz „The medium is the message" benannte: Medien haben aufgrund ihrer internen Verfassung und Logik eine spezifische Botschaft. Was auch heißt: Sie bringen spezifische Aufmerksamkeitsfokussierungen mit sich. Es gibt Themen, Motive und Inhalte, die einfach nicht in ein bestimmtes und zu einem bestimmten Medium passen: Radiosender sollten z.B. keine eigenen Ballett-Ensembles haben, und Regisseure sollten auch nach dem zehnten Grappa nicht auf die Idee verfallen, Kants *Kritik der reinen Vernunft* zu verfilmen. Umgekehrt heißt dies: Das Leitmedium Fernsehen ist vorzüglich geeignet zu zeigen, wie Männer hinter einem Ball herlaufen; es vermag erregend direkt zu übertragen, wie die Twin Towers in sich zusammenstürzen; es taugt, wie die vor zwanzig Jahren auf Drängen zumal wertekonservativer Politiker eingeführten privaten TV-Sender unablässig demonstrieren, hervorragend für Obszönitäten aller Art; es kann emotionalisieren, wie kein zweites Medium; und es kann vergleichsweise gut Filme aller Art wiedergeben. Kaum geeignet ist es hingegen, um Argumente auszutauschen oder komplexe Konstellationen zu analysieren. Es ist einfach falsch, vom Fernsehen intellektuelle Aufklärungsleistungen zu erwarten – das können kluge Bücher, gut recherchierte Artikel und brillante Essays besser. Was Aufklärung von personengebundenen Skandalen angeht, ist das Fernsehen wiederum sehr leistungsfähig.

Dies ist nun ein ziemlich tragischer Befund. Denn selbstredend lassen sich das Fernsehen und das Internet nicht verbieten – so wenig wie der automobile Individualverkehr, der allein in der Bundesrepublik Deutschland seit ihrem Bestehen über 700 000 Tote und mehrere Millionen Schwerverletzte zu verantworten hat. Unter nur allzu plausibler Berufung auf das grundgesetzlich garantierte Recht auf körperliche Unversehrtheit gegen die Zulassung des Individualverkehrs zu klagen hieße, sich a priori in ernstesten Kontexten der Lächerlichkeit auszusetzen. Die Darstellung von tödlichen Verkehrsunfällen im Fernsehen ist übrigens eines der letzten intakten Medien-Tabus. „Hol mich hier raus“ ist bekanntlich der Titel einer grenzwertigen TV-Sendung über Viertelprominente im Dschungel, als Sendetitel über die immer noch tausend Verkehrstote, die jährlich in Autos verbrennen oder zerquetscht werden, käme er nicht in Frage. Auch in dieser Hinsicht gilt: Schuld sind die Politiker, weil sie – je nach Orientierung ihrer Kritiker – zuwenig oder zuviel Straßen bauen oder Fehlentscheidungen in Sachen Mautgebühr fällen.

Weil die Darstellung von Politik in den Medien die Darstellung von Politikerinnen und Politikern in den Medien ist und weil der Politik der Ernst nicht ganz auszutreiben ist, bieten sich (so lautet die fünfte These) Politiker als „scapegoats“ im Sinne der Opferkulturtheorie von René Girard geradezu an. Nicht nur Philologen muss auffallen, wie eigentümlich positiv der ernst-religiösen Sphären entstammende Opferbegriff von Politikern selbst verwendet wird, die konkurrierenden Politikern ihre Politikerhaftigkeit austreiben wollen. Rhetorisch besonders beliebt ist offensichtlich der Begriff des „Bauernopfers“. Diese aufschlussreiche Schachspiel-Metapher meint ja nichts anderes als dies, dass ein Opfer nicht groß genug ist. Verlangt die Kritik am unzulänglichen Bauernopfer doch nach dem überbietenden Läufer-, Springer-, Turm-, Damen- oder gar Königsopfer – also nach dem ultimativen Schachmatt letztlich von Politik selbst. Dass die politische Sphäre insgesamt in den letzten Jahren stetig an Macht und Einfluss verloren hat, ist vielfach konstatiert worden. Die Sphären Wirtschaft, Medien, selbst Wissenschaft haben hingegen stetig an Macht und Einfluss gewonnen. Dass das System Politik gegenüber Wirtschaft, Medien und Wissenschaft (um von Justiz, Religion, Erziehung, Kunst und anderen Systemen zu schweigen) keine direkten Steuerungs- und Weisungsmöglichkeiten hat, wird zu Recht als großer Liberalitätsgewinn verbucht, ohne den komplexe Gesellschaften übrigens auch in funktionaler Hinsicht wenig Aussicht auf Bestand hätten. Heikel wird dieses Verhältnis allerdings dann, wenn es Gründe für die Umkehr der klassischen liberalen Befürchtung vor der übergroßen Macht der Politik gibt, wenn sich also abzeichnet, dass Politik nicht mehr als ein autopoietisches System fungiert, sondern weitgehend auf Imperative der Wirtschaft und der Medien reagiert.

In den letzten Jahren zeichnet sich allerdings – so die sechste und letzte These – eine Neukonstellation im Verhältnis von Politik, Medien und Wirtschaft ab. Der Grund dafür ist schnell genannt: Die Massenmedien haben sich gewissermaßen zu Tode gesiegt, die Medienrevolution frisst ihre Kinder. Der Transparenzzwang, der Politik unter Bedingungen einer entfalteten Informations- und Mediengesellschaft so zusetzt, gilt inzwischen auch für die Mediensphäre selbst. Leo Kirch konnte noch so sehr bemüht sein, sich und die Aktivitäten seiner Firmen zu invisibilisieren; er musste dennoch Dekuvrierungs-Erfahrungen machen, die denen von Politikern nicht ganz fremd sind. Wer mythologiediagnostisch begabt ist, kann den tiefen Fall der neumedialen Aktien und Geschichten wie die um die Haffa-Brüder als Opfer-Orgien einer hybrid gewordenen Sphäre wahrnehmen. Das angenehme Spiel, in dem Medien die dankbare Rolle der Beobachter übernehmen und Politik die des Beobachteten, Ausgeforschten, Überführten übernimmt, ist in dieser Schlichtheit ausgespielt. Medien durchschauen alles – inklusive sich selbst. Weil er dies vorführt, konnte Harald Schmidt zur Kultfigur werden. Auch das System Wirtschaft macht heute, wie die spektakulären Banken-Prozesse oder der Diesel-Skandal paradigmatisch zeigen, die tiefgreifende Erfahrung, dass sie sich nicht länger nicht in die Karten schauen lassen kann. „Alle" können dann z.B. sehen, dass sich der Chef der größten deutschen Bank aus freien Stücken bei einem öffentlichen Auftritt mit seinem Victoryzeichen an einem pädophilen Megastar der internationalen Musikszene orientiert.

Kurzum: Politik hat Medienerfahrungen längst hinter sich, die anderen Systemen wie Wirtschaft, Wissenschaft, Religion, Kunst und eben auch den Medien selbst noch relativ neu sind bzw. gar noch bevorstehen. Prognosen haben den Nachteil, dass sie den, der sie äußert, häufig blamieren. Dennoch: Ich prognostiziere ein Comeback des Ansehens von Politik und Politikern, das sich allerdings primär der Abwertung von bislang prestigeträchtigen Sphären wie Wirtschaft und Massenmedien verdankt. Dass eine demokratische Politik auch dann nicht anders kann als sich der Logik von Medien anzuvertrauen, liegt auf der Hand. Denn ein Satz, den Robert Gernhardt einem widerspenstigen und medienkritischen Schriftsteller in den Mund legte, gilt selbstredend auch für Politiker: „Habe mich immer konsequent den Medien verweigert – hat nur keiner wahrgenommen."

„Verhaften Sie die üblichen Verdächtigen!" Aus alten Nazis werden Reformer

Drei anregende, über engere Fachkreise hinaus bekannte und international anerkannte, in den bewegten 60-er und 70-er Jahren Schule bildende, reformfreudige, linksliberal profilierte und vielfach geehrte Literaturwissenschaftler haben, wie mit bemerkenswerter Verspätung entdeckt wird, eben nicht nur diese Gemeinsamkeiten – sie haben auch eine weitere fürchterliche Gemeinsamkeit: Sie waren Nazi-Kollaborateure oder gar Mitglieder der Terrororganisation SS.

Ihre Namen (aber darf man Menschen an den Namen erkennen wollen, die doch nie ihre Eigennamen, sondern die ihrer Väter sind?) haben markante, scharfe, schnittige, kämpferische, männliche Qualitäten: Jauß, Schneider/ Schwerte, de Man. Der SS-Mann Schneider immerhin hat seinen zweiten Kampfnamen freiwillig gewählt: Er hielt keinen anderen Namen als „Schwerte" für den seiner neuen nachkriegsdeutschen Identität angemessenen. Gemeinsam ist den dreien auch, dass sie nie den Mut hatten, von sich aus über diese ihre Vergangenheit zu sprechen und dafür möglicherweise Karriere- und Prestigenachteile in Kauf zu nehmen – oder sollten sie als beste Kenner ihrer Vergangenheit mehr befürchtet haben als diese doch recht sanften Nachteile? Sollten sie von der Art, wie die Nazis, die sie waren, mit Besiegten umgegangen sind, auf den Umgang der Sieger mit Ex-Nazis geschlossen haben? Ihre Werke und Äußerungen geben über diese und andere naheliegende Fragen keine Auskunft. Allenfalls können enttäuschte, aber zu Treue entschlossene de Man-, Jauss- und Schwerte-Schüler in deren Werken allegorische Anspielungen auf schwere und fehlerintensive Zeiten finden.

Die Erregung und die Konsternation über diese späten Entdeckungen sind unschwer verständlich zu machen. Denn die „Fälle" de Man, Schwerte und Jauss unterscheiden sich zumindest in einem Punkt von der vermeintlich verlässlich eingespielten Üblichkeit: dass alte Nazis in der BRD alt-neue, auf Restauration bedachte Konservative sind. An Figuren wie Globke, Filbinger und Kiesinger und vielen anderen mehr war dieses Erklärungs- und Dekouvrierungsschema unmittelbar einsichtig zu machen. Ihr autoritärer Gestus, ihr Kulturkonservatismus, ihr Hang zum Law and Order Denken, ihr Mangel an Schamgefühl und ihre aggressive Unsensibilität – „was damals Recht war, kann heute nicht Unrecht sein", sagte der furchtbare Marinerichter, der sich an das von ihm wenige Tage vor Kriegsende verhängte Todesurteil nicht recht erinnern konnte – machte sie zu Gestalten, an denen sich personelle Kontinuitäten zwischen dem Dritten Reich und der BRD geradezu überdeutlich ablesen ließen.

Auch der Waldheim-Fall passte, mit den obligatorischen Österreich-Modifikationen, noch in dieses Erklärungsschema. Dass ein erinnerungsschwacher Erzkonservativer, der offenbar recht aktiv und überzeugt dabei war, als Großdeutschland aller Welt den Krieg erklärte, nun ausgerechnet als Uno-Generalsekretär aller Welt den Frieden erklärte, gab dem Fall allerdings eine abgründige Dimension. Strukturell ähnlich abgründig ist wohl der zeitlich gleichfalls späte Enthüllungsfall Werner Höfer. Eben der Journalist, der Jahrzehnte lang Sonntag für Sonntag den urdeutschen Frühschoppen internationalisiert, medial aufgemöbelt und dabei systematisch auf Offenlegung verdeckter Zusammenhänge und Hintergründe gedrängt hatte, hatte üble Nazi-Feuilletons geschrieben. Die Liste von Biographien mit verblüffender Strukturähnlichkeit ist damit nicht zu Ende. 1995 wurde öffentlich bekannt, dass auch der exponiert linksliberale Publizist Peter Grubbe, der sich mit Reportagen über das Elend in der dritten Welt und als Vorstandsmitglied der „Gesellschaft für bedrohte Völker“ einen Namen gemacht hatte, seinen Namen geändert hatte. Als Claus Volkmann war er 1941 und 1942 oberster ziviler Verwalter in dem polnisch-galizischen Städtchen Kolomyja gewesen – also in einer Zeit, als dort Tausende von Juden erschossen, im Ghetto dem Hungertod überlassen oder in KZs abtransportiert wurden.

Jenseits aller biographischen Details (und die sind gewichtig: So war de Man[253] ein offenbar sehr opportunistischer Mitarbeiter einer flämischen Nazi-Kollaborationszeitung, anders als Jauss und Schwerte aber nicht SS-Mitglied) wurde unübersehbar, dass es irritierende und peinliche Nazi-Kontinuitäten nicht nur im konservativen, sondern eben auch im reformfreudigen und methodisch innovativen, in unserem Fall: in der Kohorte derer gab, die die sog. Geisteswissenschaften gründlich überarbeitet haben. Schwerte, Jauss, de Man (und auf anderer, nicht-akademischer, sondern medialer Ebene Höfer oder Volkmann/Grubbe) haben ganz zweifellos Verdienste. Sie haben fällige Debatten angeregt und neue, vergleichsweise produktive Denkfiguren ermöglicht. Das simple, vielleicht auch zu simple Gedankenexperiment drängt sich auf: Wie würde heute in den sog. Geisteswissenschaften über dieselben Reformtaten und dieselben Reformtexte von Schwerte, Jauss und de Man gesprochen, wenn ihre Verfasser eine Nazi-freie Vergangenheit hätten? Die Antwort ist einfach: de Mans Dekonstruktionstheorie, Schwertes ideologiekritisches Buch über *Faust und das Faustische* und die Rezeptionsästhetik von Jauss würden eben weiterhin so diskutiert, wie sie vor der Entdeckung der Vergangenheit ihrer Autoren diskutiert wurden: Es gäbe also die üblichen, in diesen Fällen gewiss auf Respekt grundierten Kontroversen. Nun

253.Cf. Jochen Hörisch: Wunderlicher Bruch – Dekonstruktion, de Man, Derrida und ihre deutsche Aufarbeitung; in: Merkur 477/November 1988

aber – nun aber geht die Spurensuche los. Wie suspekt ist die Dekonstruktion, die Ideologiekritik, die Rezeptionsästhetik, wenn doch ihre Autoren …

Der amerikanische Philosoph Richard Rorty hat dieses Gedankenspiel an einem komplexeren Fall durchdekliniert: am Fall der Schriften Martin Heideggers, die vor 1933 bzw. zwischen 1933 und 1945 erschienen. Ich will diesen Phantasiefaden aufnehmen und weiterspinnen: Heidegger heiratet seine Geliebte Hannah Arendt und emigriert, aus Liebe zu seiner jüdischen Frau und von ihr so klug beraten wie Thomas Mann von seiner Tochter Erika, 1933 in die USA. In Chicago erhält er bald einen gut dotierten philosophischen Lehrstuhl. Und er publiziert – selbstredend mit Ausnahme seiner unsäglich dummen Freiburger Rektoratsrede und einiger anderer unrettbarer Texte – so gut wie alle Schriften, die er auch im Nazi-Deutschland und später in bundesrepublikanischen Zeiten veröffentlicht (incl. des großartigen Nietzsche-Buches). Kommt ein Interview hinzu, in dem er die Seinsvergessenheit, die Gestell-Fixiertheit und die man-Seligkeit des Faschismus tiefsinnig analysiert. Käme ein Leser seines Werkes auf den Gedanken, der Autor von *Sein und Zeit*, der Befreier von cartesianischen Denkzwängen hätte eigentlich eine Affinität zu den Nazis und hätte doch gar nicht emigrieren dürfen?

Texte sind Texte, Autoren sind Autoren, Biographien sind Biographien, Bibliographien sind Bibliographien. Warum gilt ein trivialer Satz wie dieser als monströse Banalität? Weil die Denkgewohnheit fest etabliert ist, zwischen Verfassern und Verfasstem, zwischen Autor und Text wenn nicht ein deduktives Ableitungsverhältnis, so doch einen unabweisbaren Zusammenhang zu sehen. Das Schema „XY – Sein Leben, sein Werk, seine Zeit" ist – Walter Benjamins tiefsinnigem Wort „Werke sind unableitbar wie Taten" zum Trotz – offenbar unüberwindbar. Und weil es unüberwindbar ist bzw. scheint, muss man sich einen Reim darauf machen können, dass eben nicht nur politisch und methodisch Konservative (etwa Benno von Wiese und schlicht die Mehrheit der Nachkriegsliteraturwissenschaftler), sondern auch Reformfreudige und methodisch Innovative eine Nazi-Vergangenheit haben können. Wie also darüber sprechen? Das übliche Schema ist fast untadelig, risikolos und weitgehend unproduktiv: Man verurteilt mit rundum überzeugenden Gründen die Vergangenheit der Genannten und zumal ihre bis in die Gegenwart hineinreichende Verdrängungs- und Verleugnungslust. Die Genannten machen diesen Versuch peinlich leicht, wenn sie (wie der Mitarbeiter des SS-Ahnenerbe Schneider/Schwerte) behaupten, sie hätten von der Existenz der KZs erst nach 1945 erfahren, wenn sie (wie de Man) in ihren biographischen Angaben den Onkel für den Vater ausgeben oder wenn sie (wie Jauss im *Le Monde*-Interview) die Waffen-SS verharmlosen, wie das sonst nur Rechtsradikale tun. Und man nimmt sich vor oder verpflichtet sich gar, nicht so zu sein oder zu werden wie sie.

Mir sei bei dieser Gelegenheit gestattet, was ich sonst in öffentlichen Reden und Schriften zu vermeiden suche: ein persönliches Wort. Ich bin 1951 geboren, habe also die vielbeschworene „Gnade der späten Geburt“ erfahren – eine ursprünglich kluge, weil vom späteren Bedeutungsgestus „damit habe ich nichts zu tun“ weit entfernte, m.W. nicht von Helmut Kohl, sondern von Erhard Eppler geprägte Formulierung, die auf einen so einfachen wie abgründigen Sachverhalt aufmerksam machen will: Es ist leichter, 1970, 1980 oder 1990 Antifaschist zu sein als 1933, 1938 oder 1943. Nach dem großen, weil um seiner schlichten Richtigkeit willen zumutungsreichen Wort von Wilhelm Reich haben „die Massen den Faschismus gewollt“ – und die überwiegenden Teile der sog. ökonomischen, juristischen, militärischen, medizinischen und eben auch akademischen Elite sowieso. Über den Ausgang von freien Wahlen unter Völkerbund-Aufsicht bei Wiederzulassung aller Parteien im Deutschland des Jahres 1935, 1938 oder im Frühjahr 1941 braucht man nicht lange zu spekulieren: Der Wahlsieg von Hitler wäre schlicht überwältigend gewesen und würde die Zweidrittelmehrheitsmarke wohl übersprungen haben. Goldhagens Buch und die von Reemtsma und seinen MitarbeiterInnen am Hamburger Institut für Sozialforschung organisierte Ausstellung über die Greueltaten der Wehrmacht im zweiten Weltkrieg haben an dieses eigentliche Tabu gerührt – dass, um zurückhaltend zu formulieren, die Nazis so populär waren, dass die buchstäblich überwältigende Mehrheit der Deutschen noch ihre evidentesten Schandtaten protestlos hinnahmen und zum beschämend großen Teil eben auch aktiv unterstützten. Dass Juden nach den Progromen der sog. Reichskristallnacht 1938 gezwungen wurden, auf den Knien rutschend Ariern die Straße zu reinigen, war kein von Sicherheitsorganen unterdrücktes Arkanwissen, sondern ein öffentlich inszeniertes Ereignis, das auf den Titelfotos vieler deutscher Zeitungen festgehalten wurde. Von größerem Aufruhr gegen diese Maßnahme hat man nichts vernommen.

Wie ich mich verhalten hätte, wenn ich den Jahrgängen von Schneider / Schwerte, Jauss und de Man zugehörte, kann ich heroisch phantasieren, aber nicht wissen. Meine Zivilcourage hat sich bislang auf eine Kriegsdienstverweigerung und ein paar halbwegs freche Reden und Schriften gegen einige Üblichkeiten in meinem Fach (der Germanistik) beschränkt. Ein misstrauischer Essay gegen die in den deutschen Geisteswissenschaften grassierende hermeneutische „Wut des Verstehens“ – publiziert zu Zeiten, da ich noch auf Widerruf und nicht auf Lebenszeit verbeamtet war – steigert kaum Berufungschancen. Er führt mich, den „Anti-Hermeneuten“, jetzt in Versuchung, mit Hinweisen auf den Groß-Hermeneuten Jauss gegen die Hermeneutik zu argumentieren. Und das ist unschwer möglich. Denn natürlich kann man tiefsinnig werden angesichts der Tatsache, dass militärische Formeln wie „Einrücken in die Überlieferungstradition“, „Horizontverschmelzung“ und „Rehabilitierung der Autorität“ in der Hermeneutik eine so entscheidende Rolle spielen. Und selbstverständlich kann man sich psychologisch einen Dreigroschenreim darauf machen, dass Jauss die Funktion der Rezipienten gegen die rezipierten Texte so stark aufwertet und am Phänomen der Korrektur von Erwartungshorizonten so auffallend stark interessiert ist. Offenbar hat er ein handfestes Interesse daran, Rezeptionsprozesse zu steuern.

Doch ich will ja gerade der Versuchung widerstehen, die Horizonte zwischen Leben, Zeit und Werk zu verschmelzen – dazu gleich mehr. Mein Bedarf danach, häufiger und in dramatischeren Situationen zu beweisen, wie couragiert ich sein kann, ist unterentwickelt – auch deshalb, weil ich mir nicht sehr sicher bin, wo die Grenzen meiner Zivilcourage verlaufen würden. Mir leuchtete auch beim zehnten wonnevollen Kino-Gang nach *Casablanca* ein, dass Rick populärer ist als Viktor Laslo. Meiner Karriere als beamteter deutscher Professor haben meine nicht sonderlich risikoreichen Proben auf Zivilcourage jedenfalls nicht geschadet. Ich bin inzwischen alt und gelassen genug, dafür auch so etwas wie Dankbarkeit zu empfinden. Und ich bin einigermaßen entschlossen, diese Dankbarkeit auch weiterhin in der Form zu artikulieren, die m.E. allein von Peinlichkeiten halbwegs frei ist: in Form von Kritik, die ja erfahrungsgemäß das stärkt, was sie kritisiert. Totalitäre Regime, die diese simple Dialektik nicht begreifen, sind eben nicht bloß totalitär, sondern auch blöde. Sie leisten sich statt einer funktionalen Opposition einen Staatssicherheitsdienst, dessen Ineffizienz und dessen Kosten zur Erosion des Gebildes, das er schützen soll, erheblich beitragen.

Nach dieser wohl nicht ganz überflüssigen Abschweifung möchte ich drei Erklärungsmodelle für die frappante Konstellation Ex-SS-Mann/Reformwissenschaftler diskutieren:

1. Das harmlose Erklärungsmodell deckt sich weitgehend mit den Selbsterklärungsfiguren der Ex-SS-Männer: Man war halt jung, es war ein verbreiteter Fehler, man ist eben ein anderer geworden. In den Worten von Jauss im Interview mit *Le monde*: „der junge Mann, der ich war, ist mir selbst fremd geworden“. Dass man mal so anders war als heute, ist natürlich peinlich. Und dass man darüber nicht aus freien Stücken spricht, ist doch wohl für jeden, der mal Mist gebaut hat oder in eine dreckige Angelegenheit verwickelt wurde, psychologisch nachvollziehbar. Glücklicherweise aber hat man eben nur Mist gebaut. Denn die eigentlichen Greueltaten sind nicht von der Waffen-SS-Division begangen wurden, der man selbst angehörte, sondern von anderen Einheiten. Durch entschlossenes und reformfreudiges Engagement beim Wiederaufbau der Universitäten habe man dann seinen Teil zur Wiedergutmachung (ein so beliebtes wie grauenhaftes Wort) geleistet. Ein Saulus-Paulus-Modell, das überzeugender wäre und seine pe-

netrante Harm-, weil Schuldlosigkeit verlöre, wenn es sich (nach dem Vorbild seines Namensgebers) auf das wunderbare Recht, ein anderer werden zu dürfen, ausdrücklich berufen würde und also auch – wie es sich für Publizierende gehört – öffentlich einbekennen könnte, dass man mal ein anderer war als der Reformrektor oder der Rezeptionsästhet: ein SS-Mann.

2. Das zweite Erklärungsmodell setzt sich vom ersten so entschieden wie nur möglich ab. Es bekennt sich nämlich zum bösen Blick, der abgründig, militant, unversöhnlich sein will und der wohl gerade auch um dieser Nichtversöhntheit willen ein unheimliches Symptom scharf konturiert. Welches? Dass die Nazis eben nicht einfach verloren, sondern in einem wahrhaft unheimlichen Sinn viele ihrer Hauptziele durchgesetzt haben. Und das nicht nur, weil Altnazis wie Globke, Filbinger, Kiesinger oder Waldheim im Nachkriegsdeutschland oder -Österreich hohe und höchste politische Ämter bekleideten, weil Ex-SS-Männer in deutschen Vorstandsetagen und Wirtschaftsverbänden das Sagen hatten, weil ganze Medizin-, Jura- und Geisteswissenschaften-Fakultäten von ehemaligen Nazis geprägt wurden, weil die furchtbaren NS-Juristen nach 1945 mit bürgerlichem Recht weitermachten und keinen einzigen der Ihren anklagten (NB: Ehemalige DDR-Juristen sind verurteilt wurden, was ich für richtig halte – ehemalige NS-Juristen nicht: eine fürchterliche Asymmetrie). Gesiegt hat in dieser schwarzen Perspektive das NS-System nicht so sehr wegen personeller Kontinuitäten, die (nach Hermann Lübbes analytisch zutreffendem, aber irritierend werbendem Wort) „kollektiv beschwiegen" wurden, sondern vor allem auch deshalb, weil die meisten der Naziziele in der Geschichte der BRD (bis 1989) in Erfüllung gegangen sind: Deutschland ist weitgehend judenfrei, die Bolschewisten sind jenseits der Mauer, jeder Deutsche fährt einen Volkswagen oder gar ein besseres Auto, Autobahnen sind allüberall, Deutschland hat total mobilgemacht, Deutschland ist eine formierte Gesellschaft geworden, der Klassenkampf ist vorüber, Streiks sind exotische Ausnahmen, Deutsche sind ökonomisch-touristisch in allen Weltecken präsent, kurzum: Deutschland hat zwar keinen Führer mehr, ist aber (ökonomisch, monetär, infrastrukturell, industriell usw.) „führend". Ein Blick auf elementare Daten zeigt: Die vermeintlichen Verlierer des WK II, nämlich Deutschland und Japan, stehen gut bis glänzend da; sie haben den zweiten Weltkrieg eben nicht verloren, sondern gewonnen. Am Ende aber ist der Osten, den die Nazis in die Knie zwingen wollten. Man kann diesen bösen Blick, der in der BRD so etwas wie die vom Exzess-Unsinn einiger psychopathologischer Nazis gereinigtes viertes Reich sieht, mit guten Gründen für psychotisch erklären – dass er etwas sieht, was die Commonsense-Perspektive nicht wahrhaben will, lässt sich schwerlich bezweifeln.

Was sieht er? Dass die NS-Ideologie auch ein Radikalismus der nicht mehr schweigenden, sondern eben „Sieg Heil!" brüllenden Mehrheit und des un/gesunden Menschenverstandes gewesen ist. Und dies (aber eben auch nur dies): Dass dieser böse Blick auf Deutschland in Deutschland so völlig unpopulär und so vollkommen tabuisiert ist, macht ihn attraktiv. Dass er Entscheidendes nicht sieht, sollte allerdings mit noch größerer Evidenz feststehen. Ob ein Staat ohne Kriege und KZs auskommt oder nicht, ob er Gerichte hat, die auch mal den Bau eines AKWs verbieten oder nicht, ob die Meinungsmedien vom Propagandaministerium oder von konkurrierenden Geldgebern abhängen, macht wohl doch mehr als nur einen kleinen Unterschied.

3. Am meisten verbreitet ist wenn nicht in der öffentlichen, so doch in der fachwissenschaftlichen Diskussion das dekuvrierende Erklärungsmodell, das nach dem Motto „Verhaften Sie die üblichen Verdächtigen" prozediert. Es will darlegen, dass es kaum anders sein kann, als es ist: Nun (etwa nach der Entdeckung von de Mans frühen Artikeln) wisse man ja, was es mit der Dekonstruktion eigentlich auf sich habe – sie sei eben irrational wie die Nazis und also prä- oder postfaschistisch; nun (nachdem Schwertes SS-Vergangenheit mehr als nur eine Insider-Ahnung ist) sei ja der alte Verdacht bestätigt, die 68-er seien die eigentlichen Erben der Nazis; nun (nach der Aufdeckung der SS-Vergangenheit von Jauss) werde hässlich deutlich, welche Gewalt sich hinter nicht umsonst militärischen Wendungen der Hermeneutik wie „Einrücken in die Überlieferung" verberge usw. Je nach Interessenlage und Temperament kann man also versuchen, den jeweils offenkundig gewordenen Fall zu nutzen, um eben nicht ad hominem, sondern ad theoriam zu argumentieren und also konkurrierende Methoden, Denkgesten und Theorieangebote zu diskretieren. Für unser Thema hieße das: Hinter der Destruktion, mit der de Man weite Teile der humanities an US-Universitäten eroberte, steht Nietzsches Destruktion der Vernunft; hinter dem Universalitätsanspruch der Hermeneutik und der Rezeptionsästhetik verbirgt sich der Wunsch nach Weltherrschaft; hinter den Reformprojekten Schwertes steht das alte Nazi-Projekt, Deutschland fit für die Moderne zu machen und zugleich faustisch zu belassen.

Die Attraktivität dieser dritten Position ist unübersehbar. Sie kann an reflexartig eingespielte Dispositive wie „Leben und Werk" anknüpfen; sie aktualisiert und beachtet eben nicht „nur" biographische Einzelheiten; sie sieht vergleichsweise dezent von fehlbaren Menschen ab und fokussiert stattdessen ganze Denkschulen. Ein entschiedenes Beispiel für diese Position ist das Buch von David H. Hirsch *The Deconstruction of Literature – Criticism after*

Auschwitz (Hannover/London 1991). Es nimmt die Entdeckung von de Mans Beiträgen zur belgischen Kollaborationszeitung zum Anlass, um in wirklich abenteuerlicher Weise auf alles „Dekonstruktive" einzuschlagen. Als „dekonstruktiv" oder destruktiv für die humanistisch-demokratische Tradition der USA gilt ihm alles postklassische Denken. Das liest sich dann so: „That Marx, Freud, and Heidegger are all discredited is no longer in doubt. We see Marxism in total ruins as an economic system, repudiated everywhere except those places where it is sustained by brutal and murderous repression. Freud's claims for psychoanalysis as a science are now considered ludicrous, the accuracy of his data is seriously in question, and the ailments he diagnosed as 'neurotic' ... are now considered physiological disorders, treatable with chemical intervention. In the case of Heidegger, his unshakable faith in Nazism, his shameful unwillingness to speak out against Nazism after the war, and his obtuse paralleling of mechanized agriculture with the death camps made him a laughing stock to all but the most dedicated fanatics."[254] Die Paradoxien sind unübersehbar: Über die hier vorgetragene Marx- und Freud-Kritik würde sich jeder Nazi freuen. Ihm leuchtete sofort ein, dass man psychische Devianzen am besten chemisch bekämpft. Und es wird schnell ersichtlich, wie sehr hier innerakademischen Querelen eines Landes (in diesem Fall der USA) ausgetragen werden. Für Deutschland etwa wäre die Unterstellung, alte und neue Nazis hätten die universitäre Vernunft ruiniert, indem sie Marx und Freud in die Geisteswissenschaften eingeschleust hätten, einfach nur grotesk.

Denktypologisch aufschlußreich ist Hirschs Polemik auch deshalb, weil sie verschwörungstheoretische Implikationen nicht scheut – und zwar gerade dort, wo sie hochgradig unplausibel sind. Dass der Altnazi Arnold Gehlen, der zum SS-Ahnenerbe engen Kontakt gehabt hatte, in seinem Aachener Nachkriegskollegen und Reformrektor Schwerte den alten Kameraden Schneider wiedererkannte, ist mehr als nur wahrscheinlich. Dass viele Nachkriegsgermanisten (wie Benno von Wiese oder Schwertes Doktorvater Otto Burger) über Schneider/Schwerte Bescheid wussten und ihr Wissen „kommunikativ beschwiegen", ist zumindest wahrscheinlich. Dass aber, wie Hirsch unter der Überschrift „Deconstruction and the SS Connection" im siebten Kapitel seines Buches suggeriert, de Man seit der Mitte der 70-er Jahre Jauss mehrfach zu Vorträgen nach Yale einlud, weil er in ihm den Nazibruder im Geiste erblickte, ist eine schlechthin unplausible Konstruktion. Und eine Konstruktion zudem, die den Blick in den eigentlichen Abgrund verstellt. In welchen? In den, die die zweite „schwarze" Perspektive allein auszuleuchten sich anschickt: in den Abgrund eben nicht nur der personellen,

254. L.c., p. 18

sondern der strukturellen Kontinuität zwischen Nazi-Reich und reformwilligem Nachkriegsdeutschland.

Diese Kontinuität ist unheimlich in jedem Wortsinn. Denn unheimlich ist nicht das Fremde, von außen Kommende, schlechthin Andere, Unbekannte, Perverse. Unheimlich ist, dass das Heim bzw. das, was doch zum Eigensten, zum Heim, zum Heimeligen und zum Heimatlichen gehört, eben das Bedrohlichste ist. Um das psychoanalytische Musterbeispiel zu nehmen, das heute wieder eine gespenstische Konjunktur hat: Dass nicht der böse Fremde, sondern der vertraute Onkel, der fromme Priester, Großvater oder gar der Vater selbst der Kinderschänder ist – das ist der zutiefst beunruhigende Kern des Unheimlichkeitssyndroms. Um diese Überlegung sogleich in politisch-wissenschaftliche Kontexte zu übertragen: Unheimlich ist, dass die grundsympathischen Reformer und Entstauber der tradierten Literaturwissenschaft dieselben sind, die wie de Man die Juden nach Madagaskar verbannen wollten, die wie der SS-Mann Jauss immer dort sein wollten, wo „der Atem der Geschichte weht" oder die wie Schwerte im Ahnenerbe-Amt der SS an der europäischen Einigung nach Nazibilde arbeiteten und später überzeugte Europäer wurden.

Dieselben? Der Versuchung ergründen zu wollen, wie sinnvoll es ist und was wir eigentlich meinen, wenn wir einen 70- bis 80-jährigen als denselben identifizieren, der einmal 25 war, muss ich widerstehen. Extrem analysebedürftig aber ist es, wenn ganze Eliten innerhalb weniger Jahre ihre kollektive Identität ändern. Und eben dies ist in den Jahren zwischen 1945 und 1955 in Deutschland massenhaft der Fall. Hermann Lübbe hat dazu die viel diskutierte These aufgestellt, dass die nachkriegsdeutsche Geschichte nur deshalb eine vergleichsweise stabile Demokratie ausbilden konnte, weil die Nazi-Vergangenheit so vieler exponierter Köpfe in Politik, Wirtschaft, Medien und Wissenschaft „kommunikativ beschwiegen" wurde.[255] Und sie wurde (wie Lübbe andeutet, ohne an diesem eigentlichen Zentrum des Problems sonderlich interessiert zu sein) kollektiv beschwiegen, 1. weil die überwältigende Mehrheit der Deutschen Nazis oder doch zumindest Nazisympathisanten waren und 2. weil schnell deutlich wurde, wie viele der alten Naziziele man auch mit nicht terroristischen Mitteln erreichen konnte (klischeehaft gesprochen: Volkswagen, Autobahnen, Kraft durch Freude-Tourismus, Bolschewistenvertreibung). Wer gegen diese schweigende Mehrheit argumentierte und etwa junge BRD-Karrieren auf alte Nazidimensionen hin befragte, argumentierte gegen eine Mehrheit, die ihre Totschlägerqualitäten ja eben erst eindrucksvoll unter Beweis gestellt hatte. Dass man mit Biographien, die an to-

255. H. Lübbe: Der Nationalsozialismus im deutschen Nachkriegsbewußtsein; in: Historische Zeitschrift Nr. 236/1983. Karl-Siegbert Rehberg hat Lübbes Überlegungen in erhellender Weise auf den Fall Schwerte/Schneider bezogen (Eine deutsche Karriere. Oder: Gelegenheit macht Demokraten – Überlegungen zum Fall Schwerte/Schneider; in: Merkur 562/Januar 1996).

talitären Strukturen mitgearbeitet hatten, dann anders umgehen kann, wenn sie nicht vom Willen der Bevölkerungsmehrheit gedeckt wurden, lässt sich am Umgang mit DDR-Lebensläufen ablesen. Der harte Kern von Lübbes These aber hat Bestand: Nur durch „kollektives Beschweigen" wurde der kollektive Identitätswechsel möglich, der aus militanten Nationalisten und Rassisten einigermaßen funktionale Demokraten machte, die von einer so effektiven wie formierten Gesellschaft träumen.

Ich möchte die Triftigkeit von Lübbes These an einem nahe- und doch fernliegenden Fall testen. Naheliegend ist er, weil er von beispielloser Erinnerungskraft ist. Fernliegend ist er, weil er, wenn er eben nicht kollektiv beschwiegen, sondern akzentuiert wird, gegen die Kraft des starken Tabus „de mortuis nihil nisi bene" anformuliert. Was also wäre gewesen, wenn man seinerzeit paradigmatisch über die Vergangenheit des Arbeitgeberpräsidenten Hans-Martin Schleyer diskutiert und sie nicht kollektiv beschwiegen hätte – welch kollektives Beschweigen zu brechen ja ein Ziel des RAF-Terroraktes war, das eben durch diesen Terrorakt erneut verstellt wurde. Wenn ein Mensch auf so bestialische Weise umgebracht wird wie der Arbeitgeberpräsident Hans-Martin Schleyer und zuvor schon seine vier Polizeibegleiter von den RAF-Terroristen, hat der Satz „de mortuis" noch mehr Suggestivität als sonst. Aber darf und kann man auch heute das Unsägliche nicht sagen? Der von RAF-Terroristen ermordete Hans-Martin Schleyer war bekanntlich – und bekanntlich heißt: Das wussten eben nicht nur die RAF-Terroristen, die sich dieses Opfer aussuchten, sondern „alle" und natürlich auch die, die bei der staatlichen Trauerfeier über Schleyers Lebensjahre um 1940 schlechthin nichts sagten – ein übler SS-Mann. Zu den deutschen Antinomien, die einem schier das Hirn zerspringen lassen können, gehört, dass er von Leuten entführt wurde, die sich in der hocheffektiven Terroristenorganisation SS bestens gemacht hätten. Christian Klar ist der Phänotyp eines nachgeborenen, in seiner entschlossenen rücksichtslosen Effektivität sehr deutschen SS-Mannes. „Deutsch sein heißt: eine Sache um ihrer selbst willen tun ..." In Palästinenserlagern haben die RAF-Terroristen gelernt, was auch die Militanten aus der Generation ihrer Nazi-Eltern begrüßt und millionenfach getan haben: Juden töten. Wäre ich dramatisch begabt, der Plot für ein Theaterstück, das kleistsche Dimensionen hätte, läge bereit: Schleyer weiß, dass die RAF-Brüder im terroristischen Geiste ihn umbringen werden, er ergreift die Chance zu einem dramatischen Ende und erzählt den jungen, ungeschickten, sich gründlich verkalkulierenden Leuten, wie man eine Terrororganisation mit einiger Aussicht auf Erfolg organisiert. Und vielleicht deutet er gar an, wieviel aus seiner Perspektive als Ex-SS-Mann dafür spricht, einmal mit nicht terroristischen Mitteln nach Erfolg zu streben. Die Geschichte der Bundesrepublik ist nicht nur, aber eben auch die Geschichte dieses Erfolges.

Zurück in vergleichsweise ruhige Argumentationsgefilde! Und zurück zum dritten Erklärungsschema und also zu den Gründen, die dafür sprechen, gerade nicht nach Beziehungen zwischen Denk- und Theorieschemata einerseits und politischen Dispositiven andererseits zu fragen. Oder positiv formuliert: zurück zu den Gründen, die dafür sprechen, das übermächtige Denkschema „Leben, Zeit, Werk" zu überwinden (ich vermeide bewusst den Begriff „dekonstruieren"). Ansätze dazu finden sich in Richard Rortys Beiträgen zur Debatte um Heideggers Nazi-Vergangenheit. Auch Rorty kritisiert das unabweisbare Bedürfnis, Texte mit ihren Verfassern zu korrelieren. Das klingt so erfrischend wie das meiste aus seiner Feder: „... as a human being, Heidegger was a rather nasty piece of work – a coward and a liar, pretty much from first to last." Aber dann folgt die lakonische Feststellung: „there is no way to correlate moral virtue with philosophical importance. (...) The only reason we think that good moral character is more important for professors of philosophy than for professors of other subjects, is that we often use 'philosopher' as the name of an ideal human being."[256]

In der Tat ist es – um zurückhaltend zu formulieren – schwierig, zwischen Denkrichtungen bzw. Methoden einerseits und politischen Dispositiven andererseits klare Korrespondenzen herauszustellen. Grauenhafte politische Impulse findet man im Werk des kristallinklaren Logikers, wüsten Antisemiten und autoritärem Staatsfetischisten Gottlob Frege ebenso wie beim raunenden Fundamentalontologen Heidegger. Eine Nazivergangenheit oder doch zumindest -affinität charakterisiert die Biographie des Dekonstruktivisten de Man ebenso wie die des Hermeneuten Jauss. Nazi-Soldat auf dem Balkan war der konservative österreichische Präsident und Ex-Uno-Generalsekretär Waldheim, Nazi war aber auch der bekannte Germanist und Adornoschüler Wilhelm Emrich. Ehemalige Nazis wie Globke, Filbinger und Kiesinger haben es in der BRD, aber eben auch (wie etwa Arno von Lenski) in der Nationalen Volksarmee der DDR oder (wie Ernst Großmann) im ZK der SED zu was gebracht. Peinliche Loblieder auf Diktatoren haben der Kommunist Stephan Hermlin und der von Mussolini faszinierte Lyriker Rilke geschrieben. Kurzum: Schemata wie „Hermeneuten sind konservativ" und „analytische Philosophen sind liberal" blamieren sich schnell an disparatestem Biographiematerial.

Wer einen Zusammenhang zwischen einem bestimmten Theoriedesign und der politischen Einstellung der Theoretiker bestreitet, kann auch mit guten Gründen das noch viel mächtigere Fundament des Denkgestus bestreiten, das ihm typologisch zugrundeliegt. Es ist kein anderes als das Denkschema, danach das Schöne, Wahre und Gute zusammengehören. Und so liegt

256. Richard Rorty: Taking Philosophy Seriously; in: The New Republic, 11. April 1988, pp. 31–34

es aus vielfachen Gründen nahe, wenn ich, der ich ja Fachkollege der hier diskutierten Figuren bin (wenn auch jüngerer und selbstverständlich kritisch-distanzierter Kollege), abschließend von der eigenen literaturwissenschaftlichen Zunft ablenke und das allgemeine Problem fokussiere, das in den Fällen de Man, Schwerte, Jauss aufblitzt und uns im Meinungsstreit blendet. Es lässt sich nirgendwo so bizarr klar erhellen wie an den Literaten, ohne die es die Literaturwissenschaft naturgemäß nicht gäbe – was? Das Problem, dass ästhetische oder in unserem Fall literaturtheoretische Produktivität von moralischer Integrität gänzlich unberührt ist. Seltsamerweise musste der, der erstmals die schlichte Weisheit aussprach, dass ein wunderbarer Klaviervirtuose selbstverständlich auch ein virtuoser Wechselfälscher sein kann, ein so entschiedener Außenseiter wie Oscar Wilde sein.

Mit der Moral der Dichter und Künstler ist es so berauschend nicht bestellt. Ich bin einer der letzten, der besonders hohe Ansprüche an die öffentliche Ausstellung der eigenen Moral stellt. Aber bei allen zart selbstkritischen Andeutungen in dieser kleinen Rede: Den meisten Dichtern fühle ich mich denn doch mit leichtem Stolz in moralischer Hinsicht überlegen. Ich habe, um durchaus ungleichgewichtige Beispiele anzuführen, nicht – wie Verlaine – auf einen Freund geschossen, nicht – wie Ernst Jünger – einige Dutzend Feinde im Krieg getötet, nicht – wie Hölderlin – einem Passanten, der mir den zustehenden Gruß verweigert, den Hut vom Kopf geschlagen; nicht – wie Thomas Mann – mich über die Hinrichtung der Räterepublikaner in München gefreut; nicht – wie Stephan Hermlin – einigermaßen systematisch meine biographischen Daten geschönt; nicht wie Brecht systematisch Texte geklaut und Mitarbeiter ausgebeutet; ich kann auch nicht wie Trakl auf Drogen-, Bordell- und Inzest-Exzesse zurückschauen usw. usf.

Würde man mich moralisch mit den genannten Literaten, deren Werke ich z.T. bewundere, vergleichen oder gar gleichstellen, wäre ich denn doch beleidigt. Ich fühle mich diesen und den meisten Dichtern moralisch deutlich überlegen. Allerdings habe ich auch nicht so großartige Literatur verfasst wie die Genannten, die eben auf allerhand Anspruch erheben können – nicht aber auf eine moralische Integrität, die nennenswert über dem beklagenswerten Normalmaß läge. Vielmehr wäre die umgekehrte These bis zur Banalität einsichtig, wenn sie nicht so eklatant einem offenbar alteingesessenen Vorurteil widerspräche – dem von der moralischen Integrität der Kunst und der Künstler, dem von der Affinität zwischen dem Guten, Wahren und Schönen. Nichts ist verkehrter, hier darf man denn doch einmal grosso modo argumentieren: Künstler sind – halbe Ausnahmen wie Storm und Fontane, Böll und Lenz mögen die Regel bestätigen – im Hinblick auf Anforderungen an moralische Integrität der Durchschnittspopulation signifikant unterlegen.[257] Sie sind in aller Regel noch egoistischer, egozentrischer, narzisstischer, arroganter, rücksichtsloser als unsereiner.

Kurzum: Die moralische Integrität von Künstlern und Theoretikern ist eine Zusatzleistung, die mit der internen Verfassung ihrer künstlerischen oder theoretischen Werke wenn nicht nichts, so doch wenig zu tun hat. Es gibt eine Theorie, die wohl auch deshalb häufig so angefeindet wird, weil sie diese simple Einsicht hat und ausspricht: die Dekonstruktion. Kurzum: De Man ist der Theoretiker unter den drei hier diskutierten Literaturwissenschaftlern, der nach 1945 die tradierte Rede vom Zusammenhang zwischen dem Schönen, Wahren und Guten nicht mehr aufgenommen hat. Das macht seine Schriften interessanter und aufschlussreicher als die von Schwerte und Jauss.

257. Joachim Walther: „Im stinkenden Untergrund" – Der DDR-Schriftsteller Joachim Walther über die totale Kontrolle der DDR-Literatur durch die Stasi; in: Der Spiegel 39/1996, p. 231: „Die erstaunlich hohe Bereitschaft gerade von Schriftstellern, mit der Staatssicherheit zusammenzuarbeiten, läßt sich nur mit der Fähigkeit von Intellektuellen erklären, selbst Verrat an engen Freunden noch geschichtsphilosophisch zu veredeln." „Von den 123 Mitarbeitern der zentralen Leitung des DDR-Schriftstellerverbandes waren 1987 lediglich 19 nicht vom Ministerium für Staatssicherheit erfaßt. 49 verdingten sich als Stasi-Zuträger, 17 wurden dagegen überwacht. Von den 19 Präsidiumsmitgliedern wiederum hatten sich 12 bei der Stasi verdingt – darunter natürlich Verbandspräsident Hermann Kant. Aber auch die SED-Bezirke waren unter IM-Kontrolle: In Halle standen 39 Verbandschriftstellern 14 Inoffizielle Mitarbeiter gegenüber." (Klaus Welzel: Die DDR-Wende-Literatur. Diss Mannheim 1997, p. 57)

Geprägte Form, die lebend sich entwickelt. Die Gewalt der Münzprägung

Zu den bildungsbürgerlichen Prunkzitaten gehört die Zeile aus Goethes 1820 veröffentlichtem Gedicht *Urworte. Orphisch / Daimon* von der „geprägten Form, die lebend sich entwickelt". Sie auf geprägte Münzen zu beziehen, mag abwegig erscheinen – obwohl der Schöpfer dieses Verses Jahrzehnte lang Finanzminister war und sich vielfach von Problemen der Münzprägung und der Emission von Papiergeld fasziniert zeigte. Die vorangehende Zeile, die beschwört, dass keine Zeit und keine Macht diese geprägte Form zerstückeln kann, scheint jede ökonomische Lesart der Formel von der „geprägten Form" auszuschließen (wenn Kalauer in seriösen Zeitschriften erlaubt sind: bis zum Raub der einhundert Kilo schweren Goldmünze aus dem Bode-Museum in Berlin am 27. März 2017, die vermutlich zerstückelt und eingeschmolzen wurde). Nicht ganz abwegig aber ist es, eine Passage aus Heinrich Heines 1826 erschienenen *Reisebildern* auf Goethes berühmtes Gedicht zu beziehen und als frivole Umschrift der klassischen Zeilen zu verstehen. Im Harz besucht Heine eine Münzprägestätte, was ihn zu dieser Betrachtung veranlasst: „Mit einem Gefühle, worin gar komisch Ehrfurcht und Rührung gemischt waren, betrachtete ich die neugebornen blanken Taler, nahm einen, der eben vom Prägstocke kam, in die Hand und sprach zu ihm: „Junger Taler! welche Schicksale erwarten dich! wieviel Gutes und wieviel Böses wirst du stiften! wie wirst du das Laster beschützen und die Tugend flicken, wie wirst du geliebt und dann wieder verwünscht werden! wie wirst du schwelgen, kuppeln, lügen und morden helfen! wie wirst du rastlos umherirren, durch reine und schmutzige Hände, jahrhundertelang, bis du endlich, schuldbeladen und sündenmüd, versammelt wirst zu den Deinigen im Schoße Abrahams, der dich einschmelzt und läutert und umbildet zu einem neuen besseren Sein."[258]

Geprägte Münzen wandern von Hand zu Hand. Dabei können sie dämonische Kräfte entfalten, aber auch für Rationalisierungen und Deeskalationen dämonischer Impulse sorgen. Wer sich auf den über Geld vermittelten Handel mit wertvollen Gütern einlässt, ermöglicht es, dass Waren friedlich aus der Hand des einen in die eines anderen gelangen. Handeltreibende Hände bleiben vergleichsweise rein; sie vermeiden gewaltsame Händel und machen Diebstahl, Raub und Krieg überflüssig, die ansonsten dafür sorgen, dass begehrte Güter ihre Besitzer wechseln. Die Kontrastierung von Gewalt und

258. Heinrich Heine: Reisebilder – Erster Teil; in: Heine: Werke und Briefe in zehn Bänden, ed. Hans Kaufmann. Berlin / Weimar 1972, Bd. 3, p. 30

friedlicher Kooperation gehört zu den häufig anzutreffenden Merkmalen der klassischen Münzprägung. Das gilt auch für eine Silbermünze (22 mm Durchmesser, ca. 4 Gramm schwer bzw. leicht) aus spätrömischer Zeit.[259] Sie zeigt auf der Vorderseite das Porträt des Kaisers Balbinus, der im Jahr 238 n.Chr. einige Monate lang regierte. Sein entschlossen, ja martialisch dreinblickendes, im scharfen Profil dargestelltes Gesicht wird von einer Strahlenkrone geschmückt; um seine Schulter schließt sich ein Paludamentum, die Kampfkleidung römischer Befehlsträger. Umrandet ist die Porträtseite der Münze mit dem Schriftzug „IMP CAES D CAEL BALBINVS AVG" (Der Imperator Caesar Decimus Caelius Balbinus Augustus). Das sind so viele einschüchternde (und überdies assonante: Caes-Cael) Herrscherattribute auf kleinem Raum, dass sich die Frage aufdrängt, auf welche Krisenängste so viel Autoritätszauber reagiert.

Eine Antwort wird auf der Rückseite mehr als nur angedeutet. Sie zeigt zwei Hände, die sich zum Handschlag vereinigen. Umrandet sind sie von der Inschrift „CONCORDIA AVGG" (Eintracht der Augusti, der Kaiser im Plural). Der Sinn dieser Wendung erschließt sich schnell: Balbinus hatte, wie andere Kaiser vor und nach ihm, einen Mitkaiser, der den eigentümlichen Namen Pupienus trug. Gegen den heranrückenden, zum Staatsfeind erklärten (Gegen-)Kaiser Maximinus (auch dieser Name ist buchenswert: Maxi-Minus; im George-Kreis spielt der Kult um den vergöttlichten Knaben Maximin Kronberger eine bedeutende Rolle) hatte der römische Senat Balbinus und Pupienus zu gleichrangigen Augusti ernannt. Augustus war die etablierte Bezeichnung für den dominierenden Kaiser, Caesar die für den Mitkaiser. Es kam, wie es kommen musste: Beide Augusti, die sich auf der Rückseite einer Münze, deren Vorderseite nur das Porträt eines Kaisers zeigt (es gab auch Münzen mit dem Bildnis des Pupienus) die Hand reichen, misstrauten und bekämpften sich, bis beide nach wenigen Monaten von der Prätorianer-Garde, die sie schützen sollte, gefangen genommen und getötet wurden.

Den Designer dieser Münze wird das nicht überrascht haben. Denn der Handschlag, den die Rückseite zeigt, soll Eintracht signalisieren, lässt diese aber vermissen.[260] Die Finger beider Hände umschließen sich nicht, sie bleiben vielmehr so ausgestreckt, dass sie anders als die Münze kein rundes Ganzes bilden. Auch die beiden Daumen suchen jeweils Abstand von der Hand des Mitkaisers, mit der sie doch kooperieren sollten. Nun dienen Münzen unabhängig von den Intentionen, Botschaften, Programmen und Signalen,

259. Ich danke Andreas Urs Sommer für den Hinweis auf und wertvolle Anmerkungen zu dieser Münze.

260. Zu den kulturgeschichtlichen Dimensionen der Hand-Motivik cf. Jochen Hörisch: Hände – Eine Kulturgeschichte. München 2021

die ihnen eingeprägt sind, einer sehr spezifischen Form der Concordia – dem Kommerz. Dem Kommerz gelingt es, Concordia und Discordia als Einheit von Differenzen zu schalten. Wer mit Hilfe von Münzen ein Gut friedlich aus der Hand eines Verkäufers in die eines Käufers gelangen lässt, setzt eine eigentümliche Form der Eintracht voraus und zugleich ins Werk. Ego und alter wissen, wenn sie ein Gut gegen Geld tauschen, einträchtig, dass sie Unterschiedliches wollen. Der Eine möchte, aus welchen Gründen auch immer, ein Gut loswerden, der Andere möchte dieses oder ein anderes Gut erwerben, das ein anderer Anderer besitzt. Münzen, die aus der Hand des einen in die des anderen wechseln, erleichtern solche Transaktionen ungemein. Gemeinsam ist ego und alter, kein gemeinsames, sondern nur ein eigenes Interesse zu haben – aber ebendies haben sie gemeinsam. Der über Geld vermittelte Handel macht es möglich, dass blutige Handgreiflichkeiten und aggressive Händel aller Art vermieden werden. Wer Münzen in der Hand hält und aus der Hand gibt, kann nicht gleichzeitig zu einem Schwert oder einer Pistole greifen.

Diese pazifizierende Macht des Geldes hat gewaltige, aber auch gewaltsame Dimensionen. Geld ist nicht nur geprägt, es prägt auch entscheidend die Köpfe derer, die es in der Hand haben. Denn es sorgt für einen gewaltigen und rücksichtslosen Abstraktionsschub – das große Thema aller Analytiker und Kritiker des Geldes von Sophokles und Platon über Dante und Shakespeare, Marx und Nietzsche bis zu Simmel und Sohn-Rethel. Geld abstrahiert, es ist beeindruckend indifferent bzw. unsensibel, es schert sich nicht um die spezifischen Qualitäten der Sachen, der Personen und der Zeitkonstellation, die da in einem Tauschakt zusammenfinden. Geld ist der große Gleichmacher, das kalte Medium, dem es Jacke wie Hose ist, ob es den Wert eines Lebensmittels, eines Schwertes, einer Arbeitszeit, eines Gemäldes signifiziert und inkorporiert, ob Käufer und Verkäufer ehrenwert sind, ob es heute oder morgen eingesetzt wird. Weil Geld Ungleiches (wert)gleich / äquivalent setzt, ist es die Grundfigur aller Abstraktionen. Und eben diese Abstraktion ist die prägnante Bedingung der Möglichkeit für unendlich viele spezifische Tauschgeschichten. Die Systemtheorie hat das Theoriemodell der doppelten Kontingenz in vielen Kontexten plausibel gemacht. Es hat auch im Hinblick auf die prägende Wirkung des Geldes eine hohe Erklärungskraft. Dass jemand, der an diesem Ort zu diesem Zeitpunkt dieses Gut loswerden will, jemanden findet, der genau dieses Gut sein nennen möchte, ist unwahrscheinlich. Geld erhöht nun aber die Wahrscheinlichkeit enorm, dass A und B handelseinig werden, weil es abstrahiert, also von den spezifischen sächlichen, personalen und temporalen Umständen eines Tauschaktes absieht und als geprägte Form, die lebend sich entwickelt, all die Transaktionen ermöglicht, die Heine im Blick hatte, als er eine Münzprägestätte besuchte.

Nietzsche hat prägnante Worte für die im Kern numerische Abstraktion gefunden, die mit der Münzprägung im frühen ionischen Kulturraum zusammen mit dem phonetischen Alphabet in die Welt kommt: „Preise machen, Werte abmessen, Äquivalente ausdenken, tauschen – das hat in einem solchen Maße das allererste Denken des Menschen präokkupiert, daß es in einem gewissen Sinne *das* Denken ist: hier ist die älteste Art Scharfsinn herangezüchtet worden, hier möchte ebenfalls der erste Ansatz des menschlichen Stolzes, seines Vorrangs-Gefühls in Hinsicht auf anderes Getier zu vermuten sein. Vielleicht drückt noch unser Wort „Mensch" (*manas*) gerade etwas von *diesem* Selbstgefühl aus: der Mensch bezeichnete sich als das Wesen, welches Werte mißt, wertet und mißt als das „abschätzende Tier an sich". Kauf und Verkauf, samt ihrem psychologischen Zubehör, sind älter als selbst die Anfänge irgendwelcher gesellschaftlichen Organisationsformen und Verbände."[261] Dass es im Zentrum der Abstraktion und der Rationalität, die sog. westliche Kulturen seit bald drei Jahrtausenden prägt, nicht immer mit rechten Dingen zugeht, war auch Goethe bewusst und prägnante Zeilen wert:

Fürsten prägen so oft auf kaum versilbertes Kupfer
 Ihr bedeutendes Bild; lange betriegt sich das Volk.
Schwärmer prägen den Stempel des Geists auf Lügen und Unsinn;
 Wem der Probierstein fehlt, hält sie für redliches Gold.[262]

261. Friedrich Nietzsche: Zur Genealogie der Moral, in: Kritische Studienausgabe, edd. Giorgio Colli und Mazzino Montinari, Berlin/New York 1999, Bd. 5, p. 306

262. Johann Wolfgang von Goethe: Venezianische Epigramme (56); in: Goethe: Gedichte 1756–1799, ed. Karl Eibl (Frankfurter Ausgabe Abt. I, Bd. 1). Ffm 1987, p. 455

Die belebende Kraft des Geldes oder: „Dichter brauchen immer Geld." Drei Thesen zur romantischen Geldtheorie

I

Geld ist kalt, indifferent, anonym und unsensibel; Geld ist emotions-, leb- und lieblos; Geld ist also das unromantische Medium schlechthin. Wer auch nur rudimentär romantisch disponiert ist, muss deshalb Geld kritisieren, ja verachten. So will es ein Klischee, das wie fast alle Klischees so unplausibel nicht ist. Folgt man doch einem Klischee, wenn man Klischees als Klischees verurteilt; erliegt man doch einem Vorurteil, wenn man Vorurteile vorverurteilt und damit ausschließt, dass Vorurteile häufig eben deshalb so erfolgreich sind, weil an ihnen etwas dran ist und sie sich in einer Weise bewähren, die allen Vorurteilen gegen Vorurteile widerspricht. Romantisch denken bzw. auf der Höhe romantischer Einsichten denken heißt – in aufgeklärter Absetzung von der Aufklärung – immer auch: Paradoxien nicht zu scheuen. Denn unterhalb der Ebene von Paradoxien sind Neuzeit und Moderne nicht zu haben. Zu den Paradoxien, auf die sich so gut wie alle Romantiker einlassen, gehört (so lautet die erste These) das Paradox der achtungsvollen Geldverachtung. Geld, das wissen die Romantiker, lässt sich neuzeitlich nicht negieren, obwohl bzw. gerade weil es kein ursprüngliches Datum ist. Geld ist in evolutionärer Perspektive ein artifizielles Spätprodukt. Bei der Erschaffung der Welt spielte es keine Rolle; zur unverzichtbaren Natur zählt es nicht. Dennoch kann man, wenn Geld denn einmal erfunden ist und sich als fünftes Element durchgesetzt hat, nicht auf die Quintessenz Geld verzichten. Ist es doch als evolutionäre Errungenschaft ein unvermeidbares Leitmedium von quasi-transzendentaler Qualität.

Das macht die bis heute populärste romantische Gelderzählung schlagend deutlich. Chamissos „wundersame Geschichte" von Peter Schlemihl, der seinen Schatten gegen eine erhabene, nämlich überabzählbare Summe Geld verkauft, endet mit eigentümlich ambivalenten Formulierungen. „Und Dich, mein lieber Chamisso, hab ich zum Bewahrer meiner wundersamen Geschichte erkoren, auf daß sie vielleicht, wenn ich von der Erde verschwunden bin, manchen ihrer Bewohner zur nützlichen Lehre gereichen könne. Du aber, mein Freund, willst Du unter den Menschen leben, so lerne verehren zuvörderst den Schatten, sodann das Geld. Willst Du nur Dir und Deinem bessern Selbst leben, o so brauchst Du keinen Rat."[263] Der Schatten und das

263. Adelbert von Chamisso: Peter Schlemihls wundersame Geschichte; Sämtliche Werke, nach der Ausgabe letzter Hand und den Handschriften, ed. Jost Perfahl, Band 1. München 1975, p. 66

Geld haben eigentümliche Gemeinsamkeiten. Beide sind sekundär; es gäbe keine Schatten, wenn es nicht das Primäre gäbe, das den Schatten wirft – so wie Geld nur sinnvoll ist, wenn es als knappes Sekundärmedium die primäre Knappheit an Gütern und Dienstleistungen signifiziert und konterkariert. Beide, der Schatten wie das Geld, sind paradoxe Sekundärgrößen. Können sie, die so leicht scheinen, doch gewichtiger werden oder doch zumindest wichtiger scheinen als das Primäre. In gleißender schattenloser Sonne zergeht und versengt das Primäre; der umtriebige und getriebene Siebenmeilenstiefel-Schlemihl weiß ein Lied davon zu singen. Und ohne das künstlich knappgehaltene, kühle bis kalte Steuermedium Geld würden viele Primärgüter gar nicht erst entstehen. Denn knappes Geld sorgt dafür, dass primäre Knappheit knapp wird. Und so erschließt sich (in Anknüpfung an den „ex malo bonum"-Topos) die von Chamisso romantisch herausgestellte Paradoxie, dass das kritikbedürftige, ja lebensbedrohende Medium Geld zugleich verehrungswürdig ist: „so lerne verehren zuvörderst den Schatten, sodann das Geld."

Man muss kein Dekonstruktivist sein, um die maliziösen Implikationen dieses Satzes zu goutieren. Der Schatten als Inbegriff des Sekundären soll „zuvörderst" verehrt werden. Das Geld, das „sodann" Verehrung verdient, ist somit nicht eine sekundäre, sondern eine tertiäre Größe. Denn der sekundäre Schatten gehört ja seinerseits dem Primären zu (man mag es faute de mieux „Natur" oder „Seiendes" nennen), nämlich dem Primären, Ursprünglichen, das als solches nur fungieren kann, wenn es sekundär konterkariert wird, wenn im Ursprung ein ursprünglicher Sprung ist. Wer „unter den Menschen" (Chamisso formuliert nicht „unter Menschen") leben will (gibt es dazu eine ernsthafte Alternative?), ist neuzeitlich auf das unvermeidbare Leitmedium Geld angewiesen. Es lässt sich nicht eigentlich negieren. Allein derjenige, der diesseits aller Intersubjektivität „nur" sich und seinem besseren Selbst leben will, könnte dies- und jenseits des Leitmediums Geld leben. Er würde aber sodann einer eigentümlichen Beobachtung ausgesetzt sein, die seinen paradoxen Status offenbart: dass er nur sich selbst lebt, also nur an sich denkt – und damit eben das tut, was Menschen, die unter den Menschen und unter dem historischen Apriori des Geldes leben, auch tun. Alle denken nur an sich, nur ich, ich denke an mich. Geld steht, obwohl und weil es buchstäblich Quintessenz, nämlich das fünfte künstliche Element bzw. Medium ist, nicht ernsthaft zur Disposition. Was nicht negiert werden kann – sei es die Welt, die Zeit, das Begehren oder eben auch das Geld – soll verehrt werden, so lautet eine zentrale und exzentrische romantische Einsicht. Denn nur so lässt sich romantisch entspannt bis enthusiastisch leben.

II

„Mit Geld ists überall gut seyn, selbst Fahnjunker, aber ohne Geld ists ein armseliges Ding zu leben“, schreibt Novalis am 16. März 1793 einigermaßen unromantisch an seinen Bruder Erasmus (1,230).[264] Von Novalis stammt eine Wendung, die sich auch bei keinem anderen als Brecht findet – die von der „belebenden Wirkung des Geldes“[265]. „Lieber – ist nicht das Geld zum Beleben da?“, fragt B in den *Dialogen* des Novalis (2,426). Und auch im *Heinrich von Ofterdingen* preist der Kaufmann poetisch die belebende Kraft des Geldes: „Geld, Thätigkeit und Waaren erzeugen sich gegenseitig, und treiben sich in raschen Kreisen, und das Land und die Städte blühen auf.“ (1,251) Deshalb sollten Menschen es dem Geld nachtun und nach Kräften zirkulieren: „Sollten die Menschen nicht auch mehr, wie Geld, circuliren?“ (2,826) Dass der Linksintellektuelle Brecht wie der Romantiker Novalis das Geld als belebendes Medium verehren, ist nur auf den ersten Blick erstaunlich. Denn schon dem zweiten Blick zeigt sich Geld als das artifizielle Stimulans, das die Welt poetisiert, also mit Alternativen versieht. Es ist in der Romantik- und Novalis-Forschung selten beachtet und kommentiert worden, dass der zentrale und häufig zitierte Satz des Novalis „Die Poesie ist das ächt absolut Reelle. Dies ist der Kern meiner Philosophie. Je poetischer, je wahrer“ (2,420) in einem finanz- und zugleich wissenschaftstheoretischem Kontext steht. „Ist das Schöne ein Neutrum“ – so fährt die Aufzeichnung fort, um sodann nach dem Status und der Funktion „allgemeiner Begriffe“ zu fragen – „Sind sie Neutra, Mischungen oder *quid*? / Leichtigkeit und Popularitaet.“ Die Aufzeichnung ist dicht, aber konsistent. Leicht und populär, neutral (für „alles“ geltend) und aus Konkretion und Abstraktion gemischt ist das Medium Geld, das der Inbegriff des Poetischen = Gemachten ist. Es taugt als allgemeiner Begriff, als universales Äquivalent. Und so ist es plausibel, dass die Aufzeichnung mit den Worten fortfährt: „Versuch über *das Geld.* / Poetisierung der Finanzwissenschaften.“

Die wirkungsmächtige Metapher vom Geld als belebendem Blutkreislauf der Volkswirtschaften ist keine romantische Innovation, sie hat vielmehr eine Tradition, die kaum länger sein könnte. Entsteht sie doch gleich nach der Entdeckung des Blutkreislaufs durch den englischen Arzt William Harvey im Jahr 1616 bzw. 1628 (Jahr der Veröffentlichung). Thomas Hobbes versteht in seinem 1651 veröffentlichten wirkungsmächtigen Buch *Leviathan* das Geld

264. Zitatnachweise in Klammern beziehen sich auf Band und Seite der Novalis-Ausgabe: Werke, Tagebücher und Briefe, edd. H.-J. Mähl / Richard Samuel, 3 Bde. München 1978. (Bd. 1:Das dichterische Werk, Tagebücher, Briefe; Bd. 2: Das philosophisch-theoretische Werk. München 1978, S. 617. Die Kürzelschreibweise von Novalis (etwa „WL“=Wissenschaftslehre oder „allg“ = allgemein) wurden durchgängig aufgelöst.

265. Cf. Bertolt Brecht: Lied von der belebenden Wirkung des Geldes.

ausdrücklich als das Blutkreislaufsystem der Wirtschaft.[266] Die spezifische Pointe, die Novalis in die vorromantische These vom belebenden Geldkreislauf bringt, könnte nun allerdings überraschender nicht sein. Denn er befreit die These vom Geld als dem Blutkreislauf der Volkswirtschaften von allen naturalistischen Assoziationen, wenn er (so lautet die zweite These) das Geld – explizit antinaturalistisch – als das abstrahierende Relationsschema überhaupt, also als Bedingung der Möglichkeit von Rationalität und Wissenschaft begreift. Geld lässt eben nicht nur Dinge bzw. Waren und Menschen, sondern auch Begriffe, Worte, Konzepte und Zeichen zirkulieren. Die Notiz des Novalis hat es in sich:

> „Die Wissenschaftslehre oder die reine Philosophie ist das Relationsschema der Wissenschaften überhaupt. / Sie entsteht aus dem *Einfall* statt würcklicher nahmhafter, individueller Dinge – allgemeiner Dinge, denen jedes Ding substituirt werden kann (vid. Begriff von *Geld*) oder solche Worte zu gebrauchen und an ihnen, als einfachen, isolirten, *unvermischbaren Zeichen*, und Stoffen, die gewöhnlichen Operationen zu versuchen – die dadurch in ihrer Folge und ihrem Zusammenhange rein erschienen – und dadurch nun allgemeine Verfahrungs und Begreifungs-Object und Subject. Constructions oder Verhältnisformeln wurden – allgemein *Geltende* Sätze. / (Der Streit zwischen Idealism und Dogmatism ist wie das Steigen und Fallen von Gold und Silber.) (...) Diese Erscheinung entsteht aus der Behandlung dieser Gegenstände als Waaren." (2,617 – abweichend von der Auflösung der Kürzel durch die Herausgeber lese ich „allgemeiner" statt „allgemeine" Dinge, J. H.)

Es lohnt sich, diese ungemein dichte und überraschende Notiz genau zu lesen. Ihr Ausgangspunkt ist Fichtes *Wissenschaftslehre*, die Novalis völlig angemessen als „Relationsschema der Wissenschaften überhaupt", also als Metawissenschaft, als Wissenschaft von der Wissenschaft versteht. Wissenschaft stellt Relationen (etwa zwischen Ereignissen und Gründen, Gesetzen und Sachverhalten, Phänomenen und Kontexten) fest und her, die nicht immer schon a priori evident, also trivial sind. Dass a=b ist, muss anders als die Tautologie a=a relationslogisch hergeleitet werden. Gleichungen sind nur dann aussagekräftig, wenn nicht sogleich ersichtlich ist, dass der Wert vor dem Gleichheitszeichen dem nach dem Gleichheitszeichen entspricht. Möglich ist Wissenschaft nur um den Preis, dass sie abstrahiert, Komplexität re-

266. Cf. dazu Christina von Braun/Christoph Wulf (edd): Mythen des Blutes. Ffm 2007, Vorwort der Herausgeber p. 10 und den Beitrag von Gabriele Sorgo: Von der Lebensquelle zum Schmiermittel, p. 323 sqq.

duziert, also von Konkretionen absieht. Das aber kann sie nur dann, wenn eine Voraussetzung vorliegt, über die sie selbst nicht verfügt – und diese Voraussetzung, die die Bedingung der Möglichkeit auch und noch des Setzens im Sinne Fichtes ist, erkennt Novalis im Geld als dem Abstraktionsmedium schlechthin. Ohne Geld keine Wissenschaft und keine Wissenschaftslehre. Und dies nicht etwa wegen der Trivialität, dass Wissenschaft wie u.a. auch Recht, Erziehung und Religion Geld kostet, sondern weil Geld als das Medium der Herstellung von Wertäquivalenzen zwischen ungleichen Größen die Bedingung der Möglichkeit von Wissenschaft ist. In den Worten von Novalis: Wenn nicht „allgemeine Dinge, denen jedes Ding substituirt werden kann" an die Stelle von wirklichen, namhaften, individuellen Dingen treten könnten (Novalis formuliert drastischer: „einfallen" würden), gäbe es die Abstraktionen und Äquivalenzen nicht, die Wissenschaft ermöglichen. Woran Novalis bei den allgemeinen Dingen denkt, denen jedes Ding substituiert werden kann, macht er wünschenswert klar: „vid. Begriff von Geld".

Pecunia non olet. Geld reinigt. Das Medium Geld ist reiner, abstrakter, distanzierter als das der Sprache. Sprache besteht aus Lauten und Buchstaben, die unterschiedlich kombiniert werden. Sprache taugt zum Erzählen. Geld beruht hingegen auf einem reinen numerischen Code, es will gezählt werden. Wenn das Zähl-Medium Geld das ohne Hintergrundrauschen und Vieldeutigkeiten nicht zu habende Erzählmedium Sprache reinigt, entstehen „geltende Sätze"; ohne Geld keine intersubjektive Geltung. Novalis liegt daran, das seinen knappen, aber ungemein dichten Ausführungen zugrunde liegende Theorem nochmals in Erinnerung zu rufen. „Diese Erscheinung", dass es geltende „Constructions- und Verhältnisformeln" gibt, „entsteht aus der Behandlung dieser Gegenstände als Waaren." Wenn Gegenstände und Dinge zu Waren geworden sind, wird ihre unreine und überkomplexe Phänomenalität ausgeblendet. Dinge sind gegenständig und unrein, Waren sind rein. Was an Waren zählt, ist, dass ihr Wert gezählt werden kann. Novalis nannte den Protagonisten seines Romans mit Bedacht Afterdingen und eben nicht Ofterdingen. Ihn treibt die Frage um, was nach den Dingen kommt – die Metaphysik oder die Finanzökonomie. Heinrich von Afterdingen steht vor der Frage, ob er Geistlicher, Dichter oder Kaufmann werden soll, ob er also in der Sphäre der großen und kleinen Erzählungen oder des Zählens und Rechnens zu Hause sein will. Er wird sich bekanntlich für den Dichterberuf entscheiden. Der Dichter Afterdingen aber weiß, dass Geld das historische Apriori von Rationalität und damit von Neuzeit und Moderne ist.

III

„Das Alphabet ist nun erst überzählig. / In diesem Zeichen wird nun jeder selig."[267] So spricht der Schatzmeister in Goethes *Faust II*, um die Funktion des neu emittierten Papiergeldes zu charakterisieren. Die Anspielung auf das geflügelte Wort aus himmlischen Sphären, das Kaiser Konstantin im Jahre 312 vor der Schlacht bei der Milvischen Brücke vernahm, ist deutlich: „in hoc signo vinces", im Zeichen des christlichen Kreuzes wirst du siegen. Im Zeichen des Geldes kann in der Neuzeit jeder selig werden – so lautet das Versprechen einer Wirtschaftsform, die nicht der Hand Gottes, sondern der invisible hand des Marktes sowie seinem Steuerungsmedium Geld vertraut. Goethe, der nicht nur mit den *Wahlverwandtschaften* den romantischen Konkurrenten zeigen wollte, über welche romantischen Reflexions- und Darstellungsmöglichkeiten er, der Klassiker, verfügte, zeigt zumal in seinem Faust-Drama, dass er mit den Romantikern die Epochendiagnose teilt. Neuzeit und Moderne sorgen, wenn sie die verbindliche Orientierung auf Gott verabschieden und durch das verbindliche Leitmedium Geld ersetzen, auch für eine Umstellung der Leitcodierung vom Erzählen aufs Zählen, vom Alphabet auf die numerische Ordnung. Romantiker sein heißt, die sachliche Angemessenheit dieser Epochendiagnose anzuerkennen und zugleich auf Distanz zu ihr zu gehen. „Wenn nicht mehr Zahlen und Figuren / Sind Schlüssel aller Kreaturen (...) Dann fliegt vor Einem geheimen Wort / Das ganze verkehrte Wesen fort." (1,395) „Wenn" – das Wort ist konditional und temporal zu verstehen, wie das „wenn" im berühmten Schlusssatz der *Wahlverwandtschaften*. In der Jetztzeit herrschen Zahlen und Figuren, nämlich „allgemein geltende Sätze", die sich im Geldverkehr inkarnieren.

Kein zweiter Romantiker hat diesen Impuls des Novalis, bei nüchterner Anerkennung der funktionalen Suprematie des Finanz-Numerischen „in Märchen und Gedichten / ... die wahren Weltgeschichten" (1,395) zu erkennen, so entschieden aufgenommen und vorangetrieben wie Clemens Brentano. Dass er wie alle Romantiker einen wenig aussichtsreichen Abwehrkampf führt, wenn er die Poesie der Poesie gegen die Poesie des zahlenlastigen Geldes ausspielt, ist ihm vollauf bewusst. Die Romantiker (so lautet die dritte These) setzen, sei es kompensatorisch, subversiv oder in eschatologischer Perspektive, auf den poetischen Rausch und auf das Rauschen, das alles Erzählen grundiert, wohl wissend, dass in Neuzeit und Moderne das Geld und mit ihm das Zählen eigentlich zählen. So heißt es im variantenreich überlieferten Gedicht *Abends am 27. Oktober 1817*:

267. Faust II/1, v. 6081 sq.

Die Poesie muß hier mit Armut leben;
Sing' ich Sonette euch auch noch so nette:
Ihr werdet nimmer Speise mir und Bette,
Statt Geld für Verse Fersengeld nur geben.

Gern gilt hier nichts, drum geh' ich gern von hinnen;
Ungern beherbergt ihr, und höchstens Ungern
Aus Kremnitz, doch Erlanger müssen hungern;
Nur für Zechinen ist die Zeche drinnen.

Ein Ducka ist mir lieb, doch mit Dukaten!
Souvrainen pflege ich für Severinen –
Baronen ohne Bares nie zu dienen –
Und kann mit Ahnen keine Hahnen braten!

So nackt und kahl geh' ich von eurer Schwelle,
So nüchtern, bar und blank in voller Klarheit,
Als wär' ich, die ich singe, – selbst die Wahrheit,
Denn nur Reale sind bei euch's Reelle![268]

Sonette, und seien sie auch noch so nett formuliert, nehmen sich wie alles Poetische im Vergleich zum Leitmedium Geld arm aus. Wer zählt, hat es anders als derjenige, der erzählt, mit Eindeutigkeiten zu tun. Systematisch spielt Brentano die Vieldeutigkeiten des überzählig kombinatorischen Alphabets gegen den monetär-numerischen Code aus – auch um den Preis einer reizvollen Deliranz. Worte wie „Ungern", „Ducka", „Souvrainen", „Severinen", „Reale" eröffnen weite Assoziationsräume (etwa auf Ungarn, Fürsten / Dukes / Duques, Souveräne aller Art, aber eben auch auf Währungen wie den seit 1790 existierenden brasilianischen Real oder den Severin). Bei aller deliranten Lust an Wortwerten hält sich in Brentanos Sonett aber eine klare semantische Opposition durch. Das Nüchterne, Bare und Blanke von Dukaten, Zechinen und Reals domestiziert den schönen Wahn der poetischen Alphabetskombinatorik und lyrischen Assonanzen. Wer hofft, viel Geld für seine Verse zu erhalten, muss damit rechnen, mit Fersengeld abgefertigt zu werden. Auch aristokratische Erzählungen von wür-

268. Clemens Brentano: Werke, edd. Wolfgang Frühwald et al. München 1968, Bd. 1, p. 406. In Brentanos Roman *Godwi* finden sich eng verwandte Zeilen: „Mit Poesie geht Armut nur gesellt, / Macht Ihr Sonette, macht sie noch so nette, / Ihr bleibt ein armer Sohn und so ohn Bette: / Gebt Geld statt Versen oder Fersengeld." Brentano: l.c., Bd. 2., p. 328

digen Ahnen lassen sich nicht so in die Codierung des Geldes konvertieren, dass die dann sich einstellende Geldsumme für einen gebratenen Hahn reicht. Brentanos Zeilen sind ein ebenso munteres wie nüchternes Experiment auf die Frage, ob sich das geldspezifische Zählen in das poesiespezifische Erzählen übersetzen lasse et vice versa. Die Antwort könnte klarer nicht sein: nein.

Wer als Romantikforscher die branchenübliche Angst vor der nüchternen Sprache der Systemtheorie nicht teilt, kann das Problem romantischer Gelderkundung – mit den in geldtheoretischen Sphären verblüffend kompetenten Romantikern! – einigermaßen „nüchtern, bar und blank“ benennen. Wirtschaft, Wissenschaft und Kunst (um nur sie zu nennen) werden, je mehr sich die Neuzeit als Moderne konturiert, desto klarer zu gegeneinander ausdifferenzierten autopoietischen Systemen (um mit Sloterdijk ein wenig romantischer zu formulieren: zu unterschiedlichen Sphären). Ihre jeweiligen Leit-Codierungen (z.B. wahr/falsch für die Wissenschaft, zahlen/nicht-zahlen für die Wirtschaft und schön/hässlich bzw. stimmig/nichtstimmig für die Kunst) können nicht in die Codierungen der jeweils anderen Systeme übersetzt werden. Das schließt große Erzählungen wie etwa die moralische Supercodierung aller Teilsysteme einer Gesellschaft nicht aus; das Problem der Nicht-Übersetzbarkeit provoziert vielmehr solche großen Erzählungen.

Schöne Literatur, die bekanntlich keine thematischen Beschränkungen kennt, kann ebenso alle Teilsysteme beobachten und mit ästhetischen Zweitcodierungen versehen; sie kann aber nicht funktional und effektiv in die Systeme, etwa in das System Wirtschaft intervenieren. Geld ist hingegen anders als Kunst ein Medium, das nicht nur die Wirtschaft, sondern alle Systeme muss begleiten können. Diese Einsicht, die wenn nicht alle, so doch bemerkenswert viele Romantiker teilen, hat Eichendorff bündig und in einer Sprache, die ansprechender ist als die der Systemtheorie, formuliert. In seinem Roman *Ahnung und Gegenwart* heißt es:

> „‚Da habt ihr Gold!‘ Hierbei warf er (Rudolf, J. H.) zwei große Geldsäcke vor ihnen auf die Erde, daß die Goldstücke nach allen Seiten in das Gras hervorrollten. – ‚Das ist ein lustiges Metall‘, fuhr er fort, ‚wie es in die fröhliche, unschuldige Welt hinaushüpft und rollt, mit den verwunderten Gräsern funkelnd spielt und mit dunkelroten, irren Flammen zuckt, liebäugelnd, klingend und lockend! Verfluchter, unterirdischer, rotäugiger Lügengeist, der niemals hält, was er verspricht! Da, nehmt alles, greift zu! Kauft Ehre, kauft Liebe, kauft Ruhm, Lust und alles Ergötzen der Erde, seid immer satt und immer wieder durstiger bis ans Grab, und wenn ihr einmal fröhlich und zufrieden werdet, so mögt ihr

mir danken.' – / Alle sahen ihn erstaunt an. Faber sagte: ‚Ich achte das Geld nur, wenn ich es brauche. Aber Dichter brauchen immer Geld.' Und hiermit packte er ruhig seine Taschen voll, so daß er mit dem aufgeschwollnen Rocke sehr lächerlich anzusehen war."[269]

269. Joseph von Eichendorff: Ahnung und Gegenwart; in: Werke in fünf Bänden, edd. Wolfgang Frühwald u.a., Bd. 2. Ffm 1985, p. 379

Metaphorischer Realismus/Realistische Metaphorik. Der Brückentraum des grünen Heinrich

Welchen Dichter hätte Deutschland dem Schweizer Gottfried Keller entgegenzustellen?
Friedrich Nietzsche

„Dies nimmt mich wunder!", (I, 775)[270] spricht der träumende grüne Heinrich in einem ein wenig antiquiert anmutenden genus dicendi zum „weisen Pferd", auf dessen Rücken er zur Mutter in die Heimat zurückreitet. Der träumende Rückkehrer hat Gründe genug, sich zu wundern bzw. vom Wundern und von Wundern in Beschlag genommen zu sein. Denn er ist im Traum auf dem Rücken eines weise Sprüche von sich gebenden Pferdes über eine belebte „Palastbrücke" bzw. über einen „Brückenpalast" geritten. Und nun möchte er wissen und verstehen, was da vor sich geht, was da der Fall ist und was das alles bedeutet – „ob dies stattliche Brückenleben eigentlich ein Übergang, wie es einer Brücke geziemt, oder ein Ziel, wie es ihr auch wieder geziemen könnte, da sie so hübsch ist, ein Zweck oder ein Mittel sei? Ein bloßes Bindemittel oder eine in sich ruhende Vereinigung? Ein Ausgang oder ein Eingang, ein Anfang oder ein Ende? ein A oder ein O? Dies nimmt mich wunder!" Das sind analytische und interpretatorische Fragen, die nun aber nicht etwa der erwachte und sich seines Traums entsinnende, sondern der schlafende, der träumende grüne Heinrich in der Erstfassung des Romans stellt (die Zweitfassung weist keine korrespondierende Passage auf, sie verzichtet auch auf das chiastische Begriffspaar ‚Palastbrücke/Brückenpalast'). Heinrichs opulenter, ca. 20 Seiten umfassender Brückentraum (er findet sich im vierten Buch/siebtes Kapitel der Erstfassung – I/760-782 – und im sechsten und siebten Kapitel der Zweitfassung, wo er mit den Kapitelüberschriften „Heimatträume und „Weiterträumen" versehen ist – II/702-722), überbrückt in beiden Fassungen den Abgrund, der den Traum von der Traum-Analyse scheidet.[271] Und er baut eine prächtige Brücke zwischen zwei ersichtlich mit-

270. Seitenangaben im laufenden Text beziehen sich auf die Erst- bzw. Zweitfassung des *Grünen Heinrich* (I bzw. II, folgt die Angabe der Seitenzahl) zuerst nach der Ausgabe im Deutschen Klassiker Verlag = Gottfried Keller: Sämtliche Werke in fünf Bänden, edd. Thomas Böning/Gerhard Kaiser, Bd. 2: Der grüne Heinrich – Erste Fassung. Ffm 1985 bzw. wie zuvor Bd. 3 – Zweite Fassung. Ffm 1985. In Kellers *Traumbuch* aus dem Jahr 1848 findet sich eine ähnliche Formulierung: „Es nim(m)t mich eigentlich Wunder, warum ich diese kindischen Träume aufschreiben mag." (Gottfried Keller: Sämtliche Werke – Historisch-Kritische Ausgabe (künftig: SW), Bd. 18 – Nachgelassene Prosa, ed. Walter Morgenthaler et al. Basel 2003, p. 163)

271. Ein Motiv, das Kellers Roman mit Wagners *Meistersingern* und Thomas Manns Josephsroman teilt, cf. dazu Jochen Hörisch: Weibes Wonne und Wert – Richard Wagners Theorie-Theater. Berlin

einander verwandten Motiven, die in der Weltliteratur prominent vertreten, aber nur selten so ausdrücklich aneinander gekoppelt sind wie in Kellers Roman *Der grüne Heinrich*: eben das Brücken- und das Traummotiv.

Dass Brücken in der Literatur (wie in der Kunst- und Kulturgeschichte überhaupt) eine bedeutende Rolle spielen, ist eine fast schon triviale Feststellung. Es genügt, einige wenige poetische Passagen zu evozieren, um dieser Trivialität einen gewissen Glanz zu verleihen (und sich für diese Passage dem distant reading[272] zu verschreiben). Den Regenbogen als ebenso verheißungsvolle wie trügerische Brücke, die Erde und Himmel verbindet, kennen u.a. die griechische, die indische wie die germanische Mythologie; der Schluss von Wagners *Rheingold* schlägt eine Brücke zwischen diesen wirkungsmächtigen Mythologemen. Einen religionstechnischen Sinn gewinnt das religiösmythisch aufgeladene Brückenmotiv, wenn Jakob von der Himmelsleiter[273] träumt oder der Papst den Ehrentitel pontifex maximus erhält. Um ins profane, aber stets doch auch kryptosakral aufgeladene Register zu wechseln: Es ist müßig, alle Werke (der Literatur und der bildenden Kunst inklusive Fotografie und Filme) aufzuzählen, in denen die Rialto-Brücke, die Tower-Bridge, der pont neuf, le pont d'Avignon, die Golden-Gate-Bridge oder die Glienicker Brücke als zentrale Schauplätze von plots dienen, die von Grenzüberschreitungen, Konfrontationen, Zusammenführungen und Zusammenkünften aller Art handeln. Weil Gottfried Keller 1848/49 eine ihn prägende Lebensphase in Heidelberg verbrachte und der dortigen *Schönen Brücke* mit einem Gedicht huldigte, ist es naheliegend, Hölderlins berühmtes Heidelberg-Gedicht zu evozieren, auf das Kellers Zeilen, aber eben auch der Brückentraum des grünen Heinrich anspielen.

2015, p. Kap. Wähnen und Träumen, p. 265 sqq. – Im *Grünen Heinrich* gibt es eine Szene, die ausdrücklich das Verhältnis von Traum, Traumdeutung und Wirklichkeit anspricht. Der grüne Heinrich lernt Dortchen Schönfund kennen und macht die Erfahrung eines déja vu: „Unversehens erkannte ich an einem grüßenden Winken der Augen und der geöffneten Lippen das schöne Frauenzimmer, welches einst bei dem alten Trödler ins Fenster geschaut und nach chinesischen Tassen gefragt hatte; und nun zweifelte ich nicht länger, daß ich noch in einem jener Träume von der mißlungenen Heimkehr begriffen sei, und hielt demnach die ganze Erscheinung für ein neckendes Traumbild und meine Gedanken hierüber für das scheinbare Bewußtwerden des Träumenden, der zu erwachen und sich im alten Elende zu finden fürchtet. Da ich aber in der Tat erwacht war und mit lebendigem Verstande arbeitete, so empfand ich alles um so deutlicher und stärker, und als ich den Blick wieder auf die unschuldige Landschaft wandte, in welcher ich jeden bunten Stein und jedes Gras wiederzuerkennen mir bewußt war, wurden mir die Augen naß, und ich drehte den Kopf zur Seite, um das Traumbild verschwinden zu lassen. / Nach Jahren noch entnehme ich dieser kleinen Begebenheit, daß das Erlebte zuweilen doch so schön ist wie das Geträumte, und dabei vernünftiger; und auf die Dauer kommt es ja nicht an." (II/744 sq.)

272. Franco Moretti: Distant Reading. London 2013 (dt. übers. Christine Pries. Konstanz 2016)

273. Auch der junge Keller schrieb ein Gedicht mit dem Titel *Himmelsleiter* (SW Bd. 9 – Gesammelte Gedichte – Erster Band. Basel 2009, p. 84 sqq.).

Heidelberg

Lange lieb' ich dich schon, möchte dich, mir zur Lust,
Mutter nennen und dir schenken ein kunstlos Lied,
Du der Vaterlandsstädte
Ländlichschönste, so viel ich sah.

Wie der Vogel des Walds über die Gipfel fliegt,
Schwingt sich über den Strom, wo er vorbei dir glänzt
Leicht und kräftig die Brüke,
Die von Wagen und Menschen tönt.

Wie von Göttern gesandt, fesselt' ein Zauber einst
Auf der Brücke mich an, da ich vorüber ging,
Und herein in die Berge
Mir die reizende Ferne schien,

Und der Jüngling der Strom fort in die Ebne zog,
Traurigfroh, wie das Herz, wenn es, sich selbst zu schön,
Liebend unterzugehen,
In die Fluten der Zeit sich wirft.[274]

274. Friedrich Hölderlin: Heidelberg; in: F.H.: Sämtliche Werke, Frankfurter Ausgabe – Oden II, ed. D.E. Sattler. Ffm 1984, p. 466. Martin Heidegger hat dieses Gedicht zum Ausgangspunkt seiner Überlegungen zur Phänomenologie der Brücke gemacht. Martin Heidegger: Bauen Wohnen Denken; in: M.H.: Vorträge und Aufsätze – Teil II. Pfullingen 1967, p. 26 sqq.: „Die Brücke schwingt sich „leicht und kräftig" über den Strom. Sie verbindet nicht nur schon vorhandene Ufer. Im Übergang der Brücke treten die Ufer erst als Ufer hervor. Die Brücke läßt sie eigens gegeneinander über liegen. Die andere Seite ist durch die Brücke gegen die eine abgesetzt. Die Ufer ziehen auch nicht als gleichgültige Grenzstreifen des festen Landes den Strom entlang. Die Brücke bringt mit den Ufern jeweils die eine und die andere Weite der rückwärtigen Uferlandschaft an den Strom. Sie bringt Strom und Ufer und Land in die wechselseitige Nachbarschaft. Die Brücke versammelt die Erde als Landschaft um den Strom. So geleitet sie ihn durch die Auen. Die Brückenpfeiler tragen, aufruhend im Strombett, den Schwung der Bogen, die den Wassern des Stromes ihre Bahn lassen. Mögen die Wasser ruhig und munter fortwandern, mögen die Fluten des Himmels beim Gewittersturm oder der Schneeschmelze in reißenden Wogen um die Pfeilerbogen schießen, die Brücke ist bereit für die Wetter des Himmels und deren wendisches Wesen [...] Wenn wir jetzt – wir alle – von hier aus an die alte Brücke in Heidelberg denken, dann ist das Hindenken zu jenem Ort kein bloßes Erlebnis in den hier anwesenden Personen, vielmehr gehört es zum Wesen unseres Denkens an die genannte Brücke, daß dieses Denken in sich die Ferne zu diesem Ort durchsteht. Wir sind von hier aus bei der Brücke dort und nicht etwa bei einem Vorstellungsinhalt in unserem Bewußtsein. Wir können sogar von hier aus jener Brücke und dem, was sie einräumt, weit näher sein als jemand, der sie alltäglich als gleichgültigen Flußübergang benützt. Räume und mit ihnen „der" Raum sind in den Aufenthalt der Sterblichen stets schon eingeräumt. Räume öffnen sich dadurch, daß sie in das Wohnen des Menschen eingelassen sind. Die Sterblichen sind, das sagt: wohnend durchstehen sie Räume auf Grund ihres Aufenthaltes bei Dingen und Orten. Und nur weil die Sterblichen ihrem Wesen gemäß Räume durchstehen, können sie Räume durchgehen."

Brückenmotive sind selbst dann, wenn sie qualitativ auf Hölderlin-Niveau entfaltet werden, leicht bis standardmäßig zu interpretieren.[275] Brücken verbinden unterschiedliche Ufer; sie überwinden Abgründe und Grenzen (selbst die zwischen Himmel und Erde, Immanenz und Transzendenz); in ihnen materialisiert sich die Spannung zwischen dem Immobilen und der Mobilität, der sie festen Grund gewähren; sie bleiben noch und gerade dann fest an einem Ort, wenn unter ihnen alles fließt; sie sind aber auch, wenn sie selbst mobil werden, also einstürzen (wie die berühmte Brücke am Tay am 28.12.1879, der Kellers Jahrgangsgefährte Theodor Fontane seine bekanntesten Ballade widmete, oder die Autobahn-Brücke in Genua am 14.8.2018), pointierte Symbole der Gefahren, die sich einstellen, wenn Technik der Natur die kurzen Wege abtrotzt, die die Landschaftskonstellation verweigert; von Brücken, die den Fluss (des Lebens) überwölben und über die ein unendlicher Verkehr geht, kann man sich wie Kafkas Protagonist im *Urteil* in die Fluten stürzen; dennoch gehören Brücken (anders als Tunnel) der Sphäre des Hellen zu, versprechen sie doch noch und gerade als bevorzugte Orte für erbitterte Kämpfe[276] (wie in Kellers Erzählung *Romeo und Julia auf dem Dorfe*) oder Suizide sakrale wie profane Erleuchtungen.

Ähnlich vertraut und hermeneutisch so verlässlich ausdeutbar wie Brücken sind Träume. Auch hier ist der Hinweis auf die hohe Präsenz von Träumen in der Weltliteratur müßig bis trivial; auch hier genügt die Evokation von Jakobs Himmelleiter-Traum, von Josephs Traumdeuterkünsten, von Herzeleides besorgtem Muttertraum, von Shakespeares Sommernachtstraum, von Calderons Traum-Dramatik, von Heinrich von Ofterdingens blaue-Blumen-Traum, von Arno Schmidts monströsem Opus magnum *Zettels Traum* etc. pp., um die poetische Allianz und Grundaffinität von Traum und Literatur herauszustellen.[277] Beide, die Literatur wie der Traum, entfalten ein ebenso prekäres wie reizvolles Spiel zwischen dem, was es gibt und was gängiger Weise wirklich bzw. Wirklichkeit genannt wird, und dem, was es prima vista nicht gibt, dem Ausgedachten bzw. den sich unbewusst einstellenden Visionen. Man muss aber kein großer Dialektiker sein, um angesichts solcher Entgegensetzungen von Sein und Nichtsein sogleich darauf hinzuweisen, dass es auch Träume und Literatur als ein Medium, das lügen und fingieren darf, mit all ihren irrealen Aspekten und Valenzen wirklich gibt. Schöne Literatur und Träume überbrücken den Abgrund, der Sein und Nichtsein, Faktisches

275. Symbollexika listen verlässliche Bedeutungsfunktionen von Brücken auf, so etwa das *Metzler Lexikon der Symbole*, edd. Günter Butzer / Joachim Jacob. Stuttgart 2012 (2.)

276. Ein Leitmotiv Kellers, cf. Peter von Matt: Gottfried Keller und der brachiale Zweikampf; in: Hans Wysling (ed.): Gottfried Keller – Elf Essays zu seinem Werk. Zürich 1990, pp. 109–131

277. Cf. Peter-André Alt: Der Schlaf der Vernunft – Literatur und Traum in der Kulturgeschichte der Neuzeit. München 2002

und Fingiertes, Weisheit und Wissen voneinander scheidet. Kein Wunder, dass Brücken zum Inventar vieler, zumal literarischer Träume gehören. Gottfried Keller führte in den Jahren 1846-48 ein von ihm selbst so genanntes *Traumbuch*, in dem er bemerkenswerte, von ihm erinnerte Träume aufzeichnete und analysierte. Seine Freundin Johanna Kapp durfte in diesem Buch lesen und versah es daraufhin mit bemerkenswerten Eröffnungszeilen – nämlich einem Gedicht, das folgende Zeilen enthält: „Bedenk: Des Herzens Träume weben / Dir einen Steg ob jeder Kluft."[278] Die knappen Zeilen nehmen sich wie eine prägnante Kurzfassung von Heinrichs Heimkehr- und Brückentraum aus.

Die Gründe für die enge Koppelung von Brücken- und Traummotiven in der Literatur (aber auch in bildender Kunst, Photographie und Film) sind gleichfalls leicht zu erklären. Träume unterhalten ein entspanntes Verhältnis zu Metaphern, und Brücken sind real und materiell gewordene Metaphern. Meint doch das griechische Wort ‚Metapher/μεταφορα' nichts anderes als ‚Übertragung' – also genau das, was durch eine Brücke geradezu verdächtig leicht ermöglicht wird. Man muss nicht durch Wasser waten, schwimmen oder rudern, man muss nicht steile Hänge hinab- und hinaufklettern, um sich und andere wertvolle Güter auf das andere Ufer oder auf die gegenüberliegende Talseite zu tragen. Sinn und Funktion von Metaphern durch ihre Überbrückungsfunktion zu erläutern, also metaphorisch zu erklären, was ‚Metaphern' sind und leisten, ist ein verbreitetes Verfahren.[279] Metaphern lassen sich auch und gerade dann nicht vermeiden, wenn man klären und erklären will, was Metaphern sind und wie sie funktionieren. Diskussionen darüber, ob metaphernfreie Sprachen möglich sind, dürfen als entschieden gelten: Allenfalls rein formale logisch-mathematische Symbolsprachen (wenn sie denn als Sprachen gelten sollen) sind bei großzügiger Interpretation metaphernfrei; der Hinweis ist jedoch obligatorisch, dass auch Symbole wie x und y, Allquantoren-, Vektoren-, Summen- und Gleichheitszeichen übertragen werden wollen und müssen, dass sich also formale Sprachen in Alltagssprache übertragen lassen müssen, um zu funktionieren. Trotz dieses Grundsatzeinwandes lassen sich literarische Diskurse und genera dicendi sinnvoll danach unterscheiden, ob sie ein entbundenes oder distanziertes Verhältnis zu Metaphern und anderen Formen der literarischen Bildlichkeit unterhalten oder nicht. Realistische oder neusachliche Literatur versucht zu-

278. Keller: Traumbuch, l.c., p, p. 97

279. Die literaturwissenschaftlichen Beiträge zur Metaphern-Forschung sind kaum mehr zu überschauen; genannt seien nur folgende Ansätze: Anselm Haverkamp (ed.): Theorie der Metapher. Darmstadt 1996. Hans Blumenberg: Paradigmen zu einer Metaphorologie. Bonn 1960. (Neuausgabe Ffm 1997; Holger Lindemann: Die große Metaphern-Schatzkiste – Systemisch arbeiten mit Sprachbildern, Band 1: Grundlagen und Methoden. Göttingen 2016.

meist, Metaphern zu kontrollieren und als solche zu durchschauen[280]; romantische und surrealistische Literatur kennt solche Widerstände kaum, sie vertraut vielmehr auf die inspirierende Kraft metaphorischer Rede und auf enge Koppelungen zwischen metaphorischen und metaphysischen Erfahrungen. Weise sein, heißt immer auch: Metaphern als unhintergehbare Figuren zu akzeptieren; sich dem Wissen zu verschreiben, heißt immer auch: sich von der weisen Einsicht in die Unvermeidbarkeit von Metaphern nicht benebeln zu lassen.

Kellers grüner Heinrich ist bekanntlich ein kritischer und realistischer Kopf. Eben deshalb kann er nüchtern zur Kenntnis nehmen, dass es Unvernunft, Affekte, Verwirrungen, Irrationalität, Träume, Assoziationen und Ideologien, also falsche und irreführende Bild-Logiken, tatsächlich gibt. Sein großer Brückentraum wird denn auch durch zwei Zäsuren des Erwachens (II/708 und II/717) in drei Abschnitte geteilt. Der zum zweiten Mal für kurze Zeit erwachte grüne Heinrich schaltet sogleich von unbewusst-träumerischer Metaphernproduktion auf bewusste Metaphern- bzw. Allegorienanalyse um. „Der Kopf schmerzte mich fieberhaft, während ich das Geträumte zusammenlas. Diese verkehrte Welt, in welcher das im Wachen müßige Gehirn bei nachtschlafender Zeit auf eigene Faust zusammenhängende Märchen und buchgerechte Allegorien, nach irgendwo gelesenen Mustern, mit Schulwörtern und satirischen Beziehungen ausheckte und fortspann, begann mich zu ängstigen wie der Vorbote einer schweren Krankheit; ja, es beschlich mich sogar wie ein Gespenst die Furcht, auf diese Art könnten meine dienstbaren Organe mich, das heißt meinen Verstand, zuletzt ganz vor die Türe setzen und eine tolle Dienstbotenwirtschaft führen. / Als ich der Sache weiter nachdachte, empfand ich die Gefahr, die darin liegt, sich gegen Natur und Gewohnheit mit dem völlig Geistlosen beschäftigen und nähren zu wollen, und doch wußte ich nicht, wie aus dem Banne hinauszukommen wäre. Darüber schlief ich wieder ein, und das Träumen ging neuerdings an; doch verlor sich das unheimliche Allegorienwesen, und das Gesetzlose regierte fort. / Ich trieb jetzt das halbzerbrochene und schwer mit Säcken beladene Pferd eine bergige Straße hinauf nach dem Hause der Mutter.“ (II/717 sq.)

So der Wortlaut von Heinrichs wacher Traumreflexion in der Zweitfassung des Romans. Die Erstfassung kennt keine entsprechende Passage, sie ist, um es im Vokabular der Psychoanalyse auszudrücken, stärker auf primär- als auf sekundärprozesshafte Qualitäten des Traums fokussiert. Nur die Zweitfas-

280. Zu den Subtilitäten von Kellers Realismus cf. Ursula Amrein: Todesfiguren – Zur Begründung des Realismus bei Gottfried Keller; in: U.A./ Regina Dieterle (edd.): Gottfried Keller und Theodor Fontane – Vom Realismus zur Moderne. Berlin / New York 2008, pp. 63–86 und Martin Swales: Das realistische Reflexionsniveau – Bemerkungen zu Gottfried Kellers ‚Der grüne Heinrich‘; in: Hans Wysling (ed.): Gottfried Keller – Elf Essays zu seinem Werk. Zürich 1990, pp. 9–22.

sung führt – und dies gleich zweifach – das Fachwort ‚Allegorien' bzw. ‚Allegorienwesen' auf und versäumt dabei den Hinweis nicht, dass diese Allegorien „buchgerecht", „nach irgendwo gelesenen Mustern" und „mit Schulwörtern ... ausgeheckt" seien. An der kritisch-negativen Bewertung dieser Traum-Allegorien kann kein Zweifel bestehen. Der grüne Heinrich erkennt, dass seine Traumwelt „eine verkehrte Welt" war, ihm schmerzt in Erinnerung daran der Kopf, er ängstigt sich vor seinem Traum wie vor einem „Vorboten einer schweren Krankheit", und wie ein „Gespenst" beschleicht ihn die „Furcht", nicht mehr Herr seiner Sinne und seiner selbst zu sein, den Verstand zu verlieren und einer „tollen Dienstbotenwirtschaft" unterworfen zu werden. Bemerkenswert ist die Rhetorik dieser Passage. Wenn man, dem etablierten Brauch seit Quintilian folgend, die Metapher als verkürzten Vergleich versteht („metaphora brevior est similitudo"), so kombiniert die zitierte Passage Metaphern in diesem Sinne mit Wendungen, die ausdrücklich das Vergleichspartikel „wie" bemühen. „Wie der Vorbote einer schweren Krankheit" und „wie ein Gespenst" nehmen sich die Traumelemente aus, die, so die Wendung ohne Vergleichspartikel, eine gegen den kontrollierenden Verstand revoltierende „tolle Dienstbotenwirtschaft" etablieren. Diese scharfe Traum-Kritik ist irritierend. Denn der weise Brückentraum des grünen Heinrich hat zweifellos ein bemerkenswert hohes intellektuelles Niveau – auch deshalb, weil er seine eigene Deutung gleich mitliefert, eine Deutung, deren Geltung durch die soeben zitierte wache Reflexion in Frage gestellt und depotenziert wird.

Einen so komplexen, langen[281] und anspielungsreichen Traum wie den des grünen Heinrich zusammenzufassen, ist ein problematisches, ja heikles Unterfangen. Und doch ist referierende Komplexitätsreduktion unvermeidlich – auch deshalb, weil dieser Traum selbst in seiner ebenso bündigen wie theoretisch ausgesprochen anspruchsvollen Interpretation mündet. Dies also ist die ganz der homo-viator-Topik[282] verpflichtete Traumhandlung (nach der Zweitfassung): Der grüne Heinrich wandert in die Heimat zurück, kommt

281. Die Schilderung des Traums nimmt ca. 20 Seiten in Anspruch und doch dauert er, wie das sprechende Pferd dem Träumenden deutlich macht, nur wenige Sekunden – „kaum zwei Sekunden" in der Erstfassung (I/773), kaum drei in der Zweitfassung. »Dieses ganze Gespräch, überhaupt unsere ganze werte Bekanntschaft ist das Werk und die Dauer von kaum drei Sekunden und kostet dich kaum einen Hauch von deinem geehrten Körperlichen!" / „Wie, drei Sekunden? Ist es nicht wenigstens eine Stunde, seit wir auf dieser endlosen Brücke reiten?" / „Drei Sekunden dauert der Hufschlag des nächtlichen Reiters, der meine Erscheinung in dir hervorgerufen; mit ihm wird sie verschwinden, und du kannst wieder zu Fuß gehen!" / „Um des Himmels willen! So verliere keine weitere Zeit, sonst geht der Augenblick vorüber, eh ich über diese schöne Brücke im reinen bin!" (II/714 sq.)

282. Ihr hat Gabriel Marcel eine bis heute lesenswerte Studie gewidmet: Homo Viator – Philosophie der Hoffnung. Düsseldorf 1949

an einem Furchen ziehenden Landmann vorbei, die Furchen füllen sich mit goldenen Körnern, die in die Luft geworfen werden und sich in lauter goldene Schaumünzen verwandeln. Diese Metamorphosen, die Metaphern sachlich wie begrifflich verwandt sind, setzen sich fort: Aus den Goldmünzen wird ein sprechendes Pferd (das an Achills Pferd Xanthos, aber auch an Don Quichottes Rosinante erinnert – „eine Rosine" wird denn auch ausdrücklich erwähnt / II/703), ein Goldfuchs, auf dessen Rücken sich der grüne Heinrich schwingt; aus dem Pflug wird ein Schiff, das der ansonsten doch der festen Erde verpflichtete Bauer besteigt. Aus einem Wasserstrahl schmiedet der Bauer nun ein Schwert, das er sich selbst überreicht, wobei er sich in Wilhelm Tell verwandelt. Heinrich reitet weiter und gelangt in das Dorf des Oheims, trifft auf Judith, die ihm einen Kuss gibt, der „eigentlich ein Stück Apfelkuchen" ist (II/705). Er will in das Haus der Verwandten gehen und stellt dabei freudig fest, dass auf dem Pferderücken ein Mantelsack voll mit sich schnell vermehrenden schönen Kleidungsstücken ist. Schamhaft zieht er sich um; was er mit den alten Kleidern anfangen soll, weiß er nicht – ein subtiles Spiel mit der Text/Textil-Gewebe-Spinnerei-Verwandtschaft[283], für die Heinrichs fast unablässig spinnende Mutter leitmotivisch einsteht. Da erscheint Anna, mit der er Hand in Hand ins Haus schreitet, wo er seine Verwandten, auch die verstorbenen, wiedersieht, die alle mitsamt von Tieren umgeben sind und Pfeife rauchend auf und ab schreiten. Der Oheim bittet zu Tisch, und alle singen gemeinsam ein Traumlied, das mit den Versen beginnt: „Wir träumen, wir träumen, / Wir träumen und wir säumen." „Wir sind dem Aufwachen nahe, wenn wir träumen, daß wir träumen"[284], wusste schon Novalis, der Dichter des Traums von der blauen Blume. Auch Heinrich erwacht, „in Tränen gebadet" (II/708), nachdem er träumte, dass er träumte. Aber alsbald schläft er wieder ein (Ende des sechsten Kapitels) und träumt weiter (siebtes Kapitel).

In einem großen grünen Wald voll Erdmännchen und Moosweiblein, die florale Schönheiten mit goldenen Laternchen beleuchten (Kellers Prosa liebt bekanntlich Diminutive), gelangt Heinrich zu einer anfangs wunderbar nutz-, jedoch nicht sinnlosen Hängebrücke, die über einen bequemen, leicht zu begehenden und dennoch unbetretenen Boden führt. Ihr Steg führt unter dem offenen hellen Himmel über Baumwipfel hinweg, doch dann öffnet sich unten die dunkle Tiefe einer Felsschlucht, in der Heinrichs Mutter, eisgrau geworden, alt und gebeugt auf einer kleinen Bachwiese an einem Spinnrad sitzt. Mutter und Sohn erblicken sich, die Mutter stößt einen Freudenschrei

283. Cf. dazu Uwe Steiner: Verhüllungsgeschichten – Die Dichtung des Schleiers. München 2006

284. Novalis: Blüthenstaub Nr 16; in: Werke, Tagebücher und Briefe, edd. Hans-Joachim Mähl / Richard Samuel – Bd. 2: Das philosophisch-theoretische Werk. München 1978, p. 232

aus, der Steg kracht in sich zusammen, die Szene ändert sich plötzlich. Heinrich steht auf einem Berg, der seiner Heimatstadt gegenüberliegt. Der Fluss, der ihn von ihr trennt, ist zehnmal breiter als sonst; er erblickt zahlreiche junge Mädchen, die ihm zulachen – verständlich, dass er geschwind den Fluss überqueren will. Der Goldfuchs ist ihm dabei zu Diensten. Heinrich legt den Mantelsack auf den Pferderücken und reitet der Brücke entgegen, die aber nicht mehr die alte, karge, ihm vertraute Holzbrücke, sondern ein prächtiger Marmorpalast mit zwei Stockwerken ist. Die innere Brückenwand ist mit zahllosen Malereien bedeckt, die das die Brücke beschreitende Volk vom Helden bis zum Lumpenhund darstellen, wobei die Passanten in die Bilder eingehen et vice versa – ein unausgesetzter „Austausch zwischen dem gemalten und wirklichen Leben". Doch nicht nur die Differenz zwischen Bild und Abgebildetem, sondern auch die von Vergangenheit und Zukunft schwindet: „Auf dieser wunderlichen Brücke (schien) Vergangenheit und Zukunft nur Ein Ding zu sein." (II, 711)

Und nun folgt ein atemberaubender Dialog zwischen Pferd und Reiter. Er bedenkt, um eine Formel aus Walter Benjamins Keller-Essay aufzugreifen, „die Ökonomie des Menschendaseins"[285] und zugleich und ineins damit eine der anspruchsvollsten philosophischen Fragen, die nach Identität, Differenz und Äquivalenz. Dieser ebenso weise wie witzige Dialog ist, weil er ein sachlich belastbares Beispiel für das in ebenso schöner wie kluger Literatur angesiedelte Wissen ist, die gleichschwebende Aufmerksamkeit des close reading wert. Die surreale Fülle der zuvor evozierten Bilder, Symbole, Metaphern und Allegorien hat der grüne Heinrich unbefragt hingenommen, auch in der kurzen Wachphase bemüht er sich nicht um eine explizite Traumanalyse. Nun aber verlangt der grüne Heinrich, wohlgemerkt der schlafende, der träumende grüne Heinrich, nach Aufklärung darüber, was „das für eine muntere Sache" sei. Diese Frage „summt (er) in (sich) hinein", doch sie bleibt nicht unerhört. Sein eloquenter Goldfuchs mit seinem guten Pferdegehör hat sie offenbar vernommen und ist um eine erstaunlich anspruchsvolle Antwort nicht verlegen, die man getrost unerhört nennen kann: „Nun möcht' ich wohl wissen, was das für eine muntere Sache ist!" summte ich in mich hinein, und das Pferd antwortete auf der Stelle: / „Dies nennt man die Identität der Nation!" / „Ei, du bist ein sehr gelehrter Gaul!" rief ich, „der Hafer muß dich wirklich stechen! Woher nimmst du derartige Brocken?" / „Erinnere dich", sagte der Goldfuchs, „auf wem du reitest! Bin ich nicht aus Gold entstanden? Gold aber ist Reichtum, und Reichtum ist Einsicht." (II/713)[286] Die Äußerung des edlen zoon logon echon präsentiert eine ebenso

285. Walter Benjamin: Gottfried Keller; in: W.B.: Gesammelte Schriften, edd. Rolf Tiedemann / Hermann Schweppenhäuser, Bd. II/1. Ffm 1977, p. 289

prägnante wie lakonisch verdichtete Antwort auf die Frage nach dem Sinn des Begriffs ‚Identität', indem sie mit frappierenden Gleichungen arbeitet: Gold = Reichtum, Reichtum = Einsicht. Was da gleichgesetzt wird, ist nun aber ersichtlich bzw. unüberhörbar nicht identisch im Sinne einer a=a-Tautologie. Die Gleichsetzung von Gold und Reichtum ist immerhin noch suggestiv, nicht aber analytisch haltbar (man denke etwa an das Problem, das König Midas erleidet, dem sich alles, was er berührt, in Gold verwandelt); die Gleichsetzung von Reichtum und Einsicht ist überraschend und trifft deshalb auch auf den Widerstand des grünen Heinrich.

Seine überlegene analytische Intelligenz führt der Goldfuchs halb bescheiden, halb kokett darauf zurück, dass er sich einer Metamorphose verdankt – er ist aus Gold entstanden, das seinerseits aus den goldenen Körnern entstanden ist, die ein Landmann in die Luft geworfen hat. Geschuldet ist demnach die Einsichtsfähigkeit des „gelehrten" (II/713), nun gar „weisen Gauls" (II/713 – was für eine Wortkombination: der weise Gaul) seiner Entstehung aus Gold. Der grüne Heinrich hat hinreichend viele negative Erfahrungen mit Gold und Geld bzw. dem Mangel an Geld gemacht, und also kann er dem „weisen Gaule nicht mit gutem Gewissen recht geben ..., daß Reichtum Einsicht sei." Zumindest die zweite vom weisen Gaul aufgestellte Gleichung wird ausdrücklich als kognitive Zumutung markiert, die aber nicht weiter problematisiert wird. Folgt doch eine bemerkenswerte Formulierung. Der grüne Heinrich trägt den Dissens mit dem Pferd, das ihn trägt, nicht aus, sondern vertraut darauf, dass der „weise Salomon" – mit dem Namen des ebenso reichen wie klugen Herrschers spricht er ihn nun an – auf seine großspurigen Thesen Kleingeld herausgeben kann. „Ich fand ... mich doch unvermutet so einsichtsvoll, daß ich wenigstens nichts erwiderte und gemütlich

286. Zum Vergleich die Passage in der Erstfassung: „Nun möchte' ich wohl wissen", sagte Heinrich vor sich hin, während er aufmerksam alles aufs genaueste betrachtete, „was dies für eine muntere und lustige Sache hier ist!" / Das Pferd erwiderte auf der Stelle: „Dies nennt man die Identität der Nation!" / „Himmel!" rief sein Reiter, „du bist ein sehr gelehrtes Pferd! Der Hafer muß dich wirklich stechen! Wo hast du diese gelehrte Anschauung erworben?" / „Erinnere dich", sagte der Goldfuchs, „auf wem du reitest! Bin ich nicht aus Gold entstanden? Gold aber ist Reichtum, und Reichtum ist Einsicht." (I/771) –In der Erstfassung gehen dem Brückentraum stärker noch als in der Zweitfassung markante Formulierungen voraus, die von den pekuniären Problemen nicht nur des grünen Heinrich handeln. Er ist zwar nicht mehr gezwungen, „Schulden zu machen", um der „harten Geschäftspflicht" nachzukommen, der ihrerseits klammen Hauswirtin die Miete zu bezahlen. Die „Berichtigung seiner Schuld" ist möglich, weil er, wie der Hauswirtin nicht entgangen ist, „einiger Barschaft froh" ist, so dass sie sich mit der Mietnachzahlung „einer Menge kleiner heftiger Gläubiger" entledigen und „neuen Kredit beim Bäcker" aufnehmen kann. (I, 749 sq.) Es folgen Wendungen wie die, dass man noch „unter den Stand der eigenen Armut hinabgesunken" sein kann (I/750) und dass bei Heinrichs Mutter „sicheres Auskommen" ohne „herbe Sparsamkeit" (I/753) nicht zu haben ist. Nach der Brückentraum-Passage heißt es: „Noch mehr wunderte er sich über die Gier, mit welcher der Mangel ihn fortwährend von Geld und Gut und allen guten Dingen träumen ließ." (I/781)

weiterritt." (713 sq.) Der grüne Heinrich lässt also erst einmal die frappierenden Gleichsetzungen von Gold und Reichtum sowie von Reichtum und Einsicht[287] gelten, die der gelehrte, weise, nunmehr gar salomonische Weisheitsqualitäten aufweisende Goldfuchs ins Feld führt. Aber er will genauer wissen, wie es um das Konzept Identität bestellt ist. „"Nun sage mir, du weiser Salomo!" begann ich nach einer Weile von neuem, „Heißt eigentlich die Brücke die Identität oder die Leute so darauf sind? Welches von beiden nennst du so?" / „Beide zusammen sind die Identität, sonst spräche man ja nicht davon!" / „Der Nation?" / „Der Nation, versteht sich!" / „Also ist die Brücke auch eine Nation?" / „Ei, seit wann", rief das Pferd unwillig, „kann denn ein Vehikel, so schön es ist, eine Nation sein? Nur Leute können eine sein, folglich sind es die Leute hier!" / „So! und doch sagtest du soeben, die Nation und die Brücke machen zusammen eine Identität aus!" „Das sagt ich auch und bleibe dabei!" / „Nun also?" / „Wisse", antwortete der Gaul bedächtig, indem er sich auf allen Vieren spreizte, „wisse, wer diese heikle Frage zu beantworten und den Widerspruch zu lösen versteht, der ist ein Meister und arbeitet an der Identität selber mit. Wenn ich die richtige Antwort, die mir wohl so im Munde herumläuft, rund zu formulieren verstände, so wäre ich nicht ein Pferd, sondern längst hier an die Wand gemalt. Übrigens erinnere dich, daß ich nur ein von dir geträumtes Pferd bin und also unser ganzes Gespräch eine Ausgeburt und Grübelei deines eigenen Gehirnes ist. Mithin magst du fernere Fragen dir nur selbst beantworten aus der allerersten Hand!" (II/714)

Fernere Fragen drängen sich in der Tat auf. Etwa die, ob eine Brücke sinnvoller Weise als „Vehikel" bezeichnet, gar mit einem Vehikel gleichgesetzt werden kann. Ist sie nicht als immobile Größe das, was Vehikel trägt, also dort die gesteigerte Mobilität ermöglicht, die eine zerklüftete Landschaft ansonsten verhindern würde? Dann aber kann sie als funktionales Äquivalent zu Vehikeln verstanden werden. Theoretische Rekonstruktionen und Explikationen belletristischer Einsichten sind mit diesen so wenig identisch, wie Reichtum und Einsicht oder eine Brücke und eine Metapher oder ein Vehikel und eine Brücke identisch sind. Wohl aber sind sie äquivalent. Und eben dies ist die sich abzeichnende Pointe des faszinierenden und im Wortsinne exzentrischen Dialogs eines Träumers mit seinem Traum, eines Träumers, der ahnt und dem schwant, dass er nicht Herr im eigenen Haus ist, sondern dass

287. Das Motiv der über Geld vermittelten Gleichsetzung des Unterschiedlichen ist im Kapitel *Das Pergamentlein* (Dritter Band, Neuntes Kapitel) vorbereitet. Es schildert Heinrichs erfolgreiches Bemühen, an das von seinem früh verstorbenen Vater für ihn angelegte kleine Kapital zu gelangen, das in einem vergilbten Pergament dokumentiert wird. „Zu was ein solches Geld nützlich wäre", fragt sich der grüne Heinrich. Man kann, so die Antwort, mit diesem Geld solch unterschiedliche Dinge wie eine Wiese, einen Weinberg oder ein Wegrecht erwerben oder es als ein weiter aufzubewahrendes „Zinsstück" verwenden (II/461).

vielmehr eine „tolle Dienstbotenwirtschaft“ droht, wenn es um Fragen der Identität von Identität und Äquivalenz geht. Anspruchsvolle, also nicht-tautologische Identität liegt nur dann vor, wenn beide Seiten einer Gleichung auf Unterschiedliches Bezug nehmen und doch als gleiche expliziert werden. Dass $a^2+b^2=c^2$, dass Pi=3,14..., dass $E=mc^2$ ist, ist alles andere als tautologisch. Darauf muss man erst einmal kommen, diese prima vista verborgene Einsicht muss sich erst einmal erschließen. Erschlossen werden solche nichtidentischen (im Sinne von nicht-tautologischen) Identitäten über die Brückenfunktion des Gleichheitszeichens. Überraschende Einsichten hält dieses Zeichen bereit, wenn die Relate zu seiner Linken und zu seiner Rechten nicht identisch (nicht tautologisch dasselbe), sondern äquivalent, eben einander gleich bzw. gleichwertig sind.

Der große Roman des „bürgerlichen Außenseiters“[288] Gottfried Keller liest sich wie eine poetisch anspruchsvolle Parallelfassung zu Hegels dialektischen Überlegungen zur (nicht-trivialen) Identität, die immer eine Identität von Identität und Differenz ist. Kellers Roman überbietet nun aber noch Hegels analytisches Niveau. Der Schlüsselsatz aus der *Phänomenologie des Geistes*, das Ich sei „der Inhalt der Beziehung und das Beziehen selbst; es ist es selbst gegen ein Anderes, und greift zugleich über dieses Andere über, das für es ebenso nur es selbst ist“[289], erfasst theoretisch die Erfahrung des träumenden grünen Heinrich. „Ich unterscheide mich“, so Hegel, „von mir selbst, und es ist darin unmittelbar für mich, daß dies Unterschiedene nicht unterschieden ist.“[290] Der Träumer ist – um eine Formel zu verwenden, die erst ein Jahrhundert nach Hegel und ein halbes Jahrhundert nach Kellers Roman von Bertrand Russell geprägt wurde – als Menge aller Mengen, die sich selbst als Element enthält, ein durch und durch problematischer Fall. Auch nicht träumende, sondern lucide selbstbewusste, mit sich identische Subjekte (die Fichte mit der Ich=Ich-Gleichung zu erfassen versuchte) kommen in dieser Gleichung doppelt vor: als wissende Subjekte und als eines von vielen Relaten ihres Wissens (in tradierter philosophischer Terminologie: als Subjekt und Objekt). Und doch sollen sie ja ein mit sich identisches Subjekt sein. Der träumende grüne Heinrich träumt, dass er träumt, und wird überdies von einem seiner Traumprodukte, dem sprechenden Pferd, explizit darauf hingewiesen, dass er träumt. „Übrigens erinnere dich, daß ich nur ein von dir geträumtes Pferd bin und also unser ganzes Gespräch eine Ausgeburt

288. So der prägnante Titel der Keller-Studie von Ulrich Kittstein: Gottfried Keller – Ein bürgerlicher Außenseiter. Darmstadt 2019

289. Hegel: Phänomenologie des Geistes, Werke, edd. Michel / Moldenhauer, Bd. 3. Ffm 1970, p. 137 sq.

290. Ibid., p. 134 sq.

und Grübelei deines eigenen Gehirnes ist. Mithin magst du fernere Fragen dir nur selbst beantworten aus der allerersten Hand!" / „Ha! du widerspenstige Bestie!" schrie ich und stieß dem Tiere die Fersen in die Weichen, „um so mehr, du undankbarer Klepper! bist du mir zu Red' und Antwort verpflichtet, da ich dich aus meinem so mühselig ergänzten Blute erzeugen und diesen Traum lang speisen und nähren muß!" (II/714)

Dankbar ist der grüne Heinrich für den bescheidenen Hinweis seines Pferdes nicht, dass es nur eine Ausgeburt des Träumers ist. Spricht der Reiter sein Pferd doch nicht mehr respektvoll als „weisen Salomo", sondern als „widerspenstige Bestie" und „undankbaren Klepper" an. Gerade dann, wenn er von seinem (Traum-)Geschöpf auf seine herrschaftliche Schöpferpotenz hingewiesen wird, reagiert der grüne Heinrich außerordentlich gereizt. Dabei wird er, der hoch zu Ross Reitende und nicht zu Fuß gehende, seinem Namen doch gerade in der Traumsequenz mit dem Goldfuchs gerecht – und zugleich nicht gerecht.[291] Der literarisch so beliebte Name Heinrich meint bekanntlich denjenigen, der in seinem Haus, in seinem Heim die Herrschaft ausübt (von ahd. rîhhi"=mächtig, Fürst). Heinrich aber ist ein Ich, das mit sich selbst über Kreuz liegt. Von seinem Traumprodukt muss er sich belehren lassen, dass er der Traumproduzent ist – oder eben nicht. Träume mit dem Possessivpronomen „mein" (Traum) zu versehen, ist riskant. Dabei sind in seinen Namen die Worte „ein" und „Ich", ein unbestimmter Artikel und das erste Personalpronomen eingelassen: Heinrich.[292] Nota bene: Es ist aus dezidiert philologischer Perspektive bemerkenswert, dass der klassische und der neoklassische Ich-Philosoph Eigen- bzw. Familiennamen tragen, in denen sich das Wort „ich" versteckt bzw. offenbart: Johann Gottlieb Fichte und Dieter Henrich (Dieter, nicht Dietrich). Euphemistisch so genannte Eigennamen sind nun aber geradezu der Inbegriff der Fremdbestimmung, worauf die wiederholten Reflexionen zum Status, zur Genese und zur Funktion von Eigennamen im *Grünen Heinrich* immer wieder hinweisen. Im Namen anderer, häufig sehr großer göttlicher anderer, wird ein infans, was ja nichts anderes als ein noch sprachunfähiges Menschenwesen meint, auf einen Namen getauft, den es sich nicht selbst ausgewählt hat.[293] Der wie sein „Ichel"-Sonette[294] verfassen-

291. Cf. dazu Werner Hamacher: Sprachgerechtigkeit. Ffm 2018

292. Diesen Hinweis verdanke ich meiner Doktorandin Rebecca Richter.

293. Jochen Hörisch: Das Ich ist nicht Herr im eigenen Haus – Zur Psychoanalyse von Eigennamen; in: Allert, Gebhard / Rühling, Konrad / Zwiebel, Ralf (edd.): Pluralität und Singularität der Psychoanalyse – Arbeitstagung der deutschen Psychoanalytischen Vereinigung Kassel 3.–6. Juni 2015. Gießen 2015, pp. 19–34. In diesem Buch pp. 50–66

294. In den von ihm so benannten *Ichel*-Sonetten (ein Wortspiel mit M/ichel) aus dem Jahr 1846 attackiert Keller noch vor seiner Wendung zu Feuerbachs Atheismus mit August Adolf Ludwig Follen die von diesem so titulierten „gott-losen Nichts-Wütheriche" Arnold Ruge und Karl Heinzen.

der Autor aus Zürich stammende, früh schon in grüne Textilien gewandete Heinrich erfährt, wie eng verwandt Textilien und Texte sind. Beide be- und entdecken unsere Blöße.

Die beiden Traumkapitel in Kellers Roman wären großartig und bedenkenswert genug, wenn sie mit den soeben rekonstruierten Einsichten in die Komplexität von Identitätsrelationen, zumal selbstbezüglicher, endeten. Aber der Traum hält seine eigentliche Pointe erst noch bereit.[295] Heinrich, ein Ich wie andere auch, ein Ich, das mit anderen gemeinsam hat, eine unverwechselbare Lebensgeschichte zu haben, Heinrich, ein Größen-Ich, das wie andere auch Depotenzierungserfahrungen aller Art durchmachen musste und muss, steht noch eine Kränkung bevor, die mit einer profanen Erleuchtung zusammenfällt. Er reitet weiter und bemerkt zufrieden, dass er „von allen Seiten mit biederer Achtung begrüßt wurde; denn schon mehr als einer der Vorübergehenden hatte mit eigentümlichem Griffe meinen strotzenden Mantelsack betastet, ungefähr wie die Metzger tun, wenn sie in den Bauernställen oder auf Märkten ein Stück Rindvieh auf seine Fettigkeit prüfen und ihm Kreuz und Lenden bekneifen. / „Das sind ja absonderliche Manieren!" sagte ich endlich; „ich glaubte, es kenne mich kein Mensch hier!" / „Es gilt auch nicht dir", meinte der Goldfuchs, „sondern deinem Quersack, deiner dicken Goldwurst, die mir das Kreuz drückt!" / „So? also das ist die Lösung und das Geheimnis deiner ganzen Identitätsfrage, das gemünzte Gold? Denn du bist ja aus gleichem Stoffe, ohne daß dich ein einziger betastet!" (II/715; in der Erstfassung: „Also ist das Geheimnis und die Lösung dieser ganzen Identitätsherrlichkeit doch nur das Gold, und zwar das gemünzte? Denn sonst würden sie dich ja auch betasten, da du aus dem nämlichen Stoffe bist!" – I/776) Der grüne Heinrich muss erleben, dass nicht ihm, dem Reiter hoch zu Ross, und auch nicht seinem Pferd aus massivem Gold die Aufmerksamkeit der Passanten auf der Brücke gilt, sondern den Goldmünzen, die sich im „strotzenden Mantelsack", im „Quersack" bzw. in der „dicken Goldwurst" verbergen. In beiden Roman-Fassungen liegt ein deutlicher Akzent auf dem Umstand, dass nicht das Gold als Stoff, sondern das gemünzte, also zu Geld gewordene Gold die Passanten fasziniert. Der Grund für diese Faszination erschließt sich dank der vorangegangenen Reflexionen und Analysen zum komplexen Problemfeld von Identität und Äquivalenz in ebenso überraschender wie plausibler Weise: Gemünztes Gold, also Geld, ist das Medium

Die Eingangszeilen sind auf die Silbe „ich" fixiert (auch in den Worten ‚spricht' und phonetisch in ‚selig': „XXI. Auch an die ‚Ichel' – 1. ‚Ich mach' die Seelen selig, Ich allein!' / Spricht Rom." (SW 13, p. 55)

295. Die folgenden Überlegungen nehmen Thesen wieder auf, denen ich schon 1983 in meiner Habilitationsschrift nachgegangen bin: Jochen Hörisch: Gott, Geld und Glück – Zur Logik der Liebe in den Bildungsromanen Goethes, Kellers und Thomas Manns. Ffm 1983, p. 118 sqq.

der systematischen Gleichsetzung des Nichtgleichen. Der grüne Heinrich weiß ein Lied davon zu singen, dass sich Unterschiedlichstes wie bemalte Fahnenstangen, Gemälde, der Trödelkram der Frau Margret, Speisen, Textilien, Dienstleistungen oder die Schuldforderungen des Jugendfeindes Meierlein, dem er am Ende seines Traumes wiederbegegnet, gleichsetzen lassen. Gemünztes Gold / Geld setzt systematisch äquivalent, was nicht identisch ist – und ist insofern „die Lösung und das Geheimnis (der) ganzen Identitätsfrage" bzw. „Identitätsherrlichkeit", wie es in der Erstfassung nicht ohne höhnische Untertöne heißt.

Die Zweitfassung des *grünen Heinrich* formuliert wiederum komplexer als die Erstfassung, wenn sie deren Wendung „Geheimnis und Lösung" in „Lösung und Geheimnis" umkehrt. Das Geheimnis hat das letzte Wort, es besteht auch nach seiner Lösung fort. Denn die über das gleichgültige, indifferente Äquivalenzmedium Geld erfolgende Identifizierung des Nichtidentischen funktioniert umso effektiver, je stärker sie ausgeblendet und nicht eigens bedacht wird. Identitäten festzustellen und herzustellen, ist nach der weitreichenden Einsicht Kellers keine Leistung autonomer und in jedem Wortsinne selbstbewusster Subjekte, sondern Effekt des über das Medium Geld vermittelten Äquivalententauschs. Er oktroyiert intersubjektiv verbindliche Kategorien und Analyseformen. Mit sich selbst kann man nicht tauschen. Der Tausch ist, wie Claude Lévi-Strauss gezeigt hat, noch vor Sprache die Grundform von Interaktion und Intersubjektivität. Die Identität von Gruppen und Großgruppen wie der Nation besteht darin, dass mit sich identische Individuen die Gemeinsamkeit haben, jeweils andere zu sein und anderes zu haben, was sich im Tausch mit anderen gleichsetzen lässt. Kellers Bildungs- und Künstlerroman begreift die heikle Identität von Subjekten als Epiphänomen der Identität, die der geldvermittelte Tausch stiftet. Aber genau das wollen die gängigen Selbstverständigungsfiguren selbstbewusster Subjekte zumeist nicht wissen.

Ausnahmen bestätigen die Regel. Die Namen Nietzsche und Marx stehen für solche Ausnahmen in der Sphäre der Theorie. Dem großen Keller-Bewunderer Nietzsche (beide lernten sich 1884 auch persönlich kennen[296]) gelangen in seinem Buch *Zur Genealogie der Moral* Formulierungen, deren analytische Nähe zu Kellers prägnanter Formel, das gemünzte Gold sei der geheimnisvolle Kern und die Lösung der gesamten Identitätsfrage, unverkennbar ist. „Das Gefühl der Schuld, der persönlichen Verpflichtung, (...), hat, wie wir sahen, seinen Ursprung in dem ältesten und ursprünglichsten Personen-Verhältnis, das es gibt, gehabt, in dem Verhältnis zwischen Käufer und Verkäufer, Gläubiger und Schuldner: hier trat zuerst Person gegen Per-

296. Curt Paul Janz: Friedrich Nietzsche – Biographie. München 1993, p. 341 sqq.

son, hier *maß sich* zuerst Person an Person. Man hat keinen noch so niedren Grad von Zivilisation aufgefunden, in dem nicht schon etwas von diesem Verhältnisse bemerkbar würde. Preise machen, Werte abmessen, Äquivalente ausdenken, tauschen – das hat in einem solchen Maße das allererste Denken des Menschen präokkupiert, daß es in einem gewissen Sinne *das* Denken ist: hier ist die älteste Art Scharfsinn herangezüchtet worden, hier möchte ebenfalls der erste Ansatz des menschlichen Stolzes, seines Vorrangs-Gefühls in Hinsicht auf anderes Getier zu vermuten sein. Vielleicht drückt noch unser Wort „Mensch" (*manas*) gerade etwas von *diesem* Selbstgefühl aus: der Mensch bezeichnete sich als das Wesen, welches Werte mißt, wertet und mißt als das „abschätzende Tier an sich". Kauf und Verkauf, samt ihrem psychologischen Zubehör, sind älter als selbst die Anfänge irgendwelcher gesellschaftlichen Organisationsformen und Verbände: aus der rudimentärsten Form des Personen-Rechts hat sich vielmehr das keimende Gefühl von Tausch, Vertrag, Schuld, Recht, Verpflichtung, Ausgleich erst auf die gröbsten und anfänglichsten Gemeinschafts-Komplexe (in deren Verhältnis zu ähnlichen Komplexen) *übertragen*, zugleich mit der Gewohnheit, Macht an Macht zu vergleichen, zu messen, zu berechnen."[297] Nietzsche hat die *Genealogie der Moral* am 14. Oktober 1886 an Gottfried Keller geschickt und seiner Sendung folgende Worte mitgegeben: „Inzwischen habe ich mir die Freiheit genommen, einer alten Liebe und Gewohnheit gemäß, Ihnen mein letztes Buch zu übersenden; mindestens bekam mein Verleger C. G. Naumann den Auftrag dazu. Vielleicht geht dieses Buch mit seinem Fragezeichen-Inhalte wider Ihren Geschmack: vielleicht nicht seine *Form*."[298] Dass Nietzsches Schrift in toto Kellers Zustimmung gefunden hat, ist in der Tat nicht wahrscheinlich, die zitierte Passage aber dürfte ganz nach seinem analytischen Geschmack gewesen sein.

Der Umgang mit dem Identitäts- bzw. Äquivalenzmedium Geld erfolgt eigentümlich unbewusst, gewissermaßen mit traumwandlerischer Sicherheit. Wir bedenken nicht explizit, was wir tun, wenn wir über das Tauschmedium Geld systematisch gleichsetzen, was nicht gleich ist. Die weitreichenden mentalen und kognitiven Auswirkungen des geldvermittelten Äquivalententauschs nehmen uns nicht wunder, sie sind uns vielmehr gleichgültig. Eben diese Gleichgültigkeit überwindet der Brückentraum des grünen Heinrich. Er analysiert auf seine ästhetische, metaphorische, kryptotheoretische Weise die Geldform, die auch Marx und Nietzsche[299] zu dechiffrieren versuchten.

297. Friedrich Nietzsche: Zur Genealogie der Moral, Werke, ed. Karl Schlechta, Bd. 2. München 1966, p. 811

298. Zit. bei Janz, l.c., p. 346

299. Zur Konstellation Keller-Nietzsche liegen mehrere Studien vor, zu Affinitäten zwischen Marx und Keller findet sich wenig. Eine Ausnahme ist Max Keller: Vom verlorenen Vertrauen zu Volk und Gott – Gottfried Keller und Karl Marx; in: Rote Revue – Profil. Bd. 67/1988, pp. 20–25

Die unbewusste Qualität ebenso komplexer wie Komplexität reduzierender, über das Medium Geld vermittelter Tauschakte war Marx eine prägnante Formel wert: „Indem (die Menschen) ihre verschiedenartigen Produkte einander im Austausch als Werte gleichsetzen, setzen sie ihre verschiednen Arbeiten einander als menschliche Arbeit gleich. Sie wissen das nicht, aber sie tun es. Es steht daher dem Werte nicht auf der Stirn geschrieben, was er ist. Der Wert verwandelt vielmehr jedes Arbeitsprodukt in eine gesellschaftliche Hieroglyphe. Später suchen die Menschen den Sinn der Hieroglyphe zu entziffern, hinter das Geheimnis ihres eignen gesellschaftlichen Produkts zu kommen."[300]

Kellers großer Roman entstand in den Jahren, in denen auch Marx an seinem Hauptwerk arbeitete. Beide Werke müssen als belletristischer bzw. theoretischer Versuch verstanden werden, unverstandene „gesellschaftliche Hieroglyphen" in lesbare Texte zu verwandeln. Dabei setzt Kellers Prosa Akzente, die noch deutlich stärker sind als die von Marx. Um schematisierend zusammenzufassen: Der Brückentraum des grünen Heinrich handelt unablässig von Verwandlungen – und läuft auf das trotz oder wegen seiner zauberhaften Dimensionen extrem realitätstaugliche Metamorphosen-Medium Geld hinaus, das systematisch Transsubstantiationen von Geldzeichen in reale Werte (Güter und Dienstleistungen) ermöglicht. Das Medium Geld überbrückt den Abgrund, der Symbole von dem trennt, was wir real und reell nennen. Brücken, die Übertragungen und Übersetzungen von Menschen und Dingen erleichtern und ermöglichen, gibt es tatsächlich. Sie sind real existierende, Holz, Stein, Beton oder Stahl gewordene Metaphern und ähneln immateriellen Träumen, die unablässig Metaphernketten figurieren. Ähnlichkeiten sind ohne Differenzen nicht zu haben: Träume gibt es wirklich; Traumgehalte sind hingegen nun eben Elemente eines Traums; sie haben keine verlässlichen Äquivalente im Realen; es gibt das Trauminventar nicht in der Weise, in der es Brücken gibt – und Geld.

Mit dem Traum teilt Geld erstens den Umstand, alles mit allem assoziieren zu können, zweitens seine spezifisch un- bis vorbewusste Qualität und drittens die Zulassung irrationaler, insbesondere religiöser und sexueller Momente.[301] Vom Traum unterscheidet sich Geld durch seine es geradezu definierende intersubjektive Geltung. Träume sind, auch wenn es problematisch ist, sie mit dem Possessivpronomen zu bezeichnen, hochgradig individualisiert; Geld ist hingegen der Inbegriff transsubjektiver Verbindlichkeit (ein gesetzliches Zahlungsmittel, Keller legt ja ausdrücklich Wert auf die Prägung „gemünzt").

300. Karl Marx: Das Kapital I. MEW Bd. 23. Berlin 1961, p. 87

301. Jochen Hörisch: Man muss dran glauben – Die Theologie der Märkte. München 2014

Kellers Roman hat diese Motive in der starken Szene entfaltet, die der Lösung der Identitätsfrage sogleich folgt. Der nunmehr mit ultimativem Durchblick in wenn nicht letzte, so doch vorletzte Fragen versehene grüne Heinrich wirft „einige Hände voll Goldmünzen in die Höhe, welche sogleich von hundert in der Luft zappelnden Händen aufgefangen und weiter geworfen wurden" (II/716). Geld zirkuliert und sorgt, wie der Goldfuchs weiter doziert, dafür, dass „sie (die Leute) ihre Privatsachen mit den öffentlichen Dingen für identisch halten." Das weise Pferd hat die Lektion aus Mandevilles 1705 erstmals erschienener (dann in weiteren Auflagen erweiterter) Bienenfabel und aus Adam Smith' 1774 erschienenem Klassiker *The Wealth of Nations* gelernt: privat vices become public benefits. In den Worten des Brückentraums: „habsüchtige Esel" (II/716) mögen unangenehme Charaktere sein, sie tragen doch, wenn „jeder das Gold (des anderen) erst besehen und an seinem eigenen Golde gerieben hat" hat, dazu bei, dass sich „beide Stücke ... verdoppeln" und die Wirtschaft prosperiert – „es regnete förmlich Geld". Eine Szene, deren sexuelle Tönung unverkennbar ist. Die Goldstücke reiben sich aneinander und verdoppeln sich sodann; Marx hat dafür eine klare Formel gefunden: Geld heckendes Geld. Wie Geldvermehrung in Kellers Werk geschildert und analysiert wird, wäre eine eigene Studie wert. Sie sollte Adolf Muschgs wertvollem Hinweis folgen: „Die Fortpflanzung des Geldes ist, wie seine Herkunft, undurchsichtige Männersache; für einen im Wortsinne noblen Charakter verbietet es sich von selbst, beim ‚Geschlechtsteil des Geldes' (Rilke) zu verweilen."[302] Nachdem Heinrichs Traum diese tabubewehrte Sphäre berührt hat, hebt er, der doch die protorationale Grundoperation des Identifizierens entschlüsselte, vollends in die Sphäre des Irrationalen ab. Der Goldfuchs verwandelt sich erneut. Ihm wachsen „große Flügel", die die Pegasus-Assoziation verbindlich machen würden[303], wenn der Text nicht sogleich Mandevilles Klassiker Ref/verenz erweisen würde, indem er von einer „Riesenbiene" (II/716) und einem „goldenen Bienenpferde" (II/717) spricht. Der grüne Heinrich hebt ab, er fliegt, er „schwebt", „geschwollen vom Bewußtsein des Reichtums, ... aus der Brückenhalle hinaus" (II/717), gibt sich „lüstern" Heiratsphantasien hin – und stürzt, „ein neuer Ikarus", von Wilhelm Tells Pfeil getroffen, „samt dem Goldfuchs prasselnd aufs Kirchendach." Ein hartes Erwachen, dem die erwähnte Allegorienanalyse folgt.

302. Adolf Muschg: Gottfried Keller. München 1977, p. 147

303. Auch ein so genauer Leser wie Gerhard Kaiser folgt dieser Assoziation und blendet die Bienen-Bezüge aus: „der Goldfuchs wird zum Pegasus der Poesie" (Gerhard Kaiser: Gottfried Keller – Das gedichtete Leben. Ffm 1981, p. 228). Auf die verlässliche Präsenz und Brechung mythologischer Motive im Werk Kellers hat Herbert Anton aufmerksam gemacht: Mythologische Erotik in Kellers ‚Sieben Legenden' und im ‚Sinngedicht'. Stuttgart 1970

Aus dem Äquivalenz-Medium Geld ist im Traum des grünen Heinrich schlussendlich Kapital geworden – die Parallele zum Argumentationsgang in Marxens Hauptwerk, das Keller wohl nicht gelesen hat, ist auch in dieser Hinsicht frappierend. *Der grüne Heinrich* liefert mit dem Brückentraum eine literarische Analyse der Geldform und der mit ihr gegebenen Lösung der Identitätsfrage. Den Problemen, die sich einstellen, wenn Geld zu Kapital wird, wendet sich Kellers Altersroman *Martin Salander* zu. In seinem Mittelpunkt steht eine Figur, die ihrem Namen wie der grüne Heinrich alle Ehre macht: ein anderer namens Salander. Gottfried Keller ist ein Geld-Dichter von Graden; sein Werk hält ein Wissen über Geld bereit, das man nicht nur Wirtschaftswissenschaftlern und Notenbankern, sondern allen, die mit Geld zu tun haben (also allen) wünschen würde. Die Schweizer Notenbank hatte eine profane Erleuchtung, als sie mit einem Porträt Gottfried Kellers die gängigste Franken-Banknote schmückte.

Wirtschaftsweise und Masters of the Universe. Über Wirtschaftsphilosophie und Wirtschaftspoesie

Philosophie und Wirtschaft können miteinander kaum etwas anfangen. Philosophen verachten spätestens seit Platons Kritik an den Sophisten, die mit Denk- und Beratungsleistungen Geld verdienen wollten, die schmutzige Wirtschaftssphäre. Wer Ställe ausmistet, Häuser baut, den Acker bestellt oder Sklaven traktiert, passt nicht recht in den Kreis derer, die ihr Leben dem reinen Geist gewidmet haben und darüber nachdenken, was es mit der Wahrheit, dem Guten, dem Schönen oder gar der Transzendenz auf sich habe. Philosophen, die sich allzu sehr auf Ökonomie und ihr Steuermedium, das Geld, einlassen, machen sich bei Ihresgleichen verdächtig. Wer – wie Hamann und Adam Müller, Marx und Nietzsche, Simmel und Lukács, Sohn-Rethel und Goux – gar darüber nachdenkt, ob in der genuinen Abstraktionsleistung des Geldes, das Nichtgleiche (wert)gleich zu setzen, Reflexion, Denken und Theorie selbst angelegt sein könnten[304], gilt damit sofort als Außenseiter und hat wenig Aussichten darauf, von der universitären Philosophie rezipiert zu werden.

Die Wirtschaft hat umgekehrt ein herrlich entspanntes Verhältnis zur Philosophie. Sie nimmt sie nicht ernst, ja sie macht sich offensiv über Philosophie lustig – indem sie sie umarmt. Jede Hinterhoffirma hat heute ihre Unternehmens-Philosophie, jeder Manager, der auf sich hält, philosophiert auch.[305] Unsere Philosophie – „Dienst am Kunden", „Quality first", „Nachhaltigkeit", „teamwork", „alles für Innovation und Kreativität". Wer den Begriff ‚Unternehmensphilosophie' googelt, bekommt als zweite von 118 000 Eintragungen (am 27.7.2013) den link auf die Seite des VW-Konzerns mit der Titel-Mitteilung: „Unternehmensphilosophie: Perfektion bis ins Detail." In keiner anderen Sphäre dürfte der Begriff ‚Philosophie' so inflationär entwertet, so billig zu haben sein wie in der der Wirtschaft. Wenn es denn einmal zu ausdrücklichen Annäherungen zwischen marktwirtschaftlicher Ökonomie und philosophischen Denkprogrammen kommt, so stellt sich mit eigentümlicher Regelmäßigkeit ein seltsames Bündnis ein: Führende Köpfe der Wirtschafts- und Finanzsphäre bekennen sich wie die meisten theoretisch bis philosophisch ambitionierten Ökonomieprofessoren fast durchweg zum Kritischen Rationalismus von Karl Popper und Hans Albert. Ihre Philosophie ist der long-seller bei der wirtschaftswissenschaftlichen Klientel. Seltsam darf

304. Cf. dazu Jochen Hörisch: Tauschen, sprechen, begehren – Eine Kritik der unreinen Vernunft. München 2011

305. Cf. u.a. Knut Bleicher: Leitbilder – Orientierungsrahmen für eine integrative Managementphilosophie. Stuttgart 1994 (2.)

diese Allianz zwischen der Philosophie des Kritischen Rationalismus einerseits und der Wirtschafts- und Finanzsphäre andererseits genannt werden, weil Kapitalismus ersichtlich weder kritisch noch rational, sondern vielmehr unkritisch und irrational ist – und eben deshalb so ungemein produktiv.[306]

In einem sehr präzisen Sinne unkritisch ist die kapitalistische Marktwirtschaft, weil sie ein entspanntes Verhältnis zu „private vices" hat. Die Wirtschafts- und Finanzsphäre und nur sie, nicht die Kunst, nicht die Justiz, nicht die Wissenschaft, nicht die Medizin und schon gar nicht die Theologie, eben nur die Wirtschaft hat sich von der Orientierung an tradierten Tugenden losgesagt. Seit Adam Smith macht sie geltend, dass man Untugenden und Laster wie Eigennutzmaximierung, Ausbeutung anderer, Egoismus, Kaltherzigkeit, Ehrgeiz, Überheblichkeit etc. unkritisch zulassen und durchwinken soll, weil der Satz gilt: „private vices become public benefits". Und dass die kapitalistische Wirtschaft ihre Tore weit für irrationales Handeln öffnet, kann nicht ernsthaft bestritten werden, steht aber nicht im bevorzugten Zentrum der öffentlichen und schon gar nicht der theoretischen Aufmerksamkeit. Größenwahnsinnige Masters of the Universe, besessene Dagobert Ducks und Gordon Geckos, Anbeter der invisible hand des Marktes, Köpfe, die an schöpferische Zerstörung glauben, Vermögende, die meinen, dass ihr Geld stellvertretend für sie arbeiten kann, Leute, die sich für ihr Unternehmen ruinieren, gescheiterte Manager, die sich von ihren Bonizahlungen den dritten Sportwagen kaufen, Trader, die innerhalb weniger Minuten ihre Bank in den Ruin treiben, Autisten in Vorstandsetagen – wer all diese Figuren mit den Begriffen des Kritischen Rationalismus beschreiben will, mag das tun; er trägt damit zur allgemeinen Heiterkeit bei. Alles spricht dafür, dass kapitalistisches Wirtschaften so produktiv (und selbstredend auch so krisenanfällig und riskant!) ist, weil es ein entspanntes und unkritisches Verhältnis zum Irrationalen, Impulsiven, Emotionalen, Durchgeknallten, Respektlosen, Größenwahnsinnigen und Ungehörigen hat.

Entspannt ist auch das Verhältnis der Wirtschaft zur Philosophie. Dazu trägt der profane Umstand bei, dass es sich ohne philosophische Anstrengungen gut leben und wirtschaften lässt. Böse Zungen behaupten sogar, dass Denken traurig macht, dass Philosophieren dem Projekt des guten Lebens eher im Wege steht und dass allzu viel ethische Grübeleien zu Gewinnminimierungen führen. Das Verhältnis von Philosophie und Wirtschaft lässt sich deshalb schlicht auch so beschreiben, dass die Wirtschaft sich ihrer machtvollen Überlegenheit gegenüber der Philosophie bewusst ist: Wirtschaften (produzieren, tauschen, konsumieren) ist nicht vermeidbar, philosophieren lässt sich hingegen ohne große Verluste vermeiden. Rücksichtsloses Denken

306. Cf. Jochen Hörisch: Man muss dran glauben – Die Theologie der Märkte. München 2013

kann mitunter gar teuer zu stehen kommen und ist insofern ein allenfalls interessanter Luxus. Man kann nicht nicht wirtschaften, aber man muss nicht philosophieren – primum vivere, deinde philosophari. Auch Philosophen sind wirtschaftende Subjekte, Wirtschaftssubjekte kommen hingegen gut ohne Philosophie aus. Das gilt auch für das gesamte System Wirtschaft. Es kann ohne philosophische Hintergrundkonstruktionen glänzend gedeihen, vermutlich, wie der groß (und teuer!) durchgetestete Fall des Marxismus zeigt, gar besser als mit einer aufwendigen philosophischen Begründung. Die theoretische Nobilitierung einer bemerkenswert unproduktiven, weil staatsfeudal und zentral-rational gelenkten bzw. einer bemerkenswert produktiven, weil irrationalen Wirtschaftsweise durch den Marxismus bzw. Kritischen Rationalismus ist aufschlussreich nur deshalb, weil sie kognitive Dissonanzen nicht etwa auflöst (seht ihr denn nicht, wie wahnsinnig es ist, Staatssozialismus als produktiv und zukunftssichernd bzw. Kapitalismus als Rationalismus zu beschreiben), sondern weil sie analytisch unhaltbare Selbstbeschreibungen kultisch absichert.

Um es zu wiederholen: Wenn sich die gegenwärtige „westliche" Form des Wirtschaftens „philosophisch" legitimiert, so in Form banalster Formen der Inflationierungen des Philosophie-Begriffs (unsere Unternehmens-Philosophie ist ...) und ersichtlich falscher Selbstwahrnehmung als kritisch-rationale Weise des Handelns und Handels. Das alles wäre nur amüsant und nicht weiter relevant, wenn Formen „erfolgreicher" (konkret: neoklassischer und neoliberaler) Mainstream-Theoriebildung nicht doch massive Rückkoppelungseffekte auf das Wirtschaftsgeschehen hätten. Doch genau dies ist ersichtlich der Fall. Um zwei nicht beliebige Beispiele aus jüngster Zeit zu nennen: Die hochrenommierten Ökonomen Kenneth Rogoff (von der Universität Harvard, zugleich lange Chefvolkswirt des Internationalen Währungsfonds) und Carmen Reinhart (ebenfalls von der Harvard-Universität) hatten in einem gleichfalls hochrenommierten A-Journal (*American Economic Review* May 2010) eine Studie publiziert, die viel Aufmerksamkeit weit über fachwissenschaftliche Kreise hinaus fand.[307] Ihr Titel lautete *Growth in a time of debt*, ihre mit breitem Datenmaterial gesicherte Botschaft war, dass Volkswirtschaften in eine bedrohliche Wachstumskrise strudeln, wenn die Staatsverschuldung 90 Prozent des jährlichen Bruttoinlandproduktes überschreitet. Die Studie blieb keine bloß akademische Angelegenheit. Auf sie beriefen sich nämlich die Politiker und Finanzexperten (u.a. der deutsche Finanzminister Schäuble, der damalige EZB-Präsident Trichet, der EU-Währungskommissar Olli Rehn, der Bundesbankpräsident Jens Weidmann), die antraten, die Staats-

307. Cf. dazu das auch für Nicht-Volkswirte (wie den Verfasser des vorliegenden Textes) gut nachvollziehbare Dossier in der ZEIT vom 27. Juni 2013, p. 17 sqq.

schulden-, Banken- und Euro-Krise in Irland, Griechenland, Portugal und anderen Staaten zu bekämpfen.

Eine vielbeachtete und die praktische Wirtschaftspolitik in krisenhafter Zeit massiv beeinflussende Studie – allein: Sie beruhte auf schweren Fehlern, und drei Jahre lang hatte keiner aus dem Fach das gemerkt. Die Blamage eben nicht nur für die beiden renommierten Volkswirte, sondern für die gesamte Disziplin war groß. Denn die Fehler fanden sich nicht etwa auf der Ebene komplexester Theorieannahmen und Methoden, über die sich bekanntlich fast immer trefflich streiten lässt, nein: Die beiden Ökonomiegrößen hatten einfach falsch gerechnet (und dies nicht einmal im Bereich der höheren Mathematik). Keinem aus dem Fach war dies aufgefallen, bis ein Doktorand an der Universität von Massachusetts namens Thomas Herndon in einem Seminarpapier (also nicht in einem A-Journal) auf die gravierenden Rechen- und Datenfehler hingewiesen hatte. Kritisch-rational, an Poppers Falsifikationstheorem orientiert hatte die Disziplin Volkswirtschaft die prominente, wirkungsmächtige und fehlerhafte Publikation offenbar nicht rezipiert.

Mindestens genau so peinlich, wenn auch nicht gesamte Volkswirtschaften, sondern „nur" milliardenschwere Banken und Fonds betreffend (und insofern also doch auch volkswirtschaftlich relevant), ist das zweite Beispiel für eine ganz offenbar ausbleibende „philosophische" Rückfrage im Fach VWL, die elementaren Anforderungen an Rationalität (stimmt das, was da gesagt wird?) genügen würde. Der Fall ist schnell in Erinnerung gebracht. Der u.a. in Stanford und Princeton lehrende Ökonom Myron Scholes hatte zusammen mit Fischer Black und Robert C. Merton ein Modell zur Bewertung von Finanzoptionen entwickelt, für das er 1997 mit dem (Pseudo-) Nobelpreis für Wirtschaftswissenschaften ausgezeichnet wurde. Anders als der auch für Laien nachvollziehbare Rechenfehler bei Rogloff und Reinhart ist das sogenannte Black-Scholes-Modell ein klassischer Fall von höherer Mathematik und eingestandenermaßen vom Schreiber dieser Zeilen (trotz eines bemerkenswerten Wikipedia-Artikels zu diesem Modell) nicht im Einzelnen nachvollziehbar. Zur Kenntnis nehmen aber konnte jeder Zeitungsleser und Fernsehzuschauer, dass nur ein Jahr nach der Verleihung des Wirtschaftsnobelpreises an Myron Scholes (also im Jahr 1998) der von ihm aktiv gesteuerte und auf seiner algorithmenseligen Theorie beruhende Hedgefond Long-Term-Capital Management (LTCM) eine Milliardenpleite hinlegte und wegen seiner „Systemrelevanz" mit Geldern der öffentlichen Hand saniert werden musste. Wiederum sieben Jahre später (also 2005) wurde Myron Scholes wegen Steuerhinterziehung und ungerechtfertigter Abschreibungen nach dem Kollaps des staatlich geretteten Fonds gerichtlich verurteilt. Eine bedauernswerte charakterliche Schwäche, die der Konsistenz von Myles' Theorie von der besonderen Effizienz und Transparenz der Finanzmärkte keinen Abbruch tun konnte. Es dauerte bis zur legendären Pleite der Lehman-Brothers-Bank im September 2008, bis auch die große glaubensbereite Fraktion unter den Finanzmathematikern einsah, dass die These von der besonderen Effizienz und Transparenz der Finanzmärkte nicht haltbar ist. Ein teures Experiment – teuer vor allem für all diejenigen, die nicht mit größeren Summen am internationalen Finanzmarkt engagiert sind und die nicht von der öffentlichen Hand gerettet werden, die vielmehr steuerlich diejenigen alimentieren, die ruinöse Investments gemacht haben, was sie nicht davon abhält, sich als Leistungsträger zu verstehen.

Myron Scholes bleibt Nobelpreisträger, die A-Journals, in denen nachweislich falsche Theorien und Rechnungen veröffentlicht wurden, bleiben A-Journals. Und viele renommierte Vertreter des Faches Volkswirtschaft bleiben dabei, dass ihre Disziplin engstens mit der Mathematik verwandt ist und nicht etwa mit der glaubensfrohen Sphäre politikökonomischer Grundüberzeugungen (wir glauben an den homo oeconomicus, an rational choice, an die invisible hand des Marktes, wir glauben daran, dass Geld in privater Hand zumeist besser aufgehoben ist als in der öffentlichen Hand, dass Privatisierung, Deregulierung und Liberalisierung produktionssteigernd sind, dass es stetes Wachstum geben kann, dass es trickle-down-Effekte bei Zulassung eklatanter Vermögens- und Einkommensunterschiede gibt etc.). Wenn die interessierte Öffentlichkeit über die eklatanten und sehr teuren Fehlleistungen von Top-Ökonomen in Gelächter ausbricht, so erweisen sich die Repräsentanten der Lehren von der Wirtschaft als ziemlich humorlos; sie sind, wie fromme Köpfe auch, ziemlich Ironie-resistent. Man ist eingeschnappt, wenn nicht nur die Masters of the Universe, sondern auch die ihnen zuarbeitenden Wirtschaftsweisen ausgelacht werden. Dass da ein Fach, um es zurückhaltend auszudrücken, Bedarf an „philosophischer" Reflexion, an distanzierter Außenwahrnehmung, an Aufklärung über die leitenden Modelle und Theoreme, kurzum: über sich selbst hat, ist indes nicht zu leugnen. Dass viele Wirtschaftsweise sich gegen kritische Dreinreden immunisieren, ist ebenfalls unübersehbar; dass einige kluge Köpfe im Fach das Selbstreflexions-Defizit zunehmend wahrnehmen und plurale Ökonomie betreiben, gibt Anlass zur Hoffnung. Die Ahnung, dass das Rendezvous von Philosophie und Ökonomie-Theorie stürmisch verlaufen, weil das eigene Selbstverständnis abgründig in Frage stellen könnte, spielt bei den Abschottungsstrategien eine entscheidende Rolle.

Nun ist diese polemische Skizze zumindest in einer Hinsicht allzu pointiert. Blendet sie doch aus, dass es nicht die eine Betriebswirtschafts- und die eine Volkswirtschafts-Lehre gibt, sondern viele häufig auch intern inkonsistente Lehren, die sich gegenseitig als Irrlehren befeinden. Zwei Volkswirte, drei starke Meinungen – und dennoch eine nicht minder starke Gemeinsamkeit: sich selbst eben nicht als glaubensfroh und meinungsstark, sondern als rechnender analytischer Kopf zu verstehen – als Kämpfer für die reine Lehre, der zählend gegen die falschen Erzählungen der Irrlehrer antritt. Keynesianer, Systemtheoretiker oder Neuro-bzw. behavorial-economics-Theoretiker (um gnädig von Neomarxisten zu schweigen) haben an glaubensfesten neoliberal orientierten VWL- und BWL-Fakultäten keine Chance. Denn diese Fakultäten kultivieren ihre reine Lehre und lassen sich dabei nur ungern irritieren (und schon gar nicht auslachen). Der BWL-Student, der in der Einführungsvorlesung gerade auf die Glaubenssätze vom homo oeconomicus und von rational choice eingeschworen wurde, muss zwar in der nachfolgenden Marketing-Vorlesung lernen, was für ein emotionales und irrationales Wesen der Konsument ist – aber „philosophisch" über diesen eklatanten Widerspruch reflektieren kann er nur außerhalb der Mauern der jeweiligen wirtschaftswissenschaftlichen Fakultät. Das fachinterne Interesse an Aufklärung darüber, wie es zu so eklatant falschen, aber realwirtschaftlich folgereichen Theoriebildungen wie den genannten kommen kann, ist gering.

Allerdings ist unübersehbar, dass es gerade in den letzten Jahren zunehmend mehr gescheite Volks- und Betriebswirte gibt, die sich von den tradierten Ideologien bzw. Glaubensbekenntnissen (um die Kultbegriffe invisible hand, rational choice und homo oeconomicus) abwenden und die wissenschaftliche Grundfrage stellen: stimmt das, was da behauptet wird? Behavioural economics und Neuroeconomics erschüttern mit ihren empirisch reproduzierbaren Befunden zunehmend all diejenigen, die die Wirtschaftssphäre für rational halten und der invisible hand des Marktes, die es schon richten werde, so vertrauen wie fromme Köpfe der Hand Gottes. Die meisten Wirtschaftstheoretiker aber sind, was ihr Renommée und ihre wissenschaftliche Identität angeht, einfach in alte falsche Grund-Modelle überinvestiert, um sich leichter Hand vom Glauben an die unsichtbare Hand lösen zu können. Auch die Fixierung auf Kurzpublikationen in A-Journals und die komplementäre Abwertung ausgreifender Monographien verhindern systematisch, dass sich vom Mainstream abweichende Ansätze und Theoreme durchsetzen können. Welcher rational-choice- und homo-oeconomicus-Theoretiker nimmt schon gerne zur Kenntnis, dass neurologisch gesehen bei wichtigen ökonomischen Entscheidungen (etwa über eine „Hochzeit im Himmel" – so charakterisierte der Daimler-Vorstandsvorsitzende Jürgen Schrempp bekanntlich die grandios gescheiterte Fusion seiner Firma mit Chrysler) dieselben Hirnareale aktiv sind wie beim Sex oder bei religiösen Halluzinationen?

Gute Philosophie ist seit jeher das Medium der Selbstreflexion von Wissenschaften (aber auch von Moral oder von Kunst, über deren Paradoxien, Stimmigkeiten und Unstimmigkeiten Ethik und Ästhetik reflektieren). Wissenschaften und Theorien können eine fatale Neigung entwickeln, sich als

Lehren, als rechte und reine Lehren zumal (miss-)zu verstehen. Die Rezeption der Theorien von Marx liefert ein eklatantes Beispiel dafür, welch desaströse Auswirkungen es haben kann, wenn Theorien zu reinen und richtigen Lehren (v)erklärt werden – wie in Lenins grotesker, aber offenbar rockenen Auges niedergeschriebenen Feststellung: „Die Lehre von Karl Marx ist allmächtig, weil sie wahr ist. Sie ist in sich geschlossen und harmonisch, sie gibt den Menschen eine einheitliche Weltanschauung, die sich mit keinerlei Aberglauben, keinerlei Reaktion, keinerlei Verteidigung bürgerlicher Knechtung vereinbaren läßt.“[308] Um den derzeit noch dominanten Formen der Wirtschaftswissenschaft nach kritischen Verletzungen auch ein Kompliment zu machen: Es ist nicht nur philologisch aufschlussreich, dass sich die Wirtschaftswissenschaften zumeist nicht als solche, sondern als Lehre bezeichnen: Volkswirtschafts- und Betriebslehren sind in der Tat Lehren und nicht Wissenschaften wie Mathematik, Physik oder Biologie. Sie müssten nur auf die Botschaft hören, die schon in ihrem Begriff angelegt ist. Und da kann Philosophie hilfreich sein.

Philosophie beeinflusst und beeindruckt nicht oder allenfalls marginal Systeme wie die Wirtschaft (oder die Justiz, den Sport, die Politik, die Religion etc.) – wohl aber die diesen Systemen zugeordneten Wissenschaften. Für die Größenordnung des Irritationspotentials, mit dem Philosophie Wissenschaften, die häufig in einem problematischen Selbstverständnis befangen sind, zur Besinnung bringen kann, gibt es eine einfache Regel: Je mächtiger die Rückkoppelungseffekte zwischen theoretischen bzw. theorienahen Anschauungen, Wertungen, Intuitionen, Überzeugungen und Meinungen auf das Verhalten von Menschen sind, desto größer kann der Einfluss von Philosophie eben nicht auf die Systeme selbst, sondern auf die für sie zuständigen Wissenschaften sein – und über diese auf das, was man gemeinhin Praxis heißt. Hier gibt es tatsächlich trickle-down-Effekte. Nun wäre es aber offensichtlich absurd, Philosophie als solche zur privilegierten Letztbeobachterstation zu erklären, die alle untergeordneten Wissenschaften (ob Physik oder Soziologie, ob Mathematik oder Psychologie, ob Volkswirtschaft oder Germanistik) über ihre Fehler aufzuklären und zu belehren habe. Die Konstellation von kritischem Rationalismus und Wirtschaftswissenschaften liefert ja vielmehr umgekehrt ein prominentes Beispiel dafür, wie eine philosophische Lehre (voll zumeist trivialer Wahrheiten) zu einer problematischen Blockade angemessener Analysen faktischer ökonomischer Konstellationen führen kann. Nichts also wäre in Kontexten einer Diskussion über das Verhältnis von Wirtschaft und Philosophie abwegiger, als Philosophie (welche? Kritischer

308. Lenin: Drei Quellen und drei Bestandteile des Marxismus (1913); in: Lenin: Werke Bd. 19. Berlin 1977, p. 3

Rationalismus oder kritische Theorie, Fundamentalontologie oder Dekonstruktion, Analytische Philosophie oder Selbstbewusstseinstheorie?) zur überlegenen Seite des Rendezvous von Ökonomie und Reflexion zu machen.

Denn auch Philosophien sind Lehren. An Heidegger geschulte Seinsdenker können mit analytischer Philosophie wenig anfangen – und vice versa. Kantianer ticken anders als Hegelianer, Pragmatisten lehren anderes als Existentialisten, Dekonstruktivisten pflegen ihre Differenzen zu Konstruktivisten, neue Realisten unterscheiden sich von Diskursethikern. So liegt in der Philosophie eine disziplinäre Binnen-Konstellation vor, die der in den Wirtschaftswissenschaften resp. –Lehren verblüffend ähnelt. Auch in der gegenwärtigen Philosophie-Szene gibt es bei aller Unterschiedlichkeit mit der analytischen Philosophie und dem kritischen Rationalismus eine hegemoniale Lehre (wer auch würde sich schon selbst als unkritischer Irrationalist oder analysefeindlicher Kopf charakterisieren?). Eben deshalb aber ist die allzu evidente doppelhegemoniale Allianz aus homo-oeconomicus- und rational-choice-Ökonomie einerseits und analytischer bzw. kritisch-rationaler Philosophie andererseits ihrerseits analysebedürftig. Der Satz, dass der Wahnsinn, wenn er epidemisch wird, sich gerne Vernunft nennt, ist (auch rein philologisch gesehen[309]) kein philosophischer, sondern ein poetischer Satz. Es ist kein Zufall, dass die sachlich weitreichenden Irritationen nachweislich falscher wirtschafts„wissenschaftlicher" Annahmen nicht eigentlich von der Philosophie, sondern von der sog. schönen Literatur (etwa den Werken von Shakespeare und Lessing, Goethe und Balzac, Thomas Mann und Zola, um nur sie zu nennen) ausgingen.

Philosophie pflegt ihre Distanz zur Wirtschaft und zur Finanzsphäre. Bei Platon und Augustinus, bei Kant und Schelling, bei Wittgenstein und Heidegger findet man kaum intensivere Auseinandersetzungen mit Problemen der Wirtschaft und ihrem Steuermedium Geld – was nicht ausschließt, dass sich auch in ihren Werken ab und an der Satz von der unheimlichen Wiederkehr des Verdrängten bewährt. Die sog. schöne Literatur pflegt hingegen einen geradezu intimen Umgang mit dem Thema Geld. Es sind (in strikter Gegenführung zu den Außenseiter-Philosophen!) gerade die kanonischen Schriftsteller, deren leidenschaftliches Interesse am Thema Geld allenfalls für eine betriebsblinde Literaturwissenschaft unübersehbar ist. Die *Antigone* des Sophokles, die *Divina Comedia* Dantes, *The Merchant of Venice, Nathan der Weise, Faust, Der Grüne Heinrich, Madame Bovary*, Dostojewskis *Spieler*, die *Buddenbrooks*-Familie und Mackie Messer – um nur sie zu nennen – bezeugen eine eminente literarische Aufmerksamkeit für ökonomisch-fiskalische The-

309 „Der Wahnsinn, wenn er epidemisch wird, heißt Vernunft," heißt es in Oskar Panizzas Schrift *Christus in psicho-pathologischer Beleuchtung*, die 1898 in Zürich erschien (p. 216).

men und Probleme. Auffallender Weise sind die Außenseiter-Philosophen, die Ökonomie und Finanzen als essentielles Thema der Philosophie wahrnehmen, fast durchweg auch an schöner Literatur als einem genuinen Medium von Wissen und Einsichten interessiert. Die eigentümliche Wechselblockade im Verhältnis von Ökonomie und Philosophie lässt sich auflösen, wenn schöne Literatur beide irritiert. Es wird Zeit, die wahren Gründe dafür zu analysieren, warum bei den Salzburger und Bayreuther Festspielen so viele Masters of the Universe und Wirtschaftsweise sich von *Jedermann*, vom *Fliegenden Holländer* und vom *Ring des Nibelungen* faszinieren lassen. Und es wird Zeit für Wirtschaftslehrer, sich von poetischen Texten irritieren zu lassen und Irrlehren als solche zu erkennen.

Die *invisible hand* des Marktes und der lange Arm des Gesetzes. Medienanalytische Beobachtungen zum Wirtschaftsstrafrecht

Wenn ein von Sachkenntnis ungetrübter Laie sich vor erlesenem und hochkompetentem Publikum über komplizierteste juristische Probleme äußern darf, so ist das Risikopotential einer solchen Konstellation groß. Weniger für mich als Vortragenden, denn ich habe ja in Juridices keinen Ruf, den ich verlieren könnte, als vielmehr für den Einladenden, für Klaus Lüderssen, dem ich umso herzlicher für seine enorme freundschaftliche Risikobereitschaft danke. Klaus Lüderssens Arbeiten nicht nur zu Law and Literature (im Zeichen dieser Konstellation haben wir uns kennengelernt – der elegant schreibende Jurist mit enormen Belletristikkompetenzen, und ich, ein Literatur- und Medienwissenschaftler ohne Rechtsschutzversicherung, der in seinem nicht mehr ganz jungen Leben nie geklagt hat bzw. angeklagt wurde, der es nicht einmal zu einem Scheidungsprozess gebracht hat), sondern auch Klaus Lüderssens Studien zur Entkriminalisierung des Wirtschaftsrechts[310] habe ich gewissermaßen mit roten Ohren gelesen. Geht es darin doch um den Stoff, aus dem die große Literatur und weite Teile dessen gemacht sind, was zurzeit Medienaufmerksamkeit über enge Fachgrenzen hinaus erregt. Es gibt wissenschaftliche Disziplinen, zu deren Problemen es u.a. gehört, dass alle, auch die von vertiefter Sachkompetenz Ungetrübten, munter mitreden. Die Erziehungswissenschaft gehört dazu, denn wir alle sind schlecht oder recht erzogen worden und mussten weite Strecken unserer Kinder- und Jugendzeit opfern, um der Schulpflicht zu genügen; Kulturwissenschaftler aller Provenienzen wissen ein Lied vom Problem des munteren Mitdiskutierens aller zu singen, denn es gibt schlechterdings niemanden, der sein Tun und Lassen nicht einem erweiterten Kulturbegriff zurechnen lassen kann; Wirtschaftswissenschaftler sind irritiert, wenn Köpfe, die in Mathematik schwach sind, darauf bestehen, dass auch und gerade sie mit Geld umgehen müssen, dass sie tauschen, konsumieren und produzieren, also Vorstellungen darüber haben, wie Wirtschaft funktioniert – und besser = gerechter und besser funktionieren sollte; und Juristen wissen, dass sie sich systematisch mit Parallelwertungen in der Laiensphäre herumschlagen müssen. Physiker, Chemiker, Nanotechnologen und Biogenetiker, um nur sie zu benennen, sind deshalb zu beneiden. Sie bleiben vom noise der Inkompetenz und des Dilettantismus zumeist unberührt. Was nicht ausschließt, dass auch Köpfe (wie der meine), die nicht ansatzweise wissen, wie ein Atomkraftwerk funktio-

310. Klaus Lüderssen: Entkriminalisierung des Wirtschaftsrechts I–III (3 Bände). Baden-Baden 1998–2014

niert, gegen den mit einem Nobelpreis gesegneten Atomphysiker die richtige Intuition hatten, dass GAUs (größte anzunehmende Unfälle) wie in die in Tschernobyl oder Fukushima signifikant häufiger sind als es der Schulweisheit alpträumte. Auch die Banken- und Finanzkrise der letzten Jahre hat mich so wenig überrascht wie die triviale Entdeckung, dass Geheimdienste das Internet und den E-Mailverkehr systematisch abtasten. Und ich scheue bei aller Sach-Inkompetenz den Hinweis nicht, dass mich weitere, etwa terroristisch ausgelöste GAUs noch in meiner Lebenszeit nicht überraschen würden – und weitere Mega-Finanz- und Wirtschaftskrisen auch nicht.

Ein wenig, aber nicht viel besser als dem munteren Laien und Dilettanten, der sich das Recht aufs Dreinreden nicht ausreden lässt, geht es dem Wissenschaftler, der aus anderen, z.T. fernen Disziplinen, einen Blick auf die Disziplinen wirft, die er nicht studiert hat. Wenn er die frohgemuten Festreden-Aufforderungen, doch bitte inter-, meta- und transdisziplinär zu arbeiten, allzu ernst nimmt, sind die fremdbeobachteten Disziplinen zumeist not amused – und die direkten Fachkollegen auch nicht. Dennoch möchte ich drei eng miteinander verwandte Aspekte in die Diskussion um die Angemessenheit einer Kriminalisierung bzw. Entkriminalisierung des Wirtschaftsrechts einbringen, die, dem Etikett meines Lehrstuhls entsprechend, aus den medien- bzw. literaturwissenschaftlichen Sphären stammen, in denen ich mich ein wenig auszukennen glaube: Erstens geht es um die Effekte der intensivierten Beobachtung der Wirtschaft durch Medien, zweitens um das sog. Adressatenproblem und drittens um eine metaphernanalytische Erörterung der juristischen Belangbarkeit und Zurechnung eines Tuns, das von einer invisible hand gesteuert wird.

Der erste medienwissenschaftliche Hinweis streift die Trivialitätsgrenze, ist aber dennoch oder eben deshalb wert, intensiv bedacht zu werden. Die mediale Dauerbeobachtung des wirtschaftlichen Geschehens hat in den letzten zwei Jahrzehnten einen Intensitätsgrad angenommen, dem zuvor nur die Politik ausgesetzt war und weiterhin ist (wohl ein gewichtiger Grund dafür, dass es eine zunehmende bis dramatische Weigerung der Eliten gibt, politische Karrieren anzustreben). Brechts geflügeltes Wort aus der *Dreigroschenoper,* „man sieht nur die im Lichte, / die im Dunkeln sieht man nicht“, zielte noch gut sozialkritisch auf die Ausblendung des Elends aus der öffentlichen Wahrnehmung. Heute lässt es sich auch auf die helle bis grelle Ausleuchtung des Wirtschaftsgeschehens beziehen. Selbst die engagiertesten und enragiertesten Kapitalismuskritiker der 68-er Bewegung wussten nur selten namentlich, wer mit welcher Verantwortung, welchen fixen und variablen Bezügen, welcher Vergangenheit, welcher Adresse und welcher Vorliebe für diese oder jene Urlaubsregion oder Uhren- bzw. Automarke in welchem Vorstand saß. Das hat sich gründlich geändert. Denn Zeitschriften wie *Capi-*

tal und *Manager-Magazin*, *Fortune* und *Harvard Business* sowie zahlreiche TV-Wirtschaftssendungen und Internetblogs sorgen dafür, dass alle auch nur halbwegs Interessierten wissen können, welchen Schätzpreis die gepfändete Uhr von Thomas Middelhoff hatte, welchen Auktionspreis sie erzielte, welche Liquiditätsprobleme der von seiner Frau mit dieser Uhr Beschenkte hat, welche alten Freunde er nicht mehr grüßt und durch welches Fenster der von Medien verfolgte Ex-Spitzenmanager gesprungen ist, um sich Gläubigern, vor allem aber der Medienbeobachtung zu entziehen.

An Beispielen für die mediale Dauerbeobachtung des Wirtschaftsgeschehens ist kein Mangel. Es genügt, Fotos zu evozieren, die schnell und gründlich ins kollektive Gedächtnis eingegangen sind. Etwa das, auf dem Josef Ackermann am 21. Januar 2004 auf dem Flur des Düsseldorfer Oberlandesgerichts sein Victory-Zeichen macht. Ob Ackermanns PR-Berater eine Konventionalstrafe für die unfassbar dämliche Empfehlung zahlen mussten, sich am Victory-Zeichen des international geächteten Pädophilen Michael Jackson zu orientieren, ist mir nicht bekannt.

Nicht minder prominent als dieses Bild sind die Fotos, die die Verhaftung des Vorstandsvorsitzenden Klaus Zumwinkel wegen des berechtigten Verdachts auf Steuerbetrug am Valentinstag 2008 zeigen.

Ikonologisch besonders aufschlussreich ist das Foto, das Zumwinkel zusammen mit der Staatsanwältin Margrit Lichtenhagen zeigt, die ihn von oben aus betrachtet und vor sich her treibt.

Bekanntlich hat Zumwinkel eine radikale Weise gewählt, sich medialer Aufmerksamkeit zu entziehen: Er verschwand buchstäblich von der Bildfläche und verschanzte sich in einer Burg in den Alpen.

Erst im Sommer 2014 kehrte er zögernd in die Öffentlichkeit zurück, als er zusammen mit dem berühmten Bergsteiger Reinhold Messner auf einem Symposion über „Leadership im Alpinismus – Leadership in der Wirtschaft“ sprach. Die FAZ vom 6. Juli 2014 und nicht etwa die *taz* titelte dazu: „Steuerbetrüger Zumwinkel belehrt Manager.“ Der Fall Zumwinkel macht (wie die Fälle Schrempp, Middelhoff, Esch, Oppenheimer, Breuer, Schickedanz, Notheis, Mappus, Nonnenmacher etc.) schlagend deutlich, was mediale Beobachtung der Wirtschaft bedeutet: Personalisierung. Das belegt noch das Foto von einer Protestdemo gegen Zumwinkel, das der Parallelwertung über Wirtschaftskriminalität in der Laiensphäre drastisch zum Ausdruck verhilft – und ersichtlich dafür sorgt, dass die Distanz zwischen der laienhaften Parallelwertung und der juridischen Urteilskraft zumindest im Bereich des Wirtschaftsrechts kleiner wird.

Medien personalisieren – das wissen nicht nur Erstsemester der Medienwissenschaft. Die proto- und idealtypische Differenz von wirtschaftskritischen Einstellungen und Kommentaren, wie sie vor etwa einem halben Jahrhundert üblich waren und wie sie heute vorgetragen werden, lässt sich unschwer bestimmen. Wirtschafts- und Gesellschaftskritik in den Jahren 1968 ff. galt in aller Regel dem System, dem Kapitalismus, der Entfremdung, der Bürokratie oder der Macht des Geldes. Heute müssen sich medial exponierte und also namentlich bekannte Individuen konkrete Kritik und eben auch juristische Anklagen aller Art gefallen lassen. Interessanter Weise machen auch große Teile der Leitungsebene der Wirtschaft selbst diese Wendung mit. Konkret gesprochen: Leo Kirch prozessiert gegen die Deutsche Bank und genauer gegen Rolf Breuer; er ist mit seiner Klage, wenn auch post mortem, erfolgreich. Und die Deutsche Bank verklagt ihrerseits ihren ehemaligen Chef auf persönliche Haftung, auch wenn sie weiß, dass dessen sicherlich komfortables Privatvermögen nicht ausreichen dürfte, um den entstandenen Prozessschaden in Höhe von einer runden Milliarde Euro auszugleichen. Wirtschaftsjuristen und zumal angesehene Wirtschaftskanzleien haben Konjunktur, sie können in großem Maßstab klagen und haben deshalb keinen Grund zu klagen.

Eine Nebenbemerkung lässt sich in diesen Kontexten kaum unterdrücken. Medien, traditionelle Printmedien wie neue elektronische Medien, machen, wenn auch zeitverzögert, eine strukturell ähnliche Erfahrung. Selbst ihre exponierten Vertreter müssen sich ihrerseits öffentliche und namentlich adressierte Kritik gefallen lassen – gerade auch in Wirtschafts- und Steuerfragen. Auch hier setzt sich eine Tendenz zur personalen Zuspitzung durch. Kritisiert werden nicht mehr so sehr „die bürgerliche Presse“, die manipulierte öffentliche Meinung („enteignet Springer“) oder die Bewusstseinsindustrie, sondern namentlich genannte Medienmacher, die zuvor nicht nur in ihren Kreisen hochangesehen waren. Den langjährigen Chefredakteur des renommiertesten unter den Wochenblättern, Theo Sommer, darf man ungestraft, weil sachlich korrekt, einen hartnäckigen Steuerbetrüger und vorbestraften Wirtschaftskriminellen nennen. Er muss wie die Steuerbetrügerin, Feministin und kritikfreudige Teilnehmerin zahlloser Talkshowrunden Alice Schwarzer mit der unangenehmen Erfahrung umgehen lernen, dass Medienmacher/innen nicht nur austeilen können und dürfen, sondern eben auch einstecken müssen – eine Erfahrung, auf die beide sehr gereizt und eigentümlich hilflos reagiert haben. Die vierte Gewalt wird sich daran gewöhnen müssen, so konkret und das heißt eben auch: so persönlich kritisiert zu werden wie die Legislative und die Exekutive – auch wenn ein Medienwissenschaftler wie Bernhard Pörksen in der ZEIT vom 23, Oktober 2014 vor den zersetzenden Folgen einer solcher Kritik warnt. Es gehört nicht viel prophetische Kraft dazu, die Prognose zu wagen, dass das noch halbwegs gehegte Tabu der Richterschelte auch bald erodiert. Moderne Medien, das Internet voran, dringen nonchalant auf eine Symmetrisierung der Kritikverhältnisse –

und auf die Personalisierung von Kritik. Shitstorm-Kampagnen konnte es vor der Implementierung des Internet so nicht geben.

Womit wir beim zweiten Aspekt sind, der mit dem ersten eng verwandt ist: beim Adressatenproblem.[311] Der Begriff bezeichnet so etwas wie den zähen Bodensatz alter Kritiküblichkeiten, der auch in Zeiten personalisierter Kritik weiterhin Bestand hat. Kritik braucht Adressaten. Apersonale, ontologische und tiefenstrukturale Mächte kann man anklagen, man muss aber wissen, dass aus dieser Klage nur dann sinnvolle Kritik erwachsen kann, wenn sie sich konkret adressieren lässt. Wer vor einem Seniorenheim gegen Zeit, Krankheit und Tod demonstriert, riskiert, angesichts ernstester Themen zur lächerlichen Figur zu werden. Sein und Zeit taugen einfach nicht als Adressaten von Kritik; sie stehen nicht zur Disposition. Klagen und daraus erwachsende Kritik an Missständen bei der Betreuung von Alten und Kranken sind hingegen hochplausibel. Die Frage, ob Gebete ihren göttlichen Adressaten erreichen, mögen Gläubige und Ungläubige unterschiedlich entscheiden. Einig dürften sie sich aber darin sein, dass der Papst und der Vorsitzende der EKD anders als Gott eine postalisch auffindbare Adresse haben. Seltsam ist es, dass trotz der hohen Evidenz des Adressatenproblems Formen schwerlich zu adressierender Kritik eine kulturkritische Üblichkeit mit langer Tradition sind. Die Zahl derer, die Neuzeit und Moderne, Entfremdung und Bürokratie, Kapitalismus und Technik, Ausbeutung und Globalisierung beklagen und kritisieren, ist recht groß. Ja, man gilt als unsensibel, kalt und herzlos, wenn man in solche Kritik nicht einstimmt. Dabei ist das Problem eines solchen Kritik-Designs unübersehbar: Neuzeit und Moderne, Kapitalismus und Globalisierung haben keine Adresse. Wer mir die Telefonnummer und die E-Mail-Adresse der Globalisierung mitteilen kann, muss zu den besser informierten Kreisen zählen. Zu den Kreisen also, die in der Regel dazu herhalten müssen, für anonyme Kräfte und Mächte haftbar gemacht zu werden. Der Preis für eine solche Adressierung ist allerdings hoch. Denn solche Adressen sind zumeist die der üblichen Verdächtigen. Je nach Sozialisation, Prägung und Pathologie erklärt man dann in riskanter Nähe zu psychotischen Mechanismen, Verantwortung und Schuld an den Kalamitäten der Neuzeit und Moderne, der Entfremdung und der Globalisierung trügen die Protestanten oder die Jesuiten, die Wallstreet oder die Bolschewiken, die Freimaurer oder (ein besonders beliebtes und gespenstisches Beispiel) die Juden, das Patriarchat oder die Techniker. NB: Dass es sich in Neuzeit und Moderne nicht nur materiell, sondern auch emotional gründlich besser, individueller und romantischer leben lässt als in den gar nicht so guten alten Zeiten, gerät dann schnell aus dem Blickfeld.

311. Zur juristischen Relevanz dieses Problems cf. Norbert Hoerster: Das Adressatenproblem im Strafrecht und die Sozialmoral; in: Juristen Zeitung 44/1/13. Januar 1989

Der Bezug dieser Überlegung zu wirtschaftsrechtlichen Problemen liegt auf der Hand. Man kann etwa angesichts der Banken- und Finanzkrise in Folge der Lehman Brothers-Pleite alle Banker zu Bankstern erklären und damit altneue übliche Verdächtige benennen. Und man kann alternativ dazu entweder mit dem Hinweis auf allzu hohe Funktionskomplexität so gut wie alle Beteiligten exkulpieren und weitgehend anonymisieren oder aber Zurechnungen für evidente Fehlentwicklungen individualisieren. Das Medien- und mit ihm das (deutsche, viel stärker noch das US-) Justizsystem hat sich in den letzten Jahren offenbar für die letztgenannte Option entschieden. Besonders deutlich (jedenfalls für Laien wie mich) wird dieser Paradigmenwechsel bei der Ahndung von Steuerhinterziehung. Man macht wohl keinen Fehler, wenn man so pointiert: An die Stelle eines bis vor wenigen Jahren gültigen weitgehenden Amnestieangebots und – was mindestens ebenso wichtig ist – eines Amnesie- und Anonymisierungsangebots beim Eingeständnis von Steuerdelikten ist die verschärfte und öffentlich personalisierte Verfolgung von Steuerhinterziehung getreten. Unabhängig davon, wie man diese Entwicklung bewertet – es gibt sie in aller Deutlichkeit, sie scheint zumindest auf mittlere Frist unumkehrbar. Nicht nur Uli Hoeneß weiß ein Lied davon zu singen. Auch in dieser Hinsicht bewährt sich Georg Jellineks Formel von der normativen Kraft des Faktischen. Die öffentlich wie binnenjuristisch vieldiskutierte Frage, ob der Staat Sammlungen mit Steuerhinterziehungsdaten ankaufen und auswerten dürfe, ist entschieden. Vox populi und höchste BVG-Entscheidung korrelieren in diesem Fall. Am 9.11.2010, ausgerechnet an einem 9. November, also am Tag der Novemberrevolution von 1919, des Hitler-Ludendorff-Putsches von 1923, der sog. Reichskristallnacht von 1938 und des Falls der Berliner Mauer 1989, am 9.11.2010 billigte das Bundesverfassungsgericht (2 BvR 2101/09) den Ankauf und die Auswertung von Steuersünderdaten durch deutsche Behörden. Bekanntlich eine unter Juristen (und unter Steuersündern sowieso) heftig umstrittene Entscheidung, die aber von der öffentlichen Meinung weitgehend mitgetragen wurde. Das von mir in Laiensprache übersetzte Argument hat auch eine schwer auszuhebelnde Überzeugungskraft: Der Staat erwirbt mit den Steuersünder-CDs ja Daten, die ihm zustehen, ihm aber vorenthalten wurden. Er treibt mit unangenehmen, stilistisch wie menschlich nicht unproblematischen Mitteln seine Forderungen ein, so wie dies ein Gerichtsvollzieher tut. Und er stärkt damit das Vertrauen in ein Rechtssystem, vor dem alle gleich sind.

Womit wir beim dritten, beim metaphernanalytischen Aspekt wirtschaftsrechtlicher Überlegungen sind. Sie kreisen um die starke Metapher der Hand[312], so wie die bislang vorgetragenen Überlegungen um die nicht minder wir-

312. Cf. dazu Jochen Hörisch: Man muss dran glauben – Die Theologie der Märkte. München 2013

kungsmächtige Metapher vom Auge des Gesetzes kreisten.[313] Die öffentliche Hand und die vielen privaten Hände liegen vielfach im Widerstreit, können aber auch kooperieren. Die invisible hand des Marktes ist in der Wirtschaftssphäre der dritte starke Mitspieler. In Ackermanns fatalem Handzeichen inkarniert sich diese Konstellation. Sein Grundargument war ja: Die Bonizahlungen waren rechtmäßig, weil die unsichtbare Hand des Marktes marktgerechte Honorierung von Spitzenmanagern verlangt, ja geradezu vorschreibt. Es ist auffällig und wird doch nur selten thematisiert, dass sich im Kern wirtschaftsliberaler Theoriebildung ein Paradox einstellt: Der Liberalismus ist dort am überzeugendsten und wirkungsmächtigsten, wo er emphatisch die Freiheit und Eigenverantwortung der Akteure behauptet und will. Er misstraut voraufklärerischen Berufungen auf die allmächtige Hand Gottes ebenso wie einer zentralstaatlich gelenkten öffentlichen Hand, die alles richten soll. Sein wunderbar nüchternes Pathos ist das Pathos der Verantwortung aus Freiheit – du kannst etwas so oder anders entscheiden, vereinbaren und machen, du hast es in der Hand, etwas so oder anders zu gestalten. Die institutionellen, vor allem rechtlichen Umstände sollen dabei so sein, dass wir uns jeweils frei entscheiden und entfalten können. Vertragsfreiheit gehört deshalb zu den essentiellen Forderungen liberalen Wirtschaftens und Handelns.

Zugleich aber und wie ein gespenstischer Komplementärbegleiter hält der ökonomische Liberalismus eine sehr starke Metapher für waltende Unfreiheit bereit: die Metapher von der unsichtbaren Hand des Marktes. Sie pflegt eine irritierende Nähe zur Metapher von der Hand Gottes. Wer fromm ist, glaubt zu wissen, dass wir alle in Gottes Hand sind. Auch wenn wir kleinen Erdenmenschen Gottes Willen nicht immer nachvollziehen können und uns fragen, warum es Krankheit, Gewalt, Krieg und das Erdbeben von Lissabon oder das Beben an den Finanzmärkten gibt, müssen wir doch akzeptieren, dass Gott uns herrlich regieret. Parallele Theoreme, die ersichtlich nicht liberal-pragmatisch, sondern metaphysisch aufgeladen sind, hält auch die neoklassisch liberale Lehre bereit. Mit der unsichtbaren Hand des Marktes sollte man sich nicht anlegen. Der Markt weiß alles, kleine individuelle Intelligenzen, ja selbst Supercomputer können nie sein Wissens-Niveau erreichen. Dem Philologen fällt auf, dass der Markt von den meisten liberalen Marktteilnehmern als eine Art Supersubjekt konzipiert wird. Das wird schon an den gängigen Redewendungen deutlich, die den Markt eben nicht anthropomorphisieren, sondern deifizieren. Der Markt will dies oder jenes: die Parität von Dollar und Euro, niedrige Lohnabschlüsse, sinkende Zinsen, Gratifikationen für erfolgreiche Manager, Privatisierung von Infrastruktur, Vergebung

313. Cf. dazu Michael Stolleis: Das Auge des Gesetzes – Geschichte einer Metapher. München 2004

von Steuersünden und dergleichen mehr. Gegen Gottes Willen und den Willen des Marktes sollte man nicht rebellieren.

Beide Theoreme, das von der Macht des eigenverantwortlichen Individuums, das seine Angelegenheiten selbst in die Hand nimmt, und das von der übermächtigen unsichtbaren Hand des Marktes, lassen sich nicht recht zur Deckung bringen. Beide aber lassen sich leicht juristisch funktionalisieren. Es leuchtet sofort ein, dass viele Spitzenmanager ökonomische Erfolge sich selbst zurechnen – ihrem Weitblick, ihrer Entscheidungskraft, ihrem Durchsetzungsvermögen, ihrer Risikobereitschaft etc. Dass sie dafür gut bis glänzend bezahlt und mit Boni eingedeckt werden wollen, ist gleichermaßen nachvollziehbar. Psychologisch verständlich bis trivial ist es auch, dass die Neigung weniger ausgeprägt ist, Fehlentwicklungen und Verluste ebenso den eigenen Entscheidungen zuzurechnen. Dafür wird dann ein nicht-vorhersehbares Marktgeschehen verantwortlich gemacht. Je nach Lage der Dinge stilisiert man sich als Master of the Universe oder aber als tragisches Opfer überkomplexer Funktionsketten. Im zweiten Fall wäre es dann nach Einschätzung der Betroffenen absurd, für unerfreuliche Entwicklungen des Marktes persönlich verantwortlich gemacht zu werden.

Bleibt ein wahrscheinlich laienhafter bis naiver Vorschlag zur Güte. Es ließen sich Musterverträge für Verantwortungsträger in der Wirtschaft ausarbeiten, die auf je eines der beiden einander widerstreitenden wirtschaftsliberalen Grundmodelle abstellen. Entweder bekennen sich die Firma und ihre Spitzenmanager zum Modell der persönlichen Verantwortung und Zurechenbarkeit sowohl positiver wie negativer Entwicklungen und vereinbaren demgemäß die Möglichkeit von Boni-, aber eben auch von Mali-Zahlungen bis zum Durchgriff auf Teile des Privatvermögens. Oder beide Seiten verzichten unter Verweis auf die Unvorhersehbarkeit und Überkomplexität des Marktgeschehens auf solche Vereinbarungen und einigen sich auf vergleichsweise moderate und konstante Bezüge ohne Bonus- und Malus-Zahlungen bei Verzicht auf Klärung persönlicher Verantwortlichkeiten für Gewinn wie Verlust. Der Informationswert eines solchen Arrangements wäre hoch. Man wüsste, welche Firma und welche Spitzenkräfte an die unsichtbare Hand und ihr undurchsichtiges Wirken glauben (also eher risikoavers sind) und welche glauben, die Dinge in ihrer Hand zu haben (also risikoaffin sind). Unberührt von einer solchen Regelung bleibt es dabei, dass Steuerhinterziehung und Manipulation von Libor-Sätzen, Bilanzfälschung und Bestechung, Betrug und Erpressung verboten sind – und dass hinter juristischen Personen natürliche Personen stehen.

Kapitalismus als Religion

0. „Wer Ohren hat zu hören, der höre", lautet eine im Neuen Testament immer wieder erklingende Wendung (u.a. Mt 11,15; 13,9; 13,43; Mk. 4,9; 4,23; Lk 8,8; 14,35; Off. 3,6; 13,19). Die biblische Aufforderung, genau hinzuhören, entfaltet gerade auch im Hinblick auf die Frage nach dem Spannungsverhältnis von Kapitalismus und Religion ihre Kraft. Was es da zu hören und zu verstehen gibt, ist unerhört in jedem Wortsinne: So gut wie alle Leitbegriffe und Konzepte der ökonomischen, insbesondere der finanzökonomischen Sphäre sind tief religiös geprägt. Aber das hören weder Theologen noch Wirtschaftswissenschaftler gerne. Wer einen *Kredit* (von lat. credo) aufnimmt, ist *Schuldner* und hat einen *Gläubiger*, dem er seine Schuld(en) zurückzuzahlen hat. Wenn er mit dem geliehenen Geld schöpferisch tätig ist und seine Neuschöpfung erfolgreich auf einer Messe vorstellt, erzielt er einen guten *Erlös*, er initiiert damit eine neue Wert*schöpfung*skette, womöglich gar ein Wirtschafts*wunder*; wenn er die Schulden nicht zurückzahlen kann, muss er einen *Offenbarungseid* leisten. Das geliehene und investierte Geld startete seine umtriebige Karriere als sog. *Fiat-money*, also als von der Zentralbank geschaffenes Geld. Gott sprach „fiat lux", es werde Licht, und es ward Licht. Monotheistische Zentralbanken, die Geld *emittieren* (Mission), vollbringen einen mächtigen Schöpfungsakt: „fiat money", und es wird Geld. Auch alte Worte der Geldsphäre wie Moneten (von Juno Moneta, der römischen Göttin des Münzwesens), Obolus (griech. für Opfer) und Pecunia (von lat. pecus/Opfertier) geben ihren religiösen Ursprung offen kund. Wer Ohren hat, zu hören, der höre: Religion und Wirtschaft sind engstens aneinander gekoppelt.

Auf die enge Verwandtschaft von kapitalistischer Ökonomie und christlicher Religion haben so unterschiedliche Theoretiker wie Karl Marx, Max Weber, Georg Simmel und Walter Benjamin hingewiesen. Marx wies der Waren- und Geldform „metaphysische Spitzfindigkeiten und theologische Mucken" nach, Weber verwies auf das in der Prädestinationslehre und im asketischen Berufsideal angelegte enge Bündnis zwischen Protestantismus und Kapitalismus, Simmel betonte die Glaubens- und Vertrauensabhängigkeit, auf die alle Religionen und jeder Geldverkehr angewiesen ist, und Benjamin konstatierte in seinem ungemein knappen und ungemein dichten Text *Kapitalismus als Religion* lakonisch: „Im Kapitalismus ist eine Religion zu erblicken"[314] –

314. Walter Benjamin: Kapitalismus als Religion; in: Gesammelte Schriften Bd. VI, edd. Rolf Tiedemann und Hermann Schweppenhäuser. Ffm 1985, p. 100

eine exzentrische und dennoch oder eben deshalb ungemein erfolgreiche Religion, die alle Aufmerksamkeit verdient. Benjamin begründet seine These mit vier Argumenten. „Erstens ist der Kapitalismus eine reine Kultreligion"; sie kreist um die kultische Verehrung der Ware und des Geldes. Dieser Kultus kennt (zweitens) keine Unterbrechungen, er währt permanent; der Wechsel von Wochen- und Feiertag ist ihm fremd. Drittens ist der Kapitalismus „der erste Fall eines nicht entsühnenden, sondern verschuldenden Kultus." Kreist er doch um den Schuldtitel des Geldes, das unaufhörlich neue Schuldforderungsverhältnisse stiftet. Und viertens ist der Gott dieser Religion einer, der „verheimlicht werden muß", obwohl „Gottes Transzendenz gefallen" und er „ins Menschenleben einbezogen" ist.

Um ein Wort von Walter Benjamin zu paraphrasieren: Der Kapitalismus verhält sich zur christlichen Religion wie das Löschblatt zur Tinte: Es bzw. er ist ganz von ihr vollgesogen. Ginge es aber nach dem Löschblatt, so würde nichts von dem, was geschrieben steht, übrigbleiben. Kapitalismus und christliche Religiosität stehen in einem eigentümlichen Spannungsverhältnis. Der Kapitalismus – so die gängige und nicht unplausible Wahrnehmung – zerstört traditionelle Formen des Glaubens. Denn er bricht mit religiösen Tugendforderungen wie Nächstenliebe; er legitimiert den Egoismus; sein höchster Wert ist die Maximierung des Eigennutzens; er betet den Mammon und nicht Gott an. Die religiösen Kräfte, Impulse, Motive und Antriebe, die der Kapitalismus überwindet und auslöscht, sind aber nicht etwa verschwunden, sondern in ihn eingewandert – eine ebenso subtile wie mächtige Wiederkehr des Verdrängten. Dass es sich bei den engstens verwandten Grundbegriffen der (christlich)religiösen und der (finanz)ökonomischen Sphäre nicht um mehr oder weniger zufällige Gleichklänge, sondern um tiefenstrukturale Kräfte handelt, lässt sich an fünf starken Entsprechungen herausstellen.

1. Die Hand Gottes und die unsichtbare Hand des Marktes: Der monotheistische Gott wie der kapitalistische Markt sind als Supersubjekte konzipiert, mit deren Komplexität menschliche Intelligenz nicht mithalten kann. Der liebe Gott weiß und reguliert alles; der Markt weiß und reguliert alles. Beide Hände sorgen in the long run für ausgeglichene Zustände, auch wenn es angesichts schlechter Nachrichten und unfroher Botschaften mitunter so scheint, als sei dem nicht so. Beide Hände pflegen einen verständnisvollen Umgang mit scheinbar negativen Ereignissen, die sie als Ausdruck einer schöpferischen Zerstörung verstehen. Der üble Tod des Gottessohnes ist der Kern des Heilsgeschehens; die zerstörerischen Kräfte, die der Kapitalismus entbindet, sorgen für neue Produktivität und Wertschöpfung. Siehe, ich mache alles neu – das ist die frohe Botschaft, die das Christentum wie der Kapitalismus verkünden.

2. Man muss dran glauben: Das Christentum wie der Kapitalismus kennen jeweils ein Leitmedium, das beglaubigt werden will und muss, um effektiv zu funktionieren. Das christliche Zentralsakrament ist die Hostie, das kapitalistische die Münze (prototypisch der Kreuzer) bzw. das Geld. Beide Medien sind auf Beglaubigung angewiesen. Dass dieses Stück Brot bzw. Esspapier, dass diese Münze bzw. dieses Stück Papier tatsächlich wertvoll sind bzw. den höchsten Wert überhaupt inkarnieren, ist hochgradig beglaubigungsbedürftig. Ohne Gottesillusion können weder die christliche noch andere Religionen glaubwürdig walten; ohne den Glauben daran, dass auch andere Geld als Wert akzeptieren, würde kapitalistisches Wirtschaften schnell kollabieren.

3. Transsubstantiationen: Ob religiöse und finanzökonomische Beglaubigungsakte gerechtfertigt sind, muss sich erweisen. Die Finanzsphäre ist dabei an Glaubenskraft der religiösen Sphäre noch überlegen. Es dürfte zumindest in westlichen Gefilden mehr religiös als monetär Ungläubige geben. Denn das größte Wirtschaftswunder ist die sich Tag für Tag milliardenfach bewährende Wandlungskraft des Geldes, die der eucharistischen Transsubstantiation entspricht. Aus einem Symbol, das mehr als andere Zeichen zu sein verspricht, wird ein realer Wert; aus den Abendmahlelementen wird der uns erlösende Leib und das Blut Christi; und die Geldzeichen wandeln sich in wertvolle reale Güter und Dienstleistungen. Wer die Moderne als Zeitalter der metaphysikkritischen Ernüchterung begreift, übersieht, dass sich der magische Akt der Wandlung von Zeichen in Reales in der eigentümlich sakral-profanen Sphäre des Wirtschaftens glänzend bewährt (und die Erschütterung entsprechend groß ist, wenn Hyperinflationen für massenhaften monetären Atheismus sorgen).

4. Schöpfungskraft: Marx hat, bevor er den Kapitalismus analysierte und kritisierte, ihn erst einmal als eine Schöpfungsmacht begriffen und verehrt, die eine „ungeheure Warensammlung" hervorbringt. Die Produktivität des Kapitalismus ist fast so groß und anbetungswürdig wie die des Schöpfers aller Dinge. Das Medium der göttlichen Schöpfung ist das göttliche Wort, das Medium der kapitalistischen Produktivität ist das Geldzeichen. Beide Wertmedien funktionieren, weil und insofern sie nicht als bloße Zeichen, sondern als Inkarnationen verstanden und akzeptiert werden. Das Wort Gottes wird Fleisch und wohnet mitten unter uns; die Geldzeichen werden Waren und Güter, die mitten unter uns weilen und wirken. Faszinierend sind die göttlichen wie die kapitalistischen Symbole, weil sie mehr sind und bewirken als andere bloße Zeichen. Ihnen wohnt eine ungemeine performative Kraft inne.

5. Funktionale Ausdifferenzierung: Die starke Allianz von christlicher Religion und Kapitalismus ist schwer zu leugnen und wird dennoch zumeist tabuisiert. Das hat viele Gründe, von denen einer besonders gewichtig ist. Jesus Christus legt den Keim zu einem spezifisch modernen Programm, dem der funktionalen Ausdifferenzierung von Gesellschaften in Teilsysteme. Vormoderne Gesellschaften setzen in aller Regel auf Hierarchien und Stratifikationen. Eine universal kompetente, integrierende oberste Instanz kann dann Zuständigkeit für Probleme und Funktionen aller Art in Anspruch nehmen (für Politik, Ökonomie, Wissenschaft, Erziehung, Recht, Geschlechterordnung etc.). Ein problematisches und unproduktives Programm, dem sich u.a. der fundamentalistische Islam verschrieben hat. Nicht aber Jesus Christus und das (protestantische) Christentum. Auf die Fangfrage der Pharisäer, ob er und seine Anhänger dem weltlichen Staat Steuern zahlen sollten, antwortet der ganz Mensch gewordene Gottessohn: „Gebt dem Kaiser, was des Kaisers ist, und Gott, was Gottes ist." (Mt. 22,21) Was nichts anderes heißt als dies: Jede Sphäre, jedes Teilsystem der Gesellschaft (eben auch Religion und Ökonomie) hat seine eigene Logik, seine spezifischen Werte und Codierungen. Zusammengehalten werden sie durch ihre Differenzen zueinander. Stark ist die Religion, die nun eben nicht für alles, sondern für Glaubensfragen und Kontingenzbewältigungen zuständig ist; stark ist die Ökonomie, die nicht alles regulieren will und auf alles Rücksicht nimmt, sondern auf Eigennutzenmaximierung setzt. Eine geistreiche, pfingstliche Ökonomie, die mit dem künstlich knapp gehaltenen Steuer- und Kommunikationsmedium Geld dafür sorgt, dass Knappheiten an Gütern und Dienstleistungen knapp werden. Eine genuin dialektische Figur: Gerade weil sie unabhängig voneinander sein wollen, sind die christliche Religion und die kapitalistische Ökonomie engstens verwandt.

Verwandte vertragen sich nicht immer, müssen aber miteinander auskommen und erkennen, dass Verwandte einander mitunter auch peinlich sein können. Der Kapitalismus und die christliche Religion sind einander wahlverwandt.[315]

315. Dieser knappe Katalogbeitrag nimmt Argumente auf, die ausführlicher in diesen Büchern entfaltet werden: Jochen Hörisch: Kopf oder Zahl – Die Poesie des Geldes. Ffm 1996 (edition suhrkamp 6. Aufl. 2017). Jochen Hörisch: Gott, Geld, Medien – Studien zu den Medien, die die Welt im Innersten zusammenhalten. Ffm 2004 (edition suhrkamp 3. Aufl. 2015). Jochen Hörisch: Man muss dran glauben – Die Theologie der Märkte. München 2013

„Geld steckt voller erotischer Begierden." Ein Interview

Das im Folgenden wiedergegebene Interview mit der *Süddeutschen Zeitung* erschien am 20. Dezember 2010. Es wurde anmoderiert mit den Worten: „Wir wissen nicht genau, was Geld eigentlich ist, sagt Literaturwissenschaftler Jochen Hörisch. Das macht es so bedrohlich – und so faszinierend. Ein extravagantes Gespräch über Geld. Geld und Geist vertragen sich nicht? Literatur- und Medienwissenschaftler Jochen Hörisch ärgert sich maßlos, dass Schriftsteller zwar fast so gerne über Geld reden wie über Liebe, Tod und Teufel, aber die Literaturwissenschaft dies völlig ignoriert. Immerhin hatten sich Autoren wie Johann Wolfgang von Goethe und Thomas Mann intensiv mit dem Thema Wirtschaft auseinandergesetzt. Zugleich ist Hörisch gefesselt von dem Spannungsverhältnis Gott und Geld, von Hostie und Münze. Es bestehe gerade darum, weil es so viele Gemeinsamkeiten zwischen beiden Bereichen gebe."

Herr Hörisch, erschöpft von den vielen Krisen gleich die Frage: Warum macht das Geld so viel Ärger?

Weil wir nicht genau wissen, was Geld eigentlich ist. Wir sehen zwar, dass es normalerweise funktioniert. Wenn es aber nicht funktioniert, haben wir allergrößte Orientierungsschwierigkeiten. Dann bekommen wir das Gefühl, auf der falschen Seite zu stehen und nicht zu begreifen, was es mit dem auf sich hat, womit wir alltäglich zu tun haben. Geld kann unheimlich im engeren Wortsinn werden: Es gehört zum Heim – und ist gleichwohl bedrohlich.

Die Menschen haben mehr als 2700 Jahre Erfahrung mit dem Geld – reicht das nicht, um es zu verstehen?

Natürlich lehren die Ökonomen die drei Funktionen des Geldes: Es ist Tauschmedium, es ist eine Recheneinheit, das Preisvergleiche ermöglicht und das Geld zum Urteilsmedium macht – und es ermöglicht, Werte aufzubewahren. Sie können zur Bank gehen und sagen: In zehn Jahren hätte ich das gerne mit Zinsen zurück. Dass es so unterschiedliche Funktionen in sich bündelt, macht das Geld so eigentümlich. Es ist ein durch und durch unreines Medium, es ist wie Dr. Jekyll und Mr. Hyde.

Wie kommen die Ökonomen mit Dr. Jekyll und Mr. Hyde zurecht?

Der Blick auf das Geld hat sich in den letzten Jahren radikal geändert. Es gibt da eine seltsame Paradoxie: Man wird rationaler, wenn man verstanden hat, dass sich Geld nicht in der klassischen Art und Weise verstehen lässt. In der Sphäre des Geldes stecken unendlich viel religiöse, aber auch erotische Begierden – und natürlich Bauchgefühl. Wenn einer so etwas behauptet, ist er selbst kein Irrationalist, sondern umgekehrt der Aufgeklärte. Bei der ökonomischen Makrotheoriebildung lässt sich ein entsprechender Paradigmenwechsel feststellen, das Bild des Homo Oeconomicus, also der immer rationalen Entscheidungen, wird verabschiedet. Das ist ein radikaler Wechsel: Die Theorie holt die Menschen damit bei ihren triebhaften und durchgeknallten Impulsen ab.

Schlägt das auch auf die Beurteilung des Kapitalismus insgesamt durch?

Interessanterweise nicht. Es ist keineswegs so, dass die Leute jetzt nach der Krise den Kapitalismus nennenswert kritischer sehen würden, obwohl es unendliche viele Pathologien in dem System gibt. Vielleicht liegt es daran, dass wir im Grunde keine Mangelkrise haben, sondern eine Überflusskrise. Vor allem aber zählt, dass der Kapitalismus ein entspanntes Verhältnis zu Krisen hat, weil er den Menschen gerade nicht ein krisenfreies Leben verspricht. Das Verhältnis, das der Kapitalismus zu Krisen entwickelt, ist ein doppelt negatives: Die Krise selbst kann in eine Krise geraten, sofern der Kapitalismus gescheit darauf reagiert. Wir haben eine Krise im Geldverständnis – und eine spezifische Krise an den Finanzmärkten.

Ist eine Krise des Geldverständnisses eine alltagsrelevante Diagnose oder nicht doch eher intellektuelles Spielzeug für den Wissenschaftler?

Nein, die Konsequenzen lassen sich konkret herunterbrechen. Sie kommen zu einem anderen Geldverhältnis, wenn Sie die Fragen, die Sie in der Religion zulassen – könnte die Hand Gottes unsichtbar sein, weil es Gott nicht gibt – auch auf den Markt bezogen zulassen: Es muss die Frage erlaubt sein: Gibt es die *Invisible Hand* wirklich? Die unsichtbare Hand des Marktes, von der einst der Philosoph und Begründer der klassischen Ökonomie, Adam Smith, sprach, die den Egoismus der Einzelnen zum Guten wendet? Wie kann das Beben auf den Finanzmärkten sein, wenn die unsichtbare Hand des Marktes alles so herrlich regiert? Eine solche Frage wäre das ökonomische Sakrileg schlechthin. Wenn man sich aber von solchen Leitvorstellungen verabschiedet, kommt man auch zu anderen Formen der Ökonomie. Zum Beispiel muss man darüber nachdenken, wie umgeschuldet werden kann. Bislang verlängern wir Schulden bis zum Sankt Nimmerleinstag der ewigen Erlösung. Den wird es aber nicht geben.

Was ist Ihr Vorschlag? Das Geld abzuschaffen?

Das wäre unbezahlbar. Ich übe keine Geldkritik, im Gegenteil, ich bin ein großer Bewunderer des Geldes. Es ist ein phantastisch kluges Medium – wenn man es richtig einsetzt. Der letzte Großversuch, Geld abzuschaffen, war der von Pol Pot in Kambodscha. Das ist vielen sehr teuer zu stehen gekommen. Mit dem Geld lässt sich der Zugang zu knappen Gütern und Dienstleistungen regeln – das funktioniert über die künstliche Knappheit des Geldes. Kapitalistische Geldgesellschaften entwickeln eine ungeheure Produktivität. Wirtschaftsformen, die Geld kaum oder – wie in Naturalwirtschaften – gar nicht einsetzen, sind viel weniger produktiv als die Gesellschaften, die darauf vertrauen, dass Geld Reichtümer freisetzt.

Welche Lösung halten also die Germanisten zur Rettung des Kapitalismus parat?

Die Schulden der öffentlichen Hand liegen bei 1,7 Billionen Euro (in der Bundesrepublik im Jahr 2007, Ergänzung 2024). Zugleich haben wir ein liquides Geldvermögen inklusive Aktien in der privaten Hand von acht Billionen Euro. Mein Vorschlag: Wir machen 20, 25 Prozent Umbuchungen von Privatvermögen in öffentliches Vermögen. Einer, der eine Million hat, könnte 250 000 von seinem Vermögen abgeben. Der früher übliche Währungsschnitt nach den Kriegen würde also durch privaten Reichtum ersetzt, der massenhaft vorhanden ist. So wurde übrigens bei Thomas Manns „Königliche Hoheit", ein geradezu volkswirtschaftlicher Roman, der klamme Kleinstaat gerettet.

Interessanter Vorschlag – aber chancenlos, oder?

Absolut chancenlos. Allerdings sieht das Negativ-Szenario von enormen Reichtümern in der privaten Hand und großer Armut in der öffentlichen Hand so aus, dass wir geschlossene Wohnanlagen für die Wohlhabenden bekommen, den Starnberger See fürs normale Volk sperren und wir in 30 oder 40 Jahren bürgerkriegsähnliche Zustände haben. Das wird möglicherweise teurer, als wenn wir heute eine Umverteilung in die klammen öffentlichen Hände haben.

Banken können Geld vermehren: Sie verleihen mehr Geld als sie an Guthaben haben. Ist es gefährlich, wenn ein Wert ständig aus sich selbst heraus mehr wert wird?

Eine heikle Frage. Wir sehen, gerade auch in der mittelalterlichen Literatur bei Thomas von Aquin und sogar schon bei Aristoteles, die ganzen alten Einwände gegen die Zinsen, die das Geld abwirft: Der griechische Begriff für Zins ist Τοκος. Das ist zugleich das Wort für Kinder. So wie Menschen sich vermehren, indem sie Kinder in die Welt setzen, so vermehrt sich Geld, indem es Zinsen abwirft. Wir sprechen von Zinseszinsen und Kindeskindern. Und ich will auf die scharfe These hinaus, dass Geld eine männliche Sphäre ist und letztlich auch – ich weiß, dass jetzt viele zusammenzucken – eine homosexuelle Sphäre. Das Geld bleibt im Umgang mit anderen in seiner homogenen Sphäre und karikiert letztlich die Fortpflanzungskraft von Frauen. Geld wirft Zinsen ab, so wie Frauen Kinder in die Welt setzen. Aber es braucht dazu kein Gegenüber. Die männliche Sphäre des Geldes macht sich gewissermaßen über die Realökonomie, über die „materiale" Ökonomie, also die Mutter, lustig. Die klassische Frage lautet dann: Wie kommt die Finanzsphäre als die männliche Sphäre an die Mutter, an die Materie an die Realökonomie ran.

Das ist doch gar nicht mehr nötig, wenn Geld aus Geld gemacht werden kann. Warum sollte es dann noch in die Realwirtschaft investiert werden?

In der Tat wird Geld immer selbstreferentieller. Und viele Leute merken, dass da radikale Entkopplungen laufen. Darum gibt es auch diesen ebenso naiven wie mythologischen Run auf das Gold. Jetzt ist man wieder da, wo man vor 3000 Jahren schon einmal war: bei König Midas. Man katapultiert sich zurück um 3000 Jahre Kulturgeschichte. Das ist eine bemerkenswerte Angelegenheit – auf einmal denken alle wieder substanzialistisch.

Wenn sie Geld mit der männlichen Sphäre gleichsetzen – sehen Männer Geld anders als Frauen?

Klischeehaft gesprochen: Männer sind zum abstrakten Durchsetzen ihrer Geltungsansprüche verurteilt. Nehmen Sie die Diskussionen um die Bonizahlungen: Es ist egal, ob ein Spitzenmanager 30 Millionen Abfindung bekommt oder 70 Millionen. Er lebt damit nicht anders. Er besucht keine anderen Hotels, er hat keine anderen Wohnungen, er fährt keine anderen Autos. Die Frage, was man hinterher im realen Leben mit diesem Geld anstellt, stellen sich Männer so nicht. Da geht es um die Erotik des Geldes, um die Frage: Wer ist potenter, wer verdient mehr. Frauen haben eher ein intimes Verhältnis zur Gebrauchsseite des Geldes. Sie sehen es als Medium, mit dem man anderes machen kann.

Liebe, Kunst, Recht, Theologie oder Wissenschaft mühen sich um Distanz zum Geld. Woher rührt dieses Spannungsfeld?

Alle Kulturen haben das Bedürfnis, zumindest ein, zwei, drei Bereiche zu nennen, die sie von Geld reinhalten wollen. Man kann Sex kaufen, aber nicht die Liebe. Sie können einen Gutachter bestechen, aber sie können nicht die Wahrheit kaufen. Zugleich wissen wir, dass Geld in all diese Sphären hineinspielt – aber alle haben dieselbe Intuition: Das darf nicht sein, das ist korrupt. Also müssen einige Systeme der Gesellschaft scheinbar aus sich selbst heraus (*autopoietisch*) funktionieren: Das Recht etwa muss mit Rechtsparagraphen arbeiten, die Liebe mit Schwüren und mit schönen erotischen Erfahrungen. Deshalb wird das Geld da herausgehalten. Geld funktioniert nur, wenn man auch geldfreie Zonen benennen kann.

Auffällig ist es, wie intensiv sich die Sprache des Geldes bei den Theologen bedient. Verschafft sich so das Geld mehr Geltung?

Die ersten Formen der Geldnutzung und auch der Geldprägung fanden in Tempeln statt. Juno Moneta war die Göttin der Münzprägung. Nichts ist falscher als zu sagen: Da ist die rein religiöse Sphäre und da ist die unrein ökonomische Sphäre. Geld und Gott haben unglaublich viel miteinander zu tun. Nehmen Sie nur die Frage: Gibt es ein islamisches Bankensystem? Oder die nächstverwandten Worte „Erlös" und „Erlösung" oder „Glaube" und „Gläubiger". Wir haben eine Geldillusion und eine Gottesillusion, dafür brauchen wir Geldvertrauen und Gottvertrauen. Ohne dieses Vertrauen kollabiert die ökonomische wie die religiöse Sphäre.

Muss darum das Wort Geld zumindest im Deutschen in der Einzahl bleiben?

Geld ist monotheistisch. Und wahrscheinlich ist es auch kein Wunder, dass eine bestimmte Form von Kapitalismus im Umkreis monotheistischer Religionen entstanden ist. Da können Sie keine Pluralitäten bilden. Es ist wie bei dem Wort Sinn. Der Plural Sinne hat eine völlig andere Bedeutung, das funktioniert nicht. So wie es in der Religion eine heilige Dreieinigkeit ohne gegenseitige Konkurrenz gibt – so darf es beim Geld ebenfalls keine Konkurrenten geben.

Wie ist Ihr persönliches Verhältnis zum Geld?

Ich lebe gerne, ich gebe es gerne aus. Ich bin ein ordentlich verdienender Beamter und freue mich darüber, dass jeden Monat mein Gehalt als C4-Professor auf dem Konto ist. Kein Beruf ist finanziell so abgewertet wie der des Professors, gerade im öffentlichen Dienst. Das gilt allerdings noch viel mehr für die jüngeren Kollegen, die heute berufen werden. Die bekommen im Monat fast 2000 Euro weniger. Nachdem ich meine Bücher über Geld veröffentlicht hatte, bekam ich ab und an Anfragen, was ich als Anlage empfehlen würde. Aber da habe ich meine Doppelhaushälfte abbezahlt. Das war die abenteuerlichste Geldtransaktion meines Lebens.

Bietet das Geld in der Literatur mehr Abenteuer?

Mich hat als Literaturwissenschaftler irritiert, dass in der Literatur – je besser sie ist – von Sophokles über Shakespeare bis Goethe und Thomas Mann Geld eine absolut zentrale Rolle spielt. Goethe hat Adam Smith genau studiert. Denken Sie nur an den Mephisto: „Ich bin ein Teil von jener Kraft, die stets das Böse will und stets das Gute schafft." Das ist das Prinzip der unsichtbaren Hand. Mephisto ist der Markt (er repräsentiert Adam Smith – Ergänzung 2017). Da muss ich jetzt mal lästerlich über mein eigenes Fach reden: Es ist wirklich bemerkenswert, dass dieses in der Primärliteratur so überaus deutlich vertretene Thema Geld in der Literaturwissenschaft ignoriert worden ist.

Der NSA-Skandal oder die Beobachtung der Beobachter von Beobachtungen

Fragen an Jochen Hörisch für die Zeitschrift des Deutschen Hochschulverbandes *Forschung & Lehre* (8/2013). Anlass für dieses Interview war der NSA-Skandal um den Auslandsgeheimdienst der USA N(ational) S(ecurity) A(gency). Deren Mitarbeiter Edward Snowden hatte im Sommer 2013 öffentlich gemacht, wie ausgreifend der NSA private Kommunikationen (etwa den weltweiten E-Mail-Verkehr) überwacht und auswertet.

Die Welt ist voller Beobachter: Die amerikanischen und britischen Geheimdienste überwachen die Welt, sie werden von anderen Geheimdiensten beobachtet, von „Whistleblowern" entlarvt, von der Presse beobachtet, die wiederum wir beobachten. Was geschieht da?

Etwas Eigentümliches, gewissermaßen die mediale Säkularisierung eines theologischen Modells. Der monotheistische Gott wurde traditionell als Letztbeobachter konzipiert, er sieht alles („wie unfein", bemerkte Nietzsche), lässt sich selbst aber nur bedingt in die Karten schauen. Theologen beobachten jedoch seit jeher den Letztbeobachter Gott, sind also die eigentlich unfrommen bis satanisch-hybriden Frevler. Sie zeigen (paradox = religionskritisch), dass es keinen finalen, seinerseits unbeobachtbaren Letztbeobachter gibt. Geheimdienste beobachten alles und müssen damit rechnen, dass sie ihrerseits besonders aufmerksam beobachtet werden (sei es von anderen Geheimdiensten, Filmregisseuren, Romane schreibenden Ex-Geheimdienstlern, kritischen Journalisten etc.). Diese Entwicklung folgt einem medienhistorischen Großtrend, von dem Dürrenmatts Roman *Der Auftrag oder Vom Beobachten des Beobachters der Beobachter* erzählt hat: der zunehmenden Symmetrisierung und Paradoxierung von Beobachtungsverhältnissen.

Jeder Beobachter hat einen „blinden Fleck". Können Sie einen solchen benennen?

Der ist leicht zu benennen, und dennoch streift diese Benennung ein Tabu. Sie verletzt nämlich. Denn es gibt nur zwei Möglichkeiten – erstens: Diejenigen, die sich jetzt empört zeigen, waren nicht die hellsten, aufmerksamsten, kritischsten Köpfe. Ich akzeptiere den Vorwurf, arrogant zu sein, wenn ich sage: Mich haben die Enthüllungen der letzten Zeit nicht verblüfft, wohl aber die allgemeine Verblüffung darüber. Zweite Möglichkeit: Viele unter denen, die jetzt als uninformierte und verblüffte Nichtdurchblicker dastehen, die genau diese ihre Negativqualität unbeobachtet und unkommentiert lassen wollen und die nun ihre Kränkung durch Empörung kompensieren, blickten doch durch und machten sich keine Illusionen, haben aber stillgehalten, nicht recherchiert oder ihrerseits nichts gesagt – auch keine gute Option. Was ist die dritte Möglichkeit? Der blinde Fleck in meiner Beobachtung!

Für die einen ist der Whistleblower Edward Snowden ein Held, für die anderen ein Verräter. Was meinen Sie?

Ich kenne Edward Snowden nicht persönlich, mir liegen auch keine Geheimdienstinformationen über ihn vor, und also zögere ich systematisch, ihn zu charakterisieren. Wohl aber ist mir sein Typus kulturhistorisch vertraut: dreißigjährig (wie Jesus, als sein öffentliches Wirken beginnt), für viele eine Erlöserfigur, für andere ein seltsamer Heiliger, einer, der seine Sphäre (er war ja NSA-Mitarbeiter!) gewechselt hat, kurzum: ein Konvertit und interessant wie alle Konvertiten. Aber er kommt aus seiner Herkunftssphäre nicht recht heraus: Die chinesischen, russischen und ecuadorianischen Geheimdienste, die, darüber machen wir uns keine Illusionen, auch gerne so fit wären wie der US- und UK-Geheimdienst, dürften sich nun sehr für sein Wissen interessieren. Und Snowden wird alle Paradoxien der Geheimdienstwelt durchleiden, also einen Passionsweg beschreiten.

Ist es nicht beruhigend zu wissen, wenn jemand darauf achtet, dass – kindlich gesprochen – uns „nichts Böses geschieht"? Wollen wir also geradezu beobachtet werden, um Aufmerksamkeit und Sicherheit zu erlangen?

Eindeutig ja! Unser Leben beginnt mit einem Schrei nach Aufmerksamkeit. Nicht beachtet und beobachtet zu werden, zählt zum Schlimmsten, was Neugeborenen und Heranwachsenden zustoßen kann. Auch für Erwachsene gilt: Es gibt nur eines, was schlimmer ist als systematisch beobachtet zu werden – systematisch nicht beobachtet zu werden, uninteressant zu sein. Es adelt ungemein, wenn sich ein Geheimdienst für das interessiert, was man treibt. Ich fürchte, mit der Kränkung leben zu müssen, dass meine Arbeiten für den NSA uninteressant sind. Aber ernsthaft: Es beruhigt natürlich viele, fast alle, auch diejenigen, die das nicht so sagen, wenn wir wissen, dass der US-Geheimdienst etwa die rechtsterroristische Sauerland-Gruppe identifiziert und den deutschen Behörden entsprechende Hinweise gegeben hat. Und es empört zu Recht, wenn die deutschen Behörden die NSU-Terroristen nicht auf dem Schirm hatten. Ich wäre nicht verblüfft, wenn herauskäme, dass nicht der Verfassungsschutz einen V-Mann beim NSU, sondern der NSU einen V-Mann beim Verfassungsschutz hatte. Und ich freue mich, dass Telefonate und E-Mails von Bankstern wie Notheiß und Drumm abgefangen und publik gemacht wurden.

Geht es so weit, dass wir unsere Überwacher, den „Großen Bruder" am Ende noch lieben lernen?

Das ist eine Frage der Psychodisposition. Viele, wohl allzuviele missverstehen ihr Geborgenheitsbedürfnis und wollen im Gefühl leben, geschützt zu sein. Sie vertrauen etwa darauf, dass Gott bei ihnen ist alle Tage bis an der Welt Ende – Gott als Idealfigur des liebevollen Überwachers. Der Priester oder der Leiter der Odenwaldschule kann dann dieses Geborgenheitsbedürfnis missbrauchen – genau in dem Maße, in dem wir die Einsicht verdrängen, dass Misstrauen eine Produktivkraft sein kann. Schon rein funktional geboten ist aber auch das Misstrauen in das Misstrauen – nur mit Misstrauen (ist das Wasser aus der Leitung vergiftet?) lässt sich einfach nicht leben.

Müssen wir zwangsläufig auf Freiheit verzichten, um sicher leben zu können?

Ja, Freiheit und Sicherheit liegen im Streit. Wer die Freiheit und den Reiz des Alpinismus oder des Drachenfliegens genießt, muss (und will wohl auch!) um sein Leben fürchten. Die Briten, bekanntlich besonders freiheitssensibel, akzeptieren deutlich mehr Videoüberwachungen auf öffentlichen Plätzen als wir in Deutschland. Aber natürlich gilt auch die Umkehrung (und eben das macht die Diskussion so schwierig!): Wer auf Freiheit verzichtet, kann die Unsicherheit steigern. Denn nur freie Kritik kann auf bedrohliche Defizite aufmerksam machen. Nordkorea ist wohl das unfreiste Land der Welt – und das mit der unsichersten Zukunft.

Was bleibt für den Einzelnen?

Sehr konkret: Man muss bei Facebook nicht mitmachen. Und für Professoren: Niemand zwingt uns, auf die beobachtbaren Kennzahlen (Drittmitteleinwerbung, Ranking, Quotation-Index etc.) zu achten. Man kann auch auf die von Humboldt beschworene Einsamkeit des Forschers vertrauen – und gerade dann etwas leisten, was wert ist, beobachtet zu werden.

Warum empören sich so wenige Bürger?

Möglicherweise sind sie klüger als die Empörungsmedien. Sie wissen oder ahnen doch zumindest, dass die moralische Distinktion „gut-böse" analytisch nicht sehr produktiv, also keine „gute" Unterscheidung ist. Alle, die Geheimdienste wie ihre Kritiker, wollen ja nur das Gute – gar unser Bestes (sie bekommen das auch häufig). Und genau das ist das Problem.

Untragbar/Unübertragbar. Gedanken über ein gedankenloses Manifest des rechtsradikalen Massenmörders Breivik

Ein befreundeter Strafrechtler erzählte mir, dass sich ein hauptberuflicher Dieb, der sich sonst nicht durch hohe Emotionalität auszeichnete, sichtlich und sittlich empört mit einer Bitte an ihn wandte. Was denn los sei? Er, der Profidieb, sei nachts seiner harten Arbeit nachgegangen, die auch nicht leichter werde, er sei nicht mehr der Jüngste, überall gebe es neue und schwer zu knackende Sicherheitssysteme, das Leben werde immer härter, man habe es nicht leicht. Aber seine kompetente Arbeit habe doch endlich wieder mal was eingebracht. Und als er am frühen Morgen nach Hause gekommen sei, habe er entsetzt feststellen müssen, dass da so ein Schwein seine Wohnung ausgeräumt habe – während seiner durch harte Auswärtsarbeit bedingten Abwesenheit. Ob der Anwalt mit seinen guten Kontakten nicht helfen könne, den Kerl zu stellen und dingfest zu machen, so ginge das ja wohl nicht. Für den naheliegenden Einwand, dem Berufskriminellen sei doch nur das passiert, was er systematisch anderen antue, hatte dieser nicht den Ansatz von Verständnis.

Der Fall ist von komischen Elementen nicht frei. Es gab keine Toten, nur einen sich selbst bemitleidenden Kriminellen, der sich um die Früchte seiner harten Arbeit gebracht sah. Dem entsetzlichen Fall des rechtsradikalen Massenmörders Breivik kommt man mit Kategorien wie ‚grotesk' nicht bei. Dennoch hat er – ins trostlos Unerträgliche gesteigert – strukturelle Ähnlichkeit mit dem geschilderten Fall. Und dies nicht nur wegen des völligen Mangels an Empathie für die Opfer. Sondern wegen der gespenstischen Nähe zu denen, die er in einer entsetzlichen Mischung von heißem Hass und Kaltblütigkeit mit allen Mitteln bekämpft. Breivik wollte mit den islamistischen Terroristen gleichziehen, ja sie überbieten. Er hat die paranoisch herbei projizierten Lebensumstände geschaffen, die er bekämpfen wollte: eine Lebenssphäre, in der ein gottnaher, die reine und rechte Kulturtradition inkarnierender, das Authentische erkannt habender, in einem Manifest seinen universellen Durchblick dokumentierender Mann (mit für Rechtsradikale und militant Fromme typischen misogynen Zügen) über Leben und Tod von Mitmenschen, Verrätern, Ungläubigen, Toleranten entscheiden kann.

Es verschlägt einem den Atem und es wäre, wenn die Kontexte nicht so monströs wären, ein Anlass für homerisches Gelächter, wenn man auf Seite 1394 von Breiviks Manifest die Sätze liest: „Oslo used to be a peaceful city. Thanks to the Norwegian cultural Marxist/multiculturalist regime they have transformed my beloved city into a broken city, a bunkered society, a multiculturalist shit hole where no one is safe anymore, to use blunt language." Der rechtsradikale Massenmörder ist selbst der Typus, vor dem er seine Mitmenschen in apokalyptischen Tönen gewarnt hat. Er und nicht eine islamistische Terrorbande hat aus der friedlichen Stadt Oslo und der noch friedlicheren Insel Utöya einen Ort des Grauens gemacht. Breivik erfüllt mit diesen Sätzen ein rechtsradikales Dispositiv: Rechtsradikale kompensieren mit ihrer gewalt- und terrorbereiten Kaltblütigkeit immer auch ihre Lächerlichkeit, die ihnen selten, ganz selten selbst aufblitzen dürfte. Es wäre zu schön, wenn man Rechtsradikale so weglachen könnte, wie Chaplins Film *Der große Diktator* es nahelegt. Wie lächerlich sind ein dunkelhaariger und dunkeläugiger österreichischer Gefreiter, ein adipöser Drogenabhängiger und ein klumpfüßiger Gnom, die von der blonden und blauäugigen deutschen Herrenrasse, flinken Windhunden und hartem Kruppstahl delirieren – und wie trostlos bereit sind sie, ihre Lächerlichkeit durch Massenmord auszublenden.

Anders Behring Breivik (geb. 1979, also zum Zeitpunkt seines Massenmordes 32 Jahre alt) war Kind eines Diplomaten und einer Krankenschwester und wurde in einer der reichsten, friedlichsten, freundlichsten und großzügigsten Ecken der Welt groß. Am 22. Juli 2011 beging er eine monströse, zweiteilige (bzw. siebzigteilige) Tat. Die erste Tathälfte entspricht dem üblichen Muster terroristischer Anschläge auf Regierungseinrichtungen, wie unter vielen anderen mehr die RAF, die IRA, baskische Separatisten, der Unabomber, Timothy McVeigh in Oklahoma-City oder die Islamisten von 9/11 sie zu begehen pflegen. Er zündete im Regierungsviertel von Oslo eine überdimensionale Autobombe; allein Problemen mit dem Timing ist es zu verdanken, dass die Explosion und die gewaltigen Gebäudeschäden „nur" acht Tote hinterließen. Die zweite Tat weicht vom terroristischen Standardschema ab, das beliebige und jeweils möglichst viele „Bullenschweine" (RAF), Kreuzzügler, Imperialistenknechte, Zionisten oder Ungläubige in den Tod reißen soll. Breivik ermordete, sich anfangs in schwer zu überbietender Niedertracht als hilfsbereiter Polizist ausgebend, auf der Oslo vorgelagerten idyllischen Insel Utöya in 69 Einzeltaten je einen Jugendlichen, der der sozialdemokratischen Nachwuchsorganisation Norwegens angehörte. 69 mal nacheinander hat Breivik Aug in Aug mit seinem wehrlosen Opfer ein junges Leben ausgelöscht.

Das ist neu, es übersteigt terroristische Üblichkeiten. Ungewöhnlich ist auch, dass der Massenmörder, der zugleich ein 69-facher Einzelmörder ist, seinem Leben nicht selbst ein Ende setzte, um sich dadurch einen Märtyrerstatus zu verschaffen. Neu ist überdies der Umfang des Manifests, dem er durch seine Untaten Aufmerksamkeit verschaffen wollte – das übertrifft allein durch die Buchstabenmenge alles, was die RAF, Atta in seinem Testament oder der Unabomber Theodor Kaczynski von sich gaben. Mithalten kann da nur Hitlers *Mein Kampf*. Wer in Breiviks 1518 Seiten starken Manifest

2083: *A European Declaration of Independence* zu blättern beginnt, wird bald feststellen, dass der in weiten Teilen mit Copy-and-Paste-Technik zusammengewürfelte Text intellektuell nicht ansatzweise satisfaktionsfähig ist. Wer in der Hoffnung auf Durchblicke, die eine solche grauenhafte Tat künftig blockieren können, dennoch die Lektüre auf sich nimmt, wird unter vielen anderen Aspekten mehr drei Probleme bedenken müssen.

Herostrat in der Mediengesellschaft

Aufmerksamkeit ist ein knappes und daher wertvolles und umkämpftes Gut. Das gilt besonders in der Welt-, Medien- und Informationsgesellschaft. Terroranschläge (und in unendlich kleinerer Dimension wohlfeile Skandalproduktionen um ihrer selbst willen) sind das Aufmerksamkeitserregungsmittel der intellektuell und ästhetisch Armen, die nichts Neues, Anregendes, Produktives, Originelles zu sagen haben. Aufmerksamkeit hätten die Ideen – sit venia verbo – von Breivik nie und nimmer gefunden, wenn sie ohne die Mordtaten vom 22. Juli 2011 im Internet oder selbstfinanziert in Buchform erschienen wären. Man billigt einer schlechthin diskussionsunwürdigen Figur wie Breivik zuviel Ehre = Aufmerksamkeit zu, wenn man sich mit ihm beschäftigt – wie dieser Beitrag es tut. Und man kritisiert diese Figur über ihrem unsäglichen Niveau, wenn man die Einzigartigkeit und Unvergleichlichkeit ihrer Tat herausstellt. Dennoch kann man diese unwerte Aufmerksamkeit schlechthin nicht vermeiden. Breivik ist als Typus eben nicht unvergleichlich, er ist vielmehr eine langweilige, weil kulturhistorisch bis zum Überdruss eingeführte Figur. Steht er doch in der jahrtausendealten Tradition des Herostratentums. Herostrat hatte in einem intellektuell wie ästhetisch ungemein produktiven Umfeld nicht viel zu bieten, litt darunter narzisstisch gekränkt und zündete deshalb im Jahr 356 v. Chr. eines der sieben klassischen Weltwunder, den Artemistempel von Ephesus, an – nur um der Berühmtheit seines Namens willen. Die Stadt reagierte darauf klug und doch erfolglos. Sie beschloss eine damnatio memoriae; niemand durfte, so das Verdikt, den Namen Herostrat nennen. Doch schon die klassische Antike musste fast zweitausend Jahre vor der Erfindung des Buchdrucks und fast 2500 Jahre vor der Erfindung des Internets die bestürzende Erfahrung machen, dass Programme nach dem Schema „dieser Name muss unbedingt vergessen werden" schlechthin paradox sind und sein müssen. Historiker wie Teopompos von Chios und weitere antike Autoren haben den Wunsch Herostrats erfüllt und seinen Namen mit Abscheu genannt – aber eben genannt.

Die Vorstellung, die Mediengesellschaft hätte mit einer Dreizeilenmeldung den rechtsradikalen Terroranschlag mit 77 Toten gemeldet und keinen

Täternamen genannt, verbietet sich. Hätten sich alle Medien weltweit am damnatio-memoriae-Schema orientiert, so böten sie den Boden für eine blühende Massenparanoia – was soll da verschwiegen werden? Man kann gegen Herostraten nichts machen – das ist die einzige, nicht sonderlich originelle Einsicht, über die sie verfügen. Aber man kann ihnen, die hassen, Verachtung signalisieren, Verachtung dafür, dass sie Aufmerksamkeit nur um den Preis monströser Taten gewinnen können und ansonsten nichts, aber auch gar nichts zu bieten haben – außer eben ihrer ultimativen Destruktion.

Die üblichen Verdächtigen

Breivik hat offenbar gespürt, dass er nichts, aber auch gar nichts Relevantes und Bedenkenswertes zu sagen hatte. Und eben deshalb hat er logorrhötisch alles sagen wollen. Man kann die knapp bemessene Lebens- und also Lesezeit besser verbringen als mit der Lektüre von Breiviks Manifest. Zu den Charakteristika dieses trostlosen Textes gehört es, dass sein deutlich rechtsradikaler und paranoisch islamfeindlicher Basso continuo von unendlich vielen Rauschsignalen begleitet wird. So als würde sein Autor selbst spüren, wie dumm der zusammenkopierte Grundtext ist, schmückt er ihn mit Lesefrüchten aus Sphären, die ihm offenbar nicht eigentlich zugänglich sind. Ein besonders krasses Beispiel dafür ist, dass er Kant und Kafka als prägende Lieblingsautoren anführt. Im Interview, das er mit sich selbst führte, nannte Breivik, liberalen Formaten und Medienüblichkeiten entsprechend, seine Lieblingsdinge, -künstler, -städte, etc. Das klingt dann so:

> „**Q(uestion):** Name your favourite; **a.** music, **b.** destination, **c.** possession or item with high affection value, **d.** clothing brand, **e.** au de toilette, **f.** ball sport, **g.** football team, **h.** comedian, **i.** food, **j.** movie, **k.** type of architecture and interior design direction, **l.** beer, **m.** drink, **n.** books
>
> **A(nswer): a. (...)**
> I also appreciate classical music.
> Opera: Wagner, Verdi, Mozart
> **(...)**
> c. My Ipod + my Breitling Crosswind, chronograph.
> **(...)**
> **d.** LaCoste
> **e.** Chanel Platinum Egoiste
> **f.** Football or beach volley
> **g.** Oslo's Lyn and Bygdoy Ballklubb

h. Pat Condell
i. No favourite. All cultures have excellent dishes.
j. 300, Sci-fi, zombie, Lord of the Ring, Star Wars, Passion of the Christ
k. Futuristic classical minimalism or pure baroque depending on the designated
room/structure
l. Budweiser (the real Czech Bud, not the American piss water:P)
m. Red Bull + Absolute
n. George Orwell – Nineteen Eighty-Four, Thomas Hobbes – *Leviathan,* John Stuart Mill – *On Liberty,* John Locke – *Essay Concerning Human Understanding,* Adam Smith – *The Wealth of Nations,* Edmund Burke – *Reflections on the Revolution in France,* Ayn Rand – *Atlas Shrugged, The Fountainhead,* William James – *Pragmatism,* Carl von Clausewitz – *On War,* Fjordman – *Defeating Eurabia*
Other important books I've read (in random order):
The Bible, Avesta, Quran, Hadith, Plato – *The Republic,* Niccolo Machiavelli – *The Prince,* William Shakespeare – *First Folio,* Immanuel Kant – *Critique of Pure Reason,* Homer –*Iliad and Odyssey,* Dante Alighieri – *The Divine Comedy,* Karl Marx & Friedrich Engels – *Communist Manifesto,* Charles Darwin – *The Origin of Species,* Leo Tolstoy – *War and Peace,* Franz Kafka – *The Trial,* Arnold Joseph Toynbee – *A Study of History.*" (1407)

Es gehört zu den abgründigen Paradoxien von Breiviks Manifest, dass er, der den Multikulturalismus hasst, selbst auf geradezu karikaturhafte Weise eine Multiidentitätsperson ist. Er mag alle Küchen der Welt („All cultures have excellent dishes"), kann aber auch starke kulinarische Akzente setzen: Das originale tschechische Budweiser-Bier ist klasse, das US-Imitat schmeckt wie Pisse. Spätkapitalistischer Markenfetischismus ist ihm, dem Kritiker westlicher Dekadenz, vertraut; er liebt und braucht sein Ipod und seine Breitling-Uhr, sein LaCoste-Textil und sein Chanel-Egoist-Parfum. Solche Passagen klingen, als wolle sich jemand über einen Protagonisten eines Botho-Strauß-Stückes lustig machen. Ironie ist aber definitiv nicht die intellektuelle Sphäre eines rechtsradikalen Massenmörders. Ihm ist es ernst, gerade auch im Hinblick auf Aspekte, die einfach nur lächerlich und lachhaft sind. Die stilisierten Porträtfotos, die sein Manifest beschließen und die ihn als Tempelritter, Geheimlogenmitglied, Kampfmaschine und Schädlingsbekämpfer zeigen, wirken wie Casting-Fotos für einen Monty-Python-Film.

Wie man auf dergleichen reagieren soll? Soll man Hitlers *Mein Kampf* oder Breiviks *Manifest* ernst nehmen? Einige tun genau dies. Sie weisen z.B. darauf hin, dass Breivik ein entspanntes Verhältnis zum Internet-Surfen und zum sozialen Netzwerk Facebook hat und schließen daraus messerscharf, welche Gefahren und Verführungskräfte die neuen Medien mit sich bringen. Mit gleichem Un/Recht könnte man auf Hitlers *Mein Kampf* hinweisen, um vor Büchern zu warnen. Die schlichte Einsicht, dass sowohl Gutenbergs Medientechnik als auch die Postgutenberg-Galaxis Chancen und Risiken bergen und es darauf ankommt, was man mit ihnen anstellt, geht dann schnell verloren. Wer (und das sind nicht wenige) nun unter Verweis auf Breiviks Manifest seine jeweiligen ästhetischen, theoretischen, institutionellen oder kulturellen Antipathien bestätigt sieht, findet reiches Material. Wer Wagners Musik verachtet, kann darauf hinweisen, dass Breivik Wagner schätzt – aber eben auch Mozart. Wer Edmund Burkes Kritik der französischen Revolution für so gut wie alle rechtsradikalen Untaten des 19. und 20. Jahrhunderts (mit-)verantwortlich macht, kann darauf verweisen, dass Breivik Burke gelesen hat – aber eben auch erzliberale Theoretiker wie Mill und James. Wer Kafka als nihilistischen Autor verdammt, kann auf den Kafka-Leser Breivik hinweisen, wird dann aber zur Kenntnis nehmen müssen, dass Dante bei ihm in derselben Rubrik lesenswerter Bücher auftaucht.

„Verhaften Sie die üblichen Verdächtigen!" Das Wort des Polizeipräsidenten Renault im Kultfilm *Casablanca* ist zum geflügelten Wort geworden. Zu den gar nicht lachhaften, sondern trostlos stimmenden Effekten des bizarren Manifests, das der rechtsradikale Massenmörder Breivik ins Internet gestellt hat, gehört es, dass sich nun viele auf die Suche nach den üblichen Verdächtigen machen, die Mitschuld und Mitverantwortung an der monströsen Tat haben sollen. Und fast jeder, der diesen oder jenen Autor schon immer verabscheute, wird findig – d.h., findet die, die er immer schon nicht mochte. Denn Breivik hat sich an prominenter Stelle auf den erzliberalen Philosophen John St. Mill, aber auch auf Kafka, Hendryk M. Broder, das Christentum und viele andere Quellen mehr berufen. Wer aus welchen Gründen auch immer Mill oder Kafka oder die christliche Religion oder Israel nicht schätzt, kann nun darauf verweisen, dass ein Massenmörder diese Autoren und jene Konfessionen hofierte – und deren Werke und Gedanken deshalb verdammungswürdig seien. Man muss sich allerdings argumentativ sehr schwach fühlen, wenn man sich ex negativo auf Breivik bezieht, um Theorien, Kompositionen oder Belletristik von xyz abzuwerten.

Einer ähnlichen Logik bzw. einem ähnlichen Irrsinn ist verpflichtet, wer bedeutungsschwer auf den Vegetarier und Schäferhundliebhaber Hitler verweist, weil er was gegen Vegetarier oder Schäferhunde hat. Nun gibt es aber keine verbindlichen Algorithmen, die ausweisen, dass Vegetarier Nazis werden oder zumindest signifikant häufiger als der Rest der Bevölkerung rechtsradikalem Gedankengut anhängen müssen. Gerechtfertigt ist allenfalls der Umkehrschluss: Es ist offensichtlich nicht auszuschließen, dass auch Vegetarier und Tierfreunde Nazis werden und industrielle Massenmorde organisieren. Preußische Gymnasien, deutsche Universitätskultur, die evangelische wie die katholische Kirche haben den Erfolg der Nazis nicht verhindert – das ist eine schwer zu bestreitende Aussage; die genannten Größen sind für die monströsen Taten der Nazis hauptverantwortlich – das ist eine heikle, schwer zu haltende Aussage. An ihr fällt sofort auf, dass sich fast jeder gerne auf die eine, ihm besonders verdächtige Größe konzentriert, die er eh nicht mag. Wer auch nur ein wenig näher hinschaut, dem fällt auf, dass es katholische und evangelische Nazis, aber eben auch katholische, evangelische und atheistische Widerstandskämpfer gab.

Ein abgründiges Gedankenexperiment: Was wäre, wenn der Massenmörder von Oslo seine Tat begangen hätte, um (wie etwa der berüchtigte Una-Bomber) gegen den Klimawandel, brutale Kriege, Atomkraftwerke und die Unsensibilität der ersten Welt für die übrige Welt zu protestieren, wenn er in einem Manifest erklärt hätte, er wolle mit seiner Tat aufrütteln und darauf hinweisen, wohin Religions- und Rassenhass führen würde. Wäre seine Tat dann weniger entsetzlich und verabscheuungswürdig? Kritikbedürftig ist das beliebte Spiel „Verhaften Sie die üblichen Verdächtigen", weil es den Blick auf wirkliche Zusammenhänge zwischen Gedankengut und widerwärtiger Tat verstellt. Breivik ist eben kein Sozialdemokrat und auch kein Liberaler in der Tradition von Mill, sondern ein Rechtsradikaler. Und der ist sich mit denen, die er hasst, etwa den Terroristen von 9/11, in einem entscheidenden Punkt (und vielen weiteren!) einig: dass man Hunderte, Tausende Menschen, darunter Kinder, Frauen, Zufallspassanten massakrieren darf, soll, ja muss. Dagegen hilft kein Hass, auch keine Suche nach Verdächtigen im Milieu derer, mit denen man immer schon eine Rechnung offen hatte, wohl aber Aufmerksamkeit. Zum Beispiel für den Vorschlag, diejenigen zu verhaften, die immer die üblichen Verdächtigen verhaften wollen.

Hass auf das sozialdemokratische Projekt

Es ist ein ebenso sinn- wie aussichtsloses Unterfangen, Breiviks Manifest für die Stärkung der jeweils eigenen Position im Kampf um Diskurshoheit ausschlachten zu wollen. Auch wer (wie der Autor dieser Zeilen) über viele, aber eben nicht alle Publikationen von Hendrik M. Broder den Kopf schüttelt (und sich wundert, wie selbstgewiss ein Publizist auftritt, der so häufig sachlich eklatant danebenlag – etwa bei seiner Einschätzung des Irakkrieges), erliegt einem kapitalen Fehlschluss, wenn er nun argumentiert, der sich selbst als Kreuzritter stilisierende Breivik entstelle den heißen Kern westlicher Einstellungen gegenüber dem Islam zur Kenntlichkeit oder zeige, worauf Kritik am terroristischen Islamismus eigentlich herauslaufe. Auch hier ist intellektuelle

Redlichkeit dringend geboten. Wer in den 30-er und 40-er Jahren einem Deutschen begegnet, hatte das Recht zu fragen und zu erfahren, ob dieser Nazi sei oder mit Nazis sympathisiere – nicht aber das Recht zu unterstellen, alle Deutschen seien per se faschistische Massenmörder. Wer militanten Muslimen begegnet, macht sich auch nach Breiviks Massenmord nicht unmöglich, wenn er sie nach ihrer Einstellung zu den Terroranschlägen von 9/11 und vielen weiteren Massenmorden fragt. Unmöglich macht er sich, wenn er unterstellt, alle Muslime hätten per se eine Neigung zum Töten von Andersgläubigen.

Machen wir noch einen Test auf die Versuchung, Breiviks Manifest für die Aufrüstung der eigenen Diskurse zu nutzen. Nach guten Gründen zur Kritik an der katholischen Kirche muss man nach all den Missbrauchsfällen, Ernennungen peinlicher Bischöfe und Skandale um die Pius-Brüderschaft nicht lange suchen. Dass der norwegische Protestant Breivik aber die katholische Kirche bewundert, ist nun kein Argument gegen diese – so wenig seine Lust an Mozarts Musik gegen Mozart oder seine antiislamistische und proisraelische Option gegen Israel spricht. Die liberale Versuchung etwa, die folgende Passage aus Breiviks Manifest gegen rechtskonservative Katholiken zu wenden, mag groß sein, wäre aber eher ein Zeichen der argumentativen Schwäche:

„The Role of Tradition
A few important factors is the apostolic succession and to the antiquity of the Roman Catholic Church. However, Scripture was never intended to be the believer's sole guide for all of faith and practice; for all that he believes and does. Scripture and Tradition belong together as well.
Scriptures lack of relation to Church
Christ left a church, not a book, and that the Protestant doctrine of *Sola Scriptura* (by scripture alone) is illogical because the formation of the canon (i.e. what we recognise as Scripture) was itself a monumental act of the church. Thus, the Bible requires an infallible church.
Lack of guide to scripture
The church is a necessary guide to the meaning of Scripture. If the Constitution, as a relatively simple human text, needs the Supreme Court as its interpretive guide, then all the more does Scripture need the Catholic Church as its interpretive guide. (1132)
Lack of interpretational authority
The Protestant doctrine of *Sola Scriptura* leads to an „incipient subjectivism" since without Tradition, each man becomes his own authority and interpreter of Scripture. This has resulted in competing interpretations in the Protestant marketplace resulting in various directions of Protestantism.

Authority and Authoritativeness

Authority, in all of our daily experiences, means a person or institution empowered to enforce a rule. *Sola scriptura* is in a sense a philosophical sleight of hand. A book by its nature can only be *authoritative*, not an authority.

Ironically, it was the first pope, the apostle Peter, who pointed out the rather obvious fact that Scripture is not necessarily self-explanatory; it can be twisted by the unscrupulous to support any theological position (2 Peter 3:16).

Protestantism leads to the disintegration of the Church

A liberal Protestant church with little or no authority results in chaos and therefore indirectly contributes to spawn a multitude of sects/denominations. There are now more than 25 000 Protestant sects and the number is growing![1]

Liturgical Longings

High church liturgy (much more dignified rituals known to Protestants as „service/communion"), is a common feature of Roman Catholic and Eastern Orthodox churches. The Reformed and Evangelical Protestant churches are missing out on an essential part, the fullness and richness of high church liturgy. The traditional Christian components such as the Mass and the Eucharist are essential.

To quote a Catholic:

„The splendour of Roman Catholic liturgy or the "vision" of the Roman Catholic Church is immense. It is full of glory and dignity. It is un-supportedly bright. But not only this: it is *present* in the Mass. ... But it is only in the liturgy ... that the whole drama is unfurled and the scrim of temporality is pierced, and we begin to see both the abyss and the Sapphire Throne. It is very hard to keep this vision alive in non-liturgical worship." (1132 f.)

So etwa sagt es Martin Mosebach auch, nur mit ein wenig anderen, eleganteren Worten. Aber nein, noch einmal: Bewunderer der klassischen Messeliturgie sind nicht deshalb diskreditiert, weil auch Breivik sich eine Rekatholisierung Europas wünscht (aus anderen Gründen sind sie durchaus kritikbedürftig). Haltbar ist allein die umgekehrte Feststellung: Die Hochschätzung der alten Liturgie und die Orientierung an rechtskatholischen Mustern schließt (wie die Option für vegetarisches Essen) nicht aus, dass einer Massenmörder wird.

Kurzum: es kommt darauf an, aus all dem wirren Rauschen von Breiviks Manifest die Botschaft herauszudestillieren. Und die ist denn doch von faschistischer Klarheit. Breivik hat nicht die Zentrale einer linksradikalen Partei oder die Moschee eines Hasspredigers (wenn es die in Oslo geben sollte) in Schutt und Asche gelegt; er hat die Gebäude einer demokratisch gewählten Regierung zerbombt. Und er hat je einzeln 69 sozialdemokratisch orientierte Jugendliche (und nicht etwa Linksradikale oder militante Islamisten) ermordet. Also genau die Köpfe, die so herrlich ausgeglichen, sachlich, umsichtig und liberal auf die Erregungsdiskurse unserer Zeit reagieren. Leute, die z.B. islamophobe Affekte und Dispositionen souverän verachten, aber sich deshalb nicht gleich den Blick auf Probleme verstellen lassen, die verstärkte Immigration nun einmal mit sich bringt. Menschen, die schon in jungen Jahren so reif sind, es nicht für eine Schwäche zu halten, entweder-oder-Diskurse zu vermeiden und sowohl-als-auch zu sagen. Köpfe, die sogar bereit sind, eine unsägliche Figur zu beschämen, indem sie auch ihm ein rechtsstaatlich untadeliges Verfahren und einen kompetenten Pflichtverteidiger zubilligen. Nicht auszuschließen, ja plausibel zu hoffen ist, dass Breiviks monströse Taten im Verbund mit seinem lachhaften Manifest und seiner lächerlichen Kostümpolitik dem Projekt einer sozial-demokratischen Politik dies- und jenseits aller Militanz neue Attraktivität verleihen.

Die Papst-Paradoxie. Zum sakralen Auftritt und profanen Rücktritt eines Papstes

Der Papst ist tot, es lebe der Papst. Die Sedivakanz nach dem fast drei Jahrzehnte langen Pontifikat des polnischen Charismatikers ist bemerkenswert schnell vorbei. Christus muß nicht länger ohne seinen Stellvertreter auf Erden auskommen. Habemus papam. Wir (bzw. wer immer „wir" zu sagen Gründe zu haben glaubt) haben einen deutschen Papst. Wir sind Papst. Auf Karol Wojtyla, der sich den Papstnamen Johannes Paul II. zulegte, folgt Joseph Ratzinger, der sich Benedikt XVI. nennt. Der Übergang der Pontifikate war ein einziges nicht endendes Mediengroßereignis. Die Papst-Funktion ist zuallererst eine Missions- und also Medien-Funktion.

Der Papst stirbt[316], und alle sehen zu. Ecce homo: Ein alter, artikulationsunfähiger Mann mit schmerzverzerrtem Gesicht, unkontrolliertem Speichelfluss und zitternden Händen wird im Rollstuhl ans Fenster seiner Wohnung geschoben und versucht hilflos, die große Menge auf dem Petersplatz und die noch ungleich größere „draußen vor den Bildschirmen" zu grüßen. Das schaurig faszinierende Schauspiel dauert nicht lange, wird aber an mehreren Tagen wiederholt. Die Chronik eines lange und gründlich angekündigten Todes nimmt ihren in jedem Wortsinne absehbaren Verlauf. Orbi et urbi: Nachdem die Leute auf dem Petersplatz mit eigenen Augen, viel deutlicher und näher aber die ganze Welt vor den Fernsehgeräten einer bedeutenden, ja welthistorischen Figur beim Sterben zugesehen hat, wird auch der Tote zur Schau gestellt.

Nach seinem Ableben wird die Leiche des Papstes einbalsamiert und medial präsentiert. Wieder und diesmal dauerhaft sind Kameras dabei, die das Geschehen direkt in alle Welt übertragen. Wir, die wir vor den TV-Monitoren sitzen, beobachten, wie zuerst outriert traditionell gewandete Bewohner des Vatikans und sodann hunderttausende Zivilpersonen vom Pontifex maximus Abschied nehmen. Im Mittelpunkt des Geschehens, das man kaum anders denn als Spektakel bezeichnen kann, steht bzw. liegt eine öffentlich ausgestellte und dank elaborierter Fernsehtechnik gut ansichtige Leiche.

Buchenswert ist dieses Ereignis auch für abgeklärte Beobachter der Medienszene aus vielen Gründen, darunter vor allem aber auch aus diesem: Als traditionsreichste Institution der Welt agiert die katholische Kirche offensiv auf der Höhe der Mediendinge. Es ist absehbar, dass bald private Fernsehsender ausführlich Sterbende filmen, nachdem sie in Reality-TV-Sendungen

316. Die folgenden Ausführungen zu Sterben und Tod Woytilas gehen auf meinen Beitrag im Sonderheft „Wirklichkeit" der Zeitschrift *Merkur* (2005) zurück.

wie *Big Brother* die Wonnen inszenierter Alltäglichkeit inclusive Sex gezeigt haben. Das Erstlingsrecht an der Idee zu diesem Sendeformat „beim Sterben life dabei" kann die Spitze der katholischen Kirche in Anspruch nehmen.

Ein Papst, der in vielen und gerade auch in kulturellen Hinsichten als prononciert konservativer Charakter galt, ein Papst, der in Fragen etwa der Abendmahlgemeinschaft, des Kirchenverständnisses, der Laienordination, der Schwangerschaftsberatung und des Priesteramtes für Frauen dezidiert traditionalistische bis fundamentalistische Positionen verteidigte, hatte ein geradezu enthusiastisches Verhältnis zum avancierten Stand der Medientechnologie und zumal der Fernseh-Öffentlichkeit. Zu Recht galt er als Medien-Papst. Auf die Wirkung und Fernseh-Tauglichkeit seiner Auftritte legte er auch in Nachgesprächen mit Medienberatern äußersten Wert.

Die nur auf den ersten Blick befremdliche Kombination von erzkonservativen bis fundamentalistischen Ansichten einerseits und Medienzugewandtheit andererseits teilt er mit zwei einflussreichen Zeitgenossen, die fast gleichzeitig mit ihm machtvolle Positionen einnahmen und Geschichte machten: Ronald Reagan und Ayatollah Chomeini. Um 1979 zeichnet sich in so unterschiedlichen Weltecken wie Rom, Washington und Teheran eine brisante Konstellation ab. Hochgradig eigensinnige und betont traditionsverhaftete Konzepte rüsten ideologisch auf und stellen missionarische Ansprüche. Keine Mission ohne Emission. Keine Macht ohne Medien. Globale Geltungsansprüche stellen alle drei Mächte: Die Kirche nennt sich nicht umsonst katholisch, also allumfassend; Chomeini reaktiviert die Idee der missionierenden Umma; und konservative US-Politik arbeitet seit Reagan daran, die Reiche des Bösen zu besiegen und global amerikanische Werte zu verbreiten. Da der Vatikan anders als die beiden anderen Mächte kein Militär unterhält, hat er die Idee der Medienmacht perfektioniert. Das Pontifikat von Johannes Paul II., um der titelgebenden Diktion dieses Sammelbandes zu folgen: Die Johannes-Paul-II.-Funktion war immens medienmodern und zugleich betont wertekonservativ. Vieles spricht dafür, dass diese Kombination noch lange und weltweit mediale Aufmerksamkeit verdient – und organisiert.

Dafür spricht nicht zuletzt der neue Papst, auch wenn er sich, gängige Erwartungen enttäuschend, nicht Johannes Paul III. benamste. Zum vornehmsten Vorrecht eines vom Kardinalskollegium bzw. vom Heiligen Geist soeben (aus)gewählten Papstes gehört es, sich flugs einen neuen Namen zu geben. Aus Joseph (Kardinal) Ratzinger wird Benedikt XVI. Die Proklamation dieses neuen Namens ist die erste und zugleich eine der wichtigsten Symbolhandlungen des neuen Papstes überhaupt. Denn dieser neue Name ist tatsächlich ein Eigenname in jedem Wortsinne. Hat sein Träger ihn sich doch selbst ausgewählt und gegeben. Das kleine sprach- und namenlose Kind, das seine Eltern einst (genauer: vor 78 Jahren) im Namen des Vaters, des Sohnes und des Heiligen Geistes auf den Namen Joseph taufen ließen, gibt sich in einer Geste von schwer überbietbarer Souveränität einen neuen Namen, der mit einer Ordnungszahl versehen ist: Benedikt XVI. Taufen sind ein Akt weiser Fremdbestimmung. Ein infans kann sich unmöglich selbst benennen. Es ist vielmehr darauf angewiesen, von jenen einen Namen zu erhalten, die ihrerseits benannt worden sind und also wissen, dass sie im Namen einer großen, anderen Instanz denjenigen benennen und besprechen, der sich nicht selbst benennen und besprechen kann.

Man kann sich, wenn man ruhmsüchtig ist, einen Namen machen wollen und, wenn man denn Erfolg hat, z.B. ein bekannter Künstler werden. Man kann sich auch ein Pseudonym wählen. Doch das sind ersichtlich andere Strategien und andere Namens- und Benennungsfunktionen als die, die bei der Namenswahl eines Papstes eine Rolle spielen. Eine Rolle, die Vorsitzende anderer Zentralkomitees so beeindruckt hat, dass sie das päpstliche Vorrecht der Selbstbenennung und der authentisch-paradoxen Selbsttaufe auch für sich reklamierten: Lenin und Stalin (letzterer war bekanntlich militant katholisch sozialisiert worden) praktizierten eine imitatio paparum. So schlicht und so abgründig können polittheologische Programme und Funktionen geschaltet werden. Schon der Name des ersten Papstes ist ja ein Name, der mehr als nur ein beliebiger Name ist: Petrus, der Fels, auf dem die Kirche gebaut sein soll. Papstnamen können und dürfen nicht Schall und Rauch sein. Ein sich selbst benannt habender Papst ist, wie er heißt, und heißt, wie er ist. Er ist die agierende Institution, die nach ihm heißt. Das Pontifikat von Joseph Kardinal Ratzinger ist ein Pontifikat Benedikts.

Joseph Ratzinger hat sich den Namen Benedikt XVI. gegeben. Die journalistischen Standardkommentare zu dieser Namenswahl laufen über Recherchen zu den fünfzehn päpstlichen Benedikten, die dem jetzigen Benedikt vorangingen. Fünfzehn Päpste aus zwei Jahrtausenden unter eine Mitra zu bekommen, ist keine einfache Aufgabe. Aber es lässt sich doch so etwas wie ein roter Faden ausmachen. Viele dieser Benedikte, der fünfzehnte (1914–1922) voran, waren um eine Konsolidierung der Kirche und (erfolglos) um Frieden in bewegten Zeiten (etwa im Ersten Weltkrieg) bemüht. Nachdem Wojtyla bzw. Johannes Paul II. die Papstfunktion charismatisch aufgeladen hatte (und dies über fast drei Jahrzehnte – mach's einer nach und breche sich nicht den Hals!), liegt eine konsolidierende Auffüllung der Pontifikatsfunktion nahe. Wer keine Angst vor symptomatisierenden Überinterpretationen hat, kann überdies noch die Ordnungszahl XVI. als rundes und konsolidierendes Zeichen begreifen. 16 = 4 x 4. Die Zahl vier taugt bekanntlich dazu, die vier Himmelsrichtungen zu bezeichnen. Viermal alle vier Himmelsrichtungen: Könnte man das Wort „allumfassend" sinnvoll steigern, so würde sich das Programm einer wirklichen Katholizität abzeichnen.

Ein solches Programm braucht Gottes Segen. Zumal in Zeiten, in denen absehbar ist, dass ihre Signatur die weltweite Wiederkehr des Religiösen ist. Und als Bitte um Gottes Segen lässt sich die Namenswahl „Benedikt" verstehen. Benedikt: Das ist der Gesegnete, der unter Gottes Segen Stehende, der Gebenedeite. Mehr als nur assoziativ steht Benedikt XVI., der zu verstehen gibt, daß er Maria fast so hingebungsvoll verehrt wie sein Vorgänger, der sich in dieser Hinsicht von niemandem überbieten lassen wollte, damit im Umkreis der Muttergottes, die gebenedeit ist unter den Weibern. Der Papst, der den in frommen katholischen Kreisen gerne vergebenen Vornamen Joseph trägt, macht damit das kleine Manko dieses bei allen kirchlich-frommen Valenzen doch weltlichen, personalausweistauglichen Vornamens wett: Joseph ist eben nicht der eigentliche Vater Jesu; er ist der heiligen Familie nur in einer Weise liiert, die von prekären Momenten nicht ganz frei ist; er ist gewissermaßen von handwerklicher, von zimmermannhafter Weltlichkeit.

Benedikt: Das meint aber nicht nur den Gebenedeiten unter den Päpsten, sondern auch ganz buchstäblich denjenigen, der gut zu reden versteht (bene dicere) und über den gut gesprochen wird. Die Vielsprachigkeit des alten wie des neuen Papstes ist denn auch beeindruckend. Johannes Paul II. galt aus schnell nachvollziehbaren Gründen als ungemein medientauglicher und mit rhetorischen Gaben gesegneter Kopf. Das Image Benedikts XVI. ist ein anderes. Als charismatischer Redner und Prediger ist er während seiner jahrzehntelangen Tätigkeit als Präfekt der Glaubenskongregation im Vatikan nicht hervorgetreten. Vielmehr profilierte er sich als aktenkundiger strenger Glaubenswächter und Repräsentant der Institution Kirche, der z.B. in streitbereiter und entsprechend umstrittener christlicher Nächstenliebe der evangelischen Kirche diesen Status: Kirche zu sein, absprach. In dieser seiner Funktion als Präfekt der Glaubenskongregation erfüllte er mit bemerkenswerter Verve und Überzeugtheit die traditionsreichen inquisitorischen Funktionen der katholischen Kirche.

Mit glücklichen Personalentscheidungen war diese in jedem Sinne konservative und konservierende Entschiedenheit nicht immer verbunden. Kardinal Ratzinger hat in den langen Jahrzehnten, die er Seit an Seit mit Johannes Paul II. in Rom verbrachte, systematisch eine erzkonservative Personalpolitik betrieben. Mit frappantem Ergebnis: Stockkonservative Köpfe wie Bischof Krenn, der seinen Sprengel zu einer Lachnummer machte, indem er das Priesterseminar im ländlichen St. Pölten mit einer Subkultur versah, wie sie sonst nur in dekadenten Metropolen anzutreffen ist, Kardinal Groer, der Lustknaben und damit sich selbst die Aussicht auf Erlösung absprach, oder die amerikanischen Bischöfe, die ihre pädophilen Priester deckten, waren in der Zeit ernannt worden, in denen Kardinal Ratzinger im Vatikan ein entscheidendes Wort zu sagen hatte. Ach, die Konservativen, für wie viel Unfeinheiten sie schon gesorgt haben. Ach, die militant Frommen, wie tief doch ihre Sympathie mit dem Teufel ist.

Dennoch oder eben deshalb nannte sich Joseph Kardinal Ratzinger nicht Dominicus, sondern eben Benedikt. Damit huldigte er auch dem Gründer des Benediktiner-Ordens, der seinerseits ein anderes, ein besseres, ein menschenfreundlicheres Image hat als der auf Ketzerverfolgung spezialisierte Dominikaner-Orden. Joseph Kardinal Ratzinger wurde zu Papst Benedikt XVI. in Zeiten, in denen Religion ein je nach Beobachtungsperspektive faszinierendes oder aber gespenstisches, wenn nicht gar satanisches Comeback erlebt und ein hohes Maß an Medien-Aufmerksamkeit erhält. Zur Ratzinger-Funktion gehört es auch, in dieser Hinsicht so eng wie möglich an den Vorgänger, den genuinen Medien-Papst Johannes Paul II. anzuschließen. Obwohl er weniger telegen und charismatisch ist als sein Vorgänger auf dem Stuhl Petri, verlieh ihm die ideale Gesamtmedienöffentlichkeit, so als wollte sie ihr Benennungsrecht gegen althergebrachte Privilegien eines herausgehobenen Souveräns profilieren, den Übernamen „Papa Ratzi".

„Papa Ratzi" – siehe da: Der neue Papst trägt Prada-Schuhe und hat einen auffallend schönen Privatsekretär. Der neue Papst ist trotz oder wegen seiner ernsten Unnachgiebigkeit illustriertentauglich. Der Feuilleton-Katholizismus ist von ihm sowieso begeistert bzw. von allen guten Geistern verlassen. Auch der kritische Philosoph Habermas schätzt Ratzinger sehr. „Papa Ratzi" – dieser Nickname hat es in sich. Bezeichnen wir doch als Paparazzi jene unangenehmen Medienprofis, die Prominente nicht in Ruhe lassen, sondern sie wenn nicht mit Kugeln erschießen, so doch durch das Schießen von Photos erledigen. Bemerkenswerterweise werden nun aber nicht die dem Papst nachstellenden Journalisten, sondern vielmehr wird das Objekt der medialen Begierde sprach- und namensspielerisch mit dem Ausdruck „Papa Ratzi" belegt. Mit welchem Grad an Bewusstheit auch immer dieser sofort populär gewordene Ausdruck geprägt wurde: Er trifft ins Schwarze. Denn die katholische Kirche hat sich in den letzten Jahren und Jahrzehnten als der Medien-, Missions- und E-Missionskonzern geoutet, die sie ist und immer schon war. Mit einem gewissen Neid hat u.a. die evangelische Kirche in Deutschland verfolgt, wie viel Medienaufmerksamkeit die offenbar unwiderstehlich attraktive Verbindung von Traditionsbeständen und TV-Seligkeit hat. Die katholische Kirche hat nun einmal ein entspannteres Verhältnis zu Bildern, Bildgeschichten und liturgischen Choreographien als der schriftgläubige Protestantismus. Allerdings braucht sich auch der wortgewandte evangelische Bischof Huber nicht über mangelnde Medienaufmerksamkeit zu beklagen. Wir leben eben in Zeiten, in denen gilt: God sells.

Papa Ratzi: Das heißt ja nicht nur, dass der zu Benedikt XVI. avancierte Joseph Ratzinger zum herausragenden Objekt medialer Begierde geworden ist, sondern eben auch, dass der Papst selbst die Funktion eines Paparazzo, also eines Medienmenschen übernimmt, der uns denn doch allzu naherückt und keine Diskretionsgrenzen mehr achtet. Der Stellvertreter Christi auf Erden sieht, beobachtet und kommentiert alles. Der Pfarrerssohn Nietzsche hat schon den Satz „Der liebe Gott sieht alles" mit einem knappen Kommentar versehen, den er einem jungen Mädchen aus feinem Hause in den Mund legte: „wie unfein!" Der neue Papst ist als die Medienmacht, die er innehat, doch auch mehr als bloße und schmutzige Medienmacht. Ein Papst ist ein Papst, auch wenn er ein Papa Ratzi ist. Die Funktionsgleichung ist eben nicht umkehrbar: Nicht alle Paparazzi können Päpste sein. Es gibt nur einen Paparazzo, der Papst ist.

Zu den Vorzügen dieses gebenedeiten Medienstatus gehört es, dass die Paparazzi-Kollegen sich Papa Ratzi nicht ganz so schamlos nähern wie anderen Mitmenschen. Man kann es auch anders sagen: Es ist schon bemerkenswert, dass selbst Reporter öffentlich-rechtlicher TV-Sender den Papst bei seinem Deutschland-Besuch nicht mit dieser seiner Amtsbezeichnung „Papst" namhaft machen, sondern mit Tremolostimme vom „Heiligen Vater" sprechen – was er allenfalls für eine Minderheit der Deutschen und für ca. jeden siebten Erdenbewohner ist. In der kalten Terminologie der Systemtheorie kann man den medialen Vorzug, den Papa Ratzi genießt, auch als erfolgreiche Invisibilisierung charakterisieren. Genießt er doch genau das Privileg, das Paparazzi ihren Medien-Objekten ansonsten gerade nicht gönnen: das Wegsehen, das Ausblenden, das Marginalisieren auch handfester Probleme. Und für die hat Benedikt XVI. in kurzer Frist gesorgt – ohne dass sich die Medienöffentlichkeit darauf stürzte. Ratzinger hat es in den wenigen Wochen nach seiner Wahl zum Papst (am 19. April 2005) geschafft, gleich drei bemerkenswerte Fehltritte zu tun und sie sogleich vergessen zu machen. So wie die Dinge stehen und der Zeitgeist weht, muss derjenige, der an sie gemahnt, damit rechnen, als engstirnig, unzeitgemäß und reflexhaft antikatholisch charakterisiert zu werden. Hat Ratzinger mittlerweile doch auch den Segen von Jürgen Habermas.

Benedikt XVI. hat erstens an die Opfer des jüngeren Terrorismus erinnert. In der langen Liste, die er anführte, kamen israelische Terror-Opfer nicht vor. Benedikt XVI. hat zweitens auf die durch starke Indizien ausgelöste Nachfrage der Chefanklägerin des internationalen Gerichtshofes in den Haag, Carla del Ponte, ob der Vatikan kroatische Klöster schütze, die Kriegsverbrecher verbergen, nicht reagiert. Und Benedikt XVI. hat drittens denjenigen, die zum Weltjugendtag nach Köln pilgerten, einen „vollkommenen Ablass" versprochen. Das einschlägige Dekret ist von komischen Aspekten nicht frei, es ist ersichtlich hybrid und theologisch kecker als etwa das Wort des sterbenden Voltaire „Dieu me pardonnera – c'est son métier" („Gott wird mir vergeben –

das ist nun mal sein Job"), und so verdient es, als eines der ersten Dokumente der Benedikt XVI.-Funktion vollständig zitiert zu werden:

Dekret der apostolischen Pönitentiare über die Sonderablässe anlässlich des XX. Weltjugendtages

Ein *vollkommener Ablaß* unter den gewohnten Bedingungen (sakramentale Beichte, eucharistische Kommunion und Gebet nach Meinung des Heiligen Vaters) wird denjenigen Gläubigen gewährt, die, mit dem Herzen von jeglicher Sünde abgekehrt, während des ‚XX. Weltjugendtages' in Köln aufmerksam und andächtig an Andachten oder Gottesdiensten und an seinem feierlichen Abschluß teilnehmen. Den anderen Gläubigen, wo immer sie sich auch während des besagten Treffens befinden mögen, wird ein *Teilablaß* gewährt, sofern sie Gott mit reuigem Herzen und in inbrünstigem Gebet bitten, daß die jungen Christen im Bekenntnis ihres Glaubens erstarken, daß sie in der Liebe und im Respekt gegenüber ihren Eltern gestärkt werden, und daß sie festen Sinnes seien, die Familien, die sie gründen werden oder schon gegründet haben, oder auch ihr eigenes Leben getreu den heiligen Maßstäben des Evangeliums und der Mutter Kirche zu gestalten, entsprechend der einem jeden von Gott aufgezeigten Berufung. / Das vorliegende Dekret hat Gültigkeit für diesen Anlaß. Dem steht keinerlei gegenteilige Verfügung entgegen. / Gegeben zu Rom, vom Sitz der Apostolischen Pönitentiarie. Am 2. August 2005, dem Gedenktag der ‚Portiuncula'. /

James Francis STAFFORD, Kard. Der Hl. Römischen Kirche
Großpönitentiar
Gianfranco Girotti, O.F.M. Conv.
Regent

So der Wortlaut des Dokuments, das medienadäquat unter der Web-Adresse http://www.vatican.va/roman_curia/apost_penit/documents/rc_trib_appen_doc_20050802_decree-xx-wyd_ge.html#top nachzulesen ist.

No comment zu dieser Benedikt XVI.-Funktion. Denn das, was da schwarz auf weiß geschrieben steht bzw. über Monitore flimmert, geht alles mit rechten Dingen zu. Ablässe sind geregelt im *Codex des kanonischen Rechtes* Kapitel IV, Can. 992 sqq.. Dort heißt es u.a. „Can. 992 – Ablaß ist der Nachlaß zeitlicher Strafe vor Gott für Sünden, deren Schuld schon getilgt ist; ihn erlangt der entsprechend disponierte Gläubige unter bestimmten festgelegten Voraussetzungen durch die Hilfe der Kirche, die im Dienst an der Erlösung den Schatz der Sühneleistungen Christi und der Heilungen autoritativ verwaltet und zuwendet. / Can. 993 – Ein Ablaß ist Teilablaß oder vollkommener Ablaß, je nachdem er von der zeitlichen Strafe, die für die Sünden zu verbüßen ist, teilweise oder ganz befreit. / Can. 994 – Jeder Gläubige kann Teilablässe oder vollkommene Ablässe für sich selbst gewinnen oder fürbittweise Verstorbenen zuwenden. / Can. 995 – § 1. Außer der höchsten Autorität der Kirche können nur diejenigen Ablässe gewähren, denen diese Vollmacht durch die Rechtsordnung zuerkannt oder vom Papst verliehen wird. / § 2. Keine Autorität unterhalb des Papstes kann die Vollmacht zur Gewährung von Ablässen anderen übertragen, wenn ihr dies nicht vom Apostolischen Stuhl ausdrücklich zugestanden worden ist."

Es ist kein leichtes Amt, es ist keine leicht zu erfüllende Funktion, Stellvertreter irgendeiner Macht oder irgendeines Mächtigen zu sein. Und es ist ein hartes Los, Stellvertreter Christi auf Erden zu sein. So hart ist es nun aber auch wiederum nicht. Der Papst geht abends nach getaner Regierungsarbeit durch die vatikanischen Gärten. Da spürt er auf einmal, dass neben ihm noch einer lustwandelt. Es ist, wie er mit äußerster Evidenz und päpstlicher Kompetenz erkennt, kein anderer als der wiedergekehrte Jesus Christus. Weil sich ein Gespräch nicht so recht anbahnen will, fragt der Gottessohn seinen Stellvertreter, ob er denn gar keine Frage an ihn zu richten habe. „Doch", antwortet der: „Ich möchte gerne wissen: Wann kommst du mal wieder?"

*

Ein Papst ist nicht irgendein Regierungschef, der nach Pleiten, Pech und Pannen zurücktreten kann bzw. zurückgetreten wird. Er ist vielmehr der Stellvertreter Christi auf Erden. Um Papst zu werden, muss man zuvor zum Priester und zum Bischof geweiht worden sein. Schon diese Weihe-Sakramente sind nach katholischem Verständnis nicht revozierbar, mag Hochwürden auch noch so merkwürdig gehandelt haben. Nun ist ausgerechnet ein Papst zurückgetreten, der in voller Übereinstimmung mit der katholischen Tradition ein entschieden sakramentales Verständnis der Kirche und des Priester-, Bischofs- und Papstamtes hat. Die katholische Kirche ist kein Verein, keine Partei, keine Organisation wie andere; es war eine diplomatische Ungeschicklichkeit (nicht die einzige) und zugleich eine beeindruckend souveräne Geste von Benedikt XVI., dass er der protestantischen Kirche abgesprochen hat, überhaupt Kirche zu sein. Nun bringt sich eben dieser Papst in klarer Absetzung von seinem Vorgänger Johannes Paul II., der trotz seiner für jeden erkennbaren schwersten Leiden das Kreuz des päpstlichen Amtes bis zum Ende weitertrug, auf das Niveau weltlicher Üblichkeiten. Er tritt zurück – so wie die evangelische Bischöfin Margot Käßmann nach einer Autofahrt unter Alkohol.

Das ist und bleibt tief irritierend. Über die Gründe für diesen abgründigen Schritt fehlt es denn auch nicht an Mutmaßungen. Sie reichen von der offiziellen Variante (dem Papst fehlen altersbedingt die Kräfte, und er hat – anders als sein Vorgänger? – die Größe, das einzusehen) bis zu wilden, deshalb aber nicht a priori falschen Spekulationen über Intrigen in der geschlossenen männerbündischen Institution, die da Vatikan heißt. Was immer die für Außenstehende nicht einsehbaren Gründe für diesen Rücktritt sein mögen – dass Joseph Ratzinger als Papst Benedikt XVI. grandios gescheitert ist, kann niemand ernsthaft bestreiten. Die einschlägigen Stichworte kennt jeder. Um nur einige wenige zu evozieren: Ob problematische Bischofsernennungen (Mixa) oder Missbrauchsskandale, ob Annäherung an einen rechtsextremen Holocaust-Leugner, die Erneuerung der Fürbitte für die verstockten Juden oder die unglückliche Regensburger Rede über den Propheten Mohammed, ob Vatileak- oder Vatikanbankskandale – da ist mit buchenswerter Regelmäßigkeit fast alles, um profan zu formulieren, schlecht gelaufen. Diese Serie nicht endender Peinlichkeiten hatte System. Um es theologisch respektvoller auszudrücken: Offenbar beliebte der Heilige Geist nicht immer da zu wehen, wo der Heilige Vater weilte.

Benedikt XVI. musste eine eigentümliche, seinen starken Intuitionen und intellektuellen Motiven strikt zuwiderlaufende Erfahrung machen, die strukturell gesehen allerdings nicht ganz neu ist: Gerade entschiedene, militante, glaubensstarke Vertreter einer Idee oder einer überhöhten Gemeinschaft treiben diese Idee, diese Gemeinschaft, dieses Projekt in eine tiefe Existenzkrise. Um Vergleiche zu nennen, die viele als verletzend empfinden mögen, die sich aber nicht auf die Schwere der Verfehlung, sondern nur auf die Grundstruktur des Paradoxes beziehen: Die Stasi hat schon aufgrund ihrer Kosten und Pathologien entschieden zur Implosion der DDR beigetragen; Deutschland (und weite Teile der Welt!) wurde von denen ruiniert, die sich mit „Deutschland, Deutschland über alles"-Parolen heiser schrien. Es sind mit eigentümlicher Regelmäßigkeit die kampfbereiten Traditionalisten, die Ironiefreien, die Selbstdistanzunfähigen, die das ruinieren, wofür sie sich begeistern. Den größten Kritikern der katholischen Kirche konnte nichts Besseres geschenkt werden als die extrem konservativen Kulturkämpfer Mixa, Groer, Williamsen, Meißner, Müller – und eben auch Papst Benedikt XVI., der diesen politisch, kulturell und theologisch erzkonservativen Figuren ersichtlich nahestand. Das Feindbild der Kirchenfeinde erwies sich als robust, weil plausibel. Soviel Zerstörung katholischer Bestände durch erzkonservative Kirchenfürsten gab es schon lange nicht mehr.

Dem Pontifikat von Benedikt XVI. sind die größten Kirchenkritiker tief dankbar. Denn nach dem gewaltigen Tabubruch des Papst-Rücktritts (der Berliner Erzbischof Rainer Maria Woelki sprach von einer „Entzauberung des Papstamtes") stehen nun selbstredend auch weitere Tabus zur Überwindung an. Wenn ein traditionsbewusster und den Weisheitsschatz der Kirche hochschätzender Papst zurücktritt, warum sollte die katholische Kirche dann nicht bei Fragen wie dem Zölibat, der Schwangerschaftsberatung, der Priesterweihe für Frauen, der Homophobie des Männerbundes Kirche, der Exkommunikation von Geschiedenen, der Überwindung undemokratischer Strukturen oder der Ökumene so souveräne Schritte wagen, wie sie Benedikt XVI. in vollendeter Paradoxie vollzogen hat – nämlich nicht mit überfälligen Reformen, sondern mit seinem Rücktritt. Benedikt XVI. ist die Inkarnation des Erzkonservativen, der für den Umsturz sorgt. Er könnte als Papst der Paradoxien in die Geschichte eingehen, ob der produktiven oder der desaströsen Paradoxien, das entzieht sich noch irdischer Einsicht.

Pegida oder Nogida

In Heidelberg gibt es eine Initiative namens Nogida (Notleidende offenherzig in die Gesellschaft aufnehmen!), die sich als Gegenkraft zur Pegida-Bewegung versteht. Auf einer Nogida-Kundgebung am Heidelberger Universitätsplatz habe ich am 26. Januar 2015 die folgende Rede gehalten:

Liebe Mitbürgerinnen und Mitbürger!

Es gibt Szenen, die bei allem Frösteln und Erschrecken, die sie verbreiten, von unfreiwilliger Komik sind. Die Pegida-Demo-Szenen aus Dresden gehören dazu. Da singen Pegida-Demonstranten weder schön noch laut christliche Weihnachtslieder, um vor der Islamisierung des Abendlandes zu warnen. Dies sind nun aber ausgerechnet Lieder um eine übrigens recht eigentümliche Familie, die Asyl sucht und keinen Raum findet in der Herberge, also genau der Konstellation entspricht, gegen die Pegida vorgeht. Weihnachtslieder sind nicht Pegida-, wohl aber Nogida-tauglich: Notleidende offenherzig in die Gesellschaft aufnehmen!

Es gäbe Gründe genug, Pegida einfach zu verlachen. Etwa den, dass ausgerechnet Dresden und Sachsen Regionen mit verschwindend kleiner muslimischer Bevölkerung sind oder den, dass Lutz Bachmann, der Hitler-Imitator und Chef von Pegida, vor der Bedrohung des Abendlandes durch Islamisierung warnt, aber als mehrfach wegen Diebstahl, Körperverletzung und Drogenhandel Vorbestrafter selbst eine handgreifliche Bedrohung seiner Mitbürger darstellt. Er ist der Typ, vor dem er immer gewarnt hat. Ein lachhaftes, aber eben auch gespenstisches Szenario. Und deshalb gibt es nicht nur Gründe zum Verlachen von Pegida, sondern noch mehr Gründe, gerade mit denen das klare und also kontroverse Gespräch zu suchen, die Gespräche verweigern.

Solche Gesprächsverweigerungen kommen fast regelmäßig mit latent psychotischen Pauschalisierungen daher: Die „Lügenpresse" verdreht alles, die Politiker sind samt und sonders Pappnasen, der Islam als solcher ist gewalttätig, der Westen ist an allem schuld – aus solchen Sätzen erwachsen Pathologien und Gewaltsamkeiten. Wer nun aber seinerseits eins zu eins gegen solche Sätze, die Kommunikation abbrechen, polemisiert, kann ebenfalls auf vermintes Gelände geraten. Denn es ist trivial, aber nicht falsch, wenn man feststellt, dass die Presse zwar nicht per se Lügenpresse ist, es jedoch Falschmeldungen und Falscheinschätzungen in den Medien gibt, dass nicht alle Politiker unfähig und korrupt, einzelne Politiker jedoch in Skandale verwickelt sind und dass nicht der Islam, wohl aber islamistische Terroristen gestoppt werden müssen.

Interessant und seltsam zugleich ist es, dass Pegida-Leute solche Probleme eben gerade nicht analysieren und erörtern, sondern dumpf beschweigen. Wer als Gegenreaktion ebenfalls mit Verschweigungs- und Tabugeboten reagiert, macht gutwillig einen schweren Fehler. Er überlässt Leuten, die Probleme nicht lösen, sondern eskalieren, nicht etwa die Diskurs-, sondern die dumpfe Schweigehoheit, das falsche Gefühl, zur schweigenden Mehrheit zu gehören. Und deshalb ist es gut, wenn wir hier heute und viele andere in diesem Land zusammenkommen, miteinander reden und demonstrieren, dass Pegida nicht die schweigende Mehrheit ist.

Das schöne alte und heute wieder neumodische Wort für Gespräche lautet ‚Diskurs'. Ein ungemein präzises Wort. Meint es doch nicht den Konsens, sondern den Dissens, das diskurrieren (von lat. dis-currere), das in unterschiedliche Richtungen laufen. Weil wir unterschiedliche Überzeugungen und Meinungen haben, brauchen wir Diskurse – Gespräche, nicht Gewalt und nicht kollektive Psychosen. Unsere starke Gemeinsamkeit ist, unterschiedlich zu sein und unterschiedliche Meinungen zu haben – we agree to disagree. Solidarität mit sich selbst, mit den eigenen Standpunkten und den eigenen Leuten ist ein schlechter Witz. Solidarität mit denen, die anderer Meinung sind und eine andere Kultur pflegen, ist die eigentliche, zugleich aber auch eigentlich selbstverständliche Leistung. Auch wer (wie ich) einige, gar mehrere Karikaturen von Charlie Hebdo für geschmacklos, verletzend und kontraproduktiv hält, hat nicht trotzdem, sondern deshalb alle Gründe zu sagen: „Je suis Charlie", wenn es einen Massenmord an Charlie-Mitarbeitern gibt. Auch wer nicht die Absicht hegt, zum Islam zu konvertieren (so wie der Protagonist von Michel Houellebecqs neustem Roman es tut), hat heute angesichts einer Pauschalverdächtigung des Islam und aller Muslime Grund zu sagen: „Ich bin Muslim – und ich bin Charlie." Wir solidarisieren uns mit den muslimischen Mitbürgern, die deutlich machen, für wie unislamisch sie den islamistischen Terrorismus halten.

Wären die terroristischen Massenmorde in Paris (und an vielen anderen Orten gerade auch der islamischen Welt – ich nenne stellvertretend nur die Opfer von Boko Haram), die den Islam ungleich stärker beleidigen und Gott stärker lästern als die Karikaturisten, wären die Terroristen nicht so satanisch, könnte man auch ihre groteske Dimension zur Kenntnis nehmen: Die Mörder von kecken bis rücksichtslosen Journalisten und Karikaturisten sterben ausgerechnet in einer Druckerei; islamistisch-antisemitische Terroristen enden ausgerechnet in einem koscheren Supermarkt. Gott, wenn es ihn gibt, hat einen seltsamen Humor, wie ein französischer Journalist bemerkte. Es ist mehr als nur eine Nebenbemerkung, wenn ich sage: Wir müssen gerade bei Diskussionen um Pegida und den islamistischen Terrorismus und gerade in Deutschland wachsam im Blick behalten, wie stark, rücksichtslos und vernichtungsbereit sich eine gespenstische Form des neu-alten Antisemitismus breit macht. Vier der Opfer von Paris waren französische Juden; ein nicht genug zu bewundernder muslimischer Angestellter des Supermarktes, Lassana Bathaly, hat weitere Opfer verhindert und großartig gezeigt, was interreligiöse, interethnische und interkulturelle Solidarität vermag und dass diese Interkulturalität kein Theoriekonzept ist, sondern humanistische Praxis sein kann, sein muss. Und der muslimische Bürgermeister von Rotterdam, Ahmed Aboutaleb, der islamistischen Terroristen, die das westliche Leben für Sünde halten, darauf hinwies, dass sie nicht hier leben müssen, hat beeindruckend vorgeführt, wie eindeutig der Islam zu dem Europa gehört, das nicht in dumpfen Ressentiments versinken will.

Die Terrorakte in Paris sind grotesk und grauenhaft zugleich; die Pegida-Demos sind bislang nur grotesk; an den militant Frommen und am Comeback starker Religiosität hat der Teufel seine helle Freude. Diese meine Sätze mögen den einen oder anderen Gläubigen verletzen – sie und ich werden mit diesen und vielen anderen Sätzen und Bildern, die uns nicht gefallen, leben müssen, ohne einander an die Gurgel zu fahren oder diese vor laufender Kamera durchzuschneiden. Als Kirchensteuer zahlender Mensch (ich erwähne das, um zu signalisieren, dass ich nicht zu den schäumenden Religionskritikern gehöre) werde ich nicht militant, aber entschieden, wenn Religionen und Konfessionen, welche auch immer, mit Absolutheitsanspruch auftreten. Denn es ist, wie man spätestens seit Lessings *Nathan* wissen kann und zur Kenntnis nehmen muss, offenbar, dass Gott nicht offenbar, nicht evident ist. Sonst könnte es ja nicht Tausende von Religionen geben, die sich häufig gegenseitig feindlich gegenüberstehen. Es ist offenbar, dass Gott nicht offenbar ist – weil er das nicht will, weil er nicht allmächtig ist oder weil es ihn nicht gibt. Sollte es den einen und einzigen Gott geben, so lästern gegen ihn ausgerechnet die militant Frommen aller Religionen, die Gottes Willen, sich nicht verbindlich zu offenbaren, nicht akzeptieren, sondern satanisch bekämpfen. Gott, wenn es ihn gibt, hat sich in seiner unendlichen Großzügigkeit den erhabenen Scherz erlaubt, ein paar hundert bis tausend Offenbarungen zuviel hinabzusenden.

Und deshalb müssen wir mit profanen Erleuchtungen leben, gerade dann, wenn wir gottgefällig, nämlich friedlich miteinander leben wollen. Wir haben in Mitteleuropa nach zwei traumatisierenden Weltkriegen eine sieben Jahrzehnte lange Friedenzeit hinter uns – und wir müssen alles tun, damit aus diesen Jahrzehnten Jahrhunderte werden. Die profane Erleuchtung ist allen Menschen zumutbar: An Pegida-Märschen wie an religiös motivierten Weltbürgerkriegen hat allenfalls der Teufel ein Wohlgefallen.

Tabus, Blockaden und Paradoxien. Wie kann man mit und über Islamisten reden?

„Ungefähr sagt das der Pfarrer auch, nur mit ein bißchen andern Worten." Gretchens Reaktion auf Fausts erst karge, dann ausschweifende Antwort auf die berühmte Gretchenfrage hat es in sich. Denn sie hätte auch im sprachwissenschaftlichen Hauptseminar Anspruch darauf, Gehör zu finden. Macht sie doch darauf aufmerksam, dass Worte nicht Schall und Rauch sind, sondern vielmehr massiv unsre Affekte, Assoziationen und Wertungen beeinflussen und prägen. Die gegenwärtige Diskussion um die zahlreichen Flüchtlinge in unserem Land macht das sofort deutlich. Haben wir es mit Migranten, Asylanten, Asylsuchenden, Schutzbefohlenen, Heimatvertriebenen, Verfolgten, Auswanderern, Wirtschaftsflüchtlingen zu tun? Haben Fluchthelfer, Schlepper oder Schleuser ihnen beigestanden oder sie ausgenommen? Handelt es sich um eine Flüchtlingswelle, -flut, -schwemme, um einen Flüchtlings-Tsunami oder gar um eine Völkerwanderung?

Je nach Wortgebrauch rauschen gänzlich unterschiedliche Assoziationen und Affekte durch unsere Köpfe. Völkerwanderung: Verstehen sich Deutsche als Nachfahren der Goten, die dem dekadenten Rom den verdienten Rest gegeben haben oder sind wir heute vielmehr den hochkulturellen Römern vergleichbar, die von Barbaren ins finstere Mittelalter getrieben werden? Heimatvertriebene: Wie unendlich viel größer war nach dem Ende des von den Nazis angezettelten Zweiten Weltkrieges die Zahl der Flüchtlinge, der displaced persons, wie großartig ist in Zeiten zerbombter Städte und allgemeinen Elends ihre Integration gelungen – und Vergleichbares sollten wir bei sensationell besseren Rahmenbedingungen heute nicht schaffen?

All diese Bezeichnungen beziehen sich auf dieselben Sachverhalte und sorgen doch dafür, dass diese ganz unterschiedlich wahrgenommen, bewertet und eben auch behandelt werden. Es gehört zu den schwer zu bestreitenden Erfolgen der Political-Correctness-Bewegung, dass sie unsere Sprachsensibilität und mit ihr unsere Empathiebereitschaft enorm gesteigert hat. Zu den problematischen Implikationen dieses Erfolgs gehört es hingegen, dass mit ihm kommunikative und analytische Tabuisierungen einhergehen. Um zu pointieren: Aus ein und demselben Mund kann eine geharnischte Kritik erklingen, weil in einem Text weibliche Wortformen nicht erwähnt werden, und es kann der erboste Hinweis kommen, man sei islamophob, weil man die Steinigung von Frauen anspräche und missbillige.

Wer sich (wie ich es nun nicht ohne Bedenken tue) Tabus und Blockaden in Diskursen über den islamistischen Terrorismus zuwendet, wird schnell auf zahlreiche Paradoxien stoßen. Wer z.B. den Satz „Der Islam hat nichts mit Gewalt zu tun" unterschreibt, wird möglicherweise empört reagieren, wenn er Sätze hört wie „Das Christentum hat nichts mit Kreuzzügen" oder „Die Nazis haben nichts mit Deutschland zu tun". Man ahnt, was mit solchen Sätzen gemeint ist: Gute Christen, die nicht nur ihre Nächsten, sondern sogar ihre Feinde lieben sollen, hätten gegen die Kreuzzüge sein müssen, allzu viele aber waren dafür. Man muss, viele wollen aber nicht konsterniert zur Kenntnis nehmen, dass viele Schaulustige „allahu akbar" rufen, wenn ein mutiger Islamkritiker in Saudi-Arabien Peitschenhiebe erhält. Der Richter war kein Zenbuddhist, die sadistische Masse versteht sich als fromm muslimisch. „Allahu akbar" riefen auch zahlreiche Massenmörder, bevor sie Türme zum Einsturz brachten, Caféhausbesucher massakrierten und Geiseln enthaupteten. Zu den Paradoxien, in die sich viele verwickeln, die dergleichen Monstrositäten verstehen wollen, gehört es, dass sie in europäischer Durchblicker-Arroganz die Massenmörder besser verstehen wollen, als diese sich selbst verstehen: Die handeln doch nur so, weil sie in trost- und perspektivelosen Milieus leben, nicht weil sie Muslime sind und genau dies unüberhörbar bekennen.

Solche Islamisten-Versteher sind die problematischsten und entschiedensten Eurozentriker. Sie verkennen, dass auch ein Multimillionär wie Osama bin Laden muslimisch-wahabitisch inspirierter Massenmörder sein kann – und dass er Wert darauf legt, als streng religiöser Muslim wahrgenommen zu werden. Und so stellt sich die Frage, wie man in öffentlichen Diskussionen mit der ersichtlichen Pathologieanfälligkeit des gegenwärtigen Islams umgehen soll, auf den sich massenmörderische Islamisten ausdrücklich berufen. Man kann sie mit zutreffenden, aber eben die Dimension grotesk verkennenden Hinweisen wie dem neutralisieren, auch ein Norweger und Islamhasser wie Breivik, ein japanischer Sektenführer, ein deutsches RAF-Mitglied oder ein amerikanischer Waffennarr könne Massenmörder werden. Solche Beschwichtigungen und Beschweigungen des unverkennbar islamistischen Impulses „allahu akbar" rufender Massenmörder treiben viele Zeitgenossen in die Arme rechtsradikaler Rattenfänger von der AfD über Pegida bis hin zur NPD. Geboten ist statt einer solchen Tabuisierung offenbarer Pathologien in der islamischen Sphäre eine andere, eine verdrängungsfreie Art der öffentlichen Rede über das islamistische Dschihad-Problem. Eine solche öffentliche Auseinandersetzung sollte mindestens fünf Aspekte berücksichtigen.

1. Der Islam hat in Europa traditionell (gerade auch in Deutschland!) ein hohes Prestige. Saladin ist in Lessings *Nathan* dem christlichen Tempelherrn in jeder Hinsicht überlegen. Goethe, Humboldt, Rückert, Rilke, Annemarie Schimmel (um nur sie zu nennen) waren Bewunderer der islamischen

Kultur. Der Islam galt als erhabene, glänzende, friedliche, lebensfreundliche, enthusiastisch-gelassene und heitere Religion. Wenn der Islam heute einen trostlosen Prestigeverlust erlitten hat, so haben das nicht Islamophobe, sondern Islamisten zu verantworten: Sie schänden den Islam, sie lästern Gott, sie beleidigen Muslime. Sie präsentieren den Islam als perverse, todessüchtige, satanische Religion für gekränkte und mordbereite Verlierer.

2. Über Jahrhunderte hinweg war der islamische Kulturkreis dem christlichen deutlich überlegen. Dieses Kräfteverhältnis hat sich in der Neuzeit fraglos verlagert, was viele Muslime als große Demütigung erfahren. Nun verdankt sich die spezifisch neuzeitlich-westliche Dynamik nicht zuletzt der Kunst der Selbstkritik. Häretiker in allen Branchen (von Luther und Giordano Bruno über Voltaire und Darwin bis hin zu Einstein und Freud) genießen in der westlichen Neuzeit einen Bonus – die Vermutung, sie könnten recht haben. Selbstkritik ist ein Zeichen der Stärke, nicht der Schwäche; Opposition stärkt in aller Regel das System, das sie kritisiert. Aus welchen Gründen auch immer aber gilt Selbstkritik bei vielen Muslimen als Zeichen der Schwäche. Der bekennende Muslim Navid Kermani hat kürzlich in seiner Paulskirchenrede deutlich gemacht, wie überzeugend, produktiv und ehrenhaft eine solche Kritik an Fehlentwicklungen der eigenen Kultur sein kann.
3. Zahlreiche westliche Köpfe haben die Lektion der Selbstkritik gelernt, gerade auch, was den Umgang mit muslimischen Regionen angeht. Vom europäischen Imperialismus über die willkürlichen Grenzziehungen im Vorderen Orient bis hin zum Irakkrieg ist diese Selbstkritik (fast) common sense – völlig zu Recht. Sie hat aber eine selten bedachte Implikation – nämlich muslimische Selbstkritik zu blockieren. Viele muslimische Länder mit schwer zu ertragenden Lebensbedingungen haben geradezu rituell „den Westen", „die USA" und immer wieder „Israel" als Schuldige an allem eigenen Elend vorgeführt. Wer die heimischen Despoten, Diktatoren und Theokraten nicht kritisieren darf, ohne Folter zu riskieren, kann, ja soll all seine Frustration und seinen Hass auf die üblichen Verdächtigungen projizieren – und sich damit selbst blockieren.
4. Wer Köpfe und Herzen anderer erreichen will, wird sich auf deren Emotionen, Denkschemata, Weltbilder und Erklärungsmodelle einlassen müssen. Wer islamistischen Mördern Habermas-Lektüre empfiehlt, um sie vom zwanglosen Zwang des besseren Arguments zu überzeugen, mag das tun, riskiert aber, wenig zu erreichen und belächelt zu werden. Nein: Zu fragen sind militante Islamisten, warum der Segen Allahs, des Allmächtigen, ersichtlich über westlichen Regionen und Lebenswelten (inklusive Israel) waltet und warum er ausgerechnet den arabisch-islamischen Bereich so straft. Alle Versuche, diesem Raum Dynamik, Perspektiven, Wachstum

zu verleihen und von seinem Minderwertigkeitskomplex zu befreien, sind signifikant gescheitert. Panarabismus, Theokratie, Fundamentalismus, arabischer Sozialismus, Klientelsystem, Derwisch-Despotie, auch die Arabellion – all diese und viele andere Ansätze mehr endeten in Desastern. In Desastern, an denen stets andere (prototypisch „der Westen") schuld ist.

5. In guter bis bewundernswerter Verfassung war der islamische Raum, als er (gerade auch in religiöser Hinsicht) liberaler, hedonistischer, lebensfreundlicher war als etwa das sogenannte christliche Abendland (man denke nur an die Geschichten aus *1001 Nacht* und die Gedichte von Hafis). Man muss kein großer Psychologe sein, um zu verstehen, wieviel Aggressionen sich in jungen Leuten aufstauen kann, wenn sie mitansehen müssen, wie sich Gleichaltrige händchenhaltend, küssend, tanzend, Wein trinkend vergnügen – und sich all diese Freuden im Namen des Islam (bzw. eines fundamentalistisch missverstandenen Islams) verbieten und versagen zu müssen glauben.

Militant Gläubige aller, wohlgemerkt aller Religionen sind Satanismus-anfällig. Denn sie akzeptieren nicht, dass Gott trotz oder wegen seiner Allmacht in seiner Güte darauf verzichtet hat, sich für alle Menschen in derselben Weise verbindlich zu offenbaren. Man kann schockiert, aber eben auch heiter zur Kenntnis nehmen, dass es Tausende von Religionen gibt. Es ist offenbar, dass Gott nicht offenbar ist. Wer anderes behauptet, ist Gotteslästerer.

*

Mit Linken reden, die viel Verständnis für Rechtsradikale haben. Eine Argumentationsskizze

Die politische Sphäre ist reich an Paradoxien. Diese können reizvoll sein oder aber Anlass zu Gereiztheit geben. Die SPD weiß davon zur Zeit ein Lied zu singen. Sie ist in bemitleidenswertem Zustand – weil sie sich zu Tode gesiegt hat. Denn alle ernstzunehmenden Parteien, die CDU unter Angela Merkel voran, haben sich sozialdemokratisiert; sie setzen (aus besten Gründen) auf die Kombination von liberalem Rechtsstaat, sozialer Marktwirtschaft und internationaler Zusammenarbeit. So viel Konsens war nie, und eben deshalb hat eine (teils ausdrücklich, teils latent) rechtsradikale Partei wie die AfD die Chance, genau diesen Konsens in Frage zu stellen und damit viel von der knappen Ressource Aufmerksamkeit an sich zu binden. Darauf reagieren die von vielen so beschimpften „Altparteien" und die ihnen nahestehenden Medien irritierend unsicher. Ihre unübersehbaren Erfolge – eine siebzig Jahre währende Epoche des Friedens, der Freiheit und der Prosperität – verblassen in der öffentlichen Wahrnehmung, wozu kritische Journalisten beitragen, die (wie beim Fall des zum Rücktritt getriebenen Bundespräsidenten Wulff oder einer Sozialdemokratin, die eine teure Uhr trägt) systematisch übertribunalisieren, wenn sie dort Skandale wittern, wo keine sind. Zur Hilflosigkeit in den Reaktionen auf die neurechte große Gereiztheit trägt aber vor allem ein selten bedachtes Paradox bei: dass linke, liberale und friedensbewegte Köpfe es Rechtsradikalen überlassen, vor Rechtsradikalen zu warnen.

Das große und für emotionale Eskalationsstrategien taugliche Thema der AfD ist unüberhörbar die Migration und die mit ihr verbundene Problemlage. Viele Migranten (Flüchtlinge, Flüchtende, Asylsuchende, Vertriebene, Verfolgte, Unterdrückte, Schutzbefohlene – schon die Frage der rechten, der richtigen Bezeichnung sorgt für Sprengstoff) entsprechen einem rechtskonservativen bis rechtsradikalen Suchbild. Sie sind patriarchalisch, stark religiös, traditionsfixiert, machohaft, antiliberal, emanzipationskritisch, autoritär auf Führer fixiert, Befürworter der Todesstrafe, antisemitisch, archaischen Ehrkonzepten verpflichtet und misstrauisch bis feindlich gegenüber allem Fremden. Bindungen an Familie, Clan, Ethnie und Religionsgemeinschaft sind deutlich ausgeprägter als die Loyalität gegenüber dem Rechtsstaat. Einige aus diesem Milieu sind im weiten Spektrum von Klein- über Banden- und Vergewaltigungs- bis zu fanatischer terroristischer Kriminalität gewaltbereit; Beschreibungen, die auch für deutsche Rechtsradikale, etwa die sog. Reichsbürger und die NSU-Mörder, zutreffen. Deshalb ist es irritierend, wenn liberale und linke Köpfe das Problem rechtsradikaler Tendenzen unter Migranten nur ungern benennen und lieber mit selbstverständlichen bis hilflosen Floskeln wie „kein Generalverdacht" oder mit dem Hinweis arbeiten, die Wahrscheinlichkeit, im Bett zu sterben, sei millionenfach höher als die, Opfer eines islamistischen Anschlags zu werden.

Rechtsradikale deutsche Politiker und Medien (gerade auch in den sozialen Massenmedien) warnen hingegen mit unverkennbarer Lust an der Hysterie – vor Rechtsradikalen, vor Ihresgleichen, vorausgesetzt, es handelt sich nicht um deutschnationale, sondern muslimische etc. Rechtsradikale. Es herrscht eine irritierende Asymmetrie: Im Namen einer falsch verstandenen political correctness verzichten viele, allzu viele Liberale und Linke darauf, rechtsradikale Migranten zu kritisieren und zu bekämpfen. Auf- und abgeklärte, nämlich weitgehend illusionsfreie Publizisten und Politiker wie Hirsi Ali, Hamed Abdel-Samad, Heinz Buschkowsky oder Henryk M. Broder, die rechtsradikale Strömungen bei Migranten klar benennen, stoßen im linksliberalen Milieu nicht auf Sympathie. Und es gibt eine nicht weniger irritierende Symmetrie: Rechtsradikale schüren Ängste vor Rechtsradikalen und sind mit diesem Programm erfolgreich. Vor ca. einem Jahr konvertierte der brandenburgische AfD-Politiker Arthur Wagner zum Islam. Eine eben nicht absonderliche, sondern plausible Geschichte, an deren Analyse aber weder politisch korrekte noch rechtsradikale Kreise sonderliches Interesse hatten – ein Sinnbild für die politpsychologischen Blockaden, die den Volksparteien, denen wir noch nachtrauern werden, enorm zu schaffen machen.

So häufen sich im linksliberalen Milieu kontraproduktive Paradoxien im Umgang mit rechtsradikalen Islamisten und Terroristen. Um nur einige wenige zu benennen:

1. ‚Islamophobie' ist offenbar ein Begriff, der Diskussionen über die Evidenz blockieren soll, dass es Korrelationen und Kausalitäten zwischen militanter muslimischer Glaubens- und Massenmordbereitschaft gibt. Für Islamophobie sorgt, wer „Allahu akbar" ruft und dann mit einem LKW in eine feiernde Menge rast, sich selbst und alle Umstehenden in die Luft jagt, mit einem Flugzeug in die Twin-Towers steuert – und nicht, wer darauf hinweist, der Massenmörder habe zuvor nun eben „Allahu akbar" geschrieen. Es genügt ein einfacher Test, um über Berechtigung oder Problematik von Islamophobie zu entscheiden: Wer würde in einem Kinosaal, bei einem Vortrag, in einem U-Bahn-Waggon nicht sofort in Deckung gehen, wenn dieses Glaubensbekenntnis erschallte? Die Kritiker der Islamophobie würden diesen schlichten Lackmustest nicht bestehen.
2. Das sei irreführend, weil Massenmörder sich mit solchen religiösen Bekundungen nur wohlfeil selbst überhöhen wollten, lautet ein häufig zu hörender Gegeneinwand. Eigentlich seien sie gar nicht religiös, sondern nur Kleinkriminelle mit Integrationsschwierigkeiten, weil unsere Gesellschaften zu wenig offene Angebote machen etc. Genau darüber aber beklagen sich die Terroristen mit ihren letzten Worten nicht. Ihre Botschaft ist vielmehr von der Klarheit, die viele Linksliberale verdrängen müssen: Wir wollen Ungläubige töten. Der bislang monströseste islamistische Massenmord von 9/11 wurde nicht von militant gewordenen verelendeten Bewohnern Pariser Vorstädte oder Berliner Kieze, sondern von einem saudiarabischen Multimillionär initiiert und finanziert, durchgeführt wurde er von gut mit Stipendien alimentierten Islamisten. Die sich hier im gutwilligen Verständnismilieu einstellende Paradoxie ist schwer zu ertragen: Wir verstehen euch viel besser, als ihr euch selbst versteht, ihr meint doch gar nicht, was ihr sagt, wir helfen euch, euch besser zu verstehen – sagen die Gutwilligen, die genau damit den eurozentrischen Überlegenheitsgestus an den Tag legen, den sie ansonsten so scharf kritisieren.
3. Der marxsche Satz, Religion sei Opium des Volkes, gehörte zum verlässlichen Standardinventar der Linken. Er ist heute weitgehend aus dem Verkehr gezogen. „Respekt" vor so gut wie allen religiösen und kulturellen Orientierungen und Praktiken ist die öffentlich zu zeigende Tugend, die

an die Stelle der Religionskritik getreten ist. Dabei ist die Pathologieanfälligkeit aller, wohlgemerkt aller Religionen unübersehbar. Eine seltsame Asymmetrie auch hier: Die Forderung für Respekt gegenüber „allen" gilt nicht für die, die keinen Respekt vor denen haben, die starke Korrelationen zwischen religiösen Orientierungen und Gewaltbereitschaft sehen. An der Zeit ist Respekt auch für all diejenigen, die in Respekt-Forderungen Immunisierungsstrategien vor überfälliger Kritik erkennen. Um pragmatisch zu argumentieren und zwei konkrete politpsychologische Tests vorzuschlagen. Erstens: Wie reagieren Sie, verehrte Leserin, verehrter Leser, wie reagieren die unterschiedlichen Milieus auf die Ergänzung des plausiblen Satzes „Auch der Islam gehört zu Deutschland" durch den nicht minder plausiblen Satz „Auch das Christentum gehört zur Türkei"? Wer Probleme mit diesem Doppelsatz hat, wer etwa den zweiten Teil für eine unnötige Provokation hält, sollte sich fragen, welche Gemeinsamkeiten er mit denen hat, die den ersten Teilsatz für eine Provokation halten. Und zweitens: Wie wäre es, wenn die hilflose öffentliche Rhetorik nach islamistischen Anschlägen eine nichttriviale Wendung nähme und bereit hielte – etwa mit dem Satz aus Politikermund: „Unser Mitgefühl gilt auch den muslimischen Mitbürgern, deren friedliche, erhabene, stolze Religion wieder einmal als eine satanische Mörderreligion präsentiert wurde – von „Allahu akbar" rufenden Islamisten."

Eine Lösung der benannten und vieler weiterer Tabus und Blockaden wäre zwar nicht leicht, aber durchaus möglich. Geboten wäre es, rechtsradikale Gewalt in all ihren Formen und in allen Milieus unzweideutig zu benennen und zu bekämpfen – und denjenigen, die vor ihr fliehen und die in einem Rechts- und Sozialstaat leben und arbeiten wollen, bei ihren Integrationsbestrebungen alle denkbare Hilfe zu leisten.

Der hohe Wert der Kunst

Wer das Vergnügen hat, Gedanken über den Wert der Kunst vorzutragen, kann bei der Suche nach rhetorischen Figuren ins hohe wie ins niedere Register greifen. Lassen Sie mich, wie es sich für Festreden gehört, mit hehren Prunkworten und Zitaten beginnen. Da sie aus der Feder Goethes stammen, sind sie dennoch nicht trivial. In seinen Gedenkversen an den verstorbenen Freund, im für Goethe-Verhältnisse ungewöhnlich pathetischen „Denn er war unser"-*Epilog auf Schillers Glocke* denkt Goethe ausdrücklich über den „Wert der Kunst" nach. Der Kontext dieser poetischen Reflexion über den Wert der Kunst ist bemerkenswert. Goethe hat in den voranstehenden Strophen Schillers Idealismus und seinem gewaltigen Geist gehuldigt, der „in's Ewige des Wahren, Guten, Schönen" schreitet. Nun aber leitet er mit dem Wort „doch" zu jenen irdischeren Sphären, Dimensionen und Gerüsten über, auf die sich der Dramatiker Schiller eingelassen hat.

Doch hat er, so geübt, so vollgehaltig
Dies bretterne Gerüste nicht verschmäht;
Hier schildert' er das Schicksal, das gewaltig
Von Tag zu Nacht die Erdenachse dreht,
Und manches tiefe Werk hat, reichgestaltig,
Den Wert der Kunst, des Künstlers Wert erhöht.
Er wendete die Blüte höchsten Strebens,
Das Leben selbst, an dieses Bild des Lebens.[317]

Das sind vertrackte Verse, die das genus dicendi elegisch-pathetischer Rede mit einem reizvollen neuen Sound grundieren. Der idealistische Dichter hat die Profanität und Materialität bretterner Theater-Gerüste nicht verschmäht; er hat sich vielmehr ganz und gar auf diese Welt und ihre von schmutzigen Aspekten nicht freie Alltäglichkeit eingelassen, um sie mit tiefen Werken zu erhöhen (eine komplexe Denkfigur: Tiefenbohrungen erhöhen). Goethes Freund hat den Wert der Kunst erhöht, indem er „das Leben selbst" als Effekt, als „Blüte" höchsten Kunststrebens erkannte. Zum Wert schlechthin aber kann das Leben nur werden, wenn es in eine Selbstverhältnisse erst ermöglichende Distanz zu seinem Bild, zum „Bild des Lebens" treten kann, so wie die Bühne mit ihren Bildern und Worten es darbietet. Zu den produktiv irritierenden Ambivalenzen dieser Verse gehört es, dass Goethe auch Kritik an

317. Goethe: Epilog zu Schillers Glocke; in: Sämtliche Werke (Frankfurter Ausgabe), I. Abt./Bd. 6: Dramen 1791–1832, edd. Dieter Borchmeyer/Peter Huber. Ffm 1993, p. 905

diesem Habitus anklingen lässt. Schiller hat sein Leben der Kunst geopfert; er hat sein viel zu kurzes Leben – der langlebige Goethe ist dezent genug, dieses Motiv nur sanft anklingen zu lassen – nicht (wie Goethe) auf die Höhe wahrer Lebenskunst gebracht. Bemerkenswert ist es aber auch, dass Goethe nicht nur den Wert der Kunst als Medium der Lebensintensivierung ausweist, sondern auch „des Künstlers Wert" bedenkt: Mit dem Wert der Kunst hat ihr Schöpfer auch des Künstlers Wert erhöht. Der Dichter und Finanzminister Goethe hat keine Scheu, noch im pathetischen Kontext eines Trauer- und Gedenkgedichtes nicht nur die ästhetische, sondern auch die ökonomische Dimension des Wert-Begriffes zu evozieren.

Die Formel vom „Wert der Kunst" verwendet Goethe auch in der Passage von *Dichtung und Wahrheit*, in der er seinen ersten Besuch der schon damals berühmten Dresdner Gemäldegalerie (sie befand sich noch im Johanneum am Neumarkt) im Jahr 1768 schildert. Auch hier mischen sich pathetisch-kunstreligiöse Evokationen (wie „Heiligtum", „Tempel", „Gotteshaus") mit profaneren Wendungen. Wer keine Angst vor freudianischen Überinterpretationen hat, mag gar in der Wendung von den „verguldeten" statt vergoldeten blendenden Bilderrahmen einen Hinweis auf den eben nicht nur ästhetischen bis kunstreligiösen, sondern auch ökonomischen Wert der Kunst erkennen. „Die Stunde, wo die Galerie eröffnet werden sollte, mit Ungeduld erwartet, erschien. Ich trat in dieses Heiligtum, und meine Verwunderung überstieg jeden Begriff, den ich mir gemacht hatte. Dieser in sich selbst wiederkehrende Saal, in welchem Pracht und Reinlichkeit bei der größten Stille herrschten, die blendenden Rahmen, alle der Zeit noch näher, in der sie verguldet wurden, der gebohnte Fußboden, die mehr von Schauenden betretenen als von Arbeitenden benutzten Räume gaben ein Gefühl von Feierlichkeit, einzig in seiner Art, das um so mehr der Empfindung ähnelte, womit man ein Gotteshaus betritt, als der Schmuck so manches Tempels, der Gegenstand so mancher Anbetung hier abermals, nur zu heiligen Kunstzwecken aufgestellt erschien. Ich ließ mir die kursorische Demonstration meines Führers gar wohl gefallen, nur erbat ich mir, in der äußeren Galerie bleiben zu dürfen. Hier fand ich mich, zu meinem Behagen, wirklich zu Hause. Schon hatte ich Werke mehrerer Künstler gesehn, andere kannte ich durch Kupferstiche, andere dem Namen nach; ich verhehlte es nicht und flößte meinem Führer dadurch einiges Vertrauen ein, ja ihn ergetzte das Entzücken, das ich bei Stücken äußerte, wo der Pinsel über die Natur den Sieg davontrug: denn solche Dinge waren es vorzüglich, die mich an sich zogen, wo die Vergleichung mit der bekannten Natur den Wert der Kunst notwendig erhöhen mußte."[318]

318. Goethe: Aus meinem Leben – Dichtung und Wahrheit; Sämtliche Werke (Frankfurter Ausgabe) I. Abt./Bd. 14, ed. Klaus-Detlef Müller. Ffm 1986, p. 350

Kunst erhöht und intensiviert die Natur wie das Leben; sie stimuliert die Aufmerksamkeit oder, um ein Modewort unserer Tage zu verwenden, dem Goethe durch die Wendung vom Sieg des Pinsels über die Natur falsche Beschaulichkeit nimmt, die Achtsamkeit.

Anders als in den beiden soeben bemühten Textpassagen, die dezent den hohen wie den profan-ökonomischen Doppelsinn des Wortes ‚Wert' anklingen lassen, verhält es sich in einer berühmten Szene des Romans *Wilhelm Meisters Lehrjahre*. In ihr spielt Goethe, der eben nicht nur Dichter und bildender Künstler, sondern auch Kaufmannssohn und Finanzminister war, provokant die ökonomische Dimension der Kunst gegen ihre ästhetische Selbstüberhöhung aus. Der Harfner hat dem Kreis um Wilhelm Meister das wunderbare Lied *Was hör ich draußen vor der Tür* dargeboten, in dem der Selbstwert von Kunst gefeiert und entschieden von der Sphäre des schnöden Lohns und Mammons abgegrenzt wird. Er singt vom Singen, sein Lied handelt vom transökonomischen Wert eines Liedes, das einem großzügigen König vorgesungen wurde und zu dem es kein monetäres Äquivalent zu geben scheint.

> Der König, dem das Lied gefiel,
> Ließ ihm, zum Lohne für sein Spiel,
> Eine goldne Kette holen.
>
> Die goldne Kette gib mir nicht,
> Die Kette gib den Rittern,
> Vor deren kühnem Angesicht
> Der Feinde Lanzen splittern.
> Gib sie dem Kanzler, den du hast,
> Und laß ihn noch die goldne Last
> Zu andern Lasten tragen.
>
> Ich singe, wie der Vogel singt,
> Der in den Zweigen wohnet.
> Das Lied, das aus der Kehle dringt,
> Ist Lohn, der reichlich lohnet.[319]

Das klingt edel; der Harfner erhebt sich über die profane Maxime ‚Ohne Lohn keinen Ton'. Doch auch ihm mag das geflügelte Wort aus Lessings bürgerlichem Trauerspiel *Emilia Galotti* ins Ohr gedrungen sein, das da lautet: „Die

319. Goethe: Wilhelm Meisters Lehrjahre; Sämtliche Werke (Frankfurter Ausgabe) I. Abt. / Bd. 9, ed. Wilhelm Voßkamp. Ffm 1992, p. 484

Kunst geht nach Brot."[320] Ganz ernst nämlich meint der edle Sänger seine Verse offenbar nicht. Wehrt er sich doch nicht, als Wilhelm „dem Alten für seine Bemühung eine reichliche Belohnung in die Hand (steckt), die andern taten auch etwas (dazu)" – woran sich eine von Gereiztheiten nicht freie Auseinandersetzung zwischen Melina, dem Prinzipal der reisenden Schauspielgruppe, und Wilhelm anschließt. „‚So viel weiß ich', sagte Melina, ‚daß uns dieser Mann in einem Punkte gewiß beschämt, und zwar in einem Hauptpunkte. Die Stärke seiner Talente zeigt sich in dem Nutzen, den er davon zieht. Uns, die wir vielleicht bald in Verlegenheit sein werden, wo wir eine Mahlzeit hernehmen, bewegt er, unsre Mahlzeit mit ihm zu teilen. Er weiß uns das Geld, das wir anwenden könnten, um uns in einige Verfassung zu setzen, durch ein Liedchen aus der Tasche zu locken. Es scheint so angenehm zu sein, das Geld zu verschleudern, womit man sich und andern eine Existenz verschaffen könnte.' / Das Gespräch bekam durch diese Bemerkung nicht die angenehmste Wendung."[321] Wie süffig Goethe formuliert!

Angenehme Wendungen bekommen Kunstgespräche kaum je, wenn sie sich soziologisch und ökonomisch nüchtern den monetären Aspekten des Wertes von Kunst zuwenden. Umso wichtiger ist es, erst einmal knapp die funktionale Leistung von Kunst herauszustellen – um dann zu fragen, was sie uns bzw. der Gesellschaft wert ist. Am eindringlichsten hat das wohl die doch so nüchterne, auf enthusiastische Impulse gänzlich verzichtende Systemtheorie von Niklas Luhmann getan, an die die folgenden Überlegungen anknüpfen und die sie weiterzuspinnen versuchen. Ihre komplexen Motive lassen sich pointiert zusammenfassen. Das Teilsystem Kunst[322] ist in modernen Gesellschaften anders als etwa die Teilsysteme Wissenschaft oder Justiz nicht auf Verknappung von Aussagen und Einsichten fokussiert. Wissenschaft muss zwischen wahren und falschen Äußerungen, die Justiz muss zwischen rechtmäßigen und verbotenen Akten unterscheiden – und beide müssen letztere jeweils diskriminieren. Auch das Kunstsystem orientiert sich an einer binären Leitcodierung, die aber faszinierender Weise Diskurse nicht verknappt, sondern vervielfältigt – an der Unterscheidung formal stimmig (kohärent) vs. unstimmig (inkohärent). Kunst ist von der Verpflichtung, wissenschaftlich, juristisch, moralisch, religiös, politisch etc. korrekte Wahrnehmungen zu speichern und zu kommunizieren, entlastet. Dichter dürfen lügen und dennoch Aufmerksamkeit erwarten – wenn sie gut gereimt, stilistisch brillant, motivlich faszinierend, kurzum: formal stimmig schreiben.

320. Lessing: Emilia Galotti, in: Lessing: Werke und Briefe in zwölf Bdn, Bd. 7, ed. Klaus Bohnen. Ffm 2000, p. 294 (I/2)

321. Goethe: Lehrjahre, l. c., p. 485

322. Zum Folgenden cf. Niklas Luhmann: Die Kunst der Gesellschaft. Ffm 1995

Herrscherporträts müssen nicht sachlich korrekt sein; real existierende Landschaften müssen sich dem Auge nicht so darbieten, wie Claude Lorrain sie gestaltet; Frauen müssen nicht so aussehen, wie Picasso sie malt; Königin Elizabeth und Maria Stuart müssen nicht so miteinander gestritten haben, wie Schiller es wollte. Aber diese Kunstwerke müssen so gut, brillant, genial gestaltet sein, dass sie trotz der sachlichen Zumutungen, die sie bieten, Aufmerksamkeit verdienen.

Kunstwerke fügen all dem, was schon vorhanden ist oder war (Landschaften, Frauenkörper, historische Szenen etc.), weitere Varianten hinzu. Sie sind also buchstäblich redundant. In traditionell-religiöser Diktion: Das Werk des göttlichen Schöpfers, die Genesis, ergänzt das Genie mit weiteren Werken, mit Kunstwerken. Ein unabhängig von der jeweiligen religiösen oder politischen Einstellung des Künstlers heikles Unternehmen. Macht es durch seine Überproduktion doch systematisch auf mögliche Alternativen aufmerksam: dieses historische Ereignis vor 500 oder 100 Jahren (etwa die Reformation oder die Oktoberrevolution), diese Gesandten, diesen Gottessohn etc. kann man auch anders als bisher wahrnehmen. In den Worten von Niklas Luhmann: Kunstwerke halten alternative Realitätsversionen kopräsent. Um dieses Theorem – je nach Geschmack: drastisch, komisch, peinlich, gespenstisch oder mit Neigung zum Fremdschämen – zu illustrieren, seien Verse von Johannes R. Becher zitiert, die er 1953 zum Tod Stalins, also eines Mannes schrieb und veröffentlichte, den viele, aber eben nicht alle für ein Verhängnis und einen Massenmörder hielten und halten, der und den aber die Kunst, so die Zeilen des DDR-Kulturbund-Präsidenten, hochgradig und kultisch wertschätzt.

In Dresden sucht er auf die Galerie,
Und alle Bilder sich vor ihm verneigen.
Die Farbentöne leuchten schön wie nie
Und tanzen einen bunten Lebensreigen.

Mit Lenin sitzt er abends auf der Bank,
Ernst Thälmann setzt sich nieder zu den beiden.
Und eine Ziehharmonika singt Dank,
Da lächeln sie, selbst dankbar und bescheiden.[323]

Ästhetische Alternativversionen zu eingespielten Wirklichkeitswahrnehmungen können grotesk bis zur Unheimlichkeit sein. Sie sind umso banaler und trivialer (im Rückblick möglicherweise umso gespenstischer), je näher

323. Johannes R. Becher: Danksagung; in: Sinn und Form 5/1953/Heft 2, p. 8 sq.

sie den eingespielten und politisch-religiös lizensierten Realitätsversionen sind (Becher war 1953 Präsident des Kulturbundes und wird 1954 Kulturminister der DDR); und im Umkehrschluss verdienen sie umso mehr Aufmerksamkeit, wenn sie sachlich ungewöhnlichen, nonkonformistischen, in jeder Weise unwahrscheinlichen Wahrnehmungen und Thesen durch ihre formale interne Stimmigkeit (z.B. durch einen brillanten Reim oder durch faszinierende Motiv- und Symbolbezüge) Suggestivität verleihen. Liberale Gesellschaften und Kulturen gehen mit den Zumutungen, die von solchen Kunstwerken ausgehen, in aller Regel locker und nonchalant um – was Künstler wiederum ärgern und zu deftigen Skandalen animieren kann. Erträglich, ja goutierbar ist diese Funktion von Kunst, durch irritierende Produktion alternativer Wahrnehmungen Komplexität zu steigern und nicht wie andere soziale Teilsysteme zu reduzieren, dank ihrer Kombination von Aggressivität und Irritationslust einerseits und Verzicht auf Konsenszumutungen andererseits. Wissenschaft und Justiz (um wiederum diese Teilsysteme vergleichend in den Blick zu nehmen) müssen auf Zustimmung zu ihren Sätzen und Gesetzen drängen – Kunst muss das nicht. Man ist, wie schon die alte Formel ‚de gustibus (non) est disputandum', die interessanter Weise negiert werden kann, ohne ihren Sinn ins Gegenteil zu verkehren, andeutet, nicht verpflichtet, die Werke hochzuschätzen, die ein anderer oder viele andere wertschätzen.

Die Leistung und Funktion von Kunst dies- und jenseits ihrer gefälligen Schönheit lässt sich also präzise angeben: Sie stellt notwendigen Überfluss (an Wahrnehmungen, Thesen, Urteilen, Einschätzungen etc.) bereit. Notwendig darf dieser Überfluss genannt werden, weil er in Gefahr und höchster Not Alternativen, die zuvor wegen ihrer Unwahrscheinlichkeit als unseriös galten, abrufbereit hält. An Fragen der Produktivität und Legitimität von Wirtschaftssystemen lässt sich dieses Theorem besonders drastisch illustrieren. Egoismus galt und gilt in aristotelischer und christlicher (und konfuzianischer etc.) Tradition aus nachvollziehbaren Gründen als verwerflich. Mandevilles *Fable of the bees* und zuvor schon viele Werke der bildenden Kunst, die den Reichtum von Kaufleuten und Bankern zeigen, demonstrieren hingegen die Attraktivität und Produktivität von Egoismus. Die – um zurückhaltend zu formulieren – ambivalenten Effekte der prima vista überaus erfolgreichen Umstellung auf kapitalistische, ausdrücklich auf Eigennutzenmaximierung fokussierte Wirtschaftsweisen, die dem Satz „private vices become public benefits" verpflichtet sind, werden wiederum von der Kunst aufmerksam beobachtet. Wer angesichts der Produktivität wie der Pathologien kapitalistischen Wirtschaftens auf Solidarität, Kooperation und soziale Gerechtigkeit setzt, optiert sicherlich nicht unplausibel und darf mit breiter Zustimmung rechnen. Er muss sich aber weiterhin durch die unwahrscheinlichen Wahrnehmungsimpulse irritieren lassen, die von Kunst ausgehen. Könnte es nicht sein, dass der gute Sozialismus (wer wäre nicht gegen Ausbeutung und krasse Ungleichheit, wer wäre nicht für Frieden, soziale Gerechtigkeit und Solidarität?) böse Konsequenzen hat – eine Frage, die etwa das auf Bloßlegung von Paradoxien spezialisierte Werk von Heiner Müller in immer neuen Anläufen entfaltet. Gerade DDR-Künstler haben die verstörende Erfahrung machen müssen, dass sie im Maße ihrer Option für gute Werte (konkret: ihrer grundsätzlichen Übereinstimmung mit den Zielen des ersten sozialistischen Staates auf deutschem Boden) mäßige Werke hervorbrachten.

Es leuchtet sofort ein, dass die Funktion des Kunstsystems, alternative Wahrnehmungen und Realitätsversionen parat zu halten, in dem Maße als suspekt erscheint, in dem etwa politische und religiöse Regime auf Homogenität bestehen. Und es ist gleichermaßen einleuchtend, dass es eine starke Korrelation (möglicherweise gar Kausalität, aber das ist empirisch schwer zu belegen) zwischen der gerade auch technisch-ökonomischen Dynamik und Produktivität einer Gesellschaft und ihrer Hoch- bzw. Wertschätzung des Kunstsystems gibt. Moderne Gesellschaften funktionieren umso besser, je stärker sie ihre Teilsysteme autopoietisch Komplexität reduzieren lassen – und je stärker sie das Kunstsystem für Komplexitätssteigerungen sorgen lassen. Angesichts der gegenwärtigen Konjunktur autoritärer Regime u.a. in Moskau, Ankara, Budapest, Warschau und Washington (dort in noch slapstickhafter Weise) ist das ein gewisser Trost: Staaten, die nicht gelernt haben, ästhetische Opposition als die angenehmste und produktivste Form ihrer Stärkung zu verstehen, müssen für ihre Ignoranz einen hohen Preis zahlen: Sie wollen Stabilität und ernten günstigstenfalls Stagnation oder Implosion. Wo Genies blockiert werden, haben es auch Ingenieure schwer. Ästhetische Selbstblockaden, wie sie im großen Maßstab in islamischen Kultursphären anzutreffen sind, sind eng mit technischen, institutionellen und lebensweltlichen Blockaden liiert – was sich im Bildungssektor besonders eindringlich zeigt.

Es gehört zu den Sonderakzenten in der Geschichte der deutschen Kultur- und Kunstsphäre, dass sie um das Konzept der Bildung kreist – ein Begriff, der bekanntlich nur schwer in andere Sprachen zu übersetzen ist. Diesem Zentralbegriff eng assoziiert ist ersichtlich auch die ebenso schöne wie merkwürdige deutsche Wendung ‚Bildende Kunst'. Ein vergleichender Blick auf andere europäische Sprachen genügt, um die Eigentümlichkeit dieser Wendung zu erkennen. Im Englischen spricht man von visual bzw. fine arts, im Französischen von les beaux arts, im Italienischen von arti visivi, im Spanischen von artes visuales. Mit der halben Ausnahme der französischen Formel betonen diese Wendungen klar die höhere Trivialität, dass die visuelle Sphäre das genuine Reich der Gemälde und Skulpturen ist. „Die bildende Kunst", so lautet eine der *Maximen und Reflexionen* Goethes lakonisch, „die bildende Kunst ist auf das Sichtbare angewiesen, auf die äußere Erscheinung des Natürlichen."[324] In der allgemeinen Wertschätzung der Sinne rangiert der Sehsinn in aller Regel auf dem ersten Platz; so gut wie alle, die vor das zumutungsreiche Gedanken-Experiment gestellt werden, auf einen der fünf Sinne (Sehen, Hören, Riechen, Schmecken, Tasten) verzichten zu müssen, halten Blindheit für das schlimmste Unglück im Reich der Sinne. Auffallend ist auch, dass die meisten hochgehandelten Begriffe der Erkenntnistheorie der visuellen und nicht etwa der auditiven oder taktilen Sphäre (eine gewichtige Ausnahme ist allerdings das Verb ‚be-greifen') angehören: Eine Wahrheit ist evident oder offenbar, man ist im Zustand der Erleuchtung, man verfügt über den nötigen Durchblick, man stößt auf die nackte Wahrheit, etwas zuvor Verborgenes enthüllt und erhellt sich, es zeigt sich, dass etwas so und nicht anders ist etc.. Keine Frage: Kunst und gerade auch bildende Kunst hat – das signalisiert schon ihr Begriff – eine Erkenntnis- und Bildungsfunktion. ‚Bildende Kunst' meint offenbar nicht nur, dass da ein Künstler ein faszinierend schönes Gebilde geschaffen hat, sondern auch, dass dieses Gebilde der Bildung, der Gewinnung von Einsichten und Erkenntnissen dient, dass es dazu beiträgt, uns ein komplexes Bild unserer Lage zu machen, dass es uns hilft, uns als diejenigen wahrzunehmen, die im Bilde sind, die also auch wissen, dass sich andere von uns ein Bild machen.

Der ökonomische Wert der Kunst

Hehre Worte über den Wert der Kunst wie die zuvor zitierten von Goethe provozieren ernüchternde Gegenführungen – und liefern sie im günstig-klugen Fall, wie wiederum in den angeführten Goethezitaten, gleich mit. Der hohe Wert der Kunst lässt sich pathetisch wie nüchtern funktional bestimmen: In funktional ausdifferenzierten Gesellschaften sorgt Kunst für alternative Realitätsversionen und somit für notwendigen semantischen Überfluss. Kunst ist in modernen Kulturen von direkten Leistungspflichten (wie Gottes- oder Herrscherlob) entbunden. Wenn sie diese dennoch erbringt (wie etwa im Design oder in der Werbung), hat sie deshalb ein Imageproblem. Nun äußern gerade moderne Gesellschaften ihre Wertschätzung äußerst profan und unmissverständlich: durch hohe, ja extrem hohe Zahlungsbereitschaft – z.B. für Fußballspieler, aussichtsreiche Innovationen, Luxusgüter wie Uhren und

324. Goethe: Maximen und Reflexionen – Sprüche in Miszellen; in: Goethe: Sprüche in Prosa – Sämtliche Maximen und Reflexionen, Sämtliche Werke (Frankfurter Ausgabe) I. Abt./Bd. 13, ed. Harald Fricke. Ffm 1993, p. 333

Yachten und eben auch für Kunstwerke. In der Kunstsphäre spielen zwar tradierte Formen der Auszeichnung wie Ehrungen, Preise und Stipendien eine Rolle (Pierre Bourdieus Wendung vom symbolischen Kapital hat sich durchgesetzt), aber auch diese sind, wenn sie wirklich zählen sollen, zur Freude der Ausgezeichneten monetär grundiert. Zu den ebenso faszinierenden wie abschreckenden Eigenschaften des Mediums Geld gehört seine unerschütterliche Gleichgültigkeit und Kälte. Setzt es doch äquivalent, gleichwertig und gleichgültig, was ersichtlich hochgradig unterschiedlich ist. Ein Manager, ein Fußballstar, ein im Kunstkompass der Zeitschrift *Capital* hoch gerankter Künstler, zwanzig Studienräte und hundert Minijobber können die Gemeinsamkeit haben, im Jahr eine Million Euro zu verdienen. Diese Summe indiziert den Wert ihrer Arbeit und Anstrengung. Die Intuition, dass es bei solchen Äquivalenzen nicht mit rechten Dingen zugeht, ist so verbreitet wie berechtigt.[325]

Höchstpreise bei Kunstauktionen erregen immer wieder die Gemüter und die öffentliche Aufmerksamkeit. Das ist nur allzu verständlich. Riskieren wir mit dem einschlägigen Wikipedia-Artikel einen Blick auf die Liste der bestbezahlten Werke der letzten Jahre:

Titel	**Künstler**	**Jahr**	**Preis [Mio. $]**	**Kaufdatum**	**Verkäufer**	**Käufer**	**Auktionshaus**
Les femmes d' Alger (Version „O")	Picasso	1955	179,4	11. Mai 2015	unbekannt	unbekannt	Christie's
Nu couché	Modigliani	1917	170,4	9. Nov. 2015	Laura Mattioli Rossi	Long-Museum	Christie's
Three Studies of Lucian Freud (Triptychon)	Bacon	1969	142,4	12. Nov. 2013			Christie's
No. 5, 1948	Pollock	1948	140	2. Nov. 2006	David Geffen	unbekannt	Privatverkauf via Sotheby's
Woman III	de Kooning	1953	137,5	Nov. 2006	David Geffen	Steven A. Cohen	Privatverkauf via Larry Gagosian
Adele Bloch-Bauer I	Klimt	1907	135	19. Juni 2006	Maria Altmann	Ronald Lauder für die Neue Galerie	Privatverkauf via Christie's
Der Schrei (Pastellversion von 1895)	Munch	1895	119,9	2. Mai 2012	Petter Olsen	Leon Black	Sotheby's New York
Untitled	Basquiat	1982	110,4	19. Mai 2017	Yusaku Maezawa	Yusaku Maezawa	Sotheby's New York

325. Cf. zum Folgenden Jochen Hörisch: Die Kunst des Kapitals und das Kapital der Kunst – Strukturen einer Affaire, in: J. H.: Tauschen, Sprechen, Begehren – Eine Kritik der unreinen Vernunft. München 2011, pp. 113–130

Originelle Kommentare zu solchen Zahlen wollen mir nicht einfallen. Also bleiben wir bei unvermeidlichen Trivialitäten. Niemand, der auch nur einigermaßen bei Sinnen ist, wird trockenen Auges behaupten wollen, dass Picassos 179 Millionen Dollar teures Gemälde *Les Femmes d'Algers* 179 mal besser ist als ein Werk, das für eine schlichte Millionen, 1790 mal besser ist als ein Werk, das für hunderttausend und 17 900 mal besser ist als ein Werk, das für zehntausend Dollar zu erwerben ist. Van Goghs *Porträt des Doktor Gachet* verkaufte die Witwe von Vincents Bruder Theo für 300 Francs an eine dänische Sammlerin (was damals kein schlechter Preis war), 1990 wurde es für 82 Millionen Dollar an ein japanisches Unternehmen verkauft. Selbstredend wäre es der reine Blödsinn zu behaupten, das Gemälde sei im Laufe eines Jahrhunderts millionenfach besser und deshalb wertvoller geworden. Es ist dasselbe, wenn auch zunehmend von Alterungsspuren durchzogene Werk geblieben. Die Artikel in Benezits vierzehn Bände und über zwanzigtausend Seiten umfassendem *Dictionnary of Artists* sind auch deshalb eine so unterhaltende Lektüre, weil sie bei jedem Werk alle bekannten Kauf- und Auktionspreise auflisten. NB: Man kann die vierzehn in bestes Leinen gebundenen Bände, die 2006 wohl letztmals in klassischer Printform erschienen und damals dreitausend Euro kosteten, heute für hundert Euro erwerben (ist das Werk deshalb um 97 Prozent schlechter als vor zehn Jahren?). Die Standarderklärungen für die offensichtlichen Exzentrizitäten des Kunstmarktes sind bekannt und in ihrer Weise überzeugend: Über Marktpreise entscheidet nicht ein objektiver Wertmaßstab, den es bekanntlich nicht gibt, sondern das Verhältnis von Angebot und Nachfrage.

Die Wirtschaft gilt als Sphäre kalkulierender Rationalität. Ihr Wertbegriff ist von schwer zu überbietender Nüchternheit. Ein auf Eigennutzenmaximierung bedachter homo oeconomicus lernt schnell, dass im Verhältnis von erzählen und zählen Zahlen das entscheidende Wort haben. Nun kann man aber generell mit Fug und Recht bezweifeln, dass das Wirtschaftssystem moderner ausdifferenzierter Gesellschaften eine Sphäre besonders rationalen Handels ist.[326] Gerade ästhetischen Beobachtungen des Wirtschaftssystems fällt auf, wir religions- und triebaffin und in diesem präzisen Sinne irrational ein Geschehen ist, das um Konzepte wie Erlös, Wertschöpfung, fiat-money, Kredit, Schuldner, Gläubiger, Messen, Offenbarungseide, potente Unternehmen, eingeknickte Bilanzen, Finanzspritzen und Befriedigung von Gläubigern kreist. Der Kunstmarkt ist der spezifische Markt, der im Unterschied zu den meisten anderen Märkten ein fröhlich-frivoles Verhältnis zu den irrationalen Dimensionen des Wirtschaftens pflegt. Dass es auf dem Kunstmarkt nicht in herkömmlicher Weise rational zugeht, ist allzu offensichtlich.

326. Cf. dazu Jochen Hörisch: Man muss dran glauben – Die Theologie der Märkte. München 2014

Einige Gründe für die faszinierende Irrationalität des Kunstmarktes lassen sich dennoch oder gerade deshalb anführen.

Viele Kunstprodukte sind nicht eigentlich marktfähig; wie soll man mit Inszenierungen oder Konzertaufführungen in dem Sinne handeln, dass man sie erwirbt, lagert und weiterverkauft? Objekte der Bildenden Kunst sind hingegen aufgrund ihrer dinghaften Qualität warentauglich – und aufgrund ihres Unikatscharakters potentiell extrem wertvoll, kann man sie doch nicht bei gesteigerter Nachfrage in Serie produzieren (ein Umstand, der naturgemäß subversive Impulse wie Fälschungen oder Multiple-Ästhetiken freisetzt). Für die extremen Preissteigerungen auratischer Werke auf dem Kunstmarkt sorgt banaler Weise auch der Umstand, dass die Zahl der milliardenschweren Privatvermögen in den letzten Jahrzehnten in atemberaubender Weise zugenommen hat. Für solche Geldsummen aber gibt es keine plausiblen realwirtschaftlichen Äquivalenzen in Form von Immobilien, Autos oder Kleidung – mit Ausnahme von Yachten und vor allem von singulären, inkompatiblen, auratischen Kunstwerken. Diese ästhetisch-ökonomische Konstellation kann gänzlich widersprüchlich verstanden werden. Nämlich entweder als Triumph der unvergleichlichen Kunst und ihrer überlegenen Rationalität bzw. ihres auratischen Wertes über die schnöd-profane Wert-Rationalität der Wirtschaft. Oder aber umgekehrt als funktionaler Sieg ökonomisch-monetärer Rationalität noch über das vermeintlich Inkompatible, Auratische: Auch das hat einen Preis, auch das ist kaufbar, auch dieses singuläre Kunstwerk hat einen monetären Äquivalenzwert.

Beide Wertverständnisse – das auratisch-sakrale Wertverständnis des ästhetischen Absolutismus und das funktional-monetäre des ökonomischen Absolutismus – stehen zueinander im Verhältnis des ausgeschlossenen Eingeschlossenen bzw. des eingeschlossenen Ausgeschlossenen. Man kann diese abstrakte Formel konkret ausbuchstabieren. Es gibt, um es mit dem zu Recht viel beachteten Essay von Wolfgang Ullrich[327] zu sagen, Kuratoren- und Marktkunst. Beide beeinflussen trivialer Weise einander (es lohnt sich bekanntlich für Künstler, wenn ihre Werke auf der Documenta, der Biennale oder in öffentlichen Museen ausgestellt sind), beide aber stehen auch in einem häufig gereizten Spannungsverhältnis zueinander. Auch diese Spannung hat ihre starke ökonomisch-monetäre Hintergrundstrahlung. Sie wird häufig thematisiert, selten aber so klar wie bei einer Diskussion anlässlich der Feier des 250. Geburtstages der Hamburger Hochschule für bildende Künste im Juli dieses Jahres (2017).[328] Unter dem Titel ‚Überlebensrate 4 % – Aktuelle Frontberichte aus der Kunstakademie‘ diskutierten u.a. Dietrich

327. www.perlentaucher.de/essay/wolfgang-ullrich-ueber-kuratoren-und-kunstmarktkunst.html

328. Cf. den kurzen Bericht in *Art/Das Kunstmagazin* 9/2017, p. 142

Diedrichsen, Walter Grasskamp, Wolfgang Ullrich und Annette Tietenberg klartextmäßig den Umstand, dass nur der im Titel genannte geringe Prozentsatz der Kunstakademieabsolventen von ihren Kunstprodukten leben kann. Alle anderen sind zum Lebensunterhalt auf z.T. kunstfremde Neben- oder eben Hauptberufe angewiesen – wobei sie sich in guter Gesellschaft befinden. Um harmlose Beispiele zu nennen: Kurt Schwitters arbeitete als Werbegraphiker, Marcel Duchamps als Bibliothekar. Ein probates Mittel, die Spannung zwischen Extremerfolg und beruflich-pekuniärem Misserfolg ein wenig kleiner zu machen, sind die vom BBK (Bundesverband Bildender Künstlerinnen und Künstler) plausibler Weise geforderten erhöhten Ausstellungsvergütungen.

Nun ist das Scheitern von symbolischen Anerkennungs- und ökonomischen Erfolgsträumen keine negative Exklusiverfahrung bildender Künstler. Nicht ganz so drastisch, aber eben doch ähnlich dürften die Proportionen bei Schriftstellern und Komponisten, aber auch in profanen Berufssphären sein; nicht jeder Jurastudent wird Staranwalt, nicht jeder BWL-Student krönt seine Karriere als Vorstandsvorsitzender eines DAX-Konzerns, nicht jeder in Forschungen aller Art Vertiefte erhält eine gut dotierte Lebenszeitprofessur. Auf dem Kunstsektor aber ist die Diskrepanz zwischen Erfolg und Scheitern nicht nur extrem, sondern eben auch besonders sichtbar. Dabei verfügt der Kunstsektor – und eben nur die Sphäre der bildenden Kunst – über ein probates Mittel, dieses Extrem in produktive Formen zu gießen: seinen kapitalen Wert, seine exorbitant kapitalistische Dimension.[329] Diese triviale Feststellung ermutigt mich zu einem nicht-trivialen Vorschlag, der – da bin ich mir einigermaßen sicher – auf empörte Reaktionen stoßen wird (und der auf seine Weise meinem Vorschlag strukturhomolog ist, im Berliner Stadtschloss Wohnungen einzurichten[330]): Kuratorenkunst im weiteren Sinne (also auch und gerade prominente Bestände aus Museen) sollte von der öffentlichen Hand auf Auktionen privaten Sammlern angeboten und an sie verkauft, also zu Marktkunst werden. Die Vorteile einer solchen gleich viele Tabus brechenden Praxis sind offensichtlich. Genannt seien nur einige wenige: 1. Die staunende Öffentlichkeit müsste zur Kenntnis nehmen, wie ökonomisch erfolgreich auch und gerade die Investitionen der öffentlichen Hand sein können und dass sich Kunst- und Kulturausgaben rechnen. 2. Die Debatten um zu verkaufende Kunst würden die knappe Ressource Aufmerksamkeit auf diese Werke fokussieren; „alle“ würden das alsbald in private Hände gelangende

329. Cf. Jochen Hörisch: Die Kunst des Kapitals und das Kapital der Kunst – Strukturen einer Affaire; in: J.H.: Tauschen, sprechen, begehren – Eine Kritik der unreinen Vernunft. München 2011, pp. 113–130

330. Jochen Hörisch: Das Schloss als bewohnbare Plastik (über das Berliner Stadtschloss); in: kulturpolitik (BBK 1/2017), pp. 19–21 (s. den folgenden Text)

Bild noch einmal sehen wollen. 3. Mit dem erzielten Preis (ich provoziere weiter und phantasiere mal, da ich in Mannheim lehre, bescheidene 100 Millionen für Manets *Erschießung des Kaisers Maximilian*) ließen sich irritierend viele, auch hochpreisige Neuankäufe tätigen, die automatisch Aufmerksamkeit auf sich ziehen und Debatten auslösen werden: Sind die hundert Kunstwerke (vornehmlich aus der Gegenwartskunst), die zu einem Durchschnittspreis von 500 000 € erworben wurden, zusammen genommen weniger wert als das Manet-Gemälde; sind die verbleibenden 50 Millionen € gut angelegt, wenn sie für Kunstförderung, Stipendien, Sanierungsarbeiten, Zuschüssen zu Künstlersozialkassen etc. eingesetzt werden)? 4. Die Empörung über meinen Vorschlag lässt sich mindern, wenn der Käufer sich verpflichten würde (oder müsste), das in seinen Privatbesitz übergewechselte Gemälde in gewissen Abständen (etwa alle drei Jahre für sechs Wochen) wieder im Rahmen einer öffentlichen Ausstellung zugänglich zu machen. Solche abwechselnd in Berlin, München, Köln, Düsseldorf, Mannheim etc. stattfindenden Ausstellungen könnten, wenn sie gleich mehrere privatisierte Werke zusammenstellen würden, schnell einen voyeuristisch-perversen Kultwert genießen. Und sie führten zu einer win-win-Situation: Auch der Leihgeber darf auf symbolische wie ökonomische Gewinne spekulieren. 5. Solche Verkäufe / Ausstellungen könnten Stellvertreterdiskussionen über das Verhältnis von öffentlicher und privater Hand auslösen. Auf reizvoll perverse Weise würde die Prophezeiung des klassischen Protestsongs in Erfüllung gehen: We walk hand in hand. 6. Die Diskussion um den Wert der Kunst bekäme eine neue, eine handfeste Dimension. Schlagartig klar würde nämlich nicht nur, dass Kunst tatsächlich einen nüchtern-profanen Wert hat, sondern auch, dass Werte Kunstprodukte sind.

„Alle Menschen sollen thronfähig werden." Das Berliner Stadtschloss als Geschichtszeichen

„Das Geld, die Liebe, der Tod, die Freiheit – was zählt am Ende?", fragt eine Inschrift, die der Künstler Jochen Gerz 51 Menschen gestellt hat, die zur Zeit, als sein Werk entstand, im Bundesministerium für Finanzen arbeiteten. Drei der Antworten, per Zufallsgenerator ausgewählt, können Passanten per Knopfdruck auf einem Monitor abrufen, der in den Torpfeiler des massiven Gebäudes eingelassen ist. Öffentliche Großbauten stellen Fragen (z.B. die nach knappen Ressourcen wie Geld und Lebenszeit) und müssen sich Fragen gefallen lassen. Sie haben interessanter wie trivialer Weise nicht nur einen Nutzen und eine Ästhetik, sondern auch einen hohen Symbolwert. Der Berliner Flughafen und der Stuttgarter Hauptbahnhof, die Hamburger Elbphilharmonie und das Berliner Stadtschloss (um nur sie zu nennen) sind eben mehr als „nur" Bauwerke mit dieser oder jener Funktion, sie setzen Zeichen – um mit Kant zu formulieren: Sie sind „Geschichtszeichen". Kants Definition und Erörterung dieses Begriffs lässt sich trotz seiner bekannten Lust an Umständlichkeit klar zusammenfassen. Wir können kaum anders, als Geschichtsprozessen einen Sinn (auch im Sinne von Richtungssinn) abzulesen. Wir hoffen z.B., dass der Fortgang der Geschichte trotz aller schrecklichen Rückschläge und Enttäuschungen langfristig für friedlichere, gerechtere und bessere Lebensverhältnisse sorgen wird. Nun gibt es in der Geschichte anders als in der physikalisch beschreibbaren Natur keine Kausalitäts- und keine notwendigen Wirkungsverhältnisse. Wohl aber gibt es Motive und Gründe für weiterführende Prozesse. Kant nennt etwa „die Revolution eines geistreichen Volkes", also die Französische Revolution von 1789, die aber eben nur ein „Zeichen", wenn auch ein wirkungsmächtiges Zeichen, nämlich ein „signum rememorativum, demonstrativum und prognosticon" ist (ein Erinnerungs-, ein Signal- und ein prognostisches Zeichen). Geschichtszeichen sind keine physikalischen und mit eindeutigen Zahlen anzugebenden Größen, sie sind vielmehr symbolträchtig und interpretationsbedürftig wie alle Zeichen.

Selbst monströse Bauten wie der Berliner Flughafen oder der Stuttgarter Hauptbahnhof sind solche Geschichtszeichen. Sie demonstrieren auch philosophisch wenig ambitionierten und spekulativ unbegabten Köpfen eine Paradoxie. Sind, nein: wären sie doch in Großbeton gegossene und also immobil gewordene Kultstätten der Hochmobilität, wenn sie denn zügig vollendet würden. So aber sind ausgerechnet diese Monumentalwerke des Schnellverkehrs Sinnbilder von Stau, Langsamkeit, Blockaden und Stillstand. Selbst dann, wenn sie dereinst fertiggestellt sein werden, bleiben sie notwendiger Weise Immobilien. Die Hamburger Elbphilharmonie ist hingegen nach Jahren des nur zu gut begründeten Hohns über groteske Kostenerhöhungen und Verspätungen bei der Fertigstellung mit der Eröffnung auf wundersame Weise zu everybodys darling geworden. So verwunderlich ist das nicht. Denn diese Immobilie ist beschwingt. Als wolle sie abheben, schwebt sie über den Wassern des Hamburger Hafens und symbolisiert in der sachlich kalkulierenden Hanse- und Handelsstadt den Aufstieg der Töne, welcher höher ist denn alle Vernunft. Zugleich aber ist sie in heiliger Nüchternheit geerdet. Denn sie beherbergt nicht nur einen Konzertsaal mit frappanter Akustik, sie ist überdies öffentlich begehbar und bewohnbar; ein großer Platz mitsamt Restaurants und Cafés ist allen zugänglich, ein Hotel bietet zeitlich begrenzten Aufenthalt, und sündhaft teure Eigentumswohnungen laden zu Träumen ein.

Das Berliner Stadtschloss hat nun unter den genannten jüngeren Großbauprojekten zweifellos den höchsten Symbolwert. Es ist bemerkenswerter Weise halbwegs im Zeit- und Kostenrahmen geblieben, und seine Finanzierung ist zu großen Teilen privaten Spenden zu verdanken. Doch über solche profanen Aspekte hinaus ist es ein Geschichtszeichen von Graden. Die markanten Stationen der Baugeschichte sind so gut wie jedem geläufig; man muss nicht Hegel gelesen haben, um auf die Idee zu kommen, die Geschichte dieses Baus mit dem Schema These (Hohenzollern-Schloss) – Antithese (Abriss nach den schweren Bombenschäden und Neubau des Palastes der DDR) – Synthese (Wiederaufbau des Schlosses mit neuer Nutzung im wiedervereinigten Deutschland) verständlich zu machen. Das spezifische Pathos dieses Wiederaufbauprojekts ist überzeugend: Es kommt darauf an, die Zerstörung zu zerstören. Der Neubau des alten Schlosses setzt ein Zeichen, das u.a. schon die polnische Wiederaufbaugeschichte nach dem Ende des zweiten Weltkrieges gesendet hatte: Die Nazis haben nicht gesiegt; ihrer Vernichtungswut soll bau- und symbolpolitisch kein Erfolg beschieden sein; und auch die Zerstörungswut und Geschichtsklitterung der DDR-Diktatur darf nicht das letzte Wort behalten.

Der ab und an anzutreffende Vorwurf, dieses Bauprojekt sei restaurativ, ist nicht nur in bautechnischer Hinsicht von geradezu belustigender Abwegigkeit. Zu den selten bemerkten feinsinnigen Ironien dieses Projekts gehört es, dass es an das „Baut-auf!"-Pathos der frühen DDR anknüpfen konnte: Es ist auferstanden aus Ruinen und der Zukunft zugewandt, und es dient zugleich, um erneut an DDR-Rhetorik anzuschließen, der Aneignung des klassischen Erbes. Umso seltsamer ist es, dass die Frage, was mit dem aus Ruinen auferstandenen Stadtschloss anzufangen sei, recht konventionell beantwortet wurde. Es soll das Humboldt-Forum beherbergen, was konkret heißt: Es soll außereuropäische Kunst und ethnologische Exponate zeigen; es soll, in unmittelbarer Nähe zur Museumsinsel und zur Humboldt-Universität gelegen, eine Brücke zwischen Kunst und Wissenschaft schlagen; es soll im Zentrum einer europäischen Hauptstadt ein Signal für Transkulturalität und Abkehr vom Eurozentrismus senden. Auch wenn man sich mit scharfen Verwerfungen und schneidender Polemik interessanter macht als mit einerseits-andererseits-Einwürfen: Das ist zweifellos ein ebenso durchdachtes wie überzeugendes Konzept. Es fällt politisch wie psychisch schwer, dagegen oder auch nur parallel zu argumentieren. Und doch ist selbst bei vielen, die nicht der These vom Kulturinfarkt zustimmen, eine plausible Irritation unverkennbar. Denn es ist fraglich, ob es ausgerechnet in Berlin einen allgemein als schmerzlich empfundenen Mangel an Museen gibt (selbst, wenn das Humboldt-Forum es schafft, mehr als ein Museum bzw. ein ganz anderes Museum zu werden).

Deshalb sei ein Gedankenexperiment gewagt, das möglicher Weise um seiner Schlichtheit willen das Wort ‚Wagnis' wirklich verdienen würde, wenn der Zeitpunkt für eine konkrete Umsetzung nicht schon verpasst wäre. Schlösser waren die privilegierten und exklusiven Wohnstätten von Herrschenden. Eben deshalb wäre es verlockend, aus diesem Schloss ein Domizil für viele zu machen – konventionsnah für die Gastprofessorin, die ein, zwei Jahre bleibt und gerne Salonkultur anbieten würde, oder für den Künstler, der ein Berlin-Stipendium erhalten hat; unkonventioneller Weise aber auch für Leute, die sonst in Sozialwohnungen untergebracht wären, für alleinerziehende Mütter oder für Geflüchtete. So würde das Schloss ganz buchstäblich zu einer sozialen Plastik. Zugleich könnte das Schloss wie zuvor der Bau, der so herrlich ‚Palast der Republik' genannt wurde, Raum für Feste aller Art, private wie öffentliche, bieten. Ein so genutztes Schloss wäre das Weltkind in der Mitte zwischen Hohenzoller-Hochsitz und Palast der Republik. Es würde in Zeiten rasant steigender Preise für die Realisierung des Grundrechtes auf Wohnen selbstredend nicht die Probleme des Immobilienmarktes lösen, aber symbolpolitisch ein Zeichen setzen. „Alle Menschen sollen thronfähig werden", hatte der Romantiker Novalis in seiner Aphorismensammlung *Glauben und Liebe oder Der König und die Königin* geschrieben. Abgedruckt wurde der Text 1798 im Juli-Heft des zweiten Bandes der *Jahrbücher der Preußischen Monarchie unter der Regierung von Friedrich Wilhelm III.*, der mit Prinzessin Luise, der Lady Di um 1800, verheiratet war und im Berliner Stadtschloss wohnte.

Es gibt bekanntlich zwei Sorten von Menschen, die sich als politisch links orientiert verstehen. Die eine ist ganz auf den obersten Wert Gleichheit fixiert, sie ist ressentimentgeladen, kleinbürgerlich und mental an Blockwarten ausgerichtet; man erkennt sie unschwer daran, dass sie fanatisch für die Abschaffung der ersten Klasse in Zügen, Flugzeugen und Hotels kämpft; es befriedigt sie, wenn die Arbeiter der Stirn und der Faust, ja wenn alle in grundrissgleichen Plattenbauwohnungen leben. Die andere hält Freiheit für einen so hohen Wert wie Gleichheit, sie ist hedonistisch, großzügig, ironisch, und eben deshalb kämpft sie für die Abschaffung der zweiten Klasse nicht nur in Zügen. Ihre Politik ist der Idee des guten Lebens verpflichtet; die Vorstellung, alle Menschen sollten Schlossbewohner werden, stimmt sie heiter. Und diese Heiterkeit hat gute Gründe für sich, gerade in sich verfinsternden Zeiten. Das Berliner Stadtschloss, das, wenn es denn bewohnt wäre, zu einem Schauplatz neoromantischer Geselligkeit werden könnte, steht im Zentrum einer europäischen Hauptstadt, die nach einer langen Schreckens- und Traumatisierungsgeschichte eine mittlerweile Jahrzehnte anhaltende, in jedem Wortsinne unheimlich positive Entwicklung erfahren hat. Unheimlich kann diese Entwicklung genannt werden, weil ihre glückliche Unwahrscheinlichkeit nach den Verwerfungen, Terroranschlägen, Ressentiments, Hassausbrüchen und Drohungen der letzten Zeit wieder irritierend in Erscheinung tritt und damit – signum rememorativum – Erinnerungen daran evoziert, wie Berlin zu Zeiten von rechtsradikaler Mörderbanden um 1920, von Nazi-Aufmärschen in den 30-er Jahren, nach Bombennächten 1943–45, nach dem Abriss nicht nur der Schlossreste in der frühen DDR und mit dem Mauerbau ab 1961 aussah.

Die lange Friedens- und Wohlstandszeit der letzten Jahrzehnte findet im Wiederaufbau bzw. Neubau des Berliner Stadtschlosses ihr Geschichtszeichen. Es kommt darauf an, dieses Zeichen richtig zu verstehen und prägnante Zeichen zu setzen. In einem von thronfähigen Menschen bewohnten Schloss gingen nach Ende der Museums-Öffnungszeiten die Lichter nicht aus. Es würde signalisieren, dass das Leben besser sein kann als sein Ruf – noch.

Die politische Kompetenz des Künstlers. Eine Laudatio auf Klaus Staeck

Juristen sind (wie Mediziner) in der Schriftsteller-Zunft auffallend häufig vertreten. Höhenkamm-Autoren wie Goethe, E.T.A. Hoffmann, Heinrich Heine, Theodor Storm, Peter Handke oder Bernhard Schlink (um nur sie zu nennen) waren bzw. sind studierte Juristen mit z.T. steilen berufsspezifischen Karrieren. Juristen sind hingegen in der Sphäre der bildenden Kunst nur selten anzutreffen. Der Grund dafür ist schnell benannt. Juristen und Schriftsteller verfahren kasuistisch, sie sind auf Fälle, durchaus auch Ausfälle, Unfälle und Fallhöhen fokussiert; ihr gemeinsames Medium ist die Sprache. Bildende Künstler sind hingegen Sprachskeptiker; sie geben ihren Werken einen Titel (oder auch nicht), und sie signieren es (oder auch nicht) – that's it. Ihre Werke leben vom Pathos des sprachkritischen Satzes, dass ein Bild mehr sagt als tausend Worte. Viele bildende Künstler wie auch Musiker sind aus naheliegenden Gründen nicht sehr kommunikativ; Ausnahmen wie Joseph Beuys oder Richard Wagner bestätigen die Regel. Ob er so freundlich sei, seine soeben gespielte neue Sonate zu interpretieren, wurde einer bekannten Anekdote zufolge Robert Schumann gefragt. Gerne, antwortete er und spielte sie noch einmal.

Klaus Staeck ist Jurist, dem per definitionem nichts Weltliches fremd ist, bildender Künstler und ein sprachgewandter Mann bzw. ewiger Jüngling, ein puer senex eternus. Das ist eine ungewöhnliche Konstellation. Da fehlt doch noch was in dieser Aufstellung, werden Sie, meine verehrten Damen und Herren, sagen. Und Sie haben Recht. Denn Klaus Staeck ist darüber hinaus ein ungewöhnlich souveräner Organisator; wie er über lange Jahre hinweg als Präsident die Berliner Akademie der Künste durch stürmisch bewegtes Wasser navigiert hat, wäre Grund genug für Stolz auf eine große Lebensleistung. Die Befürchtung vieler Heidelberger, Klaus Staeck könne sich aus dieser wunderbaren Stadt, in der er seit einem halben Jahrhundert lebt, in die Metropole Berlin absetzen, war glücklicher Weise unbegründet. Die Verleihung der Stadtmedaille, die nach dem Heidelberg-Enthusiasten Richard Benz benannt ist, ist ein Zeichen der Dankbarkeit dafür, dass Klaus Staeck zwar überall, aber eben doch besonders in Heidelberg präsent ist. Also in einer Stadt, in der immer wieder die Spannungen zwischen romantischer Ästhetik und Max-Weber-Nüchternheit, Enthusiasmus und Intellektualität, Naturbegeisterung und Naturbeherrschung ausgetragen werden.

Bekannt ist Klaus Staeck nicht nur als Künstler mit einem ungewöhnlich prägnanten Werk und als ebenso umsichtiger wie entschiedener Akademie-Präsident, sondern auch als politisch hellwacher Zeitgenosse. Das ist doch nichts Besonderes, werden einige oder viele von Ihnen sagen und wiederum Recht haben. Dass Schriftsteller, bildende Künstler und Musiker sich politisch äußern und engagieren, ist nämlich nicht die Ausnahme, sondern fast schon die Regel. Nur – ich zögere, das zu sagen, gebe mir aber einen Ruck: Um die politische Urteilskraft von Künstlern ist es nicht sehr verlässlich bestellt. Keinerlei Indizien sprechen dafür, dass die politische Kompetenz von Künstlern per se größer, besser und subtiler entwickelt ist als die von anderen Berufszweigen (etwa von Studienräten, Softwareentwicklern, Handwerkern, Angestellten, Medizinern, Verkäuferinnen oder Landwirten).

Was große Schriftsteller, bildende Künstler und Komponisten politisch zum Besten gegeben haben, entsprach nicht immer dem ästhetischen Niveau ihres Œuvres. Es genügt, einige wenige große Namen zu evozieren, um der schlichten These von der verbreiteten politischen Inkompetenz der ästhetischen Branche Nachdruck zu verleihen. Gottfried Benn, Knut Hamsun und Céline (die sich Hitler andienten), Picasso (mit seinen Stalin-Huldigungen) und Salvador Dali (mit seinen protofaschistischen Neigungen), Richard Wagner und Roger Waters (mit ihrem pathologischen Antisemitismus) haben wie viele andere Künstler mehr faszinierende Werke hervorgebracht und sich – um zurückhaltend zu formulieren – als politisch urteilende Zeitgenossen gründlich desavouiert. Um von den reichlich vorhandenen Extrembeispielen auf weichere auszuweichen und wiederum scheu zu formulieren: Ich würde mich nicht sonderlich wohlfühlen, wenn Peter Handke und Botho Strauß, Karlheinz Stockhausen und Hans Werner Henze, Jonathan Meese und Jörg Immendorff entscheidenden Einfluss in der Politik oder gar machtvolle politische Ämter inne (gehabt) hätten. Wollen die ja auch gar nicht, werden Sie wiederum zu Recht sagen. Ab und an wollen Sie doch (wie der Romanschriftsteller Goebbels oder der expressionistische Lyriker Johannes R. Becher); ab und an geht das sogar gut (wie bei Goethe oder Malraux), aber darauf ist kein Verlass. Deshalb bleibe ich bei meiner These: Es gibt keine Gründe zu der Vermutung, dass die politische Urteilskraft von Künstlern aller Sparten derjenigen der Durchschnittspopulation signifikant überlegen ist – eher gilt das Gegenteil.

Weil dem so ist, ist Klaus Staeck ein Sonderphänomen, ja ein Unikat. Wäre er Bundeskanzler, würde ich, anders als wenn Jonathan Meese dieses Amt innehätte, nicht emigrieren. Man muss sich vergegenwärtigen, wie selten die Koinzidenz eines ästhetisch bedeutenden Werkes und sicherer politischer Urteilskraft ist, um die Sonderrolle von Klaus Staeck in der ästhetischen wie der politischen Sphäre zu ermessen. Dass er diese Sonderrolle so souverän wahrnehmen kann, hat mindestens drei Gründe. Der erste ist schnell genannt: Klaus Staeck widersteht lässig der in Künstlerkreisen verbreiteten Versuchung, eine Rolle, also eine Funktion nicht nur ernsthaft bis heiter zu spielen, sondern sie auch zu inkarnieren. Er verzichtet ostentativ (also schon im Outfit und Auftreten) auf jede Anwandlung eines Gurus, einer auratischen Ausnahme, eines Sehers, Verkündigers oder Missionars; er, der leidenschaftlich-nüchterne Sozialdemokrat ist Bürger, Mitbürger wie andere auch. Der zweite Grund erschließt sich ebenfalls bald: Viele Künstler erheischen Aufmerksamkeit um jeden Preis und zahlen dafür einen hohen Preis. Ihre Botschaften und Ausdrucksmittel sind schrill, exzentrisch, extrem, radikal, rücksichtslos, militant, zumutungsreich, schockierend. Das hat seine wenn nicht immer guten, so doch nüchtern nachvollziehbaren Gründe. Denn die Funktion von Kunst ist es nun einmal, unwahrscheinliche bis abwegige Wahrnehmungen, Thesen und Botschaften bereitzuhalten und mit gängigen Realitätsversionen zu konfrontieren. Moderne Kunst hat dieses Spiel so erfolgreich gespielt, dass Nonkonformismen aller Art seit langem der Standardfall sind. Fast alle aufgeklärten Zeitgenossen der späten Moderne halten sich für Nonkonformisten, die dem Mainstream mutig widersprechen – so handfest erfüllt sich die von Joseph Beuys ausgesprochene Verheißung, dass jeder Mensch ein Künstler ist.

Klaus Staeck ist der leidenschaftlich kühle Analytiker dieser Paradoxie, womit wir beim dritten und wichtigsten Grund für seine Sonderstellung im ästhetisch-politischen Getriebe der Republik sind. Er bezieht seine ästhetischen wie politischen Impulse nicht aus einer forcierten Radikalität voll exzentrischer Lust an Extremen, sondern aus Respekt vor den humanistischen Werten, die selbstverständlich sein sollten, aber genau dies (zumal in Zeiten gespenstisch wiederkehrender rechtsradikaler Gefahren) offenbar nicht sind. Man muss sich vergegenwärtigen, dass die ganz großen Namen der Kulturgeschichte (und insbesondere der deutschen Kulturgeschichte – prototypisch seien Goethe und Thomas Mann genannt) ihren berechtigten Ruhm gerade nicht formalen und inhaltlichen Exzentrizitäten, sondern dem Umstand verdanken, dass sie das Plausible, Humane, Empathische, Aufklärende, von Zwängen aller Art Befreiende als das Bedrohte, zu Rettende, Durchzusetzende und in diesem Sinne Unkonventionelle ästhetisch reizvoll präsentiert und beworben haben. Um es zugespitzt zu sagen: Die vielen verwöhnten Köpfen langweilig erscheinende sozialdemokratische Vernunft (von der Angela Merkel ja auch weite Teile der CDU überzeugt hat) ist und bleibt das eigentlich auf- und anregende Programm. In Zeiten, in denen die Partei, der Klaus Staeck solidarisch seit Jahrzehnten verbunden ist, die Fünfprozentklausel fürchten muss, verliert die These, dass ein im Wortsinne sozialer wie demokratischer Mainstream der eigentliche Nonkonformismus ist, leider seine steil scheinenden Qualitäten.

Klaus Staecks Werk gelingt es in einer verblüffend anmutigen Weise, die viele eben deshalb als zumutungsreich bekämpfen, dem Motiv des humanistischen Mainstreams als bedrohter Außenseiteroption Ausdruck zu verleihen. Seine berühmte Plakatkunst ist so komplex wie prägnant – das muss man ihm erst einmal jemand nachmachen. Das Moralische versteht sich von selbst; dass der Mensch edel, hilfreich und gut sein solle, ist bzw. wäre eine höhere Trivialität, wenn sie denn die Durchsetzungskraft von Trivialitäten hätte. Doch genau dies ist zumeist nicht der Fall. Deshalb überzeugen die Werke von Klaus Staeck durch ein kluges und ästhetisch ansprechendes Verfahren. Seine Plakate sind nicht plakativ, sondern in produktiver Weise irritierend. Sie nehmen, um ein Wort von Walter Benjamin zu paraphrasieren, dem gedankenlosen Müßiggänger die wohlfeilen Meinungen und Voreingenommenheiten, indem sie sich ganz auf die Rezipienten einlassen und sie ernst nehmen. An zwei seiner berühmtesten nichtplakativen Plakate lässt sich das unschwer demonstrieren. 1972 reproduzierte Klaus Staeck einen der im kollektiven Bildgedächtnis gespeicherten Stiche Dürers – das Porträt seiner alten, von einem harten Leben gezeichneten Mutter und versah es mit der Frage: „Würden Sie dieser Frau ein Zimmer vermieten?" Pointierter, knapper, prägnanter kann Kunst, die in jedem Wortsinne bewegen und motivieren will, nicht sein.

Staecks Dürer-Paraphrase versetzt, verrückt ein Bild aus seinem musealen Kontext in eine Lebenswelt, in der sich das Kunstwerk erst recht entfaltet. Denn es ermuntert und ermutigt, vermeintlich Vertrautes anders und neu zu sehen. Es verrückt verrückte Maßstäbe. Das gelingt auch dem berühmtesten Plakat von Klaus Staeck: „Deutsche Arbeiter!", steht da in Frakturschrift zu lesen. „Die SPD will euch eure Villen im Tessin wegnehmen" steht sodann in moderner Schrifttype zu lesen. Unter diesem Satz, der es bei aller Kürze versteht, kindisch irrationale Signale der politischen Wahlkampfsprache offenzulegen (es heißt ja kindersprachlich und sandkastenpsychologisch „wegnehmen", nicht „besteuern" oder gar „enteignen") – unter diesem Satz ist eine bemerkenswert schräge, wie ein Bollwerk oder eine Festung sich ausnehmende Berg-Villa im Brutalobetonmodernismus-Stil zu sehen. Ein schräges Plakat, das schräge und verrückte Ängste, Parolen und Impulse seinerseits verrückt, geraderückt, zurechtrückt.

Kunst ist dann am stärksten, wenn ihr Überraschungen gelingen. Wer beim Betrachten eines Werkes nicht sagt, „So habe ich das (diese Mimik, diese Landschaft, diesen Holzschuh, diesen vereisten See, diesen hier porträtierten Menschen, diese politische Problemlage) bislang noch nicht gesehen", hat kein bedeutendes Werk betrachtet. Zu den Vorzügen der Kunst von Klaus Staeck gehört es, dass sie nicht das Selbstverständliche wie „auch ich bin für den Frieden und die Gerechtigkeit" sagt, sondern darlegt, warum es das eigentlich Selbstverständliche so schwer hat. Weil es, um ein zu Unrecht aus der Mode gekommenes Wort zu bemühen, wirkungsmächtige Ideologien, also Logiken der falschen und trügerischen Bilder gibt. Klaus Staecks Werk evoziert diese verdunkelnden Ideologien, um sie sodann zu erhellen. In Zeiten, in denen Fake-News zum Normalfall werden, ist seine Kunst aktueller und wichtiger denn je. Klaus Staeck ist auch als Bild- und Wort-Künstler ein Jurist, der an Gerechtigkeit glaubt, sie einfordert und fördert, ein auch in diesem Sinne bildender Künstler, der souverän Sachverhalte und Tatbestände aufklärt und erhellt. Sein Werk kreist in steter Frische um die Maxime einer gerechten sozialen und politischen Ordnung, in der es sich lohnt, ein Mensch zu sein.

Philologisch korrekte Überlegungen zum politisch korrekten Sprechen und Schreiben

Wie begrüßt man/frau in öffentlicher Rede eine Oberbürgermeisterin? Heutzutage selbstredend mit der Anrede „Sehr geehrte Frau Oberbürgermeisterin". Selbstverständlich ist diese Anrede aber nicht. Noch in meiner Jugendzeit und in meinen jungen Erwachsenenjahren (das ist lange her, aber so lang eben auch wieder nicht), war es durchaus üblich, von der Frau Bürgermeister oder der Frau Minister zu sprechen und sie auch so anzureden. Noch heute ist die Bezeichnung „Frau Doktor" statt „Frau Doktorin" auch in Kreisen, die sich um politisch korrektes und gendergerechtes Sprechen bemühen, verbreitet. Die linguistische Begründung für solche maskuline Titelformeln ist schnell angeführt: Gemeint ist eine Amtsbezeichnung bzw. ein akademischer Titel, die oder der nicht – um es neudeutsch auszudrücken – gegendert werden muss, weil es eben nicht um das Geschlecht des Titelträgers oder der Amtsträgerin, sondern um Amt und akademischen Grad geht. Nun ist es aus vielfachen Gründen schlechthin plausibel und geboten, die Oberbürgermeisterin mit dieser femininen Wendung anzusprechen. Zu den so üblichen wie überzeugenden Gründen tritt ein nur selten bedachter hinzu: Die weibliche Anredeform „Frau Oberbürgermeisterin" ist grammatisch und semantisch völlig unproblematisch, und sie ist elegant möglich, sie vermeidet schrille Töne und unfreiwillige oder billigend in Kauf genommene Komik, sie ist gänzlich unverkrampft.

Man muss kein Philologe, also kein übersensibler Freund des Wortes sein, um eine gewisse Irritation zu spüren, wenn nach der völlig plausiblen und heute aus gutem Grund fast alternativelosen Anrede „Frau Bundeskanzlerin" die Worte „Doktorin Merkel" folgen – „wir begrüßen die Bundeskanzlerin Frau Doktorin Angela Merkel". Ebenso klänge es wenn nicht schrill, so doch schräg, wenn man/frau statt „Frau Bürgermeisterin" „Frau Bürgerinnenmeisterin" sagen würde. Politisch korrekt und gendergerecht wäre die Wendung „Bürgerinnen- und Bürgermeisterin" allemal – steht das Stadtoberhaupt doch nicht nur den Bürgern, sondern auch den Bürgerinnen vor. Und so läge es nahe, in Stadtrats- und -rätinnensitzungen über die dringende Reparatur von Bürgerinnen- und Bürgersteigen und über die Neuanschaffung von Rednerinnen- und Rednerpulten zu diskutieren und zu entscheiden (die Wendung „Redendenpult" käme natürlich (?) auch in Frage, es wäre eine Analogiebildung zu dem Wort „Studierende", das sich ja durchgesetzt hat). Denn man/frau kann ja nicht ernsthaft wollen, dass nur männliche Bürger das Recht haben, Bürgersteige und Rednerpulte zu erobern. Aber wie schräg, wie schrill klänge es, wenn wir nun systematisch von Bürgerinnen- und Bürgersteigen, von Rednerinnen- und Rednerpulten, gar von Redendenpulten reden würden? Die Grenze zur Absurdität wäre endgültig überschritten, wenn man/Mann sich darüber beschweren würde, dass das Präfix Ober- im Wort Oberbürgermeister diskriminierend ist, weil Ober ja den Kellner bezeichnen würde, oder wenn frau fordern würde, nicht nur dem Ober, sondern auch der Oberin Respekt zu erweisen, so dass die korrekte Anrede für die Oberbürgermeisterin wäre: Frau Oberinbürgerinnen- und -Bürgermeisterin. Politisch korrekt wäre es überdies, daran zu erinnern, dass es nicht nur zwei, sondern viele (bi-, trans-, cis- etc.) Geschlechter gibt, so dass die politisch korrekte Anrede der Dame, die einst als Frau Oberbürgermeisterin tituliert wurde, lauten müsste: Frau Oberinbürgerinnen-, bürger-, bi-, trans- und cis-Meisterin. Was aber ist mit denen, die staatsrechtlich gesehen nicht den Status von Bürgerinnen haben – mit Migranten, Schutzbefohlenen, Asylsuchenden, Gästen etc. Ist die Frau, die da Oberin-etc. tituliert wird, nicht auch für die da, die keine einschlägigen Ausweispapiere mit sich führen? Wie aber baut man/frau diese Gruppe in die politisch korrekte Anrede ein? Wenn Anreden und Ämterbezeichnungen für Vielheiten sensibel sein sollen, lässt sich umso schmerzlicher registrieren, dass diese oder jene Gruppe doch noch ignoriert wird.

Schräge Töne, schrille Töne, Krampf im Kampf um gerechte Sprache? Es ist eine irritierende Gesetzmäßigkeit, dass Revolutionen aller Art nach überzeugenden und plausiblen Anfängen alsbald in gespenstische Sphären geraten. Aus der revolutionären Erhebung gegen feudales Unrecht erwächst eine jakobinische Massenmordlust; der Aufstand gegen zaristische Unterdrückung und Gewalt schlägt alsbald in den stalinistischen Terrorstaat um; die kommunistische Revolution gegen imperialistische Mächte lässt in Nordkorea einen so lachhaften wie monströsen Feudalstaat hervorgehen, der auf einen vergöttlichten Familienclan ausgerichtet ist; aus dem von vielen bewunderten antikolonialistischen Freiheitskämpfer Mugabe wird ein kleptomaner Despot und Autokrat etc.. So gewaltsame Dimensionen hat die Bewegung für politisch korrektes Sprechen bislang nicht angenommen. Unverkennbar aber sind Entwicklungen, die man getrost als problematisch bis pathologisch bezeichnen kann. Problematisch und kritischer Beobachtung würdig ist bereits die regulative Idee einer am Ideal der Korrektheit orientierten Sprachpolitik. Politisch korrekte Sprechweisen vorzugeben – das war und ist, wie u.a. Orwells Roman *1984* und Victor Klemperers großer Essay *LTI* (*Lingua Tertii Imperii*) herausstellen, ein untrügliches Zeichen totalitärer Regime. Goebbels erließ bekanntlich eine Serie von Sprachregelungen für die Medien; und die DDR schrieb vor, dass man es nicht mit einer „Mauer", sondern mit einem „antifaschistischen Schutzwall" zu tun habe. Es ist hochgradig irritierend, dass die ersichtliche Korrelation von öffentlichen Sprachreglementierungen und totalitären Regimen kaum mehr wahrgenommen wird.

Sprachreglementierungen sorgen für Tabuisierungen und Denkverbote – und damit für unproduktive Paradoxien. Es gehört zu den beunruhigendsten jüngeren Entwicklungen in öffentlichen Debatten, dass noch die offenkundigsten Paradoxien kaum mehr als solche wahrgenommen werden. Um nur drei solcher Paradoxien zu nennen, die sich im Umkreis der political correctness ausbreiten: Erstens – viele, die sich als linksliberal verstehen, verharmlosen und protegieren Rechtsradikale (Befürworter der Todesstrafe, Machos, religiöse Fanatiker, Antisemiten, Antidemokraten, Fundamentalisten, Islamofaschisten), wenn sie einen Makel nicht aufweisen: „westlich" geprägt zu sein. Zweitens – viele, die fest davon überzeugt sind, antirassistisch eingestellt zu sein, schießen sich auf den „alten, weißen Mann" ein und verkennen damit, dass sie unverblümt rassistisch-biologistisch daherreden, ist man doch für seine Hautfarbe und sein Alter nicht ernsthaft verantwortlich zu machen. Im Gewand eines Antirassismus kommt ein von vielen akzeptierter, aber nicht als solcher wahrgenommener Rassismus daher. Drittens – die Geschlechterdifferenz sei nicht naturalistisch gegeben, sondern konstruiert, lautet ein weit verbreitetes Mantra. Einmal abgesehen von der Frage, ob diese Theorie ihrerseits offenbar oder konstruiert ist: Gleichgeschlechtliche Leute (wäre es nicht politisch korrekter, von Leuten und Leutinnen zu sprechen?), die sich für hochtechnologisierte Reproduktionsweisen (wie Invitrofertilisation, Leihmutterschaft, Samenspende etc.) entscheiden, feiern Natur als höchsten Wert (sind ökologisch aktiv, demonstrieren gegen genmanipulierten Mais etc.). Unbedachte Paradoxien wie diese haben nur dann eine Chance, als unbedenklich zu gelten und ausgeblendet zu werden, wenn sie von starken Sprach- und Sprechtabus geschützt werden.

Von direkten Sprach- und Sprechverboten sind wir noch entfernt. Aber gouvernantenhafte Interventionen (häufig aus jungen Mündern, die alten weißen Frauen und Männer sind häufig provokationswilliger als die PC-sozialisierten Köpfe) sind an der Tagesordnung: Das ist aber ein böses Wort, das darfst du nicht sagen. Was man sagen soll, steht hingegen fest, auch wenn's grammatisch unsinnig ist: nicht Studenten, sondern Studierende (die bekanntlich nicht immer nur studieren, sondern gelegentlich auch Trinkende, Feiernde, Liebende, Schlafende sein können). In den letzten Jahren häufen sich noch groteskere Sprech- und Schreibweisen. Langsam, aber sicher verbreitet sich Anredeformeln wie „Liebe Gästinnen und Gäste" und die Feminisierung des Neutrums – das Mitglied/die Mitgliederinnen, das Opfer/die Opferinnen (männlicher Gewalt), das Kind/die Kinderinnen. Dergleichen wäre einfach nur grotesk, wenn dieser Wahnsinn nicht Methode hätte. Und die Methode folgt dem imperialen Gestus der technoiden Machbarkeit, der gemeinhin bösen weißen westlichen Männern zugeschrieben wird: Alles Natürliche und Gewachsene lässt sich formen, designen, gänzlich neu machen –

auch die Sprache und das Sprechen. Semantische, grammatische, stilistische Vergewaltigungen sind gerade bei Leuten, die in jedem flirtenden Blick und jeder frivolen Bemerkung eine Übergriffigkeit, wenn nicht eine Vergewaltigungsabsicht erkennen zu müssen glauben, an der Tagesordnung.

Dass die Rede von der Tiefenstruktur bzw. Natur einer Sprache nicht in finstere Sphären reaktionären Denkens führt, sondern schlicht angemessen ist, lässt sich gerade im Hinblick auf Probleme gendergerechten Sprechens schnell aufweisen. Um wiederum vergleichsweise harmlose Beispiele anzuführen: Das Wort ‚Flüchtling' wurde 2015 von der Gesellschaft für deutsche Sprache zum Unwort des Jahres erklärt – denn die Silbe ‚ling' habe abwertende Dimensionen (wie in ‚Däumling'). Nun gibt es aber sehr gebräuchliche Worte wie Frühling, Zwilling, Liebling, für die das erkennbar nicht gilt. Auf ‚ling' endende Worte haben jedoch die bemerkenswerte Eigenschaft, keine femininen Varianten zuzulassen. Ein Liebling, ein Darling kann weiblichen Geschlechts, kann trans-, cis-, divers sein. Soll man deshalb von einer Lieblingin, einer Zwillingin, einer Feiglingin sprechen? Ist es nicht grob diskriminierend, zu unterstellen, ein Feigling müsse männlich sein – denn nur Männer könnten auch wahren Mut beweisen? Warum gibt es nur Nazis, aber nicht Naziinnen (man/frau denke an Leni Riefenstahl und Winifred Wagner)?

Wie absurd ein jakobinisches Programm gendergerechten Sprechens ist, wird an einem Umstand deutlich, der ein wenig zu evident ist, um pointiert wahrgenommen zu werden. Das Deutsche bzw. die deutsche Sprache ist nämlich bemerkenswert frauenfreundlich. Werden doch im Deutschen alle Pluralformeln bei bestimmten Artikeln und Pronomen feminin markiert: der Mann, die Männer – sie unterdrücken Frauen. Ob ein Haus, ein Gewehr, ein Auto, ein Unternehmen, ein Diktator, ein Opfer, ein Fahrrad oder eine Nähmaschine – im Plural kommen sie alle mit dem bestimmten Artikel „die" daher; wenn ein Pronomen für sie einsteht, so ist es eben das Pronomen „sie" (sie – die Häuser, die Gewehre, die Autos, die Diktatoren etc.). Nun sind psycholinguistisch gesehen der Artikel „die" und das Pronomen „sie" eindeutig weiblich konnotiert. Was für ein Skandal: Alle Männer (Häuser, Autos etc.) werden, wenn sie in Mehrzahl auftreten, verweiblicht. Das ist ersichtlich eine grobe Ungerechtigkeit, sowohl aus feministischer Sicht (die Masse ist weiblich, das ist inakzeptabel) als auch aus patriarchalischer Sicht (Männer werden, wenn es mehr als einen von ihnen gibt, sprachlich verweiblicht – wo kommen wir da hin).

Abhilfe angesichts solcher tiefsitzenden sprachlichen Inkorrektheiten (die man/frau verharmlost, wenn man/frau sie als Mikrogewalt charakterisiert) ist geboten und möglich. Man kann die Pluralformen wechseln und freigeben, indem man den Singular-Artikel „der" und das Singular-Pronomen „er" auch als Pluralformen zulässt (analog zu „sie", „die" Frau, und „sie", „die" Frauen).

Korrekt wären dann Satzfolgen wie: Der Mann traf andere Männer. Der Männer näherten sich übergriffig Frauen, er waren alle aggressiv. Der Frauen aber ließen sich das nicht gefallen. Er schlossen sich zusammen und wurden Feministinnen etc. Um zuzuspitzen: Wer entschieden für eine gendergerechte Sprache plädiert, muss aus psycholinguistischer und PC-Sicht bei elementaren Schichten ansetzen: die durchgängig feminine Pluralbildung bei Personalpronomina und bestimmten Artikeln ist aus der Sicht der Gendergerechtigkeit inakzeptabel und sollte im öffentlichen wie privaten Sprechen zugunsten eines regelmäßigen Wechsels von die/der- und sie/er-Pluralbildungen ersetzt werden.

Um Missverständnisse zu vermeiden: Die frühe feministische Sprachsensibilisierung war produktiv; viele der von ihr kritisierten Sprech- und Benennungsweisen waren z.T. wirklich grotesk, lachhaft und peinlich (etwa die Übung der Meteorolog*innen, alle Hochs mit männlichen und alle Tiefs mit weiblichen Namen zu versehen). Wer Interesse an erfolgreichen Reformen hat, wer sensibel für Mikro- bis Mezzogewalt im Umgang mit Sprache ist, wer die Beachtung von Höflichkeitsregeln höher schätzt als die Gouvernant(inn)en- bis Blockwärterinnenhafte Durchsetzung von Sprech-Vorschriften, wer das Recht auf freie Rede für ein hohes Gut hält, ist gut beraten, die unverkennbar jakobinischen und stalinistischen Tendenzen in neueren Debatten um Gendergerechtigkeit und politische Korrektheit zu verlachen. Vergewaltigungen der Sprache können ein gewaltiges Gewaltpotential entbinden.

*

Zu den definitiv nicht komischen neueren Tendenzen in öffentlicher Rede gehört, dass die zwangsneurotische Übertribunalisierung nicht gendergerechten Sprechens eine gespenstische Entsprechung findet: nämlich eine in jedem Wortsinne unerhörte kommunikative Brutalisierung. Shitstürme, Beleidigungen, verbale Aggressionen bis hin zu Morddrohungen und Stillosigkeiten ungeahnten Ausmaßes auch in öffentlichen Reden nehmen signifikant zu. An Beispielen von rechts und links herrscht kein Mangel. Ins kollektive Gedächtnis eingegangen ist die Äußerung des AfD-Spitzenpolitikers Alexander Gauland, der bei einer Wahlkampfveranstaltung im thüringischen Eichsfeld die Entsorgung der damaligen SPD-Vizevorsitzenden und Staatsministerin Aydan Özoguz forderte. „Ladet sie mal ins Eichsfeld ein und sagt ihr dann, was spezifisch deutsche Kultur ist. Danach kommt sie hier nie wieder her, und wir werden sie dann auch, Gott sei Dank, in Anatolien entsorgen können." Aus dem Mund dieses Politikers, der sich, auch wenn er Einstecktücher trägt, nicht ernsthaft als feiner Konservativer verstehen kann, kam auch die Äußerung, „Hitler und die Nazis" seien „nur ein Vogelschiss in über 1000 Jahren erfolgreicher deutscher Geschichte". Verbale Entgleisungen in freier Rede? Gaulands Parteifreund, der AfD-Bundestagsabgeordnete Peter Boehringer, bezeichnete im Januar 2016 in einer Rund-mail die Bundeskanzlerin mit Bezug auf ihre Flüchtlingspolitik als „Merkelnutte": „Die Merkelnutte lässt jeden rein, sie schafft das", heißt es in dieser E-Mail. Und weiter: Es handele sich „um einen Genozid, der in weniger als zehn Jahren erfolgreich beendet sein wird, wenn wir die Kriminelle nicht stoppen". Der AfD-Politiker aus Bayern war sich seiner unflätigen Wortwahl offenbar bewusst: „Wer sich über die Sprachwahl in diesem Mailing aufregt: einfach abmelden." Es handele sich um die „einzige angemessene Sprache ... gegen Merkel". „Die Alternative zum Nicht-Widerstand gegen diese Dirne der Fremdmächte ist der sichere Bürgerkrieg, den wir ab spätestens 2018 dann verlieren werden!"

Man muss bis zu den widerlichen Äußerungen der RAF-Terroristen zurückgehen, um in der Geschichte der Bundesrepublik auf eine ähnlich brutale Polit-Rhetorik zu stoßen. In ihrem Spiegel-Interview vom 25. Juni 1970 hatte sich Ulrike Meinhof so vernehmen lassen: „Wir sagen, natürlich, die Bullen sind Schweine, wir sagen, der Typ in der Uniform ist ein Schwein, das ist kein Mensch, und so haben wir uns mit ihm auseinanderzusetzen. Das heißt, wir haben nicht mit ihm zu reden, und es ist falsch überhaupt mit diesen Leuten zu reden, und natürlich kann geschossen werden." Die Nähe der RAF zu den Nazis in Worten und eben auch Taten ist unüberhör- und unübersehbar. Um nur einige wenige Daten in Erinnerung zu rufen: Dieter Kunzelmann verübte am 9.11.69 den Brandanschlag auf das Jüdische Gemeindehaus in Berlin. Der fanatische Antisemit Horst Mahler kam von der NPD zur RAF und wechselte dann wieder zur NPD. Ulrike Meinhof kritisierte mehrfach den „Judenknax" der Deutschen. In palästinensischen Trainingscamps lernten die RAFler, was auch ihre Nazi-Väter konnten und taten: Juden töten; nebenan probte die Wehrsportgruppe Hoffmann. Der Mitgründer der Roten Zellen, Wilfried Böse, selegierte die israelischen, jüdischen und mit jüdisch klingenden Namen versehenen Passagiere des von der RAF und Palästinensern entführten Flugzeugs im ugandischen Entebbe. Der Sprachbrutalisierung folgte auch bei den RAF-Terroristen enthemmte Mordbereitschaft.

Man muss nicht einmal diesen Hintergrund in den Blick nehmen, um entsetzt zu sein über die kühl kalkulierte Entgleisung des Komikers Jan Böhmermann. Er hatte am 31. März 2016 in der Sendereihe *Neo Magazin Royale* auf ZDFneo ein Schmähgedicht auf den türkischen Staatspräsidenten Erdogan zum Besten gegeben – mit wiederholten satirischen Hinweisen darauf, dass dergleichen Schmähreden juristisch verboten seien (zugänglich unter https://www.bing.com/videos/search?q=video+b%c3%b6hmermann+erdogan&view=detail&mid=EF4A11BDA4B3B19E0A35EF4A11BDA4B3B19E0A35&FORM=VIRE). Der Text dieses Schmähgedichts von Jan Böhmermann lautet:

„Sackdoof, feige und verklemmt,
ist Erdogan der Präsident.

Sein Gelöt stinkt schlimm nach Döner,
selbst ein Schweinepfurz riecht schöner.

Er ist der Mann der Mädchen schlägt,
und dabei Gummimasken trägt.

Am liebsten mag er Ziegen ficken,
und Minderheiten unterdrücken,

Kurden treten, Christen hauen,
und dabei Kinderpornos schauen.

Und selbst Abends heißt's statt schlafen,
Fellatio mit hundert Schafen.

Ja, Erdogan ist voll und ganz,
ein Präsident mit kleinem Schwanz.

Jeden Türken hört man flöten,
die dumme Sau hat Schrumpelklöten,

Von Ankara bis Istanbul,
weiß jeder, dieser Mann ist schwul,

Pervers, verlaust und zoophil
Recep Fritzl Priklopil.

Sein Kopf so leer, wie seine Eier,
der Star auf jeder Gangbang-Feier.

Bis der Schwanz beim Pinkeln brennt,
das ist Recep Erdogan, der türkische Präsident."

Das Aggressions- und Destruktionspotential der rhetorischen Figur, man formuliere nur Beispiele für Äußerungen, die verboten seien, man sage nur, was man nicht sagen dürfe, ist sofort ersichtlich. Er öffnet rassistischen, faschistischen, mordlüsternen, aggressiven und beleidigenden Impulsen Tür und Tor. Auf den von Jan Böhmermann aktivierten plumpen Trick kann sich in freien Gesellschaften, die ja keine Sonderrechte für Satiriker kennen, jeder berufen, der Hetz- und Hassreden, Mord- und Pogromaufrufe lancieren möchte. Der vielzitierte Satz von Tucholsky, die Satire dürfe alles, ist in sich widersprüchlich (wie fast alle All-Sätze) – sie darf dann auch das Verbot der Satire und die öffentliche Folterung und Hinrichtung von Satirikern fordern. Auch Satiriker dürfen nicht falsch parken, Steuern hinterziehen, rauben, morden. Problematischer noch als Böhmermanns monströse Dummheit ist der Zuspruch, den er mit seiner als Satire verpackten Hassrede in weiten Kreisen, eben und gerade auch bei AfD-Politikern gefunden hat. Sein TV-Auftritt sei durch das Recht der Meinungs- und Kunstfreiheit gedeckt, befanden viele, die sich für kritische Köpfe halten. Bei der Bundestagsdebatte vom Mai 2016 über den Fall Böhmermann wurde die unproduktive, destruktive, vollendet dämliche Qualität dieser satirischen Hassrede deutlich. Der CDU-Hinterbänkler Detlef Seif tat etwas sehr Sinnvolles: Er zitierte den Text des Schmähgedichts. Die Irritation im Hohen Haus war groß – es hagelte Zwischen- und Ordnungsrufe. Jedoch: Der Abgeordnete hat den Text vorgetragen, den öffentlich zu äußern viele Abgeordnete, die Böhmermanns Auftritt rechtfertigten, angemessen fanden. Er tat also genau das, was seine Kritiker richtig und zugleich unmöglich fanden. Man muss nicht, kann aber in diesen Kontexten an Kants kategorischen Imperativ erinnern. Den Kantischen Test besteht Böhmermanns Text gewiss nicht: Handle stets so, dass die Maxime deines Handelns jederzeit gültiges Gesetz werden könne. Böhmermann ist verantwortlich für eine diskursive Katastrophe; sein Sprechen lizensiert jede Form rassistischer, faschistischer, vernichtungswilliger Rhetorik, wenn sie nur in die rhetorische Figur eingebettet ist, zu sagen, was man nicht sagen darf. Mal ganz abgesehen davon, dass er Erdogan, den er doch scharf angreifen wollte, stärkte: So unfein, stillos, aggressiv wie dieser deutsche Komiker ist der türkische Despot, um den sich seine Fans denn auch sofort scharten, nicht. Es handelt sich, um höflich und zurückhaltend zu formulieren, bei Böhmermanns berüchtigtem Auftritt in einem öffentlich-rechtlichen Sender schlicht um eine unbegreifliche Dummheit.

*

Nun wäre die monströse Fehlleistung eines schlechten Satirikers nur ein indigniertes Achselzucken wert, wenn Jan Böhmermanns stillose und unerzogene Rhetorik nicht im Trend läge. Er spricht ähnlich enthemmt wie Donald Trump. In ihrem zeitdiagnostisch pointierten Buch *Wie Demokratien sterben – Und was wir dagegen tun können* (übers. Klaus-Dieter Schmidt. München 2018) stellen die Harvard-Politologen Steven Levitsky und Daniel Ziblatt den seit zwei Jahrzehnten anhaltenden Zerfall der Debattenkultur in den USA dar. Es galt seit den Gründerjahren der USA die ungeschriebene Regel, dass Politiker persönliche und beleidigende Äußerungen über Andersdenkende vermeiden. Politische Meinungsverschiedenheiten waren und präsentierten sich als eben dies: sachlich unterschiedliche Optionen, die systematisch von persönlichen Diffamierungen absahen. Das Erschrecken über das Ende dieser Debattenkultur hält nicht bei allen an; mit Donald Trump ist die ordinäre Hetzrede im Weißen Haus angekommen. Seine berüchtigten Twittermitteilungen machen darauf aufmerksam, dass das Internet kommunikativen Enthemmungen Tür und Tor öffnet. Eine für unfeine Leute ideale Konstellation: Wenn der mächtigste Mann der Welt sich so äußert, dann kann ich mich, ohne dass ein gatekeeper mich daran hindert, an ihm orientieren, auf ihn berufen, ihm nacheifern. In den Worten von Levitsky und Ziblatt: „Hätte vor 25 Jahren jemand von einem Land gesprochen, in dem Politiker im Wahlkampf ihren Rivalen androhen, sie ins Gefängnis zu werfen, politische Gegner die Regierung beschuldigen, die Wahl zu manipulieren oder eine Diktatur einzuführen, und Parteien ihre Parlamentsmehrheit nutzen, um Präsidenten ihres Amtes zu entheben und die Besetzung von Richterposten zu verweigern, hätte man wahrscheinlich an Ecuador oder Rumänien gedacht, aber bestimmt nicht an die Vereinigten Staaten. / Dem Zerbröckeln der grundlegenden Normen der gegenseitigen Achtung und Zurückhaltung liegt ein Syndrom der Parteipolarisierung zugrunde. Obwohl die Polarisierung mit der Radikalisierung der Republikanischen Partei begann, sind ihre Folgen im gesamten politischen System der Vereinigten Staaten zu spüren." (p. 195 sq.)

Beide Tendenzen – die hysterisch und hybrid gewordene Bewegung der political correctness und die diskursive Enthemmung im Zeitalter von Internet und Trump – sind Komplementärphänomene. Wer gegen diese Tendenzen in aufklärungskonservativer Weise Werte wie guten Stil, feines Benehmen, Ironie und Sprachsensibilisierung in Erinnerung ruft, weiß, dass er auf absehbare Zeit eine eben nicht mehr nur belächelte, sondern verlachte Figur sein wird. Sei's drum. Max Kommerell (dessen Namen kaum einer mehr kennt) hielt lakonisch fest:

Die guten alten Sitten,
sie gelten immer noch.
Und haben sie ein Loch,
so müssen wir es kitten.

Das Geld der Wissenschaft

„Herr Doktor, dass Sie so spät am Abend noch zu mir gekommen sind, rechne ich Ihnen hoch an." – „Ich Ihnen auch ..." – sagt in dem bekannten Witz der Arzt zum Kranken und macht damit auf ein Problem aufmerksam, das alle, die mit Wissenschaften zu tun haben, kennen und doch nicht recht zu lösen vermögen. Wissenschaft kostet wie u.a. auch das Gesundheitssystem, die Rechtsprechung, die Erziehung, der Sport oder die Religionsausübung Geld, mitunter sehr viel Geld, und doch lässt sich die Wahrheit, die Gesundheit oder die göttliche Offenbarung nicht kaufen. Wir rechnen es hohen Werten hoch an, dass sie ihren hohen Wert nicht direkt in Rechnung stellen. Und zugleich irritiert uns die schwer abzuweisende Intuition, dass Geld doch eine entscheidende Rolle spielt, wenn es um Heilung und Seelenheil, um Wahrheit und Gerechtigkeit, um Liebe und gutes Leben geht. Der Klinikbetrieb, der Internationale Gerichtshof in Den Haag oder die Universität Mainz sind kostenintensiv. Ob eine Operation umso bessere Heilungserfolge bringt, je mehr sie kostet, ob ein Urteil umso gerechter ist, je teurer der Staranwalt des Angeklagten ist, ob die Forschungsergebnisse in dem Maße relevant sind, in dem sie Kosten verursachen, steht, um zurückhaltend zu formulieren, dahin. Dass es verlässliche Korrelationen nach dem Schema „je teurer, desto gesünder, gerechter, wahrer" gibt, wird wohl niemand ernsthaft behaupten. Dennoch kann man mit guten Gründen über die Unterfinanzierung etwa von Kliniken, Gerichten oder Universitäten klagen. Kurzum: Das Verhältnis von Geld und hohen Werten wie Wahrheit, Gerechtigkeit, Frieden, Heil und Gesundheit ist unrein, von zumindest latenter Peinlichkeit und eben deshalb extrem klärungsbedürftig.

Das gilt gerade auch im Hinblick auf das soziale Teilsystem Wissenschaft. Schon auf der Oberflächenebene zeigt sich immer erneut, dass die Begegnung von Geld und Wissenschaft heikel und riskant ist. Ein Doktortitel darf nicht kaufbar sein – aber man kann einem Universitätsmäzen den Titel Dr. h.c. verleihen; ein Ruf auf einen Lehrstuhl muss frei von jedem Bestechungsverdacht erfolgen – aber die Berufungskommission und das Rektorat können sich von der Aussicht beeindrucken lassen, dass der Kandidat ein paar Millionen eingeworbene Drittmittel mit sich führt. Ein wissenschaftliches Gutachten darf zwar Geld kosten, sein Inhalt sollte aber nicht kaufbar sein. Ein guter Gutachter darf sich vom deutlichen Willen seines Auftraggebers, er möge doch bitte zu diesem und nicht etwa zum gegenteiligen Schluss kommen, nicht beeindrucken lassen. Aber jeder weiß, dass jeder weiß, dass dies häufig ein frommer Wunsch ist und dass sich Expertise kaufen lässt. Der renommierte Kunstwissenschaftler, nennen wir ihn Werner Spies, der zahlreichen gefälschten Gemälden ihre Echtheit zertifizierte und daran sehr gut verdiente, ist nicht mehr so renommiert und hat sich bestenfalls als schlechter Kunstwissenschaftler, wenn nicht als bestechlich erwiesen, wenn die Fälschungen auffliegen. Ein Banker, sein Name ist Dirk Notheis und er war der Deutschland-Chef der Bank Morgan Stanley, schrieb an den damaligen Ministerpräsidenten von Baden-Württemberg (CDU), sein Name ist Stefan Mappus, die klassischen Worte: „Du solltest idealerweise einen renommierten Volkswirt haben, der das Ganze (= den Verkauf einer Energiefirma zu völlig überhöhten Preisen an das Land Baden-Württemberg, J. H.) gut findet." (zit. nach ZEIT vom 12. Juli 2012, p. 19) Das Rendezvous von Geld und Geist, von Kapital und Wahrheit ist per se skandalträchtig. Und Skandale erfüllen mit einiger Verlässlichkeit ihre Funktion, nämlich skandalträchtiges Verhalten nun eben zu skandalisieren und also künftig möglichst zu verhindern. Alles spricht dafür, dass in der deutschen Universitätssphäre heikle Begegnungen zwischen Geld und Wissenschaft wie die soeben schematisch evozierten zwar vorkommen, aber nicht Methode sind.

Gerade deshalb lohnt eine kurze Blickwendung weg von tabuisierten, aber ab und an episodisch sichtbar werdenden heiklen Affairen zwischen Geld und Wissenschaft hin zum tiefenstrukturalen Nexus von Geld und Wissenschaft. Sind Geld und Geist doch engstens verwandt. Denn die Geburt der Wissenschaft erfolgte aus dem Geist des Geldes. Es ist eben keine akausale Synchronie, sondern die Zweiseitigkeit einer Münze, dass der vielbeschworene Übergang vom Mythos zum Logos, vom vorsokratischen Tiefsinn zum sokratischen Argumentieren, vom Raunen zum Analysieren, vom Staunen zur Abstraktion in eben die Epoche und die Kultursphäre fiel, die durch die Erfindung des Münzgeldes gekennzeichnet ist. Kein anderer als der genealogisch philosophierende klassische Philologe Nietzsche hat dafür eine schlagende Formel geprägt: „Preise machen, Werte abmessen, Äquivalente ausdenken, tauschen – das hat in einem solchen Maße das allererste Denken des Menschen präokkupiert, daß es in einem gewissen Sinne *das* Denken ist: hier ist die älteste Art Scharfsinn herangezüchtet worden, hier möchte ebenfalls der erste Ansatz des menschlichen Stolzes, seines Vorrangs-Gefühls in Hinsicht auf anderes Getier zu vermuten sein. Vielleicht drückt noch unser Wort ‚Mensch' (*manas*) gerade etwas von *diesem* Selbstgefühl aus: der Mensch bezeichnete sich als das Wesen, welches Werte mißt, wertet und mißt als das ‚abschätzende Tier an sich'. Kauf und Verkauf, samt ihrem psychologischen Zubehör, sind älter als selbst die Anfänge irgendwelcher gesellschaftlichen Organisationsformen und Verbände: aus der rudimentärsten Form des Personen-Rechts hat sich vielmehr das keimende Gefühl von Tausch, Vertrag, Schuld, Recht, Verpflichtung, Ausgleich erst auf die gröbsten und anfänglichsten Gemeinschafts-Komplexe (in deren Verhältnis zu ähnlichen Komplexen) *übertragen*, zugleich mit der Gewohnheit, Macht an Macht zu vergleichen, zu messen, zu berechnen."[331]

Nietzsches Intuition, die in unterschiedlichen Ausprägungen von universitären Außenseiterköpfen wie Georg Simmel, Alfred Sohn-Rethel, Adorno, Blumenberg u.a. geteilt wird[332], ist zutreffend: Der über Geld vermittelte Tausch von Äquivalenten ist die Grundfigur der Abstraktion, die Wissenschaft ausmacht. Wer tauscht, abstrahiert. Er sieht über die manifeste Ungleichheit der getauschten Güter hinweg; sie zu tauschen, ist ja nur sinnvoll, weil sie ungleich sind. Der über das Medium Geld vermittelte Tausch setzt Ungleiches gleich: Diese schön bemalte Tonschale hat phänomenal nichts mit zehn Litern Wein oder einer kleinen Einheit Landbesitz gemeinsam – diese drei Größen sind ersichtlich nicht identisch, wohl aber wertäquivalent. Die getauschten Dinge, Güter und Dienstleistungen sind nicht gleich, aber der Tausch setzt sie gleich, indem er ihre Äquivalenz erkennt. Eben dies aber tut auch der Wissenschaftler. Er erkennt, dass das, was auf der linken Seite einer mathematischen Gleichung steht, dem Wert auf der rechten Seite des Gleichheitszeichens entspricht: $a=b$, $x=3y$, Pi=3,14 ..., $e=mc^2$ etc. Das gilt auch für Wissenschaften, die nicht numerisch, sondern sprachlich prozedieren. Sie erkennen Äquivalenzen zwischen einem Definiendum und einem Definiens: Ein Junggeselle ist ein unverheirateter erwachsener Mann; die Wahrheit, die Tugend und der Eros sind – dies oder jenes, wie Platons Dialoge ausführen; die Renaissance ist – und es folgen Bücher mit jeweils mehreren hundert Seiten Inhalt.

Die Geburt von Abstraktion und Wissenschaft erfolgt aus dem Geist des Geldes. Beide sind genealogisch eng miteinander liiert. Dem Geist aber ist diese Verwandtschaft zumindest latent peinlich. Man spricht nicht gern darüber. Geld gilt dem Geist zumeist als ein unreines Medium: pecunia olet. Vernunft ist hingegen rein, wie der wirkungsmächtige Titel von Kants erster Kritik verspricht. Es war wiederum Nietzsche, der sich über die hypostasierte apriorisch-reine Qualität der kantischen Anschauungsformen wie der Vernunft- und Verstandesleistungen bzw. -kategorien lustig machte, als er formulierte: „Wie sind synthetische Urteile *a priori möglich*? fragte sich Kant, – und was antwortete er eigentlich? *Vermöge eines Vermögens*: leider aber nicht mit drei Worten, sondern so umständlich, ehrwürdig und mit einem solchen Aufwande von deutschem Tief- und Schnörkelsinne, daß man die lustige *niaiserie allemande* überhörte, welche in einer solchen Antwort steckt. Man

331. Friedrich Nietzsche: Zur Genealogie der Moral; in: Werke in drei Bänden, ed. Karl Schlechta. München 1966, p. 811

332. Cf. dazu Jochen Hörisch: Tauschen, sprechen, begehren – Eine Kritik der unreinen Vernunft. München 2011

war sogar außer sich über dieses neue Vermögen, und der Jubel kam auf seine Höhe, als Kant auch noch ein moralisches Vermögen im Menschen hinzuentdeckte – denn damals waren die Deutschen noch moralisch, und ganz und gar noch nicht ,real-politisch'. – Es kam der Honigmond der deutschen Philosophie; alle jungen Theologen des Tübinger Stifts gingen alsbald in die Büsche – alle suchten nach ,Vermögen'."[333] Nietzsche entdeckt in Kants transzendentaler Deduktion eine petitio principii. Vermöge eines Vermögens sind synthetische Urteile a priori möglich – synthetische Urteile a posteriori und analytische Urteile sowieso. Nietzsches Kritik der unreinen Vernunft ist bis heute für viele Wissenschaftstheoretiker verletzend. Wie schon zuvor der Kant-Kritiker Kleist, der in seinem Lustspiel *Der zerbrochene Krug* einen Richter nach dem Modell der *Kritik der reinen Vernunft* über sich selbst zu Gericht sitzen lässt, legt Nietzsche bündig die Unreinheit der reinen Vernunftkritik bloß.

Die eigentliche Pointe von Nietzsches Kantkritik besteht aber darin, dass sie an den Doppelsinn des Wortes ,Vermögen' erinnert. Wissenschaftler und wissenschaftliche Institutionen, die Erkenntnisvermögen entfalten, sind auf Vermögen angewiesen. Ohne Vermögen sind ihre kapitalen Leistungen nicht möglich.

Dennoch sollten wissenschaftliche Erkenntnisse nicht direkt von Vermögen, Kapital und Geld abhängig sein – und sie sind es auch nicht. Unabhängig vom Gehalt, das ein Mathematiker bezieht, sollte er die Zahl Pi richtig berechnen. Es gehört zu den kapitalen Eigenschaften des Geldes, sich verwandeln zu können. „Dies Metall lässt sich in alles wandeln", heißt es vielsagend in Goethes *Faust* über das Münzgeld. Was in unseren Kontexten nichts anderes heißt als dies: Genealogisch gibt es engste Zusammenhänge zwischen Geld, Abstraktionsvermögen und Wissenschaft. Aber die Geltung spezifischer wissenschaftlicher Erkenntnisse und Einsichten ist nicht eins zu eins auf Geld zurückzuführen. So wenig der Preis für ein Kunstwerk seinen ästhetischen Wert indizieren muss – war das heute 70 Millionen Euro teure Gemälde von van Gogh schlechter, als der Künstler es für einen Spottpreis herausrückte? – so wenig ist, wenn der pathetische Ausdruck noch erlaubt ist, Geist eins zu eins auf Geld zurückführbar. Ein reicher Banker kann wie Aby Warburg zum Gelehrten werden, der unabhängig von bürgerlichen Karriereabsichten und Universitätshierarchien seine kunstwissenschaftlichen Forschungen vorantreiben kann. Man mag das alte Schema Besitz- und Bildungsbürgertum, wie Fontane es etwa in seinem Roman *Frau Jenny Treibel* ausgestaltet hat, belächeln; es verweist doch darauf, dass es bei allem latent

333. Friedrich Nietzsche: Jenseits von Gut und Böse; in: Werke in drei Bänden, ed. Karl Schlechta. München 1966, p. 575

peinlichen Bewusstsein von der genealogischen und strukturalen Zusammengehörigkeit beider Sphären so etwas wie ein stolzes Eigenrecht des Geistes gab. Welches man selbstredend auch bestreiten kann, so wie es die goldenen Worte von Professor Wilibald Schmidt in Fontanes Roman es tun: „Geld ist Unsinn, Wissenschaft ist Unsinn, alles ist Unsinn. Professor auch. Wer es bestreitet, ist ein pecus. Nicht wahr, Kuh…? Kommen Sie, meine Herren, komm, Krola… Wir wollen nach Hause gehen."[334]

Gerade weil das Bewusstsein der Affinität von Geld und Geist mitlief, aber nicht (es sei denn von freien Geistern wie Nietzsche) ausdrücklich thematisiert wurde, konnte sich die Wissenschaft als eine transökonomische Sphäre begreifen und stilisieren.[335] Man hatte im neunzehnten Jahrhundert und bis vor ca. zehn Jahren, also bis zur Einführung der sog. W-Besoldung als Professor ein ordentliches, wenn auch kein exorbitantes Einkommen, damit man über Geld nicht reden musste. NB: Die komparative Besoldung von Professoren hat schon vor der Einführung der W-Besoldung kontinuierlich abgenommen. Ein preußischer Professor im Berlin der 20-er Jahre des 19. Jahrhunderts, ein Heidelberger Ordinarius um 1900 und noch ein Münchner Lehrstuhlinhaber der 1960-er Jahre verdiente etwa im Vergleich zu einem Studienrat deutlich mehr als ein vor wenigen Jahren neuberufener W-3-Professor in welchem Bundesland auch immer. Auch dieser sehr profane Besoldungsaspekt sorgt dafür, dass deutsche Professoren heute sehr geldsensibel sind.

Über Geld spricht man nicht, man hat es. Das geflügelte Wort galt gerade auch für die Wissenschaftssphäre. Umso auffallender sollte es sein, dass dies heute gänzlich anders ist: Alle Uni-Angehörigen reden nur noch von Geld – aber kaum einer redet davon, dass die Universität nur noch von Geld redet. Nämlich von eingeworbenen Drittmitteln, von Prämien für die Einwerbung von Drittmitteln, von Vorfinanzierung der Antragsprosa, von Studiengebühren, von Gehaltszulagen bei Berufungsverhandlungen, von Exzellenzinitiativen und den Milliardenbeträgen, die in sie fließen, von Anlageproblemen bei Stiftungsvermögen, von tariflicher und außertariflicher Bezahlung, von Sondermitteln, von neuen Finanzierungsquellen, von mehr Wettbewerb um Drittmittel, von den Prämien bei der Erreichung von Zielvereinbarungen und dergleichen mehr. Selbst dort, wo die Reden über und an Universitäten nicht direkt Geld zum Thema haben, werden diese Diskurse immer geldförmiger. Man spricht über das Auf und Ab einzelner Universitäten und Institute auf

334. Theodor Fontane: Romane und Erzählungen in acht Bänden, edd. Peter Goldammer, Gotthard Erler, Anita Golz und Jürgen Jahn. Berlin und Weimar 1973 (2.), Bd. 6, p. 459.

335. Cf. dazu den Essay von Uwe Jochum: Der Geist im Grossbetrieb – Von Hegels Bildungsideal zur Wissensorganisation für den globalen Markt; in: Lettre international Herbst 2012, pp. 117–121

dieser oder jener Ranking-List wie über das Auf und Ab von Börsenwerten. Die Ranking-List ist nach dem Modell des Ratings für Banken und Staaten entworfen – und wohl so verlässlich, so performativ, so irrationalitätsanfällig wie diese. Die Bank Lehman Brothers bekam bekanntlich noch wenige Tage vor ihrem historischen Crash von der Ratingagentur Standard & Poor die Note A+ zugesprochen.

Die vom Deutschen Hochschulverband herausgegebene Zeitschrift *Forschung & Lehre*, die aus ihrer kritischen Grundeinstellung gegenüber vielen neueren Uni-Reformen keinen Hehl macht, brachte in ihrem Heft vom Juli 2012 einen Bericht über die Ergebnisse der jüngsten Exzellenzinitiative für die deutschen Universitäten. Er beginnt mit der Feststellung: „Die Förderentscheidungen in der zweiten Programmphase der Exzellenzinitiative sind gefallen. (...) Es werden insgesamt 39 Universitäten mit 2,4 Milliarden Euro gefördert." (S. 553) Und er schließt mit den Sätzen: „Zum 31. Oktober 2012 endet die erste Programmphase der Exzellenzinitiative. In ihr waren 39 Graduiertenschulen, 37 Exzellenzcluster und neun Zukunftskonzepte mit einem Fördervolumen von insgesamt 1,9 Milliarden Euro bewilligt worden." (S. 554) Fünf Seiten weiter werden nach dieser Zahlen- und Summenaufstellung in einem Artikel unter dem seltsamen Titel „Rankingbetrachtung der Hochschulen: DFG-Bewilligungen für 2008 bis 2010 insgesamt und in den verschiedenen Wissenschaftsbereichen" (S. 559) die deutschen Universitäten in der Reihenfolge gerankt, in der sie DFG-Drittmittel eingeworben haben. Das sieht dann so aus: DFG-Bewilligungen insgesamt: 1. Aachen 278,1 Mio, 2. München LMU 263,7 Mio, 3. Berlin FU 250,8 Mio etc. Für die Geistes- und Sozialwissenschaften: 1. Berlin FU 94,6 Mio, 2. Berlin HU 55,7 Mio, 3. Münster U 50,2 Mio etc. Und so geht's weiter auch für die Lebens-, Natur- und Ingenieurswissenschaften, jeweils bis zur Position 40.

Wer unter all denen, die an Universitäten forschen, lehren und studieren, wird Einwände gegen soviel Zuwendungen haben, zumal dann, wenn diesen monetären Zuwendungen auch aufmerksamkeitsökonomische Zuwendung entspricht? Dass die chronisch unterfinanzierten deutschen Universitäten neben Geld auch öffentlich-mediale Aufmerksamkeit erhalten, ist schmeichelhaft, tut gut und bereitet Freude. Doch bekanntlich hat alles und haben noch Geld und geldgesteuerte Aufmerksamkeit ihren Preis. Und der ist hoch, so hoch, dass er in einem buchstäblichen Sinn sprachlos macht. Denn alle reden über Geld, nicht aber über die Themen und Probleme, die mit dem neuen Geldsegen analysiert werden sollen. Um Missverständnisse zu vermeiden: Alles spricht dafür, dass etwa die Erforschung des Higgs-Boson am Cern in Genf nur als teure und aufwendige Verbundforschung möglich und sinnvoll ist. Allerdings lohnt auch hier der Hinweis, wie preiswert die bahnbrechende Postulierung der Existenz dieses Teilchens durch den namengebenden Physiker Peter Higgs im Jahr 1964 war. Kein im weiten Reich der Natur- und Ingenieurswissenschaften Inkompetenter (wie der Verfasser dieser Zeilen) und erst recht kein Kompetenter bestreitet ernsthaft, dass die einschlägige Forschung nur im kostenintensiven Großverbund möglich ist. Bemerkenswert ist, dass hier tatsächlich – gemäß dem geflügelten Wort von Exbundeskanzler Kohl ‚Wichtig ist, was hinten raus kommt' – eine Korrelation von Investment, Resultat und öffentlicher Aufmerksamkeit gegeben ist. Die Entdeckung des Higgs-Teilchens ist ein frisches Beispiel dafür.

Hochgradig fraglich aber ist, was sich bei einem nur ein wenig längeren Blick auf die Sozial- und Geisteswissenschaften darbietet. Sie richten sich, halb willig, halb durch Vorgaben genötigt, zunehmend an der Forschungskultur der Naturwissenschaften aus (wie Publikation in A-Journals, Abschied von Monographien, Abwendung von der Einzelforschung, Tendenz zur Verbundforschung etc.). Mit durchschlagendem bzw. hochgradig zweifelhaftem Erfolg. Als das Kriterium schlechthin für erfolgreiche sozial- und geisteswissenschaftliche Forschung gilt nämlich auch hier – fast schon scheint's selbstverständlich zu sein – die Einwerbung von Drittmitteln. Die einschlägigen Zuteilungen und Zahlen werden in der Scientific Community erstrangig kommuniziert (s. oben die Zitate aus *Forschung & Lehre*): An der Universität x gibt es nun einen SFB mit einer Ausstattung von soundsoviel Millionen, an der Universität y werden gleich drei Graduiertenkollegs mit einem Volumen von soundsoviel Millionen eingerichtet, die Universität z ist bei der Exzellenzinitiative nicht zum Zug gekommen etc. Eine ähnliche geldgeleitete Aufmerksamkeit wie für diese Makroebene gibt es auch für die Meso- und Mikroebene. Dieser oder jener Fachbereich ist in diesem oder jenem Universitätsranking von Platz siebzehn auf Platz dreizehn aufgestiegen bzw. abgestiegen, weil er mehr bzw. weniger Drittmittel eingeworben hat; dieser oder jener Forscher ist ein guter bzw. mäßiger Forscher, weil er erfolgreich bzw. erfolglos Antragsprosa verfasst und Sammelbände herausgibt bzw. nicht herausgibt. Und genau dies ist die Crux: Was er außer Antragsprosa und Sammelband-Vorworten, in denen dann bis zum Abwinken die mantraförmige Standardwendung vorkommt ‚Unser Projekt, Verbund, Kolleg, SFB ist gut aufgestellt', noch verfasst und publiziert, spielt schlicht keine Rolle mehr. Die inflationär anzutreffende Formulierung ‚gut aufgestellt' erinnert fatal an Potemkinsche Dörfer – auch sie waren gut aufgestellt.

Man muss sich diese dramatische Verschiebung illusionsfrei vor Augen führen: Die Ökonomie des Geldes stimmt in offiziellen, öffentlichen universitären Gefilden weitgehend, zumeist sogar völlig mit der Ökonomie der Aufmerksamkeit überein. Umgekehrt formuliert: Die universitäre Ökonomie der Aufmerksamkeit ist fast gänzlich auf die Ökonomie des Geldes fokussiert – und dort, wo sie es nicht explizit ist, verfährt sie nach der Logik des Geldes.

Man muss sich vergegenwärtigen, wie dramatisch diese Verschiebung ist. Vor zwei Jahrzehnten erschien im Suhrkamp Verlag ein von Peter J. Brenner herausgegebener, auch heute noch mit großem Gewinn zu lesender Sammelband unter dem Titel *Geist, Geld und Wissenschaft.*[336] An ihm fällt auf, dass – dem Titel zum Trotz – die Überzahl der dreizehn Beiträge nicht vom Geld handelt, sondern – dem Untertitel verpflichtet – von *Arbeits- und Darstellungsformen von Literaturwissenschaft,* z.B. von Problemen wissenschaftlicher Editionen, vom Rezensionswesen, von Monographien in Geistes- und Naturwissenschaften oder von der Rolle der Gutachten im Wissenschaftsprozess. Nur das Vorwort und der Beitrag des Herausgebers Peter J. Brenner selbst beschäftigen sich ausdrücklich mit der Funktion von Geld im (zumal geisteswissenschaftlichen) Universitätsbetrieb. Der Herausgeber, der das Wort ‚Geld' übrigens systematisch in Anführungszeichen setzt, lag sicher nicht falsch, als er vor zwanzig Jahren formulierte: „Von zentraler Bedeutung für die neuere Entwicklung ist der konstituierende Einfluß des ‚Geldes' als eines Mediums der Wissenschaftssteuerung. (...) Die Akquisition von ‚Geld' wird zu einer entscheidenden Voraussetzung für die Durchführung von Forschung; die Verteilung und Verwaltung der Gelder wird zugleich zu einem Problem, das immer stärker ins Zentrum wissenschaftlicher Tätigkeit rückt und diese wiederum umformt."[337] Der von Brenner herausgegebene Band macht in der Tat die Probe auf die Hypothese, danach Geld und Geist auch damals noch, also zu Beginn der neunziger Jahre des zwanzigsten Jahrhunderts, ihre Rendezvous als peinlich empfanden. Denn die Beiträge weigern sich hartnäckig, ‚Geld' nicht in Anführungszeichen zu stecken und offen über Geld zu reden – also das zu tun, was heute die akademische Üblichkeit schlechthin ist. „Die Beziehung von ‚Geld' und ‚Geist' wird offensichtlich immer noch (also im Jahr 1993, J. H.), wie in den Romanen des 19. Jahrhunderts, als ein illegitimes Verhältnis betrachtet und entsprechend tabuisiert, obwohl es zu den strukturprägenden Komponenten einer jeden wissenschaftlichen Disziplin gehört."[338]

Um zu ermessen, was sich zwischen 1993 (um vom neunzehnten Jahrhundert zu schweigen) und 2012 verändert hat, genügen drei Hinweise. Der erste verweist auf die bekannte authentische Anekdote, derzufolge der ebenso berühmte wie umstrittene Systemtheoretiker und Soziologe Niklas Luhmann nach seiner Berufung an die Universität Bielefeld einen Fragebogen

336. Peter J. Brenner (ed.): Geist, Geld und Wissenschaft. Ffm 1993

337. Peter J. Brenner: Das Verschwinden des Eigensinns – Der Strukturwandel der Geisteswissenschaften in der modernen Gesellschaft; in: wie zuvor, p. 37 sq.

338. Peter J. Brenner: Einleitung – Die ‚Lebenswelt' der Literaturwissenschaft als Forschungsgegenstand; in: wie zuvor, p. 13

vorgelegt bekam, auf dem er seine Forschungsprojekte auflisten sollte. Luhmanns Antwort ist mittlerweile legendär. Forschungsgegenstand: Theorie der Gesellschaft; Laufzeit: 30 Jahre; notwendige Zusatzmittel: keine. Luhmann hat sein Forschungsprogramm mit frappierender Verlässlichkeit umgesetzt. Selbst seine Gegner und kritische Kollegen können nicht umhin, seine Werke, nein: sein Werk zur Kenntnis zu nehmen. Diskussionen über Luhmanns dies- und -jenseits aller Drittmittel entstandene Systemtheorie sind mit allen auch nur einigermaßen anspruchsvollen humanwissenschaftlichen Kollegen möglich, ja kaum zu vermeiden.

Womit schon der zweite Hinweis gestreift ist: Die real überhaupt noch stattfindenden Fachdebatten, und die disziplinübergreifenden sowieso, sind nach wie vor und aus gutem Grund eben nicht auf hochrangige bzw. hoch gerankte Drittmittelprojekte, sondern auf Einzelforschung fokussiert.[339] Sie laufen völlig konträr zur Ranking- und Drittmittel-Aufmerksamkeit. Man rezipiert und diskutiert in den Humanwissenschaften, wenn man denn noch rezipiert und diskutiert und nicht ausschließlich Ranking-Lists studiert, Antragsprosa verfasst oder in Gremien sitzt, die Drittmittel einwerben sollen, die Bücher von Jan und Aleida Assmann, von Hans Blumenberg, von Karl-Heinz Bohrer, Norbert Bolz, Jacques Derrida, Michel Foucault, Hans-Ulrich Gumbrecht, Reinhard Koselleck, Martha Nussbaum, John Rawls, Saskia Sassen, Richard Sennett, Peter Sloterdijk oder Hans-Ulrich Wehler, um nur sie zu nennen. Mit diesen Namen verbinden sich anders als mit Drittmittelsammel- bzw. -stammelbänden distinkte Thesen und trennscharfe Theorien. Bei auch nur einigermaßen ehrgeizigen Zeitgenossen kann man noch voraussetzen, dass diese Namen geläufig sind und ihre drittmittelfrei entstandenen Werke zur Kenntnis genommen werden. Der harmlose und ja nicht bösartige umgekehrte Test aber geht mit irritierender Regelmäßigkeit übel aus. Wer Fachkollegen (um von Vertretern benachbarter Fächer und der interessierten Öffentlichkeit gnädig zu schweigen) nach den Resultaten, Thesen und Diskussionen um kostenintensive, hochgerankte und investitionsstarke Drittmittelprojekte fragt, erhält ein peinliches Schweigen als Antwort. Was denn dieser Sonderforschungsbereich, dieses Exzellenzcluster und dieses Graduiertenkolleg inhaltlich in die Waagschale zu werfen habe, welche grundstürzenden neuen Hypothesen sich bewährt haben oder falsifiziert wurden, welcher erregende neue Theorieansatz sich durchzusetzen beginne – Fragen wie diese verhallen unerhört, wenn sie denn überhaupt erwartungsfroh gestellt werden, was bezeichnender Weise selten genug der Fall ist. Wenn es denn Antworten gibt, so lauten diese, man habe x Promotionen betreut, viele S(t)am-

339. Darauf macht Martin Seels Essay eindringlich aufmerksam: Lob der Einzelforschung – oder: Auszüge aus dem Wörterbuch des universitären juste milieu; in: Neue Rundschau 2/2006

melbände publiziert und sei dabei, einen Antrag auf weitere Förderung auszuarbeiten. Bestenfalls kommt die Antwort, man arbeite am siebenunddreißigsten Turn – am Pictorial, Spatial, Postcolonial, Emotional oder Transscriptural Turn. Sobald man langsam gereizt nachfragt und darauf insistiert, es müsse doch sachlich-fachlich etwas trennscharf Benennbares bei diesen kostenintensiven, also offenbar hochrangigen Projekten herausgekommen sein, erntet man seinerseits Gereiztheit.

Dem entspricht ein dritter Hinweis: Bei Berufungsverhandlungen geht es naturgemäß auch und häufig in erster Linie um Geld. In der Regel werden heute Zielvereinbarungen zwischen der Universität und dem bzw. der Neuberufenen getroffen, für deren Erreichung es Zulagen zum verfassungswidrig[340] mäßigen W-Grundgehalt gibt. An erster Stelle der Zielvereinbarung steht regelmäßig die Einwerbung von Drittmitteln, an zweiter zumeist die Übernahme von Funktionsstellen wie Dekan oder Prodekan für Lehre, an dritter Stelle häufig der output an Doktorandinnen oder ähnliches. Ein Kopf wie Luhmann fiele hier durch alle Raster. Denn das, was zum eigentlichen Stolz human-, sozial- und geisteswissenschaftlicher Aktivitäten zählte, kommt in diesen besoldungsrelevanten Zielvereinbarungen schlicht nicht mehr vor: ein wahrnehmbares Werk, ein über Fachgrenzen hinaus diskutiertes Werk, ein in einem renommierten Publikumsverlag veröffentlichtes Werk. An vierter Stelle kommt dann der weitere Ruf, der aber zumeist nur erfolgt, wenn man die vorher gelisteten Kriterien erfüllt, also Geld eingeworben hat. Das neue Leitbild des Wissenschaftlers ist nicht der produktive Forscher und auch nicht der wenn nicht charismatische, so doch anregende akademische Lehrer, sondern der kaufmännisch kalkulierende Wissenschaftsmanager.

Um es in aller Klarheit zu sagen: Diese Reihung von Kriterien, die zur Besoldungsverbesserung führen, hat wie der Ranking-Wahn und der ihm eng liierte Drittmittelwahn Methode. Jeder, aber auch jeder universitäre Forscher kann aus den letzten Jahren von der Versuchung berichten, sich diesem oder jenem Thema zuzuwenden, nicht weil es sein leidenschaftliches Forschungsinteresse weckt, sondern weil dafür erhebliche Fördermittel zur Verfügung gestellt werden. Nicht mal den Antragsteller selbst fasziniert die forschungsadministrativ vorgegebene, in jeder Hinsicht korrekte Fragestellung und der vorgeschriebene Forschungsrahmen (das Projekt muss in Kooperation zwischen den Fächern xyz und Universitäten aus dem abc-Raum erfolgen), aber er braucht zur Steigerung seiner Einkünfte und seines Renommées nun eben – mehr Geld und nicht ein Werk. Wie sich unter solchen Umständen kritikimmune, homogene und unkonturierte Cluster (auf gut deutsch: Klumpen) bilden, lässt sich vielfach illustrieren. Forschungsmanager, die diesen klum-

340. BVerfG, Urteil vom 14. Februar 2012, Az. 2 BvL 4/10

penbildenden Unsinn vorantreiben, machen sich willentlich und wissentlich schuldig an einer fatalen Abwärtsspirale bei der wissenschaftlichen Produktivität und Innovation, die sie als erfolgreichen Wettbewerb verkaufen.

Früher war alles besser? Wer so fragt, muss mit ‚nein' antworten, sonst macht er sich unmöglich. Und in der Tat: Von der Universität vor 1968 und vor der Bologna-Reform galt fast so stark wie von der katholischen Kirche der Spruch, sie sei „semper reformanda". Dennoch stimmt es, dass die alte Alma Mater-Universität in einem entscheidenden Punkt besser war als die heutige.[341] Sie hatte nämlich im humanwissenschaftlichen und wohl nicht nur im humanwissenschaftlichen Bereich selbstbewusste Kriterien, an denen sich die Qualität von Wissenschaft bemessen ließ: Eigensinn, persönlich zurechenbare Verantwortungslogiken und eine häufig konkurrenz- und neidvolle Aufmerksamkeit für die thematisch-inhaltliche Resonanz, die ein Werk auslöste. Garantiert wurde diese Qualität durch die vielbemühte und tatsächlich gegebene Einsamkeit und Freiheit des Forschers. Wer diese Pfunde missbrauchte, wer etwa großordinarial auftrat, aber sachlich-fachlich nichts in die Waagschale zu werfen hatte außer das Prestige seines Titels, der musste mit Kritik, Spott oder mangelnder Aufmerksamkeit rechnen. „Unter den Talaren Muff von tausend Jahren." Noch diese freche Formulierung zieht ihren Elan aus dem Blick unter die textile bzw. textuelle Oberfläche. Sie will die nackte Wahrheit erkennen. Heute ist sie unter den roten/blauen, gelben und grünen Kreisen des CHE-Hochschulrankings, unter den Glanzbroschüren von Universitäten und Drittmittelgebern und unter einem Zahlenwerk begraben. Es wird Zeit, die alte kluge Kinderfrage nach des Kaisers neuen Kleidern bzw. nach den neuen Kleidern der Bologna-reformierten Universität in aller pubertären Schärfe neu zu stellen. Die so irrsinnig gut aufgestellten Bologna-bzw. Potemkin-Cluster-Fassaden-Dörfer schwanken, bald werden sie fallen wie die Lehman-Brothers Bank.

341 Cf. dazu Jochen Hörisch: Die ungeliebte Universität – Rettet die Alma mater! München 2005

Schlecht aufgestellt: Kennziffern-Wissenschaft oder langer Atem? Zum Protest gegen die Exzellenz-Initiative

Die Medien- und Kommunikationswissenschaft ist auch deshalb eine so reizvolle Disziplin, weil sie systematisch mindestens zwei unterschiedliche Forschungsmethoden verbindet – die qualitative und die quantitative. Zur (produktiven!) déformation professionelle qualitativer kulturwissenschaftlicher Verfahren gehört es, Impressionen zwar nicht generell zu vertrauen, ihnen aber doch einen heuristischen Wert zuzutrauen. Man muss nun kein approbierter Medien- und Kommunikationswissenschaftler sein, um die alltägliche Uni-Kommunikation über die alte wie die neu aufgelegte Exzellenz-Initiative auffallend und analysebedürftig zu finden. Denn stets erneut macht sich ein profanes Dilemma bemerkbar. Im ältesten Medium, der Face-to-Face-Communication, wird noch sehr viel stärker als sonst gänzlich anders (also nicht nur in stilistischer, sondern eben auch in inhaltlicher Hinsicht) über die Exzellenz-Initiative gesprochen als in der publizierten Schriftform. Antragsprosa oder Verlautbarungen von offiziösen Universitätszeitschriften (die ja ebenso wie andere Unternehmens-Zeitschriften nicht gerade Muster an Selbstkritik produzieren, sondern Artikel für Artikel kundtun, dass diese Universität „gut aufgestellt" sei) begrüßen die Erneuerung der Exzellenz-Initiative, ansonsten aber hört man zumeist lästerliche Reden.

Mit einem Wort: Es herrscht in der Kommunikation über die Exzellenz-Initiative systematischer Doublespeak. Ironische, distanzierte, mitunter gar verächtliche Reden über den Antragsprosastil / über Kollegen, die nur noch mit Antragsstellung und Mitteleinwerbung beschäftigt sind / über die, die als akademische Lehrer scheitern und deshalb Wissenschaftsmanager werden wollen / über die groteske Zeitverschwendung, die die Antragsstellung erfordert / über glatte Fehlinvestitionen an Ressourcen und Zeit, wenn ein Antrag scheitert (was ja der statistische Standardfall ist) / über inkompetente und von Eigeninteressen geleitete Gutachter / über die Nötigung, schon bei frisch angelaufenen Projekten an den Verlängerungsantrag zu denken / über die ausbleibende Resonanz auf die allfälligen S(t)ammelbände / über die Reklamesprache der Projekte und die Lancierung neuer Turns und Keywords / über den Egoismus der jeweiligen Teilprojekte etc. pp. – lästerliche Reden sind der Normalfall. Und das gerade auch bei denen, die wissen, wovon sie sprechen, die also Erfahrung mit der Einwerbung von Drittmittelprojekten im Rahmen der Exzellenz-Initiative haben. Diesen erfahrungsgesättigten Lästereien widerspricht krass die Antrags-, Vorwort-, Gutachter- und Verlautbarungsprosa über die jeweiligen Projekte. Eine schizoide Kommunikation aber kann nicht die regulative Idee akademischer Kommunikation sein.

Irritierend ist, dass solche kritischen Reden weit verbreitet sind, aber nur im Ausnahmefall öffentlich vorgetragen werden. Allerdings sprechen starke Indizien dafür, dass diese Konstellation bald kippt – und das ist auch gut so. Auf dem 66. DHV (Deutscher Hochschulverband)-Tag, der im April 2016 in Berlin stattfand, wurden sehr kritische Töne laut (in der DHV-Zeitschrift *Forschung und Lehre 5/2016* sind sie dokumentiert). Und nun sorgt ein Aufruf *Für gute Forschung und Lehre – Argumente gegen die Exzellenzinitiative* für Aufsehen, zu dessen Erstunterzeichnern der Autor dieses Beitrages zählt. Die Gründe für die dennoch vorherrschende schizoide Kommunikation über die Exzellenz-Initiative sind offensichtlich, die Irritation darüber ist deshalb schnell aufzulösen: Man kann sich den Imperativen der Exzellenz-Initiative kaum entziehen. Mir sind mehrere KollegInnen bekannt, die dem genannten Aufruf zustimmen, aber ihn nicht unterzeichnen, weil sie gerade einen Antrag gestellt oder bewilligt bekommen haben und plausibler Weise Sanktionen fürchten. Das Standardargument für ein solches Verhalten ist so trivial wie triftig: Man müsse das Spiel halt mitspielen, wenn man das Wohlwollen der Universitätsleitung, ein höheres Einkommen und Stellen für den Nachwuchs haben wolle. Um nur ein – freilich häufig anzutreffendes – Szenario zu benennen: Eine frisch berufene Juniorprofessorin, deren Vertrag laut Berufungsvereinbarungen nur dann entfristet wird, wenn es ihr gelingt, erhebliche Drittmittel einzuwerben, wird, was wenig überraschend ist, zögern, einen solchen Aufruf zu unterschreiben. Ihre Lust, ein bedeutendes Buch zu schreiben, muss sie unterdrücken, denn dafür sehen die Berufungsvereinbarungen keine Entfristungs- oder Gehaltszulage-Prämie vor. Stattdessen wird sie in zahllosen Sitzungen versuchen, ein früher inter-, dann trans- und nun metadisziplinär genanntes Projekt auf die Beine zu stellen – also „gut aufgestellt" zu sein (merkt denn keiner, dass dieser inflationären Wendung die Assoziation ‚Potemkische Dörfer' geradezu obligatorisch mitgegeben ist?).

Um Missverständnisse zu vermeiden: Es gibt zweifellos Drittmittel-Projekte, die produktiv sind und Aufmerksamkeit (mitunter gar über enge Fachgrenzen hinaus) verdienen. Und selbstverständlich gibt es Forschungsprojekte, die nur im Großverbund zu bewältigen sind. Einen Teilchenbeschleuniger kann sich nicht jede Einzeluniversität leisten, eine kritische Edition aller Werke und Schriften Richard Wagners kann nicht mit den Mitteln eines Lehrstuhls erstellt werden. Das Problem aber lässt sich prägnant benennen: Ein Forschungsdesign, wie es für einige Disziplinen und Projekte sinnvoll, ja unvermeidbar sein mag, wird zur verbindlichen Forschungskultur für alle Disziplinen und ForscherInnen erklärt. Die daraus resultierenden Verwerfungen sind kaum zu überschauen. Um einen zugegebenermaßen drastischen, aber sachlich belastbaren Vergleich zu bemühen: Der Wissenschaftsbetrieb steht vor einer tiefenstrukturellen Umstellung von gewaltigem Ausmaße – so als ob das Wirtschaftssystem von freier Marktwirtschaft plötzlich auf staatlich geleitete Kommandowirtschaft mit Vorgabe von Fünfjahresplänen verpflichtet würde.

Elementare Umstellungen in der Wirtschaft sind meist an neue Währungen und ein neues Bankensystem gekoppelt. Ähnliches gilt für das Wissenschaftssystem. Die Ein- und Weiterführung der Exzellenz-Initiative bringt im Verbund mit der Bologna-Reform eine neue Uni-Währung mit sich: Kennziffern treten an die Stelle von Kommunikation über konkrete Forschungsergebnisse. Das Ranking ganzer Fächer, Fachbereiche und Universitäten bemisst sich fast ausschließlich an Ziffern. Eine Universität, die mehr Drittmittel eingeworben hat als eine andere, gilt dann per se als die bessere, als die exzellente. Das Faktum, das ein Forscher mehr Veröffentlichungen in einem A-Journal aufzuweisen hat als ein anderer, macht ihn zum besseren Forscher. Die Bücher, die der andere in die Waagschale zu werfen hat, zählen nicht, sie sind keine gültige Währung mehr. Der Pressesprecher oder Präsident einer Universität verkündet stolz, dass seine Universität im Ranking in den letzten Jahren von Platz 37 auf Platz 23 aufgestiegen sein, wird aber sprachlos, wenn er berichten soll, welchen großartigen Einsichten und Forschungsergebnissen dieser Aufstieg denn zu verdanken sei. Beredt wird er wieder, wenn er kundtut, man habe soundsoviele Graduiertenkollegs gegründet und einen Sonderforschungsbereich eingerichtet, aus der Exzellenz-Initiative größere Summen erhalten etc. pp. Im Übrigen gebe es noch viel zu tun, die Universität werde sich noch um weitere Fördergelder bewerben, man sei zuversichtlich, diese zu erhalten, denn die Uni sei gut aufgestellt.

Bemerkenswert ist, worüber nicht gesprochen wird, wenn über solche Kennziffern gesprochen wird: über Forschungsergebnisse, über neue Theorien, über Paradigmenwechseln und über Bücher, die ein weites Publikum erreichen, kurzum – über Inhalte. Die Exzellenz-Initiative fördert nicht, sie blockiert vielmehr wissenschaftliche zugunsten bewirtschafteter tabellenfixierter Kommunikation. Diskussionen von einiger sachlicher Relevanz, Diskussionen aus kultur-, medien- und sozialwissenschaftlichen Sphären, die gar die Öffentlichkeit erreichen, gehen gerade nicht auf Projekte zurück, die im Rahmen der Exzellenz-Initiative gefördert wurden, sondern auf Publikationen, die sich der traditionellen Sturheit einzelner Forscher verdanken. Mit einem Wort: Wer heute überhaupt noch über die Verlautbarungsprosa und Rankinglisten hinaus etwas liest, liest nicht Sammelbände, sondern Monographien. Die heute fast alleingültige Währung im Sektor wissenschaftlicher Veröffentlichungen aber ist der von Peer Reviews auf Stromlinie getrimmte Artikel in einem A-Journal. Alles andere zählt nicht mehr, gerade auch wenn es um Berufungen geht. Die A-Journal-Artikel aber werden ihrerseits mehr zur Kenntnis genommen und statistisch ausgewertet (etwa um den Hirsch-Index zu errechnen) als wirklich gelesen. Bibliometrie tritt an die Stelle von Bibliophilie; dass ein Artikel so und so viel mal zitiert wird, ist wichtiger als die Frage, was denn da zitiert wird und ob etwas dran ist an dem, was da behauptet wird.

Das hat fatale Auswirkungen. Einige WissenschaftlerInnen mögen tatsächlich glauben, dass solche Kennziffern geeignet sind, objektiv Relevanz auszuweisen. Dabei ist die Vermutung nur allzu begründet, dass es im Rahmen einer so auf Exzellenz getrimmten Wissenschaft zu problematischen Selbstverstärkungen und Rückkoppelungseffekten kommen kann, die dem Außenseiter zunehmend Durchsetzungschancen verwehren. Doch gerade der Außenseiter ist die Figur mit dem größten Innovationspotential. Ob Einsteins Relativitätstheorie (um von Alfred Wegeners von Fachkollegen verlachte Kontinentaldrift-Theorie oder Gregor Mendels Vererbungsregeln zu schweigen) die Schwelle eines heutigen Drittmittelantrags-und Peer-Review-Verfahrens gemeistert hätte? Geschafft haben das etwa Theorien über die besondere Effizienz und Transparenz der Finanzmärkte – eine vom Volkswirtschafts-Nobelpreis gekrönte Theorie wurde nach dem Lehmann-Brothers-Crash von 2008 zur Lachnummer. Not amused waren Fans der Kennziffern- und Peer-Review-Wissenschaft auch, als sich 2013 herausstellte, dass der wohl meistzitierte finanzökonomische, selbstredend in einem A-Journal publizierte Fachartikel der auf Ranking-Listen bestens platzierten Ökonomen Kenneth Rogoff und Carmen Reinhart aus dem Jahr 2010 schlicht einen gravierenden Rechenfehler enthielt. Die angeblich datenbasierte These, dass bei Staatsschuldenquoten von mehr als 90 Prozent das Wachstum der betreffenden Volkswirtschaft irreversibel Schaden nehme, beruhte auf schlampiger Rechnerei – wie ein Student einer drittklassigen US-Universität entdeckte.

Man muss nicht sonderlich phantasiebegabt sein, um Alternativen zur neu aufgelegten Exzellenz-Initiative durchzuspielen. Etwa diese: Die Hälfte der gut 500 Millionen Euro, die jährlich als Drittmittel an Universitäten fließen sollen, die gut aufgestellt sind, wird dazu verwendet, aus dem von Projekt zu Projekt hechelnden Mittelbau-Prekariat ein selbstbewusstes Nachwuchs-Potential mit langem Atem zu machen. Einen Mittelbau, der nicht auf Gedeih und Verderb darauf angewiesen ist, den jeweils neuesten Antragsstil einzuüben und rituell Innovation und Kreativität zu beschwören, sondern tatsächlich Eigenes voranzutreiben und vorzustellen. Ein solcher Mitteleinsatz wäre übrigens ein Gang zurück zu produktiven Ursprüngen. Die meisten haben schlicht vergessen, dass in den 70- und 80-er Jahren Drittmittel dazu dienten, jungen selbständigen Köpfen Mut zu machen und Möglichkeiten zu geben, sich gegen den etablierten Unibetrieb durchzusetzen. Heute ist die Exzellenz-Initiative zum Durchsetzungs- und Macht-Instrument älterer oder früh in Gremien vergreister Herren und Damen geworden, die gerne mit „Exzellenz“ angeredet werden wollen.

Deglobalisierung in Corona-Zeiten. Ein globales und avantgardistisches Brems-Projekt

Der messerscharfe Schluss, dass nicht sein kann, was nicht sein darf, ist nicht nur unter Laien, sondern auch unter Fachleuten und Wissenschaftlern verbreitet. Negativzinsen könne es nicht geben, weil dann alle Bargeld horten würden, ließen selbst renommierte Volkswirtschaftler verlauten. Sie lagen (nicht nur mit dieser Einschätzung) peinlich daneben; es gibt schon seit einiger Zeit, was es nach der reinen Lehre nicht geben darf: Negativzinsen. Und die haben ersichtlich nicht nur negative, sondern auch positive Auswirkungen (wie Rückgang der Staatsschulden und preiswerte Finanzierung von Immobilienkrediten). Blamiert hat sich auch die Prognose, der Ausstieg aus der Atomenergie würde unweigerlich zu häufigen Zusammenbrüchen der Stromversorgung führen. Allen Alarmrufen zum Trotz kommt der Strom nach wie vor, nunmehr aber vermehrt als regenerierbare Energie aus der Steckdose. Auch hier lohnen sich traditionelle Abwägungen der Vor- und Nachteile (AKWs basieren offensichtlich auf riskanter und terrorismusanfälliger Technologie, aber sie reduzieren den CO2-Ausstoß, Windräder verspargeln die Landschaft und bringen schallsensible Menschen um den gesunden Schlaf etc). Aufschlussreicher als diese Pro- und Kontra-Tabellen aber ist die Feststellung, dass eine so avancierte Hochtechnologie wie die Erzeugung von Atomenergie zugunsten einer (in jedem Wortsinne überholten, generalüberholten) Uralttechnologie aufgegeben wird: Windmühlen statt Reaktoren.

Die Globalisierung sei ein irreversibel voranschreitender Prozess, lautet eine weitere verbreitete These, sie stünde nicht ernsthaft zur Disposition. Nun führt die Corona-Krise drastisch vor Augen, wie schnell und entschieden sich gerade die bekanntesten Globalisierungsaktivitäten zurückfahren und gar einfrieren lassen. Autoritäre Regime (und böse Hacker) können das Internet weitgehend ausschalten; der internationale Flugverkehr kommt wie der zuvor boomende Kreuzfahrttourismus fast vollständig zum Erliegen; profanste Lieferketten (Toilettenpapier) werden unterbrochen; das Leben geht weiter, auch wenn die Menschen so immobil sind wie in vormodernen Zeiten und ihre Häuser kaum mehr verlassen; Nationalstaaten forcieren, auch wenn sie Gemeinschaften wie der EU angehören, ohne globale Abstimmung ihre jeweiligen Abwehrkämpfe gegen die Pandemie; Wissenschaften werden vorangetrieben, auch wenn (oder gerade weil?) Tausende von Konferenzen abgesagt werden müssen etc. Es lohnt sich, eine so schlichte wie implikationsreiche Tatsache festzuhalten: Deglobalisierung ist tatsächlich möglich.

Eine eigentümliche Erfahrung: Einen starken Deglobalisierungsprozess gibt es zur Zeit (wie Negativzinsen) in einer Dynamik, die kaum einer für möglich gehalten hat. Der Verfasser dieser Zeilen ist eitel und bescheiden genug, sich zu den wenigen zu zählen, die Ausnahmezustände für stets möglich halten, weil er das Privileg hat, Literaturwissenschaftler zu sein und Dichtung geradezu systematisch mit dem Außergewöhnlichen rechnet – mit dem schwarzen Schwan, dem Kippmoment, der alles wendenden Katastrophe, der Ausnahme, dem Teufel und der Erlösung von allem Übel. Literaturwissenschaftliche Aufmerksamkeit verdient die gegenwärtige Katastrophenlage auch deshalb, weil der Umgang mit ihr häufig eine recht einfache poetische Figur bemüht: die personificatio. Aus abstrakten und tiefenstrukturellen Großentwicklungen wie der Globalisierung werden persönlich zuschreibbare Ereignisse: Auf diesem Tiermarkt in China, bei dieser Après-Ski-Party in Ischgl, in diesem Massentierhaltungsbetrieb, bei diesem Pressetermin in der Downing Street oder im Weißen Haus haben diese oder jene Personen dies oder jenes getan bzw. unterlassen – und ihr Tun hat globale Konsequenzen gehabt. Das Konzept der Globalisierung ist (wie etwa auch das der Moderne, des Geldes oder des Schicksals) ein Musterbeispiel für das Problem, das Soziologen und Medienwissenschaftler als Adressatenproblem bezeichnen. Die Moderne, das Geld, das Schicksal und die Globalisierung haben die starke Gemeinsamkeit, keine Anschrift, keine Telefonnummer und keine Mailadresse zu haben. Das unterscheidet sie von Museen für moderne Kunst, von Banken und vom Vatikan, die konkret adressierbar und deshalb auch konkret kritisierbar sind. Wir können aber nicht bei der Globalisierung anrufen, um ihr mal deutlich die Meinung über die Zumutungen zu sagen, die sie mit sich bringt.

Umso beeindruckender ist die sehr handfeste und hautnahe Erfahrung, dass politische Interventionen weite Globalisierungsdynamiken zumindest für eine gewisse Zeit, die viele als zumutungsreich lang empfinden, außer Kraft setzen können. Irritierend und zugleich erhellend ist auch, dass Deglobalisierung im Mikrobereich eine persönlich erfahrbare Entsprechung findet. Nicht nur Staaten, Wirtschaften und Gesellschaften gehen auf Distanz zueinander und kappen Beziehungen aller Art: Hier kommt kein Ausländer mehr rein. Auch Individuen gehen in Quarantäne und stellen auf Homeoffice um: Hier kommt kein Virus mehr rein (dass Viren auch der Schlüsselbegriff für die Bedrohung globaler Computersysteme sind, ist eine eigene Analyse wert). Wer Klopapier hortet, um es zu Wucherpreisen bei Ebay anzubieten, handelt in einem globalen Kontext, in dem gerade auch in den Regierungszentralen der westlichen Staaten eine „me first"- bzw. „we first"-Politrhetorik waltet. Viele Indizien sprechen dafür, dass gerade Politiker wie Boris Johnson und Donald Trump, die diese Rhetorik strapazieren, ihren Ländern schaden, dass sie ganz konkret in der Corona-Krise auf die falschen Strategien gesetzt haben. Eine uns gespenstisch vertraute, strukturell alte Erfahrung: Deutschland wurde von denen ruiniert, die am lautesten „Deutschland, Deutschland über alles" schrien.

Krisen, so lautet eine alte und sich stets neu bewahrheitende Erfahrung, können Zeiten des erstaunten Innehaltens sein. Sie machen deutlich, dass alles auch ganz anders sein kann, als wir es gewohnt waren und uns vorstellen konnten. Es lohnt sich, nicht mit plakativen und globalen Pro-und-Kontra-Globalisierung-Positionen zu arbeiten, sondern konkret und detailliert zu analysieren, wo welche Deglobalisierung und Entschleunigung nutzt – und wo sie schadet. Ein Ergebnis solcher Analysen könnte z.B. sein, dass zwei oder drei Tage Homeoffice pro Woche produktiver sind als fünf Bürotage und dass sie drastische Entlastungen für Verkehrsströme bringen, dass es sinnvoll ist, bei Seuchenbekämpfung internationale Kooperation zu pflegen, dass globale Lieferketten nicht nur ökologische Probleme mit sich bringen, sondern auch extrem krisenanfällig sind; dass Autobahnen nicht die besten Orte für Lagerhaltung sind etc. Zu den wunderlichsten Resultaten solcher Analysen könnte auch die Einsicht zählen, dass fortgeschrittenste Technologie schon seit Jahrzehnten häufig Bremstechnologie ist. Die Antibabypille bremst das Bevölkerungswachstum, die ABS-und Airbagtechnologie bremst bedrohlichste Zusammenstöße ab, das größte bisherige Technologieprojekt überhaupt, das SDI (Strategic Defense Initiative) bremst gar Interkontinentalraketen aus, bevor sie ihr Vernichtungsziel erreicht haben; und die Virologen tun alles, um die beschleunigte Verbreitung von Viren zu stoppen. Die Weltgeschichte tritt in eine Epoche ein, in der Verlangsamen und Bremsen als die weltweit eigentlichen Avantgarde-Projekte verstanden werden müssen. Die Paradoxie ist deutlich und produktiv: auch die anstehende Deglobalisierung ist ein globales Phänomen – und ein avantgardistisches zumal.

Ein irdischer Männerbund. Das Kernproblem im Missbrauchsskandal der Katholischen Kirche

Der Heilige Geist weht nicht immer dort, wo der Heilige Vater weilt. Und nicht alle Geistlichen sind unablässig von dem Verlangen umgetrieben, vor Gott und den Menschen Zeugnis von der Wahrheit abzulegen. Das sind keine ganz neuen Einsichten. Aber angesichts der Orkanstärke annehmenden Gewalt, mit der Krisen die auf Fels gebaute Katholische Kirche erschüttern, erlangen diese Einsichten eine neue Dimension. Denn die Missbrauchsskandale sind ja nicht allein auf das bedauerliche und entschuldigungsbedürftige Fehlverhalten einzelner sündiger Priester zurückzuführen, sie haben ersichtlich systemischen Charakter. Der aber ist aus mehreren Gründen mit vielen Tabus umstellt und entzieht sich der erhellenden, aufklärenden und möglicherweise heilenden Kommunikation. Dabei handelt es sich um ein offenbares Geheimnis, das nicht nur Filme von Frederico Fellini und Romane von Umberto Eco umkreisen: Die Katholische Kirche ist der älteste und mächtigste Männerbund mit all den Pathologien, die zu homophilen Männerbünden gehören.

Männerbünde sind Heimstätten der Homosexualität – und pflegen in aller Regel zugleich homophobe Rhetoriken. Dass das Priesteramt für Homosexuelle attraktiv ist, versteht sich gewissermaßen von selbst und braucht deshalb nicht öffentlich thematisiert zu werden. Priester sind schon, bevor sie geweiht werden, im Priesterseminar unter ihresgleichen: unter Männern. Warum sie sich wenig aus dem Gottesgeschenk der Liebe zwischen Mann und Frau machen, müssen sie nicht in latent peinlichen sexuellen Kategorien darlegen, sind sie doch aus hehren theologischen Gründen zum Zölibat verpflichtet. Als geweihte Priester dürfen sie dann weibliche Kleider tragen, den Tisch des Herrn bereiten, Müttern huldigen (der eigenen, der Muttergottes, der Mutter Kirche), mit vorpubertären und pubertären Messdienern und in der Kirche exklusiv mit anderen Männern verkehren. Wenn sie im kirchlichen Männerbund Karriere machen, werden ihre Kleider bunter und exotischer, die Ringe größer, rote Schuhe und Kopfbedeckungen können sich breitmachen; dass man keine Sekretärin, sondern einen hübschen Privatsekretär an seiner Seite hat, ist nicht weiter erklärungsbedürftig. Auch pädophile Dispositionen sind mit dem Priesteramt bestens kompatibel. Der Messdiener ist womöglich beim An- und Ausziehen der Soutane behilflich; er öffnet und schließt die 33 Knöpfe, die in Anspielung auf die Lebensjahre Christi das keusche Gewand zusammenhalten, er nestelt somit reizvoll an der Schnittstelle von Profanität und Sakralität.

Der heiße Kern des kommunikativen Desasters bei den kirchlichen Missbrauchsfällen ist so offensichtlich wie mit Tabus umstellt. Man kann mit Interesse zur Kenntnis nehmen, dass Benedikt XVI. es laut seiner schriftlichen Stellungnahme zu den an ihn adressierten Vorwürfen nicht für Missbrauch hält, wenn sich ein Priester vor einem Kind entblößt und masturbiert. Doch es geht eben nicht um eine endlose Serie peinlichster Einzelfälle; es geht auch nicht primär darum, diesen oder jenen Priester als pädokriminell bzw. diesen oder jenen hohen Geistlichen als schwul zu outen, wie es Frédéric Martel in seiner umfangreichen Untersuchung *Sodom – Macht, Homosexualität und Doppelmoral im Vatikan* oder der erzkonservative Theologe David Berger es mit seinem autobiographischen Buch *Der heilige Schein: Als schwuler Theologe in der katholischen Kirche* tun. Geboten ist vielmehr der Hinweis darauf, dass die Katholische Kirche strukturell und wesentlich ein homophiler (und zugleich homophober!) Männerbund ist. Nicht nur Benedikt XVI. hat denn auch immer wieder darauf hingewiesen, dass die Kirche ohne Priester-Zölibat nicht denkbar ist; eine Priesterweihe für Frauen wäre erzkonservativen Katholiken ein Graus.

Auf diese und weitere ein wenig zu offensichtlichen Zusammenhänge hinzuweisen, ist ein problematisches, aber dennoch notwendiges Unterfangen. Heikel ist es, weil es zugleich das starke Tabu im Selbstverständnis der Kirche und die Gefühle der heterosexuellen Priester verletzt, die aus Glaubensstärke heraus Geistliche geworden sind und dafür auf irdische Lüste verzichten. Ihre Homophobie macht es der Kirche unmöglich, stolz darauf zu verweisen, dass sie über Jahrhunderte, ja zwei Jahrtausende hinweg Homosexuellen, die sonst übelste Verfolgungen zu fürchten hatten, ein hochwertiges und fast allseits geachtetes Rollenmodell angeboten hat. Eine nicht zu unterschätzende Kulturleistung, die beeindruckender wäre, wenn sie offen und selbstbewusst so präsentiert würde. Der in den letzten Jahrzehnten dramatisch anwachsende Mangel an Priesternachwuchs hängt ja nicht nur damit zusammen, dass katholische anders als evangelische Geistliche keine Kinder zeugen, sondern vielmehr damit, dass Homosexuelle – Gott und den modernen Emanzipationsbewegungen sei Dank! – heute in einigermaßen liberalen Rechtsstaaten keine lebensbedrohlichen Verfolgungen mehr zu gewärtigen haben.

Zur diskursiven Tabuisierung des homophilen Zentrums im Missbrauchsskandal (deutlich über 80 Prozent der von Priestern missbrauchten Kinder und Jugendlichen sind Jungen) trägt aber auch bei, dass mit der begrüßenswerten Emanzipation von Homosexuellen jede Kritik an Homosexuellen als problematisch gilt. Sie seien und blieben Opfer, so will es ein vermeintlich politisch korrekter Diskurs. Es gehört zu den eigentümlichsten ideologischen Entwicklungen der letzten Jahrzehnte, dass ein traditionelles Kerngeschäft der Linken, nämlich generelle Religionskritik, fast völlig verschwunden ist. Dem Vorwurf, islamophob zu sein, mag sich keiner, der sich für progressiv und korrekt hält, einhandeln (was seltsamer Weise linken Antisemitismus nicht ausschließt). Aber das ist ein anderes Thema, wenn auch ein verwandtes. Die Diagnose gilt: Wenn die Katholische Kirche sich nicht zum Abschied vom Zölibat durchringt und damit einen auch in psychosexueller Hinsicht neuen Priestertypus zulässt (zusammen und gleichberechtigt mit homosexuellen oder zölibatär leben wollenden Geistlichen), wird sie ihre Missbrauchs-Pathologien nicht überwinden können. Wenn hohe Kirchenmänner auf einen solchen Vorschlag entsetzt mit der Bemerkung ‚Gott sei bei uns' reagieren, machen sie deutlich, dass die hier skizzierte Analyse nicht ganz falsch ist.

Die Bierdeckel-Steuer. Ein zumutungsarmer Vorschlag zur Reform unseres Steuersystems

Vergnügungssteuerpflichtig ist es bekanntlich nicht, alljährlich eine umfassende Einkommenssteuererklärung auszuarbeiten und dem Finanzamt vorzulegen. Auch wer lesen, schreiben, rechnen und Formulare ausfüllen kann, auch wer nur über ein durchschnittliches Einkommen verfügt, nimmt angesichts des grotesk komplexen deutschen Steuerrechts häufig die teuren Dienste eines Steuerberaters zu Hilfe; es gibt hierzulande mehr als Hunderttausend Angehörige dieses bemerkenswerten Berufsstandes. Kein Wunder, dass die Wörter ‚Steuererklärung' und ‚Finanzamt' nicht zu den beliebteren zählen; kein Wunder auch, dass Forderungen nach einer Steuerreform populär sind, die dafür sorgen soll, dass die Steuererklärung eines unselbständig Beschäftigten auf einen Bierdeckel passen sollte.

Eine ganz kurze Steuererklärung, die wenn nicht auf einen Bierdeckel, so doch auf eine Formularseite passt – das geht anderslautenden Gerüchten zum Trotz tatsächlich, wie der folgende Vorschlag zeigen soll. Er könnte schlichter nicht sein. Der Einkommenssteuerpflichtige erklärt eingangs, ob er eine radikal vereinfachte Erklärung vorlegt oder ob er es vorzieht, am bisherigen System festzuhalten, dann und nur dann muss er Dutzende weiterer Formulare ausfüllen. In einem zweiten Schritt sind Angaben über den Familienstand fällig (Singlehaushalt oder Vater, Mutter, zwei Kinder unter 18 Jahren etc.) In einem dritten und schon letzten Schritt werden alle Bruttoeinkünfte aufgeführt. Diese Einkünfte (aus unselbständiger Arbeit, aus selbständiger Arbeit, aus Kapitaleinkünften, aus Vermietungen etc.) werden steuerlich gleichbehandelt. Denn es ist in einer Gesellschaft, die sich als Leistungsgesellschaft begreift, nicht einzusehen, warum etwa Zins- und Dividendeneinnahmen geringer besteuert werden sollen als Arbeitslöhne.

Und nun der Clou: Vom zu versteuernden Gesamteinkommen absetzen kann man – nichts. Dafür aber zahlt man einen geringeren Steuersatz als bei ausgefuchsten Steuererklärungen, bei denen jeder Kilometer zum Arbeitsplatz, das Arbeitszimmer, das gekaufte Fachbuch, der Restaurantbesuch, die Kosten für die Steuerberatung etc. abgesetzt werden – also z.B. statt 33 Prozent 28 Prozent. Wie groß diese Differenz plausibler Weise sein sollte, können Fachleute zügig angeben, wenn sie für die jeweiligen Einkommensklassen die durchschnittliche Differenz zwischen Bruttoeinkommen und zu versteuerndem Einkommen eruieren. Beim reduzierten Steuersatz für diejenigen, die keine Ausgaben geltend machen, wäre aber zu berücksichtigen, dass Beamte (wie der pensionierte Schreiber dieser Zeilen) weder in die Arbeitslosenversicherung noch in die Rentenkasse einzahlen; bei ihnen ist die

Differenz zwischen Brutto- und Nettogehalt deutlich geringer als bei Angestellten und Arbeitern. Und deshalb ist es nicht nur vertretbar, sondern geboten, dass bei ihnen die Steuerreduktion ein wenig geringer ausfällt als bei Arbeitern und Angestellten. Wer sich für eine derart vereinfachte Steuererklärung entscheidet, spart nicht nur Zeit und Ärger, sondern häufig auch die erheblichen Kosten für die Steuerberatung. Er sollte also bereit sein, für diese Vorteile ein wenig mehr zu zahlen als die Mitbürger, die alle Register zur Steuervermeidung nutzen. Wer von der Möglichkeit der vereinfachten Steuererklärung Gebrauch macht, darf sich im Unterschied etwa zu einem Cum-ex-Virtuosen ohne Scham als ‚Gutmensch' fühlen und über geschenkte Lebenszeit freuen.

Noch einmal: Dieser Vorschlag beschreibt eine Option für den Durchschnittssteuerbürger (nicht für den selbständigen Handwerker, Rechtsanwalt, Arzt), eine Option, die als solche nicht verpflichtend ist. Man kann auch für den Status quo votieren, z.B. weil man gerade eine Immobilie erworben hat, weil man Spaß am Ausfüllen von Formularen hat, weil man das Finanzamt als Feind begreift, den man austricksen muss etc.. Trotz oder wegen dieser Liberalität wird der hier vorgestellte Vorschlag, wenn er denn öffentlich diskutiert wird und Eingang etwa in die Überlegungen der neuen Bundesregierung finden sollte, trotz bzw. wegen seiner Liberalität, Schlichtheit und Funktionalität auf erbitterten Widerstand stoßen, nicht nur, aber sicherlich vor allem aus der Finanzberatungs- und Lobbyistenbranche. Dabei könnte er – Stichwort Aufbruch – einen Beitrag zum großen Projekt liefern, unser Verhältnis zum Geld und zum Staat zu entneurotisieren. Es könnte zum Vergnügen werden, bei einem Bier in fünfzehn Minuten ein schlichtes Formular auszufüllen und den Bierdeckel Bierdeckel sein zu lassen.

IV

Goethes *Faust* oder die Ir/Rationalität der Wissenschaft

Goethes *Faust* oder die Ir/Rationalität der Wissenschaft

Diplomatisch und respektvoll drückt sich der auf sein Studium zurückblickende Baccalaureus nicht aus, als er seinen alten Professor Faust aufsuchen will, aber auf Mephisto trifft, der in dessen Talar geschlüpft ist. Von seinen akademischen Lehrern hat der immer noch junge Mann nicht den besten Eindruck erhalten, was nicht ausschließt, dass er sich ein wenig sentimental daran erinnert, wie er „diesen Bärtigen traute, / (S)ich an ihrem Schnack erbaute."

Aus den alten Bücherkrusten
Logen sie mir, was sie wußten,
Was sie wußten, selbst nicht glaubten,
Sich und mir das Leben raubten.

Wie? – Dort hinten in der Zelle
Sitzt noch Einer dunkel-helle!
Nahend seh' ichs mit Erstaunen,
Sitzt er noch im Pelz, dem braunen;
Wahrlich, wie ich ihn verließ,
Noch gehüllt im rauhen Vlies!
Damals schien er zwar gewandt,
Als ich ihn noch nicht verstand.
Heute wird es nichts verfangen,
Frisch an ihn herangegangen!

Wenn, alter Herr, nicht Lethes trübe Fluten
Das schiefgesenkte, kahle Haupt durchschwommen,
Seht anerkennend hier den Schüler kommen,
Entwachsen akademischen Ruten.
Ich find' Euch noch, wie ich Euch sah;
Ein Anderer bin ich wieder da. (vv. 6707–25)[342]

Der Baccalaureus ist in der Tat ein anderer geworden. Ohne falsche Bescheidenheit tritt er dem Alten gegenüber, der ihm selbst dann, wenn nicht Lethes trübe Fluten sein altes Haupt durchschwommen haben, er also noch nicht unter Alzheimer leidet, keine neuen Einsichten mehr vermitteln kann und

342.Goethe: Faust, ed. Albrecht Schöne (Frankfurter Ausgabe I. Abt. / Bd. 7,1), Ffm 1994, p. 273 sq. – Faust-Zitate werden mit Angabe der Verszahl im Folgenden nach dieser Ausgabe angeführt.

der buchstäblich aus der Zeit gefallen ist. Bleibt nur ein gut gemeinter offenherziger Ratschlag des Jungen an den Alten:

> Gewiß das Alter ist ein kaltes Fieber
> Im Frost von grillenhafter Not.
> Hat einer dreißig Jahr vorüber,
> So ist er schon so gut wie tot.
> Am besten wär's, euch zeitig totzuschlagen.
>
> MEPHISTOPHELES
> Der Teufel hat hier weiter nichts zu sagen. (vv. 6785–90)

Diese Szene gleich zu Beginn des zweiten Aktes von *Faust II* erinnert an den Besuch von Faust und Mephisto in der Hexenküche. Ging es doch auch dort um das Problem des Alter(n)s. Der von einer gründlichen Midlife-Crisis geschüttelte Faust suchte damals erfolgreich nach einem Verjüngungsmittel. Bevor Mephisto der Hexe gebietet, den einschlägigen Trank zu brauen, hat jedoch ein seltsamer Kater das Sagen. Er begrüßt die Eintretenden mit auffallend ökonomie- und finanzlastigen Worten, die nicht recht in den Kontext eines Anti-Aging-Programms mitsamt Aphrodisiacum-Verschreibung zu passen scheinen.

> DER KATER *macht sich herbei und schmeichelt dem Mephistopheles.*
> O würfle nur gleich
> Und mache mich reich,
> Und laß mich gewinnen!
> Gar schlecht ist's bestellt,
> Und wär' ich bei Geld,
> So wär' ich bei Sinnen.
>
> MEPHISTOPHELES
> Wie glücklich würde sich der Affe schätzen,
> Könnt' er nur auch in's Lotto setzen! (vv. 2394–99)

„Reich", „gewinnen", „Geld", „Lotto": Eine bemerkenswerte Fokussierung auf Geldmotive ausgerechnet an einem Ort, der in denkbar größtem Kontrast zur akademischen Wirkungsstätte von Faust steht. Der Gelehrte, der gescheiter ist als „alle die Laffen, / Doktoren, Magister, Schreiber und Pfaffen" (v. 366 sq.), hat seine Studierstube und somit den Ort geordneter Rationalität verlassen und sich an Plätze begeben, die geradezu programmatisch Erfahrungen dies- und jenseits von Rationalität versprechen. Mit Mephisto und mehreren Studiosi zecht er in Auerbachs Keller, nun ist er in der Hexenküche, und bald wird er auf dem Brocken eine orgiastische Walpurgisnacht feiern. An allen drei Orten, die No-go-Areas für einen vernünftigen Kopf sein sollten, spielt eigentümlicherweise Geld eine entscheidende Rolle. So auch in der Hexenküche. Der Kater bittet Mephisto darum, ihn reich zu machen, aber er tut dies nicht aus schierer Besitz-Gier, sondern weil er sich vom Zugang zum Medium Geld Rationalität verspricht: „Und wär' ich bei Geld (nicht: und hätte ich Geld!, J. H.), so wär ich bei Sinnen." Gleich nach diesen Worten, die eine enge Koppelung zwischen dem Medium Geld und Rationalität behaupten, wird der Inbegriff eines irrationalen Umgangs mit Geld evoziert – das Lottospiel, dem auch der mit Geld ansonsten sachlich und produktiv umgehende Kaufmannssohn und Finanzminister Goethe gerne frönte.

Man muss diese Einbettungsszene im Blick bzw. Ohr haben, wenn man das folgende Hexeneinmaleins recht verstehen will – soweit das überhaupt möglich ist. Der auf Rationalität eingeschworene, aber ihr nun zunehmend untreu werdende Wissenschaftler Faust wird hier wie dann wieder in der Walpurgisnacht- und in der Mummenschanzszene massiv mit dem Phänomen der Irrationalität konfrontiert. Er reagiert auf die wirren Worte der Hexe so, wie es sich für einen Wissenschaftler gehört: mit empörter Ablehnung – „die Alte spricht im Fieber." Was ihn aber nicht davon abhält, den dann auch durchschlagend positiv wirkenden Verjüngungstrank einzunehmen, den die alte Hexe unter den Worten des Hexeneinmaleins gebraut hat. Doch zuvor gibt es eine Begrüßungsszene zwischen der Hexe und Mephisto, die aller Aufmerksamkeit wert ist:

DIE HEXE
(...) Seh' ich den Junker Satan wieder hier!
MEPHISTOPHELES
Den Namen, Weib, verbitt' ich mir!
DIE HEXE
Warum? Was hat er Euch getan?
MEPHISTOPHELES
Er ist schon lang' in's Fabelbuch geschrieben;
Allein die Menschen sind nichts besser dran,
Den Bösen sind sie los, die Bösen sind geblieben.
Du nennst mich Herr Baron, so ist die Sache gut;
Ich bin ein Kavalier, wie andre Kavaliere.
Du zweifelst nicht an meinem edlen Blut;
Sieh her, das ist das Wappen, das ich führe!
Er macht eine unanständige Gebärde. (vv. 2504–13)

Noch und gerade das kluge geflügelte Mephistopheles-Wort „Den Bösen sind sie los, die Bösen sind geblieben" reiht sich ein in die Kette der Geldmotive, die dem Hexeneinmaleins vorangehen – und folgen. Mephisto hat sich Faust als Teil von jener Kraft vorgestellt, „die stets das Böse will und stets das Gute schafft" (v. 1336 sq.). Diese Worte paraphrasieren die Wendung „privat vices public benefits", die Mandevilles berühmter Bienenfabel als Untertitel voranstand und die Adam Smith in seinem Hauptwerk *The Wealth of Nations* theoretisch nobilitierte. Goethe waren beide Texte bestens bekannt, er war einer der ersten Leser des Werkes von Adam Smith, das Johann Friedrich Schiller, ein Cousin des Dichters, schon im Jahr seines Erscheinens (1776) teilweise ins Deutsche übersetzt hatte. Mephisto ist ein gelehriger Schüler von Mandeville und Adam Smith. Faust entgeht das nicht. Sind doch auch die Worte, mit denen er seinen obskuren Begleiter charakterisiert, eindeutig Paraphrasen aus *The Wealth of Nations*. In der wohl berühmtesten Passage dieses Werkes heißt es: „Nicht vom Wohlwollen des Metzgers, Brauers oder Bäckers erwarten wir unsere Mahlzeit, sondern von deren Bedachtnahme auf ihr eigenes Interesse. Wir wenden uns nicht an ihre Menschenliebe, sondern an ihre Eigenliebe und sprechen ihnen nie von unseren eigenen Bedürfnissen, sondern von ihren Vorteilen."[343] Goethe hat dieses zentrale Theorem von Adam Smith prägnant in faustische Verse gemeißelt:

> FAUST Nein, nein! der Teufel ist ein Egoist
> Und tut nicht leicht um Gottes Willen,
> Was einem Andern nützlich ist. (vv. 1651–54)

Mephisto fühlt sich von Faust recht verstanden – als Schüler oder aber provokanter: als Einflüsterer von Mandeville und Adam Smith. Damit folgt Goethe der Einschätzung des Gerichts von Middlesex, das die Bienenfabel gleich nach ihrem Erscheinen wegen satanischer Religions- und Gesellschaftskritik verbieten wollte. Auf britische Einflüsse verweist in aller wünschenswerten Klarheit ein Wort Mephistos, das ausgerechnet in der Sphäre der klassischen Walpurgisnacht erklingt. Erneut macht Mephisto (wie der jüdisch-christliche Gott!) aus seinem Namen ein Geheimnis, um sodann sarkastisch zu konzedieren, er fühle sich nicht missverstanden, wenn man ihn „Old Iniquity" nenne.

> Mit vielen Namen glaubt man mich zu nennen –
> Sind Briten hier? Sie reisen sonst so viel,
> Schlachtfeldern nachzuspüren, Wasserfällen,
> Gestürzten Mauern, klassisch dumpfen Stellen;

343. Adam Smith: Untersuchung über Wesen und Ursachen des Reichtums der Völker – Bd. 1, übers. Monika Streissler, ed. Erich W. Streissler. Düsseldorf 1999, p. 98

Das wäre hier für sie ein würdig Ziel.
Sie zeugten auch: Im alten Bühnen-Spiel
Sah man mich dort als OLD INIQUITY. (vv. 7117–23)

Mit dem heute antiquierten Wort Iniquity (Frevel, Unrecht, Schuld) wurde die Figur des Lasterhaften in den britischen Moralitätsdramen des 16. Jahrhunderts benannt (etwa in den Stücken *Nice Wanton* oder in *King Darius*).[344] Wer den roten Faden vor Augen hat, der die zitierten Passagen über den bösen Willen, der das Gute schafft, über den teuflischen Egoisten und über Old Iniquity durchzieht, dürfte das Bonmot „Den Bösen sind sie los, die Bösen sind geblieben" recht verstehen. In Neuzeit und Moderne schwindet mit der Bereitschaft, einen persönlichen Gott zu beglaubigen, auch der Glaube an den personifizierten Bösen. An die Stelle beider Vakanzen, der göttlichen wie der satanischen, aber tritt die Lizensierung der vielen Bösen, die egoistisch sind, ihren Eigennutzen maximieren, Eigenliebe vor Nächstenliebe stellen und – mit Mandeville, Adam Smith und eben auch Goethe! – aus guten Gründen darauf vertrauen, dass aus dieser Lizensierung des und der Bösen mehr Gutes, mehr Segen und mehr allgemeiner Reichtum erwächst als aus Versuchen einer rigiden Durchsetzung etwa antiker oder christlicher Tugendkataloge (um von kommunistischen zu schweigen).

Ohne Dialektik ist die neuzeitlich-moderne Umstellung von Tugendkatalogen auf Eigennutzenmaximierung, von Gott- auf Geldglauben, von Erlösung auf Erlöse, von Transzendenz auf Immanenz nicht zu haben. Dialektisch denken heißt, Paradoxien und interne Widersprüchlichkeiten (wie die, dass die Zulassung böser Impulse bessere Effekte freisetzen kann als das Insistieren auf tugendhaftem Verhalten) nicht als Teufelswerk zu perhorreszieren, sondern als Indiz für komplexe und deshalb analytisch besonders anspruchsvolle Problemkonstellationen zu verstehen. Das wissen Mephisto, der einen „vollkommenen Widerspruch" (v. 2557) schätzt, und die Hexe, in deren Küche wir uns nunmehr mit Faust und Mephisto begeben, um ihr berüchtigtes Hexeneinmaleins zu hören.

DIE HEXE *mit großer Emphase fängt an, aus dem Buche zu deklamieren*
Du mußt verstehn!
Aus Eins mach' Zehn,
Und Zwei laß gehn,
Und Drei mach' gleich,
So bist du reich.
Verlier' die Vier!

344. Nach dem Kommentar in Albrecht Schönes Faust-Edition, p. 537

Aus Fünf und Sechs,
So sagt die Hex',
Mach Sieben und Acht,
So ist's vollbracht:
Und Neun ist Eins,
Und Zehn ist keins.
Das ist das Hexen-Einmal-Eins.

FAUST
Mich dünkt, die Alte spricht im Fieber. (vv. 2536–52)

Wer bei Sinnen und bei Trost ist, wird sich Fausts barschem Urteil anschließen. Auch Mephisto nimmt die Hexe so ernst nicht, wenn er gesteht, er habe durch die Beschäftigung mit dem Hexeneinmaleins „manche Zeit ... verloren". Allerdings lässt er sich die Pointe nicht entgehen, sich über die christliche Trinitätslehre lustig zu machen, die auch nicht viel stimmiger sei als das Geschwafel der Hexe, behauptet sie doch, dass eins und drei identisch seien: „Es war die Art zu allen Zeiten, / Durch Drei und Eins, und Eins und Drei / Irrtum statt Wahrheit zu verbreiten." (vv. 2560-62) Folgt eine linguistische Fundamentalreflexion, die es wert ist, zitiert zu werden: „Gewöhnlich glaubt der Mensch, wenn er nur Worte hört, / Es müsse sich dabei doch auch was denken lassen." (v. 2561 sq.) Ob das, was sich bei Wort- und Zahlzeichen denken lässt, auch konsistent, also wissenschaftlich halt- und belastbar sei, steht zur Diskussion. Deshalb ist der Wissenschaftler Faust erst recht empört, als er im Fortgang des Hexeneinmaleins ein wenn auch eigenartiges Lob der Wissenschaft vernimmt. Dass die Hexe ihr Geschwafel offenbar als Teil eines wissenschaftlichen Diskurses versteht,[345] muss in der Tat jeden einigermaßen redlichen Kopf empören.

DIE HEXE *fährt fort*
Die hohe Kraft
Der Wissenschaft,
Der ganzen Welt verborgen!
Und wer nicht denkt,
Dem wird sie geschenkt,
Er hat sie ohne Sorgen.

FAUST
Was sagt sie uns für Unsinn vor?

345. Als Ausdruck von Fausts Überdruss an Wissenschaft überhaupt versteht Jochen Schmidt die Hexenküchen-Szene: Jochen Schmidt: Goethes „Faust" – Erster und Zweiter Teil. Grundlagen – Werk – Wirkung. München 1999, pp. 152–153

Es wird mir gleich der Kopf zerbrechen.
Mich dünkt, ich hör' ein ganzes Chor
Von hundert tausend Narren sprechen. (vv. 2567-76)

Selbstredend ist das, was die Hexe da verlauten lässt, bestenfalls höherer Blödsinn – wie in der berühmten Eingangsszene von Shakespeares Macbeth-Drama, in dem trinitäre Hexen uns weismachen wollen: „Fair is foul, and ſoul is fair."[346] Der Satz, dass demjenigen, der nicht denkt, die Wissenschaft geschenkt wird, besticht allenfalls durch seine anarchische Lust an der Frechheit. Selbst Heidegger, von dem bekanntlich das Wort stammt, die Wissenschaft denke nicht[347], hat sich nicht auf Goethes Hexe berufen mögen. Dennoch bleibt die Irritation, dass dem Tun der Hexe durchschlagender Erfolg beschieden ist: Faust verjüngt sich, nachdem er den Trunk eingenommen hat, der unter diesen Unsinnsworten gebraut wurde. Wer sich an die Mediziner-Maxime „Wer heilt, hat Recht" hält, wird also immerhin eine gewisse Restsympathie für die durchgeknallte Hexe, aus der ein Chor von hunderttausend Narren spricht, bewahren müssen. Alle Versuche, ihren wirren Worten eine Ehrenrettung angedeihen zu lassen, können dennoch nicht recht überzeugen. Die meisten dieser Versuche[348] verweisen auf die mächtige Tradition des magischen Quadrats, die Goethe u.a. durch Athanasius-Kircher-Lektüre und den berühmten Dürer-Kupferstich *Melencolia* vertraut war.[349]

Die senk- wie waagerechten Reihen dieses aus 4x4 Zahlen zwischen 1 und 16 zusammengesetzte Quadrat ergeben ebenso wie die vier Eckfelder, die vier Felder im Zentrum und die vier einander gegenüberliegenden mittleren Randfelder jeweils die Summe 34, deren Quersumme 7 ist. In der Mitte der letzten Zeile stehen die Zahlen 15 und 14 nebeneinander; im Jahr 1514 schuf Albrecht Dürer diesen Stich. Wenn man die erste Zahl der letzten Reihe (4)

346. Shakespeare: Macbeth I/1. Ulrich Gaier hat auf Macbeth-Bezüge der Hexenküchen-Szene hingewiesen, cf. U.G.: Johann Wolfgang Goethe: Faust. Der Tragödie Erster Teil – Erläuterungen und Dokumente. Stuttgart 2001, p. 225

347. Martin Heidegger: Was heißt Denken? In: M.H.: Vorträge und Aufsätze. Pfullingen 1954, p. 133

348. Cf. den umfangreichen Kommentar zur Hexenküchen-Szene in Ulrich Gaiers Faust-Edition (Goethe: Faustdichtungen – 3 Bände, ed. Ulrich Gaier. Stuttgart 1999, Bd. 2, p. pp. 290–319. Aus der Fülle der einschlägigen Forschungsbeiträge seien nur genannt: Anna J. Rahn: Goethes Hexeneinmaleins. Weimar 2013; Heinrich Detering: Aus Eins mach Zehn? Und Zwei lass gehn? In: Frankfurter Allgemeine Sonntagszeitung, 26. April 2009, p. 56; Herbert Müller / Dieter Herrig: Goethes Hexen-Einmaleins – ein neuer Erklärungsansatz Goethe Jahrbuch 128/2011. Göttingen, pp. 268–272. Müller und Herrig bringen auch das Goethe wahrscheinlich vertraute pascalsche Dreieck und die fraktalen Sierpinski-Dreiecke, die Goethe nicht kennen konnte, weil sie erst 1915 vorgestellt wurden, als Resonanzraum des Hexeneinmaleins ins Spiel.

349. Athanasius Kircher: Arithmologia sive de abditis numerorum mysterijs. Rom 1665 enthält ein langes Kapitel über magische Quadrate.

auf den vierten und die letzte Zahl dieser Reihe (1) auf den ersten Platz der Buchstaben im Alphabet bezieht, bedeuten sie D wie Dürer und A wie Albrecht.

Goethe hat sich von Zahlen- und Buchstabenspielen zugleich gründlich faszinieren lassen (die *Wahlverwandtschaften* sind das prominenteste Beispiel dafür[350]) und ironisch von ihnen distanziert, so in einem Brief an Zelter, der ausgerechnet auf den 12. Dezember 1812 datiert ist (12.12.12) und in dem er (unter Verwendung von Ordnungszahlen!) schreibt: „... zweitens kann niemand zahlenscheuer sein als ich, und ich habe von jeher alle Zahlensymbolik, von der Pythagoräischen an bis auf die letzten Mathematico-Mystiker, als etwas Gestaltloses und Untröstliches gemieden und geflohn."[351] Einen Konsistenzgrad wie Dürers magisches Quadrat weist das Hexeneinmaleins nicht auf, auch wenn man mit einiger Anstrengung die Zahlenobsession der Hexe auf ein vergleichsweise simples magisches Quadrat mit der jeweiligen Quersumme 15 beziehen kann.[352] Umso mehr lohnt es sich, den drei semantischen Gravitationsfeldern Aufmerksamkeit zu widmen, die es fundieren. Zwei wurden bereits genannt: Das Hexeneinmaleins ist erstens deutlich von Geldmotiven umgeben und in sie eingebettet: „und drei mach gleich, so bist du reich." Es enthält zweitens (wie sollte es in Mephistos Gegenwart anders sein?) zumindest eine theologische, genauer: trinitätstheologische Invektive. Und es hat drittens einen erotischen bis obszönen Resonanzraum. Menschen können sich (wie Geld!) vermehren, wenn sich zwei Liebende zusammentun. Aus zweien kann ein Kind und können weitere Menschen erwachsen, wenn Kinder Kindeskinder bekommen; auch Geld kann sich vermehren, wenn es in ein potentes Unternehmen investiert wird und Gläubiger befriedigt werden können oder wenn Zinsen Zinseszinsen abwerfen: Aus eins mach zehn, seid fruchtbar und mehret euch! Mephisto weiß, was er tut, wenn er die Hexe mit einer „obszönen Gebärde" begrüßt.[353] Im Kreis von Hexen wird der durch

350. Cf. Dazu Jochen Hörisch: Die andere Goethezeit – Poetische Mobilmachung des Subjekts um 1800. München 1992 (Teil II: Goethes bestes Buch)

351. Goethe an Carl Friedrich Zelter am 12.12.1812 – Goethe: Briefe, Tagebücher und Gespräche vom 10. Mai 1805 bis 6. Juni 1816, ed. Karl Eib et al., Frankfurter Ausgabe, II. Abt. / Bd. 7. Ffm 1994, p. 137. Zur Kritik problematischer Anwendung mathematischer Modelle s. Colin Crouch: Die bezifferte Welt – Wie die Logik der Finanzmärkte das Wissen bedroht. Berlin 2015 und Oliver Schlaudt: Die politischen Zahlen – Über Quantifizierung im Neoliberalismus. Ffm 2018

352. So etwa Norbert Herrmann: Mathematik und Gott und die Welt. Berlin / Heidelberg 2013, pp. 11–13

353. Wilhelm Resenhöfft: Goethes Rätseldichtung im Faust – Mit Hexenküche und Hexen-Einmal-Eins in soziologischer Deutung. Bern 1972 hat die erotische Interpretation des Hexeneinmaleins am weitesten vorangetrieben. Er liest den Text wie folgt: „Aus (Dir, der) Eins mach' Zehn, (vermehre Dich,) / Und (die Frau) Zwei lass (zugrunde) gehen, / Und (das Kind) Drei mach' (Dir) gleich (als Sohn), / So bist Du reich (im vitalen Sinn). /Verlier' die (Frau) Vier (deines Sohnes)! / Aus (dem Enkel) Fünf und (dessen Frau) Sechs, / So sagt die Hex', / Mach' (den Urenkel) Sieben

den Hexeneinmaleinstrank verjüngte Faust in der Walpurgisnacht denn auch eine wüste satanische Orgie mitfeiern, in der wiederum die Trinität von Gott, Geld und Sex im kultischen Mittelpunkt steht.[354] Nun braucht es keine umfangreichen Ausführungen, um darzulegen, dass der Glaube als Gegen-, bestenfalls als Komplementärposition zum Wissen und die Erotik der irrationalen Sphäre zugehören, das Rechen- und Kalkulationsmedium Geld hingegen mit Rationalität (rational choice) assoziiert wird.

Der Wissenschaftler Faust hat ersichtlich beste Motive, wenn er mit klaren, alles Irrationale verurteilenden Worten auf Distanz zur Hexe und ihrem obskuren Einmaleins geht. Umso bemerkenswerter ist es, dass diese Distanz so entschieden nun auch wieder nicht ist. Faust verhält sich in der Hexenküche nämlich so entschieden unentschieden wie Jahrhunderte später ein aufgeklärter Nachbar des Atomphysikers Nils Bohr. Eine Anekdote übrigens, die wegen der Ausschmückungen, die sie im Laufe ihrer Rezeption erfuhr, auch das gesteigerte Interesse von Literaturwissenschaftlern und Erzählforschern verdient. Werner Heisenberg hat berichtet, was dieser Nachbar Nils Bohr bzw. Nils Bohr von diesem Nachbarn erzählt hat: „In der Nähe unseres Ferienhauses in Tisvilde wohnt ein Mann, der hat über der Eingangstür seines Hauses ein Hufeisen angebracht, das nach einem alten Volksglauben Glück bringen soll. Als ein Bekannter ihn fragte: ‹Aber bist du denn so abergläubisch? Glaubst du wirklich, dass das Hufeisen dir Glück bringt?›, antwortete er: ‹Natürlich nicht; aber man sagt doch, dass es auch dann hilft, wenn man nicht daran glaubt.›“[355] Erzählenswert ist auch die Anekdote vom Experiment zum berüchtigten Murphy-Gesetz, das bekanntlich lautet: "Anything that can go wrong *will* go wrong." Der Physiker Robert Matthews von der Aston University in Birmingham hat 1996 die Gültigkeit dieses Gesetzes getestet, indem er zahllose mit Butter beschmierte Toastscheiben vom Tisch fallen ließ, um herauszufinden, ob – Murphys Gesetz entsprechend – die meisten auf der Butterseite zu liegen kamen.[356] Ein Experiment, für das er den sarkasti-

und (dessen Frau) Acht (durch Verheiratung), / So ist's (dein Leben) (recht) vollbracht! / Und (der Ur-Urenkel) Neun ist (wieder ein Mann) Eins, / Und (dessen Frau) Zehn ist (wieder) keins. / Das ist das Hexen-Einmal-Eins (des Lebens)!"

354. Cf. Albrecht Schöne: Götterzeichen, Liebeszauber, Satanskult – Neue Einblicke in Goethetexte. München 1993 und Jochen Hörisch: Kopf oder Zahl – Die Poesie des Geldes. Ffm 2014 (4.), p. 117 sqq. Zur Ökonomie-Thematik in Goethes *Faust* liegen mittlerweile viele Studien vor, genannt seien nur Bernd Blaschke: Goethes Unternehmer-Figuren – Wirtschaftsweise in ‚Faust', ‚Wilhelm Meister' – und in Weimar; in: Vera Hierholzer (ed.): Goethe und das Geld – Der Dichter und die moderne Wirtschaft (Katalog zur Ausstellung im Frankfurter Goethehaus 2012). Ffm 2012; Michael Jäger: Global Player Faust oder das Verschwinden der Gegenwart – Zur Aktualität Goethes. Berlin 2008; Oskar Negt: Die Faust-Karriere – Vom verzweifelten Intellektuellen zum gescheiterten Unternehmer. Göttingen 2006

355. Werner Heisenberg: Der Teil und das Ganze. München 1996, p. 113

schen IG-Nobelpreis erhielt. Das Resultat des Experiments ist immerhin bemerkenswert: Es kam zu einem ziemlich ausgeglichenen Verhältnis zwischen trockener und schmieriger Landungsseite; die Gültigkeit von Murphys Gesetz war damit wenn nicht falsifiziert, so doch in Frage gestellt. Oder gerade nicht, wie geistreiche Interpreten feststellten (und Interpretationen lassen sich eben auch im von Zahlen dominierten Sphären nicht immer vermeiden): Ziel des Experiments war es ja, Murphys Gesetz zu bestätigen. Das war schiefgegangen – und eben damit hat sich Murphys Gesetz erneut bewährt: Was schiefgehen kann, geht auch schief. Keine Regel ohne Ausnahme. Aber dieser Satz formuliert eine Regel. Also muss es Ausnahmen von der Regel geben, dass es keine Regel ohne Ausnahme gibt.

Zurück zu Goethes Faust. Faust verlässt nicht etwa unter Protest den Ort verhexter Irrationalität, er lässt sich vielmehr auf das Gebräu der Hexe ein. Er hat sich ja, wie er schon in seinem Eingangsmonolog kund und zu wissen gibt, „der Magie ergeben" (v. 377) und ist also offen für einen distanzierten Blick auf die eigene Lebenswelt, nämlich die der Wissenschaften. Dabei macht Faust eine zutiefst verstörende Entdeckung: Magie und Wissenschaften sind alles andere als gleich – und doch sind sie funktionale Äquivalente. In modernen Gesellschaften erbringt Wissenschaft die Erklärungen, die in vormodernen Sphären der Magie vorbehalten waren. Magie und Wissenschaft ist auch gemeinsam, dass sie nicht nur erklären bzw. erklären zu können behaupten, was warum geschieht, sondern selbst das herstellen bzw. herstellen zu können behaupten, was sie dann erklären (die Heilung, den Sieg, die Fortbewegung, die Energie, den Durchblick etc.). Magie und Wissenschaft sind in diesem präzisen Sinne ohne Techniken nicht zu haben. Kein Wunder, dass viele Produkte einer hochwissenschaftlich basierten Technik sich wie magisches Wunderwerk ausnehmen – etwa die Smartphones, die leisten, was keine Hexe und kein Zauberer um 1500 (und auch nicht um 1900) zu versprechen gewagt hätte.

Es mag kulturanalytisch reizvoll sein, mit Max Weber u.a. Wissenschaft als neuzeitliches funktionales Äquivalent von Magie zu verstehen und zugleich darauf hinzuweisen, dass die wissenschaftliche „Entzauberung der Welt" magischen Weltbildern ein Ende macht. „Die zunehmende Intellektualisierung und Rationalisierung bedeutet also nicht eine zunehmende allgemeine Kenntnis der Lebensbedingungen, unter denen man steht. Sondern sie bedeutet etwas anderes: das Wissen davon oder den Glauben daran: daß man, wenn man nur wollte, es jederzeit erfahren könnte, daß es also prinzipiell keine geheimnisvollen unberechenbaren Mächte gebe, die da hineinspielen,

356. Robert Matthews: Tumbling toast, Murphy's Law and the fundamental constants. In: European Journal of Physics. Band 16/Nr. 4/18. Juli 1995, pp. 172–176.

daß man vielmehr alle Dinge – im Prinzip – durch Berechnen beherrschen könne. Das aber bedeutet: die Entzauberung der Welt. Nicht mehr, wie der Wilde, für den es solche Mächte gab, muss man zu magischen Mitteln greifen, um die Geister zu beherrschen oder zu erbitten. Sondern technische Mittel und Berechnung leisten das. Dies vor allem bedeutet die Intellektualisierung als solche."[357] Goethe fragt ein gutes Jahrhundert vor Max Weber mit Faust und dem Hexeneinmaleins danach, ob die Irrationalität, die in magischen Praktiken steckt, auch im heißen Kern der Wissenschaften anzutreffen ist. Und eben dies ist in denkbar nüchternster Weise der Fall. Die Grundfigur wissenschaftlichen Denkens ist es nämlich, das Nichtgleiche gleichzusetzen. Tautologien wie „dieser Stein ist dieser Stein", „a=a" oder „3=3" sind banal und trivial, also nicht wissenschaftswürdig. Obwohl sie fraglos rational sind, taugen sie günstigstenfalls für zenbuddhistische Meditationsübungen.

Wissenschaft beginnt mit und bleibt in ihrem heißen Kern Gleichsetzungen verpflichtet, die nicht-trivial sind, eben weil sie das Nichtgleiche gleichsetzen. Gleichungen wie „$a^2=b^2+c^2$", „$\pi=3{,}14$..." oder „$E=mc^2$" sind ersichtlich nicht in dem Sinne rational, dass sie das schlechthin Evidente und Tautologische ausdrücken; sie lassen sich vielmehr auf das Geschäft ein, eben nicht mit Identitäten, sondern mit Gleichungen, mit Äquivalenzen zu arbeiten: „drei mach gleich" – das, was links vom Gleichheitszeichen steht, und das, was rechts von ihm steht, sind, wie das dritte Element, das Gleichheitszeichen, anzeigt, ein und dasselbe bzw. eben nicht einunddasselbe. Hegel hat dafür eine prägnante Formel gefunden: Es geht bei Zahlungen wie bei wissenschaftlichen Analysen um die „Identität der Identität und der Nichtidentität."[358] π ist ein griechischer Buchstabe und als solcher keine irrationale Zahl, Energie ist etwas anderes als Masse oder Lichtgeschwindigkeit, ein Sohn ist nicht sein Vater und nicht per se Heiliger Geist. Das Kerngeschäft der Wissenschaft (inklusive der christlichen Theologie) ist die Gleichsetzung des Nichtgleichen. Das gilt tiefenstruktural auch für die sog. Geisteswissenschaften, die links des Gleichheitszeichens ein definiendum und rechts davon ein definiens setzen. Die Renaissance ist – dann aber folgt keine bündige Formal, sondern ein Buch, das, wenn es mit der Lebens- und Lesezeit seiner Rezipienten rücksichtsvoll umgeht, sich mit mehreren hundert Seiten begnügt.

Die Pointe des spezifischen Rationalitätsverständnisses von Goethe, das er im *Faust*-Drama am eindringlichsten entfaltet, erschließt sich nun plausibel. Die zahlreichen Geld-Allusionen, die der Hexenküchen-Szene vorausgehen

357. Max Weber: Wissenschaft als Beruf; in: Max Weber: Schriften zur Wissenschaftslehre. Stuttgart (Reclam) 1991, p. 250 sq.

358. Hegel: Differenz des Fichteschen und Schellingschen Systems der Philosophie; in: Hegel: Werke, edd. Michel / Moldenhauer, Bd. 2. Ffm 1970, p. 96

und sie begleiten, entfalten ihren Sinn und laufen auf eine starke These hinaus: Geld ist die Grundform anspruchsvoller Gleichsetzungen und also die Bedingung der Möglichkeit nicht-trivialer Rationalität. X und y (dieses Buch und dieser Pullover) haben die Gemeinsamkeit, 30 € zu kosten. Als Tauschmedium setzt Geld systematisch Waren (inklusive Dienstleistungen) wertgleich, die nicht gleich sind. Eine bestimmte Menge Wein und ein Gewand, eine umfangreiche Schriftrolle und ein Möbelstück, eine Unterrichtsstunde und eine Mahlzeit, ein berühmtes Gemälde und eine Prunkvilla in bester Lage haben substantiell so gut wie nichts gemeinsam, sie können dennoch als gleichwertig wahrgenommen werden. Geldpreise vergleichgültigen, sie setzen äquivalent, was nicht identisch ist. Gerade um dieser Ungleichheit willen tauschen wir ja. Und der über das Medium Geld vermittelte Tauschakt ist die Urform westlicher Rationalität.[359] Über das Gleichsetzungsmedium Geld tauschen heißt: abstrahieren, von Differenzen absehen, cool und rational sein, gleich(wertig) setzen, was nicht gleich ist.

Geld ist das genuine Medium der Rationalität. Mit Geld kommt die uns vertraute Form von Rationalität in die Welt. Auf die vielbemühte Formel ‚vom Mythos zum Logos' kann man Kleingeld herausgeben. Mit der Erfindung des Münzgeldes im griechischen Kulturraum des 7. Jahrhunderts vor Christus setzt sich durch, was wir logisch-rationales, nämlich Nichtgleiches gleichsetzendes Denken nennen.[360] Nietzsche, der große Goethebewunderer und Kenner der griechischen Kultur, hat diese von gleich mehreren Köpfen, die in der Regel wie er selbst marginale bis exzentrische Positionen an Universitäten einnahmen (Hamann, Marx, Simmel, Sohn-Rethel etc.) vertretene These prägnant vorgetragen: „Preise machen, Werte abmessen, Äquivalente ausdenken, tauschen – das hat in einem solchen Maße das allererste Denken des Menschen präokkupiert, daß es in einem gewissen Sinne *das* Denken ist: hier ist die älteste Art Scharfsinn herangezüchtet worden, hier möchte ebenfalls der erste Ansatz des menschlichen Stolzes, seines Vorrangs-Gefühls in Hinsicht auf anderes Getier zu vermuten sein. Vielleicht drückt noch unser Wort „Mensch" (*manas*) gerade etwas von *diesem* Selbstgefühl aus: der Mensch bezeichnete sich als das Wesen, welches Werte mißt, wertet und mißt als das ‚abschätzende

359. Ein Umstand, den auch komplexe Aufarbeitungen zum Thema Ir/Rationalität nur selten im Blick haben. Cf. aus der reichen Literatur zum Thema nur die Beiträge zum Sammelband Christoph Asmuth/Simon Gabriel Neuffer (edd.): Irrationalität. Würzburg 2015 und Susanne Hahn: Rationalität – Eine Kartierung. Münster 2013. Hahn legt überzeugend dar, dass es sich bei ‚Rationalität' „in der Tat um einen ‚schwer bestimmbaren' (‚elusive') Ausdruck handelt" (p. 18). Sie erwähnt zwar Infragestellungen traditioneller Rational-Choice-Konzepte durch die experimentelle Ökonomie (p. 191 sqq.), spricht gar einmal von „Faustregeln" rationalen Handels (p. 367), stellt aber keine genealogischen Beziehungen zwischen dem Medium Geld und Rationalität her.

360. Cf. dazu Jochen Hörisch: Bedeutsamkeit – Über den Zusammenhang von Zeit, Sinn und Medien. München 2009, p. 321 sqq.

Tier an sich'. Kauf und Verkauf, samt ihrem psychologischen Zubehör, sind älter als selbst die Anfänge irgendwelcher gesellschaftlichen Organisationsformen und Verbände: aus der rudimentärsten Form des Personen-Rechts hat sich vielmehr das keimende Gefühl von Tausch, Vertrag, Schuld, Recht, Verpflichtung, Ausgleich erst auf die gröbsten und anfänglichsten Gemeinschafts-Komplexe (in deren Verhältnis zu ähnlichen Komplexen) *übertragen*, zugleich mit der Gewohnheit, Macht an Macht zu vergleichen, zu messen, zu berechnen. Das Auge war nun einmal für diese Perspektive eingestellt: und mit jener plumpen Konsequenz, die dem schwerbeweglichen, aber dann unerbittlich in gleicher Richtung weitergehenden Denken der älteren Menschheit eigentümlich ist, langte man alsbald bei der großen Verallgemeinerung an ,jedes Ding hat seinen Preis; *alles* kann abgezahlt werden' – dem ältesten und naivsten Moral-Kanon der *Gerechtigkeit*, dem Anfange aller ,Gutmütigkeit', aller ,Billigkeit', alles ,guten Willens', aller ,Objektivität' auf Erden."[361]

Die logisch wie empirisch gut begründbare These, die Rationalität der Wissenschaften erwachse aus dem Geldverkehr, ist gegen überspannte Wissenschaftskritik gefeit. Mit militanten kulturellen und hyperkonstruktivistischen Infragestellungen wissenschaftlicher Geltungsansprüche ist sie nicht zu verwechseln. Im Gegenteil: Goethe, der sich selbst einen „realistischen Tic"[362] bescheinigte, stand zur zeitgenössischen idealistischen Philosophie, der Fichtes voran, in einem polemischen Verhältnis. Nie ließe er sich für delirante Äußerungen wie die, die Zahl Pi sei historisch und kulturell variabel[363], in Anspruch nehmen. Sein kritischer Blick auf Affinitäten zwischen Rationalität und Irrationalität ist selbst eindeutig rationalitätsgeleitet. Ausgerechnet in seiner *Farbenlehre*, mit der sich Goethe als Fachwissenschaftler blamierte, der in Konkurrenz zu Newton treten wollte, findet sich die erzvernünftige Passage: „Ein großer Teil dessen, was man gewöhnlich Aberglauben nennt, ist aus einer falschen Anwendung der Mathematik entstanden, deswegen ja auch der Name eines Mathematikers mit dem eines Wahnkünstlers und Astrologen gleich galt. Man erinnere sich der Signatur der Dinge, der Chiromantie, der Punktierkunst, selbst des Höllenzwangs; alle dieses Unwesen nimmt seinen wüsten Schein von der klarsten aller Wissenschaften, seine Verworrenheit von der exaktesten. Man hat daher nichts für verderblicher zu halten, als daß man, wie in der neuern Zeit abermals geschieht, die Mathematik aus der Vernunft- und Verstandesregion, wo ihr Sitz ist, in die Region

361. Nietzsche: Zur Genealogie der Moral, Werke in drei Bdn, ed. Karl Schlechta, Bd. 2. München 1966, p. 811 sq.

362. Goethe an Schiller am 9. Juli 1796; in: Goethe: Briefe, Tagebücher und Gespräche vom 24. Juni 1794 bis zum 9. Mai 1805, edd. Volker C. Dörr/Norbert Oellers. p. 208 (Frankfurter Ausgabe II. Abt./Bd. 4) Ffm 1998, p. 208

363. Die sog. Sokal-Affaire ist nicht nur Wissenschaftshistorikern noch in Erinnerung.

der Phantasie und Sinnlichkeit freventlich herüberzieht. / Dunklen Zeiten sind solche Mißgriffe nachzusehen; sie gehören mit zum Charakter. Denn eigentlich ergreift der Aberglaube nur falsche Mittel, um ein wahres Bedürfnis zu befriedigen, und ist deswegen weder so scheltenswert, als er gehalten wird, noch so selten in den sogenannten aufgeklärten Jahrhunderten und bei aufgeklärten Menschen. / Denn wer kann sagen, daß er seine unerläßlichen Bedürfnisse immer auf eine reine, richtige, wahre, untadelhafte und vollständige Weise befriedige."[364] In Goethes Nachlass fand sich eine 1826 entstandene Abhandlung, deren Titel ihre These deutlich anzeigt: *Über Mathematik und deren Missbrauch sowie das periodische Vorwalten einzelner wissenschaftlicher Zweige.*[365] Die beste Zusammenfassung von Goethes Überlegungen hat er selbst geliefert – Eckermann notiert am 20.12.1826 die pointierte Äußerung: „Ich ehre die Mathematik als die erhabenste und nützlichste Wissenschaft, solange man sie da anwendet, wo sie am Platze ist; allein ich kann nicht loben, daß man sie bei Dingen mißbrauchen will, die gar nicht in ihrem Bereich liegen, und wo die edle Wissenschaft sogleich als Unsinn erscheint. Und als ob alles nur dann existierte, wenn es sich mathematisch beweisen läßt. Es wäre doch töricht, wenn jemand nicht an die Liebe seines Mädchens glauben wollte, weil sie ihm solche nicht mathematisch beweisen kann!" Dass Goethes Überlegungen zur Kunst der Zahlen nicht auf Mathematik-Bashing hinausläuft, sondern seine Kritik am „periodischen Vorwalten einzelner wissenschaftlicher Zweige" auch die sogenannten Geisteswissenschaften treffen kann, macht sein Brief an Zelter vom 18. Januar 1823 deutlich: „Mit Philologen und Mathematikern ist kein heiteres Verhältnis zu gewinnen." An plausiblen Anwendungsbeispielen für Goethes Satz, es sei irrational, ja abergläubisch, die richtige Mathematik falsch anzuwenden, ist ausgerechnet im heutigen Universitätsbetrieb kein Mangel. Wenn Computer aufgrund von Kennziffern für Publikationen in A-Journals Berufungslisten erstellen und sich kaum einer mehr selbst lesend ein Bild von diesen Publikationen und ihrem Autor macht, kann das bös enden.[366]

Kurzum: Es ist rational, zur Kenntnis zu nehmen, dass Irrationalität ein verbreitetes Phänomen ist und dass auch Zahlen an Erzählungen und tief-

364. Goethe: Farbenlehre, Sämtliche Werke, l.c., I. Abt./Bd 23/1, ed. Manfred Wenzel. Ffm 1991, p. 630 sq.

365. In: Goethe: Allgemeine Naturlehre/Geologie, edd. Wolf von Engelhardt/Manfred Wenzel (Frankfurter Ausgabe Abt. I/Bd. 12). Ffm 1989, pp. 65–76

366. Zur Kritik an der falschen Anwendung „richtiger" Mathematik cf. Colin Crouch: Die bezifferte Welt – Wie die Logik der Finanzmärkte das Wissen bedroht – Postdemokratie III. Ffm 2015 („zur Problematik von Rankings im Bildungsbereich" p. 119 sqq.), und Cathy O'Neil: Angriff der Algorithmen – Wie sie Wahlen manipulieren, Berufschancen zerstören und unsere Gesundheit gefährden. München 2017

sitzende Deutungsmuster gekoppelt sind (wie die, dass die Zahl drei aufgrund der Trinitätslehre göttlich, die Zahl vier hingegen irdisch sei, gibt es doch vier Himmelsrichtungen, vier Elemente, vier Jahreszeiten etc.). In seinem Roman *Wilhelm Meisters Lehrjahre* hat Goethe eine großartige Formel über das Verhältnis von Rationalität und Irrationalität gefunden – nämlich die, „daß die Summe unsrer Existenz (,) durch Vernunft dividiert, niemals rein aufgehe, sondern daß immer ein wunderlicher Bruch übrigbleibe. Diesen hinderlichen und, wenn er sich in die ganze Masse verteilt, gefährlichen Bruch suchten sie (die Freunde um den Schauspieler Serlo, J. H.) zu bestimmten Zeiten vorsätzlich los zu werden. Sie waren einen Tag der Woche recht ausführlich Narren und straften an demselben wechselseitig durch allegorische Vorstellungen, was sie während der übrigen Tage an sich und andern Närrisches bemerkt hatten. War diese Art gleich roher als eine Folge von Ausbildung, in welcher der sittliche Mensch sich täglich zu bemerken, zu warnen und zu strafen pflegt, so war sie doch lustiger und sicherer; denn indem man einen gewissen Schoßnarren nicht verleugnete, so traktierte man ihn auch nur für das, was er war, anstatt daß er auf dem andern Wege durch Hülfe des Selbstbetrugs oft im Hause zur Herrschaft gelangt und die Vernunft zur heimlichen Knechtschaft zwingt, die sich einbildet, ihn lange verjagt zu haben.“[367]

Der Wahnsinn, wenn er epidemisch wird, kann leicht mit Vernunft verwechselt werden. Es ist (leider!) keine Fake-News, dass allzu viele an Fake-News glauben. Es ist realistisch, im Hinblick auf abstrakte Inklusionsbegriffe, die auf Suffixen wie -mus, -keit, -heit, -tas und -tät enden (Irrationalismus, Wirklichkeit, Wahrheit, realitas und eben auch Rationalität etc.), den Konstruktivismus als Realismus zu begreifen: Wir konstruieren tatsächlich zwar nicht alles Reelle und Reale, wohl aber das, was wir Realität nennen. Goethe hat die Nähe von Vernunft und Unvernunft in seinem Faust-Drama und anderen Werken stets erneut analysiert. Gleich zu Beginn des Faust-Dramas wartet Mephisto mit den markanten Worten auf:

Von Sonn' und Welten weiß ich nichts zu sagen,
Ich sehe nur, wie sich die Menschen plagen.
Der kleine Gott der Welt bleibt stets von gleichem Schlag,
Und ist so wunderlich als wie am ersten Tag.
Ein wenig besser würd' er leben,
Hätt'st du ihm nicht den Schein des Himmelslichts gegeben;
Er nennt's Vernunft und braucht's allein,
Nur tierischer als jedes Tier zu sein. (vv. 279–286)

367. Goethe: Wilhelm Meisters Lehrjahre, Sämtliche Werke (Frankfurter Ausgabe) I. Abt./Bd. 9, ed. Wilhelm Voßkamp. Ffm 1992, p. 634 sq.

Wer diese Worte kultur- und wissenschaftskritisch auf Kriegstechnologie oder (mit Blick auf den Schlussakt von *Faust II*) auf ökologische Folgeprobleme ökonomischer Großerfolge bezieht, liegt sicherlich nicht falsch. Goethes Diagnose zielt aber tiefer und ist spezifischer. Ihm fällt auf, dass im Zentrum gerade auch von Gesellschaften und Kulturen, die sich selbst als vernünftig verfasst verstehen, eindeutig unvernünftige Kulte und Medien ihre Macht entfalten. Mephisto stimmt Faust, der sich über „das tolle Zeug, die rasenden Gebärden, / (den) abgeschmacktesten Betrug" (v. 2533 sq.) erregt, weise und heiter auf diese Einsicht ein. „Ei Possen! Das ist nur zum Lachen; / Sei nur nicht ein so strenger Mann!" (v. 2536 sq.) Die Hexe, so Mephisto, müsse „Hokuspokus machen" (v. 2537) – und das tut sie im sogleich folgenden Hexeneinmaleins denn auch. ‚Hokuspokus' ist bekanntlich die Verballhornung der Worte Christi, die der Priester bei der Eucharistie machtvoll (Kritiker würden sagen: magisch) zitiert und denen, linguistisch gesprochen, performative, ja transsubstantiierende Kraft zukommt: hoc est corpus meum. Man muss kein religiös unmusikalischer und extrem säkularisierter Zeitgenosse des westlichen 21. Jahrhunderts sein, um zu wissen, dass die Wandlung von Brot in den Leib und von Wein in das Blut Christi nicht tatsächlich stattfindet, sondern kontrafaktisch beglaubigt sein will. Die eigentliche Pointe dieser und vieler weiterer einschlägiger Passagen in Goethes *Faust*-Drama aber liegt nicht in ihrem religionskritischen, sondern in ihrem geld=rationalitätskritischen Potential. Denn der grandiose erste Akt von *Faust II* nimmt das Motiv des irrationalen Glaubens an die Wandlung von Zeichen in Substantielles wieder auf und gibt ihm eine finanzökonomische Wendung. Über das Medium Geld vermittelte Tauschakte entgrenzen die eucharistische Wandlung, die sich nur auf Brot und Wein fokussiert, für alle und „alles". „Dies Metall (-Geld) lässt sich in alles wandlen" (v. 5782), sagt ausgerechnet Mephisto (im Incognito des Geizes), der sich damit als kundiger Apologet sakral-profaner Transsubstantiationen erweist – und eben nicht nur dieses Metall, das immerhin noch einen gewissen Substanzwert hat, sondern auch die papiernen Assignaten haben die Potenz, wenn sie denn von allen beglaubigt werden, „alles Weh in Wohl" zu „verwandeln":

KANZLER *der langsam herankommt*
Beglückt genug in meinen alten Tagen. –
So hört und schaut das schicksalschwere Blatt,
Das alles Weh in Wohl verwandelt hat.
er liest
„Zu wissen sei es jedem ders begehrt:
Der Zettel hier ist tausend Kronen wert.
Ihm liegt gesichert als gewisses Pfand,

Unzahl vergrabnen Guts im Kaiserland.
Nun ist gesorgt damit der reiche Schatz,
Sogleich gehoben, diene zum Ersatz." (vv. 6054–6062)

Goethes These ist schlagend: Im Mittelpunkt neuzeitlicher Rationalität steht mit dem modernen Zeichengeld ein durch und durch magisches und auf kollektive Beglaubigung angewiesenes Medium. Magische Transsubstantiationspraktiken funktionieren alltäglich zig-millionenfach, wenn Geldzeichen sich in Güter und Dienstleistungen verwandeln. Voraussetzung dafür ist, dass diese Geldzeichen beglaubigt werden, dass also die Geldillusion funktioniert (so wie für Religion konstitutiv ist, dass Gott von Gläubigen beglaubigt wird – nach der großen These schon von Goethes früher *Prometheus*-Hymne). Dies aber bedeutet nichts anderes als dies: Im beeindruckend produktiv funktionierenden Zentrum neuzeitlich-moderner Gesellschaften herrscht eine auf Wandlungs-, Konversions- und Transsubstantiations-Glauben angewiesene Irrationalität, die anzuerkennen (und nicht etwa zu erkennen – das könnte hochgradig kontraproduktiv sein!), hochgradig rational ist. Nicht erst der französische Philosoph und Wissenschaftstheoretiker Bruno Latour hat erkannt, dass wir, wenn wir Neuzeit und Moderne primär als Epochen der Entzauberung und der Überwindung von Hexen-Mathematik definieren und begreifen, nie modern gewesen sind.[368]

Noch einmal: Goethes Wissenschafts- und Rationalitätskritik ist alles andere als eine esoterikanfällige Generalverwerfung neuzeitlich-moderner Vernunft. Umgekehrt: Sie will das Projekt der Aufklärung weiter vorantreiben und für die irrationalen Potentiale im Kern der Rationalität selbst sensibilisieren. Bedürfte es suggestiver Beispiele für die Notwendigkeit dieses Projekts – der Bitcoin-Hype liefert ihn frei Haus. Das nicht auf dem Bocksberg, sondern in Blockchains generierte reine Rechengeld ist der paradoxe Inbegriff einer substanzlosen Inkarnation von Rationalität – und zugleich durch und durch irrational. Nicht nur, weil die enorme Kette von Rechenoperationen auf unübersehbar vielen Computern jede Transaktion rein durch ihren Energieverbrauch unfassbar teuer macht[369], sondern auch, weil Bitcoins gerade nicht so funktionieren, wie sie es versprachen – als funktionales Tauschmedium, sondern als hochgradig spekulative Währung. Auch hier gilt: Natürlich kann es rational sein, auf die Irrationalität einer Bitcoin-Herde zu wetten, sich also dieser Herde anzuschließen und auf das Paradox einer un-

368. Bruno Latour: Wir sind nie modern gewesen. Versuch einer symmetrischen Anthropologie, übers. Gustav Roßler. Berlin 1995

369. Cf. Jean-Paul Delahaye: Ressourcenverbrauch: Bitcoin, der Energiefresser; in: Spektrum der Wissenschaft 4/2018, pp. 26–28

fassbar energieintensiven immateriellen und alle Tauschakte verlangsamenden Währung zu setzen. Dass die Bitcoins richtig berechnet werden, schließt nicht aus, sondern ein, dass sie unberechenbar sind. So immateriell und so handfest zugleich kann der Zusammenfall von Rationalität und Irrationalität sein. Dagegen hilft – Goethe lesen, noch in diesem Leben. Z.B. folgende Passage aus seiner Autobiographie, die bekanntlich den erzvernünftigen Titel *Dichtung und Wahrheit* trägt: „Noch ein anderes Übel, wodurch Studierende (man beachte die politisch korrekte Ausdrucksweise Goethes, J. H.) sehr bedrängt sind, erwähne ich hier beiläufig. Professoren, so gut wie andere in Ämtern angestellte Männer, können nicht alle von einem Alter sein; da aber die jüngeren eigentlich nur lehren, um zu lernen, und noch dazu, wenn sie gute Köpfe sind, dem Zeitalter voreilen, so erwerben sie ihre Bildung durchaus auf Unkosten der Zuhörer, weil diese nicht in dem unterrichtet werden, was sie eigentlich brauchen, sondern in dem, was der Lehrer für sich zu bearbeiten nötig findet. Unter den ältesten Professoren dagegen sind manche schon lange Zeit stationär; sie überliefern im ganzen nur fixe Ansichten, und, was das einzelne betrifft, Vieles, was die Zeit schon als unnütz und falsch verurteilt hat. Durch beides entsteht ein trauriger Konflikt, zwischen welchem junge Geister hin und her gezerrt werden, und welcher kaum durch die Lehrer des mittleren Alters, die, obschon genugsam unterrichtet und gebildet, doch immer noch ein tätiges Streben zum Wissen und Nachdenken bei sich empfinden, ins gleiche gebracht werden kann.“[370]

370. Goethe: Aus meinem Leben – Dichtung und Wahrheit, ed. Klaus-Detlef Müller (Frankfurter Ausgabe Abt. I/Bd. 14). Ffm 1986, p. 272 sq.

Nachweise

Die in diesem Band versammelten Texte gehen zumeist auf frühere Publikationen zurück. Sie wurden durchgesehen und z.T. ergänzt.

I. Denkmodelle

I/1 In: Mattias Schmidt (ed.): Rücksendungen zu Jacques Derridas ‚Die Postkarte'. Wien/Berlin 2015, pp. 97–110

I/2 Erstveröffentlichung; Vortrag am 29.6.2013 im Rahmen des Kulturworkshops der DPV (Deutsche Psychoanalytische Vereinigung) in Frankfurt

I/3 In: Allert, Gebhard / Rühling, Konrad / Zwiebel, Ralf (edd.): Pluralität und Singularität der Psychoanalyse – Arbeitstagung der deutschen Psychoanalytischen Vereinigung Kassel 3.–6. Juni 2015. Gießen 2015, pp. 19–34

I/4 Vortrag auf dem Symposion ‚Kraft' an der Muthesius-Hochschule in Kiel am 17. Januar 2020

I/5 Diese Erstveröffentlichung geht zurück auf meinen am 13.5.2012 im Goethe-Institut Amsterdam im Rahmen der Konferenz ‚Marx and the Aesthetic' gehaltenen Vortrag ‚Entäußertes Vermögen – Encounters of money, labor, and art'.

I/6 In: Lim, Il-Tschung et al. (edd.): Weiter-Denken / Literatur- und kulturwissenschaftliche Streifzüge im Zeichen der Transgression / Christa Karpenstein-Eßbach zum 60. Geburtstag. Berlin 2011, pp. 27–34

I/7 In: Tumult – Schriften zur Verkehrswissenschaft 40/2012, pp. 9–12

I/8 Vortrag beim Symposion zu Peter Sloterdijks 70. Geburtstag am ZKM Karlsruhe am 25.6.2017; zuerst veröffentlicht in: Peter Weibel (ed.): Von Morgenröten, die noch nicht geleuchtet haben – Ein Symposion zu Peter Sloterdijk. Karlsruhe 2019

II. Die Zeit der Medien

II/1 Erstveröffentlichung, geht zurück auf einen Vortrag am 27.6.2010 in Berlin zum 50. Geburtstag der Filmproduktionsfirma Eikon

II/2 In: Gundolf S. Freyermuth / Lisa Gotto (edd.): Bildwerte – Visualität in der digitalen Medienkultur. Bielefeld 2013, pp. 15–24

II/3 Erstveröffentlichung

II/4 In: Zeitschrift für Medien- und Kulturforschung 2 / 2001, pp. 39–45

II/5 Vortrag bei der interdisziplinären Tagung ‚Gewalt – Vernunft – Angst' an der Universität Köln am 16.11.2017

II/6 Unter dem Titel „Ein bezaubernd sturer Anachronismus – Über die Universität in Zeiten von MOOCs und Co."; in: Forschung & Lehre 5 / 2014, p. 354 sq.

II/ 7 Unter dem Titel „Wir werden voneinander hören ... – Freundschaft im Zeitalter des Internets“; in: der blaue reiter – Journal für Philosophie Heft 32/2012, pp. 12–16

II/ 8 In: Peter Bär / Gerhard Schneider (edd.): Martin Scorcese – Im Dialog: Psychoanalyse und Filmtheorie Bd. 13. Gießen 2017, pp. 81–93

II/ 9 In: Timo Storck et. al. (edd.): François Ozon – Täuschung und subjektive Wahrheit. Gießen 2019, pp. 71–84

II/10 Wiedergegeben ist der Vortrag, den ich am 2.6.2018 bei der Tagung des Werkbundes in Basel gehalten habe.

II/11 Wiedergegeben ist der Text einer Predigt in der Heiliggeistkirche Heidelberg am Pfingstsonntag 9. Juni 2019

II/12 Zuerst erschienen in: Wagner-Spectrum 2020

II/13 In: Hubert Winkels (ed.): Gert Loschütz trifft Wilhelm Raabe – Der Wilhelm Raabe-Literaturpreis 2021. Göttingen 2022, pp. 73–92.

II/14 Vortrag auf der Tagung der Symbolon-Gesellschaft in Erfurt am 9. April 2022

II/15 Vortrag in Kiel auf dem Symposion ‚Kraft‘ am 20. Januar 2020

III. Ökonomie und Politik

III/ 1 In: Merkur 8 / 2004, pp. 726–730

III/ 2 In: Die Neue Gesellschaft / Frankfurter Hefte 10 / 97, pp. 918–926

III/ 3 Unter dem Titel „Der Handschlag“; in: Zeitschrift für Ideengeschichte Heft XV/4, Winter 2021 (Falschmünzer), pp. 43–47

III/ 4 In: Gerhard von Graevenitz et al. (edd.): Romantik kontrovers – Ein Debattenparcours zum zwanzigjährigen Jubiläum der Stiftung für Romantikforschung. Würzburg 2015, pp. 25–33

III/ 5 Erstveröffentlichung eines Vortrags, gehalten am 23. Mai 2019 auf dem Gottfried-Keller-Kongress an der Universität Zürich

III/ 6 In: Wolf Dieter Engelmann / Birger P. Priddat (edd.): Was ist? Wirtschaftsphilosophische Erkundigungen. Marburg 2014, pp. 131–140

III/ 7 In: Matthias Jahn et al. (edd.): Strafverfolgung in Wirtschaftsstrafsachen. Berlin 2015, pp. 6–31

III/ 8 In: Katalog zur Ausstellung ‚Kapitalismus‘ der Bundeskunsthalle Bonn. Bonn 2020

III/ 9 In: Süddeutsche Zeitung vom 4.2.2011, p. 36

III/10 Unter dem Titel „Alle wollen ja nur unser Bestes – Über Beobachter der Beobachter, Freiheit und Sicherheit“; in: Forschung & Lehre 8 / 2013, p. 458 sq.

III/11 In: Iablis – Jahrbuch für europäische Prozesse; 13. Jg. / 2014 (Internet iablis.de)

III/12 Der erste Teil dieses Textes erschien unter dem Titel *Joseph Ratzinger, Papa Ratzi und Benedikt XVI – Namen sind nicht Schall und Rauch* in: Thomas Meinecke et al.: Ratzinger-Funktion. Ffm 2006, pp. 9–23; der zweite Teil unter dem Titel *Ratzinger hat das Papstamt verweltlicht* in: Zeit-online vom 21.2.2013 (www.zeit.de/kultur/2013-02/papst-ruecktritt)

III/13 https://www.das-heidelberger-buendnis.de/wp-content/uploads/2015/01/NOGIDA-H%C3%B6risch.pdf

III/14 Erweiterte Fassung eines im Mannheimer Morgen vom 19.3.2016, p. 5 der Wochenendbeilage erschienenen Beitrages unter dem Titel „Verhindern sprachliche Tabus einen echten Islam-Diskurs?"

III/15 In: Kulturpolitik (BBK) 4/2017, pp. 12–19

III/16 In: Chaussee 43/2019, pp. 5–14

III/17 Erstveröffentlichung der am 21.9.2018 im Heidelberger Rathaus gehaltenen Laudatio auf Klaus Staeck, der mit der Richard-Benz-Medaille ausgezeichnet wurde

III/18 Unter dem Titel „So müssen wir es kitten" in: Perlentaucher.de – Essay vom 20.11.2019

III/19 In: Glanzlichter der Wissenschaft – Ein Almanach, ed. Deutscher Hochschulverband. Saarwellingen 2012, pp. 33–40

III/20 Unter dem Titel „Privat ein Laster, öffentlich eine Tugend" in: FAZ vom 25.3.2016 (Seite Geisteswissenschaften); am 29.5.2016 auch in faz.net

III/21 Unter dem Titel „Erstauntes Innehalten – De-Globalisierung – ein globales und avantgardistisches Brems-Projekt"; in: Forschung & Lehre 5/2020, p. 412 sq.

III/22 Zuerst im Internetmagazin „Perlentaucher" im April 2022

III/23 In: FAZ vom 27.12.2021

IV. Goethes *Faust* oder die Ir/Rationalität der Wissenschaft

IV/1 In: Elisabeth Weiss / Oliver Jahraus / Hanni Geiger (edd.): Faust und die Wissenschaften. Würzburg 2019, pp. 157–178. Es handelt sich um den Text meiner am 9. Mai 2018 gehaltenen Abschiedsvorlesung an der Universität Mannheim, auch als Vortrag im Rahmen des Münchener Faust-Festivals am 30.5.2018.

Jochen Hörisch

Der Takt der Neuzeit

Die Schwellenjahre der Geschichte

Die Geschichte scheint sich allen Zugriffen zu entziehen, die in ihr einen Sinn und ein Ziel entdecken wollen. Doch sie lässt ein Ordnungsmuster erkennen: Sie bewegt sich im 20-Jahre-Takt. 2009 ist (wie 1989, 1969 ... 1789) ein Schwellenjahr, so lautet die überraschende Leitthese von Jochen Hörisch.

128 Seiten, gebunden, ISBN: 978-3-933722-30-0

Jochen Hörisch

Kann ein allmächtiger Gott sterben?

Mit seinen Studien über Luthers theologische Grundüberzeugungen, das deutsche Pfarrhaus, Albert Schweitzers Prominenz sowie das Verhältnis von Medien und Religion zeigt Jochen Hörisch auf, dass auch im Internetzeitalter die Sehnsucht nach den Sinnversprechen der Religionen ungebrochen ist – trotz oder gerade wegen deren Paradoxien ...

„Anregend, gelehrt und heiter führt Jochen Hörisch durch sein kleines Kaleidoskop zu großen Fragen von Religion und Kultur."

***Der Tagesspiegel**, 29. März 2020*

162 Seiten, ISBN: 978-3-933722-70-6

Lieferbare Ausgaben:

Nr. 8 Sinn – Unsinn
Nr. 9 Naturlos
Nr. 10 Götter
Nr. 11 Geld
Nr. 12 Schön sein
Nr. 14 Glück
Nr. 16 Sex
Nr. 19 Was ist gerecht?
Nr. 21 Wissen
Nr. 22 Freiheit
Nr. 24 Echt sein
Nr. 26 Unser Körper
Nr. 28 Das gute Leben
Nr. 30 Philosophie & Wirtschaft
Nr. 31 No Future!
Nr. 32 Freundschaft
Nr. 33 Denken Frauen anders?
Nr. 34 Was ist der Mensch?
Nr. 35 Verborgene Wirklichkeiten
Nr. 36 Luxus
Nr. 37 Was ist das Gute?
Nr. 38 Wahnsinn, Rausch und Gefühle
Nr. 39 Der Andere, der Fremde
Nr. 40 Lachen
Nr. 41 Die Seele im digitalen Zeitalter
Nr. 42 Liebe
Nr. 43 Der zivilisierte Mensch
Nr. 44 Der Trost der Endlichkeit
Nr. 45 Die Kunst des Zweifelns
Nr. 46 Leben lernen
Nr. 47 Revolution
Nr. 48 Nachhaltigkeit
Nr. 49 Schöne Theorie
Nr. 50 Anders denken!
Nr. 51 Leibesübungen
Nr. 52 Glauben
Nr. 53 Krieg
Sonderband: Philosophie im Gespräch
Sonderband: Philosophie im Gespräch II

Glauben

Philosophie der Religion

Die wissenschaftliche Vernunft hat die Menschheit weit gebracht, aber das Menschliche erschöpft sich nicht in Rationalität. Wer den Menschen ohne jegliche Form von Religion zu denken versucht, wird immer fehlgehen. „Sinn und Geschmack für die Unendlichkeit“, wie Friedrich Schleiermacher Religion beschreibt, sind und bleiben ebenso Teil davon.

der blaue reiter – Journal für Philosophie, Ausgabe 52,
116 Seiten, mit zahlreichen Abbildungen, ISBN: 978-3-933722-82-9

Zeitfracht Medien GmbH
Ferdinand-Jühlke-Straße 7
99095 Erfurt, Deutschland
produktsicherheit@kolibri360.de